教育部高等学校外国语言文学类专业教学指导委员会
非通用语种类专业教学指导分委员会

东方语言文化论丛

第40卷

信息工程大学洛阳校区国别与区域研究中心　编

世界图书出版公司
广州·上海·西安·北京

图书在版编目（CIP）数据

东方语言文化论丛.第40卷/信息工程大学洛阳校区国别与区域研究中心编.--广州：世界图书出版广东有限公司，2022.1

ISBN 978-7-5192-9274-4

Ⅰ.①东… Ⅱ.①信… Ⅲ.①文化语言学－东方国家－丛刊 Ⅳ.①H0-05

中国版本图书馆 CIP 数据核字（2021）第 273914 号

书　　名	东方语言文化论丛（第40卷） DONGFANG YUYAN WENHUA LUNCONG (DI 40 JUAN)
编　　者	信息工程大学洛阳校区国别与区域研究中心
策划编辑	刘正武
责任编辑	张东文
出版发行	世界图书出版有限公司　世界图书出版广东有限公司
地　　址	广州市海珠区新港西路大江冲 25 号
邮　　编	510300
发行电话	020-84184026，84453623
网　　址	http://www.gdst.com.cn
邮　　箱	wpc_gdst@163.com
经　　销	新华书店
印　　刷	广州市迪桦彩印有限公司
开　　本	787 mm×1092 mm　1/16
印　　张	28.5
字　　数	573 千字
版　　次	2022 年 1 月第 1 版　2022 年 1 月第 1 次印刷
国际书号	ISBN 978-7-5192-9274-4
定　　价	80.00 元

版权所有　侵权必究

咨询、投稿：020-84460251　gzlzw@126.com

（如有印装错误，请与出版社联系）

《东方语言文化论丛》编辑委员会

（按姓氏音序排列）

主　任：姜景奎（北京大学教授）
　　　　钟智翔（信息工程大学教授）
副主任：程　彤（上海外国语大学教授）
　　　　姜宝有（复旦大学教授）
　　　　梁　远（广西民族大学教授）
　　　　陆　生（云南民族大学教授）
委　员：池水涌（华中师范大学教授）
　　　　崔海洋（贵州大学教授）
　　　　崔顺姬（北京语言大学教授）
　　　　寸雪涛（云南大学教授）
　　　　丁　超（北京外国语大学教授）
　　　　金长善（天津师范大学教授）
　　　　刘志强（广东外语外贸大学教授）
　　　　罗文青（四川外国语大学教授）
　　　　骆元媛（天津外国语大学副教授）
　　　　马丽亚（大理大学副教授）
　　　　茅银辉（广东外语外贸大学教授）
　　　　牛林杰（山东大学教授）
　　　　权赫律（吉林大学教授）
　　　　全永根（广东外语外贸大学教授）
　　　　孙晓萌（北京外国语大学教授）
　　　　唐　慧（信息工程大学教授）
　　　　王　丹（北京大学教授）
　　　　吴杰伟（北京大学教授）
　　　　徐亦行（上海外国语大学教授）
　　　　杨　琳（南开大学副教授）
　　　　尹海燕（南京大学教授）
　　　　张国强（大连外国语大学教授）
　　　　赵　刚（北京外国语大学教授）
　　　　赵　华（天津外国语大学教授）

《东方语言文化论丛》编辑部

主　编：唐　慧
副主编：谭志词　　吕春燕
编　辑：何朝荣　　张立明　　蔡向阳
　　　　赵　杨　　兰　强　　廖　波
　　　　王　昕　　黄　勇　　杨绍权

目　　录

语言学研究

认知视角下韩国语形容词结果状语与动词谓语组合小句的语义分析
　　　　张文江 ……………………………………………………… 2

社会语言学视角下中韩敬语体系比较
　　　　刘坤明　于佳怡 …………………………………………… 16

基于扩展意义单位的涉华报道意识形态分析
　　——以韩国媒体对华为公司报道为例
　　　　赵天锐 ………………………………………………………… 28

20世纪90年代以来蒙古国语言文字政策研究
　　　　田艳秋 ………………………………………………………… 41

现代越南语趋向词研究述评
　　　　曾添翼 ………………………………………………………… 55

宏事件视域下老挝语动趋式研究
　　——以动词＋ຂຶ້ນ为例
　　　　周舒航 ………………………………………………………… 70

高棉语"ACQ"动词的依存句法分析
　　　　帅洪福 ………………………………………………………… 81

缅甸语人体词语语义转移的认知分析
　　　　何翠芬 ………………………………………………………… 92

论缅甸语人称指示语的礼貌语用距离
　　　　宋　学 ………………………………………………………… 108

语言形态学视域下的印地语词缀与派生构词研究
　　　　毛　磊 ………………………………………………………… 118

印地语语调研究
　　王　泽 ·············· 134
吠陀梵语与古典梵语复合词比较研究
　　吉　佳 ·············· 152
土耳其语形态-音系的界面研究
　　丁慧君 ·············· 164
批评隐喻分析视角下的斯瓦希里语政治语篇研究
　　——以坦桑尼亚前总统马古富力演讲为例
　　成　彬 ·············· 178

文学研究

泰国小说《龙腾暹罗》中华人形象探析
　　陈　羲 ·············· 192
21世纪以来缅甸小说创作的新与变
　　申展宇 ·············· 205
女性主义批评话语分析视域下缅语谚语中的女性形象和社会期望研究
　　刘　新 ·············· 215
印度尼西亚20世纪60年代文艺路线斗争析论
　　张　燕 ·············· 228
论印地语戏剧《四月的一天》的现代性书写
　　王茂山 ·············· 240
具有"元文学"倾向的女性之歌
　　——对比分析《最后的情人》与《月亮女人》的主旨思想与创作特色
　　秦　烨 ·············· 251
阿富汗普什图语作家乌尔法特散文作品评析
　　王　静 ·············· 260
女性意识与默哈德维·沃尔马的文学创作
　　杨　柳 ·············· 271

文化研究

20世纪80年代以来韩国阳明学研究的回顾与展望
　　刘吉文 ·············· 282

从越南汉文小说中的神灵形象变迁看越南民族意识的形成
——以《越甸幽灵集》和《岭南摭怪列传》为例
  徐方宇 ··· 294

基于文化接触视角的柬埔寨小乘佛教文化研究
  郑军军 ··· 306

略论爪哇文化的多元化表达
  张向辉 廖娟凤 ·· 322

翻译研究

翻译补偿视阈下的《十九大报告》韩译研究
  高朗 赵岩 ·· 334

论《旭日冉冉》汉译本中的文化缺省及翻译补偿策略
  李思源 ··· 345

论《习近平谈治国理政》缅译本中文化负载词的翻译策略
  苏昱 ··· 359

其他研究

潘查希拉与印度尼西亚现代民族国家的建构
  唐慧 ··· 376

印度战争题材电影的英雄叙事与国家认同建构
  喻妍 ··· 390

蒙古国突发公共卫生事件应急机制研究
——以应对 COVID-19 疫情为例
  张建利 孙美娜 ·· 400

试析乌兹别克斯坦人口问题
  石越洋 ··· 415

乌兹别克斯坦智库及其对华研究
  王小明 ··· 431

语言学研究

认知视角下韩国语形容词结果状语与动词谓语组合小句的语义分析

信息工程大学　张文江

【摘　要】 概念语义通过句法语义和句法结构构成体现关系，句法语义是概念语义与句法结构间的过渡层面。在句法语义分析的基础上，通过概念框架分析，可以揭示句子的概念语义，从而对句子的意义进行较为充分的描写。韩国语形容词结果状语与动词谓语组合小句的句法语义较为抽象，语义结构较为单一；其概念语义具有百科性与丰富性特点，概念框架构成复杂，概念结构形式多样。从概念结构到语义结构的体现过程是一个抽象与概括的过程，概念结构与语义结构之间是明显的多对少的体现关系。

【关键词】 概念语义；句法语义；概念框架；概念结构；语义结构

韩国语形容词的活用形态在句中可以做状语，主要对动词谓语进行修饰，学者们将其称为形容词状语。在韩国语形容词状语范畴中，"形容词+게"结构或称"形容词+게"状语占据了最大比重，是使用频率最高的形容词状语[1]。"形容词+게"状语也是形容词状语范畴中的典型成员，代表了形容词状语的主要特点。一般而言，形容词状语主要是指"形容词+게"状语。先行研究发现，"形容词+게"状语修饰动词谓语时具有方式、程度、结果等句法语义特征，并据此可以将其分为方式状语、程度状语、结果状语等下位类别（张文江，2017），其中"形容词+게"结果状语便是本文所说的形容词结果状语。

以往对形容词状语与动词谓语组合的语义研究，主要关注句法语义层面，对于深层的概念层面涉及较少。本文以形容词结果状语与动词谓语组合所在的小句为研究对象，从认知语言学视角对其语义问题进行探讨。

---

[1] 根据韩国高丽大学建设的现代韩国语语料库 SJ-RIKS ext 提供的词频统计可以得知，"形容词+게"状语出现的频率远远高于其他形容词状语。

一、理论背景

认知语言学认为,语言的意义是一种认知现象,因此最终必须从认知的角度对其进行分析(束定芳,2008:27)。认知语义学把概念语义和句法语义分而治之,二者属于两个不同层面(Jackendoff,1983)。对于句子而言,概念语义和句法结构构成语符关系,概念语义表述语言的概念内容,句法结构表述语言表达,而句法语义是概念语义与句法结构之间的过渡层面。概念语义、句法语义、句法结构之间的关系可以用图1表示,其中的箭头表示概念语义与句法语义、句法语义与句法结构之间的体现(realizational)关系。

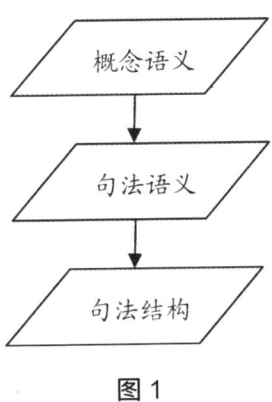

图1

概念语义通过句法语义的过渡,与句法结构构成体现关系。概念语义具有百科性和丰富性,句法语义具有概括性与抽象性,概念语义和句法语义之间的关系,是多和少的体现关系。由于丰富的概念语义和抽象的句法语义之间存在这种体现关系,所以语言的理解需要激活丰富的百科概念语义(程琪龙,2006:73)。概念语义的表述形式为概念框架(conceptual frame),概念框架由概念语义结构(简称概念结构)组合而成。句法语义结构(简称语义结构)难以表述丰富的概念语义内容(简称概念内容),概念框架的介入,可以充分表述概念内容及其认知操作。在认知功能模式中,概念框架表征概念内容,句法语义结构表征句法语义内容,概念框架通过句法语义结构体现为句法结构。

句法结构的语义分析应该包括对其概念语义与句法语义的分析,要想对形容词结果状语与动词谓语组合小句的意义进行较为充分的描写,不仅要分析其句法语义,还要分析其概念语义以及概念结构与语义结构的体现关系。

二、形容词结果状语与动词谓语组合小句的句法语义与概念语义

韩国语形容词结果状语与动词谓语的组合,从其语言形式即句法结构来看是"状语+中心语"结构即状中结构。从表层来看,这一状中结构是一个较为简单的句法结构,但是从深层来看,它蕴含着丰富的语义内容。

形容词结果状语修饰动词谓语时,表示动作或变化的结果;动词表示的动作或变化导致施事或受事出现某一结果,形容词描述其结果状态(张文江,2017)。先行研究主要立足于句法结构与语义结构的对应关系,由表层的句法结构入手,揭示较为深层的句法语义,一定程度弥补了以往研究的不足。但是,这一研究主要是对句法语义的探讨,尚未涉及更加深层的概念语义。为达到对句子的意义进行充分的描写,除了分析其句法语义之外,还需对其深层的概念语义进行分析。

按照先行研究,"形容词+게"结果状语与动词谓语组合时,在句法层面前者修饰后者,在语义层面"形容词+게"主要表示主语的结果状态或宾语的结果状态,由此可以将"形容词+게"分为描主结果状语与描宾结果状语两种类别(张文江,2012)。下面根据上述分类,按照"形容词+게"为描主结果状语与描宾结果状语两种情况,在句法语义分析的基础上,分别对其与动词谓语组合所在小句的概念语义进行探讨。

(一)"形容词+게"为描主结果状语时

当"形容词+게"为描主结果状语时,"形容词+게"表示动作或变化导致主语论元出现的结果,形容词描述主语的结果状态(张文江,2012)。例如:

(1)아이가 튼튼하게 자랐다.(孩子长得结实。)
(2)철수가 배부르게 먹었다.(哲洙吃饱了。)

上述例句中画线部分为"形容词+게"结果状语与动词谓语的组合(下同)。例(1)中的自动词"생기다(长)"表示主语"아이(孩子)"的动态变化,状语"튼튼하게(结实)"表示主语"아이(孩子)"的结果状态。例(2)中的他动词"먹다(吃)"表示主语"철수(哲洙)"的动作,状语"배부르게(饱)"表示主语"철수(哲洙)"的结果状态。例(1)、例(2)的语义结构可以分别表示为"当事+结果+动作""施事+结果+动作"。

句法语义分析不能完满地揭示句子表示的概念内容。"当事+结果+动作""施事+结果+动作"等语义结构是对句子概念内容的抽象与概括,单凭语义结构难以激活句子丰富的概念语义,要想对概念语义进行充分的描写,需要对句子

的概念框架进行分析。

按照认知语言学,句子的概念框架由若干概念结构组成,是一个具有一定激活连通权值的局部性关系网络。概念框架分为先设条件、概念过程、推导结果三个部分,三个部分之间是组合关系。其中,概念过程(简称过程)作为概念框架的核心部分,表述句子的概念语义内容在某一时段中的情状(事件和状态),过程以先设条件(简称先设)的末端为起点,以推导结果(简称推导)的始端为终点。为论述的方便,我们借助程琪龙(2006)的概念框架分析模式进行阐述。

通过观察可以发现,"形容词+게"为描主结果状语时,其与动词组合所在小句的概念框架分为动态性状概念框架与动作性状概念框架两种形式,下面分别通过例(1)与例(2)的概念框架分析进行阐述。

(1) 아이가 <u>튼튼하게 자랐다</u>.(孩子长得结实。)

例句	아이가 튼튼하게 자랐다
先设	[客体아이+状态튼튼하다]+否
过程	客体아이+变자라다+终状튼튼하다
推导	客体아이+状态튼튼하다

如上所见,例(1)的概念框架为动态性状概念框架,先设和推导部分分别包含性状时空概念结构"[客体아이+状态튼튼하다]+否"与"客体아이+状态튼튼하다",过程部分包含性状时空概念结构"客体아이+变자라다+终状튼튼하다"。为论述的方便,本文将性状时空概念结构简称为性状概念结构。上述性状概念结构"客体아이+变+终状튼튼하다"的性状方式"变"为显性表达。该概念框架表述了例(1)的概念内容:"客体(아이)"通过"长(자라다)"这一自身变化引发"客体(아이)"的状态发生改变,由原来的"不结实"状态变化成为"结实(튼튼하다)"状态。

受篇幅所限,不能列举更多例句进行一一分析。概括而言,与"形容词+게"描主结果状语组合的动词是非主动行为动词时,动词表示变化[1],句子的概念框架为动态性状概念框架,仅由性状概念结构组成,性状概念结构表述为"[客体+状态]+否""客体+变+终状""客体+状态"。动态性状概念框架表述句子的概念内容为:客体的动态变化引发客体的状态发生变化,其状态变为事件中的终点状态。

---

[1] 韩国语表示变化的非主动行为动词有"자라다(长)、변하다(变)、생기다(长)"等自动词,具体参见毕玉德(2005)。

例（2）的概念框架可以分析如下。
（2）철수가 배부르게 먹었다.（哲洙吃饱了。）

例句	철수가 배부르게 먹었다.
先设	[客体철수+状态배부르다]+否
过程	动作者철수+动作먹다 客体철수+变+终状배부르다
推导	客体철수+状态배부르다

例（2）的概念框架为动作性状概念框架，先设和推导分别由性状概念结构"[客体철수+状态배부르다]+否"与"[客体철수+状态배부르다]"组成，概念过程包含动作概念结构"动作者철수+动作먹다"和性状概念结构"客体철수+变+终状배부르다"。概念过程中，性状概念结构"客体옥화+变+终状예쁘다"中的性状方式"变"为非显性表达。上述概念框架表述了例（2）的概念内容，即"动作者（철수）"发出的"吃（먹다）"这一动作引发"客体（철수）"的状态发生改变，由原来的"不饱"状态变化为"饱（배부르다）"状态。

概括而言，与"形容词+게"描主结果状语组合的动词是主动性行为动词时，句子的概念框架为动作性状概念框架，由动作概念结构、性状概念结构两种概念结构组成，性状概念结构表述为"[客体+状态]+否""客体+变+终状""客体+状态"，动作概念结构表述为"动作者+动作"[①]。动作性状概念框架表述句子的概念内容为：动作者发出的动作引发客体即动作者的状态发生变化，其状态变为事件中的终点状态。

（二）"形容词+게"为描宾结果状语时

当"形容词+게"为描宾结果状语时，"形容词+게"表示动作行为导致宾语论元出现的结果，形容词描述宾语的结果状态（张文江，2012）。例如：

（3）그는 책상을 깨끗하게 닦았다.（他把书桌擦干净。）
（4）영민이 인형을 예쁘게 깎았다.（英民漂亮地刻了一个玩具娃娃。）

例（3）中的他动词"닦다（擦）"表示主语"그（他）"的动作，状语"깨끗하게（干净）"表示宾语"책상（书桌）"的结果状态。例（4）中的他动词"깎다（刻）"表示主语"영민（英民）"的动作，状语"예쁘게（漂亮）"表示宾

---

① 例（2）中缺省宾语即动作的承受者。当句中出现宾语时，动作概念结构为"动作者+动作+动作对象"。

语"인형（玩具娃娃）"的结果状态。例（3）、例（4）的语义结构可以分别表示为："施事＋受事＋结果＋动作""施事＋成事＋结果＋动作"。语义结构较为抽象与概括，要想充分地揭示句子丰富的概念内容，还需对其概念框架进行分析。

我们通过分析发现，"形容词＋게"为描宾结果状语时，"形容词＋게"与动词组合所在小句的概念框架分为使动性概念框架与创造性概念框架两种形式，下面分别通过例（3）与例（4）的概念框架分析进行阐述。

（3）그는 책상을 깨끗하게 닦았다.（他把书桌擦干净。）

例句	그는 책상을 깨끗하게 닦았다.
先设	[客体책상＋状态깨끗하다]＋否
过程	动作者그＋动作닦다＋动作对象책상 致使者그＋致使＋致使对象책상＋倾向[客体책상＋终状깨끗하다]
推导	客体책상＋状态깨끗하다

例（3）的概念框架为使动性状概念框架，由性状概念结构、动作概念结构、致使概念结构三种概念结构组成。其中，先设部分由性状概念结构"[客体책상＋状态깨끗하다]＋否"组成，概念过程由动作概念结构"动作者그＋动作닦다＋动作对象책상"、致使概念结构"致使者그＋致使＋致使对象책상＋倾向"[1]、性状概念结构"客体책상＋终状깨끗하다"组成，推导部分由性状概念结构"客体책상＋状态깨끗하다"组成。概念过程中，致使概念结构中的"致使"概念成分为非显性表达。上述概念框架将句子概念内容表述为：动作者（그）发出的动作（닦다）作用于动作对象（책상），与此同时致使者（그）导致致使对象即客体（책상）的状态发生变化，该状态变为事件中的终点状态（깨끗하다）。

（4）영민이 인형을 예쁘게 깎았다.（英民漂亮地刻了一个玩具娃娃。）

例句	영민이 인형을 예쁘게 깎았다
先设	[客体인형＋状态예쁘다]＋否
过程	动作者영민＋动作깎다＋终体인형 致使者영민＋致使＋致使对象인형＋倾向[客体인형＋终状예쁘다]
推导	客体인형＋状态예쁘다

---

[1] 此处的"倾向"概念成分由性状概念结构"客体책상＋终状깨끗하다"构成。

例（4）的概念框架为创造性状概念框架，先设部分由性状概念结构"[客体인형+状态예쁘다]+否"组成，概念过程由动作概念结构"动作者영민+动作깎다+终体인형"与致使概念结构"致使者영민＋致使＋致使对象인형＋倾向[①]"以及性状概念结构"客体인형 + 终状예쁘다"组成，推导部分由性状概念结构"客体인형＋状态예쁘다"组成。概念过程中，致使概念结构中的"致使"概念成分为非显性表达。例（4）与例（3）的概念框架构成基本相同，不同的一点就是，动作概念结构不太一样。例（3）中的"动作对象"概念成分在例（4）中成为"终体"概念成分，其原因在于：例（4）包含创造事件，存在被创造出来的实体"인형（玩具娃娃）"。例（4）的概念内容表述为：动作者（영민）发出的动作（깎다）的实施产生了终体（인형），同时致使者（영민）导致致使对象即终体与客体（인형）的状态变为事件中的终点状态（예쁘다）。

概括而言，与"形容词＋게"描宾结果状语组合的动词均为表示主动性行为的他动词[②]。当动词表示创造性动作时，句子的概念框架为创造性状概念框架，如例（3）所示；当动词表示非创造性动作时，句子的概念框架为使动性状概念框架，如例（4）所示。使动性状概念框架与创造性状概念框架的构成基本相同，均由动作概念结构、致使概念结构和性状概念结构组成，二者的区别在于，使动性概念框架中的动作概念结构存在"动作对象"概念成分，没有"终体"概念成分，而创造性状概念框架中的动作概念结构有"终体"概念成分，缺省"动作对象"。使动性状概念框架表述动作者（致使者）发出的动作使得对象（客体）的状态变为事件中的终点状态，创造性状概念框架表述动作者（致使者）发出的动作产生了终体（对象）并使得终体（对象、客体）的状态变为事件中的终点状态。

三、概念结构与语义结构的体现关系

概念语义具有百科性与复杂性，句法结构具有有限性与单一性。要使结构单一、数量有限的句法结构表达繁杂的概念语义，从概念语义经句法语义的过渡体现为句法结构的过程中，需要经过必要的认知处理。概念语义体现为句法语义，需要进行概括与抽象的认知操作。为揭示从概念语义到句法语义的体现过程，有必要对概念结构与语义结构之间的体现关系进行探讨。

通过上述分析得知，"形容词＋게"为描主结果状语与描宾结果状语时，所

---

① 此处的"倾向"概念成分由性状概念结构"客体인형＋终状예쁘다"构成。
② 韩国语中的他动词等同于英语中的及物动词。

在句子的概念框架分别存在两种不同的形式。为论述的方便，在分析概念结构与语义结构的体现关系时，我们继续按照"形容词+게"为描主结果状语与描宾结果状语两种情况分别进行阐述。

（一）"形容词+게"为描主结果状语时

"形容词+게"为描主结果状语时，"形容词+게"状语与动词谓语组合所在小句的概念框架分为动态性状概念框架与动作性状概念框架。

1. 动态性状概念框架下概念结构与语义结构的体现关系

当动词是表示自身变化的非主动性行为动词时，描主结果状语"形容词+게"与动词谓语组合所在小句的概念框架为动态性状概念框架。

（1）아이가 튼튼하게 자랐다.（孩子长得结实。）

例（1）中的动词谓语是表示非主动性行为的动词，句子的概念框架为动态性状概念框架，该概念框架由如下3个性状概念结构组合而成。

[客体아이+状态튼튼하다]+否

客体아이+变자라다+终状튼튼하다

客体아이+状态튼튼하다

构成上述概念结构的概念成分有"客体、状态、否、变、终状"，其中"否"为非显现表达。同一概念结构中概念成分之间是组合与关系，用"+"来表示，概念成分之间没有顺序上的区别。不同概念结构的概念成分之间可以存在同指的重合关系，其中，"终状"与"状态"存在重合。从概念结构到语义结构的体现过程中，概念结构中的概念成分"客体"体现为语义结构中的"当事"语义成分，概念成分"变"体现为语义结构中的"动作"语义成分，概念成分"终状"与"状态"重合后集中体现为语义结构中的"结果"语义成分。动态性状概念框架下，概念成分与语义成分的体现关系以及概念结构与语义结构的体现关系可以用图表示如下：

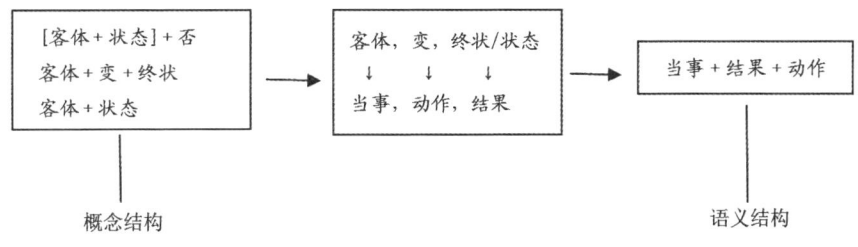

图2

例（1）的语义结构表示为"当事+结果+动作"或"当事+动作+结果"等形式，与概念结构中的概念成分之间的关系相同，语义成分"当事、结果、动作"之间也是组合与关系，它们没有顺序上的差别。如上图所示，概念结构与语义结构之间是多对一的关系，概念结构体现为语义结构，是一个抽象与概括的过程。句子为动态性状概念框架时，概念结构与语义结构的体现关系表现为，由较多数量的概念成分组成的3个性状概念结构体现为仅由3个语义成分组成的1个语义结构"当事+结果+动作"。

2. 动作性状概念框架下概念结构与语义结构的体现关系

当动词是表示主动性行为的动词时，描主结果状语"形容词+게"与动词谓语组合所在句子的概念框架为动作性状概念框架。

（2）철수가 배부르게 먹었다.（哲洙吃饱了。）

例（2）中的动词是表示主动性行为的动词，句子的概念框架为动作性状概念框架，由如下3个性状概念结构和1个动作概念结构组合而成。

性状概念结构：[客体철수+状态배부르다]+否

　　　　　　　客体철수+变+终状배부르다

　　　　　　　客体철수+状态배부르다

动作概念结构：动作者철수+动作먹다

上述概念结构由概念成分"客体、状态、否、变、终状、动作者、动作"组成。其中动作概念结构中"动作者"概念成分与性状概念结构中的"客体"概念成分存在重合，性状概念结构中的"状态"与"终状"存在重合，概念成分"否"与"变"为非显性表达。从概念结构到语义结构的体现过程中，概念成分"客体"与"动作者"集中体现为语义成分"施事"，概念成分"状态"与"终状"集中体现为语义成分"结果"，概念成分"动作"体现为语义成分"动作"。动作性状概念框架下，概念成分与语义成分的体现关系以及概念结构与语义结构的体现关系可以用图表示如下：

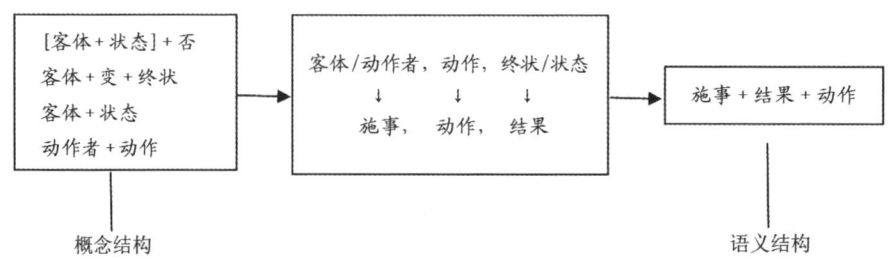

图3

例（2）的语义结构为"施事+结果+动作"。由概念结构体现为语义结构，经过了概括与抽象的过程。如上图所示，句子为动作性状概念框架时，概念结构体现为语义结构过程中，由较多数量的概念成分组成的 3 个性状概念结构和 1 个动作概念结构体现为仅由 3 个语义成分组成的 1 个语义结构"施事+结果+动作"。

（二）"形容词+게"为描宾结果状语时

"形容词+게"为描宾结果状语时，表示宾语的结果状态，其与动词谓语构成的组合所在小句的概念框架分为使动性状概念框架与创造性状概念框架两种情况。

1. 使动性状概念框架下概念结构与语义结构的体现关系

动词是表示非创造性动作的他动词时，"形容词+게"描宾结果状语与动词谓语所在句子的概念框架为使动性状概念框架。

（3）그는 책상을 깨끗하게 닦았다.（他把书桌擦干净。）

例（3）中的动词是表示非创造性行为的他动词，句子的概念框架为使动性状概念框架，概念框架由如下 3 个性状概念结构、1 个致使概念结构和 1 个动作概念结构组合而成。

性状概念结构：[客体책상+状态깨끗하다]+否
　　　　　　　客体책상+终状깨끗하다①
　　　　　　　客体책상+状态깨끗하다
致使概念结构：致使者그+致使+致使对象책상+倾向②
动作概念结构：动作者그+动作닦다+动作对象책상

上述概念结构由概念成分"客体、状态、否、终状、致使者、致使、致使对象、倾向、动作者、动作、动作对象"组成，其中"状态"与"终状"、"致使者"与"动作者"、"致使对象"与"动作对象"和"客体"分别存在重合，"否"与"致使"为非显性表达。从概念结构到语义结构的体现过程中，概念成分"致使者"与"动作者"集中体现为语义成分"施事"，概念成分"致使对象""动作对象"和"客体"集中体现为语义成分"受事"，概念成分"状态"与"终状"集中体现为语义成分"结果"。使动性状概念框架下，概念成分与语义成分的体现关系以及概念结构与语义结构的体现关系可以用图表示如下：

---

① 该性状概念结构构成致使概念结构中的概念成分"倾向"，下同。
② 概念成分"倾向"包含一个性状概念结构，下同。

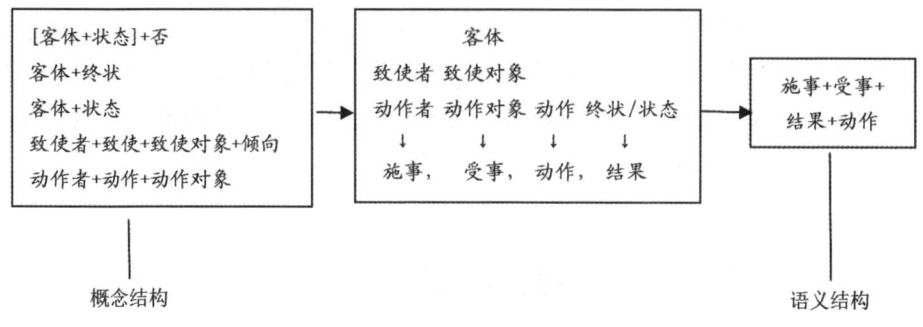

图4

例（3）的语义结构为"施事＋受事＋结果＋动作"。从概念结构体现为语义结构，经过了概括与抽象的过程。如上图所示，句子为使动性状概念框架时，概念结构体现为语义结构过程中，由数量众多的概念成分组成的 3 个性状概念结构、1 个致使概念结构和 1 个动作概念结构体现为仅由 4 个语义成分组成的 1 个语义结构"施事＋受事＋结果＋动作"。

2. 创造性状概念框架下概念结构与语义结构的体现关系

当动词是表示创造性动作的他动词时，"形容词＋게"为描宾结果状语与动词谓语所在句子的概念框架为创造性状概念框架。

（4）영민이 인형을 예쁘게 깎았다.（英民漂亮地刻了一个玩具娃娃。）

例（4）中的动词是表示创造性动作的他动词，句子的概念框架为创造性状概念框架，概念框架由如下 3 个性状概念结构、1 个致使概念结构和 1 个动作概念结构组合而成。

性状概念结构：[客体인형＋状态예쁘다]＋否
　　　　　　　客体인형＋终状예쁘다
　　　　　　　客体인형＋状态예쁘다
致使概念结构：致使者영민＋致使＋致使对象인형＋倾向
动作概念结构：动作者영민＋动作깎다＋终体인형

创造性概念框架与使动性状概念框架基本相同，不同之处是，创造性状概念框架动作概念结构中的"终体"代替了使动性状概念框架动作概念结构中的"动作对象"。上述概念结构由概念成分"客体、状态、否、终状、致使者、致使、致使对象、倾向、动作者、动作、终体"组成，其中"否"与"致使"为非显性表达。概念结构之间存在概念成分同指的重合："状态"与"终状"、"致使者"与"动作者"、"致使对象"与"动作对象"和"终体"分别存在重合。与使动性状概念框架相似，创造性状概念框架下，从概念结构到语义结构的体现过程中，概念成分"致使者"与"动作者"集中体现为语义成分"施事",概念成分"致使对象""动作对象"和"终体"集中体现为语义成分"成事",概念成分"状态"与"终状"集中体现为语义成分"结果"。创造性状概念框架下,概念成分与语义成分的体现关系以及概念结构与语义结构的体现关系可以用图表示如下:

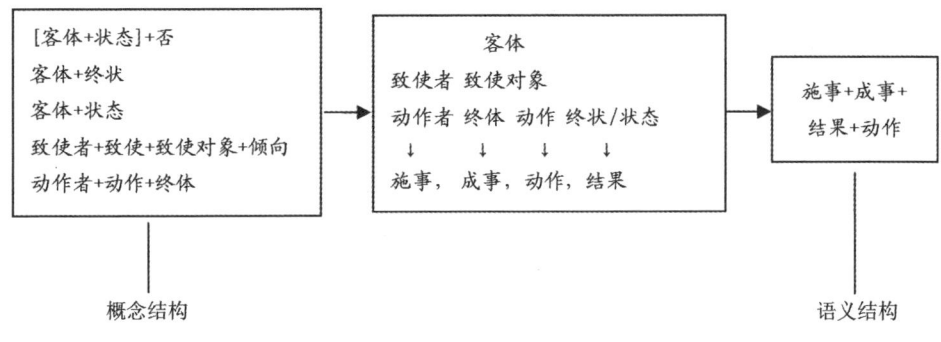

图 5

例(4)的语义结构为"施事+成事+结果+动作",从概念结构体现为语义结构,依然是经过了概括与抽象的过程。如上图所示,句子为创造性状概念框架时,概念结构体现为语义结构过程中,由数量众多的概念成分组成的 3 个性状概念结构、1 个致使概念结构和 1 个动作概念结构体现为仅由 4 个语义成分组成的 1 个语义结构"施事+成事+结果+动作"。

四、结语

语言的意义作为一种认知现象,需要从认知的角度对其进行分析。句子的概念语义和句法语义分属两个不同层面,概念语义和句法结构构成语符关系,句法语义是概念语义与句法结构之间的过渡层面。在认知功能模式中,概念框架表征概念语义内容,句法语义结构表征句法语义内容。句子的语义分析除了分析其句法语义,更要分析其概念语义。

从句法语义来看,形容词结果状语与动词组合所在小句的句法语义相对抽象与概括,语义结构较为单一。当形容词为描主结果状语时,形容词结果状语与动词组合小句的语义内容为:当事或施事发出的动作或变化引发当事或施事变为某一结果状态;其语义结构表述为:"当事+结果+动作"或"施事+结果+动作"。当形容词为描宾结果状语时,形容词结果状语与动词组合所在小句的语义内容为:施事发出的动作导致受事或成事的状态变为某一结果状态,其语义结构表述为:"施事+受事+结果+动作"或"施事+成事+结果+动作"。

通过概念框架分析可以揭示句子的概念语义内容,从而可以对句子的意义进行较为充分的描写,形容词结果状语与动词组合所在小句的概念语义具有百科性与丰富性特点。当形容词为描主结果状语时,形容词结果状语与动词组合小句的概念框架分为动态性状概念框架(动词表示非主动行为)与动作性状概念框架(动词表示主动性行为);动态性状概念框架由性状概念结构组成,表述客体自身的变化引发其状态变为事件中的终点状态,动作性状概念框架由动作概念结构与性状概念结构组成,表述动作者的动作引发客体(动作者)的状态变为事件中的终点状态。当形容词为描宾结果状语时,形容词结果状语与动词组合小句的概念框架分为使动性状概念框架(动词表示非创造性动作)与创造性状概念框架(动词表示创造性动作);使动性状概念框架由动作概念结构(存在"动作对象"概念成分)、致使概念结构、性状概念结构组成,表述动作者(致使者)发出的动作使得对象(客体)的状态变为事件中的终点状态,创造性状概念框架由动作概念结构(存在"终体"概念成分)、致使概念结构、性状概念结构组成,表述动作者(致使者)发出的动作产生了终体(致使对象、客体)并使得终体(致使对象、客体)的状态变为事件中的终点状态。

由于概念语义具有百科性与丰富性,句法语义具有抽象性与概括性。由概念结构体现为语义结构,要经历一个抽象与概括的过程。当形容词结果状语与动词谓语组合所在句子的概念框架为动态性状概念框架时,由较多概念成分组成的 3 个性状概念结构体现为语义成分较为单一的 1 个语义结构;当句子为动作性状概念框架时,由较多概念成分组成的性状概念结构、动作概念结构等 4 个概念结构体现为语义成分较为单一的 1 个语义结构;当句子为使动性状概念框架与创造性状概念框架时,分别由众多概念成分组成的性状概念结构、动作概念结构、致使概念结构等 5 个概念结构体现为语义成分较为单一的 1 个语义结构,为此概念结构与语义结构之间是明显的多对少的体现关系。

参考文献

[1]毕玉德.现代韩国语动词语义组合关系研究[M].北京:民族出版社,2005.

[2]程琪龙.概念框架和认知[M].上海:上海外语教育出版社,2006.

[3]束定芳.认知语义学[M].上海:上海外语教育出版社,2008.

[4]王寅.认知语言学[M].上海:上海外语教育出版社,2007.

[5]张文江.韩国语结果状语研究:以"形容词+게"结构为例[G]//东方语言文化论丛:第 31 卷.北京:军事谊文出版社,2012:44—58.

[6]张文江.韩国语形容词状语语义研究[M].广州:世界图书出版广东

有限公司, 2017.

　　[7] 김경훈. 현대 국어 부사어 연구 [D]. 서울: 서울대학교박사학위논문, 1996.

　　[8] 박소영. 한국어 동사구수식부사와 사건구조 [D]. 서울: 서울대학교박사학위논문, 2003.

　　[9] 박덕규. 국어의 동사상의 연구 [M]. 서울: 한국문화사, 1998.

　　[10] 이수련. 한국어와 인지 [M]. 서울: 박이정, 2001.

　　[11] Jackendoff R. *Semantics and Cognition* [M]. Cambridge, MA: The MIT Press, 1983.

　　[12] Schlesinger I M. *Cognitive Space and Linguistic case: Semantic and Syntactic Categories in English* [M]. Cambridge: Cambridge University Press, 1995.

社会语言学视角下中韩敬语体系比较

信息工程大学　刘坤明　于佳怡

【摘　要】 敬语是在人际交往中人们普遍使用的一种礼貌语言,在礼貌方面规范人的语言行为,用以表达对听话人的尊敬,体现了一个人的文化修养。中韩两国同处儒家文化圈,地理位置相近,受儒家文化影响深远,但两国不同的民族性格特征以及历史发展背景,使两国的敬语体系发展具有一定的差异性。本文通过对汉语及韩语中敬语的概念及体系进行整理,从社会语言学的视角讨论中韩敬语体系,具体从社会身份、夫妻关系、年龄关系这些非语言因素来展开分析,探究现代汉语和韩国语敬语体系在社会语言学的角度下的特点及差异,以期提高相关语言学习者对敬语体系的认知,从而掌握敬语学习中的精髓,提高交际能力。

【关键词】 敬语；社会语言学；中韩比较研究

中国上下五千年的历史文化中,封建统治大概历经 2000 多年,儒家文化中的君臣上下、尊卑贵贱用词分得清清楚楚。现代汉语仍然在一定程度上保留了这些谦称、敬语,但也有一些变化。韩国在公元 1444 年之后才有韩文文字,在这之前都是使用汉字。儒学传入朝鲜半岛可谓势如破竹,随后在朝鲜半岛广泛传播,对朝鲜的思想文化发展产生了深远影响,在朝鲜半岛思想史上具有极其重要的地位。其形成的尊卑文化体系一直沿用至今。受到"上尊下卑""卑己尊人"的儒家思想的影响,韩国的敬语体系发展十分完善,但现代韩国语敬语体系是由 1945 年以后的敬语体系发展而来的。

语言不是一成不变的,既有伴随语言自身发展的内部变化,也有随着人类社会的形成及发展而产生的外部变化。研究语言和社会语境的关系,关注语言和文化、社会因素的关联,对语言使用本身及观测语言发展的趋势有重要的意义。语言是变化的,本文在前人对中韩敬语研究的基础上,从社会语言学角度出发,结合社会身份、夫妻关系、年龄关系这些非语言因素来展开分析,研究现代汉语、韩国语敬语体系在社会语言学环境下的异同,从而更好地帮助语言学习者把握精髓,提高交际能力。

一、中韩敬语研究现状

在现代社会中，敬语表达在人际交往中具有重要作用，使用正确的表达技巧，往往能获得意想不到的效果。敬语表达体系在中韩两国学界都取得了丰富的研究成果。

汉语界对委婉语概念的界定始于陈望道（1976），有的学者还将委婉语称为"委婉修辞""婉词""婉转词""婉言""婉曲""委婉语词""委婉表达法"等①。陈望道（1976）定义委婉语，指说话时不直白本意，只用委曲含蓄的话来烘托暗示叫婉转辞。姚殿芳等（1987）指有时候，人们不直截了当地把本来的意思说出来，而故意把话说得委婉含蓄一些，把语气放得缓和轻松一些，这在修辞学上叫"婉言"。束定芳（1989）指委婉语是用婉转或温和的方式来表达某些事实或思想，以减轻其粗俗程度。后面还有孔庆成（1993）、张宇平等（1998）、常敬宇（1995）、陈原（2000）等都对委婉语从修辞或礼貌的角度进行了定义。中国社会语言学家陈原出版的《社会语言学》（1983）中，吴礼权（1987）、李国南（1989）、吴松初（1996）等学者，探讨了委婉语现象的社会因素②。

韩国对现代敬语体系的研究大致从词汇、语法、社会环境三个方面进行，具体如下：韩国语学校语法中将敬语法分为三种，即主体尊敬、客体尊敬、相对尊敬法。其中主体尊敬分为直接尊敬和间接尊敬，客体尊敬分为宾语成分尊敬和状语成分尊敬，相对尊敬分为格式体和非格式体尊敬法。최현배（1937）将敬语法分为"합쇼체, 하오체, 하게체, 해라체"③四个格式体，但将"하소서체④"和"합쇼체"放在了同一等级，都归入特别尊敬法中。고영근（1974）致力于表尊敬的终结词尾研究，根据终结词尾的形态将敬语法分为"합쇼체, 하오체, 하게체, 해라체"四个格式体。김정호（2005）从社会语言学的角度分析了韩国语听者尊敬法主要使用的社会方法，即通过提示对话参与者之间的社会关系和"约定"。한길（1996）从分析影响听者尊敬法实现等级的因素着手，找到社会性原因并观察这些社会因素如何影响听者尊敬法的实现，并且最后给出了决定因素的优先顺序。20世纪90年代开始韩国逐渐关注敬语法的社会因素方面的研究，其中성기철（1970）、고영근（1974）、이익섭（1974 ㄱ, ㄴ）都强调影响敬语法实

---

① 马丽. 韩国语委婉语研究［D］. 北京：中央民族大学，2020：19—20.
② 全珍儿（Jeon Jinah）. 跨文化交际中的汉韩委婉语对比研究［D］. 北京：北京外国语大学，2017：3.
③ 特别尊敬法、普通尊敬法、普通卑称法、特别卑称法。
④ "하소서체"属于相对尊敬法其中一种，如"하시옵소서""가사이다"等。

现的社会因素的重要性,并取得了显著的成果。

调查发现,汉语敬语体系主要表现为委婉语,汉语学界对委婉语的定义大体相同,认为委婉语指说话时不直白本意,而是通过委婉含蓄的方式表达,以减轻表达的粗俗程度,在修辞学上也叫"婉言"。韩语敬语体系则相对较为完善,主要体现在语法上,将敬语法分为主体尊敬、客体尊敬、相对尊敬法三种,其中主体尊敬分为直接尊敬和间接尊敬,客体尊敬分为宾语成分尊敬和状语成分尊敬,相对尊敬分为格式体和非格式体尊敬法,在具体表现形式上又分为"합쇼체,하오체,하게체,해라체"四个格式体,可以看出,韩语敬语体系在语法上有一套较为完整的体系。但是,两国对敬语体系的研究大都局限于词汇、语法层面,中韩敬语体系的对比研究有限,从社会语言学视角研究中韩敬语体系的成果有限。因此,本文在中韩两国学者对敬语体系的研究基础上,试图从社会语言学视角出发,通过对社会身份、夫妻关系、年龄关系等社会因素进行对比分析,探究中韩两国敬语体系的特征及差异。希望能对相关语言学习者有所助益。

二、敬语概念与体系

(一)汉语敬语概念与体系

1. 概念

本文搜录如下词典,摘取了汉语敬语相关的定义及解释,具体如表1所示。

表1 汉语敬语的定义及解释

作者	文章或著作名称	定义及解释	时间
孙民立	"敬词"和"谦词"①	敬词是表示对他人的尊敬,谦词是表示自己的谦虚。	1983
王雅军	实用委婉语词典②	委婉语通常采用含蓄、比喻、象征、引用、借代、称赞、戏谑、抑己的手法。有的俗语、谚语等,也是极好的委婉语。委婉语通常反映了人的修养,以礼貌代替粗俗,以含蓄代替直说,以柔软代替生硬,以婉转代替刺激,有助于改善人际关系。	2005
洪成玉	谦词敬词婉词词典③	谦词、敬词和婉词是礼貌语言之一,即在礼貌方面规范人的语言行为。谦词,是用谦卑的言辞谦称自己或与自己有关的人或事;敬词,是用	2010

---

① 孙民立."敬词"和"谦词"[J].语文教学与研究,1983(11):1.
② 王雅军.实用委婉语词典[M].上海:上海辞书出版社,2005:1—3.
③ 洪成玉.谦词敬词婉词词典[M].北京:商务印书馆,2010:1—7.

(续表)

作者	文章或著作名称	定义及解释	时间
		尊敬的言辞敬称他人（主要是对方）或与他人有关的人或事。	
立青	谦词谦语①	谦词，简单地说，就是"自卑"之词。什么叫"自卑"？卑，即低，与高相对；自卑，即在话语交流结构中，把自己的地位降到对方或他方之下。谦词有两个特点：涉及的是自己或与自己有关的一方；有卑微甚至是贬抑之意。	2018

综上，本文给出汉语委婉语的定义及特点如下：

（1）谦词、敬词和婉词是礼貌语言之一，即在礼貌方面规范人的语言行为。

（2）反映人的修养。

（3）是社会中人们普遍使用的一种语言。

（4）通过委婉短语、词语或者委婉表达法来实现。

为便于对比研究，本文采用"敬语"来指代汉语的委婉语、敬语、谦词类表达②。

2. 体系

汉语敬语从古至今，发展变化较大，本文从现代汉语着手，从社会语言学的角度分析敬语体系，具体如下。

（1）词汇

汉语表达谦称和自卑的短语、词汇很多，大致在此分为表达类敬语和称谓类敬语。

第一，表达类敬语分为礼貌用语和惯用语。

表2 表达类敬语

分类	细类	用例
礼貌用语	招呼	"您好""很高兴认识您""请多指教""请多关照"
	告别	"再见""欢迎下次再来""慢走""祝您一路顺风""请再来"
	感谢	"谢谢""劳驾了""让您费心了""拜托了""麻烦您""感谢您的帮

---

① 立青. 谦词谦语[M]. 上海：上海文化出版社，2018：8.

② 韩国语"경어"或者"높임말"这样的话，按照直译是"敬语""尊敬的话"，范畴包括自卑和谦称，与汉语表尊敬、谦卑的词语的范畴一致，本文故采用"敬语"一词以方便后面的对比研究。

(续表)

分类	细类	用例
		助"
	道歉	"对不起""请原谅""很抱歉""请稍等""麻烦""请多包涵"
惯用语	问候	"久仰""久违"
	祝福	"恭贺""恭喜"
	请求	"劳驾""拜托""敢请"
	赞人见解	"高见"
	等候	"恭候"
	迎接	"失迎"
	探访	"拜访"
	来访	"光临""惠临"

第二，称谓类敬语分为人称、亲属、类亲属、年龄、职业、外交敬语。

表3　称谓类敬语

分类	细类	用例	备注
人称	代词性称谓	第一人称"我"：自谦时用"鄙人、在下、敝人、晚生" 第二人称"你"：敬谦用"您、您二位" 第三人称"他"和"她"本身没有敬意。"他"可以指称等位者和下位者，但一般不能指代上位者。或者用"这位、那位"。	三人称代词复数"他们"一般也不能指代上位者，而需用"那两位、那几位、老师们、领导们、叔叔大爷们"等变化形式来表示尊敬。
	名词性称谓	亲属类："尊""贤""令""爸爸""妈妈""爷爷""奶奶""姥姥""姥爷""叔叔""婶婶""姨""姑父"	有血缘
		社会类：细分为类亲属、年龄、职业三类，具体用法如下。 1. 类亲属："大爷""大姐""大叔""姓+兄""姓+姨""大婶""老爷爷""老大娘""老兄"（无血缘）； 2. 年龄："您老""老人家""老先""老教授""老中医""老工程师""老科学家""老教师""老大爷""老大妈"； 3. 职业："部长""厅长""处长""校长""排长""厂长"（"姓"+"职位/头衔"）	
外交		"总统先生""阁下""陛下""大臣""大使阁下""先生""小姐""夫人""女士"	

（2）句型

第一，"请"类兼语句。如：请开门、请关灯。
第二，"是不是"类询问句。如：是不是这样做？是不是真的？
第三，"可不可以"类请求句。如：同学，可不可以关下灯？

（3）语气

第一，命令。如：快去吧！
第二，请求。如：最后离开图书馆的同学请把灯关一下！
第三，禁止。如：请不要大声讲话！

（二）韩国语敬语概念与体系

1. 概念

本文搜录如下词典，摘取了韩国语敬语相关的定义及解释，具体如表 4 所示。

表4 韩语敬语的定义及解释

作者	著作名称	定义及解释	时间
허웅	국어학[1]	존대법（尊待法）：谓词通过活用词尾（表尊敬意义的词尾）表示，属形态论的语法范畴	1989
남기심·고영근	표준국어문법론[2]	높임법（尊敬法）：根据听者和话者的关系决定是否采用尊敬或者谦让的表达方法	2005
성기철	한국어 대우법과 한국어 교육[3]	대우법（待遇法）：听者与话者之间的社会地位及个人亲疏关系而形成的待遇规则	2007
이익섭	국어학개설[4]	경어법（敬语法）：谓语根据敬语法采取适当的形式来表达尊敬，下位分为尊敬法、谦让法、恭逊法	2011
서정수	국어문법[5]	대우법（待遇法）：待遇法是指根据待人关系来选择合适的话的方法，关系分为听者与话者的上下关系、亲疏关系等情况	2013

---

[1] 허웅. 국어학 [M]. 서울: 샘문화사, 1989: 7.
[2] 남기심·고영근. 표준국어문법론 [M]. 서울: 탑출판사, 2005: 336.
[3] 성기철. 한국어대우법과한국어교육 [M]. 서울: 글누림, 2007: 15.
[4] 이익섭. 국어학개설 [M]. 사울: 학연사, 2011: 40.
[5] 서정수. 국어문법 [M]. 공주: 집문당, 2013: 3.

综上，本文认为韩国语敬语具有如下特点：（1）是对其他人表示尊敬的语言形式及体系；（2）是地位等级低的人向地位等级高的人通过语言来表达尊敬的方法；（3）是社会等级高的人向低的人间接表达自身绝对地位的方法。

2. 体系

韩国语敬语（경어）源自中国，但发生了很多本土化的变化，体系十分完善。下面从词汇和语法两个层面来具体分析。

（1）词汇

表 5　词汇类敬语

词汇	例
固有词	진지-밥（饭） 댁-집（家） 생신-생일（生日） 성함-이름（名字） 나이-연세（年龄）
汉字词	귀（贵）：귀국（贵国），귀빈（贵宾） 옥（玉）：옥체（玉体），옥고（玉稿）
人称代词	第一人称：저, 저희, 우리 第二人称：너, 자네, 당신, 그대, 너희 第三人称：그쪽, 그분, 저분

（2）语法

表 6　语法类敬语

句型	细类	例
添加词尾	表尊敬的先语末词尾	-(으)시：선생님은 책을 읽으시었다.（老师读书，对动作使用敬语法）
	表尊敬的终结词尾	합쇼체, 하게체, 하오체, 해라체, 해요체, 해체.
添加助词		-께서, -께：선생님께서 책을 읽으시었다. / 선생님께 책을 드렸다.（老师读书，对主语提示格助词使用敬语法）
语气	叙述	원래 여기 놓여 있었는데...（比"어디 놓여습니까? 구체적인 곳을 알려주십시오."的语气更委婉）
	命令	같이 보도록 하겠습니다.（比"같이 보십시오"的语气更缓和、有礼貌）
	疑问	들어주셔도 됩니까?（比"들어 주십시오"的语气更缓和、有礼貌）

三、现代汉语和韩国语敬语体系中的社会因素对比

本文将从社会语言学的视角讨论中韩敬语体系，具体从社会身份、夫妻关系、年龄关系这些非语言因素来展开分析。

（一）社会身份

社会身份可分为职位等级、利益关系等级、公私关系等级。

1. 职位等级

政府机构的上下级、公司中的雇主和雇员、学校的老师和学生都会按照职位权势的等级使用敬语和谦词。如：

科长，您交给我整理就行了！

老板，您当心前面的路！

老师，谢谢您！

这些都是由于职位等级造成的身份地位上产生上下的关系，所以下对上使用敬语，上对下不使用敬语来维护自己绝对的地位。

과장님, 제가 정리하겠습니다.

사장님, 앞의 길을 조심하십시오.

선생님, 감사합니다.

这些也都可以充分反映，如果不是处于"下"的关系，这些话都应该改为如下所示：

과장, 나가 해.

사장, 앞의 조심해.

선생, 감사.

但以上这些话在现实韩国社会是不可能存在的。

2. 利益关系等级

利益关系指交际主体之间由于某些活动而存在的一种关系。如买家和卖家、医生和患者、店员和顾客等。在这种利益关系中，利益的主体一般会占据主动权，处于"上"的地位，利益的受益者处于被动地位，即"下"的地位，那么，就会形成下对上使用敬语和谦称的情况。如：

老板，您便宜点儿呗。

医生，请您帮我看看。

这里的"您""请"都是表示尊敬的。

사장님, 좀 깎아주세요.

의사 선생님, 도와주세요.

这里的"님""좀""-요"都是表示尊敬的。

3. 公私关系等级

公共场合即使没有任何明显的身份、地位等级上的"上"与"下"的关系，也会使用敬语和谦称，这是一种习以为常的社会风俗。如：

请问，公厕怎么走？

저기요, 화장실이 어디예요?

(二) 夫妻关系

受儒教文化影响，男尊女卑的思想至今还残留在社会的一些人中，但集中在较为年长的夫妻之间，年长的夫妻之间主要通过语气来表达敬语和谦称。

在中国的封建统治中，儒家思想作为正统思想占据了相当久的统治地位。孔子提倡的"唯小人与女子难养也"等男尊女卑思想对中国社会影响深远[①]。宋代理学兴起，理学家鼓吹和宣扬"存天理，灭人欲"，强化男尊女卑的绝对性和永恒性，推崇女子守节，扼杀女性人性自由，正如俗语所说"一女不更二夫""好马不配二鞍，好女不嫁二夫""饿死事小，失节事大"。

现代社会中较年长的夫妻之间表达尊敬和谦卑主要通过语气来表示。

如：来吃饭吧！（比"来吃饭"要更加温柔，一般女性会降低其身份，对丈夫等男性表达尊称。）

传统的韩国女性也是深受儒家思想的影响，古朝鲜时期《乐浪朝鲜民犯禁八条》中对女性女德及社会规范的要求十分高，俗语中也有体现，如"여자는 익은 음식이라""남편 밥은 아랫목에서 먹고 아들 밥은 윗목에서 먹고 딸 밥은 부엌에서 먹는다""여자는 시흘만 안 때리면 여우가 된다"等。

现代韩国社会中也仍然是较年长者之间仍然存在谦称表达形式。如：

여보, 당신도 들었죠?（妻子→丈夫）

무슨 소리요?（妻子→丈夫）

这里都是妻子使用较为尊敬的终结词尾来表达对丈夫的尊敬。

그래야겠소.（丈夫→妻子）

그랬소.（丈夫→妻子）

---

① 黄育红. 儒汉语谚语中的性别歧视及社会文化阐释［J］. 湖南社会科学院，2015（2）：200.

这里都是丈夫使用对下的不表达尊敬意义的终结词尾来表达自己的绝对地位。其他年龄段的夫妻呈现新社会、新时代的特性，几乎不会按照古代礼俗来维持夫妻关系，所以相对的话语体系也有相应程度的改变，此处不做详细讨论。

（三）年龄关系

年长者在汉文化圈有很大的身份地位和发言权，年长者处于敬语体系的"上"位，所以其他"下"位的人要对年长者使用敬语和谦词。汉语中通常是使用语气来表达较为亲近关系之间的尊卑，但对年纪较大的话者还会掺杂使用一些表谦称和敬称的词汇。韩国语同样在表达较为亲近关系之间的敬语法时会使用해요체（一般尊敬体），但在表达对年纪较大或者身份地位较高的年长者时不仅使用表达敬语意义的词汇，也会使用最尊敬的语法来表达。

在中文中，尤其在职场中，常听到如下对话：

小李，把这份文件复印一下，交给孙总。（上级→下级）

张总，日程表这样安排您看行吗？（下级→上级）

在餐桌上，我们也会常听到如下对话：

伯父伯母，晚辈招待不周，还请多多见谅。（晚辈→长辈）

小张随意点儿啊，跟到了自己家一样。（晚辈→长辈）

由此可见，中文中，常用语气和谦敬词来表示尊卑，上级对下级往往采取命令的语气，常用一些语气稍强硬的祈使句，下级对上级往往采取一种商议询问的语气，常采用一些语气委婉的疑问句。当然除了语气之外"招待不周、见谅、慢用、慢走"这类谦敬词也常用来体现中文中的尊卑关系。

在韩文中表达对长辈的尊敬时一般体现在语体或词汇上，如：

언니, 그동안 잘 지냈어요? （年龄小的一方→年龄大的一方）

그래. 너도 잘 지냈지. （年龄大的一方→年龄小的一方）

할아버지, 진지 드세요. （晚辈→长辈）

응, 너도 많이 먹어라. （长辈→晚辈）

由此可见，韩语中，谦敬的表达既可体现在语体上，如"잘 지냈어요."中的"해요체"，既可表达对对方的尊敬，又可表达双方之间的亲近关系。同时，韩语谦敬的表达也可体现在词汇，如"진지 드세요."中的"진지, 드시다"分别为"밥, 먹다"的敬语形式，对话中常用于表达晚辈对长辈的尊敬。

四、结语

敬语体系内部远比想象的复杂，如何使用得合乎礼仪关系到人际交往是否成功，也关系到社会关系是否融洽。本文采取社会语言学的视角，从社会身份、夫妻关系、年龄关系等非语言因素展开分析，认为中韩两国的敬语体系在相同的社会语境下具有一定的相似性，如社会地位低的群体向社会地位高的群体使用敬语，具体表现在职位等级、利益关系等级、公私关系等级等方面；在夫妻生活中，受儒家文化中男尊女卑思想的影响，女性对男性使用敬语，随着现代社会自由平等思想的传播，这一思想观念主要体现在较年长的夫妻之间；年龄关系在儒家文化圈中体现出较明显的尊卑关系，敬语通常用于表达晚辈对长辈的尊敬。同时，两国的敬语体系在具体的表现形式上存在一定差异，汉语主要通过语气的委婉，以及一些表谦称和敬称的词汇来表示尊敬，而在韩语中，谦敬的表达一般体现在语法或词汇上。希望本文可以帮助相关学习者更好地从社会因素来理解语言的敬语使用。

参考文献

［1］陈望道．修辞学发凡［M］．上海：上海教育出版社，1976．

［2］常敬宇．汉语词汇与文化［M］．北京：北京大学出版社，1995．

［3］陈原．社会语言学［M］．北京：商务印书馆，1983．

［4］洪成玉．谦词敬词婉词词典［M］．北京：商务印书馆，2010．

［5］黄育红．儒汉语谚语中的性别歧视及社会文化阐释［J］．湖南社会科学院，2015（2）：200．

［6］孔庆成．委婉语言现象的立体透视［J］．上海外国语学院学报，1993（2）：28—32．

［7］李国南．英语中的委婉语［J］．上海外国语学院学报，1989（3）：23—27．

［8］立青．谦词谦语［M］．上海：上海文化出版社，2018．

［9］马丽．韩国语委婉语研究［D］．北京：中央民族大学，2020：1—254．

［10］全珍儿（Jeon Jinah）．跨文化交际中的汉韩委婉语对比研究［D］．北京：北京外国语大学，2017：1—89．

［11］束定芳．委婉语新探［J］．上海外国语学院学报，1989（3）：28—34．

［12］孙民立．"敬词"和"谦词"［J］．语文教学与研究，1983（11）：1—3．

［13］吴礼权．试论汉语委婉修辞格的历史文化背景［J］．修辞学习，1987

（6）：43—44.

［14］吴松初. 中英当代流行委婉语的文化比较［J］. 现代外语，1996（3）：60—62.

［15］王雅军. 实用委婉语词典［M］. 上海：上海辞书出版社，2005.

［16］姚殿芳，潘兆明. 实用汉语修辞［M］. 北京：北京大学出版社，1987.

［17］张宇平，姜燕萍，于年湖. 委婉语［M］. 北京：新华出版社，1998.

［18］김정호. 1920년대 청자 높임법의 사회언어학적 연구 [J]. 우리말글，2005: 69-98.

［19］남기심·고영근. 표준국어문법론 [M]. 서울: 탑출판사，2005: 1-428.

［20］성기철. 한국어대우법과한국어교육 [M]. 서울: 글누림，2007: 1-630.

［21］서정수. 국어문법 [M]. 공주: 집문당，2013: 1-1584.

［22］이익섭. 국어학개설 [M]. 서울: 학연사，2011: 1-462.

［23］한길. 사회적요인이들이높임법등분에미치는영향 [J]. 인문과학연구，1996 (3): 99-121.

［24］허웅. 국어학 [M]. 서울: 샘문화사，1989: 1-476.

［25］최현배. 우리말 존중의 근본뜻 [M]. 서울: 연세대학교출판문화원，1953.

基于扩展意义单位的涉华报道意识形态分析
——以韩国媒体对华为公司报道为例

信息工程大学 赵天锐

【摘 要】本研究基于自建的韩媒新闻报道语料库，借助"扩展意义单位"理论对韩国媒体关于华为报道中的意识形态进行探究。通过分析语料库中和"화웨이"存在显著关系的搭配词，发现韩国媒体从不同层面报道华为时隐藏的意识形态。研究表明：韩国媒体在报道中对华为的技术实力、市场地位和领导层工作风格给予肯定，呈现出积极的语义韵；而涉及华为受到制裁、与韩企竞争和领导层私人关系等话题时呈现出消极的语义韵。此外，本研究在一定程度上证明了扩展意义单位和批评话语分析的结合在韩国语文本中的适用性，为解读文本中潜藏的意识形态提供了新的视角。

【关键词】批评话语分析；扩展意义单位；韩国媒体；华为

一、引言

由于新闻文本可以有效地塑造对特定事件及其参与者的公众认知，其在信息传播中的地位不容忽视。受众如果缺乏对某个事件直接认识的条件，那么对该事件的理解在很大程度上会取决于新闻的描述。虽然客观性是新闻媒体追求的目标，但出于主观目的的"选择性"报道屡见不鲜，而新闻报道中使用的语言会对受众的价值判断产生深远影响。有鉴于此，语言学家主张对新闻语篇进行批评话语分析，以揭示语言背后隐藏的意识形态。在过去的三十多年间，批评话语分析取得了长足的发展。但传统的批评话语分析方法因其主观性也为人诟病。为弥补批评话语分析的短板，有学者提出了将语料库语言学和批评话语分析相结合的研究方向。可由于缺乏合适的研究模型，借助语料库方法开展社会学研究遇到了障碍。

Sinclair（1998，2004）基于共选理论提出了扩展意义单位模型。该模型包括搭配、类联接、语义倾向和语义韵等内容。卫乃兴（2012）指出：扩展意义单位集语境、意义、功能、结构、目的于一体，是典型的形式-意义-功能的复合体，是比较全面的语言描述模型。扩展意义单位理论在批评话语分析中有很好的适用性。随着观察语言形式的不断扩展，话语与意识形态间的关系愈发清晰。本文借助扩展意义单位模型，基于自建的韩媒新闻报道语料库，对韩国媒体涉华报道中的意识形态进行分析，尝试为语料库语言学和批评话语分析的结合探索新的研究思路和范式。

二、相关研究
（一）批评话语分析

批评话语分析作为一种话语分析方法，旨在揭露语言、权力和意识形态之间的辩证关系。Fairclough 和 Wodak 提出了批评话语分析的主要目的，即：1）系统探讨话语实践和事件间的因果关系，以及更广泛的社会文化结构、关系和过程；2）讨论话语与社会之间的关系在维持权力中的作用。

经过数十年的发展，批评话语分析形成了一些有代表性的视角和研究方法。Fairclough（1989）的话语分析三维理论是批评话语分析领域的经典理论，该理论认为话语是社会实践的一种形式，批评话语分析可以通过语言的变化研究社会和文化的变化。而 Wodak（1989）以历史视角对话语进行观察，提出了话语历史分析法（Discourse-Historical Analysis），即对话语的所有背景信息进行收集后对话语进行解构。他用这种方法分析和解释种族主义思想和公众话语的偏见。该方法适用于挖掘隐含在话语中的偏见和暗示。Van Dijk（1998）从社会认知的角度构建了话语-认知-社会三角模型，以研究种族和族裔歧视、权力不平等社会现象。

在以韩国语文本为对象进行的批评话语分析中，大部分都运用了 Halliday 的系统功能语法。但批评话语分析并不是只局限于系统功能语法框架下的特定语言形式研究。为充分发现具有重要社会意义的语言结构，并对话语的意识形态进行有意义的归纳，部分学者对语料库语言学的方法投以关注。김혜영（2013）、Kim（2014）、이재선（2015）等都是在自建语料库中对关注话题的相关词汇进行检索，而后对索引行进行分析，从而得出结论。本文主要围绕两个问题展开研究：1）扩展意义单位理论在韩国语文本上的适用性到底如何？2）韩国媒体对华为公司的报道传递了怎样的意识形态意义？

（二）扩展意义单位

Sinclair（1996）指出：搭配反映的是词汇与词汇之间的共选关系，即语料库中节点词和其搭配词的共选关系；类联接反映的是节点词和其搭配词间的语法范畴关系；语义倾向是词汇、语法和语义的共选关系；语义韵是整个意义单位的功能，它反映了说话者的交流意图或态度，并揭示了词汇、语法和功能间的关系。Stubbs（2009）对扩展意义单位中每个层级的共选关系进行了概括。即，搭配是指与节点词共现的词；类联接是语法模式，反映句法特征；语义倾向反映的是文本主题，涉及文本的连贯性；语义韵是指和动机相关的交际目的。其中搭配和类联接体现了水平方向上的组合关系，涉及特定的单词和语法；而语义倾向和语义韵反映的是垂直方向上的聚合关系，涉及语义和语用。

部分学者基于上述扩展单位理论，在多领域进行了探索并取得了一定成果。如：陆军等（2012）以扩展意义单位模型为框架，采用可比语料库和平行语料库证据相结合的方法，考察中英文节点词的型式特征、型式构成要素间的相互作用以及翻译对等在型式构成上的对应关系。研究发现：在原文与译文中，英汉翻译对等在型式构成上并不总是一一对应，但所构筑的语义韵总趋于一致。张绪华（2010）借助语料库工具，将最高程度强势语作为节点词，运用扩展意义单位理论进行同义词辨析研究。发现词语在搭配、类联接、语义倾向和语义韵方面的较多差异。胡江（2016）通过自建的军事新闻语料库，从扩展意义单位的角度对"China"一词的意识形态含义进行研究。研究表明，意义单位是话语意识形态意义的重要承载手段和具体实现方式，西方媒体涉华军事报道对中国的主流态度是消极和否定的，但出现了一些积极的转变。本文将坚持现有研究中较为成熟的扩展意义单位研究方法，采用自下而上的方式，从节点词出发，逐步扩大研究单位，进行话语的意识形态分析。

三、研究方法

媒体话语可以将各类信息迅速传递给读者，形成先入为主的观念，因此其具有很强的影响力和操纵力。这种力量会潜移默化地改变人们对社会关系和现实的理解和态度。Van Dijk（1988）认为应把新闻作为话语研究的重要对象。近来，随着中国经济的快速发展，中国的民营企业也逐渐走出国门，而华为就是其中的代表。尤其是美国制裁华为事件发生后[①]，华为在世界范围内的曝光率迅速提升，各国媒体都对华为给予了更多的关注。（见图 1）媒体报道中隐含的意识形态意义尤其值得关注。本文选取韩国两家主流媒体《中央日报》和《东亚日报》中与华为相关的新闻作为研究对象。以"화웨이"为关键词，通过爬虫程序搜

---

① 2019 年 5 月 16 日，美国商务部将华为及其附属子公司列入"实体名单"。没有许可证的情况下，华为将无法从美国公司购入软硬件产品及服务。此后，美国逐步收紧对华为的制裁政策。

索、采集 2010 年至今两家网站发布的报道。而后通过人工鉴别的方式，剔除其中的无关报道和重复报道，建立韩媒新闻报道语料库。最终得到的语料库中有报道 902 篇，包含字符 3148462 个，语料库构成如表 1 所示。

表 1 韩媒新闻报道语料库构成

媒体名称	报道篇数	比例	字符数
《中央日报》	673	74.6%	2204931
《东亚日报》	229	25.3%	943531

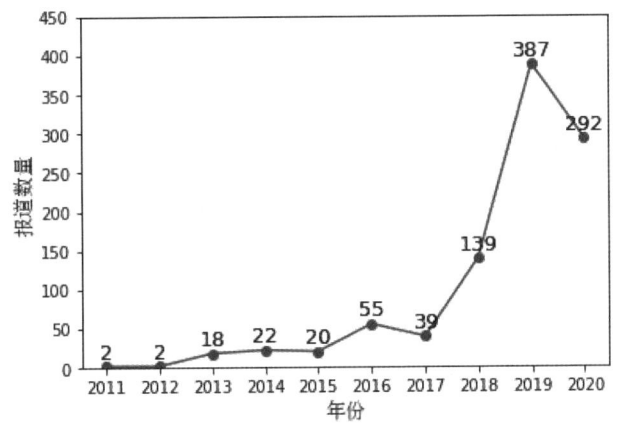

图 1 韩国媒体华为相关报道数量变化折线图（2011—2020 年）

本研究的目的是揭示韩国主流报纸对华为公司报道中的意识形态因素，但由于语料库的规模较为庞大，本文选择与"화웨이"存在显著搭配关系的词汇作为节点词，对包含这些节点词的索引行展开研究。首先，笔者将筛选过的语料进行分词处理后导入语料库软件 Word Smith5.0，通过计算，得到"화웨이"的显著搭配词并选定要研究的节点词。而后，结合节点词的上下文和社会背景，按照语义特征对节点词的共选词汇进行归类，描绘其语义倾向及语义韵。最后，根据扩展意义单位理论，探讨语言中潜藏的意识形态因素。

四、分析与讨论

（一）화웨이的搭配词

在韩媒新闻报道语料库中对"화웨이"进行检索，设定跨距为-5/+5，以频率为检索标准确定"화웨이"的显著搭配词的范围。本研究以互信息值（MI 值）为考察词汇搭配关系的标准，将 MI 值大于 4.8 的列为显著搭配词，通过软

件计算，可以得到"화웨이"的显著搭配词，如表2所示。

表2 韩媒对华为相关报道语料库中"화웨이"显著搭配词（部分）

搭配词	词频	互信息值
퇴출	64	5.616
런정페이	213	5.503
배제	155	5.285
비즈니스	75	5.178
멍완저우	140	5.149
장비	487	5.112
자회사	51	4.957
사용	346	4.833
거래	254	4.750
통신	779	4.689

由表2可知，韩国媒体在关于华为公司的报道中主要关注该公司的产品（장비、통신）、贸易往来和商业状况（거래、비즈니스）、遇到的制裁和困境（퇴출、배제）以及公司领导层（런정페이、멍완저우）的相关信息。以上显著搭配词没有清晰的语义韵特征，为进一步分析韩媒对华为公司进行报道时的立场和态度，本文选取"퇴출""장비""런정페이""비즈니스"四个词作为节点词展开研究。因为这四个词与"화웨이"的搭配强度都比较高，且可以代表韩媒对华为报道的不同层面，所以具有一定的研究价值。

（二）퇴출(退出)的共现关系和意识形态

韩语中的"퇴출"是汉字词，既可以单独用作名词，也可以和-하다结合用作动词。在语料库中，"퇴출"的主要语义是"下架，退出市场"，"화웨이"和"퇴출"的共现频数为64，通过观察每一个索引行，得到以下结果。

表3 "퇴출"的类联接和搭配词

类联接	搭配词
화웨이＋퇴출＋N	동참촉구、결정、통고、발표、압박、전선、외교전전、캠페인、한대、사이버안보·경제 분야
화웨이＋퇴출을＋V	선언하다、공식화하다、결정하다、에 집중하다、에 동참하다

(续表)

类联接	搭配词
화웨이+N 를 퇴출하다	장비、설비、5G 장비、이동통신장비、모든 장비
화웨이가/는 퇴출을+V	당하다

如表 3 所示，퇴출的左搭配主要是"화웨이"，右搭配主要为"放弃使用华为产品"的声明形式或动作。主要的类联接形式是"화웨이+퇴출+N""화웨이+퇴출을+V"。搭配的主要是没有显著感情倾向的"发表"类词汇。该结构的主要语义倾向为"决议放弃华为产品"。但通过观察上下文可以发现，韩国媒体在描述华为因受到制裁而离开部分国家和地区的市场时，使用的表述方式是"화웨이 퇴출"，按照现实情况，表述的完整形式应当为"화웨이를 퇴출시키다"而不是"화웨이가 퇴출하다"。这一表述对华为所处的被动地位采取了模糊处理。如果是出于缩略的需要，可以采用"화웨이 배제"等表达方式。此外，在《标准国语大辞典》中，"퇴출"一词和企业等实体联合使用时，一般默认前面搭配的实体存在一定问题，如"부실 은행 퇴출"。由此可见，该表达内含部分消极语义韵极性。

此外，还存在"화웨이가/는 퇴출을+V"的类联接形式，此种形式右搭配只有"당하다"一种情况，带有消极的情感色彩。

例 1：미국의 이런 초강수는 화웨이 퇴출 동참에 소극적인 동맹과 우방국들을 압박하기 위한 측면도 있다.（2020.12.07，중앙일보）

例 2：제재에도 떵떵거리던 중국 통신장비업체 화웨이가 퇴출을 결정한 영국에는 정중하게 '다시 생각해달라'고 촉구했다.（2020.07.15，중앙일보）

例 3：영국이 5G 이동통신망에서 중국의 통신장비업체 화웨이 장비를 퇴출하겠다고 하자 중국이 보복 가능성을 경고하는 등 반발하고 나섰다.（2020.07.12，동아일보）

例 4：스마트폰 시장에서 연간 2 억 대 정도를 파는 화웨이가 퇴출당하면 삼성·LG 전자가 점유율 일부를 가져올 수 있다.（2020.09.15，중앙일보）

例 1 直接说明美国为打击华为采取了强硬的手段，对没有积极配合的同盟也使用多种方法进行压迫。甚至表明这种压迫可能引发美国与邻国的关系紧张。侧面表现出美国对华为制裁的力度和华为的艰难处境。例 2 中先后用"떵떵거리던"和"다시 생각해달라"描写华为的表现，前后的反差形成了讽刺的消极情感色彩，同时凸显了英国政府的主动姿态和华为的被动姿态。类似地，在例 3 中，英国政府表示停用华为设备，而中方外交部发言人的发言被解读为带有"报复性"的"警告"，质疑中方此番表态的合理性，同时漠视华为受损的正当权益。而例 4 表达了华为遭到制裁后，三星、LG 等韩国本土企业存在市场份额增

加,获得"反射性利益"的可能性。综上所述,韩国媒体中与华为受制裁相关的报道主要传递出一种消极的语义韵。

(三) 장비(裝備)的共现关系和意识形态

"장비"在韩语中只有名词义,在语料库中장비的主要语义是"技术设备,通信设备"。"화웨이"和"장비"的共现频数为487。通过对索引行的观察,可以得到如下结果。

表4 "장비"的类联接和搭配词

类联接	搭配词
N+장비	화웨이、5G 통신、이동통신、네트워크、외국산
장비+N	시장 점유율、시장、경쟁력、업체、기업、공급회사、공급자、공급、사용、개발、도입、설치、대결
장비를+V	사용하다、이용하다、쓰다、갖추다、구매하다、설치하다、도입하다

如表4所示,장비的左搭配主要是修饰性名词,说明装备的用途、性质、生产厂商等信息。右搭配的主要类联接形式是"장비+N"和"장비를+V"。而"장비+N"又可以分为两种情况,一种是장비+具备名词义的名词,主要语义是和设备市场竞争相关的"设备市场占有率""设备竞争力"和"设备供给方"等;二是장비+具备动词义的名词,这类名词主要以汉字词为主。主要语义涉及"设备生产及使用"。"장비를+V"的主要语义是"获得和使用设备"。"N+장비"和"장비+N"都呈现的是华为作为设备生产者的形象,"장비를+V"则更侧重华为作为被选择厂商的形象。

通过观察发现,当华为作为设备提供者被提及时,其形象较为正面,文本中蕴含的情感极性以积极为主。索引行体现的核心语义是"对华为全球级别通信设备供应商地位的承认"。而当华为作为被选择的厂商出现时,文本所蕴含的评价极性为中性和消极。共现的动词较多和否定形式搭配,构建出华为"受制裁影响失去市场份额"的语义倾向,营造出消极的语义韵。

例5:화웨이는 5G 통신장비 분야에서는 30%의 점유율(지난해 3 분기 기준, IHS 마켓 조사)로 이미 최강자다.(2020.01.15,중앙일보)

例6:시장조사업체 IHS 마켓이 최근 3 분기 기준 글로벌 5G 통신 장비 시장 점유율에 따르면 화웨이가 시장의 30%를 가져가며 1 위를 차지했고. 삼성전자기 23%로 2 위에 올랐디.(2019.12.24,중앙일보)

例 7：미국은 이를 문제 삼아 다른 나라들도 5G 네트워크 구축에 화웨이 장비를 사용하지 못하게 압력을 가하고 있다.（2020.11.18，동아일보）

例 5 和例 6 都在 5G 通信设备全球市场的维度下评价华为的市场地位，除了提到华为具体的市场份额在 30% 左右，还使用了情感色彩较强的表达，如"1위를 차지하다""최강자"等，表示对华为作为 5G 设备供应商成绩的肯定。有时媒体会出于对比的需要，提到本国或他国的相关从业者（如：三星电子等）。而例 3 则是语料库中比较常见的另一种情况，华为作为被制裁的对象被单独提及，句子的主语是美国和英国等号召或参与对华为制裁的国家，具体行为描述包括禁止购买、进口、装配、使用等。对美国的号召行为，韩国报纸也会采用"압력을 가하다"等描述，以表示对其难以认同。在报道时多采用直接引用的句式，引用的内容不仅包括制裁华为相关国家的言论，也包括一部分中国外交部门的应对。总体来说，在涉及华为的通信设备时，韩国媒体的报道主要透露出积极和中性的语义韵。

(四) 런정페이(任正非)的共现关系和意识形态

因为"런정페이"是指代人物的专有名词，且任正非的身份较为特殊，所以对"런정페이"采用的分析角度和上文提到的显著相关词有所不同。"화웨이"和"런정페이"的共现频数为 213。通过对索引行的观察，得出"런정페이"的搭配词和类联接如表 5 所示。由于韩语中的谓语后置，为全面了解报道中的人物形象，要对出现런정페이的整句话进行观察，并总结含有런정페이的句子结构和具体内容，结果见表 6。

表 5 "런정페이"的类联接和搭配词

类联接	搭配词
N+런정페이	화웨이의 창업자、화웨이 최고경영자、화웨이의 창업주、화웨이 의 리더、중국 벤처 1 세대
N+인+런정페이	화웨이의 창업자、인민해방군 출신、정보 장교 출신
런정페이+N	회장、화웨이 최고경영자

表 6 含有"런정페이"的代表性句型结构

句型	具体内容	数量（比例）
런정페이+...+V	人生经历	32（19.8%）
런정페이는+직접화법/간접화법+V	发表言论	94（58.0%）

（续表）

句型	具体内容	数量（比例）
런정페이의＋N＋…＋V	家庭关系	36（22.2%）

  如表3所示，런정페이的左搭配主要是和其身份相关的名词，说明其职业和从业经历等信息。右搭配和左搭配类似。值得注意的是，当런정페이左侧有身份限定词时，如果存在体词谓词形"이다"的转性词尾形式"인"，则其语义倾向偏向于其带有"过去"意义的身份，如"华为的创立者，转业军人"等。当没有"인"时，其语义没有明显的倾向，既可以指其过去的身份"中国第一代风险投资人"，也可以点明其现在的地位，如"华为的领导者"。而当身份词是左搭配时，其语义倾向偏向于当前的身份，如"董事长、总裁"等。

  从含有런정페이的整个句子层面展开分析，可将句子结构大致归结为三种类型。而通过对原句的阅读和梳理，可以发现人生经历、发表言论和家庭关系分别是这三种句型对应的主要内容。对三种句型在报道中出现的数量进行统计，结果显示其中占比最高的是和任正非言论相关的内容。句型"런정페이＋…＋V"在语料库中大部分用于描述任正非的生平，包括在军队服役、创办华为等重要的履历，也有少部分描述其生活中的细节，如：俭朴低调的生活方式等。总体来说，塑造了任正非筚路蓝缕，实干创业的企业家形象，营造较为积极的语义韵。"런정페이의＋사람＋…＋V"在语料库中主要记述和任正非家人相关的内容，尤其是"孟晚舟被捕"和"姚安娜出道"等引起广泛关注的事件发生后，在相关报道中出现了很多此类句式，涉及任正非和家人们之间关系的描述总体上趋于中性，但在论及外界对任正非的家人们时，报道侧重社会上的非议和争论，塑造任正非家庭关系不和谐的语义倾向，形成了消极的语义韵。"런정페이는＋직접화법/간접화법＋V"在语料库中出现的次数较多，主要语义倾向是任正非在各种场合和平台就华为发展问题发表的言论。这些言论的时间跨度长，内容覆盖面广。在华为受到制裁之前，报道整体呈现中性偏积极的语义韵，而在华为被制裁后，报道呈现出消极的语义韵。

  例 8：지당한 말이지만 우리 CEO 치고 런정페이처럼 행동할 수 있는 사람이 있을까. 런정페이는 공항에 내리면 혼자 택시를 타고 목적지로 향한다.（2014.01.27, 중앙일보）

  例 9：창업자인 런정페이 회장은 간담회에서 "화웨이는 기초 연구를 위해 수학자 700 여 명, …엔지니어 6 만여 명이 함께 일하고 있다. 외부 과학자들이 우리의 연구 개발에 협력하는 것을 적극 환영한다"고 밝혔다.（2019.04.10, 동아일보）

  例 10：화웨이 런정페이(任正非) 회장은 "미국이 아무리 제재해도 우리

는 최소 10% 이상 성장할 것"이라고 호언장담했다.（2020.07.15，중앙일보）

例 11：중국 통신장비 기업 화웨이(華爲) 창업자 런정페이(任正非) 회장의 맏딸 멍완저우(孟晚舟)가 호화로운 가택 연금 생활로 또 구설에 올랐다.（2021.01.16，중앙일보）

例 8 是韩国媒体早期关于任正非的报道，使用了런정페이+…+V 的句型，体现任正非俭朴务实的工作风格。同时结合上文内容，可以看到韩国媒体通过与本国企业家的对比凸显任正非的正面形象，呈现出积极的语义韵。例 9 和例 10 分别取自美国对华为制裁全面升级前后的两篇报道①。例 9 是任正非对华为人力资源和人才政策的说明，一方面解释华为技术领先的原因，另一方面表示对人才的欢迎。总体呈现中性和积极的语义韵。例 10 中将任正非的言论称作"호언장담"。虽然该词汇本义为"豪言壮语"，但在韩语中，"호언장담"逐渐偏向"夸海口，妄下断言"等消极含义。②反映出韩国媒体并不认同任正非的言论，也表示对华为的前途不抱信心，呈现出消极的语义韵。例 11 中，媒体通过提及传言，引发韩国民众的揣测，呈现出消极的语义韵。

（五）비즈니스的共现关系和意识形态

"비즈니스"是外来词，在语料库中的基本含义是"业务，商务"。如表 7 所示，"비즈니스"和"퇴출"类似，在语料库中出现的频次并不高，但和"화웨이"的搭配关系十分显著。通过观察화웨이和비즈니스的所有索引行，可以得到如下结论。

表 7 "비즈니스"的类联接和搭配词

类联接	搭配词
비즈니스+N	관계, 파트너
N+비즈니스+N	컨슈머…최고경영책임자, 유럽 컨슈머…그룹 사장, 컨슈머…그룹 대표, 캐리어 네트워크…그룹, 엔터프라이즈…분야, 화웨이 소비자…그룹 CEO, 엔터프라이즈…분야

如表 7 所示，和"비즈니스"搭配的类联接形式较少，这反映了비즈니스在语料库中的用法较为固定。只有右搭配时，语义倾向为"和……的合作伙伴关

---

① 2020 年 5 月 15 日，美国全面升级对华为的制裁。

② 经过在韩国世宗语料库（https://ithub.korean.go.kr/user/corpus/corpusSearchManager.do#）中的检索，32 条关于"호언장담"的结果中，29 条为消极语义。

系"。而"N+비즈니스+N"的基本语义倾向是"华为某方面的业务负责人"。对左右的搭配词进行观察，发现 90% 以上的情况指的是华为消费者业务（컨슈머/소비자 비즈니스）的负责人。换而言之，华为的消费者业务吸引了绝大多数媒体的目光。而企业业务和运营商业务等只占到了很少的篇幅。这样的曝光率并不符合华为的业务构成。①通过扩展语境可以发现，提及华为消费者业务的语篇大部分都提到了三星、LG 等韩国企业，尤其是三星电子。近年来三星电子虽然在 5G 运营商基站等方面持续发力，但其主要关注的仍是面向消费者终端的业务。而 2019 年，华为消费者业务年度营收首次占比过半，对三星电子的压力有所增加。此外，华为受到制裁后，消费者业务受到较大打击，对三星电子等韩国企业存在隐性利好。以上背景可以解释为何韩媒对华为的消费者业务格外关注。

例 12：재계에선 권 부회장이 트럼프 대통령과의 회동에 대리 참석한 이유로 화웨이와 LG 간 비즈니스 관계를 설명하기 위한 것으로 보는 시각이 많았다.（2019.06.30，중앙일보）

例 13：16 일 중국 선전에서 열린 '화웨이 글로벌 애널리스트 서밋(HAS) 2019'에서 손 성 화웨이 컨슈머 비즈니스 부문 스마트폰 사업부 부사장이 무대위에서 화웨이 폴더블폰 '메이트 X'를 소개하고 있다. 현재까지 출시된 5G 스마트폰은 삼성전자의 갤럭시 S10 5G 가 유일하다. LG 전자는 오는 19 일 첫 스마트폰인 'LG V50 씽큐 5G'를 출시할 예정이었다가 출시 시기를 미뤘다.（2019.04.16，중앙일보）

例 12 中"비즈니스"指的是商务，整体指华为和 LG 之间的商业关系，呈现出中性的语义韵。例 13 中华为消费者业务的负责人之一展示华为新款机型，而下文中接连出现了两家韩国企业和其代表机型。暗示华为在消费者业务市场和韩国企业的竞争关系，体现出中性偏向消极的语义韵。

五、结语

1992 年中韩正式建交，此后随着两国在经贸领域合作的深入，两国的公司也走进了彼此的国门。华为成立于 20 世纪 80 年代，而当韩国媒体开始注意到华为公司时已是 20 多年后。经过多年的发展，华为逐渐成为全球领先的信息与通信技术（ICT）解决方案供应商。基于 2011—2020 年新闻报道，可以分析出以下意识形态意义：（1）对华为从无视到承认。在华为的体量尚小时，韩国媒体并

---

① 根据《华为公司 2019 年年度报告》：消费者业务收入占营收的 54%，运营商业务收入占营收的 34.5%，企业业务收入占营收的 10.4%。

不进行报道,认为一家普通民营企业不值得予以重视。而随着华为的发展,韩媒也给予了肯定的评价和相应的笔墨。(2)对华为从承认到忌惮。面对在 5G 等新技术赛道上占据了优势的华为,韩媒一面肯定华为的市场地位,一面因为华为与本国公司的利益冲突而产生忧虑。这也是语料中华为和三星、LG 等公司常常共现的原因所在。(3)对华为受到制裁的复杂心态。以美国为首的国家对华为采取制裁,韩国既对接收华为撤出的空白市场抱有期待,又对美国施行的单边主义心存畏惧和不满。

本文的研究结果验证了意义单位是话语意识形态意义的承载手段和实现方式。研究从语料库语言学的视角出发,采用定性分析和定量分析相结合的方法,观察从互联网上搜集的大量真实语料,对隐藏在文本中的意识形态因素进行挖掘,从而揭示韩语新闻文本的思想内核。批评话语分析主要研究话语在社会中如何受权势关系的影响和如何反作用于权势关系,扩展意义单位下的意识形态分析可以为批评话语分析提供新的研究范式,具有一定的理论意义。此外,目前以韩国语文本为对象开展扩展意义单位的研究较少,本文虽然部分验证了该理论在分析韩国语文本时的适用性,但也只是针对特定领域的新闻话语进行了探索性研究,在理论说明和分析方法上难免存在疏漏和不足。因此在后续的研究中要更加注重研究的系统性、科学性和全面性。

参考文献

[1] 胡江. 意义单位与批评话语分析:基于语料库的西方媒体涉华军事报道意识形态分析 [J]. 解放军外国语学院学报,2016,39(5):73—81.

[2] 陆军,卫乃兴. 扩展意义单位模型下的英汉翻译对等型式构成研究 [J]. 外语教学与研究,2012,44(3):424—436,480—481.

[3] 卫乃兴. 共选理论与语料库驱动的短语单位研究 [J]. 解放军外国语学院学报,2012,35(1):1—6,74,125.

[4] 张绪华. 语料库驱动的扩展意义单位研究:以最高程度强势语为例 [J]. 外语与外语教学,2010(4):25—30.

[5] Fairclough N. *Language and Power* [M]. London: Longman, 1989.

[6] Kim. *Examining US news media discourses about North Korea: A corpus-based critical discourse analysis* [J]. *Discourse & Society*, 2014 (25): 221-244.

[7] Sinclair J. *The lexical item* [C]// Weigand E. *Contrastive Lexical Semantics*. Amsterdam: John Benjamins, 1998: 1-24.

[8] Sinclair J. *The search for units of meaning* [J]. *Textus*, 1996, 9 (1): 75-106.

［9］Sinclair J. *Trust the Text* [M]. London: Routledge & Kegan Paul, 2004.

［10］Stubbs M. *The Search for Units of Meaning: Sinclair on Empirical Semantics* [J]. *Applied Linguistics*, 2009, 30 (1): 115-137.

［11］Van Dijk T A. *Ideology: A multidisciplinary Approach* [M]. London: Sage, 1998.

［12］Van Dijk T A. *News as Discourse* [M]. New Jersey: Lawrence Erlbaum Associates, 1988: 1-2.

［13］Wodak R. *Introduction* [C]// Wodak R. *Language, Power and Ideology*. Amsterdam: Benjamins, 1989: i-ix.

［14］김혜영. 신문 사설의 비판적 담화분석을 위한 언어적 기초 연구 [D]. 서울: 고려대하교, 2013.

［15］이재선. 북한의 국가 이데올로기와 언어정책: 북한신문매체에 관한 비판적 담화분석 [J]. 언어사실과 관점, 2015 (36): 123-166.

20世纪90年代以来蒙古国语言文字政策研究

信息工程大学　田艳秋

【摘　要】 20世纪90年代以来，蒙古国倡导恢复民族传统和发展民族文化，先后颁布三部《国家传统蒙古文大纲》大力推行传统蒙古文，重视强化公民的母语意识，强化蒙古语语言文字规范。本文介绍20世纪90年代以来蒙古国语言文字状况和语言文字政策，梳理蒙古国语言标准化和回归传统蒙古文的措施，总结20世纪90年代以来蒙古国语言文字政策特点，以期为我国制定实施面向"一带一路"倡议的语言战略提供参考。

【关键词】 蒙古国；语言文字政策；西里尔蒙古文；传统蒙古文

20世纪90年代以来，蒙古国政治上转向实行西方民主制度，经济上向市场经济过渡，文化上大力提倡恢复民族传统和发展民族文化，先后颁布三部《国家传统蒙古文大纲》，大力推行传统蒙古文，同时重视强化公民母语意识，强化蒙古语语言文字规范。本文介绍20世纪90年代以来蒙古国语言文字状况和语言文字政策，梳理蒙古国语言标准化和回归传统蒙古文措施，总结20世纪90年代以来蒙古国语言文字政策特点，以期为我国制定实施面向"一带一路"倡议的语言战略提供参考。

一、蒙古国语言文字使用现状

（一）民族构成与单语国家

蒙古国是典型的单语国家，其民族以蒙古族为主体。据1989年的人口调查数据，蒙古族人口占人口总数的90%以上，有少量的哈萨克族及其他突厥族，约占人口总数的6.0%。[①]2010年第十次人口统计显示，蒙古族人口占人口总数的95.3%，人数最多的少数民族哈萨克族共有101526人，约占全国人口总数的4%。2015年人口统计显示，蒙古族人口占人口总数的93.3%。

---

① 图门其其格，恩和. 蒙古国的民族问题与民族政策[J]. 西北民族研究，1999（2）：199.

表 1 蒙古国的主体民族所占比例表

普查时间	主体民族人口人数	所占比例
1989 年人口普查	—	90%
2010 年人口普查	2532362	95.3%
2015 年人口普查	2800000	93.3%

蒙古国的官方语言是以喀尔喀蒙古语为标准音的蒙古语。喀尔喀部是蒙古国部族中最大的一支，据 1989 年人口普查数据，喀尔喀蒙古人占当时蒙古人民共和国人口的 79%[①]。

（二）蒙古国的文字

蒙古国的现行文字是 1946 年 1 月 1 日起正式使用的西里尔蒙古文。20 世纪 90 年代初，蒙古国提倡恢复民族传统和发展民族文化，决定恢复传统蒙古文的使用，开始大力推广传统蒙古文。21 世纪初为了满足信息技术时代的需求，特别是解决互联网、手机交流中使用英文或者拉丁字母拼写西里尔蒙古文不统一的现实问题，蒙古国制定并实施《国家拉丁字母计划》。可以说，目前蒙古国形成了西里尔蒙古文、传统蒙古文、拉丁字母转写三种文字并存的局面。

1. 西里尔蒙古文

蒙古国现行文字为西里尔蒙古文，该文字自 1946 年 1 月 1 日开始在全国范围内全面推广使用。西里尔蒙古文是在俄文 33 个字母之上增加 2 个元音字母（ө，ү），由 35 个字母组成的文字体系，包括 13 个元音字母、20 个辅音字母及 2 个符号。文字横向书写，行款从左到右。为了区别于传统蒙古文而将其称为"新蒙古文"或"斯拉夫蒙古文"。由于该文字符号是由保加利亚人西里尔创造的，所以又称"西里尔蒙古文"。

2. 传统蒙古文

传统蒙古文的前身是 13 世纪起使用的回鹘式蒙古文。传统蒙古文是蒙古族 16 世纪末起开始使用的文字，是蒙古族历史上使用时间最长、范围最广、影响最大的文字。1946 年蒙古主动放弃传统蒙古文选择西里尔蒙古文。1995 年蒙古国政府颁布《国家传统蒙古文大纲》十年规划至今，传统蒙古文已经被赋予文化

---

① 图门其其格，恩和. 蒙古国的民族问题与民族政策[J]. 西北民族研究，1999（2）：199—205.

象征意义，目前，蒙古国公民的出生证明、结婚证明、各级教育机构颁发的教育证明、学位证书、毕业证书等以传统蒙古文和西里尔蒙古文并行书写。

3. 拉丁字母转写西里尔蒙古文

为了满足信息技术时代的需求，特别是解决互联网、手机交流中使用英文或者拉丁字母拼写西里尔蒙古文不统一的现实问题，2003 年蒙古国制定并实施《国家拉丁字母计划》(Латин үсгийн үндэсний хөтөлбөр)，同年 12 月国家标准计量委员会 (Стандарчилал, хэмжилзүйн үндэсний зөвлөл) 批准了《拉丁字母转写西里尔蒙古文标准》(Монгол кирил цагаан толгойн үсгүүдийг романчилах)，即 MNS 5217:2003 标准。2012 年蒙古国国家标准委员会 (Стандартчиллын Үндэсний Зөвлөл) 通过《西里尔蒙古文拉丁转写新标准》(Монгол кирил үсгийн латин хөрвүүлгийн шинэ стандарт)，确定西里尔蒙古文拉丁转写 MNS 5217:2012 标准取代 MNS 5217:2003 标准。随着信息技术的发展，网络聊天、电子邮件、短信交流等环境下西里尔蒙古文输入问题的解决，拉丁文拼写蒙古语的使用降低，但是由于拉丁文在当今世界交往中的压倒性优势，文字拉丁转写势必在一定历史时期内与西里尔蒙古文、传统蒙古文并存。

二、蒙古语语言规范

随着蒙古民主化进程的推进，国家民族意识的增强，特别是随着信息化、信息技术的快速发展，使用规范、统一的西里尔蒙古文的要求越来越迫切。蒙古国加速语言文字规范化的力度，政府、教育部、国家语言委员会等各个层面越加重视强化公民母语意识，加大力度推进语言政策与规划工作，重视西里尔蒙古文文字规范和标准的制定和推广，重视培树民众使用规范字的意识。

（一）设立"母语日"

现任蒙古国总统哈·巴特图勒嘎 2017 年 8 月 25 日发布"设立母语日"第 25 号总统令。从维护蒙古国国家安全和独立的高度，设立"母语日"，强调公民用母语正确说写的重要意义。其具体内容如下：每年 9 月 1 日为"母语日"；蒙古国全体公民、家庭、政府机关和非政府组织、企业、各级教育机构每年"母语日"举行庆祝活动；强调全民遵循蒙古语规范，国家和行政机关的行文要符合蒙古语正字法和现代蒙古文学语言的标准，在学习和研究、继承、传递、掌握、使用、保护、发展蒙古语言文字和西里尔文字的正字法方面积极主动地工作；号召公共媒体用母语开展宣传，播放母语文化、历史、习俗、传统的报道和节目；责成负责教育问题的国家中央行政机构落实蒙古国高等院校、职业教育与培训机构、全日制学校和学前教育机构每年"母语日"的第一堂课内容应以蒙古语、蒙古文学、蒙古历史为主题。

（二）《700 个异体词规范》

2011 年国家语言委员会 1 号决议以附录的形式通过《700 个异体词规范》，该规范收录异体词 700 组，根据正字法规范，从中选取 700 个作为正体，淘汰了异体词。该规范发布后，规范了有争议的词汇的书写，使西里尔蒙古文系统向规范化方向前进了一大步，有效地遏制了西里尔蒙古文使用的混乱现象。

（三）蒙古语正字法规则

面对新闻媒体、科学著述以及网络环境中包括学者在内的普通公民不严格遵守正字法规则现象，为了进一步规划西里尔蒙古文书写，2016 年 9 月 16 日国家语言政策委员会 5 号决议再次确认严格遵循和使用 1983 年的达木丁苏伦正字法规则，继续使用的重要原因是达木丁苏伦正字法已使用 75 年，已经历了时间的考验，同时明确今后蒙古国将不再修改或重新编订正字法规则。

（四）《蒙古语正字法规范词典》

2018 年 6 月 6 日蒙古国国家语言政策委员会 1 号决议以附录的形式正式通过《蒙古语正字法规范词典》（Монгол хэлний зөв бичих дүрмийн журамласан толь），国家语言委员会宣布 2011 年 1 号决议《700 个异体词规范》同时作废，责成国家语言政策委员会工作组负责决议实施监督和组织全民落实工作。《蒙古语正字法规范词典》除包含 38000 个词条规范书写外，规范了名词和动词的语法变化；对部分词的书写进行规范，例如：билиг（征兆）、бэлгэ（象征）、бэлэг（礼物）；规范了词末双辅音的使用情况；规范了俄语借入的"-ия"书写规范，"-с"和"-ц"后的"-ия"去掉，其他辅音后的"-ия"去掉"-я"。该词典与外交部协商规范了世界各国、首都、国际组织名称和外交关系事务中常用国际性词汇与用语。

（五）《汉语音节拼写规范》

2016 年 9 月蒙古国开始施行《汉语音节拼写规范》，该拼写规范以汉语拼音音节图为基础，采用表格形式，表格左列为韵母，上列为声母，每一音节组合下标注拼写规范。《汉语音节拼写规范》有效地规范了汉字词，特别是中国人名拼写的不规范问题。

三、推广传统蒙古文的措施

20 世纪 80 年代末 90 年代初，随着东欧剧变，蒙古国政治上开始实行多党制，经济上实行市场经济，在思想上掀起了恢复民族文化的浪潮，加之推行新文字改革成功背后的潜在问题逐渐暴露，传承民族文化传统的文字被人为地停止使用和传播，近千年的文字文化遗产被遗忘，民族传统文化历史延续出现了断层。这种情况下，要求保持民族文化特色、恢复传统文化，恢复使用传统蒙古文的呼声和实际行动越来越高涨，新一轮文字改革开始酝酿。

1991 年国家小呼拉尔（Улсын Бага Хурал）第 36 号决议《关于在蒙古人民共和国使用传统蒙古文处理公文并做好相应准备工作决议》（*БНМАУ-д албан хэргийг монгол бичгээр хөтлөн явуулах болон түүний бэлтгэл ажлыг хангах тухай*）做出了自 1994 年起国家公务中使用传统蒙古文的决定[①]。成立了"在国家公务中使用传统文字指导委员会"，开设传统蒙古文培训班，开播电视教学节目，全国性的恢复传统蒙古文的活动不断。1992 年，蒙古国国家大呼拉尔（Улсын Их Хурал）做出了政府部门逐步恢复使用传统蒙古文的决定，开始在中小学教育中恢复传统蒙古文教学。由于经费、师资力量、技术条件等诸多原因，1994 年起恢复使用传统蒙古文的计划未能实现，国家大呼拉尔于 1994 年 4 月 16 日确认：传统蒙古文为大众文字，新蒙古文为国家文字。同年 7 月，蒙古国家大呼拉尔专门讨论了文字问题，做出了继续使用西里尔文字，待条件成熟再讨论恢复使用传统蒙古文的问题的决定。

此后，为恢复和扩大传统蒙古文使用，蒙古国多次出台相关决议，多位总统颁布相关法令，这些举措推动蒙古国 2025 年力争实现国家公文进入西里尔蒙古文和传统蒙古文并用时代，意在为未来蒙古国全民推广使用传统蒙古文奠定基础。

（一）多次出台总统令

《蒙古语言法》第 9 条第 1 款第 3 项规定："总统具有就蒙古语言、文字的掌握、使用、保护、发展发布总统命令的职责。"

2003 年 6 月 25 日那楚克·巴嘎班迪（H. Багабанди）颁布"纪念成吉思汗

---

① "БНМАУ-лалбан хэргийг монгол бичгээр хөтлөн явуулах болон түүний бэлтгэл ажлыг хангах тухай".

蒙古国字使用 800 周年"第 105 号总统令，其内容包括：2004 年 5 月 2 日全国范围庆祝传统蒙古文使用 800 周年；将每年 5 月的第一个星期日作为传统蒙古文文字节，全民庆祝，责成政府将这项工作与庆祝成吉思汗诞辰、大蒙古国建立周年庆总统令、《国家传统蒙古文大纲》落实工作相结合。同年，蒙古政府决定将 2001 年以来的总统令用传统蒙古文抄写一遍，作为永久珍藏。

2010 年 8 月总统查希亚·额勒贝格道尔吉（Ц. Элбэгдорж）颁布恢复和扩大传统蒙古文使用的总统令，并于 2011 年 7 月 1 日起正式实施。该总统令规定：蒙古国总统、国家大呼拉尔主席、总理及政府成员与外国同级别官员进行公文和信函往来时，必须使用传统蒙古文，并附当事国或联合国某一工作语言的翻译文稿；蒙古国公民的出生证明、结婚证明、各级教育机构颁发的教育证明、学位证书、毕业证书等必须以传统蒙古文和西里尔蒙古文并行书写；责成政府 2011 年第二季度总结《国家传统蒙古文大纲（二）》实施过程与效果，并就进一步加强传统文字推广采取措施。

2018 年 5 月蒙古文文字节之际，蒙古国总统总统哈·巴特图勒嘎（X. Баттулга）签署了第 46 号"关于推进增加传统蒙古文使用的工作"总统令，要求各级政府机构和相关部门各司其职，如期完成恢复和扩大传统蒙古文使用的任务，以确保 2025 年实现国家公文同时使用西里尔蒙古文和传统蒙古文双文字书写的目标。第 46 号总统令再一次向民众传递出学习、使用、传承传统蒙古文是每一个公民的责任和义务。

（二）《国家传统蒙古文大纲》（一）（二）（三）

1995 年，蒙古大呼拉尔审议通过了政府提交的《国家传统蒙古文大纲（一）》，该大纲为传统蒙古文十年规划（1995—2005），目标设定为将传统蒙古文教学纳入基础教育中、全民学习传统蒙古文、形成传统蒙古文的使用环境。2005 年该纲要到期，政府认为传统蒙古文十年规划目标和任务基本实现。传统文字已被赋予了蒙古文化的象征意义，蒙古国的国玺、议会和政府各部的公章、各部门的牌匾都使用传统蒙古文制作，蒙古接待外国元首、政府首脑的国宾接待厅，悬挂着用蒙古文书写的成吉思汗语录。

2008 年，蒙古国政府颁布了第 196 号决议《国家传统蒙古文大纲（二）》（2008—2015 年）。《国家传统蒙古文大纲（二）》认为，传统蒙古文是世界文化不可分割的一部分，是蒙古民族的文化遗产，保护、使用、完善这一遗产是每一个蒙古国公民的职责。《国家传统蒙古文大纲（二）》共设定 4 个目标，22 项措施。2013 年政府第 37 号决议规定对高等学校入学考生组织实施传统蒙古文能力考试，这一决定成为该纲要实施的重要推动力。

2020年3月18日，蒙古国政府颁布《国家传统蒙古文大纲（三）》，明确蒙古国将从2025年起同时使用西里尔蒙古文和传统蒙古文处理公文，为接下来全面使用传统蒙古文做好充足准备。《国家传统蒙古文大纲（三）》由总则，目的、目标和时间周期，具体措施，效果和指标，经费，监督、分析和评估共六部分组成。

第一部分总则介绍传统蒙古文地位和使用情况；总结《国家传统蒙古文大纲（一）》和《国家传统蒙古文大纲（二）》的实施效果；阐明《国家传统蒙古文大纲（三）》制定的法律基础和社会需求。

第二部分介绍大纲的目的、目标和时间周期。《国家传统蒙古文大纲（三）》实施周期为2020—2024年，其目的为自2025年起同时使用西里尔蒙古文和传统蒙古文处理国家公文；为今后全面转入传统蒙古文营造传统蒙古文的教学、研究和使用环境。该目标与《蒙古语言法》设定的自2025年1月1日起过渡到传统蒙古文、西里尔蒙古文双文字并行保持时间节点上的一致。

《国家传统蒙古文大纲（三）》设定4大具体目标，即营造传统蒙古文使用环境；提升传统蒙古文教学工作水平和效果；构建双文字处理国家公文的法制环境和技术环境；完善传统蒙古文教学、研究和宣传工作的内容与形式。

第三部分具体措施部分紧扣4大目标提出46项具体措施，具体如下：

营造传统蒙古文使用环境目标包含以下14项措施：完善传统蒙古文编码和标准；制定西里尔蒙古文和传统蒙古文处理公文的标准；开办国家传统蒙古文网站；社交网络中推广传统蒙古文的使用技术，丰富线上资源的种类与形式；在新教学法指导下出版与学习者年龄相适的传统蒙古文教材、词典和其他教学资料；制作和推广网络课程、网络教材、在线词典和教学资料；加强电子环境下传统蒙古文文案处理技能培训；保护和出版传统蒙古文历史文献；支持传统蒙古文文学作品出版；自2020年开始采用两种文字出版《国家信息汇编》，做好自2023年出版传统蒙古文单行版的准备工作；增加传统蒙古文报纸、期刊的数量并予以政策支持；报纸、期刊、社评、报道不低于30%的内容采用双文字刊发，书脊处以传统蒙古文书写书名；使用传统蒙古文书写机关、企业、建筑街道广场的名称、地址、名片、商标、产品介绍、标识广告；自2020年9月起国家公共电视台采用双文字字幕。

提升传统蒙古文教学工作水平和效果目标包含以下15项措施：每两年组织一次蒙古语文教师的区域研讨，每四年一次组织全国研讨；根据民众蒙古语言文字使用、评估调研，明确下一步工作任务和方法；教育科学院编制中增加传统蒙古文教学、研究、教学法组别；优先转写全日制中小学中高年级蒙古语、蒙古历史、文学、公民教育、道德课程教材，分阶段转写出版其他课程教材和教辅；完善蒙古语言文字课程教学法指导；构建培养境外蒙古国公民、青少年掌握传统蒙古文的法律和实施环境；开展教学活动的各种所有制学校必须开设蒙古语言文字课，对其组织实施予以监督；在师资培训的高等院校、专科学校相关专业班次中加入传统蒙古文教学法课程；全日制中小学毕业生须参加蒙古语言文字考试，考试内容中传统蒙古文内容不低于 30%，最低分数线 400 分并分阶段提高；自 2020—2021 学年起高等院校、专科学院、职业培训生产中心须开设传统蒙古文课程；在校大学生须参加传统蒙古文能力考试，其成绩作为学位认证条件；改进传统蒙古文教学法和技术环境；自 2021 年起每年组织传统蒙古文国家奥林匹克竞赛；鼓励和支持开展传统蒙古文教学的个人和法人；单位、团体开展培训传统蒙古文的活动。

构建双文字处理国家公文的法制环境和技术环境目标包含以下 8 项措施：国家公务委员会、语言政策委员会共同确定公务员传统蒙古文能力水平测试内容并进行水平认证；国家公务员申请表中增加标识其传统蒙古文读写能力条目；公务员考试中蒙古语言文字考试不低于 20% 的内容为传统蒙古文测试内容；国家公务员岗位要求中增加传统蒙古文能力要求；国家机关在机关战略规划和执行规划、公务员培训计划大纲中每年规划工作人员接受传统蒙古文能力专项培训；国家机关和私营企业在相关岗位描述中体现蒙古语言文字工作能力要求；创造国家机关自 2022 年起双文字处理国家公文的环境并开始试行；在各级行政长官施政纲领中落实《国家传统蒙古文大纲（三）》的相关举措，奖励积极主动、成就突出的国家机构、地方自治机构、工作人员及个人。

完善传统蒙古文教学、研究和宣传工作的内涵与方式目标包含以下 9 项措施：将传统蒙古文、文献研究作为蒙古学的独立方向，提升理论和方法论水平层次；每年组织传统蒙古文教法研讨会和学术研讨会；每年由科学技术基金和其他经费资助蒙古语文献和文化遗产保护项目及教学研究推广项目；建立传统蒙古文遗产、民族文化思维保护和发展国家基金；国家政策扶持传统蒙古文资源建设并丰富其种类；调动民众学习和使用传统蒙古文的积极性；支持终身教育中心开展教授民众传统蒙古文的非正式教学活动；支持传统蒙古文研究和宣传活动；由蒙古国驻外外交代表处和蒙古学诸中心扶持对外宣传传统蒙古文、组织传统蒙古文书法和传统蒙古文文化展、开展教授蒙古国公民和青少年学习传统蒙古文的活动。

第四部分是效果和指标。《国家传统蒙古文大纲（三）》的效果与指标首次采取了表格方式呈现目标要求与量化要求。表格共有 4 组对应四大任务，每组 7 列，第一列为序号；第二列为拟达到的效果；第三列为衡量指标；第四列为衡量指标单位；第五列为基础水平（2020 年）；第六列为目标水平（2022）和目标水平（2024）。《国家传统蒙古文大纲（三）》评价指标操作性强，可量化，目标水平分为 2022 和 2024 年两项有利于中期的评估和后续的调整修改。

第五部分是经费。项目实施的经费来源包括国家预算和地方预算；国外贷款和国外援助；国际组织项目资助和计划资助；公民、企业、组织的捐赠；法律未禁止的其他来源。

第六部分是监督、分析和评估。国家教育主管部门每年对《国家传统蒙古文大纲（三）》实施情况进行监督、分析和评估，并向政府报告；地方由省、首都、县、区行政长官组织实施并向国家教育主管部门报告；出版媒体机构向相关上级部门报告《国家传统蒙古文大纲（三）》落实情况；可根据评估报告和第三方评估的结论和建议，可对《国家传统蒙古文大纲（三）》实施规划和指标进行增加或修改。

（三）多部门联动制定相关政策

为实现 2025 年设定的目标，政府的教育主管部门、总统下设的语言政策国家委员会、科学院下设的语言研究所任务明确。政府制定保护、发展、增加蒙古语言文字使用、正式过渡到传统蒙古文使用的国家中长期发展纲要；国家语言政策委员会的职能是保护和发展蒙古语言，研究少数民族语言和蒙古部族方言，推动国际范围蒙古语语言文字教学与研究，对此进行相关工作扶持的政策制定与《蒙古语言法》实施监督。国家语言政策委员会下设国家术语委员会，负责术语规范和解释。

教育科学体育部制定全日制中小学教学计划时应遵守国家语言政策委员会给出的建议，也就是说从几年级开始进行传统蒙古文教学取决于委员会的建议。蒙古国教育规划中明确规定，全日制学校 1—4 年级学习一种语言——蒙古语。5 年级起学习外语，6—12 年级学习传统蒙古文，自 2021 年 9 月起，蒙古国高等学校、专科学院、职业培训生产中开设传统蒙古文课程。

蒙古国教育部《2013—2016 年度高等教育改革工作计划》中明确提到"当前大学生母语能力不足"，需要革新蒙古语教育的内容、考察中等教育毕业生的母语综合水平、实行全国范围的母语写作测试，并要在此期间实现高等教育考生的母语能力上机测试。随后，在 2014 年蒙古国教育部招生办公室发出通知，要求全体参加高等学校入学考试的考生都必须参加蒙古语水平考试，强调考试的目的是检测高等院校应试考生的母语文化素质、母语的运用能力、人际交往方面的修养和母语免疫能力，促进广大青少年关注母语学习。该考试与升学考试本身的蒙古语科目考试不同，不会设定分数线。这项考试在线进行，便于主管部门进行数据统计。2017 年，在蒙古语、英语、俄语科目考试内容中增加了听力理解内容，对学生的母语和外语水平又提出了新的要求。《蒙古语言法》（2015 年）将高等学校入学考试与公务员考试中蒙古语和蒙古传统文测试以法律形式确定下来。

四、蒙古国语言文字政策特点

（一）强化母语意识，重视蒙古语文字规范

蒙古国语言政策中突出强调母语能强化民族认同感，提升民族自信心。蒙古国通过《宪法》《国家安全构想》中与语言文字相关表述进一步强化民众的母语意识，强调母语是国家的安全和独立、语言、文化完整统一的保障。

蒙古国强调通过加强蒙古语使用规范来维护蒙古语的纯洁性。进入 21 世纪以来，越来越多的英语词汇、缩略语的直接使用对蒙古语纯洁性产生较大影响。蒙古国高度重视蒙古语语言文字及其应用的规范标准的制定与施行，强调蒙古语言文字的规范就是为了加强蒙古国尊重、爱护蒙古语语言文字的意识，要求广播、电视等媒体为保护和传播蒙古语做出贡献。与此同时，蒙古国相继成立了有关机构，对蒙古语加大规划、规范力度，如成立国家语言政策委员会、术语委员会等，这些专门的语言文字机构、科研院所在保持语言纯洁性方面发挥着重要的作用。

（二）推广传统蒙古文，双文字时间目标明确

随着蒙古国民族意识的觉醒，对传统文化的重视，蒙古国政府开始推行恢复传统蒙古文。自 20 世纪 90 年代起蒙古国启动恢复使用传统蒙古文，这期间由于困难重重，数度搁浅，尽管如此，蒙古国始终未放弃回归传统蒙古文之路，由推广传统蒙古文十年计划到八年计划再到五年计划，《国家传统蒙古文大纲》的适用周期呈现逐渐缩短的趋势，说明蒙古国对传统蒙古文推广的重视，也表明随着各项政策措施的推动，蒙古国传统蒙古文的推广效果明显。

（三）从单一文字到多个文字并行的趋势明显

蒙古国是单语国家，语言环境相对简单，然而同一种语言，不同的书写文字形式共存使得蒙古国文字使用上呈现出从单文字到多文字的明显趋势，即从唯一官方文字——西里尔蒙古文发展为西里尔蒙古文、传统蒙古文、拉丁字母拼写蒙古文三文并存的文字使用模式。

（四）全日制中小学自五年级开展外语教育

即使是在单一民族的国家，当社会政治、经济、教育发展产生需求时，居民会自愿选择第二语言的学习，语言选择模式受民族接触、需求模式和国家语言政策制约。内陆国蒙古国仅有两个邻国，即中国和俄罗斯。由于历史原因，直到20世纪90年代，俄语一直是蒙古国的第一外语。20世纪90年代起，蒙古国为了更多参与国际事务，逐渐意识到全球化与英语对蒙古国今后发展的深刻影响，注重英语的教学与推广。蒙古国2008年通过的《蒙古国千年发展目标之国家发展总体政策》指出"至2015年，英语成为全民第一外语"，"到2021年，国家中央行政工作人员具备使用英语处理公务的能力"。《国家教育计划（2010—2021）》提出让英语成为全民的主要外语。根据《蒙古语言法》自2015年起在全日制中小学五年级起教授外语，蒙古国全日制中小学的英语教学周期长达8年，英语的优势地位十分明显。英语在蒙古国正如其在世界上许多国家和地区一样，占据着外语教育中的核心地位。

五、蒙古国语言文字政策分析

自20世纪90年代以来，蒙古国采取了一系列加强语言文字建设的政策措施，如推行传统蒙古文、规范西里尔蒙古文使用、推行拉丁字母国家计划、颁布的语言专项法律等。这些政策和措施对蒙古国的语言文字状况、提高全民语言文字修养、推动语言文字研究等方面产生重要影响。

（一）语言立法保证其语言文字政策的稳定性

依法管理语言是20世纪90年代以来蒙古国语言文字规划上最鲜明的特点，依法管理语言保证了蒙古国语言文字政策的稳定性。

蒙古国1992年颁布实行的《宪法》第8条第1款明确规定"蒙古语是国家官方语言"。宪法是一个国家的根本大法，宪法中设有语言条款充分证明国家对语言问题的重视。蒙古国《宪法》强调蒙古语作为国家唯一官方语言的地位，这成为蒙古国语言文字政策的重要法律依据。此外，《宪法》同时规定了少数民族的语言权利，《宪法》第8条第2款规定："不得触犯少数民族使用本民族语言学习、交流以及从事文化、艺术和科学活动的权利。"

《蒙古国家安全构想》（2010）第3条第1款第4项第2目"保护和发展蒙古语言与文字，扩大传统蒙古文的学习和使用范围"，从国家语言文化安全的角度强调了蒙古语言和文字的主体地位，强调传统蒙古文推广的重要性。

蒙古国先后两次制定专项语言法，第一部是 2003 年通过的《国家官方语言法》(Төрийн албан ёсны хэлний тухай хууль)，第二部是 2015 年通过的《蒙古语言法》(Монгол хэлний тухай хууль)。《国家官方语言法》是蒙古国第一部以规范蒙古语的使用为目的的法律，法律有效期至 2015 年 7 月 1 日。全法共有 8 条，明确蒙古语是蒙古国国家官方语言，该法是为规范国家事务和国家公务活动中蒙古语及术语使用而制定的。强调在国家机关和地方管理机构中使用蒙古语，国家的法律公文、加入的国际条约、政治外交双边或多边文件必须使用蒙古语，城市和街道名称、国家机构的名称和地址使用蒙古文书写，也可同时使用英文进行书写。

2015 年 2 月 12 日通过的《蒙古语言法》有 8 部分共 24 条，旨在协调与蒙古语和蒙古文字学习、使用、保护、发展相关的问题。《蒙古语言法》对"民族文字""蒙古语言与文字""蒙古语规范"等术语进行科学界定，其中"民族文字是指传统蒙古文"，"蒙古语言与文字指蒙古语、西里尔蒙古文和传统蒙古文"。《蒙古语言法》明确地提出自 2025 年 1 月 1 日起同时使用传统蒙古文、西里尔蒙古文两种文字处理国家公务。

（二）传统蒙古文推广的实际效果势必影响其语言文字政策的走向

为实现《蒙古语言法》提出的自 2025 年起蒙古国使用传统蒙古文和西里尔蒙古文处理公文的目标，2020 年 3 月政府推出《国家传统蒙古文大纲（三）》后，蒙古国政府、国家各级机构、教育、文化、艺术、科学、出版等领域采取各种举措积极推进《国家传统蒙古文大纲（三）》落实。

蒙古国外交部成为第一个开展传统蒙古文推广落实的国家机构，2020 年 10 月开展"传统蒙古文学习月"活动（"Монгол бичиг сурах сарын аян"），自 11 月 2 日起开展初级和中级课程学习，在教授传统蒙古文字母、规则，掌握读写后，12 月和 2021 年 1 月将由专业老师教授传统蒙古文书法。外长强调，2021 年将以传统蒙古文书写外交部名称，自 2021 年起外交部长、副部长、国务秘书的照会将以传统蒙古文发送。

2020 年 12 月蒙古国总统哈·巴特图勒嘎录制传统蒙古文教学系列网课面向公众开放学习，号召中小学生以及成年人学习掌握传统蒙古文。网络课程在总统脸书和"传统蒙古文使用者 2025"网站，在国家公众广播电视台、Eagle 电视台、乌兰巴托电视台、C1 电视台、第 25 频道电视台、ETV、SBN 电视台、教育电视台等多家电视频道按照每周一次的频率,各电视频道一周中的不同时段播出。

2021年4月,国家语言政策委员会联合国家统计局开展为期两个月的国家公务员传统蒙古文能力调研,调查范围涉及全国16万公务员,以确认具备传统蒙古文处理国家公务能力的公务员数量。调查结果显示,70%的国家公务员自认没有做好使用传统蒙古文的准备,对于传统蒙古文掌握情况只有5.2%的国家公务员为优秀,13.5%为良好,28.7%为中等,25.5%为一般,27.2%为不掌握。由此可见,传统蒙古文的推广效果势必影响其语言文字政策的走向。

结语

自20世纪90年代以来,特别是进入21世纪,蒙古国高度重视语言文字问题,注重从语言立法和政府层面进行语言规划和语言规范。《蒙古语言法》(2015)明确提出蒙古国自2025年1月1日起使用西里尔蒙古文和传统蒙古文两种文字处理国家公文的目标,政府2020年3月颁布《国家传统蒙古文大纲(三)》。随着传统蒙古文推广普及和扩大传统蒙古文使用的各项举措持续推进,文字的选择已然成为蒙古国语言文字政策的焦点问题,蒙古国西里尔蒙古文、传统蒙古文、拉丁转写三文并存的趋势愈加明显。

2013年我国先后提出"丝绸之路经济带"和"21世纪海上丝绸之路"重大倡议,以加强与"一带一路"65个沿线国家互联互通,实现经济共荣、贸易互补、民心相通。国别语言政策研究是了解他国语情和民情不可或缺的路径,有利于为"一带一路"建设搭建语言沟通的桥梁。蒙古国是"一带一路"沿线重要国家,其语言文字政策研究有助于丰富"一带一路"沿线国家语言政策研究,特别是在推进"一带一路"倡议新形势下显得尤为重要。

基于20世纪90年代以来蒙古国语言政策研究,我们认为,第一,应从服务国家"一带一路"倡议层面,持续关注蒙古国传统蒙古文的推广进程和效果,及时制定"一带一路"倡议需要的对象国语言人才培养战略,从语言人才培养、语言服务、对外汉语教学和推广等方面进行前瞻性规划;第二,蒙古族是跨国民族,蒙古语是跨境语言,应从国家安全角度高度重视蒙古国语言政策动态,维护边疆的长治久安;第三,致力于思考如何发挥跨国民族的积极作用,利用好我国内蒙古自治区传统蒙古文的教育优势,研究中蒙文化交流的新渠道与新方式,例如互派老师交流传统蒙古文教学经验、为蒙古国留学生开设传统蒙古文课程、组织蒙古国教师来华进行传统蒙古文的学习与培训活动。

参考文献

[1] 巴音吉日嘎拉.蒙古国传统文化与文字改革[J].内蒙古大学学报(人文社会科学版),1999(3):8—12.

[2] 陆俭明."一带一路"建设需要语言铺路搭桥[J].文化软实力研究,2016(2):31—35.

[3] 内蒙古社会科学经济研究所.蒙古国经济70年[M].呼和浩特:内蒙古人民出版社,1993.

[4] 哈斯额尔敦,包满亮.蒙古国蒙古族语言使用现状[M].北京:中国社会科学出版社,2014.

[5] 齐心.蒙古国文字:一个文化传承与政治取向的问题[J].解放军外国语学院学报,2008(5):50—54.

[6] 齐心.蒙古文字拉丁化问题杂议[G]//张光军.东方语言文化论丛:第27卷.北京:军事谊文出版社,2008:32—42.

[7] 田艳秋.蒙古国颁布《国家传统蒙古文大纲Ⅲ》[G]//赵蓉晖.世界语言生活状况报告:2021.北京:商务印书馆,2021:18—24.

[8] 图门其其格,恩和.蒙古国的民族问题与民族政策[J].西北民族研究,1999(2):199—205.

[9] 图门其其格.蒙古国的语言文字及文字改革[J].语言与翻译,1995(2):131—135.

[10] 王浩,郭艺华.蒙古国提倡恢复回鹘蒙古文的意味[J].世界知识,2020(1):66—67.

[11] 姚克成.蒙古《拉丁字母国家计划》又掀蒙文改革风波[J].东北亚研究,2003(4):66—70.

[12] 周庆生.国外语言立法概述[G]//周庆生,王杰,苏金智.语言与法律研究的新视野.北京:法律出版社,2003:38—55.

[13] *Монгол бичгийн үндэсний хөтөлбөр I* [EB/OL].(1995)[2021-06-05].http://www.legalinfo.mn/annex/details/3283?lawid=6353.

[14] *Монгол бичгийн үндэсний хөтөлбөр Ⅲ* [EB/OL].(2020)[2021-06-05].https://www.legalinfo.mn/law/details/15248?lawid=15248.

[15] *Монгол улсын үндсэн хууль* [EB/OL].(1992)[2021-06-05].https://www.legalinfo.mn/law/details/367?lawid=367.

现代越南语趋向词研究述评

信息工程大学　曾添翼

【摘　要】 现代越南语趋向词的既往研究呈现四大趋势：（1）从传统视角下的词类、语法、词义描写，到功能语法视野下的句法、语用特点分析，再到认知视野下的概念结构、空间认知特点阐释；（2）从趋向词词义项的静态描写，到历时或共时维度的语义转化推演；（3）从单一的定性研究，到定性、定量相结合的研究；（4）从越南语本体研究，扩展到跨语言对比研究。现代越南语趋向词还可以从认知心理学、社会语言学、语言类型学等多个角度进行研究。

【关键词】 越南语；趋向词；研究综述

一、引言

　　Lên, xuống, vào, ra, sang, qua, đến, tới, đi, về, lại 是现代越南语中的一组封闭类词，其意义丰富，用法灵活。通过句法分布和语义特点可知，它们可以单独充当谓语，也可以跟在谓词之后。关于这组词的指称，越南学者多使用阮来（Nguyễn Lai，1990）提出的"运动方向词"（từ chỉ hướng vận động），我国学者参考现代汉语相关术语普遍使用"趋向动词"。"运动方向词"突出词义，规避了词类的问题，而"趋向动词"则表明了它作为动词的语法地位。本文拟使用"趋向词"来指称，主要原因在于：语义上，"趋向词"比"运动方向词"的内涵更广，包含运动方向和变化趋势两方面意义；语法上，"趋向词"比"趋向动词"的外延更大，不局限于充当谓语动词的情况，还包含置于动词之后、虚化为非动词的情况。

　　越南学者阮来（Nguyễn Lai，1977：10；1990：64—65）从语音、语法、语义三方面比较全面、准确地对趋向词进行界定，得到了越南国内语言学界的普遍认可。这一界定标准包含以下四点：

　　（1）是单音节的纯越词，包含空间运动具体方向义素，但不包含明确的运动方式；

　　（2）可以放在包含运动方式义素的动词之后，补充说明其运动方向；

　　（3）可以单独用作谓语动词，运动方式由它们与运动主体属性之间的关系来确定，且表示有界空间运动的方向；

（4）放在主要动词之后，除了表示空间运动，还可以根据搭配性质表示空间义之外的其他抽象意义。

二、研究回顾

现代越南语趋向词的研究已有百余年历史。研究内容上，既涉及趋向词的性质、范围、来源、意义、语法、用法等传统问题，也涉及话语标记、概念结构、空间认知等新领域。理论视角上，既有从传统的结构主义视角进行描写，也有从功能语法、认知语言学视角进行阐释。研究方法上，既有通过内省法的定性研究，也有借助问卷调查、自建语料库的定性、定量相结合的研究。本文从传统视角和新视角两方面回顾、梳理现代越南语趋向词的研究成果。

（一）传统视角下的研究

传统视角下的研究主要涉及趋向词的性质、范围、来源、意义、语法、用法等问题。不少学者将多个问题结合起来探讨，比如：结合句法分布、语义特点来界定词性和确定范围；描写意义的同时介绍语法特点；分析词义演变的同时追溯词的来源。下文将从趋向词的性质、范围、来源和演化、意义和语法功能四个方面进行梳理。

1. 趋向词的性质

越南语学界一致认为趋向词可以单独做谓语动词，但对趋向词放在动词之后的性质存在较大分歧，有"介词"说、"动词"说、"虚词"说和多重词性说等不同主张。

持"介词"说的学者早期主要有张永记（Trương Vĩnh Ký）[①]。近代，越南语大量接触法语等西方语言，特别是 19 世纪末、20 世纪初越南非韵文文学蓬勃发展，20 世纪中期政论文体大量涌现，介词得到高频率使用。张永记在《简明安南语语法》（*Abrégé de grammaire annamite*，1867：44—45）中将越南语动词和法语、拉丁语、德语进行类比，例如：trở về = re tourner，trả lại = (red dere)

[①] 张永记是最早研究越南语语法的越南学者，他的观点主要体现在其用法语撰写的越南语语法著作 *Abrége Grammaire annamite*（Saigon，1867）和 *Grammaire de la langue annamite*（Saigon，1883）中，被阮金坦（Nguyễn Kim Thản，1963/1999）、黎英贤（Lê Anh Hiền，1973）、阮景华（Nguyễn Cảnh Hoa，2001）、阮氏归（Nguyễn Thị Quy，2002）等多位学者引用。

rendre，bước ra = (e gredi) sortir，đi lên = (as cendere) monter，认为越南语趋向词是介词，是合成词的一部分。① 近年来，杨奇德（Dương Kỳ Đức）、阮景华（Nguyễn Cảnh Hoa）、阮德民（Nguyễn Đức Dân）等学者参考英语、俄语等西方语言的研究成果，引入了"空间介词"（giới từ không gian）的概念。

持"动词"说的学者分为两派。一派以西方学者为主，认为趋向词在动词之后和一般动词没有区别。比如，M. B. Emeneau 将其称为"序列中的第二个动词"（second verb in series），L. Cadière 将其称为"完整动词"（verbe perfectif）。② 另一派以越南学者和中国学者为主，把动词后趋向词归入动词的小类。比如，越南学者阮麟（Nguyễn Lân）将其称为"助动词"（trợ động từ）③，阮氏归（Nguyễn Thị Quy，1995：64）将其称为"指向谓词"（vị từ chỉ hướng），我国学者黄敏中和傅成劼（1997：55—56）把单用的和位于动词后的趋向词统称为"趋向动词"，梁远和祝仰修（2012：206）把动词后趋向词称为"助动词"，归为动词的次类，林明华（2016：17）把动词后趋向词称为"趋向助动词"或"趋向副动词"，归为动词的附类。

持"虚词"说的代表学者有 Panfilov、黎文理（Lê Văn Lý）和阮金坦（Nguyễn Kim Thản）。其中，Panfilov（1966）认为置于主要动词后，为辅助词，无明确的句法功能。④ 黎文理认为运动动词语义损耗变成虚词，称为"方向词"，

---

① 阮金坦（1963/1999：84）对此提出质疑，他认为：印欧语中的 re-, red-, e-, as- 属于词缀，不能单独存在；越南语的 trở về, trả lại 是合成词，但 bước ra, đi lên 属于词组，动词和趋向词之间可以拆分。但是，《越南语词典》（2015）把 trả lại 作为词条单独收入，但没有把 trở về, bước ra, đi lên 单独收入。我们认为，出现上述不同观点的原因可能有两种：一是对合成词的认识存在分歧；二是学者们身处越南语发展的不同时期，随着时间的推移，一些词之间的组合关系发生了变化。

② 观点出处为：M. B. Emeneau. *Studies in Vietnamese Grammar* [M]. Barkeley and Los Angeles: University of California, 1951: 69 和 L. Cadière. *Syntaxe de la Langue Vietnamienne* [M]. Paris: Ecole FranVaise d' Extreme Orient, 1970: 99-101. 转引自 Nguyễn Kim Thản. *Động từ trong tiếng Việt* [M]. Hà Nội: NXB Khoa học Xã hội, 1977: 79.

③ 观点出处为：Nguyễn Lân. *Ngữ pháp Việt Nam (lớp 5, 6, 7)* [M]. Hà Nội, 1956: 35-36. 转引自 Nguyễn Kim Thản. *Động từ trong tiếng Việt* [M]. Hà Nội: NXB Khoa học Xã hội, 1977: 78.

④ 参考文献信息为：V. S. Panfilov. *Modificateur và những giới từ chuyển hoá từ động từ trong tiếng Việt* [G]// *Những vấn đề ngữ văn của các nước Á Phi*. Moscow: Lomonosov Moscow State University, 1966. 转引自 Nguyễn Lai. *Nhóm từ chỉ hướng vận động trong tiếng Việt* [M]. Hà Nội: Tủ sách trường Đại học Tổng hợp Hà Nội, 1990: 14.

但随后又称其为"运动动词",能够与其他动词组合成复合词。① 阮金坦（Nguyễn Kim Thản, 1963/1999：78）②认为趋向词放在动词之后词汇义减弱甚至消失,成为表示动词方向范畴的语法工具,属于动词的附类,是划分动词小类的标准之一,充当中心动词的补语。对此,阮英桂（Nguyễn Anh Quế, 1988：145）提出质疑,认为动词后的趋向词还保留了方向义,还具有动词的特征,词义损耗还没有达到虚词的程度,不是真正意义上的虚词。叶光班（Diệp Quang Ban, 2008：546—547）认为趋向词放在谓词之后充当扩展成分或补充成分,方向义已经抽象化。总之,"虚词"说认为趋向词放在谓词之后,其词汇义减弱甚至消失,语法义得到加强。

越南语学界有很多学者认为谓词后趋向词具有多重性质。有的学者以其是否带补语来区分,认为不带补语时为状词（又称"副词"或"小品词"）,带补语时为介词。持这种观点的学者有杨青萍（Dương Thanh Bình, 1971：172）和阮文成（Nguyễn Văn Thành, 2003：188—190）。阮文成尤其不赞同阮金坦"趋向词语义减弱,充当动词语法工具"的观点。

另一些学者将形式、意义、功能结合起来考察趋向词的不同性质。阮才谨（Nguyễn Tài Cẩn, 1975：282—285）在短语框架下考察"动+X+名"结构,根据 X 和动词、名词依存关系的不同区分出 X 充当方向副动词、关系词的不同情况。丁青惠（Đinh Thanh Huệ, 1985：9—10）考察了"动+X+名"结构中动词和 X 之间的语义关系,根据其句法特点将趋向词区分为句法虚词（用于连接表达概念的实词）和非句法虚词（充当动词短语中心动词的附属成分）。类似地,丁文德（Đinh Văn Đức, 1986：181—182）进一步将动后趋向词区分为实词（能够用否定词 không 修饰）、表示方向或结果的"辅助词"（từ phụ）和介词三种情况。黎编（Lê Biên, 1999：90—91）从动词的语义出发,认为趋向词放在位移动词之后仍然是动词,放在非位移动词之后是关系词。阮景华（Nguyễn Cảnh Hoa, 2001：49—50）结合意义和形式进行分析,认为存在虚词和介词两种情况。阮文禄和阮孟进（Nguyễn Văn Lộc & Nguyễn Mạnh Tiến, 2017：140—159）根据意义和功能特点将趋向词区分为副词、关系词和助词三种情况。阮来

---

① 观点出处为：Lê Văn Lý. *Le parler Vietnamien* [M]. Paris, 1948: 215. 转引自 Nguyễn Kim Thản. *Động từ trong tiếng Việt* [M]. Hà Nội: NXB Khoa học Xã hội, 1977: 78-79.

② 阮金坦的专著《越南语中的动词》（*Động từ trong tiếng Việt*）最早于 1963 年出版。也就是说,阮金坦早在 1963 年就已经提出有关观点。该书几经重印,但没有大的修订或补充。本文引用该书的观点都出自 1999 年版,为兼顾观点产生的时间,文献年份标注为 1963/1999。特此说明。

（Nguyễn Lai，1990：100）根据语义、语法、逻辑三个平面统一的原则来分析动词后趋向词的性质，分为状词（trạng từ）、状介词（trạng giới từ）、介词三种情况。

2. 趋向词的范围

不同学者的理论背景不同，词类划分方案不同，对趋向词性质的认识不同，因此对现代越南语趋向词范围的界定也有差别。绝大多数学者认为 đi, về, ra, vào, lên, xuống 是趋向词；多数学者认为 đến, tới, sang, qua, lại 也是趋向词；少数学者认为 đến, qua 不是趋向词，khỏi 是趋向词；个别学者认为 đi, tới 不是趋向词，dậy, theo 是趋向词。详情如下表所示（"+"表示属于现代越南语趋向词，"-"表示不属于现代越南语趋向词）：

表 1 现代越南语趋向词范围观点汇总[①]

代表学者	đi	về	ra	vào	lên	xuống	đến	tới	sang	qua	lại	dậy	theo	khỏi
Barinova[②]	+	+	+	+	+	+	-	+	+	+	+	-	-	-
L. Cadière	+	+	+	+	+	+	-	+	-	-	+	-	-	+
Panfilov	+	+	+	+	+	+	+	+	+	+	+	-	+	-
Bystrov	+	+	+	+	+	+	+	+	+	+	+	-	-	-
黎文理	+	+	+	+	+	+	+	+	+	+	+	-	-	+
阮金坦	+	+	+	+	+	+	+	+	+	+	+	-	-	-
阮来	+	+	+	+	+	+	+	+	+	+	+	-	-	-
戴春宁	+	+	+	+	+	+	+	+	+	+	+	-	-	+
丁文德	+	+	+	+	+	+	+	+	+	+	+	-	-	-
何光能	-	+	+	+	+	+	+	+	+	+	+	-	-	-
阮文成	+	+	+	+	+	+	+	+	+	+	+	-	-	-
黄敏中、傅成劼	+	+	+	+	+	+	+	+	+	+	+	-	-	-
梁远、祝仰修	+	+	+	+	+	+	+	+	+	+	+	-	-	-

---

① 参考自：Nguyễn Lai. *Nhóm từ chỉ hướng vận động trong tiếng Việt* [M]. Hà Nội: Tủ sách trường Đại học Tổng hợp Hà Nội, 1990: 66. 本文在原表基础上进一步补充、完善。

② 参考文献信息为：A. N. Barinova. *Giáo trình tiếng Việt* [M]. Moskva, 1975. 转引自：Nguyễn Lai. *Nhóm từ chỉ hướng vận động trong tiếng Việt* [M]. Hà Nội: Tủ sách trường Đại học Tổng hợp Hà Nội, 1990: 263.

(续表)

代表学者	đi	về	ra	vào	lên	xuống	đến	tới	sang	qua	lại	dậy	theo	khỏi
林明华	-	+	+	+	+	+	-	-	+	+	+	-	-	-

  黎文理和 Barinova、L. Cadière 等西方学者认为 tới 是趋向词，但没有将 đến 列入。事实上，在现代越南语中，đến 和 tới 是一组近义词，很多场合可以互换。根据丁文德（Đinh Văn Đức，1981：57）对 17 世纪早期拉丁化越南语文本的研究，đến 在动词之后可以表示方向，出现频率在同类词中仅次于 ra。对于 sang 和 qua，根据武文诗（Vũ Văn Thi，1995：82）对历史语料的研究，sang 可以表示方向，而 qua 由最初表示"时间流逝"引申为表示方向，也应该列为趋向词。对于 đi，何光能（Hà Quang Năng，1991：48）认为它不表示明确方向，而表示"行走"的具体动作，林明华也没有将其列为趋向词。实际上，đi 可以表示抽象的运动方向，也应该属于趋向词。对于 dậy，目前只有我国学者将其归为趋向词，[①]越南学者几乎没有将 dậy 归为趋向词的先例。对于 theo 和 khỏi，阮来（Nguyễn Lai，1977：10）认为，theo 不表示有界运动，khỏi 不能单独用作谓语动词（比如，不能说 tôi khỏi nhà），故排除。综合上述观点，我们认为，现代越南语趋向词包括 lên, xuống, vào, ra, sang, qua, đi, về, lại, đến, tới 这 11 个词。

3. 趋向词的来源和演化

  阮来（Nguyễn Lai，1989：25—36）认为趋向词的产生和语言类型有关。运动方向概念的表达与形态标记方式有关，运动义素和方向义素融合到越南语趋向词中，使得越南语趋向词既可以用作类词缀，也可以单独充当空间运动表达结构的核心，而印欧语的词缀、介词无法单独充当空间运动表达结构的核心。阮来的观点和 Talmy 的运动事件词汇化模式理论有些类似。

  阮来（Nguyễn Lai，1990：105—106）认为趋向词沿词汇化方向演化，趋向词的演化是其词汇义、句法义扩充的过程。比如，ra 的演化过程为：关系词→内动动词→内动/外动动词→外动动词。何光能（Hà Quang Năng，1991：51）对此提出质疑，他认为：动词后趋向词是由动词转类而产生的新词，原词保持语音外壳，在使用过程中由于语义结构变化而产生新的词汇义和词类、功能方面的语法义。实际上，绝大多数学者认为趋向词沿语法化方向演化，代表学者有陈重金（Trần Trọng Kim，1956）、阮金坦（Nguyễn Kim Thản，1963/1999）、阮才谨（Nguyễn Tài Cẩn，1975）、丁青惠（Đinh Thanh Huệ，1985）、阮景华（Nguyễn

---

  ① dậy 类似于现代汉语中的"起""起来"，汉语学界普遍将"起""起来"归为趋向词，如朱德熙（1982）、刘月华（1998）。

Cảnh Hoa，2001）等。他们认为趋向词首先是实义动词，放在其他动词之后词汇义虚化，语法义增强，其演化路径大致为：有向运动动词→方向状词（或副词、附属词）→介词（或关系词）。

4. 趋向词的意义和语法功能

（1）趋向词意义和功能的描写

不少学者在语法著作中描写了趋向词的意义和功能。比如，丁文德（Đinh Văn Đức，1986：183）认为趋向词和名词之间可以插入 trước, sau, trong, ngoài 等方位词，趋向词表现出介词的功能。叶光班（Diệp Quang Ban，2008：501）认为趋向词可以置于动词、形容词之后充当补语，表示方向、趋势、结果等意义，还可以置于名词之后补充其动态特征。戴春宁（Đái Xuân Ninh，1978）、黄仲片（Hoàng Trọng Phiến，2003，2008）、杜青（Đỗ Thanh，2007）、阮金坦（Nguyễn Kim Thản，2008）、黄敏中和傅成劼（1997）、梁远和祝仰修（2012）、林明华（2016）对每个趋向词的意义都进行了描写。

还有学者对趋向词进行更为深入的研究。Bystrov（1962：46）从结合能力来考察趋向词 đi，认为 đi 除了表示"有界"，还可表示"无界"。在表示"无界"时，đi 可以在动词结构中充当主要动词，同表示"有界"的词结合。① 阮金坦（Nguyễn Kim Thản，1963/1999）全面考察趋向词的功能和意义后发现：1）趋向词可以作为区分动词和其他词类、划分动词小类的标志；2）趋向词和动词、形容词的组合可以分成五类：运动动词＋趋向词；动补结构＋趋向词；感知、言语动词＋趋向词；发展、创造义动词＋趋向词；颜色、感触、状态形容词＋趋向词；3）趋向词既可以表示空间运动的现实方向，也可以表示事态发展、属性变化的虚拟方向。黎英贤（Lê Anh Hiền，1973）系统探讨了动词后 đến/tới 的意义和用法，指出 đến/tới 在动词后可以表示程度义、结果义或方向义，并在此基础上详细描写了"V＋đến/tới"的句法结构和成分分布。

（2）趋向词的语义关系分析

趋向词的语义关系分析主要涉及两类：一是根据基本义对趋向词进行分组；二是分析趋向词多个义项之间的联系和转化。

阮金坦（Nguyễn Kim Thản，1963/1999：247）根据空间参照系的不同，把

---

① 参考文献信息为：N. S. Bystrov 发表于《罗蒙诺索夫综合大学学报》1962 年第 36 期的一篇文章，转引自 Nguyễn Lai. *Nhóm từ chỉ hướng vận động trong tiếng Việt* [M]. Hà Nội: Tủ sách trường Đại học Tổng hợp Hà Nội, 1990: 11.

趋向词分成两组：1）đi, đến, tới 表示说话人主观参照下的运动方向；2）ra, vào, lên, xuống, sang, qua, về, lại 表示客观参照下的运动方向。阮英桂（Nguyễn Anh Quế, 1988：147）、黎编（Lê Biên, 1999：85）根据是否表示明确方向将趋向词分为两组：1）ra, vào, lên, xuống 表示明确方向；2）đến/tới, qua/sang, về, lại, đi 不表示明确方向。阮来（Nguyễn Lai, 1990：187—190）综合考虑义素分布、方向义属性、与介词的搭配能力这三个因素，将趋向词分成五组：1）ra, vào, lên, xuống；2）qua, sang；3）đi, về；4）đến, tới；5）lại。

趋向词的多义性研究既有个案分析，也有总体分析。阮来早在 1977 年就专门撰文，认为趋向词的语义经历了基本义衍生→规约与对应→概念表征化的演变过程，提到了语言现象背后的文化因素，但没有具体展开论述。阮德民（Nguyễn Đức Dân, 1998）探讨了 ra, vào, lên, xuống 等词由表示空间关系到表示时间关系、抽象空间关系、空间属性关系的转义现象，认为逻辑决定语言使用，空间关系决定越南语趋向词的用法。

阮来（Nguyễn Lai, 1981）运用"义素分析法"讨论了动作动词 $đi_1$ 和运动方向词 $đi_2$ 的语义，指出 đi 语义转化的原因在于其语义具有概括性，但对 $đi_1$ 和 $đi_2$ 的语义区别解释得比较笼统。友达（Hữu Đạt, 2007）认为 đi 和 ra, vào, lên, xuống, sang, qua 的上位义相同（都可以表示位移），而下位义（涉及位移的具体信息）差异较大。阮德民（Nguyễn Đức Dân, 2013）以词典中 đi "表示物理运动"的义项为基础，从逻辑上推导出 đi 的语义转化路径，具有较强的解释力。

阮来（Nguyễn Lai, 1977：13—17）认为趋向词的运动义素和方向义素都是隐性的，只在有运动主体的语境下才能突显。作者以 Chim bay về tổ（鸟飞回巢）和 Chim về tổ（鸟回巢）为例，认为 về（回）之所以可以单独做谓语动词，是因为它增加了动词 bay（飞）的功能，使得 về = bay về。阮英桂（Nguyễn Anh Quế, 1988：147—157）则认为趋向词的运动义素和方向义素都是显性的，趋向词的语义虚化不受运动主体的影响，而受前置动词的影响：与强动作义动词结合，趋向词虚化程度高；与弱动作义动词结合，趋向词虚化程度低；和形容词结合，趋向词的方向义消失，运动义保留。之所以 về = bay về，是因为运动主体（如 chim bay, rắn bò）已经隐含了运动方式特征。

阮来对趋向词多义性的研究最为系统、深入。论文《再论现代越南语运动方向词的本质》（*Ghi nhận thêm về bản chất nhóm từ chỉ hướng vận động trong tiếng Việt hiện đại*, 1989）解释了空间范畴义、时间范畴义和心理范畴义三者之间的扩展逻辑和语义联系，提到了思维认识[①]对语义形成的影响。对这一问题的系统

[①] 原文为"nhận thức"，而非"tri nhận"。

性分析可详见其专著《越南语中表运动方向的词》(*Nhóm từ chỉ hướng vận động trong tiếng Việt*, 1990)。^① 作者考察了 11 个趋向词的语义虚化及其影响因素,认为:运动方向义可分为空间方向义、时间方向义、心理方向义^②等不同语义范畴,后两者由空间方向义虚化而来;趋向词在动词后表示空间方向义时受到多重因素的制约,运动方向义的形成受越南人主观认识和社会文化因素的影响。

(二)新视角下的研究

近三十年来,功能学派兴起,涌现了一批从功能语法、语法化、认知视角讨论越南语趋向词的研究。

1. 功能语法视角

阮氏归(Nguyễn Thị Quy,2002)认为趋向词有充当谓语(或谓语核心)、方向状语和标记运动终点的功能。充当谓语时,趋向词是 V_{[-动作][+目标][+移动]},除移动主体之外还可以有第二个行动元,带直接补语,补语表示充当界标的物体或地点。lên, xuống, ra, đi 可以充当一价的 V_{[-动作][-目标][+移动]},不带补语,也可以用作 V_{[-动作][+目标][+移动]},带补语。tới, đến, vào, sang, về, lại 只能用作 V_{[-动作][+目标][+移动]},带补语。趋向词还可以充当谓词的语法形式标记或语义补充要素。此时,趋向词可以和动态谓词(例如 ném, dắt, cháy)组合,表示:(1)方向义或终点义;(2)体意义;(3)方向义+结果义;(4)开始义。此外,趋向词也可以和静态谓词(例如 ngồi, đứng)组合,表示:(1)从静态的姿势变为动态的动作;(2)从某种状态或性质变为程度增加的过程。

黎敬胜(Lê Kính Thắng,2009)在"有向运动谓词"(vị từ chuyển động có định hướng)框架下研究趋向词,认为 ra, vào, lên, xuống 等词具有以下句法特点:(1)充当非典型"外动谓词"(vị từ ngoại động),带直接补语,表示有终点的运动,充当补语的名词不是受体,而是终点或位置;(2)充当典型"内动谓词"(vị từ nội động),不需要强制性补语,方向义变抽象;(3)充当非典型内动谓词,带上介词(如 trên, dưới, trong, ngoài)补充位置信息,其后再带补语;(4)不能用于被动结构。

---

① 这是到目前为止越南国内为数不多的专门考察趋向词的专著,对趋向词语义的分析比较透彻,和认知语言学视角的研究有共通性。

② 阮来所述心理方向义主要由放在形容词之后的趋向词来体现,例如 đẹp ra(ra 表积极意义)、nghèo đi(đi 表消极意义)、ốm lại(lại 表中性意义)。

2. 语法化视角

语法化可以从两个维度进行研究：一是从历时维度考察语法形式的来源、形成和发展轨迹；二是从共时维度考察表达语法关系的各种手段。

武文诗（Vũ Văn Thi，1995）从历时维度研究趋向词的语法化。她以 15—19 世纪有代表性的喃字、拉丁国语字文本为语料，结合定量统计的方法，探讨了趋向词的语法化过程、动因、方式和程度，认为：（1）趋向词的转化是一个词汇义减弱、语法义增强的连续性过程；（2）趋向词转化的动因是非常规结构导致语义冗余，意义抽象的词进入新的句法位置；（3）趋向词存在从空间义开始的演化路径和从时间义开始的演化路径（qua, ra），前者又可以分为单义素单向演化（về, đến, tới, vào, lên, xuống）、多义素多向演化（đi）两种方式；（4）趋向词的虚化程度从低到高依次为：动词<指向副词<强调副词、持续副词、结果副词、形式化要素<类介词<介词。

陈氏娴（Trần Thị Nhàn，2009）从共时维度研究趋向词的语法化，探讨了趋向词的语法化路径、现状和机制，主要涉及"实词虚化"问题。她运用 Givon 的"句法化"、P. J. Hopper 的"语法化原则"等理论，从语法、语义、语用层面描写了趋向词语法化之后在不同句法结构中的意义以及情态、评价等交际意义。比如，đi 语法化后可以表示情态义，能够对句子进行分类，或者表示说话人对事物的态度，有句尾情态小词（助词）的功能。

3. 认知视角

越文期刊《语言》（*Ngôn ngữ*）1994 年第 4 期发表李全胜（Lý Toàn Thắng）的文章《语言和空间认知》（*Ngôn ngữ và tri nhận không gian*，1994），可以说是越南国内认知语言学研究的开端。此后有不少越南学者用原型范畴、意象图式、体验性假说、隐喻、转喻等理论阐释趋向词的语义结构和语义扩展。

阮德民有多篇文章从认知角度讨论趋向词的语义。《空间介词：转义和隐喻》（*Những giới từ không gian: Sự chuyển nghĩa và ẩn dụ*，2005）在词典释义的基础上分析 lại 各义项之间的联系，用隐喻理论解释了 ra, vào, lên, xuống, đi 等词的转义现象，比如：从空间范畴义转为时间范畴义或属性范畴义。《空间关系词和空间运动词的转义》（*Sự chuyển nghĩa của những từ trở quan hệ và chuyển động trong không gian*，2015）推导了 đi 和 lại 的语义扩展和各义项间的联系，从体验哲学和越南民族空间认知的角度探讨其转义机制和语用特点。黎氏青心（Lê Thị Thanh Tâm，2009）沿用阮德民（2005）的思路，对 ra, vào, lên, xuống, qua, lại 表时间、心理、经验范畴的隐喻义进行了描写。此外，我国学者韦长福（2006；

138，149）分析了越南语方位趋向词的语义逻辑和认知特征，认为：（1）隐喻方式是方位介词和趋向动词词义转移的重要手段，包括空间关系隐喻时间关系、具象空间隐喻抽象空间等；（2）越南语方位介词和趋向动词的用法不由动词决定，而是与动作出发点及说话者的视线基点有关。

阮文协（Nguyễn Văn Hiệp，2012）用"体验性假说"、隐喻理论阐述了 ra, vào 的语义扩展及各义项之间的联系，指出 ra, vào 的语义扩展存在不对称性，用识解理论解释了同一事件存在多种表达的原因。张氏艳（Trương Thị Diễm，2013）以越南词作家郑公山（Trịnh Công Sơn）的歌词文本为语料，用定量、定性结合的方法分析 ra 的搭配和语义类型，用"体验性假说"解读不同语境中 ra 的语义，探讨郑公山的内心世界和创作风格。

阮来在《越南语运动方向词研究方法的若干体会》（Một vài trải nghiệm trong cách tiếp cận nhóm từ chỉ hướng vận động tiếng Việt，2016）一文中认为：（1）可以用认知规律考察趋向词的来源，用历史语料证明认知规律。（2）越南地形特征通过越南人的认知活动折射到趋向词的扩展义中。（3）越南语趋向词虽然出现晚，但使用频率高，所以发展快。它们的语义具有动态性，容易发生语义扩展，在共时层面隐含了很多语义交叉和语义转化现象。此外，作者还主张从语言和思维关系的角度探讨趋向词，重申越南语趋向词和越南人认知[①]之间的关系，并明确表示自己的研究和认知语言学研究有相通之处。

三、研究展望

越南语趋向词是一个比较复杂的问题，学界的相关研究一直没有中断，从传统视角下的词类划分、意义描写、用法说明，到功能视角下的句法描写、语用分析，到认知视角下的语义推演、概念表征、空间认知，再到超越越南语本体研究的英-越、汉-越等跨语言对比。研究方法也推陈出新，从对内省语料、文学作品的定性分析，到开展问卷调查、建立小型语料库的定性与定量相结合的分析，从结构主义理论框架下的描写为主，发展为认知视角下的描写与解释相结合的研究。特别是阮金坦（Nguyễn Kim Thản，1977）在动词框架下从结构主义角度对趋向词的意义、分布和功能进行了比较细致的描写；阮来（Nguyễn Lai，1990）最早把趋向词单独作为研究对象，从语法、语义、逻辑三个范畴之间的联系出发，用描写和解释结合的方法，对趋向词的形成、界定标准、内部语义关系、语义转化机制进行了深入探讨；李全胜（Lý Toàn Thắng，2004、2005）最早将越

---

① 越南语原文为"tri nhận"。

南语趋向词和空间认知相结合，运用认知语言学的理论框架，通过空间概念的表达方式来探索越南人空间认知的特点。这三位学者的研究成果具有标志性意义。最近，越南语趋向词的研究还出现了力动态[①]理论框架下的新尝试。

可以说，学界对越南语趋向词的研究已经很细致了，尤其体现在语法、语义方面。成果虽然不少，但存在一些不足。比如，研究方法以内省为主，缺乏实证研究；以传统的描写为主，缺乏系统、深入的解释；分析的语料以书面语为主，对口语语料的重视程度不够。这说明越南语趋向词还有进一步研究的空间，有待拓展研究视野，改善研究方法。我们认为，今后可以尝试从以下几个方面进行研究：

（1）追溯 15 世纪以前的语料，描写越南语趋向词语法化的全过程，构建更加完整的语义演化地图；

（2）运用构式语法理论研究趋向词结构、趋向词成语俗语，解析这些固定表达的认知-文化成因；

（3）在社会语言学理论框架下，运用田野调查的方法，研究越南语趋向词语用的人际差异及原因；

（4）建设标注型双语或多语种平行语料库，进行越南语趋向词和其他语言对应成分的对比研究；

（5）运用认知心理学的理论，运用实验法从母语习得、二语习得的角度开展越南语趋向词实证研究；

（6）利用越南丰富的民族语言材料，在类型学视野下对比不同民族语言的趋向范畴；

（7）用多模态研究法，分析越南语运动事件表达的言语结构、言语手势，探讨语言和思维的关系；

（8）将越南语趋向词背后反映的越南民族空间认知特点以及跨语言对比上升到语言哲学层面的阐释。

参考文献

［1］黄敏中，傅成劼. 实用越南语语法［M］. 北京：北京大学出版社，1997.

[①] 详见 Hoàng Tuyết Minh. Bước đầu xác định mô hình từ vựng hoá nghĩa tố chỉ phương hướng của các sự tình chuyển động trong tiếng Việt dưới góc nhìn của ngữ nghĩa học tri nhận [J]. Ngôn ngữ, 2014 (10): 21-27.

[2] 梁远, 祝仰修. 现代越南语语法[M]. 广州: 世界图书出版广东有限公司, 2012.

[3] 林明华. 现代越语语法教程[M]. 广州: 世界图书出版广东有限公司, 2016.

[4] 刘月华. 趋向补语同释[M]. 北京: 北京语言大学出版社, 1998.

[5] 束定芳. 认知语言学研究方法[M]. 上海: 上海外语教育出版社, 2013.

[6] 朱德熙. 语法讲义[M]. 北京: 商务印书馆, 1982.

[7] Diệp Quang Ban. *Ngữ pháp tiếng Việt* [M]. Hà Nội: NXB Giáo dục, 2008.

[8] Dương Kỳ Đức. *Nghĩa văn hàm của giới từ chỉ không gian* [G]// Liên hiệp các Hội Khoa học và Kĩ thuật Việt Nam. *Ngữ học trẻ '99*. Vinh: NXB Nghệ An, 1999.

[9] Dương Thanh Bình. *So sánh từ bên trong cấu trúc câu giữa tiếng Anh và tiếng Việt (bản tiếng Anh)* [M]. Paris: NXB Mouton, 1971.

[10] Đái Xuân Ninh. *Hoạt động của từ tiếng Việt* [M]. Vinh: NXB Khoa học Xã hội, 1978.

[11] Đinh Thanh Huệ. *Thử dùng một số tiêu chí để khu biệt hư từ cú pháp (giới từ) và hư từ phi cú pháp (hư từ chỉ hướng đi sau động từ) trong cấu trúc AXB* [J]. *Ngôn ngữ*, 1985 (4): 9-10.

[12] Đinh Văn Đức. *Ngữ pháp tiếng Việt: từ loại* [M]. Hà Nội: NXB Đại học và trung học chuyên nghiệp, 1986.

[13] Đinh Văn Đức. *Vài nhận xét về đặc điểm ngữ pháp của các từ phụ cho động từ trong tiếng Việt qua một số văn bản thế kỷ XVII của giáo hội Thiên chúa* [J]. *Ngôn ngữ*, 1981 (3/4): 51-61.

[14] Đỗ Thanh. *Từ điển từ công cụ tiếng Việt* [M]. Hà Nội: NXB Giáo dục, 2007.

[15] Hà Quang Năng. *Một cách lí giải mối quan hệ ngữ nghĩa giữa động từ chuyển động có định hướng và từ chỉ hướng trong tiếng Việt* [J]. *Ngôn ngữ*, 1991 (2): 48-53.

[16] Hoàng Phê. *Từ điển tiếng Việt* [M]. Đà Nẵng: NXB Đà Nẵng, 2015.

[17] Hoàng Trọng Phiến. *Cách dùng hư từ tiếng Việt* [M]. Vinh: NXB Nghệ An, 2008.

[18] Hồ Lê. *Cú pháp tiếng Việt (quyển II): cú pháp cơ sở* [M]. Hà Nội: NXB Khoa học Xã hội, 1992.

[19] Hữu Đạt. *Thử áp dụng lí thuyết ngôn ngữ học tri nhận vào phân tích nhóm*

từ đồng nghĩa chỉ vận động RỜI CHỖ trong tiếng Việt [J]. Ngôn ngữ & Đời sông, 2007 (11): 20-27.

[20] Lê Anh Hiền. *Tìm hiểu ý nghĩa và cách dùng của từ "đến" (hoặc "tới") theo sau động từ* [J]. *Ngôn ngữ*, 1973 (1): 44-48.

[21] Lê Biên. *Từ loại tiếng Việt hiện đại* [M]. Hà Nội: NXB Giáo dục, 1999.

[22] Lê Kính Thắng. *Phạm trù nội động/ngoại động trong tiếng Việt (so sánh với tiếng Anh)* [D]. T.P. Hồ Chí Minh: Luận án tiến sĩ Trường Đại học Sư phạm T.P. Hồ Chí Minh, 2009.

[23] Lê Thị Thanh Tâm. *Bước đầu nghiên cứu những cơ sở tri nhận của hiện tượng chuyển nghĩa theo phép ẩn dụ (trên ngữ liệu của nhóm từ chỉ hướng không gian trong tiếng Việt* [C]// Hội Ngôn ngữ học Việt Nam. *Kỷ yếu hội thảo Ngữ học toàn quốc 2009*. Hà Nội: NXB Khoa học Xã hội, 2009.

[24] Lý Toàn Thắng. *Ngôn ngữ học tri nhận: Từ lý thuyết đại cương đến thực tiễn tiếng Việt* [M]. Hà Nội: NXB Phương Đông, 2009.

[25] Lý Toàn Thắng. *Ngôn ngữ học tri nhận: thử khảo sát ý niệm RA* [J]. *Ngôn ngữ và Đời sống*, 2004 (17): 4-8.

[26] Nguyễn Anh Quế. *Hư từ trong tiếng Việt hiện đại* [M]. Hà Nội: NXB Khoa học Xã hội, 1988.

[27] Nguyễn Cảnh Hoa. *Về việc phân biệt giới từ với từ chỉ hướng vận động trong tiếng Việt* [G]// Hội Ngôn ngữ học Việt Nam. *Ngữ học trẻ 2001*. Hà Nội: NXB Khoa học Xã Hội, 2001.

[28] Nguyễn Đức Dân. *Lô gích và tiếng Việt* [M]. TP. Hồ Chí Minh: NXB Giáo dục, 1998.

[29] Nguyễn Đức Dân. *Những giới từ không gian: Sự chuyển nghĩa và ẩn dụ* [J]. *Ngôn ngữ*, 2005 (9): 42-50.

[30] Nguyễn Đức Dân. *Sự chuyển nghĩa của những từ trỏ quan hệ và chuyển động trong không gian* [G]// Khoa Văn học và Ngôn ngữ (ĐHQG TP.HCM). "Những vấn đề ngữ văn" tuyển tập 40 năm nghiên cứu khoa học. TP.HCM: NXB Đại học Quốc gia TP.HCM, 2015: 545-557.

[31] Nguyễn Kim Thản. *Cơ sở ngữ pháp tiếng Việt* [M]. Hà Nội: NXB Khoa học Xã hội, 2008.

[32] Nguyễn Kim Thản. *Động từ trong tiếng Việt* [M]. Hà Nội: NXB Khoa học Xã hội, 1999.

[33] Nguyễn Kim Thản. *Nghiên cứu về ngữ pháp tiếng Việt* [M]. Hà Nội: NXB

Giáo dục, 1997.

［34］Nguyễn Lai. *Ghi nhận thêm về bản chất nhóm từ chỉ hướng vận động trong tiếng Việt hiện đại* [J]. *Ngôn ngữ*, 1989 (1/2): 25-36

［35］Nguyễn Lai. *Một vài đặc điểm của nhóm từ chỉ hướng được dùng ở dạng động từ trong tiếng Việt hiện đại* [J]. *Ngôn ngữ*, 1977 (3): 8-29.

［36］Nguyễn Lai. *Một vài trải nghiệm trong cách tiếp cận nhóm từ chỉ hướng vận động tiếng Việt* [J]. *Ngôn ngữ*, 2016 (4): 3-8.

［37］Nguyễn Lai. *Nhóm từ chỉ hướng vận động trong tiếng Việt* [M]. Hà Nội: Tủ sách trường Đại học Tổng hợp Hà Nội, 1990.

［38］Nguyễn Lai. *Thử xác định ranh giới và sự chuyển hoá giữa nét nghĩa động tác và nét nghĩa hướng cua từ "đi" trong tiếng Việt hiện đại* [J]. *Ngôn ngữ*, 1981 (2): 53-57.

［39］Nguyễn Tài Cẩn. *Ngữ pháp tiếng Việt (Tiếng – từ ghép – đoản ngữ)* [M]. Hà Nội: nhà xuất bản ĐHTHCN, 1975.

［40］Nguyễn Thị Quy. *Ngữ pháp chức năng tiếng Việt (vị từ hành động)* [M]. Hà Nội: NXB Khoa học Xã hội, 2002.

［41］Nguyễn Văn Hiệp. *Ngữ nghĩa của "RA" "VÀO" trong tiếng Việt nhìn từ góc độ nghiệm thân* [C]// *Báo cáo Hội thảo Đài Loan*. 2012.

［42］Nguyễn Văn Lộc, Nguyễn Mạnh Tiến. *Ngữ pháp tiếng Việt* [M]. Hà Nội: NXB Giáo dục Việt Nam, 2017.

［43］Nguyễn Văn Thành. *Tiếng Việt hiện đại (từ pháp học)* [M]. Hà Nội: NXB Khoa học Xã hội, 2003.

［44］Phan Khôi. *Việt ngữ nghiên cứu* [M]. Hà Nội: NXB Văn nghệ, 1955.

［45］Phan Lê Thùy An. *Sự tri nhận không gian qua từ chỉ hướng trong tiếng Việt* [D]. Huế: Luận văn thạc sĩ Trường Đại học Huế, 2013.

［46］Trần Thị Nhàn. *Lý thuyết ngữ pháp hoá và thực trạng ngữ pháp hoá một số từ trong tiếng Việt* [M]. Hà Nội: NXB Khoa học Xã hội, 2009.

［47］Vũ Văn Thi. *Quá trình chuyển hoá của một số thực từ thành giới từ trong tiếng Việt* [D]. Hà Nội: Luận án phó tiến sĩ Trường Đại học Tổng hợp Hà Nội, 1995.

宏事件视域下老挝语动趋式研究
——以动词+ຂຶ້ນ为例

信息工程大学　周舒航

【摘　要】 本论文收集分析新闻语料归纳出 7 个常与老挝语趋向动词 "ຂຶ້ນ" 搭配的动词，根据泰尔米（Talmy）的宏事件理论，将老挝语动趋式 "动词 + ຂຶ້ນ" 中的 "ຂຶ້ນ" 划分出时间义、状态变化义和实现义三种语义，并对三者分别表征的体相事件、状态变化事件和实现事件三类宏事件，以及在每种宏事件下适用的句法模式进行初步探析。

【关键词】 "动词+ຂຶ້ນ"；宏事件；事件类型；句法特征

一、研究问题

老挝语动趋式结构是老挝语中普遍的语言现象，其形式是动词+趋向动词。对于汉语补语及补语在老挝语中的对应表达形式，国内学者如罗芳玲、齐春红等进行过相应的对比研究，并取得了一定的研究成果，而从宏事件角度研究老挝语动趋式，成果较少，本文将对其做初步探索。

在老挝语动趋式这一语法现象中，能与动词一起构成动趋式的趋向动词有很多，如 "ຂຶ້ນ"（上）、"ລົງ"（下）、"ໄປ"（去）、"ມາ"（来）、"ເຂົ້າ"（进入）、"ອອກ"（出去）、"ກັບ"（回去）等。本文拟采取定量与定性相结合的研究方法，从 "动词+ຂຶ້ນ" 这一个案出发，讨论老挝语动趋式的情况。语料来源是利用 python 爬虫技术，爬取老挝国家通讯社巴特寮通讯社 KPL 网站 2020 年全年的新闻内容，共 5339 篇新闻，通过检索，新闻内容中含单词 "ຂຶ້ນ" 的新闻共 2689 篇。采取抽样调查的方法抽取前 500 篇新闻，263 篇新闻中含有 "ຂຶ້ນ"，逐篇对新闻内容进行分析得出 533 条含 "ຂຶ້ນ" 的句子，在检索到的原始数据中排除了如下情况，即："ຂຶ້ນ" 本身作为一个独立的实义动词或者 "ຂຶ້ນ" 与其他词搭配作为固定词汇出现，如 "ຂຶ້ນກັບ" 是一个固定词汇表示 "属于"，与动趋式无关。533 条句子中动词与 "ຂຶ້ນ" 搭配构成动趋式的词条共有七类，具体如下表所示：

表 1　词条统计

序号	动词	词条数量
1	ໃຫ້	178 条
2	ເພີ່ມ	151 条
3	ຈັດ	94 条
4	ໄຂ	51 条
5	ເກີດ	30 条
6	ສ້າງ	13 条
7	ມີ	4 条

词条中有 25 条数据是"动词+ຂື້ນມາ"或"动词+ຂື້ນໄປ"的复合事件句子，其余共 12 条句子与动趋式无关不予考虑。基于抽样调查得出的数据发现，常与趋向动词"ຂື້ນ"搭配的动词有 7 个，即"ໃຫ້""ເພີ່ມ""ຈັດ""ໄຂ""ເກີດ""ສ້າງ""ມີ"等。利用抽样调查结果得出的动词作为检索动词，对全年含单词"ຂື້ນ"的新闻进行再检索，检索结果几乎涵盖全部新闻中含"ຂື້ນ"的句子，因此抽样调查得出的结论符合全部新闻数据的情况。

依据抽样调查结果，发现在老挝语"动词+ຂື້ນ"的动趋式结构中，"ຂື້ນ"可以看作是动词的卫星语素。根据泰尔米（Talmy）的宏事件理论，力图分三个步骤解决三个问题。第一，根据抽样数据得出与"ຂື້ນ"搭配的不同动词，分析语句中动趋式"动词+ຂື້ນ"中"ຂື້ນ"的语义类型并对语义进行分类；第二，不同动词与趋向动词"ຂື້ນ"搭配表征不同的宏事件类型并且采用不同的句式；第三，框架事件图示化了五种不同的概念域，根据"ຂື້ນ"的语义类型分类，分析动趋式"动词+ຂື້ນ"表征不同宏事件类型时所搭配的不同动词。

二、理论框架

泰尔米认为，语言存在两种最基本的认知功能，即：由需要定位的概念充当焦点和由提供定位的概念充当背景。在认知语言学中，语言能把一个概念确立为另一个概念的参照点或定位体。对于宏事件，泰尔米的定义是，存在一个基本的、重复出现的复杂事件范畴，这个范畴倾向于概念上的融合，并由一个单句表征，这种复杂事件被称为宏事件。① 根据事件的定义，事件由主事件和从属事件

---

① ［美］伦纳德·泰尔米. 认知语义学：卷 I ［M］. 北京：北京大学出版社，2017：218.

组成。在宏事件中，主事件行使框架功能，称为框架事件；从属事件补充、阐释框架事件，对框架事件起支撑作用，称为副事件。宏事件由框架事件、副事件和副事件对框架事件的支撑关系构成。

宏事件有五种类型，一是运动事件，概念原型是物理运动事件或静止事件，在整个事件中焦点实体是一个物体，它的路径或位置需要背景实体来描述，背景实体是作为参照点的第二个物体，关联功能是路径，当激活过程包含焦点相对于背景的转变时，就是通常所说的位移运动，当激活过程包含焦点相对于背景的不变状态时，就是静止。二是体相事件，以体相事件为框架事件的宏事件，有两种方法能将框架事件的一般结构应用到体相中，第一种方法是，焦点实体是事件的展示度，第二种方法是有一个过程逐渐影响某个特定的有限量。三是状态变化事件，状态变化显示了某种属性或情境本身的变化或静止。四是关联事件，提到关联事件就要提到共同活动，共同活动描述了执行具体活动的第一个行动者和第二个行动者相关，后者的活动和前者的活动相关。五是实现事件，实现领域有两种转变类型，一种是从潜在的实现阶段到实际的实现阶段，另一种是从假设的实现程度到确定的实现程度，可分为完成义和确认义。

根据泰米尔对宏事件五种类型的定义，对老挝国家通讯社巴特寮通讯社 KPL 网站新闻报道进行分析，发现收集到的句条均为文本性较强的新闻话语，新闻语料注重报道事件的情况，很少出现对具体动作的描写。新闻语料中五种宏事件并不能被完全体现，表征最多的宏事件是体相事件、状态变化事件和完成事件，运动事件和关联事件在新闻语料中几乎找不到例证。同时，由于"ຂຶ້ນ"的本义就是"上"，动趋式"动词+ຂຶ້ນ"的最基本用法就是表征运动事件，因此本文将动趋式"动词+ຂຶ້ນ"表征运动事件作为最基本的参考，通过隐喻、引申分析新闻语料中的老挝语动趋式"动词+ຂຶ້ນ"表征体相事件、状态变化事件和完成事件。

三、意义分类

（一）老挝语动趋式"动词+ຂຶ້ນ"语义分类

老挝语和汉语同为卫星框架语言，[①] 刘月华对汉语动词趋向结构"动词+上"中"上"的意义分为三种类型：方向意义、结果意义和状态意义[②]。其分类

---

① 汉语属于卫星框架语言，将核心图式映射到卫星语素上，通过卫星语素表达核心图式，老挝语也属于卫星框架语言。

② 刘月华．趋向补语通释［M］．北京：北京语言出版社，1998．

对老挝语有一定的借鉴意义，但两者仍有不同。虽然"ຂື້ນ"在老挝语中最基本的意义是表示方向意义，但其在老挝语新闻语料中并不普遍，因此将老挝语新闻语料中动趋式"动词+ຂື້ນ"的语义类型划分为时间意义、状态变化意义、完成意义三类。从收集到的资料可以看出，大多是"ຂື້ນ"在动趋式结构中的意义决定了句子中宏观事件的类型。

（二）老挝语动趋式"动词+ຂື້ນ"语义和宏事件的关系

宏事件中的运动、体相、状态变化、实现和关联五种类型的框架事件示意了五个不同的领域，即可以表征五种不同语义。因此，本研究将针对老挝语动趋式结构"动词+ຂື້ນ"所表征的具体宏事件，分析其语义特征。由上文可知，老挝语新闻语料中动趋式"动词+ຂື້ນ"的语义类型分为时间意义、状态变化意义、完成意义三类，这三类语义可以由相应的宏事件进行表征，如：基于体相事件对具有时间性意义的动词趋向结构"动词+ຂື້ນ"的概念结构进行语义分析；基于状态变化事件对具有状态变化意义的动词趋向结构"动词+ຂື້ນ"概念结构进行语义分析；基于实现事件对具有实现意义的动趋结构"动词+ຂື້ນ"概念结构进行语义分析。

（三）老挝语动趋式"动词+ຂື້ນ"的句法模式

与"ຂື້ນ"搭配表征体相事件出现频率高的动词有"ໄຂ""ເກີດ"；与"ຂື້ນ"搭配表征状态变化事件的动词主要为"ເພີ່ມ""ໃຫ້"，特别的是，在有"ໃຫ້"的结构中，句法模式往往是"ໃຫ້+（焦点实体）+形容词+ຂື້ນ"；表征实现事件的动词多为"ສ້າງ""ສ້າງຕັ້ງ""ຈັດ"；新闻语料中几乎找不到表征运动事件的情况，暂且不予考虑。老挝语动趋式的动词和"ຂື້ນ"之间可以加宾语也可以不加宾语，加宾语时，宾语多为该事件的焦点实体。"动词+ຂື້ນ"或"动词+宾语+ຂື້ນ"的句法模式通常用于表示体相事件或实现事件，焦点实体可能位于动词前做主语也可能位于动词后"ຂື້ນ"之前做宾语。状态变化事件通常出现"动词+ຂື້ນ+宾语"或"ໃຫ້+（焦点实体）+形容词+ຂື້ນ"的句法模式。另外，有很多"动词+ຂື້ນມາ"或"动词+ຂື້ນໄປ"的情况，可以看作"ຂື້ນ"表征的事件和"ມາ"（或"ໄປ"）表征事件的复合事件。

四、老挝语动趋式"动词+ຂື້ນ"表征的宏事件

（一）老挝语动趋式"动词+ຂື້ນ"表征的三种宏事件

"ຂື້ນ"的原意就是表示方向"上"，有方向性意义的老挝语动趋式结构"动

词+ຂຶ້ນ"能够表征运动事件，而且表征运动事件是最基本的用法，但基于新闻语料的特殊性，本文仅将其作为分析其他三种宏事件的敲门砖。体相事件、状态变化事件和实现事件都由 4 个部分组成，即框架事件、副事件和副事件对框架事件的支撑关系，且都包含 4 个要素，即焦点实体、背景实体、激活过程和关联功能，但在不同的事件中被概念化为不同的对象。

1. 老挝语动趋式"动词+ຂຶ້ນ"表征的体相事件

体相事件中焦点实体指的是受影响的对象，背景实体是指体相本身，激活过程表示对象在时间上的进展，关联功能显示了焦点实体相对于背景实体所持有的方向关系。

泰尔米认为，体相事件可以看作是运动事件的认知类比。体相事件中，将"体"概念化为事件，主要是指事件的显现程度，即事件是完全显现、没有显现还是有一定程度的部分显现。它通常包括开始、继续、停止、仍未显现、加剧、反复和渐渐消失。动趋式结构"动词+ຂຶ້ນ"在一个时间点或一段时间内充当背景实体。"动词+ຂຶ້ນ"结构中的"ຂຶ້ນ"通常表示动作的开始或继续。

（1）ລວມທັງການຕິດຕາມເຝົ້າລະວັງ ໄພທຳມະຊາດຕ່າງໆ ທີ່ອາດຈະ**ເກີດຂຶ້ນ**.
包括密切关注可能将发生的各种自然灾害。

（2）ຄວາມຮຸນແຮງຕໍ່ແມ່ຍິງ **ເກີດຂຶ້ນ**ໄດ້ທຸກເມື່ອທຸກເວລາ.
对女性的暴力时刻都在发生。

（3）ກອງປະຊຸມໃຫຍ່ຜູ້ແທນຊາວຫນຸ່ມທົ່ວປະເທດ ຄັ້ງທີ VIII **ໄຂຂຶ້ນ**ຢ່າງເປັນທາງການ.
全国第八届青少年代表大会正式召开。

（4）ວັນທີ 16 ທັນວາ 2020 ອົງຄະນະພັກ ຄະນະກວດກາສູນກາງພັກ ແລະ ອົງການກວດກາລັດຖະບານ ໄດ້**ໄຂກອງປະຊຸມສະມາຊິກພັກຂຶ້ນ**.
2020 年 12 月 16 日党委、党中央检查委员会和政府检查机构召开了党委会。

老挝语新闻语料中出现大量的老挝语动趋式结构"ເກີດຂຶ້ນ""ໄຂຂຶ້ນ"，它们都表征体相事件，这些事件往往是表示程度的事件，表示开始的情况。就"ເກີດ"来说，（1）的焦点实体是自然灾害，（2）的焦点实体"对女性的暴力"是抽象的，"ເກີດ"（发生）作为起点，是框架事件的背景实体，具体为当发生开始的时候，"ຂຶ້ນ"具有关联功能作用，表示"自然灾害发生""对女性暴力发生"在时间上的推移方向，从发生开始随着时间的推移逐渐显现，这里的"上"是在时间轴上将时间向还未发生的方向推移，相对地，已经发生了的方向为下。就"ໄຂ"（开始）来说，与之搭配最常见的焦点实体就是会议，（1）（2）的焦点实体都是会议，会议开始召开的时间点是背景实体，"ຂຶ້ນ"是关联功能，表示会议召开后在时间轴正向上的进展。例子（3）和（4）表明有些句子里，"ໄຂ"和"ຂຶ້ນ"并不都是连在一起的，焦点实体可以放在它们之前也可以放在它们之间。

2. 老挝语动趋式"动词+ຂຶ້ນ"表征的状态变化事件

根据泰尔米的观点，状态变化指的是静止或变化。状态变化的事件可以设想为某一特定属性与另一特定对象或情境相关联，这样的框架事件包含了该属性的变化或不变的延续。焦点实体、激活过程、关联功能和背景实体这4个要素分别具体化为与属性相关联的对象或情境、变化或静止、转变类型和状态或状态变化事件中的属性。

状态变化事件也是运动事件的一种认知类比。在这种类型中，状态变化被概念化为一种事件。根据泰尔米的观点，状态变化事件主要可以分为两种类型：变化和停滞。

（1）ໃນອັນທິ 31ທັນວາບີ້ ຫລັງຈາກ ມີຜູ້ຕິດເຊື້ອໂຄວິດ-19ລາຍໃໝ່ ໃນຮອບ 24 ຊົ່ວໂມງຈຳນວນ 587 ຄົນ ສົ່ງຜົນໃຫ້ມີຜູ້ຕິດເຊື້ອ ສະສົມ 123.740ຄົນ ແລະ ເສຍຊີວິດ**ເພີ່ມຂຶ້ນ** 27 ຄົນ ລວມທັງໝົດ 2.664 ຄົນ.

截至 12 月 31 日，在 24 小时内报告了 587 例新冠肺炎病例后，已感染 123,740 人，死亡增加 27 人，总计 2664 人。

（2）ປະຕິບັດຕາມແນວທາງຂອງພັກ-ລັດ ໃນການພັດທະນາ ແລະ ຮ່ວມມືຢ່າງສະໜິດແໜ້ນກັບທາງໂຄງການ ເພື່ອສຸມໃສ່ໃນການປູກຝັງ, ລ້ຽງສັດ ແລະ ບໍລິການອື່ນໆ ທີ່ເໝາະສົມກັບພື້ນທີ່ຂອງບ້ານ ເພື່ອເຮັດ**ໃຫ້**ຊີວິດການເປັນຢູ່ຂອງຄົນດີ**ຂຶ້ນ** ແລະ ຫລຸດພົ້ນອອກຈາກຄວາມທຸກຍາກເທື່ອລະກ້າວ.

党和国家的指导方针，与该计划密切合作发展，重点关注适合该地区的农业，畜牧业和其他服务，以逐步改善生活并摆脱贫困。

（3）ເມື່ອເສັ້ນທາງລົດ-ໄຟ ດັ່ງກ່າວເປີດນຳໃຊ້ຢ່າງເປັນທາງການ ກໍຈະເຮັດ**ໃຫ້**ການສົ່ງອອກມີຄວາມສະດວກສະບາຍ ແລະ ໄວ**ຂຶ້ນ**ກວ່າເກົ່າ.

铁路正式通车后，出口将更加方便快捷。

（4）ໂດຍສະເພາະກ້າວເຂົ້າສູ່ລະດູແລ້ງ ສະພາບອາກາດມີການປ່ຽນແປງ ເຮັດໃຫ້ສາມາດເປັນພະຍາດໄຂ້ຫວັດໄດ້ງ່າຍ**ຂຶ້ນ**.

特别是在干旱季节，气候在变化，更容易感冒。

（5）ນາຍົກລັດຖະມົນຕີ ເນັ້ນ**ໃຫ້**ທຸກຄົນມີສະຕິລະວັງຕົວສູງ**ຂຶ້ນ** ໃນການຕ້ານ-ສະກັດກັ້ນພະຍາດໂຄວິດ-19.

总理强调，每个人在对抗新冠疫情的战斗中必须提高警惕。

例（1）物理空间位移图式映射到数量域，表示数量增加。根据人们的生活经验，东西堆积得越多，整体高度就越高，数量域与纵向空间域之间产生对应关系，形成"数量多为上"的方位隐喻，数量增加对应向上移动。焦点实体是死亡人数，背景实体是增加之前的死亡人数，激活过程是变化，关联功能是数量增加。例（2）（3）（4）（5）都是"使役动词 ໃຫ້ +（焦点实体）+ 形容词 + ຂຶ້ນ"的句法模式，也是老挝语动趋式结构中最常出现的句法模式，表示状态或属性的变化，"ຂຶ້ນ"的方向是向上，映射到状态域往往是状态或属性从无到有或者是程度的加深，例（2）的"好起来"，例（3）的"方便快捷起来"，例（4）的"容易起来"，例（5）的"高起来"。焦点实体一般被概念化为与属性或情况有关的对象，如例子中的"生活""出口""感冒""警惕"；背景实体是变化之前的状态，是作为变化的参照点；激活过程是状态变化；关联功能是变化的类型，"ຂຶ້ນ"在这里就起到关联功能的作用，它的状态是上升式的。

3. 老挝语动趋式"动词 + ຂຶ້ນ"表征的实现事件

实现事件和状态变化事件是宏事件的两个容易混淆的子类型，因为它们都是运动事件的隐喻性延伸，并且集中在时间和空间上。贾红霞和李福印区分了这两种宏观事件的子类型，并得出结论：状态变化包含了实现，实现可以被视为状态变化的一种子类型。这两种宏事件子类型的区别在于，状态变化事件包含了一个施事因果链，实现事件主要是指行动的结果和意图。[①]

根据泰尔米的观点，实现域具有从假定程度到确定程度的过渡，或者从潜在的实现阶段到实际的实现阶段的过渡。实现型宏观事件的框架事件是由取决于情境的客体或施事者作为焦点实体，完成或确认作为激活过程，转变类型作为关联功能，动作过程作为背景实体。

（1）ພັກປະຊາຊົນປະຕິວັດລາວ ນັບແຕ່ໄດ້ຮັບການ**ສ້າງຕັ້ງຂຶ້ນ** ກໍໄດ້ສືບທອດອຸດົມການ ອັນຍິ່ງໃຫຍ່ຂອງພັກກອມມູນິດອິນດູຈີນ.

老挝人民革命党建立后，继承了印支共产党的伟大思想。

（2）ທ່ານ ເຄນຢ້ອນໂຮ ກ່າວວ່າ: ບໍລິສັດ ພຣູເດັນໂຊລ໌ ລາວ ແມ່ນຂຶ້ນກັບ ພຣູເດັນ ໂຊລ໌ ຄໍອອບໂປເຣຊັນ ເອເຊຍ, ເຊິ່ງ ພຣູເດັນໂຊລ໌ ລາວ ໄດ້**ສ້າງຕັ້ງ**ຫ້ອງການຕົວແທນ**ຂຶ້ນ** ທີ່ນະຄອນຫຼວງວຽງຈັນ ໃນເດືອນ ມີນາ 2015 ແລະ ໄດ້ຮັບໃບອະນຸຍາດການດຳເນີນທຸລະກິດ ຈາກກະຊວງການເງິນ ໃນເດືອນເມສາ 2016.

肯勇宏先生说："老挝保诚公司（Prudential Laos）是保诚亚洲方案（Prudential Solutions Asia）的子公司，老挝保诚公司（Prudential Laos）于2015年3月在万象成立了代表处，并于2016年4月获得了财政部的营业执照。"

[①] 贾红霞，李福印. 状态变化事件与实现事件的概念界定[J]. 外语教学，2015，36（1）：22—27.

（3）ໂຮງງານບຸງແຕ່ງໝາກໄມ້ ແດດົງກາງໆ ໄດ້ຖືກ**ສ້າງຂຶ້ນ** ແລະ ມີຄວາມທັນສະໄໝ ໃນລະດັບໂລກ.

德东刚木材加工厂已经建成，具有世界一流水平。

（4）ໂດຍໄດ້**ຈັດ**ພິທີເຊັນບົດບັນທຶກຄວາມເຂົ້າໃຈ**ຂຶ້ນ**ໃນວັນທີ 30 ທັນວາ 2020.

谅解备忘录的签署仪式于 2020 年 12 月 30 日举行。

（5）ກຸ່ມຂະຫຍາຍແນວພັນເຂົ້າ ບ້ານຜັກອີ່ຕູ່ ມີຜົນສຳເລັດດັ່ນ ກ່ຳຄື ໃນປີ 2017 ມີ ສະມາຊິກຂອງກຸ່ມ ໄດ້ຮັບຫຼຽນກາຊາວກະສິກຳດີເດັ່ນ ຂອງອາຊຽນ ເຊິ່ງເປັນຄົນທຳອິດ ຂອງ ສປປລາວໂດຍພິທີມອບ-ຮັບຫຼຽນດັ່ງກ່າວ ແມ່ນ**ຈັດຂຶ້ນ**ຢູ່ປະເທດຟີລິປິນ.

帕伊度村水稻种子扩展小组非常成功，以至于该小组的成员在 2017 年被授予了老挝人民民主共和国首个东盟杰出农民奖章，该颁奖仪式在菲律宾举行。

事件完结、目标实现都可以理解为运动有了结果，例（1）到例（5）的焦点实体分别为老挝人民革命党、代表处、木材加工厂、签署仪式、颁奖仪式，这些焦点实体是具体情况里的施事者或受事者；背景实体是动作的过程，即"ສ້າງຕັ້ງ"、"ສ້າງ"（建立）的过程或"ຈັດ"（举办）的过程，在这个潜在完成阶段中动作一直尚未完成，是最终完成的参照点；激活过程是建立或举办动作的完成或确认，即实现事件被激活；"ຂຶ້ນ"承担关联功能表示事件从未完成到完成的转变。

（二）事件连续体

同属于宏观事件，但各自的地位并不是平等的，从典型成员到边缘成员表现为一个连续体。"ຂຶ້ນ"表示方向意义"上"是最原始的意义，其所表征的运动事件是宏事件里的典型成员。运动事件表示空间上某一实体从一点移动到另一点；体相事件可以看作时间上的运动事件，其被视为运动事件的一种特殊类型；状态变化可以看作从无某种属性到有某种属性，或者某种属性的程度从低到高移动，因此状态变化事件可以看作运动事件的隐喻；而实现事件表示状态变化的结果，可以看作状态变化事件的子类型。老挝语新闻语料动趋式"动词+ຂຶ້ນ"主要表征体相、状态变化和实现三种宏事件，由于体相事件可以看作特殊的运动事件，就运动事件、状态变化事件和实现事件三种事件来说，状态变化事件的边界是最模糊的。运动事件和实现事件位于事件连续体的两端，状态变化事件位于运动事件和实现事件之间。可以看出对"动词+ຂຶ້ນ"语义的认知是从运动事件到体相事件再到状态变化事件最后到实现事件，是一个连续的过程。

图 1　事件连续体

五、结语

综上所述，发现老挝语动趋式"动词+ຂຶ້ນ"在新闻中的语义包含时间意义、状态变化意义和实现意义。运动事件是宏事件的原型事件，但在新闻数据中使用并不普遍。"动词+ຂຶ້ນ"或"动词+宾语+ຂຶ້ນ"的句法模式通常用于表示体相事件或实现事件，焦点实体可能位于动词前做主语也可能位于动词后"ຂຶ້ນ"之前做宾语。状态变化事件通常出现"动词+ຂຶ້ນ+宾语"或"ໃຫ້+（焦点实体）+形容词+ຂຶ້ນ"的句法模式。新闻中老挝语动趋式"动词+ຂຶ້ນ"可以表征三类宏观事件，具体来说，具有时间意义的老挝语动趋式"动词+ຂຶ້ນ"表征体相事件；具有状态变化意义的老挝语动趋式"动词+ຂຶ້ນ"表征状态变化事件；具有实现意义的老挝语动趋式"动词+ຂຶ້ນ"表征实现事件。"ຂຶ້ນ"在宏事件中起到关联功能的作用，"动词+ຂຶ້ນ"在体相事件中表征动作在时间上的继续；在状态变化事件中表征属性或情景从一种状态变为另一种状态；在实现事件中表征状态变化的结果。从概念结构上看，体相事件、状态变化事件和实现事件可以构成一个事件连续体，其中体相事件和实现事件位于两端，状态变化事件处于中间。

本文探讨了老挝语动趋式"动词+ຂຶ້ນ"所能表征的三种宏观事件及其背后的认知动机，但本研究也存在一些局限性。首先，语言数据有限，数据仅限于新闻数据；其次，本论文仅从宏事件理论研究老挝语动趋式结构"动词+ຂຶ້ນ"，还可以考虑其他视角，如：事件整合、语法构造等来拓展老挝语动趋式研究；最后，本文仅以"动词+ຂຶ້ນ"为研究对象，另外还有"ລົງ"（下）、"ໄປ"（去）、"ມາ"（来）、"ເຂົ້າ"（进入）、"ອອກ"（出去）、"ກັບ"（回去）等趋向动词可以和动词搭配构成老挝语动趋式结构，有必要将研究范围扩大到所有的动趋式结构。为了进一步地进行研究，有如下几点建议，第一，收集更多的语言数据，包括口语数据，以证明老挝语动趋式结构"动词+ຂຶ້ນ"是否能表征关联事件；第二，可以对"ຂຶ້ນ"的语义演变进行同源研究，研究"动词+ຂຶ້ນ"中的"ຂຶ້ນ"转变为动词趋向补语成分的过程；第三，可以增加对动词搭配其他趋向动词的研究，对老挝语动趋式结构进行更全面、系统的研究。

参考文献

[1] 陈昌来. 动后趋向动词性质研究述评[J]. 汉语学习, 1994（2）: 41—43.

[2] 段业辉. 论"V+上/下"结构中的"上"和"下"[J]. 汉语学习, 1990（2）: 71—76.

[3] 高顺全. 复合趋向补语引申用法的语义解释[J]. 汉语学习, 2005（1）: 56—61.

[4] 贾红霞, 李福印. 状态变化事件与实现事件的概念界定[J]. 外语教学, 2015, 36（1）: 22—27.

[5] 阚哲华. 汉语位移事件词汇化的语言类型探究[J]. 当代语言学, 2010, 12（2）: 126—135, 190.

[6] 李福印. 认知语言学概论[M]. 北京: 北京大学出版社, 2008.

[7] 刘月华. 趋向补语通释[M]. 北京: 北京语言文化出版社, 1998.

[8] 伦纳德·泰尔米. 认知语义学: 卷Ⅰ[M]. 李福印, 等译. 北京: 北京大学出版社, 2017.

[9] 伦纳德·泰尔米. 认知语义学: 卷Ⅱ[M]. 李福印, 等译. 北京: 北京大学出版社, 2019.

[10] 王国栓. 趋向问题研究[M]. 北京: 华夏出版社, 2005.

[11] 王红旗. 动趋式述补结构配价研究[G]//袁毓林, 郭锐. 现代汉语配价语法研究: 第二辑. 北京: 北京大学出版社, 1998: 252—271.

[12] 王宜广. 现代汉语动趋势的语义框架及其扩展路径研究[M]. 北京: 中国社会科学出版社, 2016.

[13] 肖敏. "V上"与"V下"的对称与不对称研究[D]. 南京: 南京师范大学, 2013.

[14] 信晓倩, 卢卫中. "V上"的语义类型及其认知分析[J]. 外语教学, 2015（3）: 43—46.

[15] 于辉荣. "V上"及其相关问题研究[D]. 上海: 上海师范大学, 2010.

[16] 俞琳, 李福印. 事件融合视角下"V到"构式的动补类型嬗变[J]. 外语与外语教学, 2018（1）: 72—83.

[17] 张伯江. 动趋式里的宾语位置的制约因素[J]. 汉语学习, 1991（5）: 6—10.

[18] Talmy Leonard. *Lexicalization patterns: Semantic structure in lexical forms*

[G]// Timothy Shopen. *Language Typology and Syn-tactic Description (Vol.3): Grammatical Categories and the Lexicon*. Cambridge: Cambridge University Press, 1985: 57-149.

[19] Talmy L. *Toward a Cognitive Semantics. Volume I: Concept Structuring Systems*[M]. Cambridge: MIT Press, 2000a.

[20] Talmy L. *Toward a Cognitive Semantics. Volume II: Typology and Process in Concept Structuring* [M]. Cambridge: MIT Press, 2000b.

[21] ບົວໄລ ເພັງແສງ. *ຄຳຕ່າງຜືນທອມ* [M]. ວຽງຈັນ: ສຳນັກພິມ ແສງສຸວັນ, 2011.

[22] ທອງເຊີຍ ອຸທຸມພອນ. *ນິທານພື້ນເມືອງລາວທ້າວກ່ຳກາດຳ* [M]. ວຽງຈັນ: ສຳນັກພິມ ແສງສຸວັນ, 2011.

[23] ຄອນ ເມືອງເໜືອ. *ເລື່ອງ:ລາງວັນຊີວິດ* [M]. ວຽງຈັນ: ສຳນັກພິມ ແສງສຸວັນ, 2011.

[24] ສີພອນ ອຸດທິສັກດິ. *ອົມຍີ້ມກັບຊຽງໜ້ຽງ* [M]. ປະເທດໄທ: ໂຮງພິມດາງາເປເປີ້, 2015.

高棉语"ACQ"动词的依存句法分析

信息工程大学　帅洪福

【摘　要】 "ACQ"动词是几乎所有东南亚语言中都包含的一种动词,表示"Acquire",即"得到,获得"之义,同时具备复杂的语法化现象,被认为是最能够体现出相似的区域语言学特点(Areal linguistics)。高棉语"ACQ"动词,最为典型的代表就是 baan。在不同的句法位置上,baan 可以体现出复杂的语义,也可以与其他动词组成复杂动词结构。高棉语研究的知名学者 Haiman, Enfield, Bisang 等,均认为高棉语 baan 的语法化始于"主要动词"位置,而该位置上其语义主要始于"ACQ"。因此,研究高棉语 baan 做主要动词时的语言现象,有助于厘清高棉语语法化的具体过程,有助于东南亚"ACQ"动词现象的深入研究。本文尝试利用词格依存理论对高棉语"ACQ"动词 baan 做主要动词的几种情况进行探讨,并分析该结构中其复杂的句法-语义特点。

【关键词】 ACQ；baan；主要动词；词格依存

长期的语言接触,使区域内的语言之间在某些方面具备相似的区域语言特点,从共时和历时的角度厘清这些区域语言特点,有助于从语言角度对区域历史文化发展提供一种语言观照,不仅有助于语言本体研究,亦能推动其他领域的深入研究。目前,东南亚"ACQ"动词现象,因其强烈的区域语言相似性而为许多语言学家所着迷。语言学家多年来一直对东南亚各语言中的"ACQ"动词进行分析和类比,以期从区域语言学或语言类型学的视角对其进行深入剖析。高棉语"ACQ"动词的典型代表是多功能词 baan,该词一词多义,并且各语义间相互关联,被认为是均属同一词源。目前,高棉语"ACQ"动词 baan 语法化或语义发展问题已经受到不少区域和国际语言学家的关注,许多语言学家对其展开了深入研究。比如 Haiman(1999)提出高棉语 baan 的语法化路径是由主动动词 baan 到动词后(Post-V)baan,再到动词前(Post-V)baan。而 Enfield(2001；2004)则认为高棉语 baan 与其他东南亚语言中的"ACQ"词都是从基本语义"获得,得到"(acquire)开始语法化过程。Haiman(2011)又认为高棉语 baan 的语义发展由主动动词"获得,得到"(MV "get/acquire")向主动动词"好的,可以的"(MV "OK, licit, allowed")扩展,然后逐步向助动词 baan 和序列动词

baan 扩展。因此不难看出，研究高棉语 baan 的语法化问题最初的关注点都会引向 baan 做主要动词的用法。主要动词（main verb），又称实动词、完全动词（full verb 或 principal verb），传统意义上指非助动词。主要动词是表示句中主要动作的动词，尤其是当它与一个或多个助动词同时出现在一个句子里时。本文使用词格依存语法理论相关研究方法对高棉语 baan 做主要动词时的语言现象进行分析。词格依存语法是依存语法理论的重要分支，除保留依存语法形式简洁、易于标注、便于应用等优点之外，更加强调从"词"和"格"两个层面分析考察句子中词与词的主要特点及相互关系，目前该理论已经应用于全世界超过 60 多种语言的研究。

高棉语 baan 做主要动词时，有三种相互区别的语义："得到，获得""成功"以及"好的，可以的"。baan 做主要动词，是该词最基本最简单的用法。该用法中 baan 很少与其他词形成复杂结构，结构相对单一，句法特点比较清晰。笔者总结 baan 做主要动词时的特点如下：（1）baan 做主要动词时，均为小句的词首，并且是否作为词首与该词的实际语义无关。（2）若 baan 后面接名词性宾语成分，则 baan 大多表示"得到，获得"，反之不然。（3）若 baan 与句子主语（sentential subject）搭配，则常表示"好的，可以的"。（4）若 baan 前有名词性主语（nominal subject），后无名词性宾语时，常表示"成功"。

一、baan 表示"得到，获得"之义

"得到，获得"是高棉语 baan 做主要动词时的基本语义。Enfield（2001；2004）、Bisang（1996；2008；2009）和 Haiman（2011）均将此语义作为高棉语 baan 语法化或语义扩展的重要起点。此用法下的高棉语 baan 是完全动词（full verb），并且是非施事动词。值得注意的是，此阶段的 baan 仍然具有明显的动词属性，并且要求接一个宾语。因此，词格依存理论将其作为一个及物动词处理，突出[+trns]属性。

具体举例说明如下：
例 1：

ថ្ងៃ	នេះ	អត់	បាន	បាយ	សោះ។
tngai	nih	eit	baan	baay	sɔh.
天	D	neg.	ACQ	饭	Spart

今天没有饭吃。

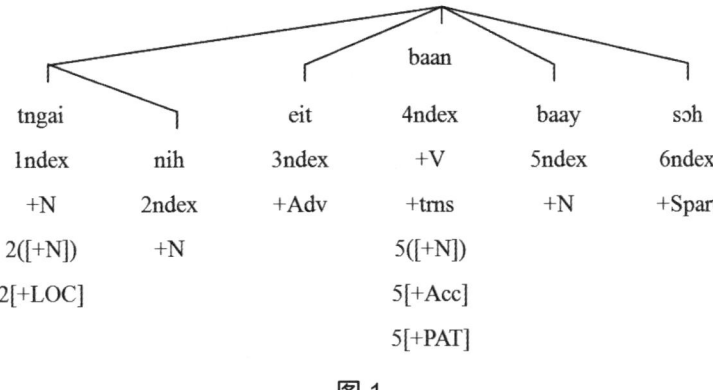

图 1

图 1 中,baan 作为主动动词,该句子属于有动词句且 baan 作为句子词首。baan 的词汇特征为[+V, +trns],后接受事宾语 baay,组成动宾结构。

例 2：

ខ្ញុំ ធ្វើ នេះ អត់ ចង់ បាន អ្វី ពី នាង ទេ។
kñom tvwəə nih ɔtmian jɔng baan ɔvwey bpii niang dtee.
1 做 D neg. 想 ACQ 什么 P 姑娘 Spart

我做这些并没有想从姑娘那里得到什么。

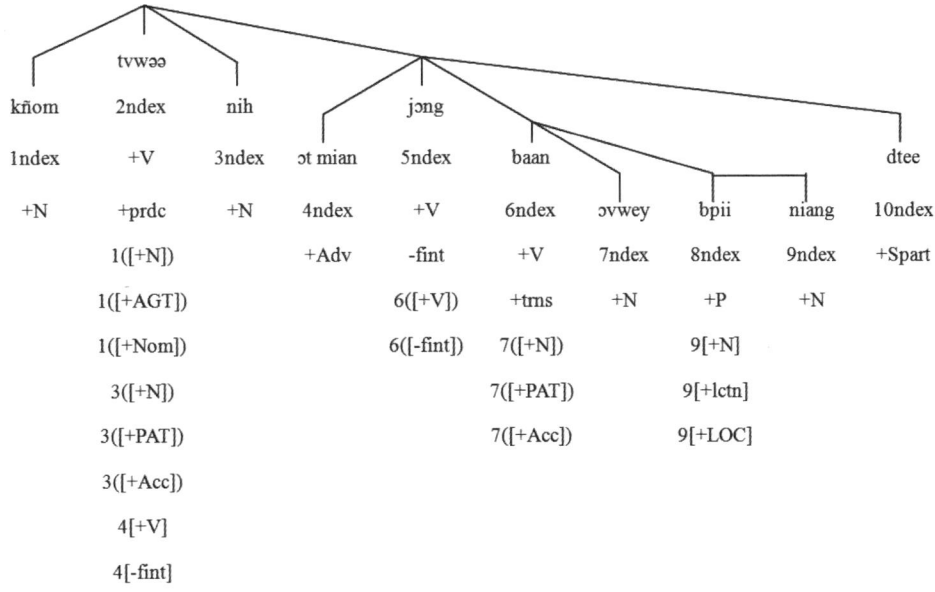

图 2

图 2 中,baan 做主要动词,该句为有动词句,但 baan 不是句子词首。该句由 tvwəə, jɔng, baan 三个动词组成的复杂动词结构。其中 tvwəə 为句子词首,而

jɔng 和 baan 组成非限定动词结构从属于 tvwəə。同时在 jɔng 和 baan 两个动词间，后者又作为非限定动词修饰前者。此结构与 Ehrman（1972）提到的"bañ min baan ɔvwey"非常相似。尽管非限定动词结构前含有否定副词，但非限定动词结构中的 baan 并非结果体动词，而是主动动词。

二、baan 表示"成功"之义

高棉语 baan 做主要动词时，语义上还可以表示"成功"。若是在体育语篇中，可以理解为"获胜，赢"。Enfield（2001；2004）将"成功"作为高棉语 baan 第一阶段语法化产生的语义。此语义常用在以下结构中："名词性主语+baan"，baan 后面不接名词性宾语。因此，虽然同为主要动词，句法位置一致，但其实语法和语义已经发生了改变。表示"获得、得到"时，语义上更加强调"动作性"并且一般需要跟一个宾语；而表示"成功"之义时，语义上"动作性"减弱逐渐表现出"结果性"，语法上已经丢失了接宾语的能力。从搭配上讲，若 baan 前有名词性主语（nominal subject），后无名词性宾语时，常表示"成功"。具体举例说明如下：

例1：

អ្នក ទៅ វាយ បាល់ ខាង ណា បាន?
nek dtəɯ vwiay bal kaang naa baan?
2 去 打 球 方 哪 ACQ

你们去打球，哪方赢了？

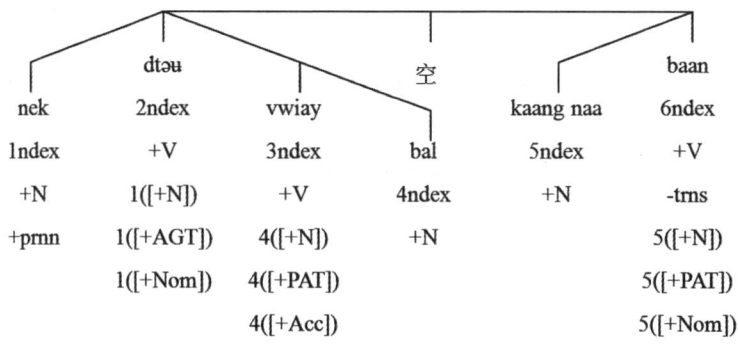

图3

图 3 中，高棉语 baan 为主动动词，该句为有动词句。该句的结构可以理解为省略连词的并列句，因此主动动词 baan 与 dtəɯ 作为句子的并列词首。该句中的 baan 可以看作不及物动词，接受事主语 kaang naa。

例2：

បើ ចង់ បាន ត្រូវ មើល នាយ មើល អាយ សិន។
bəɨ jɔŋ baan dtrəɨw məəl niay məəl aay sen.
若 想 ACQ 应该 看 那儿 看 这儿 先
如果想成功，首先应该多观察。

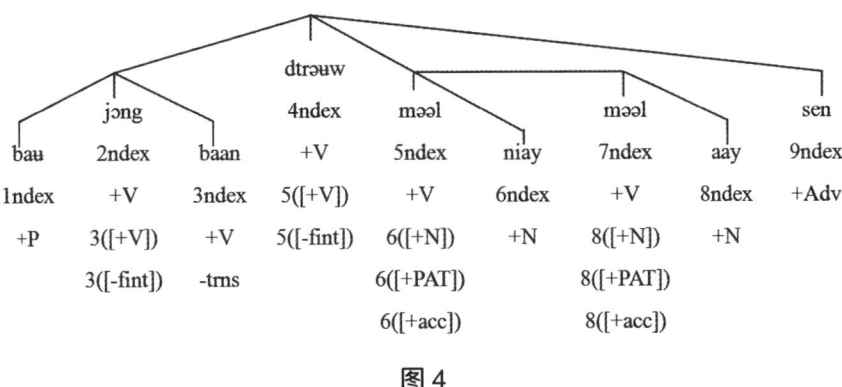

图4

图4中，高棉语baan为主动动词，该句为有动词句。该句结构为主从结构，助动词dtrəɨw作为句子词首，məəl niay məəl aay做非限定并列动词结构从属于dtrəɨw。该句中的baan做不及物动词，从属于支配词jɔŋ。

三、baan表示"好的、可以"之义

高棉语baan做主动动词时，语义上可以表示"好的，可以的"。词格理论中，将此语义下的baan作为静态动词[+sttv]，主要用于"句子主语+baan"的结构。对比表示"成功"时的语义，笔者发现此阶段baan的"结果性"愈发突出，"动作性"几乎完全消失。简单地讲，就是动词属性愈发丢失，形容词属性愈发增加。因此，词格依存语法处理此种情况时，认为baan已经具备[+sttv]属性，已经没有[+trns]属性，甚至都不强调过渡的[-trns]属性。可以认为，若baan与句子主语（sentential subject）搭配，则常表示"好的，可以的"。

具体举例说明如下：

例1：

យ៉ាង ណា ក៏ បាន។
yaang naa gɔɔ baan.
样子 哪 Spart ACQ
怎样都行。

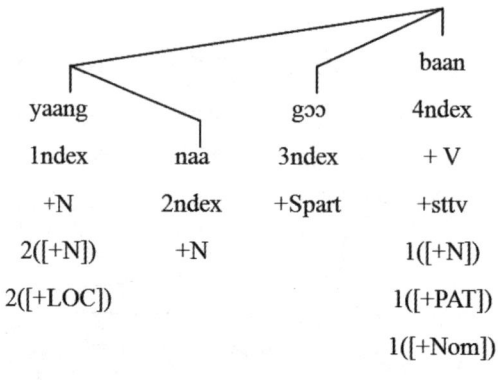

图 5

图 5 中，baan 做主要动词，且为静态动词子类。该句为有动词句，句子词首是 baan。静态动词可以理解为扩展的不及物动词，因此该句中 baan 接受事主语 yaang naa。

例2：

បង	ទៅ	ណា	ក៏	បាន	ធ្វើ	អ្វី	ក៏	បាន។
bong	dtəu	naa	gɔɔ	baan	tvwəə	ɔvwey	gɔɔ	baan.
2	去	哪里	Spart	ACQ	做	什么	Spart	ACQ

你去哪都行，干什么都行。

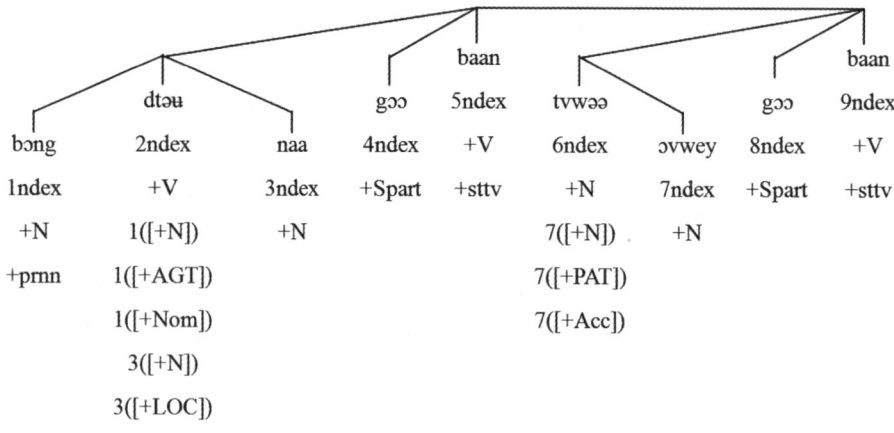

图 6

如图 6 所示，baan 为主动动词且属静态动词。该句为有动词句，句子的词首为 baan。该句的结构为省略连词的并列句，两个小句中的 baan 担任各自小句的词首，并且前接句子主语，表现为 baan 支配各句子主语中的动词。

四、baan 做主要动词时的语法化

目前,学界对于东南亚"得"义词的语法化问题仍然存在较大争议,即便是对于高棉语 baan 的语法化过程也没有定论。比较一致的观点是,高棉语 baan 语法化的起点在于主要动词位置,最初的语义是"得到,获得"。而之后的语法化如何演化,则各执一词。比如 baan 从主动动词位置开始语法化后,是在该位置全部进行完语义的变化后才有句法位置的变化,还是句法位置变化后才带来语义的变化,而后才又引起原来位置的语义变化?使用图示表示如下:

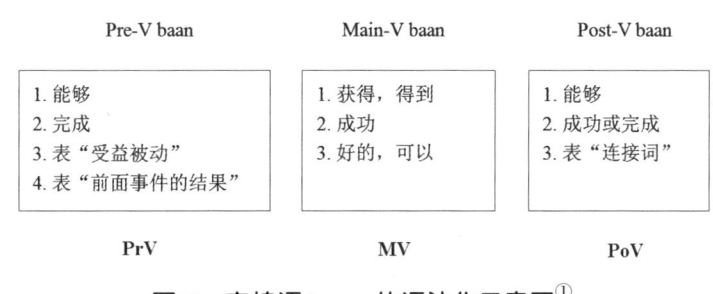

图 7 高棉语 baan 的语法化示意图[1]

那么学界关于 baan 的语法化争议可以简单地用图示化表示:

1. MV→PoV→PrV
2. MV→PrV→PoV
3. MV→PoV and[2] PrV

Haiman(1999)就赞成第 1 种变化趋势。他认为从类型学角度来看,主要动词 baan 最令人震惊的就是它从 V2 到 V1 的移位,因为这违背语素在起源位置会保持"冷冻"的一般趋势。Haiman 还解释道,导致移位的一个可能原因是,高棉语是一种抑扬格韵律语言,是一种加前缀的语言,因此非重读元素会被吸引到一些前缀的位置。

不难发现,上述的语法化关系仅仅考虑了句法位置的变化,而实际上还应考虑语义问题。如果综合考虑的话,上面的图就会变得特别复杂,即便是在 MV→PoV→PrV 这种变化趋势中,其语义的演化是如何进行的?PoV1 和 PrV1 都表示"能够",大趋势由 PoV1 指向 PrV1,但是却不清楚由 PoV1 直接指向 PrV1,还是中间穿插了其他语义变化,比如 PoV1→PoV2→PoV3→PrV1。意思是说,句

---

[1] 笔者将动词前(Pre-V)baan 使用 Prv 表示,主要动词(main verb)baan 使用 MV 表示,动词后(Post-V)baan 使用 PoV 表示。

[2] and 表示左右同时进行。

法位置的变化到底应该是在该位置上语义变化的第几个阶段进行的？目前对此众说纷纭，短时间内难有定论。

不过通过词格依存句法分析，笔者从主要动词的"动词属性"角度找到了一些线索。比如前面我们提到，表"得到，获得"时，baan 的及物性最强，需要接宾语；表"成功"时，baan 及物性减弱，不要求接宾语；表"好的，可以"时，baan 虽然还有动词属性，不过及物性完全丢失，表"结果性"的静态动词属性凸显，亦即此时的 baan 是一个静态动词。静态动词是词格语法理论中的术语，本质就是传统语法中的形容词。通过词格依存的分析，我们能够清楚地看到 baan 在 main-V 位置上动作属性的逐渐消失，状态属性的逐渐增强。因此，以此为依据我们可以合理推测：在主要动词句法位置，baan 语义变化的路径为：MV1→MV2→MV3。这个思路也为在 PrV 和 PoV 中进行语义研究提供了新视角，对于整个 baan 语法化进程的研究有一定效果。

五、baan 在序列动词结构中的补语功能

前面我们对高棉语 baan 做主动动词时的各语义表达进行了依存句法分析，然而我们的讨论并没有结束。我们提到"高棉语 baan 做主动动词时，均为小句词首"。然而图 2 和图 4 的依存树示意图中，baan 却受支配于动词 jɔŋ。这前后论述是否有矛盾？这里的论述看似矛盾，实则不然。笔者的观点是主动动词 baan 均为所在小句的词首，并不表示该词是所在句子的词首。图 2 和图 4 中形成的结构 jɔŋ baan 涉及高棉语的一个重要结构，即序列动词结构（serial verb construction）。

关于高棉语序列动词的研究，Marybeth Clark（1992）、Supriya Wilawan（1992）、Chhany Sak-Humphry（1995）等均有相关论述。序列动词在世界语言中得到广泛讨论并被当作东南亚语言的特点（Marybeth Clark，1992：147），关于东南亚语言中序列动词结构的讨论非常丰富。所谓序列动词结构，简单地讲就是两个或多个动词组成动词序列，指向相关的事件并表达一个单独命题（proposition），动词之间并没有连词。对于序列动词及其结构的定义，学术界并没有统一的认识。为明确研究范围，笔者对高棉语序列动词定义如下：

同时具备如下特点的动词结构就是序列动词结构：1.动词序列中，动词与动词之间没有连词；2.只有第一个动词可以接名词性短语做其主语；3.所有动词均理解为指向同一个命题，并具有相同的体和时态。4.否定句中，否定副词位于动词序列的第一个动词前。如：

kñom   dtəɯ   tiñ   mhoob   ñam.
我   去   买   东西   吃

dtəɯ, tiñ, ñam 三个动词组成序列动词结构。序列结构中动词之间没有连词，只有 dtəɯ 前面可以接名词 kñom 做句子主语。该句的否定形式为：

kñom min dtəɯ tiñ mhoob ñam (dtee).

*kñom dtəɯ min tiñ mhoob ñam (dtee).[①]

*kñom dtəɯ tiñ mhoob min ñam (dtee).

下面我们分析该序列动词结构中动词间的内部关系。学术界对此已有讨论，比较主流的观点包括：（1）序列动词结构中动词与动词之间为并列关系，因此序列动词结构是省略并列连词的并列结构；（2）序列动词结构中动词之间为主从关系，因此序列动词结构是省略从属连词的主从结构；（3）序列动词结构是独立于并列结构和主从结构之外的特殊结构。词格理论框架下，如何判定高棉语多动词结构中动词间的关系？Supriya Wilawan（1992）和 Sak-Humphrey（1995）等对此进行过详细的依存分析，他们认为该结构中动词间的关系并不是并列关系。序列动词结构应该理解为非限定主从结构（nonfinite subordination）。所谓"限定"和"非限定"即[V, ±fint]，是对高棉语动词的次类划分。Sak-Humphrey（1995）认为，如果我们不能在序列动词前添加主语，并仍旧得到一个单句，该动词就是非限定动词。

例1：vwia ɔng-guy yəm graom taɯm-chəə.（3 坐哭 P 树）

*vwia ɔng-guy vwia yəm graom taɯm-chəə.（3 坐 3 哭 P 树）

其中 yəm 前不能加上主语 vwia，并得到一个单句。加上主语后原句将变为两个单句，vwia ɔng-guy 和 vwia yəm graom taɯm-chəə。因此，句中的 yəm 为非限定动词。

Wilawan（1992）认为，序列动词可以做句子补语（sentential complements）和句子附加语（sentential adjuncts）。补语和附加语之间的区别是补语是必需成分，附加语是可选成分。补语是结构词首要求的，而附加语是结构词首允许但不要求的。

例2：guat ɔng-guy jriang jɔmriang.（3 坐唱歌）

其中 jriang jɔmriang 是 ɔng-guy 的补语，两者组成序列动词结构。jriang jɔmriang 是非限定动词短语，jriang 前并不能添加主语 guat。而且 jriang jɔmriang 不能删除，否则原句变为 guat ɔng-guy。ɔng-guy 的意义将发生变化，由描述唱歌的"方式"，变成简单的描述物理位置。

---

① 本文中所有带*号的句子都不符合语法规范。

例 3：guat tiñ mhoob ñam.（3 买食物吃）

其中 tiñ mhoob ñam 组成序列动词结构。该结构中 ñam 是非限定动词，作为附加语。即使去掉 ñam，tiñ mhoob 维持原有意义不变，ñam 是可有可无的成分。

可见，我们已经初步掌握了高棉语序列动词结构的特点，能够解决前面的疑问，并相对清楚地分析 jɔng baan 的结构。能够判断出该结构其实为简单的序列动词结构，baan 作为补语修饰 jɔng。

通过以上的分析，我们对高棉语"ACQ"动词 baan 在主要动词（main verb）句法位置上的不同语义展开了讨论，用词格依存理论对 baan 的属性进行了深入分析。通过研究 baan 的"动作性""状态性"，我们还进一步地推测出 baan 在主要动词位置上的语法化情况，即"得到，获得"→"成功"→"好的"。同时我们还介绍了一种 baan 经常形成的高棉语序列结构。通过对该结构的剖析，我们总结出 baan 在该结构中作为补语修饰前面的动词，是不可缺少的成分。

参考文献

［1］曹秀玲．"得"字的语法化和"得"字补语［J］．延边大学学报（社会科学版），2005，38（3）：82—85．

［2］高光新．动词"得"的语法化历程［J］．宁夏大学学报（人文社会科学版），2006，28（5）：35—39．

［3］吴福祥．从"得"义动词到补语标记：东南亚语言的一种语法化区域［J］．中国语文，2009（3）：195—211．

［4］昊颖．"动词+得+补语"的分类和语义特征分析［J］．苏州大学学报（哲学社会科学版），2002（2）：91—94．

［5］Chhany Sak-Humphry. *Serial and completive in Khmer* [Z]. the 3th annual meeting of the southeast asian linguistics society, 1995: 177-204.

［6］Chhany Sak-Humphry. *Adjectives or stative verbs in modern Khmer* [J]. *Mon-Khmer Studies*, 2003, 22: 153-165.

［7］Franklin Eugene Huffman. *An outline of Cambodian grammar* [M]. Cornell: Cornell University, 1967.

［8］John Haiman. *Auxiliation in Khmer: the case of baan* [J]. *Studies in Language*, 1999, 23 (1): 149-172.

［9］John Haiman. *Cambodian Khmer* [M]. London: John Benjamins Publishing

Company, 2011.

［10］Madeline E. Ehrman. *Contemporary Cambodian Grammatical Sketch* [M]. Washington: Foreign Service Institute, 1972.

［11］N. J. Enfield. *On genetic and areal linguistics in mainland south-east Asia: parallel ployfunctionality of "acquire"* [J]. *Areal diffusion and genetic inheritance*, 2001: 255-290.

［12］N. J. Enfield. *Areal grammaticalization of postverbal "acquire" in mainland southeast Asia* [Z]. the 11th annual meeting of SEALS, 2004: 275-295.

［13］Supriya Wilawan. *The so-called serial verb constructions* [J]. *Mon-Khmer Studies*, 1992, 22: 153-165.

［14］Walter Bisang. *Areal typology and grammaticalization: Processes of grammaticaliza-tion based on nouns and verbs in East and mainland South East Asian languag-es* [J]. *Stu-dies in Language*, 1996, 20 (3): 519-597.

［15］Walter Bisang. *Grammaticalization and the areal factor – the perspective of East and mainland Southeast Asian languages* [G]// Lopez-Couso, Maria Jose, Elena Seoane. *Rethingking Grammaticalization: New Perspectives*. Amsterdam: Jonh Benjamins Publishing Company, 2009: 15-35.

［16］Walter Bisang. *Hidden complexity in synax* [J]. *Syntax of the World's Languages III*, 2008: 1-15.

缅甸语人体词语语义转移的认知分析

信息工程大学 何翠芳

【摘　要】人类基于已熟悉的人体、人体器官去认识其他未知事物，在漫长的语言发展长河中，人体词语经历了复杂的语义延伸变化，衍生出了丰富的隐喻和转喻表达。本文选取缅甸语中的 ခေါင်း။ ဦးခေါင်း။ ဦး："头"、မျက်နှာ "脸"、မျက်။ မျက်စိ။ မျက်လုံး："眼"三个头部人体词语，按照具体到抽象的路径对三个人体词语进行语义转移分析，从隐喻和转喻的角度总结缅甸语中人体词语语义转移的特征，由此加深对身体经验背后缅甸特定的文化和社会的理解。

【关键词】缅甸语；人体词语；语义转移；隐喻；转喻

人类的认知活动来源于身体经验，在一切语种里大部分涉及无生命事物的表达方式都是用人体、人体器官以及用人的感觉和情欲的隐喻来形成的。在缅甸语中，把人体、人体器官以及人的感觉和情欲映射到客观事物的现象十分普遍。对缅甸语人体词语的语义转移规律进行分析和探讨，对于深刻把握缅语语言发展衍生的规律、语言背后反映的思维习惯、地理环境、民风民俗具有现实意义。

一、认知视角下的隐喻与转喻

隐喻是一种普遍现象，据统计日常语言中大约 70% 的表达方式源于隐喻概念。隐喻不仅是一种语言修辞手段，更是一种基本思维方式。如果一种语言没有隐喻，其结果只有两个：要么它的表达力非常有限，只能用来表达非常直观的、具体的事物和现象，这只存在于低级社会；要么它的词汇和表达式多得惊人，因为一个词或表达式只代表一种事物或现象。试想这样的语言是无法存在的，因为人类的大脑无法掌握它。[①] 隐喻的本质就是用一种事物去理解和经历另一种事物，也就是将始源域的经验映射到目标域。始源域源于日常生活，一般来说相对熟悉和具体，目标域是我们试图去理解的概念，一般来说相对陌生和抽象。束定

---

① 赵艳芳. 认知语言学概论 [M]. 上海：上海外语教育出版社，2000：96.

芳指出相似性是隐喻意义产生的基本条件，是隐喻赖以成立的基本要素。[①]两个事物之间的相似性，有物理的相似性和心理的相似性之分，物理的相似性可以是在形状上、外表上或功能上的一种相似，如"鸡冠花、蒜头、针眼"等，心理相似性是指由于文化、传说或其他心理因素使得说话者或听话者认为事物之间存在某些方面的相似，如"快乐为上，悲伤为下"。当某个事物的形状、结构、功能等特征与另一事物相似时，它们之间就建立某种相似的联系，这种认知经验就可能发生映射。

转喻，如同隐喻，是普遍的语言现象和基本的思维方式。转喻涉及的是代替关系，主要承担指代功能，是在同个概念域中一个突显的概念实体（始源域）为另一个概念实体（目标域）提供心理通道的认知过程。转喻涉及的是同一个域中整体和部分或部分和部分间的关系，即始源域和目标域之间是邻近性关系。如"黄毛、名嘴、眼线"等，用某个人体部位指代整体的人。转喻所涉及的是一种"邻近"和"突显"的关系。隐喻被认为是一种近似关系，而转喻是邻近关系，隐喻涉及两个不同认知领域事物之间的关系，而转喻常常涉及同一个认知领域的事物之间的关系。隐喻和转喻都是语义建构的基本类型，转喻和隐喻构成一个连续统，转喻处于起始一端，隐喻则处于另一端，在中间地带隐喻和转喻互动，被称为隐转喻，其中经验基础和抽象机制共同起作用，这使得转喻成为基本的意义扩展方式，隐喻的产生是建立在转喻的基础上。

语义转移具有一定的方向性，从人到事物，从事物到行为，从行为到空间，从空间到时间，从时间到性质。从与人关联很深的词汇开始，从具体领域向抽象领域进行隐喻转移，从与人的经验中最接近、最具体的范畴开始向最远、最抽象的范畴进行语义扩展。本文将根据人>动物>植物>事物>动作>空间>时间>数量>抽象的语义转移方向来分析缅甸语的人体词语义转移现象。[②]将结合认知语言学的隐喻和转喻概念对缅甸语人体部位词进行深入、系统的分析，从单个的人体部位词入手，逐个描写缅语人体部位词的语义转移，然后从语言、文化、自然环境等角度分析缅甸语人体部位词的语义转移现象。

[①] 束定芳．认知语义学［M］．上海：上海外语教育出版社，2008：168．
[②] 李善熙．汉语和韩语人体词语"脚/足"与"발"的语义转移对比研究［J］．文化学刊，2017（2）：185—189．

二、缅甸语人体词语语义转移分析

(一) ခေါင်း။ ဦးခေါင်း။ ဦး "头" 的语义转移分析

"头"的基本指称义是动物或人身体的最高部或最前部，包括大脑、眼睛、耳朵、鼻子、嘴巴和下颌等。"头"是人体最重要的部位之一，它是生命的象征，思想的发源地和储藏所，位置处于人体部位的最上方，又和五官紧密相连，成为人们注意的焦点，因此"头"在人体器官中占有首要的地位。[①] 在语言发展过程中，头从特指我们身体的词汇中衍生出很多种含义。

1. 向人域映射

（1）领导，这是由身体的一部分代全身的转喻，即位于身体中最高部位的头也可以用来表示团体中地位最高的人。将"头"的位置特征和功能特征两个概念发生互动，在隐转喻的认知方式下，转指"领导"。例如：ခေါင်းဆောင်။ ခေါင်းအကြီး။ ခေါင်းမျိုး။ ခေါင်းချုပ် 首领，头领，领袖；ကူလီခေါင်း 工头；ဦးကို။ ဦးခေါင်း။ ဦးစီးဦးဆောင် 首领，领导者；ဦးစီးချုပ် 总参谋长；ဦးစီးနာယက 僧侣的领袖；ဦးစီးပဲ့ကိုင် 舵手，统帅；ဦးစီးမှူး（军舰）舰长，（地方机构的行政官员）省长；ဥက္ကဋ္ဌ 主席；ခေါင်းကိုင်ဘ（基督教中）教父和教母；ဟခေါင်း။ ပြည်တန်ဆာတို့၏ စီးပွားရှာသူ 老鸨。

（2）人，头作为身上最突显的部分可以转指整个人。例如：ခေါင်းဖြူ။ ခေါင်းဖြူဖွယ်ကျို့ 老人，白头老人。

ခေါင်းရွက်ဈေးသည်（头顶着箩筐叫卖的）小贩，由于古时候缅甸交通工具落后，加之天气炎热，人们在偶然间发现头顶箩筐既可以遮阳又方便运送东西，便慢慢演变成一种独特的生活习惯，如今在缅甸的街头依旧可以看见用头顶着装满东西的箩筐叫卖的妇女。

（3）头发，发长在头上，头是发的"住所"，由于头比头发的认知更突显，所以用头来表示头发。例如：ခေါင်းမွှေး 头发、ခေါင်းဖြီ 梳头、ခေါင်းလျှော် 洗头、ခေါင်းရိတ် 剃头。

（4）发型，即头还可以转指留头发的样式，例如：ခေါင်းပြောင် 秃头、ခေါင်းတုံ 光头、ခေါင်းတုံးဆံတော် 平头。

2. 向动物域映射

语言是由人类创造的，"头"这个词最开始只是指人类头部，但是人体词语

[①] 廖艳平. 英汉人体词 "head（头）" 的隐喻研究 [J]. 现代语文（语言研究版），2007（1）：60—62.

也用于和人类一样相似的各种生命体，根据功能、形状、位置和构成的相似性，"头"也在动物域使用。例如：ဝက်ခေါင်း猪头、ငါးခေါင်း鱼头、ကြက်ခေါင်း鸡头。

3. 向植物域映射

因为头的形状是圆的，基于头与块茎植物形状上的相似性产生了语义转移，"头"隐喻为"块茎植物、植物的根茎"。例如：ကြက်သွန်ဖြူ 蒜头、ကြက်သွန်နီ 葱头、ပိန်းဉ 芋头、ငှက်ပျောခေါင်း 香蕉茎。

4. 向事物域映射

（1）在直立状态时，人的头部处于身体的最高端，即垂直方向上的顶端。基于这种位置特征，头就可以投射到非人体领域事物的顶部、上部或者前端。例如：ခေါင်းစဉ် 标题、ရွာဦး 村头、တံဆိပ်ခေါင်း 邮票、ဦးကင် 房子的上首部位、ဦးခန် 房子的前屋或船的前舱、ခေါင်းပန်လှန် 用抛掷硬币的方法做某种决定（ခေါင်း 指代硬币有头像的一面）。

（2）人们平躺仰卧时，头部总是位于身体的前端，按照"前后图示"，"头"可以指称和人类的头具有相似位置的事物领域。例如：ခေါင်းတွဲ 火车头，机头；လှေဦး 船头。

（3）头在整个人体的位置是顶端或前部，属于边缘部位。因此"头"也可用来指事物的边缘。例如：ခေါင်းရင်း 床头。

（4）基于形状相似，"头"可以映射到呈圆形状的事物。例如：ခေါင်းတိုင် 烟囱，用以加固桅杆的基桩；ခေါင်းပစ် 实心的东西、管状物；ခေါင်းပူ 空心的棍。

5. 向动作行为域的映射

缅语的 ခေါင်း၊ ဦး 作为语素与本身具有动作意义的语素组成 ခေါင်း၊ ဦး+ကြ 的结构。

（1）"头"可以转指"行为"，可以表示"率领/领导"或是"由……领导、统辖"的含义。例如：ခေါင်းဆောင် 领导，领头；ခေါင်းတည် 推……为支持人，推……为领导。

（2）"头"可以指书信的开头语，例如：ခေါင်းတပ် 致，抬头写上……。

（3）"头"可以指放在首位，表挂帅、尊重，例如：ဦးထိပ်ထား၊ ဦးထိပ်ပန်၊ ဦးထိပ်ရွက်။

6. 向时间域的映射

"头"可以用来表示"在先的时间"，人类是先认知空间概念的，由于人的感官不能认知时间，就借助空间概念来构建时间概念。根据空间"前-后"的概念，头投射到时间域，可以指"在先的时间""最先的，最早的"。例如：

ဦးတန်ခူး:缅历正月泼水节之后的一段时间（如果缅历正月十二日为泼水节终止日，正月十三便称为元旦，从正月十三日到月底这一段时间称ဦးတန်ခူး:）

ဦးဆုံး:最先的，最早的

ဦးမစွ 早先、开头，起始

7. 向数量域的映射

（1）"头"作为重要的人体部位，可以代表整个人，"头"可以用作量词，转喻为表示人或动物的数量。例如：ဦးရေ数目，（人）数，（动物）头数、ဆရာတစ်ဦး 一位老师。

（2）"头"也可以用来表示物品的数量，例如：ချည်တစ်ခေါင်း။ မုန့်တီတစ်ခေါင်း:一卷纱线，一把粗米线；ပဲကြာဆံတစ်ခေါင်း:一束粉丝。

8. 向抽象域的映射

（1）第一、首先，根据"头"的位于人体上方的空间位置，"头"可以引申为"第一、首先"。例如：

ဦးဆုံး။ ဦး:ဦးဆုံး:首先。

（2）事物的起点，例如：ဦး၀ 开头、开始。

（3）人生的方向，例如：ဦးတည်ချက် 目标，方向。

（4）责任、义务，例如：ခေါင်းတိမ်:逃避责任；တပည့်မကောင်း ဆရာခေါင်း:弟子不佳，师父之责。

（5）思维、智力，因为脑是人类的思维器官，是人决策的"总指挥部"，具有推理、思考和学习的能力，是人类智力的反应，而头作为大脑的寓所，头和脑构成了显著的整体和部分关系，作为直观和突显的头可以用来转指抽象的人的思维、智力、才能、记忆、理解力等。例如：ခေါင်းကောင်း:记忆力强，脑子好；ဦးနှောက်ခြောက် 伤脑筋，绞尽脑汁；ဦးနှောက်ရှင်း:头脑清醒；ဦးနှောက်ရှုပ် 伤脑筋，事情挠头；ဦးလျှံတင်ကဲ 狡猾。

（6）情绪和情感，关于情感的表达是以人的身体经验为基础的，来源于人的身体对基本空间方位的体验。"头抬高和垂下""头朝前与朝后"都与人的精神和状态相关，可以说是情感导致人引起的生理反应和行为变化。此外，人们把日常生活中对实体的体验映射到头的概念域中，从而使头具有了实体的属性，形成了实体隐喻。固态实体的物理属性包括硬度、重量、温度、厚度、大小，有软、硬、轻、重、厚、凉、热等，它们所限定的已不是头，而是人的本性。例如：

ခေါင်းနောက် 烦躁；ခေါင်းရှင်း心情愉快，舒畅；ခေါင်းအေး无忧无虑，安心，省心；ခေါင်းမီးလောင် 头着火，即心急如焚；ခေါင်းလေး头沉，即沉闷，精神负担重；ခေါင်းမာ 头坚硬，即顽固，死脑筋。

表 1 ခေါင်း ဦးခေါင်း ဦး"头"的语义转移分析

范畴	引申方式	引申途径	引申义
人	隐转喻	位置特征/事物和其部分转喻	领导
	转喻	形貌特征/事物和其部分转喻	人
	转喻	形貌特征/处所转喻	头发
	转喻	形貌特征/范畴和其属性转喻	发型
动物	隐喻	位置、现状、功能、构成特征	动物的头
植物	隐喻	形状特征	块茎植物
事物	隐喻	位置特征	事物的顶部
			事物的前部
			事物的边缘
动作行为	转喻	功能特征	率领/领导/推……为领导
			抬头写上……
			挂帅/尊重
时间	隐喻	位置特征	在先的时间/早先
数量	转喻	形貌特征/事物和其部分转喻	计量人和物品的数量单位
抽象	隐喻	位置特征	第一，首先
			事物的起点
			人生目标，方向
	转喻	功能特征	思维、智力
	隐转喻	功能特征	性格
合计			19

如上表所示，ခေါင်း ဦးခေါင်း ဦး"头"共计有 19 项转义或引申义，通过隐喻方式引申的有 9 项，基于转喻、隐转喻方式引申的各有 6 项和 2 项。通过整理和比较可得出 ခေါင်း ဦးခေါင်း ဦး"头"的语义转移主要的取象源是"位置特征"，"形貌特征"和"位置特征"起到辅助作用。"头"于人体最前端和最上端的位置在缅甸民族思维中的突显度高。

(二) မျက်နှာ "脸/面"的语义转移分析

脸位于头的前面,通常指长有眼、鼻子、嘴等器官的那一面,包括下巴、嘴、鼻、颊、眼,且通常包括前额。脸是人们注意的焦点,是区分不同人之间的重要标志。面孔由于集五官于一处,是传情达意最重要的部位,所以是人体最重要的人际交流部位,在人际关系中起关键作用。

1. 向人域的映射

"脸"是识别和辨别人的重要部位,我们要记住一个人时,通常是记住他的脸,因此可以用"脸"来指代人。例如:

မျက်နှာကြီး:体面的人,有名望的人; မျက်နှာစိမ်း:陌生人; မျက်နှာသိ 熟人; မျက်နှာဖြူ 白人(尤指英国人和欧洲人); မျက်နှာမည်း:黑种人; မျက်နှာမဲ့ ။ မျက်နှာမဲ့ 穷人,卑贱者; မျက်နှာရူး:嬉皮笑脸的人; မျက်နှာစုံညီ 全员参加的,(人员)齐全的。

2. 向事物域映射

"面"位于人体的前部,是人最外露的部位,基于"面"的位置特征,可以把最外露的身体部位投射到无生命实体的正面、表面。例如:စာမျက်နှာ 页面; စည်မျက်နှာ 鼓面; မျက်နှာဖုံး:口罩,书刊的封面。

3. 向动作行为域映射

"မျက်နှာ"本身没有转喻动作义,派生出的行为动作往往出现在"မျက်နှာ+ကြ"的动宾结构中。

(1)"面"投射向动作域可以表示"朝向"的意思,例如:မျက်နှာပြု 朝向,面对……; မျက်နှာလှည့် 转向,朝向; မျက်နှာမူ 面向,朝向。

(2)表示面对面,例如:မျက်နှာချင်းဆိုင်。

(3)表示露面、亮相,例如:မျက်နှာပြ。

4. 向空间域映射

(1)"မျက်နှာ"投射到空间域可以表示空间事物的"平面",例如:မျက်နှာပြင် 平面, ရေမျက်နှာ 水平面, မြေမျက်နှာ 地平面。

(2)"မျက်နှာ"还可以表示方向,例如:အရှေ့မျက်နှာ 东面, အနောက်မျက်နှာ 西面。

5. 向数量域映射

根据"မျက်နှာ"突显的形貌特征可以量化与"面"具有相似外形的扁平物

件，面可以用作量词，例如：စာတစ်မျက်နှာ 一页书；စက္ကူတစ်မျက်နှာ 一张纸，一片纸。

6. 向抽象域映射

（1）面子，尊严，每个人除了一张自然脸之外还拥有一张社会脸，社会脸代表着一个人在社会中的身份、地位、财富、受尊敬的程度，即俗话所说的"面子"。例如：

မျက်နှာငယ် 面子小，脸上无光；မျက်နှာမဲ့ 没有面子的，卑微的；မျက်နှာပန်းလှ 脸上有光，体面；မျက်နှာပန်းရှုံး 外观不美，不体面；မျက်နှာရ 有声望的，体面的；မျက်နှာသာရ 面子大，受到优待；မျက်နှာပန်းပွင့် 受人欢迎，受人尊重；မျက်နှာအိုးမည်းသုတ် 在脸上抹黑（丢丑）；မျက်နှာအောက်ကျ 低三下四；မျက်နှာဖျက် 破坏名誉；မျက်နှာပူ 难为情，不好意思。

（2）面如镜，正所谓相由心生，脸能够传达人的心声，显露人的性格和态度。例如：

မျက်နှာပြောင် 厚颜的，脸皮厚的；မျက်နှာရဲ 大胆放肆，脸皮厚；မျက်နှာချိုသွေး 巴结、讨好，阿谀奉承；မျက်နှာကြီးငယ်လိုက် 看人行事，势利眼；မျက်နှာကြည့် 看脸色，徇私；မျက်နှာချ 忍气吞声、卑躬屈膝；မျက်နှာလုပ် 看情面、徇私；မျက်နှာပွင့် 吃得开、受欢迎。

（3）脸是最具有情感表现力的人体部位，一个人的情绪通过不同的面部表情表现出来，众多的脸部行为和生理反应传达出内心的情感，例如：

မျက်နှာချိုll မျက်နှာရွှင် 满面春风；မျက်နှာကြည်သာ 和颜悦色；မျက်နှာပျက် 惊慌失色；မျက်နှာညှိုးll မျက်နှာထူ မျက်နှာပုပ်ll မျက်နှာသိုး 脸色阴沉；မျက်နှာကြောတင်းll မျက်နှာအောက်သိုးသိုး 板着脸，绷着脸；မျက်နှာသေ 无精打采的表情，呆滞的面容；မျက်နှာပုံးသေll မျက်နှာတည် 严肃、神态镇定；မျက်နှာမကောင်းll မျက်နှာမသာ 脸色不悦；မျက်နှာရွဲ့ 哭丧着脸，愁眉苦脸；မျက်နှာရှစ်ခေါက်ချိုး 板着面孔。

表 2　မျက်နှာ"脸/面"的语义转移分析

范畴	引申方式	引申途径	引申义
事物	转喻	形貌特征/事物和其部分转喻	人
	隐喻	位置特征	正面，表面
动作行为	转喻	位置特征	朝向，面向
			面对面
		功能特征	出面，亮相

(续表)

范畴	引申方式	引申途径	引申义
空间	隐喻	位置特征	空间事物的表面
数量	转喻	形貌特征/事物其部分转喻	计量物品的数量单位
抽象	转喻	功能特征/范畴和其属性转喻	面子、尊严
	转喻	功能特征/范畴和其属性转喻	性格
	转喻	功能特征/范畴和其属性转喻	表情，情感
合计			10

根据上表，在缅语中 မျက်နှာ "脸/面"一共有 10 个引申义，2 个是通过隐喻引申，8 个是通过转喻引申。"脸/面"语义扩展中"功能特征"取象是主要的取象源，"位置特征""形状特征"和"构成特征"则起到辅助作用。不能单独表达动作意义，只可以作为语素与自身具有动词意义的语素组成"脸+动作"的动宾结构。

（三）မျက်။ မျက်စိ။ မျက်လုံး："眼"的语义转移分析

"眼"，指代脸上的两个小孔，是人的视觉器官。眼睛在感官中占据首要地位，世上的万物都需要用眼睛去查看，都说眼睛是心灵的窗户，它能够反映一个人的精神面貌和内心世界。在语言的演化过程中，眼衍生了丰富的义项。

1. 向人域映射

根据邻近和突显的原则，"眼"可以用来指代人，例如：မျက်ကန်:瞎子，盲人，无知的人；မျက်ချယ် 情人；မျက်စိပေါ:မွေးစူး 视为眼中钉；မျက်စိတစိမ်း:生人；မျက်စိလေး:လုံ:四眼，戴眼镜者；မျက်စိကြီး:နား:ကြီး:消息灵通人士。

2. 向事物域映射

根据形状相似原理，မျက်။ မျက်စိ။ မျက်လုံး可以投射到形似眼孔之物，例如：မျက်ကွင်း:菠萝外皮的黑眼，（马铃薯等地下块茎的）芽眼，（玫瑰、蔷薇等植物枝上能长出新芽的）节，（树干枝干上）芽苞，（鞋、卷宗等的）扣眼。

3. 向动作行为域映射

"看"是"眼"最主要的功能，မျက်။ မျက်စိ။ မျက်လုံး可以指代有关"看"的这一动作行为。မျက်ကြောပြတ် 看不着了，没能看见；မျက်ကွယ်ပြု 视而不见，无视；မျက်လှည့်လာ:环顾四周，扫视；မျက်စိရောက် 目光落到……，看到；မျက်စိမှား။ မျက်စိလည် 看

错；မျက်စိမှောက် 看漏了；မျက်စောင်းချိ။ မျက်စောင်းချိတ် 斜眼看，睥睨。

4. 向空间域映射

မျက်။ မျက်စိ။ မျက်လုံး："眼"被投射到空间域，具有"前后、上下"等意，可以表示距离。例如：မျက်စိအောက် 眼下，即距离眼睛很近；မျက်စိတဆုံး။ မျက်စိတမျှော် 目力所及最远处，一望无际，表示辽远、宽阔，距离遥远。

5. 向时间域映射

（1）表示空间距离近的隐喻可以进一步引申为表示时间上的临近，即表示"当前、现在"之义。例如：မျက်စိအောက် 眼前，眼底下。

（2）人眨眼的过程耗时短，一瞬间就能完成，因此可以引申为"很短的时间"。例如：မျက်စိတမှိတ် 眨眼间，霎时间，一瞬间。

6. 向数量域映射

数量词"束"，例如：ချည်တစ်မျက် 一束纱。

7. 向抽象域映射

（1）视力、目光，မျက်။ မျက်စိ။ မျက်လုံး："眼"可以指代眼发出的光线以及眼所看到的能力，词义取象是眼的"功能特征"，例如：

မျက်စိမှုန်မွဲ 眼花，视力不好；မျက်စိမွဲ 视力差，视力衰退；မျက်စိအား：视力；မျက်စိအာရုံ 视觉；မျက်စိမသန် 眼力差；မျက်စိရင့် 眼尖，眼快，眼光敏锐；မျက်စိစူး 眼光犀利；မျက်စိရင့်နားပါး：耳聪目明。

（2）关注、重视、注意力，当人们专注做事时，往往会"注目察看"和"目不转睛"，表示全神贯注、做事很投入，也可以表示吸引注意力，得到重视。例如：

မျက်ခြည်မပြတ်ကြည့်သည်။ 盯着；မျက်စိကျိန်း：耀眼；မျက်စိစွဲ 形象深深地留在脑中。

（3）判断力、见识，视觉可以帮助人类获取生存和发展所需的各种信息，但这些信息的获得又常常与人的阅历和生存环境相关，少见则寡闻，见多则识广。[①]通过一个人的眼光可以反映其视野的开阔与狭隘，例如：

မျက်စိကျယ် 眼界广，有眼界；မျက်စိရည်ဝ။ မျက်စိရည်နားရည်ဝ 见多识广；မျက်စိပွင့်။ မျက်စိနားပွင့် 长见识、开眼界；မျက်စိဖွင့် 睁眼，启蒙；မျက်စိကျဉ်：目光短浅。

[①] 覃修桂．"眼"的概念隐喻：基于语料的英汉对比研究［J］，外国语（上海外国语大学报），2008（5）：37—43．

（4）情感、态度

မျက်ကြောတင်：看不惯，碍眼；မျက်ကြောမတည့်။ မျက်ချိုးမတည့် 看不顺眼，合不来；မျက်စိပေါ်းမွေးစူ 讨厌，看不顺眼；မျက်စိစားပွဲထိုင် 以爱慕的眼光观看，用眼欣赏；မျက်စိတကျည်းလှ 明明不美却看成是美，比喻情人眼里出西施；မျက်စိပသာဒ 赏心悦目；မျက်စိရှက် 羞于见到，看了不好意思。

မျက်ဉီးထား။ မျက်ဉီးသင့် 记仇，怀恨；မျက်စိုးဝင် 坐立不安；မျက်စိကျ 看中，中意；မျက်စိတွေ့ 看得上眼，看中；မျက်စိနောက် 看了令人心烦；မျက်စိပြူး 眼睛瞪大，瞪目，（吓得）目瞪口呆；မျက်ကလဆန်ခပ်ျာ 惊慌失措；မျက်စိပျာ 两眼发黑，吓蒙了；မျက်စိရှင်း 不堪入目，不顺眼；မျက်စိယဉ့် 看惯，看熟；မျက်စိရှိ：看惯了，司空见惯。

表3 မျက်။ မျက်စိ။ မျက်လုံး："眼"的语义转移分析

范畴	引申方式	引申途径	引申义
事物	转喻	形貌特征/事物和其部分转喻	人
	隐喻	形状特征	形似眼孔之物
动作行为	转喻	功能特征	看的系列动作
空间	隐喻	位置特征	眼下
时间	隐喻	位置特征	眼下、眨眼间
数量	隐喻	形貌特征	一束纱
抽象	转喻	功能特征/生产	视力、目光
		功能特征/感知	关注、重视
		功能特征/范畴和其属性	判断力、见识
		功能特征/范畴和其属性	情感、态度
合计			10

如上表所示，缅甸语 မျက်။ မျက်စိ။ မျက်လုံး："眼"有 10 项引申义，4 项属于隐喻，6 项属于转喻，主要的取象源是"功能特征"取象。

三、从隐喻和转喻的角度来看缅甸语人体词语语义转移中的语义扩展特征

（一）从隐喻的角度来看缅甸语人体词语语义转移中的语义扩展特征

隐喻主要是通过本体和喻体之间的相似性关系相互映射。根据相似性关系中

相似点不同，词义的引申线索又可分为人体部位的形貌相似类比、位置相似类比、生理和思维功能相似类比。①

1. 形貌类比

身体是人类感知世界时最早使用的工具，人类会通过依照自己的身体形貌特征来感知和形容事物的形貌特征，这样缅语中便产生了大量以"形貌类比"为线索引申而来的词义，例如 ခေါင်း။ ဦး："头"的形状和洋葱头、蒜头的形状相似，都是圆的，于是 ခေါင်း။ ဦး："头"可以引申到"ကြက်သွန်ဖြူ 蒜头、ကြက်သွန်နီ 葱头"等。人体部位投射于具体事物域，这种投射属于较为低级的认知活动形式，但却是人类认知发展过程中基本的认知方式。

2. 位置类比

将人的身体部位之间的相对位置关系类推到事物中的空间位置，其引申线索为空间位置关系的相似性，例如 ခေါင်း။ ဦး："头"在人身体的最顶部，ခြေ။ ခြေထောက် "脚"在身体的底部，于是人类就借助身体名词来表示物体在空间上所处的方位，例如，"ခေါင်းတွဲ 火车头、ခေါင်းရင်း 床头、တောင်ခြေ 山脚、အနောက်မျက်နှာ 西面、အရှေ့မျက်နှာ 东面"等。在空间概念形成之后，人类便使用空间的"上、下、左、右、前、后"关系来喻指时间的先后，例如"ဦးဆုံး။ ဦးဦးဆုံး 首先、မျက်စိအောက် 眼下"，就是使用空间概念来喻指时间概念。认知语言学认为，在所有隐喻中空间隐喻对人类概念形成与表达具有特别重要的意义，多数抽象概念是通过空间隐喻得以理解与表达的。②

3. 功能类比

人体器官或部位具有工具性特征，不同的人体部位具备不同的功能，将人体器官或部位的功能特征转移到物体或事物中的类比过程，就是功能类比的过程。例如，ခေါင်း။ ဦး："头"处于人体器官中的最高位置，大脑是人类行动的指挥官，这种认知感受使 ခေါင်း။ ဦး："头"产生了"统领地位、尊贵地位"的抽象概念，从而有了"ခေါင်းဆောင် 领导；ဦးခေါင်း။ ဦးစီးရှေ့ဆောင် 首领，领导者"等引申词。

---

① 陶英英．基于词义类型学的人体名词研究［D］．厦门：华侨大学，2019．
② 蓝纯．从认知角度看汉语的空间隐喻［J］．外语教学与研究，1999（4）：7—15．

（二）从转喻的角度来看缅甸语人体词语语义转移中的语义扩展特征

转喻是用事物中较易理解的特征和属性来替代事物的整体或另一特征，转喻是利用相关性来类比。缅语人体名词转喻的主要途径体现在人体部位代人、人体生理反应代情、人体部位代生成物、人体部位代感知等方面。

1. 人体部位代"人"

人的身体部位与人不可分割，凭借人的身体部位我们可以识别不同的人，所以人们常常用某个凸显的部位来指代整个人，例如，မျက်နှာဖြူ 白人、မျက်နှာမည်း 黑种人，用 မျက်နှာ "脸"这一凸显部位加上肤色来转指白人和黑人。မျက်စိလေးလုံး 有四只眼睛的人，即四眼，戴眼镜者。

2. 人体生理反应代"情"

情感是人类最普遍最重要的人生体验，无论人对客观事物持什么态度，人自身都能直接体验各种各样的情感。人在一定的内外环境刺激下，情绪上会产生波动，所以人的情绪状态的变化往往伴随着人体外部表情动作的变化。例如，通过 ခေါင်း။ ဦး："头"的体验来表达 ခေါင်းနောက် 烦躁、ခေါင်းရှင်း 心情愉快等情绪。မျက်နှာကြည်သာ 和颜悦色、မျက်နှာပျက် 惊慌失色，通过 မျက် "面"的表情传达人的情绪体验。

3. 人体部位代"生成物"

缅语中有以人体词语转指相应部位的特征或功能的用法，例如，根据 မျက်။ မျက်စိ "眼"的视觉功能相关而引申出眼力，例如 မျက်စိမသန် 眼力差、မျက်စိရှင် 眼尖"等。大脑是人体的指挥器，通过 ခေါင်း။ ဦး："头"可以引申出体现人的智力的词汇，例如"ဦးနောက်ခြောက် 伤脑筋，绞尽脑汁；ဦးလျှံတင့်က 狡猾"等。

4. 人体部位代"感知"

作为感知器官的人体部位根据临近原则，可以发生映射，指代感知。例如 မျက် "眼"，可以映射至人的注意力，မျက်ခြည်မပြတ်ကြည့်သည်။ "盯着"，表示一个人注意力集中，而 မျက်စိကျန် "耀眼"、မျက်စိစွဲ "形象深深地留在脑中"，则体现出关注和重视，引起注意的意味。

四、缅甸语人体词语语义转移的特异性分析

不同国家、不同民族的人们，因生活经验、文化习俗、地理位置以及文化习惯和思维方式的不同，使得不同语言的人体名词或多或少地出现了一些独特的义项，呈现出一定的特异性。缅甸语人体部位词汇有一小部分引申义是受到词语的历史演变过程中的历史来源、文化特征、语言形式等因素的影响衍生而来，例如缅甸语的 ခေါင်း"头"，在 တပည့်မကောင်းဆရာခေါင်း 一句中，"头"就有职责、义务的含义，缅甸是一个极为重视礼仪秩序的国家，在其传统文化中，父母、子女、师长、学生各有其责，担任育人之责的师长，培育出聪慧、杰出的学生是师长的功劳和本事，如果学生顽劣、不求上进，就要问责到师长头上，师长难辞其咎，所以 ခေါင်း 在缅甸文化的孕育下引申出职责、义务的词义。如 ဦးစီးနာယက 僧侣的领袖，是缅语中特有的义项，正如头在人体部位中居于重要地位，因缅甸是一个佛教国家，僧侣在缅甸备受尊敬，享有非常重要的社会地位。ဦးတန်း 缅历正月泼水节之后的一段时间，反映的是缅甸的节日风俗，ခေါင်းရွက်ဈေးသည်（头顶着箩筐叫卖的）小贩，头顶箩筐叫卖是生活在热带地区的缅甸人民勤劳智慧的一种体现。此外缅甸语的 ခေါင်း"头"还有"树洞，木槽；棺材；邮票印花"三个特有的义项。在 မျက်နှာ"脸"的义项中，用 မျက်နှာကြီး 大脸来指称体面的人、有名望的人，在缅语中有句俗语 မျက်နှာကြီးရာ ဟင်းဖတ်ပါ，意思是给有地位的人上好菜，被用来比喻有的人看人下碟，势利眼。在 မျက်"眼"的义项中，မျက် 可以用作动词，有扭伤（筋骨）、扎痛刺痛（肌肉）、鲠（骨头、刺等卡在喉部）、发怒生气等义项，如 ခြေမျက်သွားသည်။ 脚扭了，ခါးမျက်သွားသည်။ 腰闪了，မျက် 是扭伤的意思。လူချင်းမျက်နေကြသည်။ 他们互相生着气，မျက် 表示发怒、生气。作为名词时有宝石、（竹、木等的）节疤的义项，如 မျက်ကိုးပါး 九种宝石，မျက် 是宝石之义。用作量词时，有束这一特有的义项，如 ချည်တစ်မျက် 一束纱。

五、结语

本文通过对缅语的 ခေါင်း။ ဦးခေါင်း။ ဦး"头"、မျက်နှာ"脸"、မျက်။ မျက်စိ"眼"三个人体部位词汇的语义转移进行了细致的梳理和分析，得出以下结论。不同的人体词语突显度不同，"头"是突显度最高的部位，集"完形强""形体大""功能性""互动性"等突显特征于一身，是一个强引申力人体词汇。相比"眼"，形体小，但具有"直接""功能性""互动性"等特征，易被聚焦成为侧面，因而凸显度也是很高的。相对来说位置稍低的"脸"，虽有"完形强""功能性""互动

性"等特征,但是突显度稍逊之。①此外缅语的"头""脸""眼"三个人体部位词汇语义转移的方式和途径基本上是一致的,都遵循从具体到抽象的路径,从人到事物,从事物到行为,从行为再到空间,空间进一步延伸又引申到时间,从时间到性质,虽然不是每一个人体部位词汇都逐一按照这样的路径,但基本都是从与人经验中最接近、最具体的范畴开始向着最远、最抽象的范畴进行语义扩展。缅语人体部位词汇的隐喻机制主要通过形貌类比、位置类比、功能类比三种途径来引申词义,转喻机制主要是向人、情感、生产物和感知等方面引申词义。缅甸独特的自然环境、传统文化、语言世界观塑造了缅甸民族认知的个性,缅语人体词语的语言转移体现出一定的特异性。

人体部位词汇发生语义转移体现了人们通过对自身的认识来解释世界和理解世界。隐喻和转喻意义丰富了缅语语言,使得表达更加精确和生动。对缅语人体词语进行语义分析加深了对缅甸语言文化的认识,但由于本文选取的人体词汇有限,涵盖面小,内容不够充实,加之不同语言存在思维差异,论证尚有不严密之处,关于缅语人体词汇语义转移认知分析还有待完善。

参考文献

[1] 王子崇. 汉缅大词典[M]. 昆明:云南人民出版社,2018.

[2] 蓝纯. 从认知角度看汉语的空间隐喻[J]. 外语教学与研究,1999(4):7—15.

[3] 李树新. 人体词语的认知模式与语义类推[J]. 汉字文化,2004(4):8—12.

[4] 李善熙. 汉语和韩语人体词语"脚/足"与"발"的语义转移对比研究[J]. 文化学刊,2017(2):185—189.

[5] 李善熙. 汉韩词汇认知语义对比研究[D]. 哈尔滨:黑龙江大学,2017.

[6] 廖艳平. 英汉人体词"head(头)"的隐喻研究[J]. 现代语文(语言研究版),2007(1):60—62.

[7] 任竹根,汪大年,李谋,等. 缅汉词典[M]. 北京:商务印书馆,2015.

[8] 阮氏金香,杨金华. 汉越"口/嘴"成语的隐喻认知对比分析[J]. 国际汉语学报,2015,6(2):90—99.

---

① 赵学德. 人体词语语义转移的认知研究[D]. 上海:复旦大学,2010.

[9] 束定芳. 认知语义学 [M]. 上海:上海外语教育出版社,2008.

[10] 覃修桂. "眼"的概念隐喻:基于语料的英汉对比研究 [J]. 外国语(上海外国语大学学报),2008(5):37—43.

[11] 陶英英. 基于词义类型学的人体名词研究 [D]. 厦门:华侨大学,2019.

[12] 王美蓉(Yuana Wong). 汉语与印尼语人体词语语义转移的认知对比研究 [D]. 长沙:湖南师范大学,2019.

[13] 维柯. 新科学 [M]. 朱光潜,译. 北京:人民文学出版社,1997:99.

[14] 赵艳芳. 认知语言学概论 [M]. 上海:上海外语教育出版社,2000:96.

[15] 赵学德. 人体词语语义转移的认知研究 [D]. 上海:复旦大学,2010.

[16] မောင်လွင်၊ ဦး။ မြန်မာအဘိဓာန်။ ရန်ကုန်၊ နေလင်းပုံနှိပ်တိုက်၊ ၂၀၀၈။

论缅甸语人称指示语的礼貌语用距离

信息工程大学 宋 学

【摘 要】 缅甸语话语交际中，除了人称代词外，亲属称谓词和社会称谓词也具有人称指示作用。本文从语用距离角度，以缅甸著名长篇小说《旭日冉冉》为语料，论述了缅甸语人称指示语的礼貌语用距离，包括亲密语用距离和等差语用距离。即发话人为了提高话语礼貌程度，使用亲属称谓词、冠词+人名、人名昵称等指称受话人时，与受话人之间形成亲密语用距离；使用人称代词敬谦称和职业、头衔等社会称谓词等指称受话人时，与受话人之间形成等差语用距离；但礼貌语用距离是动态的，发话人认为礼貌的语用距离需要与受话人推定的礼貌语用距离一致才是礼貌的，不一致则不一定是礼貌的。

【关键词】 缅甸语人称指示语；亲密语用距离；等差语用距离；语用礼貌

缅甸语话语交际中，发话人除使用人称代词外，也常使用亲属称谓词或社会称谓词来指称自己或受话人。从语用学角度看，将亲属称谓词或社会称谓词作为人称指示语的主要目的是提高话语礼貌程度。因此，如何礼貌使用缅甸语人称指示语是值得思考的问题。本文引用语用距离理论来研究缅甸语人称指示语在话语交际中所形成的礼貌语用距离，进一步探究缅甸语人称指示语的语用礼貌，既是对缅甸语语用理论研究的一种补充，也可为缅甸语语言教学和跨文化交流提供参考价值。

一、缅甸语人称指示语和语用距离理论

（一）人称指示语的定义与研究成果

学界关于人称指示语的定义众说纷纭，有学者认为人称指示语是交际参加者之间表示相互称谓、相互之间人称关系的词语，这些词语的所指以交际参加者为参照而得以明确；[①]也有学者认为人称指示语指谈话双方用话语传达信息时的相

[①] 郭聿楷. 指示语：研究历史、属性、分类及其他 [J]. 外语教学，1995，16（4）：12.

互称呼；[①]还有学者认为人称指示语是指对编码于言语活动中的参与者或相关角色的符号指称。[②]总观各家之说，笔者将人称指示语定义为：用来指示或替代交际中言语行为参与者的一类词语。

国内外关于指示语的研究成果丰富，主要从语义学、语用学等角度对人称指示语的定义、范畴、用法等进行了研究。语用学角度对人称指示语的研究主要采用宏观视角，研究语言主要为英语、汉语、日语等，对非通用语种的研究较少。缅甸语人称指示语的相关研究比较稀缺，仅有学者从语义学角度分析缅甸语称谓语的语义特征，[③]以及从语用学角度探讨了缅甸语亲属称谓语的外化使用等。[④]

（二）缅甸语人称指示语

根据人称指示语的定义，缅甸语人称指示语是指在缅甸语话语交际中，用来指示或替代言语行为参与者的一类词语。缅甸语人称指示语除了人称代词外，还包括亲属称谓词和社会称谓词。缅甸语人称代词包含敬谦称形式，其中第一人称谦称有 4 个，第二人称敬称有 2 个。缅甸语亲属称谓词除了用于指称具有血缘亲属关系的对象外，一些亲属称谓词还被大量用于指称非亲属关系的对象，如 ဦး（舅舅）、အစ်ကို（哥哥）、ဒေါ်（阿姨）、အစ်မ（姐姐）等。缅甸语社会称谓词主要包含人名、职业、头衔称谓词等，如"ဆရာ"（老师）、"ရဲဘော်"（同志）等，一些职业、头衔称谓词也被泛化使用，所指称的对象与其职业、社会地位可能并无相关。

（三）语用距离理论

语用距离是由王建华首次提出的一种语用学概念。王建华将"语用距离"作为"话语礼貌的语用距离原则"中的两个概念之一，认为语用距离是指交际双方在特定的交际事件中，借助特定的语言表达法所表示的彼此之间的亲密度。[⑤]任何交际行为中所使用的话语都体现出交际双方之间的语用距离。从语用距离的定

[①] 何自然. 语用学概论 [M]. 长沙：湖南教育出版社，1988：20.
[②] 陈治安，彭宣维. 人称指示语研究 [J]. 外国语（上海外国语大学学报），1994（3）：28.
[③] 岳麻腊. 缅甸语亲属称谓语义分析 [J]. 云南民族大学学报（哲学社会科学版），2007（5）.
[④] 王德仙. 缅甸语亲属称谓语的外化用法初探 [J]. 保山师专学报，2009，28（1）
[⑤] 王建华. 礼貌的语用距离原则 [J]. 东华大学学报（社会科学版），2002（4）：31.

义来看，语用距离反映了话语交际双方间的关系。从社会心理学角度来看，人称指示语是人们对相互关系的语言表述，因而人称指示语对话语交际双方间的语用距离具有较强的调适作用。笔者通过分析缅甸著名长篇小说《旭日冉冉》中的人称指示语发现，缅甸语人称指示语的礼貌语用距离主要分为亲密语用距离和等差语用距离。即缅甸语话语交际中，发话人通过选用人称指示语与受话人之间形成亲密语用距离或等差语用距离，提高话语礼貌程度。

二、缅甸语人称指示语的亲密语用距离

缅甸语人称指示语的亲密语用距离是指发话人选用亲密程度较高的人称指示语与受话人之间形成亲密语用距离，或拉近与受话人之间的亲近关系，或将受话人置于亲属关系坐标的高位，其目的都是提高话语礼貌程度。缅甸语话语交际中，发话人常使用亲属称谓词、人名冠词+人名、人名昵称等形成亲密语用距离。

（一）亲属称谓词

亲属称谓词是指用于指称具有血缘亲属关系对象的词，这一类词充当缅甸语人称指示语时，其指示的对象范围已从血缘亲属关系对象扩展到非血缘亲属关系对象。缅甸语话语交际中，非亲属关系的交际双方使用亲属称谓词指称的现象十分普遍，发话人根据性别和双方的年龄差距选用适当的亲属称谓词来指称自己或受话人，以此形成亲密语用距离。当指称对象是男性时，根据其年龄，分别可以使用：အဘိုး（爷爷）、ဘကြီး（大伯）、ဦးလေး（舅舅）、အစ်ကို（哥哥）、ညီ（弟弟，男性使用）、မောင်（弟弟，女性使用）、သား（儿子）、တူ（侄子、外甥）等亲属称谓词。当指称对象是女性时，根据其年龄，分别可以使用：အဘွား（奶奶）、ဒေါ်လေး（阿姨）、မေမကြီး（姐姐）、တူမ（侄女、外甥女）、နှမ（妹妹）、သမီး（女儿）等亲属称谓词。在缅甸语话语交际中，发话人除了使用以上亲属称谓词与受话人之间形成亲密语用距离外，还常在亲属称谓词的后面加上 ကြီး（大）、လေး（小）字，进一步加强话语礼貌。例如，在 အဘိုး（爷爷）、အဘွား（奶奶）、ဘကြီး（大伯）、ဦးလေး（舅舅）、ဒေါ်လေး（阿姨）、အစ်ကို（哥哥）、အစ်မ（姐姐）的后面分别加上 ကြီး（大）字，变为 အဘိုးကြီး（老爷爷）、အဘွားကြီး（奶奶）、အဘကြီး（老伯）、ဦးကြီး（大伯）、ဒေါ်ကြီး（阿姨）、အစ်ကိုကြီး（大哥）、အစ်မကြီး（大姐），可进一步提高听话人在话语交际中的地位，话语礼貌程度随即增加；在 ညီ（弟弟，男性使用）、မောင်（弟弟，女性使用）、နှမ（妹妹）、သား（儿子）、သမီး（女儿）、တူ（侄子、外甥）、တူမ（侄女、外甥女）的后面分别加上 လေး（小）字，变为 ညီလေး（弟弟，男性使

用）、မောင်လေး（弟弟，女性使用）、ညီမလေး（小妹妹）、သားလေး（儿子）、သမီးလေး（女儿）、တူလေး（侄子、外甥）、တူမလေး（侄女、外甥女），可进一步拉近与听话人间的亲密关系，增加话语礼貌程度。

例 1：

မမမိက နှစ်နှစ်ကာကာကြီး ပြုံးလိုက်ပြီး–"ဟုတ်သားပဲ မောင်လေးကလည်း ဒီလိုလုပ် မမကား ၂ နာရီမှာအားမယ်။ အလုပ် တိုက်ကို ၂ နာရီလာပြီး ကားယူပြီး မင်းအဖေသွားချင်ရာလိုက်ပို့ပါကွယ်။"

玛妙米哈哈大笑起来："是呀，我说小弟也真是！这么办吧，两点以后，我的汽车有空，你两点钟到我公司来，用我的车送你父亲去想去的地方吧！"

ကျွန်တော်က ဟန်လုပ်လျက်–"နေပါစေ မမရယ်။"

我客气地说道："算了吧姐姐！"

例 2：

ဒေါ်ငွေကြည်က–"အစ်ကိုကြီး ဟောဒီသူငယ်ပေါ့ အကြည်ပြောတဲ့ကောလိပ်ကျောင်းသား။"

杜泰基说："老头子，这个青年就是我跟你说过的大学生。"

例 1 中，《旭日冉冉》小说人物"玛妙米"比"我"（小说主人公丁吞）年纪大，且双方并非亲密关系，但玛妙米使用了亲属称谓词"မောင်လေး"（小弟弟）指称丁吞，使用"မမ"（姐姐）指称自己，丁吞也使用了"မမ"（姐姐）指称玛妙米。由此反映出，在人际关系中处于高位的长辈使用亲属称谓词或在亲属称谓词后面加上"လေး"（小）字来称呼处于低位的晚辈时，可以拉近彼此亲密关系，缩短两者在人际关系中所处的不平等位置的距离，增加话语礼貌程度。反之，在人际关系中处于低位的晚辈使用亲属称谓词或在亲属称谓词后面加上"ကြီး"（大）字来称呼处于高位的长辈时，是将长辈置于亲属关系坐标的高位，同样具有较高的话语礼貌程度。例 2 中，虽然夫妻之间已经是亲密关系，但杜泰基女士使用亲属称谓词"အစ်ကိုကြီး"（大哥）来称呼自己的丈夫，即适应了彼此间的亲密关系，还将对方置于亲属关系坐标高位，加强了话语礼貌。

（二）人名冠词 + 人名

缅甸人没有姓，习惯根据年龄在名字前加上表示辈分的冠词，而这些冠词实际都是亲属称谓词。例如称呼男性名字的时候，根据对方的年龄，将"ဦး"（叔）、"ကို"（哥）、"မောင်"（弟）等亲属称谓词作为人名冠词加在对方名字前面；称呼女性名字的时候，根据对方的年龄，将"ဒေါ်"（姨）、"မ"（姐）等亲属称谓词作为人名冠词加在对方名字前面。例如小说《旭日冉冉》中，小说主人公的名字叫"တင်ထွန်း"（丁吞），同学玛敏妮在"တင်ထွန်း"（丁吞）的名字前加上亲属称谓词"ကို"（哥），称呼他为"ကိုတင်ထွန်း"（哥丁吞）；而 30 多岁的玛妙米则

111

在"တင်ထွန်း"（丁吞）的名字前加上亲属称谓词"မောင်"（弟），称呼他为"မောင်တင်ထွန်း"（音译为：貌丁吞）。再例如小说中出现的女性人物"ဒေါ်ထိုက်ကြည်"（音译为：杜泰基）的名字实际为"ထိုက်ကြည်"（泰基），"ဒေါ်"（姨，音译为：杜）是放在年长女性名字前的冠词，说明杜泰基是一名年长的女性；"မသိန်းဝင်း"（音译为：玛登温）的名字实际为"သိန်းဝင်း"（登温），"မ"（姐，音译为：玛）是放在年轻女性名字前的冠词，说明玛登温是一名年轻女性。

例3：

ယင်းကိစ္စများနှင့်ပတ်သက်၍ ကျွန်တော့လက်ဦးဆရာကား ကိုရင်ကြီး ဦးဘသန်းဖြစ်ပေသည်။......ကျွန်တော်သည် အင်္ဂလိပ် ကျောင်းမှာ ၇ တန်းစာမေးပွဲပြီးသောအခါ ကျောင်းပိတ်၍ ရွာပြန်လာသည်။ အသက် ၁၄ နှစ်မျှ ရှိလေပြီ။......ဆရာတော်ဦးနန္ဒမာ လာ ကျောင်းတွင် ကိုရင်ဝတ်နေသည်။......အကြီးဆုံးမှာ ကိုရင်ကြီး ဦးဘသန်း ဖြစ်လေသည်။ သူသည် အသက် ၁၇ နှစ်မျှရှိလိမ့် မည်။

在这个问题上，我的启蒙老师是沙弥吴巴丹……我参加完英文学校七年级考试后，放假回到村里。那年我才十四岁……我到吴南达玛拉法师的庙里当了小沙弥……年龄最大的是吴巴丹，大约有十七八岁。

例3 这段话是小说主人公丁吞的自述，其中出现了人名"ဦးဘသန်း"（吴巴丹）。从这段话内容可以看出，当时丁吞十四岁，而沙弥吴巴丹也才十七八岁，只比丁吞大三四岁。按照年龄，丁吞应该在沙弥名字"ဘသန်း"（巴丹）前加上冠词"ကို"（哥），称呼沙弥为"ကိုဘသန်း"（哥巴丹），但丁吞却在沙弥名字前加上年长男性的冠词"ဦး"（叔，音译为：吴），称呼沙弥为"ဦးဘသန်း"（吴巴丹）。这是因为根据小说后文可知，丁吞视沙弥为自己的启蒙老师，沙弥在男女情爱方面对丁吞的启蒙，直到丁吞上大学后都没消除。所以丁吞使用亲属称谓词"ဦး"（叔，音译为：吴）来指称沙弥，是为了与沙弥之间形成亲密语用距离，体现其与沙弥的亲近关系。再次，丁吞选用表示年长男性的人名冠词"ဦး"（叔，音译为：吴），而非表示年轻男性的人名冠词"ကို"（哥）是为了将沙弥置于亲属关系坐标的高位，表达了沙弥在其心中的重要性。

（三）人名昵称

缅甸语人名昵称主要通过使用人名中的单字、单字重叠或在单字前后加字构成。发话人使用昵称指称受话人，其目的或是顺应彼此间的亲密关系；或是与听话人之间形成亲密语用距离，拉近亲密关系。

例4：

"ဦးထွန်းဝင်းက ကြင်နာထောက်ထားသောအမူအရာဖြင့် ဇနီးအားကြည့်လိုက်ပြီး လေသံဖြင့်–မြ အပျင်းပြေပြည်လမ်း သိန်း သိန်းတို့အိမ် ခဏပြောင်းနေပါလားကွယ်။"

吴吞温怜爱地望着妻子说道:"妙暂时去卑谬路登登家小住几天散散心好不好?"

例5:

ကျွန်တော်သည် စာဖတ်ရင်း နဂါးနီတိုက်သို့ ခဏသွားရန် စိတ်ကူးပေါက်လာသည်နှင့်–"မမြင့်ဦးရေ ဒီနားခဏသွားလိုက်ဦးမယ်၊ လုပ်စရာရှိတာ လုပ်နေရစ်ပေါ့။"

我想到附近的红龙书社走一走,便跟玛敏妩说:"玛敏妩,我有点事要到这附近的地方去一趟,在这儿等我吧!"

"သွားစရာရှိ သွားလေ၊ ပြန်မလာဘဲသာ မနေနဲ့နော်။"

有事的话就去吧!可别不回来啊!

"အို ပြန်လာမှာပေါ့၊ မြင့်ကြီးကလည်း"

当然回来啦!敏姐真是……

မမြင့်ဦးက ပုရပိုက်စာတွေကိုကိုင်ရင်း ကျွန်တော့်ကို မော့၍ စေ့စေ့ကြည့်ကာ ပြုံးနေသည်။……သို့သော် ရန်းထွက်ရန် တစ်ဖက်လှည့်လိုက် မမြင့်ဦးက–"ကိုထွန်း"ဟု ညင်သာပျော့ပျောင်းစွာ ခေါ်လိုက်လေသည်။

玛敏妩举着书朝着我凝视,接着又娇嗔地笑了起来……这时,玛敏妩突然温情地叫了一声"吞哥!"

例4是吴吞温对妻子 မမြို့ (玛妙米) 说的话,他选取妻子名字中的单字 "မြို့"(妙)作为妻子的昵称,是对夫妻间亲密关系的顺应。例5是丁吞和玛敏妩的对话,两人是友情之上、恋人未满的关系。丁吞在第一句话中称呼对方为 "မမြင့်ဦး"(玛敏妩),即使用"冠词+人名"的形式作为人称指示词。随后,丁吞又称呼对方为 "မြင့်ကြီး"(敏姐),即取对方名字中的单字 "မြင့်"(敏),并在后面加上 "ကြီး"(大)字,以此构成人称指示词。而玛敏妩听到此称呼后,立马娇羞起来,继而回称丁吞为 "ကိုထွန်း"(吞哥),即取丁吞名字中的单字 "ထွန်း"(吞),并在前面加上 "ကို"(哥)字作为人称指示词。由此可以看出,随着丁吞和玛敏妩对话中的人称指示语从"冠词+人名"变化为昵称,两人之间的关系也进一步亲近,这体现了人名昵称对形成亲密语用距离所起的作用。

三、缅甸语人称指示语的等差语用距离

等差语用距离是指在人际关系中具有权势地位高低差距的语用距离。发话人通过选用人称指示语将受话人置于权势高位,由此形成等差语用距离,增加话语礼貌程度。缅甸语人称指示语中,可用于形成等差语用距离的主要包括人称代词敬谦称和社会称谓词等。

（一）人称代词敬谦称

缅甸语人称代词敬谦称主要包括第一人称代词谦称和第二人称代词敬称。第一人称代词和第二人称代词分别指用于指代自身和受话人的代词。谦称和敬称分别指表示谦虚和恭敬的称呼。发话人使用第一人称谦称可以降低自己的地位，使用第二人称敬称可以抬高听话人的地位，其目的是在彼此间形成等差语用距离，提高话语礼貌程度。缅甸语话语交际中，常用的第一人称谦称共有 4 个，包括：ကျွန်တော်（男性使用）、ကျွန်မ（女性使用）、ကျွန်ုပ်（男女均可使用）、ကျုပ်（男女均可使用、带有方言色彩）。常用的第二人称敬称共有 2 个，包括：ခင်ဗျား（男性使用）、ရှင်（女性使用）。

例 6：

ဒေါ်ငွေးကြည်က ကြက်သားဆီပြန်ဟင်းကိုခပ်၍ ကျွန်တော့်ပန်းကန်ထဲ ထည့်ရင်း-
"အန်တီက ဒီနေ့ည မေစီကို ထမင်းလိုက်ဖို့ တာဝန်ပေးထားတယ်။......ဝင်နီရေ၊ သမီးဘက်က ငါးချဉ်ရေပန်းကန်ကို မောင် တင်ထွန်းဘက်ပေးပါကွယ်။"

杜泰基舀了一匙油焖鸡块放到我的碗里说："今晚大婶我指派梅西盛饭……温妮，把你那边的鱼露递给貌丁吞尝尝。"

"နေပါစေ၊ အန်တီ ကျွန်တော်မီပါတယ်။ ဟဲ ဟဲ နေပါစေ၊ ဝင်နီ၊ ကိုတင်ထွန်း မီပါတယ်။"

"不用了，大婶，我够得着。嘿嘿，温妮，不用了，哥丁吞够得着。"

例 6 是小说人物杜泰基与丁吞之间的对话，杜泰基与丁吞是长辈与晚辈的关系。杜泰基使用亲属称谓词"အန်တီ"（大婶）指称自己，丁吞则使用第一人称谦称"ကျွန်တော်"指称自己。这是因为长辈杜泰基使用亲属称谓词指称自己可以与晚辈丁吞之间形成亲密语用距离，拉近与晚辈之间的关系。晚辈丁吞使用谦称指称自己，可以将自己置于权势关系的低位，形成等差语用距离，体现了"长幼有等"的礼貌原则，话语礼貌程度较高。而丁吞随即与温妮说话时，则使用人名"ကိုတင်ထွန်း"（哥丁吞）指称自己。这是因为丁吞与温妮是同辈关系，所以使用"冠词+人名"作为人称指示语，与温妮之间形成亲密语用距离，拉近彼此间的亲密关系。

例 7：

သခင်စိုးက ကြက်သွန်ထုပ်တောင်းပြီးနောက် ကျွန်တော်တို့ဘက်သို့-"ခင်ဗျားတို့ ကောလိပ်ကျောင်းသားတွေ တပ်ဖွဲ့ပြီး မြို့. ထဲကုလားတွေကို ထွက်ချဖို့ လုပ်နေတုန်းက ခင်ဗျားတို့ပါသေးသလား။"ဟု ကောက်မေးလိုက်သည်။

德钦梭又要了点葱头，然后看着我们突然问道："你们大学生结队进城挑衅印度人，你们参加了吗？"

例 7 是"我缅人协会"①领导人之一的德钦梭对大学生丁吞说的话,德钦梭使用了两次第二人称代词敬称"ခင်ဗျား"指称大学生丁吞。这是因为德钦梭与丁吞是第一次见面,虽然德钦梭处于权势高位,但与丁吞之间的亲密度较低,因而使用礼貌程度较高的第二人称代词敬称,以此形成等差语用距离。

结合例 6 和例 7 可以看出,缅甸语话语交际中,等差语用距离可以基于发话人与受话人之间客观权势地位的不平等,也可以基于发话人与受话人之间较低的亲密度,如果发话人与受话人之间的亲密度较低时,根据"贬己尊人"的礼貌原则,发话人倾向于使用礼貌程度较高的人称指示词来形成等差语用距离。

(二)职业、头衔称谓词

职业、头衔称谓是对交际对象身份角色的反映。在话语交际中,发话人为了提高话语礼貌程度,常使用一些显示较高社会地位的职业、头衔称谓词来指称受话人。例如小说《旭日冉冉》中出现的头衔称谓就有:"တက်ဘုန်းကြီး"(摩登和尚)、"ဆရာတော်"(法师)、"ကိုရင်ကြီး"(沙弥)等。此外,一些基于职业、社会地位而产生的称谓词也被泛化使用,用于指称与该职业或社会地位无关的对象,目的是抬高交际对象的地位,形成等差语用距离,提高话语礼貌程度。

例 8:

စပယ်ယာက–"ထွက်တော့မယ် လိုက်မလားဆရာ။ ဟိုး ဟိုး လိုက်မယ်၊ လိုက်မယ်၊ လိုက်မလား အရာကြီး။ အရာကြီးက တော့ ဘယ်လိုက်မလဲ၊ အာရှီသော လိုက်မှာပေါ့။ ဟောထောင်ကကြီးတစ်ယောက်လာနေစဉ်၊ လိုက်မလားထောင်က။"

售票员招呼道:"车要开啰,老师,您上车吗?等一下,等一下,有上车的,这位官员上车吗?官员怎么会乘咱们这种车呢?当然要乘仰光电力公司的啦!喔,大老板来了,老板上不上车?"

例 8 中,售票员与乘客是陌生关系,显然并不确切知道乘客的职业,却用"ဆရာ"(老师)、"အရာကြီး"(官员)、"ထောင်က"(老板)等来称呼乘客,这是为了在话语交际中抬高乘客的地位,形成等差语用距离,提高话语礼貌程度。

例 9:

ကျွန်တော်က ဖျော်ရည်ကို ဖိမ်ယူဉ် သောက်နေစဉ် ဦးကံသိန်းက လေးနက်စွာ တွေးတောရင်း ပြောလိုက်သည်မှာ– "ဆရာ၊ ဒေါက်တာဘမော်ဟာ စကားပြောကောင်းသနှင့် တယ်ဆိုးတယ်နော်။"

我喝着清凉饮料,吴甘登忧心重重地说:"大人,巴莫博士嘴上说得好听,心里可比谁都坏呀!"

---

① 即"德钦党",于 1930 年成立,是缅甸资产阶级知识分子组织的政党,反对殖民统治,组织爱国运动。

例 8 是学生楼的看楼人吴甘登对大学生丁吞说的话。从说话人吴甘登的名字来看,他比丁吞年长,却使用"ဆရာ"(老师)称呼丁吞,是为了抬高丁吞在话语交际中的地位,形成等差语用距离,增强话语礼貌,也体现了吴甘登对参与大学生运动的丁吞的赞赏与钦佩。

四、缅甸语人称指示语的话语礼貌

根据礼貌的语用距离原则,语言礼貌主要是以语言的形式来界定的静态规范;话语礼貌是语言礼貌基于交际双方所推定的彼此之间语用距离的一种切适性,是动态的和可洽商的。语言礼貌和话语礼貌有时会重合,但两者是否重合,其决定因素是交际双方的语用距离,而不是语言本身。话语礼貌是以交际双方的语用距离决定的。[①] 由此可以看出,礼貌语用距离具有动态性,发话人使用人称指示语所形成的语用距离,无论是亲密语用距离还是等差语用距离,如果该语用距离与受话人所推定的语用距离不一致,那么该语用距离对受话人来说就不一定是礼貌的。只有发话人和受话人一致认同的语用距离才是礼貌语用距离。

例 10:

ထို့ကြောင့် တစ်နေ့သော် မမြင့်ဦးထံသို့ ရေးသောစာတွင် အတည်လိုလို နောက်သလိုလိုနှင့် သူ့အား ပါရမိဖြည့်ဘက် မမြင့် ဦးဟု ခေါ်လိုက်၍ ကျွန်တော့်ကိုယ်ကို ကိုထွန်းဟုဖော်ပြလေသည်။ မမြင့်ဦးထံမှ ကက်ကက်လန် ရန်တွေ့စာရောက်လာ၏။ ဘာကြောင့် သည်လိုခေါ်ရသလဲ။ ဘာကြောင့် သည်လိုဖော်ပြရတာလဲ။ ရင်းနှီးမှုကို အလွဲသုံးစား ပြုတာလား။ ရိုးသလို သားသလို ဟန်ပြုပြီး ဖောက်ပြားတာတော့်ရော့လား။ ယဉ်ယဉ်ကျေးကျေးဆက်ဆံပါ။

我在写给玛敏妮的信中,用半正经半开玩笑的语气称她为"有缘人玛敏妮",称自己为"哥吞"。万万没想到玛敏妮大发雷霆地回信质问我:为什么要用这种称呼,是不是想糟蹋我们这种亲近关系?表面上正经,背地里胡来,这样做是否合适?还是礼貌交往吧!

例 10 中,丁吞因对玛敏妮产生好感,遂使用"有缘人玛敏妮""哥吞"作为称呼,与玛敏妮之间形成亲密语用距离。而玛敏妮不认同这样的语用距离,感觉受到了侮辱,所以大发雷霆。因此,丁吞在此使用人名昵称形成的亲密语用距离并不是礼貌的。然而在例 4 中,丁吞与玛敏妮对话时,使用昵称"မြင့်ကြီး"(敏姐)称呼玛敏妮,彼此间形成亲密语用距离,玛敏妮也温情地使用昵称"ကိုထွန်း"(哥吞)回称丁吞。这是因为丁吞与玛敏妮俩人感情升温后,对彼此间亲密语用距离的推定一致,此时丁吞使用昵称作为人称指示语形成的亲密语用距离才是礼

---

① 王建华. 话语礼貌与语用距离 [J]. 外国语, 2001 (5): 26.

貌的。

五、结语

话语交际中，发话人为了提高话语礼貌程度，基于与受话人之间的关系判断，选择使用人称指示语与受话人之间形成礼貌语用距离。使用缅甸语人称指示语形成的礼貌语用距离主要包括亲密语用距离和等差语用距离。具体表现为发话人使用亲属称谓词、冠词+人名、人名昵称等指称受话人时，发话人与受话人之间形成亲密语用距离，发话人的话语礼貌程度跟随双方关系的亲近而进一步增加；发话人使用人称代词敬谦称和职业、头衔称谓指称受话人时，发话人与受话人之间形成等差语用距离，发话人通过降低自身地位、升高对方地位的方式来提高话语礼貌程度。此外，在话语交际中，交际双方之间的礼貌语用距离是动态的，即发话人认为礼貌的语用距离需要与受话人推定的礼貌语用距离一致才是礼貌的，不一致则不一定是礼貌的。

参考文献

[1] 陈治安，彭宣维. 人称指示语研究[J]. 外国语（上海外国语大学学报），1994（3）：28—34.

[2] 郭聿楷. 指示语研究历史、属性、分类及其他[J]. 外语教学，1995，16（4）：7—13.

[3] 何自然. 语用学概论[M]. 长沙：湖南教育出版社，1988.

[4] 何兆熊. 新编语用学概要[M]. 上海：上海外语教育出版社，2000.

[5] 曲卫国，陈流芳. 礼貌称呼的语用学解释[J]. 华东师范大学学报（哲学社会科学版），1999，6（2）：118—124.

[6] 王德仙. 缅甸语亲属称谓语的外化用法初探[J]. 保山师专学报，2009，28（1）：97—99.

[7] 吴登佩敏. 旭日冉冉[M]. 贝达勉，译. 北京：北京大学出版社，1982.

[8] 王建华. 话语礼貌与语用距离[J]. 外国语，2001（5）：25—31.

[9] 王建华. 礼貌的语用距离原则[J]. 东华大学学报（社会科学版），2002（4）：29—33.

[10] 岳麻腊. 缅甸语亲属称谓语义分析[J]. 云南民族大学学报（哲学社会科学版），2007（5）：141—144.

[11] Lyons. *Semantics* [M]. Cambridge: Cambridge University Press, 1997.

语言形态学视域下的印地语词缀与派生构词研究

信息工程大学 毛 磊

【摘　要】 语言形态学以语素和词为主要研究对象。词缀是语素中具有黏附性的构词成分的统称，是形态学中的重要概念。印地语传统语法并未提出语素等形态概念，而是以描写为方法，对词汇系统中纷繁复杂的语言形态进行归类分析。本文利用分布式形态学理论框架，界定语素为印地语中最小的、有意义的语言单位，对印地语词缀进行形态分析，并对词缀的派生构词功能进行研究。印地语词缀可分为派生词缀和屈折词缀，派生词缀体现构词功能，屈折词缀体现构形和语法功能。印地语中的词缀体现出较强的形态能产性。

【关键词】 印地语；语言形态；词缀；派生构词

语言形态是语言中最直观显见的表现形式，也是语言的底层概念。印地语属于印欧语系印度-伊朗语族中的印度雅利安语支，是屈折语，具有丰富的形态系统。印地语传统语法中，并未界定语素的概念，在涉及相关概念表述时，代之以音节或字母（अक्षर）[①]。波你尼（पाणिनि）在《八篇书》（अष्टाध्यायी）中就对词和词的构成单位进行了说明："सुबन्त और तिङन्त शब्दों को पद कहा है, सुसिङन्त पदम् ।"[②]即词由变格部分和词根构成。印地语语言学家古鲁在谈到印地语中的词以及构词过程时，指出："一个或更多的音节组成的独立的有意义的音，叫做词……词由音节组成。""一种语言的某一个词构成其他词，通常使用三种方法：在有些词的前面加上一两个字母以后构成新词；在有些词的后面附加一两个字母以后构成新词；在某些词的后面和另外一个词合成一个新的复合词。"[③]本文在印地语传统语法分析的基础上，从语言形态学视角出发，借助形态分析、分布式形态学等理论框架，对印地语语素的概念及其构成、印地语词缀的类型以及词缀在

[①] "अक्षर"一词同时具有"音节"和"字母"的语义，印地语传统语法中表述并未区分。

[②] पाणिनि, अष्टाध्यायी, 1-1-14.

[③] 迦姆达·普拉沙德·古鲁. 印地语语法 [M]. 殷洪元，译. 北京：商务印书馆，2016：93，407.

派生构词中的功能进行研究。对现代印地语的形态概念、形态手段和形态系统进行描写和解释，探索印地语形态系统的构成和特点。

一、印地语词缀语素的概念范畴与形态构成

西方语言学研究中主要从三个角度界定语素：（1）欧洲结构主义语言学，认为语素是最小的有意义的语言单位；（2）美国结构主义语言学，认为语素由音位和音位的组合构成，是互补分布的语素变体的集合；（3）还有一种观点认为，语素是构词过程的构件，因此凡是参与构词的语音片段无论有意义与否都是语素。[①]本文认为，语素（पदग्राम/morpheme）是语言中最小的有意义的音义结合体，是形态学的重要概念，印地语词缀属于语素的范畴。

（一）印地语词缀所属的语素形态类别

印地语作为屈折语，最基本的形态单位是语素，即印地语中的词由语素构成。例如"विश्वविद्यालय"（大学）一词，由三个语素构词：

विश्व ＋ विद्या ＋ आलय → विश्वविद्यालय
（大的）（知识、学问）（地点）　　（大学）

同时，语素不仅具有独立的语音和语义，在语法功能上，语素与词具有同一性。印地语中的单纯词既可以是词，也可以是语素。例如"पर""विश्व""चीन"等。语素与词在语言分析中的地位是平等的，都可作为印地语形态分析的对象。

语素可分为自由语素（free morpheme）和黏附语素（bound morpheme）。自由语素指某个语素可单独构成一个词，例如印地语词干"देश""भारत"；黏附语素指某个语素不能单独构成词在句中使用，须黏附于其他语素或词，表示特定的意义或语法内涵，例如"रहनेवाला""भारतीय""खिड़कियाँ"等词中的"-वाला""-ईय""-इयाँ"等语素。简言之，自由语素可作为词独立使用，而黏附语素则不能。

Packard（2000）根据语素的自由与黏附特征，将语素分为词汇语素和语法语素，词汇语素中有自由语素也有黏附语素，而语法语素都是黏附语素。语法语素进一步下分为词缀语素和句法语素。词缀语素作用于词法层面，句法语素作用于句法层面。按照 Packard 的分类法，印地语中的语素可进一步分类，图示如下：

[①] 董秀芳. 汉语的词库与词法［M］. 北京：北京大学出版社，2004.

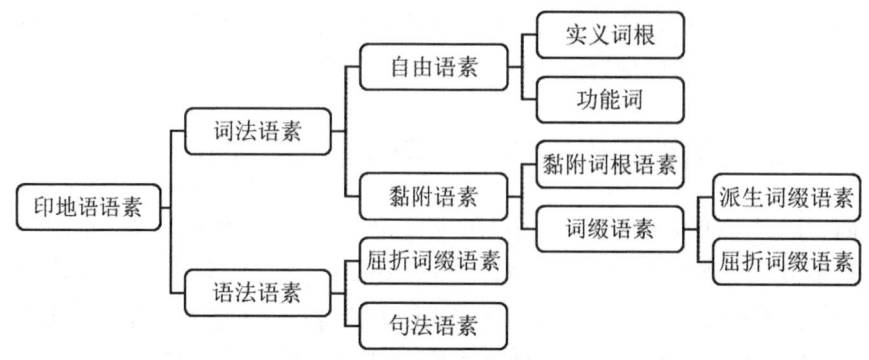

图 1　印地语语素分类

由图 1 可知，印地语语素首先分为词法语素和语法语素。词法语素中的自由语素包括具有独立语义的实义词干，例如"हाल""दूर""पास"等，以及具有构词功能的功能词，例如"के पास"中的"के"。词法语素中的黏附语素包括，在词的内部系统中，不可单独成词的词根，其中印地语动词占多数。印地语动词根都不可单独成词，须在其后加"ना"的形态后缀。例如"बैठना""खटकना""पिटना"等动词中的"बैठ""खटक""पिट"等。此外，词法语素中有大量的派生词缀和屈折词缀，这些词缀在构词过程中起到重要作用，但都属于黏附语素的范畴，不可单独构词。印地语法语素主要分为屈折性语法词缀和句法语素两类。屈折语素的形态能产性很强，是表征语法规则的重要手段，例如印地语动词完成体中的语法标记"या、ये、यी"。语法屈折语素的形态变化和能产性受到句法规则和印地语语言类型特征的双重限制。印地语法语素中，还有个别的句法语素，例如印地语 को 动词句中主语后黏着使用的后置词"को"，以及印地语及物动词完成体所在句子中，与主语黏着使用的"ने"。句法语素不属于屈折形态的范畴，句法语素反映出一定的黏着语特征，也体现出分析型语言的特征。

综上所述，印地语词缀属于黏附语素的范畴，包括派生词缀语素和屈折词缀语素。派生词缀语素具有构词功能，屈折词缀语素具有构形功能。本文将重点研究印地语派生词缀和派生构词。

（二）印地语词缀语素的形态构成

Saussure 在普通语言学的著作中，用"sign"（符号）一词来指称语素的概念。尽管传统的印地语语法中并未提出语素的概念，但却用"音节"和"字母"来表述代表语素概念的语言单位。同语言的构成一样，语素作为语言的基本单位，也有其形态构成。印地语词缀语素由语音形式和拼写形式构成，两者分别表征语素在物理空间具有语音特征，在现实空间具有书写形式。除此之外，语素在心理空间还具有语义。语素也是心理词库的构成部分。

在以下印地语例词中：अहिंसा（非暴力）、अनिर्णय（不确定的）、अपूर्ण（不充分的），都有表示否定语义的前缀"अ-"。前缀语素"अ-"具有语音形式[ə]，天城体书写形式为"अ"，表达的语义内涵为"非、不"。其形态构成图示如下：

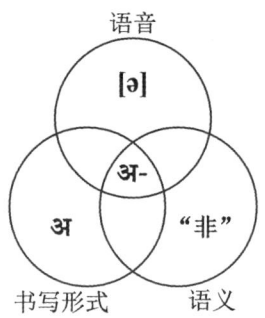

图 2　印地语语素形态图式

印地语中可见由单个字母构成的词缀语素，例如前缀"अ-""ब-"以及后缀"-आ""-ई"等，也可见由多个字母构成的词缀语素，例如前缀"अधि-""अन-"以及后缀"-ईन""-ईला"等。

（三）印地语词缀语素的功能

印地语中的词，可见由单个语素构成，为单语素词（monomorphemic word），例如"पेड़""रात"等；也可由两个语素构成，为双语素词（dimorphemic word），例如"अज्ञान""अधिपति"等；还可由两个以上的多个语素构成，为多语素词（polymorphemic word），例如"विराजमान""अंतरराष्ट्रीय"等。以"अंतरराष्ट्रीय"（国际的）一词为例，该词由三个语素构成：

अंतर　　+　　राष्ट्र　　+　　ईय　　→　　अंतरराष्ट्रीय
（前缀）　　（词基）　　（后缀）　　　　（词）

由此可见，印地语词基、前缀、后缀等都是语素。有的词基语素可单独构词，有的须与前缀或后缀黏附构词。需要注意的是，形态相同的词缀语素，在构词过程中的词法功能可能有所不同。例如"कमज़ोरी"（无力；软弱）、"चीनी"（中国的；中国人；中文）两词中都有后缀"-ई"，前者为名词性后缀，而后者既可为名词性后缀，也可为形容词性后缀。

二、印地语词缀的语言形态学分析

（一）印地语前缀的语言形态学分析

印地语语素分为独立语素和黏附语素。在探讨印地语前缀和后缀之前，首先须界定何为印地语的词基语素。词基语素（base morphere）是词中的主干部分，属于自由语素的范畴。词基语素能够独立成词，也能够与别的自由语素或黏附语素组合构词。同时，词基语素的两端都可以黏附。一方面词基语素两端都是开放的，都可以与黏附语素组合；另一方面词基语素两端都是自由的，不与某个语素固定地黏附在一起。①这一点体现了语言符号的任意性和约定俗成性。印地语词缀属于黏附语素，通常不可作为自由语素独立使用，即绝大多数情况不能成为句法中独立自由运用的语言单位。根据词缀黏附相对于词基的前后位置，词缀可分为前缀、中缀、后缀。以 अहिंसा 一词为例，对其进行分布式形态分析如下：

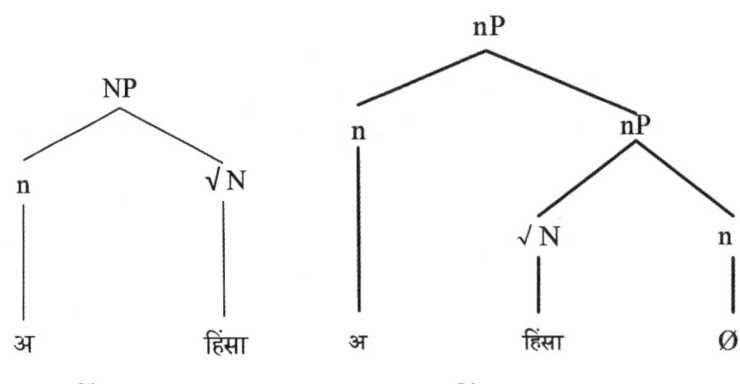

图3　अहिंसा 的形态分析图　　图4　अहिंसा 的定类语素分析图

分布式形态学（DM）提出了句法决定词类假说，认为词的内部结构由词根与功能语素合并从而获得句法范畴。词根没有词类特征，仅作为形态表征，而词类范畴由定类语素黏附于词根获得。定类语素属于功能语类，可能是黏着性词缀，也可能无显性语音实现，通常用正体小写字母标记。②由分布式形态分析可知，अहिंसा 一词由印地语阴性名词 हिंसा 通过添加前缀 अ 生成，如图3所示。其词内结构分为实词语素 हिंसा，以及作为黏附语素的前缀 अ 两部分。而实词语素 हिंसा 又分为作为词根的 हिंसा 标记为√N，以及名词定类语素 n，定类语素 n 在 अहिंसा 一词中为无语音形态，用 Ø 标记，如图4。由此可见，印地语前缀指黏附于词基前面的语素，是具有特定的语义，但不可单独使用的语言单位，前缀可改

---

① 梅德明. 语言学与应用语言学百科全书 [M]. 北京：北京大学出版社，2017：57.
② 程工. 分布式形态学的最新进展 [J]. 当代语言学，2016（1）：101.

变词基的意义，从而构成新词，具有形态能产性。前缀倾向于表达词汇意义特征。अभिकर्ता, इज़हार, पराजय, आजन्म 等词中的 अभि-, इ-, परा-, आ-即为前缀。同时，印地语前缀同英语等其他印欧语系的语言相比，有一个重要的功能，即印地语前缀除了表达词汇意义特征，还可作为功能语素决定词类的转换。在英语中，定类语素通常为后缀，如：financial, international, beauty 等词中的后缀-cial, -nal, -ty。印地语中，有一定数量的可进行词类转换的前缀，例如：

例 2.1： a. बद+नसीब → बदनसीब
　　　　 b. बर+बाद → बरबाद

例 2.1a 为前缀 बद 使得名词 नसीब 派生成为形容词，例 2.1b 为前缀 बर 使得副词 बाद 派生成为形容词。

（二）印地语后缀的语言形态学分析

语言形态学认为，后缀指在词根或词干后面的黏着词缀，是黏附性语素。后缀是具有意义但一般不能单独使用的语言单位。印地语后缀按照形态功能，可分为派生后缀和屈折后缀两类。派生后缀用于构词，屈折后缀用于表达特定的语法关系，是句法要求的表征。如下例所示：

例 2.2：

a. 印地语派生后缀

पढ़ना+आई → पढ़ाई

उड़ना+आन → उड़ान

चुनना+आव → चुनाव

पड़ोस+ई → पड़ोसी

खिलाड़ी+पन → खिलाड़ीपन

धर्म+इक → धार्मिक

b. 印地语屈折后缀

पढ़ना+ऊँगा → पढ़ूँगा

पढ़ना+ऊँगी → पढ़ूँगी

पढ़ना+एगा → पढ़ेगा

पढ़ना+एगी → पढ़ेगी

पढ़ना+ओगे → पढ़ोगे

पढ़ना+ओगी → पढ़ोगी

पढ़ना+एँगे → पढ़ेंगे

पढ़ना+एँगी → पढ़ेंगी

从例 2.2a 可以看出，印地语派生后缀的作用是构成新词，派生后缀有决定词类（lexical category）的功能。后缀是黏附语素，是具有词汇意义的最小形态单位，因此后缀本身就具有语义特征。例如后缀 ई 指示阴性抽象名词或部分形容词，后缀 त्व 指示具有某种特性的阳性抽象名词。例 2.2b 中为印地语动词 पढ़ना 各人称的将来时屈折形态。根据人称的不同，将来时后缀有 ऊँगा，ऊँगी，एगा，एगी，ओगे，ओगी，एँगे，एँगी 等不同的屈折形态，这些屈折形态是句法要求的表征。

Williams 提出了词内结构的"右侧中心原则"（right-hand head rule, RHR）①，指在整个派生词的词内结构中，中心词②由位于词右侧的词缀承担，即后缀具有中心词的作用。印地语中，由自由语素单独构词时，中心词由自由语素本身承担，而在由自由语素和黏附语素构成的派生词中，中心词往往由后缀承担。以 ऐतिहासिक 一词为例，图示如下：

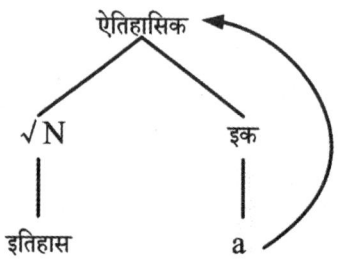

图 5　印地语派生后缀图式

由此可见，印地语中的后缀表达语法意义，承担特定句法功能。而印地语前缀，则倾向于表达词汇意义。

三、印地语词缀的派生构词功能

（一）印地语前缀与词义转变派生

与大多数语言的前缀一样，印地语中的前缀在派生构词过程中可改变原词的词义。例如：

例 3.1：

महा-（大的）+सभा（会议）→ महासभा（大会）

---

① Williams E. *On the notions "lexically related" and "head of word"* [J]. *Linguistic Inquiry*, 1981 (12): 248.

② 中心词（head），由 20 世纪以杰肯道夫（Ray Jackendoff）为代表的语言学派提出，中心词指在一个词内结构中能决定该词所能承担的句法功能范围的成分。

आन्-（没有）+आवश्क（必要的）→ आनावश्क（不必要的）

在上例的派生构词中，词义有所改变，或词义范围改变，然而词性并没有发生变化。

（二）印地语前缀与词类转变派生

Aronoff（1976）认为构词是从一个词类向另一个词类的转变。[①]英语中的词类转换主要通过后缀的黏附来实现，即定类语素多数情况下为后缀。"与前缀相比，后缀在词类转换过程中，能够起到更大的作用。"[②]然而，在印地语词汇派生过程中，词类的转换通过前缀和后缀两者的黏附都能实现。本节主要讨论，印地语前缀在词类转换派生构词中的情况。

印地语中，与前缀黏附的词干可为名词、形容词、动词以及副词等不变词。前缀在表达词汇意义的同时，可起到功能语素的作用，使词类在派生过程中发生转换，只是通过黏附前缀造成词类转换的例子较少。请见下例：

例 3.2：

नान्-（很多）+रूप（样子）→ नानारूप（各式各样的）

在以上例词中，前缀的黏附使得原词干由名词转变为形容词。

印地语中可造成词类转换的前缀数量较少，但在其他印欧语中由前缀造成词类转变的现象更为少见。

（三）印地语前缀在派生构词中的语义功能

多数情况下，印地语前缀在派生构词过程中体现词义转换功能。印地语前缀按表义功能可分为以下几种：

1. 前缀表示"否定"内涵语义

前缀	语义功能	例词
अ-	没有	अनेक（不止一个）
अप-	反对，坏	अपमान（侮辱）
अन-	没有，不	अनपढ़（文盲）
कु-	坏，不好	कुकर्म（坏事）
प्रति-	相反	प्रतिक्रांतिकारी（反革命分子）

[①] 转引自：程工. 分布式形态学的最新进展[J]. 当代语言学，2016（1）：102.
[②] भोलानाथ तिवारी, किरण बाला. *हिंदी भाषा की शब्द-संरचना*[M]. दिल्ली: साहित्य सहकार, 1989: 36.

निर-	否定的	निरपराध（无罪的）
परा-	相反的	पराजय（失败）
बे-	没有，不	बेईमान（不诚实）
बिला-	没有	बिलाशक（无疑地）

2. 前缀表示程度

前缀	语义功能	例词
उच्च-	高的	उच्चकोटि（高峰，高级）
आख़िल-	全部	आख़िल-भारत（全印度）
कम-	少的，缺的	कमजोर（虚弱的）
नव-	新的	नवछात्र（新学生）

3. 前缀表示数字

前缀	语义功能	例词
इक-	一	इकतीस（三十一）；इकलौता（独生子）
एक-	一	एकमात्र（唯一的）；एकतरफा（片面的）

此类表示数字的前缀还有：

表示"二"：दु-（印），दि-（梵）

表示"三"：ति-（印），त्रि（梵）

表示"四"：चौ-（印），चतुर（梵）

表示"五"：पच-（印），पंच-（梵）

表示"六"：छ-（印），ष-（梵）

表示"七"：सत-（印），सप्त-（梵）

表示"八"：अठ-（印），अष्ट-（梵）

表示"九"：उन-（印），नव-（梵）

表示"十"：दस-（印），दश-（梵）

4. 表示方位

前缀	语义功能	例词
अंतर-	内部的	अंतरविरोध（内在矛盾）
अग्र-	前面的	अग्रगामी（先锋队）
उप-	邻近	उपस्थित（邻近的）
परि-	周围	परिस्थिती（环境）

(四) 印地语后缀与词类转换派生

在语言形态构件中,后缀主要对词类产生影响,通过词类转换派生出新词。请见以下各例:

1. 名词后缀

后缀	词类转换功能	例词
-आई	动词转换抽象名词	लड़ना — लड़ाई(战争)
-ई	形容词转换抽象名词	खुश — खुशी(高兴)
-ई	普通名词转换抽象名词	दोस्त — दोस्ती(友谊)

2. 形容词后缀

后缀	词类转换功能	例词
-मय	名词转换形容词	दुख — दुखमय(痛苦的)
-तन	副词转换形容词	पुरा — पुरातन(古代的)
-इयल	动词转换形容词	सड़ना — सड़ियल(腐败的)

3. 副词后缀

后缀	词类转换功能	例词
-तः	形容词转换副词	विशेष — विशेषतः(特别地)
-पूर्वक	名词转换副词	शांति — शांतिपूर्वक(和平地)

(五) 零后缀与印地语词性转换派生

通常情况下,词的派生伴随着词缀的附加以及语音的改变而发生。在个别情况下,新词的生成没有任何形态上的变化,即没有可见的派生形态,原词的词性发生改变,这种情况称为词性转换构词(conversion),或零派生(zero-derivation)。语言形态学认为,零派生过程实际上是黏附了零语素(zero morpheme),零语素为功能语素,只是其不具有外在的形态表征,用 Ø 来表示。印地语中词性转换构词多见于在原词根的基础上附加零后缀(शून्य प्रत्यय)的情况。

迪瓦利在论述印地语后缀时,将后缀分为"有形态的后缀"(मूर्त)和"无形态的后缀"（अमूर्त）两类。①有形态的后缀指能够识读和书写的后缀，例如 जापानी 一词中的后缀 ई 以及 साधारणतः 一词中的 तः；而五形态的后缀指既不能识读也没有书写形式的后缀。迪瓦利以人称为 तू 时，印地语动词 जाना 的命令式屈折形态变化为例，即动词根 जा 变为命令式后，并没有可见的形态变化，然而语法功能却发生了改变。

分布式形态学遵循句法决定词类假说（程工、李海，2016：100），认为词根没有词类特征，须由定类语素（category-assigning morpheme）赋予词根词类特征。定类语素通常为黏附性后缀，可具有客观形态，也可能没有显性的语音实现。以 जापानी 和命令式 जा 为例：

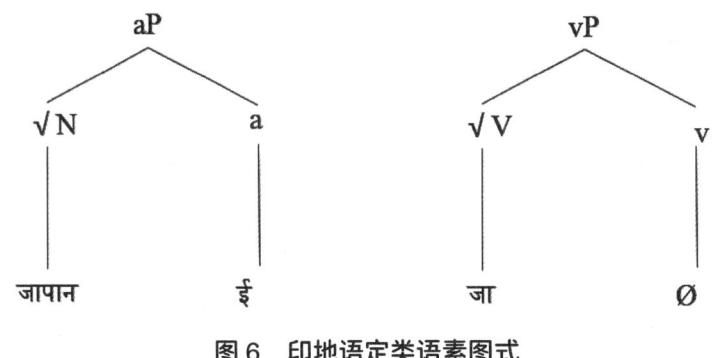

图6　印地语定类语素图式

由以上分析可见，जापानी 一词由词根√जापान 和定类语素 ई 合并而成，其定类语素为可见形态；人称为第二人称单数 तू 时，印地语动词 जाना 由词根√जा 和定类语素 v 合并而成，此时定类语素没有显性的语音特征和形态标记。

以上分析，是基于迪瓦利将零后缀作为屈折形态手段时的情况。印地语中，零后缀也有用于词类派生的情况，请见以下例句：

例3.3：पुलिस ने राम को पीट-पीटकर मार डाला।

例3.4：गाँववालों में अक्सर मार होती रहती है।

以上两个例句中，मार 具有相同的形态，然而例3.3中 मार 为动词根，例3.4中 मार 为名词。这种派生形象属于印地语中的词性转换派生构词。印地语中，词性转换派生多见于名词和动词之间的派生。常见的有以下例词：

---

① भोलानाथ तिवारी, किरण बाला. *हिंदी भाषा की शब्द-संरचना* [M]. दिल्ली: साहित्य सहकार, 1989: 84.

表 1 印地语零后缀词性转换派生示例表

a. संज्ञा से धातु		b. धातु से संज्ञा	
कड़क	कड़क	काट	काट
खनक	खनक	चाट	चाट
खरीद	खरीद	छाँट	छाँट
खर्च	खर्च	टाल	टाल
चमक	चमक	दौड़	दौड़
तौल	तौल	पाल	पाल
बोल	बोल	बाँट	बाँट
भनक	भनक	भड़क	भड़क
माँग	माँग	मार	मार

表 1 中，a 类属于由名词向动词的转换，b 类属于由动词向名词的转换，都属于词类派生的范畴。印地语中，借助零后缀的词性转换派生并不是常用的构词方式。词性转换在构词过程中，没有形态上的变化，因此符合语言演变的简化趋势，也符合隐喻的认知机制。

（六）印地语中常见的派生构词类型

1. 印地语派生名词

印地语中，由其他词类派生名词可通过以下多种途径实现。

（1）印地语抽象名词的派生

抽象名词用于表征抽象概念的名称，语义内涵通常为表示行为、状态、情感等。印地语中有大量的抽象名词，可见由形容词、普通名词等其他词类派生构成抽象名词。派生手段多通过黏附词缀实现。印地语中的前缀和后缀都可见用于派生抽象名词的情况，其中后缀在抽象名词的派生构成中所占比例较高。

通过黏附前缀派生的抽象名词多数为梵语借词。黏附前缀派生形成的抽象名词，多数情况下能够被不懂梵语的印地语母语使用者直接理解使用，而不需要溯源。以下为使用频率较高的抽象名词派生前缀，并将构词表示如下：

前缀	语义	示例
अ-, अन	无，没有	अ-ज्ञान, असुंदर, अशांत
अति	多	अति-काल, अतिक्रमण
अप	下，离开	अपकीर्ति

印地语中，有大量由黏附后缀派生的抽象名词，举例如下：

इनसान+-इयत → इनसानियत
वीर+-ता → वीरता
अकेला+-पन → अकेलापन

（2）由动词派生名词

पढ़ना+-आई → पढ़ाई
उड़ना+-आन → उड़ान
घेरना+-आव → घेराव

（3）由名词派生名词

पड़ोस+-ई → पड़ोसी
नौकर+-ई → नौकरी
बच्चा+-पन → बचपन
खिलाड़ी+-पन → खिड़ाड़ीपन

（4）由形容词派生名词

बुरा+-ई → बुराई
बीमार+-ई → बीमारी
सुन्दर+-ई → सुन्दरी

2. 印地语派生形容词

印地语形容词通常通过黏附后缀，由名词派生。例如：

धर्म+-इक → धार्मिक
अधिकरा+-इक → अधिकारिक
इतिहास+-इक → ऐतिहासिक
सुख+-ई → सुखी
नियम+-ई → नियमी

3. 印地语派生副词

印地语中副词派生大多数情况由后缀-पूर्वक 实现。例如：

प्रेम+-पूर्वक → प्रमपूर्वक
विश्वास+-पूर्वक → विश्वासपूर्वक
अधिकार+-पूर्वक → अधिकारपूर्वक

四、结语

本文从语言形态学角度对印地语前缀、后缀以及派生构词过程进行了分析,并做出了理论解释。通过形态分析可知,印地语派生构词过程由词根语素和定类语素共同完成,词根没有词类特征,仅作为形态表征,而词类范畴由定类语素黏附于词根获得。定类语素属于功能语类,可能是黏着性词缀,也可能无显性语音实现,体现为零形式。印地语前缀除了表达词汇意义特征,还可作为功能语素决定词类的转换,这与大多数印欧语系的语言相比,有显著的不同。大多数情况下,印地语后缀在词内结构中,具有中心词的地位。印地语派生构词手段,大多数情况下为词缀法,派生功能通过词义转换和词类转换来实现。印地语中的零后缀,即可见于用作派生后缀,也可见于用作屈折后缀。零后缀在构词和构形中的作用,符合语言演变的简化趋势,也体现出隐喻的认知机制。

参考文献

[1] Andrew Spencer, Arnold M. Zwicky. 形态学研究指南[M]. 北京:北京大学出版社,2007.

[2] Geert Booij. 词的语法:形态学导论[M]. 北京:外语教学与研究出版社,2014.

[3] 安丰存,程工. 构式形态学及其对汉语词汇研究的启示[J]. 外国语(上海外国语大学学报),2017,40(4):44—54.

[4] 程工,李海. 分布式形态学的最新进展[J]. 当代语言学,2016(1):97—119.

[5] 程工,周光磊. 分布式形态学框架下的汉语动宾复合词研究[J]. 外语教学与研究,2015(2):163—175.

[6] 程光超,李进,戴永明. 大学印地语[M]. 北京:军事谊文出版社,2002.

[7] 迦姆达·普拉沙德·古鲁. 印地语语法[M]. 北京:商务印书馆,2016.

[8] 姜景奎. 标准印地语(1—4册)[M]. 北京:大百科全书出版社,2020.

[9] 王文斌. 什么是形态学[M]. 上海:上海外语教育出版社,2019.

[10] 薛琳. 语言形态理论和英汉形态研究[M]. 北京:对外经济贸易大学出版社,2019.

［11］闫元元. 印地语语法［M］. 广州：世界图书出版广东有限公司, 2016.

［12］Guru K P. *Hindi Vyākaran* [M]. Hindi Vyakaran. Banaras: Kāshi Nāgari Prachāriṇi Sabhā, 1952.

［13］Halle M, Marantz A. *Some key features of Distributed Morphology*[J]. *MIT working papers in linguistics*, 1994, 21 (275): 88.

［14］Harley H, Noyer R. *Distributed morphology* [M]. The second GLOT international state-of-the-article book. Hague: De Gruyter Mouton, 2014: 463-496.

［15］Kachru Y. *Hindi* [M]. Amsterdam, Philadelphia: John Benjamins Publishing, 2006.

［16］Lieber R. *Deconstructing morphology: Word formation in syntactic theory* [M]. Chicago: University of Chicago Press, 1992.

［17］Rao C. *Morphology in word recognition: Hindi and Urdu* [M]. College Station: Texas A&M University, 2010.

［18］Williams E. *On the notions "lexically related" and "head of word"* [J]. *Linguistic Inquiry*, 1981 (12).

［19］Packard J L. *The morphology of Chinese: A Linguistic and Cognitive Approach* [M]. Beijing: Foreign Language Teaching and Research Press & Cambridge University Press, 2000.

［20］Aronoff M. *Word Formation in Generative Grammar* [M]. Cambridge, MA: The MIT Press, 1976.

［21］सूरज भान सिंह. *हिंदी का वाक्यात्मक व्याकरण* [M]. दिल्ली: साहित्य सहकार, 1992.

［22］कृष्ण गोपाल रस्तोगी, शशि कुमार शर्मा. *प्रयोगात्मक हिंदी व्याकरण* [M]. नई दिल्ली: पीताम्बर बुक डिपो, 1980.

［23］कृष्ण विकल. *आधुनिक हिंदी व्याकरण तथा रचना* [M]. नई दिल्ली: नेशनल पब्लिशिंग हाउस, 1985.

［24］भोलानाथ तिवारी. *हिंदी भाषा की संरचना* [M]. नई दिल्ली: वाणी प्रकाशन, 1979.

［25］भोलानाथ तिवारी. *आधुनिक भाषाविज्ञान*[M]. नई दिल्ली: लिपि प्रकाशन, 1985.

［26］भोलानाथ तिवारी. *हिंदी भाषा*[M]. नई दिल्ली: किताब महल, 1966.

［27］भोलानाथ तिवारी. *हिंदी भाषा की रूप-संरचना* [M]. दिल्ली: साहित्य सहकार, 1986.

［28］भोलानाथ तिवारी. *व्यावहारिक हिंदी व्याकरण और रचना*[M]. नई दिल्ली: फ्रैंक

ब्रादर्स एण्ड कम्पनी प्राइवेट लिमिटेड (पब्लिशर्ज़), 1976.

[29] केशवदत्त रुवाली. *भाषाविज्ञान और हिंदी* [M]. नई दिल्ली: तक्षशिला प्रकाशन, 1983.

[30] वी.रा.जगन्नाथन. *प्रयोग और प्रयोग* [M]. दिल्ली: आक्सफर्ड यूनिर्वासटी प्रेस, 1981.

[31] श्रीवास्तव, रवीन्द्रनाथ तथा शारदा भसीन. *प्रयोजनमूलक हिंदी व्याकरण* [M]. आगरा: केन्द्रीय हिंदी संस्थान, 1983.

[32] ज़ाल्मन दीमशित्स. *व्यावहारिक हिंदी व्याकरण* [M]. दिल्ली: रादुगा प्रकाशन, 1985.

[33] मंजु महरोत्रा, अंबिका ग्रोवर, वी डी अग्रवाल. *मानक व्याकरण-व्यवहार(भाग-3)* [M]. नई दिल्ली: प्रभात पब्लिशिंग हाउस, 2009.

印地语语调研究

信息工程大学 王 泽

【摘 要】 本文重点探讨印度的国语和官方语言印地语的语音语调规律。研究参照了国内外语音学、语言学学者在语音语调研究中的一般结论和方法，结合个人语言学习研究中积累的知识与经验，将语音学的抽象理论与具体的印地语词句例证分析相结合，着重就印地语语音语调中的停顿、重音、声调、长短音的现象与规律展开论述。

【关键词】 印地语；语调；语音；停顿；重音；声调；长短音

按照印度著名印地语语言学家 भोलानाथ तिवारी 博士在其专著《हिंदी भाषा का इतिहास》中的说法，世界上一共存在有大约三千种甚至更多的语言。通过使用比较研究法研究这些语言的发音、词汇、构词、形态、句法可以发现这些语言之间有着一些共同之处。相似之多，使得这种现象不能简单地被看作是一种巧合。这些有着相同语言特点的语种通常可能由同一种语言发展而来。就像由一个祖先的后代繁衍出的子子孙孙被称作一个家族，同样，语言学中也把由同一个语种发展衍生出的语言称为一个语族。[①]印地语作为印度的两种官方语言之一，属印欧语系印度-伊朗语族中的印度-雅利安语支。印地语及其方言主要分布在印度北部和中部的一些邦。本文将重点就印地语的语调展开讨论。

一、语调的定义

在研究语调的规律之前首先要理解语调是什么。中国著名语言学家岑麒祥在其专著《语音学概论》中阐述："我们说话总是以句子为单位的。在一个句子里，不止各个声音有变化，各个音节的高低、强弱、长短也有变化。句子中各个音节的高低、强弱、长短的变化就叫做语调。"[②]

事实上，语调的规律与句子的结构有着密切的联系。如果我们要对印地语的

---

① डॉ. भोलानाथ तिवारी. *हिंदी भाषा का इतिहास* [M]. नयी दिल्ली: वाणी प्रकाशन, 2012: 17.
② 岑麒祥. 语音学概论 [M]. 北京：商务印书馆，2013：209.

语调做一个全面的了解，那么就得站在不同的角度对其进行对比研究。因此，本文将从四个方面入手就印地语的语调进行探讨。

人们通常在说话的时候，为了更清晰地表达自己的想法时不时地在特定的位置进行停顿换气，有时对某些音节进行重读，有时弱读；有时说某个词或词的某个音节时会拉长声音，有时却不会。不仅如此，对于同一句话，在不同的情境下的特定表达还伴随着音调的变化。

事实上，常常在人们口语中出现的停顿、轻重音、长短音、音调变化等语音现象，都是语调范畴所要研究的规律。

二、印地语的语音特点

为了更好地理解和把握印地语的语调规律，我们先来了解一些印地语的语音特点。

现代印地语使用"天城体"字母书写，字母表中共列入 44 个字母，包括了 11 个元音和 33 个辅音。此外还有 7 个用于拼读外来词的下面带点的辅音字母，1 个来自英语的元音字母，以及 3 个标音符号虽未列入字母表，但在印地语单词中也有出现。

（一）印地语元音的特点

元音是一类可以独立发声并且可以通过和辅音拼合的方式协助辅音发声的一类音素。印地语的元音一共有 11 个，存在长短音现象，其中有三组成对出现的长短元音，分别为："अ-आ""इ-ई""उ-ऊ"，其余 5 个元音为"ऋ""ए""ऐ""ओ""औ"。长元音与短元音的字母书写有区别，且在构词中发音的长短具有区别语义的作用。因此我们不仅应该在书写时注意长短音的区分，在口语中也要注意到长短音的发音区别。

（二）印地语辅音的特点

1. 清辅音与浊辅音

根据发音部位的区别，印地语的辅音分为五组，每一组中的辅音分为不送气清音、送气清音、不送气浊音、送气浊音和鼻音。

2. 复合辅音

在同一音节中，两个或两个以上的纯辅音结合在一起，称为复合辅音。印地语的辅音和辅音间可以进行复合，不过需要注意的是，复合不广泛发生在任意两

个印地语辅音间,需要遵循一定的规则。比如右边笔画带竖线的辅音字母与其他辅音字母复合时,去竖线进行连写:

त् + न -- त्न   श् + व -- श्व

ट, ठ, ड, ढ 四个辅音字母间互相进行复合时,去掉后面辅音字母上的横线,坠于前面辅音字母的下面:

ड् + ठ -- ड्ठ   ड् + ट -- ड्ट

此外,印地语的复合辅音也有着特定的读音规则需要学习者认真掌握。比如复合辅音发音时要连贯,读成一个音丛。① 更多的规则读者有兴趣可参考由姜景奎、郭童主编的《标准印地语》第一册第 37—38 页的内容,此处不再展开讨论。

三、印地语语音的停顿

岑麒祥在《语音学概论》中谈到:"我们讲话时,时常说到某一个地方就要停顿一下,换一口气,这停顿的地方就叫做停顿。"②

通常在讲话过程中,人们会时不时地在一句话的某些地方做出或长或短的停顿,从而使得所要表达的意思更为清晰明了,富有感染力。这样的停顿往往有着一定的规律性,遵循着某些约定俗成的规则。这种规则不仅与说话人的情感和逻辑有关,也与语言的语法结构和节奏有着密切的联系。由此,印地语语言现象中的"停顿"就可以分三个方面进行探讨,分别为逻辑停顿、语法停顿和节奏停顿。

下文中将用符号"/"作为对停顿的标识。

(一)逻辑停顿

我们先来探讨印地语中的逻辑停顿。首先从说话人的情感和逻辑的角度出发进行探究。

说话人为了清晰到位地表达情感和抒发意见在一句话的中间或末尾所做的停顿,称为逻辑停顿。如:

रोको मत जाने दो।
रोको, मत जाने दो।

---

① 姜景奎,郭童. 标准印地语:第一册[M]. 北京:中国大百科全书出版社,2020:34—38.

② 岑麒祥. 语音学概论[M]. 北京:商务印书馆,2013:210.

रोको मत, जाने दो।[①]

以上述三个句子为例，我们可以看到，抛开标点，这三句话的构成完全相同。但是第一句没有做任何停顿，就导致表意不明；第二句和第三句停顿的位置不同，则得到了恰恰相反的意思。第二句话在"रोको"之后做了停顿，句意为"拦住，不许放行"；第三句话在"रोको मत"后做了停顿，句意就变为了"不要阻拦，放走"。可见停顿对一句话的意义的影响非常大，在功能上它不仅能使一句话的表意变得更为明确，不同的停顿方式还可能对应着截然不同的句意。说话人根据自己的思维逻辑，选择合适的停顿方式，就能准确传达思想，达到表达交流的目的。

实际上，逻辑停顿与句段的划分有着密切的联系。停顿是就句段和句子来分的。除一些特例之外，一个句子通常由多个词构成。这些词往往由于意义上和句法上的结合构成若干句段。一般来说，句段包括词组和分句，但是在个别情况下，也有由一个单词构成的句段。我们在尝试理解一句话的时候，把句子拆分成句段是一种非常重要的分析方法。如果句段分得不同，可能会导致整个句子的意思发生根本性的改变；句段分得不对，有时会改变整个句子的意义或者使人听了莫名其妙。为了解释这一点，笔者在本文中列出以下三组例句。

（1）क्या उस की माँ मर चुकी है?

क्या? उस की माँ मर चुकी है!

以上两句话中不仅用到的词汇相同，这些词的顺序也完全相同。抛开标点，是完全相同的两个句子。但事实上这两句话表达的意思却是截然不同的，为什么呢？因为这两句话句段的划分不一样，即句子的语调不同。第一句话是个疑问句，"क्या"在句中作为疑问代词出现，其后不做停顿。在这样的情况下，其句意为："他（她）的妈妈已经去世了吗？"第二句则有所不同，是一个感叹句，"क्या"在句中充当了一个感叹词，其后需要停顿，此时"क्या"一个词单独成句段。此时句意则变为："什么？他（她）的妈妈已经去世了！"句段划分的重要性可见一斑。

（2）अच्छा, फल खाइये।

अच्छा फल खाइये।

再看第二组例子。第一句中，"अच्छा"之后做了停顿，"अच्छा"一个词单独成为一个句段，"फल खाइये"是句子的第二个句段。在这句话中，"अच्छा"是个语气词。句意为："诶嘿，您吃点水果吧。"第二个句子中，"अच्छा"的后边没有

---

① 例句引自：邱益芳. 印地语语音引起语意差异的例证研究 [J]. 语文学刊，2015（4）：59.

停顿，是作为一个形容词出现的。此时"अच्छा फल"成了一个句段，句意也就发生了改变，成了"上等的果品请您享用"。

（3）इतना पानी क्यों उँडेलना है?（为什么要倒掉这么多的水？）
इतना पानी क्यों? उँडेलना है।（水为什么这么多？得倒掉。）

第三组例句也是同样的道理，由于句段划分的不同，两句话的意思也就有了很大的差别。因此，我们在日常讲话的时候，为了准确表达自己想要表达的意思，就要多注意句段的分界点，在合适的时候做适当的停顿。

（二）语法停顿

我们再来谈谈第二类停顿，即语法停顿。下面将从句子语法结构的角度出发进行探究。

语法停顿与句子的语法结构有着密切的联系。闫元元编著的《印地语语法》中提到："从语法结构来看，印地语可分为五个层次：词素（रूपिम）、词（पद）、词组（पदबंध）、分句（उपवाक्य）和句子（वाक्य）。词素是最小的语法单位，是构成印地语词的基础。一个或多个词素组成词；一个或多个词构成词组；一个或多个词组可构成分句；一个或多个分句连用组成句子。"[①]句子中的主语、谓语、宾语、定语、状语、补语等成分都有各自不同的作用。但是这些成分之间是有关系的。语音学中，说话过程中用来表现语法单位之间语法关系的停顿就是语法停顿。语法停顿是说话人人为表现话语中格语法单位之间的语法关系所做的停顿，它受句子结构的制约，同时表现语法结构。

句子的语法成分之间不是相互独立分离的，它们之间有着密切的语法关系。因此，说话人不应该在每一种成分后都做停顿，否则句子则会断成碎片而丧失语法逻辑。但是如果一句话中完全没有停顿，也将导致句意表达的混乱。这两种极端的方式都是不可取的，语法停顿应综合考量语法结构和逻辑层次之间的关系，找到停顿的平衡点，才是最为合理的。如：

ऊषा ने उन लोगों को देखकर रामू से पूछा कि उन की तबियत ठीक तो है न?
（乌霞看到那些人之后向拉姆问道：他们的身体状况还好吗？）

例句是一个复合句，由两个分句构成；两个分句间句法联系的类型为主从联系。从句子成分的角度分析，"ऊषा ने"是主句的主语；"उन लोगों को देखकर"是非谓语动词组的 कर 分词词组形式，做了主句的状语；"रामू"是主句的间接宾语；"पूछना"采用了泛时完成体的变位，做了主句的谓语。"कि"引导宾语从句，整个从句做了主句的直接宾语。我们再来探讨从句的句子成分；"उन की

[①] 闫元元. 印地语语法[M]. 广州：世界图书出版广东有限公司，2016：183.

तबियत" 是从句的主语；"ठीक" 在从句中充当表语，"है" 为系动词。如果语法停顿的停顿位完全和句法成分的划分高度对应的话，例句的停顿情况就会是这样："ऊषा ने / उन लोगों को देखकर / रामू / से पूछा / कि / उन की तबियत / ठीक तो / है न?" 但事实上并不会出现这样的情况，这样的停顿使得整句话在听者听来缺乏逻辑层次，流动性差，整个句子碎片化了，丧失了美感和表达功能。如果真这样高度地完全对应的话，就可以提出"短语的语音特征"的概念，语法结构就可以完全靠停顿表现出来了。事实上显然并非如此。

相反，如果说话的时候不做任何停顿，逻辑、意义同样在听者听来显得含糊混乱。听到无停顿的话语在某种程度上听者倒是可以通过自己的分析加以判断理解，但却是非常困难麻烦的，这增加了听者的负担，对于交流自然也是非常不利的。

如果这两种划分停顿的方法都不可行的话，那我们应该怎样合理地找到停顿位呢？事实上，为了在交流的过程中达到表意明确的目的，我们应该综合考量语法结构和逻辑层次之间的关系，找到停顿的平衡点，才是最为合理的。

对于例句，更为合理的停顿方式应该是这样的："ऊषा ने / उन लोगों को देखकर / रामू से पूछा कि / उन की तबियत / ठीक तो है न?"

通过这个例子我们可以感知到语法结构和语法停顿并不是一一对应的关系。完全对应的情况下需要的停顿要更多，但事实上并没有这么多的停顿。但需要强调的一点是语法停顿的停顿位只能在划分语法结构的点上。

虽然语法停顿与说话人的逻辑和情感有关，具有一定的灵活性，但此外还受到一些约定俗成的规则的约束。[①] 如：

（1）一个句子之后要停顿。如：

मैं एक लड़की हूँ। / तुम भी एक लड़की हो।（我是一个女孩，你也是一个女孩。）

（2）重音之前要停顿。如：

बाहुबली / जीना ही होगा।（巴霍巴利一定会活下去。）

मैं / आज ही तुम्हारे साथ दिल्ली जाऊँगा।（我今天就要和你一起去德里。）

（3）句子的联合成分之间，同位成分之间，插说成分前后要停顿；表时空地点、表情态的全句修饰语之后要停。如：

रात को / सुरेश जंगल में / चलते चलते / एक हिरण उस के पास आया।（夜晚苏雷西在森林里走着走着碰到了一只鹿。）

（4）感叹词之后要停顿。如：

[①] 叶研，薛红. 论汉语的语法停顿 [J]. 徐州师范学院学报，1989（1）：97—104.

अरे! / क्या लड़की है! (天呐！这是怎样的一个女孩啊！)

（5）较长的短语前后要停。如较长的主语之后、较长的谓语之前、较长的宾语之前要停。如：

रवीन्द्रनाथ ठाकुर ने / भारत की स्वतन्त्रता के लिये / बहुत प्रयत्न किया। (拉宾德拉纳特·泰戈尔为印度的独立做出了不懈的奋斗。)

（6）结构助词后，连词前可停；但在偏正结构中做修饰语的连词前后不能停。介词后一般不停，但宾语较长的话可停。如：

रामू / और सुरेश ने वहां साथ खड़े होकर / सभी लोगों को वादा किया / कि आज के पश्चात् / किसी दूसरों की भला-बुरा नहीं करें। (拉姆和苏雷西站在一起向所有人发誓，从今往后再也不说别人的坏话。)

（7）双宾语之间要停。如：

मैंने तुम को / उसे बचाने को कहा, पर मैंने तुम्हें / उसे मारने को देखा। (我让你去救他，可我却看到你杀了他。)

（8）如果有多个形容词修饰一个中心词，则前几个形容词之间要停顿，离中心词最近的形容词之后一般不停；但当中心词较长时，该形容词之后可以做停顿。如：

ऐसे आज्ञाकारी, / एक पत्नीव्रती, / प्रजापालक / आदर्श राजा राम का चरित्र / भारतीय संस्कृति की महान देन है। (这样一位谨遵天命、忠贞不渝、爱民护民的模范君王罗摩的高尚德行，是光辉的印度文明的伟大造诣。)

（9）如果有多个副词修饰一个动词，则前几个副词之间要停顿，离被修饰的动词最近的副词之后一般不停；但当动词词组的构成较长时，该副词之后可以做停顿。如：

सुबह / तुरंत / उठकर असपताल जाओ, नहीं तो तुम्हारी प्रेय माँ / दुखों के साथ / अकेले संसार से चले जाए। (一大早就立马起床去医院，不然你亲爱的母亲将在孤苦中辞世。)

（10）"नहीं"之后一般不需要停顿。如：

मैं तुम्हें नहीं बख्शता। (我不会原谅你。)

（11）数词后边一般不做停顿。如：

मेरी तीन पुस्तकें हैं। (我有三本书。)

如果我们在说话时顾及逻辑情感表达的同时又能兼顾规则的运用，就在语言表达方面又进了一步。

（三）节奏停顿

接下来我们探讨第三种停顿：节奏停顿。顾名思义，节奏停顿与节奏有关。下面我们就从语言节奏的角度出发研究停顿的规律。

在乐曲中，节奏指音响节拍轻重缓急的变化和重复，具有时间感。其实语言本身也具有节奏，但在印地语中，语言自身的节奏表现得不明显，对语言的表意几乎没有影响，然而这并不代表印地语中没有韵律的体现。在大多的印地语诗歌中，节奏停顿的应用还是十分广泛的。

而出现在诗歌中的节奏韵律，我们称之为诗律。

特定类型的诗歌中对诗行、音节、节拍、停顿、韵脚的数目或形式的特殊规定称为诗律。诗律有以下六个要素：

（1）诗行：在印地语中，"चरण"和"पाद"意思相同，意为诗句或诗行。一首律诗中通常有四句诗。在同种诗律的情况下，一首诗中每句诗的音节数目是固定的。诗句分两类，分别是：

偶句：诗的第二句和第四句。

奇句：诗的第一句和第三句。

（2）音步：一种律诗诗行的长度由该种诗律所规定的音步数决定。两个或多个音节构成一个音步。印地语律诗中一个音步包含的音节数量可能为两个或三个。从音步的长度来划分，音步可分为长音步和短音步两种。

"मात्रा"是诗歌的韵律单位，相当于一个短元音的时间长度。音步的长短就由"मात्रा"的量来衡量。印地语中，有短元音音节构成的音步短，长度为一个"मात्रा"，下文中用符号"1"来标识；长元音音节构成的音步长，长度为两个"मात्रा"，用符号"S"来标识。

（3）停顿位："यति"指诗歌朗读中停顿的地方，也可用"विराम"和"विश्राम"来表达，它们的意思相同。在朗读律诗的时候时不时地所做的休止、换气，这些需要做停顿的地方，就叫做停顿位。下文解说过程中，用"，""1""1 1""?""!"等符号标识。

（4）诗韵：我们在读诗时所能感受到的一种流动起伏的气息，一种律动，就叫作诗韵。律诗每一句的末尾相同的韵部，即押韵的部分，叫作韵脚。根据一首诗有没有韵脚，可以将诗分为两类：有韵诗和无韵诗。

（5）韵脚：诗行末尾有韵脚，能够押韵的诗，叫作有韵诗。如：

हमको बहुत है भाती हिंदी।

हमको बहुत है प्यारी हिंदी।

诗行末尾无韵脚，不押韵的诗，就叫作无韵诗。一般印地语的现代新诗都是无韵诗。如：

काव्य सर्जक हूँ।
प्रेरक तत्वों के अभाव में
लेखनी अटक गई है।
काव्य-सृजन हेतु
तलाश रहा हूँ उपादान।

（6）音组：印地语诗歌的诗律由音组的排列组合形成。诗歌中一个音组由三个长短不同的音节组成。印地语诗歌的音组类型一共有八种。如：

यगण (lSS), मगण (SSS), तगण (SSl), रगण (SlS), जगण (lSl), भगण (Sll), नगण (lll) 和 सगण (llS)。

以下是几种较为典型的诗律的示例：

多哈律：这是一种半对偶的诗律。多哈律的诗歌第一句和第三句音步为13，第二句和第四句音步为11。每一诗行结束都恰好是短音步。如：

Sll SS Sl S SS Sl lSl
कारज धीरे होत है, काहे होत अधीर।
lll Sl llll lS Sll SS Sl
समय पाय तरुवर फरै, केतक सींचो नीर।

苏拉特律：这也是一种半对偶式的诗律。与多哈律相反，诗歌第一句和第三句音步为11，第二句和第四句音步为13。如：

lS l SS Sl SS ll lSl Sl
कहै जु पावै कौन, विद्या धन उद्दम बिना।
S SS S Sl lS lSS S lS
ज्यों पंखे की पौन, बिना डुलाए ना मिलें।

抒情律：这是一种节奏单一的诗律。整首诗的每一句都遵循相同的诗律。每一句都由前半截的 16 个音步和后半截的 12 个音步组成，合为 28 个音步。如：

SS ll Sll S S S lll SlS llS
मेरे इस जीवन की है तू, सरस साधना कविता।
मेरे तरु की तू कुसुमित, प्रिय कल्पना लतिका।
मधुमय मेरे जीवन की प्रिय, है तू कल कामिनी।
मेरे कुंज कुटीर द्वार की, कोमल चरण-गामिनी।[①]

---

① https://hi.wikipedia.org/wiki/छंद

四、印地语语音的重音

在语音学中，重音是相连的音节中某个音节发音突出的现象。说话时我们会发现一个句子中各部分的音强是不一样的。有时一句话中某一个词被重读，有时其他词被重读。同样的，在印地语的一个单词里，每一个音节的发音强弱也不一样。当一个词是多音节词时，往往会有重读的音节，也会有弱读的音节。印地语中，重读音节一般都是落在元音上。在重读音节的时候往往需要用到更大的气息使发声器官振动。没有一种语言是完全没有重音的。

下文中将用"⌣"符号来标示重音。

（一）词重音

首先我们来讨论词重音。

在发某个单词的音时对单词中某个音节用的力度大于其他音节的现象，叫作词重音。印地语中没有一个词在发音时各音节的音强相等，如：在发"दिल्ली""सत्य""उल्लू"这三个词的音时用在"दि""स""उ"上的力度要大于其他音节。就可以认为重音落在了"दि""स""उ"三个音节上。印地语多音节词中重音的位置往往不是固定的，不同的词，重音的位置也不同，可能在词的头部，也可能在中部或尾部。如："कमरा"中重音落在"क"上，"सालाना"中重音落在"ला"上，"खिड़की"中重音落在"की"上。

关于印地语的词重音有以下规则：

（1）如果词的所有音节都是短音节，那么重音落在倒数第二个音节上。如："अदरख（姜）""दुलहिन（新娘）""किसमिस（葡萄干）"等。

（2）如果某个词的中部或尾部的音节里的"अ"不发音，则重音落在该音节的前一个音节上。如"कह（说）""सकता（能、会）"等。

（3）复合辅音的前一个音节要重读。如："हिन्दी（印地语）""आनन्द（喜悦）""मिथ्या（虚构的）""चक्की（轮子）""लग्गी（小竹竿）"等。

（4）重叠词，对偶词的重音落在重叠部分的最后一个音节上。如："सनसनी（紧张、激动）""खलबली（躁动）""बुलबुला（水泡）"等。

（5）如果在一个多音节词中只有一个长音节，其他为短音节，则重音落在这个长音节上。如："कपूत（败家子）""दिवाकर（乌鸦）""पटरी（木板）""घड़ी（手表）"等。

（6）和换气符拼合的音节需要重读。如："दुःख""अतः"等。并且这类词中重音的位置不会随着词性的改变发生移动。如"दुःखी"作为"दुःख"的形容词形式，重音依旧落在"दुः"上。

印地语的重音分音位、音节、词、词组和句子这五个等级。音位这个等级的重音只存在于词重音中。重读句子中的不同成分会产生不同的意思和情感色彩。用来表示"决定""比较""命令""猜测"等不同语气。随着句中重音位置的变动，句子的声调也会变化。重音又可以根据音强的大小分为重音和次重音。值得注意的是，在英语中既有词重音又有句子重音，印地语中也一样，重音的重要性不仅体现在词中，也同样体现在句子中。

（二）句子重音

几乎所有的语言都有句子重音。通过在某个词上用更大的气息增加音强的方式，使得句子的意思发生变化。通常来说，句子重音一般落在名词、代词、动词、形容词和副词上，介词、连词一般不承担句子重音。如：

यह मोहन नहीं / राम है。（这是摩亨，不是罗摩。）

例句中重音落在了"राम"上。印地语中承担句子重音的词，被重读之后意义并不会发生变化，但是发音的自然度会受到影响。如：

उस किरायदार को एक खिड़की वाला मकान चाहिये。（那位房客需要有一扇窗户的房间。）

उस किरायदार को एक खिड़की वाला मकान चाहिये。（那位房客需要一间通风良好的房间。）

第一句话强调房间有一个窗户，强调的是窗户的数量是一个；第二句话重音落在"खिड़की"上，强调房间通风良好。

（三）停顿和重音的相互影响

在掌握印地语停顿和重音各自规律的同时，理解他们之间的关系也十分重要。重音位置的变化同时会影响语流，由此产生的停顿会使得语音结构的意义和性质发生改变。重音和停顿是相互影响的两种现象，对语流的改变有着特殊的作用。印地语中，连续语流和停顿具有区别意义的功能。语流的变化，往往会改变语音结构的意义。如：

मनका: माला का मनका（念珠的一粒）

मन+का: मन का भाव（心中的情感）

सिर+का: सिर से सम्बद्ध（与头相关）

सिरका: एक तरह का तरल पदार्थ（一种液态物质）

五、印地语的声调

我们说话时往往伴随着声调高低起伏的升降变化。声调如何根据表达的需要发生改变,这是下文将要探讨的内容。

声调是音节的高低升降形式,主要由音高决定。印地语的声调的升降以句子的语音结构为单位进行。声调的高低由发音器官每秒的振动频率决定。

声调,是由于发音体振动而产生的一种声音特性,与振动频率直接相关。人声的振动频率一般在最低 42 赫兹到最高 2400 赫兹之间,差异与人的性别和年龄相关,不同年龄的人声音频率不一样,男性和女性声音的频率也不一样。振动频率越高,声音就越细越高,频率越低,声音就越粗越低沉。如果振动频率的升降变化发生在一个句子中,就被称为句子声调;如果发生在一个词中,即为词声调。声音以音位为单位,当多个音位组合构成词、词组、句子时,音位不同的音串连形成语流,升降起伏,形成句子声调。

句子声调和重音有着密切的联系,声调和重音是语调涉及的两个重要方面,相互影响,共同作用。

句群能够拆分成句子,句子又能分成词组,词组还可以拆分成更小的单位。逆向来看,也这样一层一层,将细小的单位组合成陈述句、祈使句、疑问句和被动句等表达各种意义情感的句子。而语流会随着主观情感表达的需要或句子其他成分语调的变化而变化。声调的调高分多级,但是大多数语言中都一般分三级:升调、平调和降调。对同一个句子使用不同的声调,就会产生不同的意思,以下列举三组例子:

राम गया?(疑问语气)

राम गया!(感叹语气)

राम गया।(陈述语气)

抛开语气不管,这是三个完全一样的句子,但当我们用三组不同的声调来读这三句话的时候,就会产生三种不同的句意。当这句话用疑问语气读出来的时候,"राम गया" 就成了一个疑问句,听者从中提取到的信息可能是说话人之前对罗摩已经离开的事实并不知情,所以发问。同样,再用感叹语气读这句话时,"राम गया" 变成了一个感叹句,此时表达的意思就变为:说话人在不知情的情况下听到罗摩已经离开的消息时内心非常震惊,自然而然地流露出惊讶的情感。然后再试试用陈述的语气来读,则可能表示说话人内心无波澜地,不加感情色彩地陈述罗摩已经离开这样一个事实。透过这组简单直观的例子可以初步体会到句子声调的变化对句意的影响。

यह बहुत अच्छा फल है?(疑问语气)

यह बहुत अच्छा फल है!（感叹语气）

यह बहुत अच्छा फल है।（陈述语气）

同上组例子一样，抛开语气不管，这是三个完全一样的句子。但当我们用三组不同的声调来读这三句话的时候，就产生了三种不同的句意。当这句话用疑问语气读出来的时候，"यह बहुत अच्छा फल है"就成了一个疑问句或是反问句，听者从中提取到的信息可能是说话人之前对该水果的味道、品质并不知情，所以发问，也可能是已经尝过，但认为味道并没有想象的好，以表反问。同样，再用感叹语气读这句话时，"यह बहुत अच्छा फल है"变成了一个感叹句，此时表达的意思就变为：说话人在尝过水果之后，觉得非常不错，表示由衷的惊喜和赞叹。然后，再试试用陈述的语气来读，则表示说话人不加感情色彩地陈述该水果很好这样一个事实。透过第二组例子再次印证了句子声调影响句意这一观点。

अच्छा?（疑问语气）

अच्छा!（感叹语气）

अच्छा।（陈述语气）

同上，这组例子也一样，"अच्छा"随着声调的改变，表达的意义和感情色彩也在发生变化。

现在我们分别用数字1、2、3来表示声调的高低。对应关系如下：

1——降调，2——平调，3——升调

下文中升降关系将用符号"↗""↑""↘""↓""→"表示。斜箭头表示缓升缓降，竖直箭头表示迅速升降，平箭头表示平缓过渡。停顿用"/"表示。

不同的语气对应不同的句子声调[①]，举例如下：

（1）陈述句的一种声调，如：

मकान अच्छा है।（房子不错）231↓

不同的语气对应有各自不同的句子声调模式。当用陈述语气说这句话时，"मकान"用平调，"अच्छा"用升调，"है"用降调。这是陈述语气下一般遵循的声调升降模式。

（2）疑问句的三种声调，如：

तुम कहाँ जा रहे हो?（你要去哪里？）2↗31↓

काम पूरी हो गया?（工作完成了吗？）23↗3

तीन बजे हैं या चार?（三点还是四点？）331↓

这三句都是疑问句，句子结构有差别，分布对应三种不同的声调模式。第一

[①] 句子声调的理论参考 रवि प्रकाश गुप्ता अजेय पंडित. मौखिक कौशल[M]. आगरा: केन्द्रीय हिंदी संस्थान, 1991: 101.

句中，"तुम"用平调，"कहाँ जा"用升调，"रहे हो"用降调；第二句中，"काम पूरी"用平调，"हो गया"用升调；第三句中，"तीन बजे हैं"用升调，"या चार"用平调。

（3）带疑问词的疑问句的四种声调。如：

दूध उबल गया क्या?（水烧开了吗？）23/2→↘↑

आप चल रहे हैं न?（您正要走吗？）232→↘↑1

काम पूरा किया या नहीं?（工作完没完成？）↗3231↓

तुम इतने तीन बाद लौटे हो क्यों?（你为什么回来了三次？）231↘23→2

这四句是四种不同类型的带疑问词的疑问句，句子结构有差别，分别对应四种不同的声调模式。第一句中，"दूध"用平调，"उबल गया"用升调，"क्या"用平调；第二句中，"आप चल"用平调，"रहे"用升调，"हैं"用平调，"न"用降调；第三句中，"काम"用升调，"पूरा"用平调，"किया"用升调，"या नहीं"用降调；第四句中，"तुम"用平调，"इतने तीन"用升调，"बाद"用降调，"लौटे"用平调，"हो"用升调，"क्यों"用平调。

（4）祈使句的一种类型的声调，如：

आओ, इधर बैठो।（过来，坐在这儿。）221↘/23/22↘

这句话中"आ"用平调，"ओ"用降调，"इ"用平调，"धर"用升调，"बैठो"用平调。

（5）表示问候和呼唤语气的一种声调，如：

सुनाइए, क्या हाल चाल है?（最近过得怎么样？）1↗2↗3 3/22→3

ए भाई, जरा इधर आना।（嘿兄弟，过来一下。）1↗2↗3 3/22→3

第一句话是一句问候语。在这句话中，"सुना"用降调，"इए"用平调，"क्या"用升调，"हाल चाल"用平调，"है"用升调。第二句是呼语，"ए"用降调，"भाई"用平调，"जरा"用升调，"इधर"用平调，"आना"用升调。

（6）表示责问、抱怨、感叹的强势语气的六种声调，如：

हाय! दर्द से सर फटा जा रहा है।（哎呀！头痛得快要炸开了。）↗/331↘21↙/23↗2

यह खाना मुझे बिल्कुल पसंद नहीं।（我一点儿都不喜欢吃这个！）231↓

आखिर मैंने तुम्हारा क्या बिगाड़ा था?（我到底碍到你什么事了？）231↓

इतनी रात में मैं जाऊँगी?（这么晚了我还要去？）22→2

कैसे चला जाऊँ यहाँ से?（我怎么能离开这儿呢？）3/31↓

राम आ गया!（罗摩来了！）123

第一句中，"हाय"用升调，"दर्द"也用升调，"से"用降调，"सर"用平调，"फटा"用降调，"जा"用平调，"रहा"用升调，"है"用平调；第二句中，"यह

खाना मुझे"用平调，"बिलकुल"为升调，"पसंद नहीं"用降调；第三句中，"आखिर मैंने तुम्हारा"用平调，"क्या"用升调，"बिगाड़ा था"用降调；第四句整句话都用平调；第五句中，"कैसे चला जाऊँ"用升调，"यहाँ से"用降调；第六句中，"राम"用降调，"आ"用平调，"गया"用升调。

六、印地语的长短音

说话的时候，一句话中的某些词的发音会被拉长，或某个词中的某个音节的发音会比其他音节长出大概一倍。这样的语音现象以词为单位出现时叫作延音，以音节为单位时叫作长短音。

印地语的元音有长短音之分，分别有三组长短元音："अ-आ""इ-ई""उ-ऊ"，在构词中元音音延具有区分语义的作用。参照印度著名印地语语言学家 भोलानाथ दिवारी 的说法，印地语中不仅元音有长短音现象，在辅音中也存在长短音，一般表现为两个同组辅音的复合。由于前一个辅音与后一个辅音发音动作相同且紧密相连，而音延仅为一个半辅音的音长，故前一个辅音仅做出发音动作，不发声，后一个辅音发声。[①]如："त् + त् = त्त"中，前一个辅音"त्"不发音，仅做出发音动作，后一个"त्"正常发音；"ज् + ज् = ज्ज"中，前一个辅音"ज्"不发音，仅做出发音动作，后一个"ज्"正常发音。这类复合辅音被认为是辅音的长音现象。相对地，单个辅音则被认为是同组复合辅音的短音形式。如复合辅音"ज्ज"是辅音"ज"的长音形式，而辅音"ज"又是复合辅音"ज्ज"的短音形式。辅音的长短音，具有区别意义的作用，长短音对应的语义不同。下面举几组例子：

कल —— कला
मत —— माता[②]

首先了解例子中所列举的词的每个音节的构成："ल् + अ = ल, ल् + आ = ला; म् + अ = म, म् + आ = मा; त् + अ = त, त् + आ = ता"。我们说过，印地语中既有长元音也有短元音，以 "अ-आ, इ-ई, उ-ऊ" 三组长短元音为例，元音"आ"是元音"अ"的长音形式，反之，元音"अ"又是元音"आ"的短音形式。在印地语的词中，长短音不同，语义也会产生差异。因此，"कल"的意思和"कला"的意思不

---

① डॉ. भोलानाथ तिवारी, डा. किरण बाला. *हिंदी भाषा की अर्थी संरचना* [M]. दिल्ली: साहित्य सहकार, 1984: 48.

② 引自：邸益芳. 印地语语音引起语意差异的例证研究［J］. 语文学刊，2015（4）：59.

同,"कल"的意思是"明天或昨天",而"कला"的意思则是"艺术"。第二组中,"मत"的意思是"不",而"माता"的意思是母亲。

बलि —— बली

जीन —— जिन[①]

这两组也一样,由于长元音"ई"与短元音"इ"之间的差异,对应的词的意思也有差异。"बलि"的意思是"祭品",而"बली"的意思是"牛"。"जीन"的意思是"马鞍",而"जिन"的意思则是"太阳"。

गदा —— गद्दा

आसन —— आसन्न[②]

复合辅音"द्द"是"द"的长音形式,而辅音"द"是复合辅音"द्द"的短音形式。复合辅音"न्न"是"न"的长音形式,而辅音"न"是复合辅音"न्न"的短音形式。由于辅音长短的不同会导致词义发生改变,因此"गदा"的意思是"铁锤",而"गद्दा"的意思是"坐垫";"आसन"的意思是"座位",而"आसन्न"的意思是"临近的"。

印地语中长短音的运用不仅在单词层面,在句子层面也有较为广泛的运用。同时延音与句重音也有密切的联系。通常来说,被重读的那个单词,在发音的同时还伴随着读音即语气的拉长。几乎所有的语言中都存在句重音。一般情况下,句子重音落在名词、代词、动词、形容词和副词上,介词、连词不承担句子重音。因此我们可以根据重音的规律推导出延音的应用规律。如:

मैं आज दिल्ली जाऊँगी।(我今天将会去德里。)

当我们强调"आज"时,一方面会重读这个词,另一方面,伴随着重读,这个词的读音被自然拉长。"आज"这个词的重音在"आ"这个音节上,因此,延音也发生在"आ"这个音节上。"आ"的发音被拉长了,"आज"这个词的整体音长增长,表现为发音的加重和拉长,最后起到强调的作用。

由此得出,我们可以综合词重音和句子重音二者的关系来判断延音发生的位置,从而掌握正确的发音规律。

延音和重音一样,也与我们的情感表达有着密切的联系。如:

हाय, मेरी गाय मर गई।(哎呀,我的牛死了。)

例句中,通过拉长"हाय"的发音,起到了强调说话人内心痛苦情感的

---

① 引自:邱益芳. 印地语语音引起语意差异的例证研究[J]. 语文学刊,2015(4):59.

② 引自:邱益芳. 印地语语音引起语意差异的例证研究[J]. 语文学刊,2015(4):59.

作用。

七、结语

  停顿、重音、声调和长短音是语音学中语调研究范畴的四个部分，它们之间的关系不是相互割裂的，而是有着密切的联系，相互影响，共同作用。因此，一个句子中可能同时出现这四种语音现象中的几种，他们之间不是对立排斥的关系，而是相辅相成的依存关系，如：

  ऊषा ने / उन लोगों को देखकर / रामू से पूछा कि / उन की तबियत / ठीक तो है न?（乌霞看到那些人之后向拉姆问道：他们的身体状况还好吗？）

  在这个句子中，四种语音现象都有体现。首先出现了句子重音。"रामू"在句中被重读，做了强调，说明被问的对象是"रामू"，不是其他人；出于实现重读的需要，使得"रामू"的发音也自然被拉长了。这句话的主句"ऊषा ने / उन लोगों को देखकर / रामू से पूछा कि"是一个陈述句，而"कि"引导的从句"उन की तबियत / ठीक तो है न?"又是一个疑问句，此时就要用到句子声调的规律，陈述部分就用陈述语气的声调，疑问句部分就用疑问语气对应的声调，以达到准确表达情感的目的。对于停顿更不用说，清晰的逻辑表达离不开合理的停顿。可见，这一个句子中，停顿、重音、声调和长短音四块知识都有体现，它们互相依存，相互影响，构成并完善了语调体系。

  从语言的实用性角度出发，当我们与他人交流的时候，会力求表达得清晰到位、有逻辑，尽可能使他人轻松有效地理解我们所要表达的意思。如果是这样的话，那么学习并应用语调的规律对于每个人来说都是很有必要的。语调的正确应用，不仅可以提升一个人的表达能力，也有助于形成个人独特的语言风格，彰显人格魅力和气质，是一门修身的学问。同时，世界上的每一种语言都有它独特的美感和艺术性。从艺术的角度出发，语言的应用不仅仅局限于人与人之间日常的交流，更多的还有像辩论、新闻播音、演讲、诗朗诵、说书、戏剧表演、插科打诨等丰富多彩的口语艺术。在不同的口语艺术作品中，对于语调的要求各不相同，这需要有针对性地进行专门的研究。

  总而言之，语调是一门特殊的艺术，正确合理地运用语调，才能最大限度发挥出语言的作用，彰显语言的魅力。不同类型的口语艺术，会用到不同的语调规则，使自身具有该类艺术区别于其他门类的特色，而特色是使一门艺术存活于世间，保持旺盛生命力的源泉。所以，语调之于生活，之于艺术，都是举足轻重，不可或缺的一门学问。

参考文献

［1］डॉ. भोलानाथ तिवारी. *हिंदी भाषा का इतिहास* [M]. दिल्ली: वाणी प्रकाशन, २०१२.

［2］डॉ. भोलानाथ तिवारी, डा. किरण बाला. *हिंदी भाषा की अर्थी संरचना* [M]. दिल्ली: साहित्य सहकार, १९८४.

［3］रामलाल वर्मा, अरुण चतुर्वेदी, राजबली पाठक. *व्यावहारिक हिंदी संरचना और अभ्यास* [M]. आगरा: केन्द्रीय हिंदी संस्थान, २०१०.

［4］अनिरुद्ध राय. *हिंदी व्याकरण और रचना* [M]. नयी दिल्ली: राष्ट्रिय शैक्षिक अनुसंधानऔर प्रशिक्षण परिषद्, २०००.

［5］डॉ. श्यामसुंदर दास. *भाषाविज्ञान* [M]. नयी दिल्ली: प्रकाशन संस्थान, २०११.

［6］रवि प्रकाश गुस अजेय पंडित. *मौखिक कौशल* [M]. आगराः केन्द्रीय हिंदी संस्थान, १९९१.

［7］岑麒祥. 语音学概论［M］. 北京：商务印书馆，2013.

［8］叶蜚声，徐通锵. 语言学纲要［M］. 北京：北京大学出版社，2010.

［9］殷洪元. 印地语语法［M］. 北京：北京大学出版社，1993.

［10］闫元元. 印地语语法［M］. 广州：世界图书出版广东有限公司，2016.

［11］姜景奎，郭童. 标准印地语：第一册［M］. 北京：中国大百科全书出版社，2020.

［12］邱益芳. 印地语语音引起语意差异的例证研究［J］. 语文学刊，2015（4）：58—59，92.

［13］叶研，薛红. 论汉语的语法停顿［J］. 徐州师范学院学报，1989（1）：97—104.

［14］曲荣芳. 试论停顿的语法功能［J］. 现代语文，2012（2）：83—84.

［15］https://hi.wikipedia.org/wiki/हिंदी

［16］https://hi.wikipedia.org/wiki/हिन्दी_व्याकरण

［17］https://hi.wikipedia.org/wiki/छंद

吠陀梵语与古典梵语复合词比较研究

信息工程大学 吉 佳

【摘 要】 古典梵语一个特点是大量使用复合词。吠陀梵语和古典梵语作为语言发展的两个不同阶段,复合词构成呈现出了早期语言和晚期语言之间的显著差异,尤其是在允许的组合长度和复杂性方面。本文通过对这两个阶段的特点进行比较,结合历时性研究,认为梵语复合词发展经历了两个相反的过程,即语法化和逆语法化,这也是导致吠陀梵语和古典梵语复合词差异的主要原因。

【关键词】 吠陀梵语;古典梵语;复合词

一、引言

复合词(compound)是形态学研究的重要对象,因为复合词几乎存在于世界上所有的语言中。Compound 一词源于拉丁语 compositum,拉丁语语法学家瓦罗将这个词定义为:vocabulorum genus quod appellant compositicium(被称为复合的词类)。普里西亚努斯(Priscianus)则定义复合词为:figura nominum composita(名词组合结构)。Bauer(2003:40)将复合词定义为"两个或两个以上词素相邻而形成一个新的词素"。Wolfgang U. Dressler(2007:24)把复合词粗略地定义为"词的语法组合,即词汇组合构成新的词"。对复合词更加明确的通用定义具有一定的难度,因为它在各类语言中都有例外且有时复合词的界限比较模糊。

梵语从印欧语系继承了构成复合词的特点,后来又进一步扩展了这个特点。从梵语的发展历史来看,《梨俱吠陀》是已知最早的梵语文献,代表该语言最早的阶段。稍晚的文献包括其他三部吠陀本集,即梵书(Brāhmaṇa)、奥义书(Upaniṣad)和森林书(Āraṇyaka)。但是《梨俱吠陀》本身的语言同样存在前后期的差异,而不是一成不变的。早期的吠陀文献和后期的吠陀文献之间也有很明显的差距。吠陀梵语没有一个统一的阶段划分,但是能够根据不同的语言特点大致分类。Dhal(2014)将吠陀文献划分为四个阶段:早期吠陀(early vedic)、早中期吠陀(early middle vedic)、中期吠陀(middle vedic)和晚期吠陀(late vedic)。根据这个划分,早期吠陀指《梨俱吠陀》最早的部分,早中期吠陀包括

《梨俱吠陀》较晚编撰的部分（如第一卷和第十卷被认为是更晚的）和之后的 AVŚ, AVP, TS^M, MS^M 和 KS^M[①]。吠陀梵语不同于古典梵语，它更多地使用中间语态，更充分地使用时态、语气、不定式等。通常的古典梵语，实际上是一种接近晚期吠陀的语言，当时在次大陆西北部使用。古典梵语在语法传统的基础上，已经形成一种相对标准化的形式。在梵语语法传统中，现存最早也是最重要的著作是语法学家波你尼（Pāṇini）所写的《波你尼经》，亦称《八章书》。由于语法传统和波你尼的强烈影响，古典梵语在公元前4世纪之后经历了相对较少的语言变化，至少在音韵和形态方面是如此。本文中的吠陀梵语将会主要以早期吠陀为例。

二、梵语复合词的分类

梵语中复合词类型繁多，且一些属于比较罕见的种类。在梵语中，根据区分精细程度的不同，最多可以区分多达三十种不同类型的复合词。本文讨论的类型是最常见的，最具有代表性的，它们涵盖了梵语复合词的大多数。下面从传统语法学家的分类和现代语法学家的分类两个方面进行讨论。

（一）传统语法学家的分类

总的来说，波你尼将梵语复合词总结为以下几类：

1. Aluk（意为：不消失），在这类词中，变格不消失。例如：ātmane + padam = ātmanepadam。

2. Luk（意为：消失），其下又分为四小类，即：

（1）avyayībhāva（不变状复合词/副词复合词）

（2）dvandva（相违释）

（3）tatpuruṣa（依主释）

（4）bahuvrīhi（多财释）

avyayībhāva（不变状复合词/副词复合词）：第一个成分在句法上占主导地位，第二个成分在第一个成分的基础上增加了一些限定和描述。它是由介词和名词组合在一起形成的，前部分是一个不变词。例如：upa + kṛṣṇam（在黑天神旁）。

---

① AVŚ = Śaunakīya Atharvaveda; AVP = Paippalāda Atharvaveda; TSM= Taittirīyasaṃhitā; MSM = Maitrāyaṇī Saṃhitā; KSM = Kāṭhakasaṃhitā.

dvandva（相违释）：两个或两个以上的名词相连，可以构成 dvandva。它的单复数是由它所包含的事物的真实数量决定的，性是由最后一个成分决定的。（也叫 itaretara dvandva 'enumerative dvandva'）例如：candrādityāu（太阳和月亮）。但当 dvandva 要代表一个真正的统一体时，它通常是中性单数的（这种叫 samāhāra dvandva 'collective dvandva'）。例如：pāṇipādam（四肢）。

tatpuruṣa（依主释）：用于表示聚合的名词实体或形容词，加上一些限定它的另一个名词。tatpuruṣa 可以再分为以下几个种类：

A. vibhakti tatpuruṣa（格依主释）：第二部分加限定修饰，第一部分一般以间接格形式出现。例如：grāma-gataḥ（去了村子），可以被分析为 grāmam-gataḥ，其中 grāmam（村庄）理解为业格。

B. nañ tatpuruṣa（否定依主释）：用于否定，以不可分割的前缀 a-或 an-作为第一个部分。例如：abrāhmaṇaḥ（与婆罗门相似的）。

C. dvigu（双牛释）：用于修饰的成分是数字，它的变化跟随中性单数。例如：tri-bhuvanam（三个世界，即宇宙）。

D. upapada（附加词依主释）：最后一个成分由动词根形成，但像名词一样有变化。第一个成分被视为从属词（upapada）。例如：satya-vādin（说真话的人）。

E. karmadhāraya（持业释）：第一个成分起同位语、定语或状语的作用，修饰第二个成分，且拆开来看，两部分同格。例如：sarvaloka（全世界），还有一些种类的 karmadhāraya 涉及比较的概念，因此也需要特殊的分析公式。例如：ghana-śrāyamaḥ 被理解为 ghana iva śrāyamaḥ（像云一样黑）。

bahuvrīhi（多财释）：用来修饰其他单词，它通常具有"拥有"的概念，因此总是形容词。例如：indra-catruḥ 被理解为 tatpuruṣa（依主释）时，意思是"因陀罗的敌人"，但是当被理解为 bahuvrīhi（多财释）时，意思为："以因陀罗为敌人的……"

（二）现代语言学家的分类

现代语言学家并不总是同意梵语语法学家对复合词的分类。例如，传统梵语语法学家认为 dvigu 这一类复合词分属于 tatpuruṣa，但现在也有人将其视为 bahuvrīhi 的一个子集。此外，传统梵语语法学家将第二个成分具有动词功能的复合词归在了 tatpuruṣa 类复合词中。因此 havir-ad-（吃祭品的人，havis "供奉"，ad-动词"吃"的词根）被视为一个向心复合词，第二个成分为施动者名词。许多现代语言学家通常将这类复合词归纳为动词复合词（verbal-governing compounds），把第二个成分完全看成一个动词，而不是一个名词。

惠特尼（Whitney，1896）区分了三种主要复合词类型：1. 并列复合词（Copulative compound）；2. 限定复合词（determinative compound）；3. 第二形容词复合词（Secondary Adjective Compound）。

并列复合词：即印度语法学家所说的 dvandva，是两个或多个具有并列结构的名词。但是印度语法学家并没有认识到有一类形容词的并列复合词，尽管由形容词构成的并列复合词且保留其形容词特征的情况相对很少，如：çuklakṛṣṇa（光明的与黑暗的）。

限定复合词：即印度语法学家说的依主释（tatpuruṣa）。一个名词或形容词通常与前面的限定词（名词、形容词或副词）组合成复合词。这也是印欧语系所有分支中最普遍和最频繁出现的一类复合词。它又可以分为：

（1）Dependent compounds，前一个成分是一个实体词（名词、代词或形容词），与后一个成分构成不同格的关系。

（2）Descriptive compounds，即持业释（karmadhārya），前一个成分是形容词，或其他具有形容词价值的词，修饰名词；或前一个成分是副词，修饰形容词。

第二形容词复合词，它进一步分为：

（1）Possessive Compound，即 bahuvrīhi，因为这类复合词本身是在限定词的意义上加上"有"的意思。

（2）Compounds with governed final member，这一类又分为：A. 分词复合词：前一个成分是现在分词，最后一个成分是它的宾语（几乎限于《梨俱吠陀》）。如：vidádvasu（赢得好东西）。B. 介词复合词，前面的成分是一个具有介词性质的分词，最后一个成分是受其支配的名词。在大多数情况下，这类复合词和 avyayībhāva 一致。

三、吠陀梵语和古典梵语复合词的异同

（一）复合词的通用规则

总的来说，不同时期的梵语复合词有以下几个相同的特点：

1. 一个复合词的前部分以词干形式出现，最后一个部分按照变格变化。也就是说，屈折变化发生在复合词的末尾，而不是在复合词内部；同时，派生后缀也可以像加到单词后一样加到复合词中。这是判断梵语复合词最重要的规则之一。在英语中，像 magazine stand 这样的词是否为复合词没有明确的标志，但是梵语中只要除最后一个成分以外的所有部分都以词干的形式出现，就是复合词，这个

标准几乎是普遍有效的。例如：ācāryaśiṣyau āgacchataḥ（老师和学生来了），这里 ācārya 是词干形式，śiṣyau 用双数词尾。如果不用复合词，可以把相同的意思表述为：ācāryaḥ ca śiṣyaḥ ca āgacchataḥ，这里 ācāryaḥ 作为单独的词汇，则不能使用词干形式。

2. 复合词的重音是单个单词的重音，而不是一个短语的。一般来说，每个独立的单词都有一个重音，而复合词，无论多长，只有一个重音。

3. 一个复合词可以成为另一个新复合词的组成部分，即再嵌入另一个复合词，形成新的复合词。例如：sarvabhūmirājarājakīrtichāya（影子是世上万王之王的荣耀），这个复合词能够很好地解释以上四种基本的复合词分类。它的分析形式是：

[[[[sarva bhūmi] K [rāja rāja] TP] kīrti] TP chāya] TP

在这里，sarvabhūmirājarājakīrti 和 chāya 是一个 tatpuruṣa 复合词，但其中又包含了其他 tatpuruṣa 和 karmadhārya。raja-raja 是一个属格的 tatpuruṣa，表示"万王之王"；sarva-bhūmi（"全世界"）是一个 karmadhārya。整个词可以被理解为一个离心的 bahuvrīhi，用来修饰其他的词，意为"（他）的影子是世上万王之王的荣耀"。

4. 在古典梵语中，复合词可以无线循环嵌入。根据吉尼斯世界纪录，[①]在已知语言中被证明最长的单词是梵语的一个复合词，它出现在《Varadāmbikā Pariṇaya Campū》中，这是 16 世纪南印度 Vijayanagara 王朝的诗人 Tirumalāmbā 的一部文学作品。

निरन्तरान्धकारित-दिगन्तर-कन्दलदमन्द-सुधारस-बिन्दु-सान्द्रतर-घनाघन-वृन्द-सन्देहकर-स्यन्दमान-मकरन्द-बिन्दु-बन्धुरतर-माकन्द-तरु-कुल-तल्प-कल्प-मृदुल-सिकता-जाल-जटिल-मूल-तल-मरुवक-मिलदलघु-लघु-लय-कलित-रमणीय-पानीय-शालिका-बालिका-करार-विन्द-गलन्तिका-गलदेला-लवङ्ग-पाटल-घनसार-कस्तूरिकातिसौरभ-मेदुर-लघुतर-मधुर-शीतलतर-सलिलधारा-निराकरिष्णु-तदीय-विमल-विलोचन-मयूख-रेखापसारित-पिपासायास-पथिक-लोकान्

意为：（在这里）姑娘们明亮的眼睛发出一串串的光芒，使明亮、甘甜、清冽的溪流蒙羞，浓浓的豆蔻、丁香、藏红花、樟脑和麝香的芳香从（坐在）美丽的水棚里的少女如莲花般的手上（捧着的）水壶里流出，减轻了旅客因口渴而产生的疲倦，这些水棚是用厚厚的喀什草和马郁兰混合而成的，脚下覆盖着一堆沙发般柔软的沙子，还有成串的芒果树，它因滴下的甘露而显得更加迷人，使人产生了一团密密麻麻的雨云的错觉，密密麻麻地从（新的）嫩芽中滴下大量的甘露，这不断地使天空变暗。

---

① https://www.guinnessworldrecords.com/world-records/longest-word

不可否认的是，即使只是上面例子一半长度的复合词也属于人造的，从某种意义上说，它们是高度的文学体，是在复杂、模糊和难以解释的文学传统中被创造出来的。然而，这样的复合词确实是根据复合的规则形成的，严格地说，并不是不合文法的。

5. 复合词的每个组成部分不同于短语的成分，具有固定的线性顺序。一般来说，一个复合词的两个成分顺序不能转换，其成分的意义不能保留；而一个短语的任何两个成分可以被转换，其成分的意义可以保留。

（二）吠陀梵语复合词的特殊性

古典梵语和吠陀梵语的复合词构成规则并不完全相同，以上的这些规律存在例外。

首先，在复合词的构成上，虽然在古典梵语中，复合是一种很常见的现象，且根据前文的规律，一个复合词可以成为另一个新复合词的组成部分，但在吠陀梵语中，没有超过三个成分的复合词出现。三个成分构成的复合词也是很罕见的，如：pūrva-kāma-kṛtvan（实现以前的愿望）。

其次，在重音方面，梵语和古希腊语一样，保留了音高重音（Pitch Accent），即一个单词中的一个音节的音调比其他音节高，这是印欧语的一个特征。同源词通常都有相同的重音，例如：śrutás 和 Gk. klutós（听见）。但是这个重音系统在只保留到波你尼之后的一段时间，最终消失了。取而代之的是一个像拉丁语一样，与最初的印欧语重音位置毫无关系的固定重音。即使在吠陀梵语重音保留完整时期，重音和单词也不是严格一一对应的关系，一些附着词素没有重音，而且上下文中的限定动词（finite verb）也没有重音。在复合词中，重音也有很多例外，即使是同一种类的复合词，也可能有相当大的不规则性。一般来说，吠陀梵语的复合词重音有以下几种情况：

1. 复合词的每一个成分都有自己的重音。它出现在某些吠陀梵语并列复合词中，主要由神的名字组成（即所谓的 devatā-dvandvas）如：mitrá-váruṇā（密多罗和婆楼那），两个成分有单独的重音且词尾像双数变格。而且还有个别词保留了各自的重音和变格，如 gnás-páti（神女的丈夫）第一个成分保留了重音和属格的变化。

2. 复合词的重音在前一个成分。主要包括所有格复合词（Possessive Compounds 即 bahuvrīhi）也适用于以 ta 或 na 分词为最后成分的限定复合词，以否定 a 或 an 开头的复合词等。

3. 复合词的重音在最后一个成分，这个类别并不像前一种情况那么普遍；但它在许多以动词名词或形容词为最后一个成分的复合词中很常见，在以数字 dvi 和 tri 或前缀 su 和 dus 开头的复合词中，以及其他一些不常见的例外情况中存在。

4. 复合词出现重音转换的情况。这是一个相对特殊、偶然发生的现象。例如：medhásāti（对比 médha），tilámiçra（对比 tíla）。还有一些词像 víçva, púrva, sárva 在做复合词的第一个成分时通常重音都发生改变。

一些复合词的类型在吠陀梵语中很常见，但在之后的古典语言中很少见。例如：分词复合词（前一个成分是一个现在分词，最后一个成分是宾语）几乎是吠陀梵语特有的现象。如：dhāryat-kavi（支持智者）。从历时的角度看，这些形式不是分词，而是以元音结尾的词干，在语言发展中由于插入了"t"，被重新理解为分词。只有三到四个例子保留了它原始的形式，如：trasá-dasyu（恐吓敌人）。此外，bahuvrīhi 类复合词在吠陀梵语中则比在古典梵语中更常见，随着后来 tatpuruṣa 出现的频率增加，前文提到的 gnás-páti 等复合词在后来的语言中变得很少。

与之相反，一些复合词的类型在古典梵语中很常见，但在早期却很少。在吠陀梵语时期，复合词派生是一个比较受限制的过程。比如，vṛddhi 派生是印度雅利安语晚期的一个现象，在梵语中呈现出越来越频繁的趋势。在早期《梨俱吠陀》中的例子有：mádhyaṃdina-（中午的）来源于 madhyáṃdina-（中午），但是其出现的频率远不及古典梵语。

四、从异同看梵语复合词的历时性研究

（一）印欧语复合词的起源

Hoenigswald（1978）的研究认为：梵语早期的复合词是离心结构的。一些不可分析的形容词（unanalyzable adjectives）可以作为 bahuvrīhis 的第一个成分。例如：aghá-（坏）、raghú-（快）不是能产性甚高的派生结构且本质是形容词性的。在不可分析的形容词中，有些词可以追溯梵语词根，如：ūrdhvá-（ūrdhvá-sānu-"把脖子竖起来"）可能与 várdhati 有关，但是它与 Av. ərədva[①]和 Gk. orthós[②]有更直接的关系。因此这个可以说是从词根发展出来，但是与词根在语义和语法上已经没有密切关系的形容词。相反地，梵语像 kṛt 和 taddhita 等规律词缀并不是自由出现的。(-in-, -ya-, -aka-, -vant-在 bahuvrīhis 中几乎不出现)。

---

① Av. –Avestan

② Gk= Greek

唯一出现较多的 kṛt 类词缀是-ra-，从历史角度看，Caland's rule 表明，-ra-类形容词词干通常被-i-代替，这个-i-的形容词词干后来却不被用于复合词中。例如：śukrá 是 śócati 的-ra-类形容词词干，之后发展出 śúci-（śúci-jihva），śúci-之后成为一个独立词汇和 śukrá 同时存在。也就是说，在后缀化和复合化之间出现了一定程度的互斥性，所以，可能这两个过程都是从离心结构开始的，向心的 tatpuruṣa 最初很少见，这个现象与规律词缀不能出现在 bahuvrīhi 中是一致的，因为后缀只在语义上修改限定基础词，而不改变指称。

离心复合词 bahuvrīhi 才是更常见的，rája-putra 是 bahuvrīhis（多财释），离心复合词，意为"有国王儿子的……"，rāja-putrá是 tatpuruṣa，向心复合词，意为"国王的儿子"，它出现在更晚的第十卷中。这个理论同样需要重新将梵语的复合词归类。前面提到，dvigu 和所谓的 动词复合词（verbal-governing compounds）都出现在早期的印欧语系中，如果不按照梵语语法学家的分类，将 dvigu 和动词复合词归为 bahuvrīhi，而不是 tatpuruṣa，那么这个分类与原始印欧语没有形成向心复合词的假设一致。故 havir-ad-（吃祭品的人，havis"供奉"，ad-"吃"的词根）不是一个向心复合词，应该把最后一个成分理解为动词而不是施动者名词。

在其他印欧语言中，向心复合词也很少出现，而且在它们出现的地方，通常可以更好地解释为并列（juxtaposition）而不是真正的复合词。也就是说，复合是由这种频繁的"句法并列"产生的。在前一成分中保留原始变格形式的复合词（又叫 aluk 复合词）也可以为这一假设提供证据。在古典梵语中，dvandva 复合词和其他复合词一样，只有一个重音，没有内部的变格，最后的单复双数由词本身决定。但比这更早的文献保存了 dvandva 的历时发展，Wackernagel（1905：149）将这个过程概括为四个步骤：

1. 两个成分有单独的重音且词尾像双数变格（mitrá-váruṇā）；

2. 第一个成分逐渐形成一个固定的形式（G. mitráyor-váruṇayoh > mitrá-váruṇayoh）；

3. 重音逐渐固定在第二个成分的最后一个词干音节（sūryā-candramásā）；

4. 第一个成分以词干形式出现（indra-vāyú）。

这个例子进一步说明，最早的复合词更像两个词，每个成分有单独重音，而后在发展中逐渐丢失变格，保留一个重音，形成一个新的词。

（二）语法化与逆语法化

语法化一词是由梅耶（Meillet）最早提出的，他将其定义为"将一个语法特征归于从前独立的词"(the attribution of a grammatical character to a formerly independent word)。Kuryłowicz（1965：52）的定义是："语法化是指语素范围的扩大，从词汇形素向语法形素或从低级语法形素向高级语法形素的转化。"

语法化的一个特点是单向性（unidirectionality），也就是说以一个特定的方向变化，根据 Hopper 和 Traugott（2003：7）的研究，典型的趋势为：

实义词>语法词>附着词>屈折词缀

语法化在人类语言中是一个普遍存在的现象，在印度语族中，Reinöhl（2016）认为，印地语后置词 में 就来源于吠陀梵语的 mádhye（在中间）。这样由一个表示空间的名词发展为后置介词的现象，就符合以上语法化的趋势。在这个基础上，逆语法化就可以被简单地定义为与以上相反方向的过程，虽然逆语法化的现象相对语法化来说较少。

Kiparsky（2010）分析了 dvandva 的现象，把它看作是一个语法化的过程。dvandva 由于其特殊性，有两个性质，即作为整个复合词的性质和其各成分作为单个词的性质。因为语尾变格和重音是梵语中单词的特征，所以 dvandva 每个组成部分上单独的格结尾和重音意味着这并不是一整个复合词，而是由单独的词组成的。Insler（1998）认为：一个 dvandva 的几个成分不仅可以被附着词素隔开，甚至可以被完整的词分开，例如：

arcan **dyávā** námobhiḥ **pṛthivî**[①]
venerate-3 Heaven- obeisances-ins Earth-
They should venerate Heaven and Earth with obeisances.

然而，同样有支持 dvandva 应该被当作一整个复合词的证据。例如：ruki rule（s 在非低元音之后，软腭音和 r 之后变为 ṣ）是一个词内的变音规则，不适用于短语的组合。在吠陀文献中，agnīṣómā, sómā 变为 ṣómā 出现了 21 次。ruki rule 的应用意味着 agnīṣómā 并不是两个独立的单词，而应该作为一整个单词。Kiparsky 认为，随着时间的推移，对最简单表达方式的偏好将这种模糊的情况从最初的并列短语的理解转变为词汇层面的理解。换言之，它沿着语法化的轨迹，各个部分内部产生了联系，将附着词素变成后缀，消除词素边界。

Lowe（2015）则进一步提出，复合词在古典梵语中可以被描述为一个句法过程。梵语中存在一种叫"asamartha compounding"的现象，即一种复合词的一个部分与该复合词外部的词具有句法关系，而不是和整个复合词形成句法关系的现象。严格来说，这种现象在波你尼的语法体系中是不被允许的，但是类似的例子广泛存在。词汇主义句法的基本假设是：单词可以与其他单词保持句法关系，

[①]《梨俱吠陀》7.3.1

但不能与单词的某些部分保持句法关系，因此，上述现象（复合词外的词和词内的一个部分之间的直接句法关系）表明至少从词汇主义的角度来看，梵语复合词是句法短语，而不是词汇。例如：

jagato [[janma-ādi] BV kāraṇaṃ] TP brahmādhigamyate[①]

（梵被认为是世界起源的原因。）

在这个例子中，jagato 是世界的属格，它和多财释 janma-ādi 的第一个部分构成语法关系，意为世界的起源。这个词如果和整个 tatpuruṣa 构成关系，或者是整个 bahuvrīhi，意思都不通顺。

同样，由于词通常被视为照应岛（anaphoric islands），也就是说，不能指代一个词的某个部分。梵语复合词明显违背了这个规则，复合词中的代词也可以指代该复合词之外的成分，这也为复合过程的句法分析提供了依据。如：

[[eka- dharma-] TP sadbhāvāt] TP [tat- anyena] TP api bhavitavyam iti [niyama-abhāvāt] TP[②]

（因为一个属性存在，一个不同于它的属性也必须存在，这样的限制不存在。）

这里 tatpuruṣa 复合词[tat- anyena]的第一部分指代的是前一个复合词[[eka- dharma-] sadbhāvāt]的第一部分，而第一部分[eka- dharma-]本身也是一个复合词。

而且，复合词中的衍生词缀也出现了逆语法化的趋势。一般的词缀有-tva-, -ka-, -vat-等。例如：-tva-可以从形容词范畴中形成抽象名词。所以 bahuvrīhi 复合词 dīrgha-karṇa-（长耳的）可以加上后缀变成 dīrgha-karṇ-tva-（长耳型）。通常这些都被视为词缀，但是在一些情况下被作为附着词更合适。pada-ka-意为：精通 pada（吠陀唱诵模式），名词 krama-ka-意为：精通 krama（吠陀唱诵模式）。这两个词构成 dvandva 复合词并不像我们预期的那样，[pada-ka- krama-ka-]，而是[pada- krama-ka-]（一个精通 pada 和一个精通 krama 的人）。这个意思不是"某个人既擅长于 pada 又擅长 krama"，相反，它指的是两个不同的人（或一群人），其中一个擅长 pada，另一个擅长 krama。因此，如果理解为词缀，表示两个不同的人（或人群）应该是[pada-ka-krama-ka-]，而实际上的形式[pada-krama-ka-]已经具有这个意思，-ka-更像是附着词，而不是词缀。这意味着这些元素，至少在复合词中，经历了从词缀到附着词的逆语法化变化。

因为复合词在古典梵语中是一种能产性甚高的语言现象，一个复合词可以很

[①]《梵经注》1.1.3

[②] Pramāṇavārttikasvavṛtti 17.23

长，无限长的词在理论上是可能的，正如无限长的句法短语和从句在理论上是可能的一样。因此从 asamartha compounding、照应岛、衍生词缀和复合词的长度四个方面来看，古典梵语复合词更少有词汇的特征，而是可以从句法的角度来分析。

综上所述，吠陀梵语的复合词可能是由句法并列产生的（句法到形态），而吠陀梵语复合词的形态学问题可能在古典梵语中逐渐转变为句法过程（形态到句法），这也是一个逆语法化的过程。由此，梵语复合词可能经历了两个完全相反的变化，即从原始印欧语到吠陀梵语由句法并列逐渐发展成为复合词，再由复合词逐渐发展为句法现象，抑或从语法化到逆语法化的过程。古典梵语和吠陀梵语复合词的差异，可能正是由于这两个相反的趋势导致的。吠陀梵语中语法化现象不全面，因此残留有一些重音，变格方面特殊的复合词；在古典梵语中语法化现象已经初步确立，形成了一定的规范，不符合规律的现象更少。同时这种复合词的构成规律被逐渐扩大，开始接近于句法规则，具有递归结构，形成逆语法化的趋势。

五、结语

梵语中的复合词表现出许多规律性，语法学家们已经发展出一系列标准来分析复合词的类型。尽管现代语言学家对古典语法学家的分类不是完全同意，最基本的四个类型（avyayībhāva, dvandva, tatpuruṣa, bahuvrīhi）已经能够涵盖大多数情况。吠陀梵语和古典梵语复合词的差异，可能与印欧语复合词的形成历史有关，复合词起源于句法上的并列，并在随后经历了语法化和逆语法化的过程。对梵语和其他印欧语系复合词的历史研究，以及对复合词是在句法上还是在形态上形成的讨论，都可能为梵语复合词的历时发展提供了进一步的信息。

参考文献

[1] Bauer L. *Introducing linguistic morphology* [M]. 2nd ed. Edinburgh: Edinburgh University Press, 2003.

[2] Clackson J. *Composition in Indo-European languages* [J]. Transactions of the Philological Society, 2002, 100 (2): 163-167.

[3] Dahl E. *The development of the Vedic perfect: from anterior to inferential past* [C]// Jared Klein, Elizabeth Tucker. *Vedic and Sanskrit Historical Linguistics:Papers from the 13th World Sanskrit Conference*. New Dehli: Motilal

Banarsidass, 2014.

［4］Dressler W U. *Compound Types* [G]// Gary Libben. *The Representation and Processing of Compound Words*. Oxford: Oxford University Press, 2007.

［5］Gillon B S. *Tagging Classical Sanskrit compounds* [G]// Gérard Huet, Amba Kulkarni, Peter Scharf. *Sanskrit computational linguistics*. Berlin: Springer, 2009.

［6］Hoenigswald H M. *A note on ṚgVedic Bahuvrīhis* [J]. *Indian Linguistics*, 1978 (39): 29-30.

［7］Hopper P J, Elizabeth Closs Traugott. *Grammaticalization* [M]. 2nd ed. Cambridge: Cambridge University Press, 2003.

［8］Insler S. *mitravàruna or mitra váruna?* [G]// Mir Curad. *Studies in honor of Calvert Watkins*. Innsbruck: Institut für Sprachwissenschaft der Universität Innsbruck, 1998.

［9］Kiparsky P. *Dvandvas, blocking, and the associative: The bumpy ride from phrase to word* [J]. *Language*, 2010, 86 (2): 302-331.

［10］Kuryłowicz J. *The evolution of grammatical categories* [J]. *Diogenes*, 1965 (51): 55-71.

［11］Lieber R, Štekauer P. *The Oxford handbook of compounding* [M]. Oxford: Oxford University Press, 2009.

［12］Lowe J J. *The Syntax of Sanskrit Compounds* [J]. *Language*, 2015, 91 (3): e71-e115.

［13］Norde M. *Degrammaticalization* [M]. Oxford: Oxford University Press, 2009.

［14］Reinöhl U. *Grammaticalization and the Rise of Configurationality in Indo-Aryan* [M]. Oxford: Oxford University Press, 2016.

［15］Tubb G A, Boose E R. *Scholastic Sanskrit: A manual for students* [M]. New York: The American Institute of Buddhist Studies at Columbia University in the City of New York, 2007.

［16］Wackernagel J. *Altindische Grammatik* [M]. Göttingen: Vandenhoeck & Ruprecht, 1905.

［17］Whitney W D. *A Sanskrit Grammar: Including both the Classical Language, and the Older Dialects, of Veda and Brahmana* [M]. 3rd ed. Leipzig: Breitkopf & Härtel, 1896.

土耳其语形态-音系的界面研究

信息工程大学　丁慧君

【摘　要】土耳其语是一种形态复杂的黏着语，有着数量庞大、功能迥异的词缀，构词和句法过程依靠词缀的形态变化得以实现。由词缀引发的形态变化不是孤立存在的，其中伴随着大量的音系过程。音系和形态之间存在着某种交互作用，音系过程常以形态因素为条件，形态结构也会伴有特定音系过程，甚至依靠音系得以实现，音系因素可以充当形态变体的选择依据，制约或决定形态的排列顺序。

【关键词】土耳其语；形态；音系

音系与形态的界面问题始于20世纪70年代初，SPE（《英语音系》）发表之后，音系学理论在音系表征结构和音系推导模式两个方面发生了革命性变化，其中后者涉及音系与形态的界面问题（马秋武，2013：8）。在诸多音系学理论中，词汇音系学（Lexical Phonology）是关于形态、音系界面研究最为重要的理论成果之一。该理论认为一种语言中词汇的派生和屈折变化是一组有顺序的层次，每个层次都有一组音系规则与之相对应，其交互关系可以用下图（赵忠德、马秋武，2011：153）来表示：

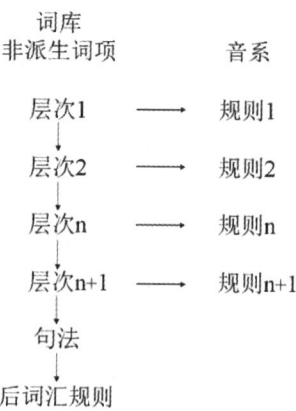

从上图我们可以看出词汇音系学将音系规则引入词库中，形成词汇和后词汇规则两部分的音系规则推导。词汇规则在词库中与构词规则层次有序地交互作用

产生派生词及其词汇表征形式；后词汇规则，则应用于句法输出的结构。词汇音系学的某些概念一直都存在争议，但在分析和解释特定语言音系和形态交互关系时，仍然是一个非常成功的理论模式。土耳其语是形态变化十分丰富的语言，它通过近 200 个词缀完成一系列构词、构形过程，其中伴随着大量的音系规则，可以说是音系与形态界面研究的典型样本。

一、土耳其语的形态特点

土耳其语是一种形态复杂的黏着语。在土耳其语中，体现词基本意义的语素叫作词根，是词的核心部分，不能再做进一步划分。换句话说，词根就是一个词在去除所有词缀后剩余的部分（Korkmaz，2014：102）。土耳其语中的词根居于词的最前端，所有的词至少都包含一个词根。词根是在语言形成的过程中出现并固定下来的，具有不可创造性。

在土耳其语中，词根的数量是明确的，形式是固定的。新词的产生，只能通过现有的词根附加词缀这一途径来实现。土耳其语的词缀系统具有很强的规律性，词缀与词根或词干①同时出现，附着在词末。词缀或是使词根构成词干，或是为词根和词干附加语法功能，总是以一定显性的顺序出现，这种规律赋予土耳其语词缀系统以极大的开放性和简洁性。

依据传统语法土耳其语的词缀可分为两大类：一是构词词缀，二是构形词缀。构词词缀通常用来表达某种词汇意义，构成新词，包括静词派生静词词缀、静词派生动词词缀、动词派生静词词缀以及动词派生动词词缀四大类。这里的静词实际上是包括了除动词以外的所有词类，如名词、形容词、代词和副词都属于静词。构形词缀则主要表示某种语法意义，构成一个词的不同语法形式，如格词缀、人称词缀、类动词词缀、时态词缀、复数词缀、领属性词缀等。词根在附加词缀时按照先构词后构形的顺序依次黏着。

土耳其语拥有近 200 个构词、构形词缀，这些词缀附着在词根或词干后，不仅会随着格、数、人称的不同发生形态变化，还会根据词根的语音特点产生形态变体，其排列组合的结果复杂多样。例如：

Osmanlılaştıramadıklarımızdanmışsınızcasına 是由词根 Osman（奥斯曼）附加词缀构成，我们用 "-" 将其词缀切分开来，得到的结果是：

Osman-lı-laş-tır-a-ma-dık-lar-ımız-dan-mış-sınız-casına

---

① 土耳其语中的词干是由词根/词干附加构词词缀而成，例如：kitapçılık（售书业）一词中 kitap（书）是词根，kitapçı（书商）和 kitapçılık（售书业）都是词干。

我们可以看出，词根 Osman 后附加了 12 个词缀，我们将这 12 个相同词缀附加在另一个词根 Çin（中国）后时，得出的结果则是：

Çin-li-leş-tir-e-me-dik-ler-imiz-den-miş-siniz-cesine

12 个词缀中所有的后元音均变为了前元音。在土耳其语中，音系和形态之间存在着某种交互作用，音系过程常以形态因素为条件，形态结构也会伴有特定音系过程，甚至依靠音系得以实现，音系因素可以充当形态变体的选择依据，制约或决定形态的排列顺序。

二、土耳其语的音系特点

音系是一套完整的语言符号系统，具有特定的结构意义。它与形态并列成为语言的两个最重要的有层级的结构体。音系基本单位的数量是有限的，它们可以进行排列组合，生成数量无限的形式单位。音系研究需解决三个方面的问题：音段数量、语音配列和语音交替（Gussenhoven & Jacobs，2011：20—21）。本文将从音段（元音和辅音）和音节两个方面具体回答这三个问题。

（一）土耳其语的元音

在土耳其语中，每个词都必须含有至少一个元音（缩略语除外）。土耳其语有八个元音，分别是"a, e, ı, i, o, ö, u, ü"[①]，对应的音标（IPA）为"[a], [e], [ɯ], [i], [o], [ø], [u], [y]"，它们之间的区别源于口腔的不同形状和舌体的精确位置：按舌位的前后，元音可分为前元音（i, ü, ö, e）、央元音（ı）和后元音（u, o, a）；按唇形的圆展，分为展唇元音（i, ı, e, a）和圆唇元音（ü, u, o, ö）；按舌位的高低，即口形的大小，可分为高元音（i, ü, u）、半高元音（ı）、半低元音（o, ö, e）和低元音（a）。土耳其语的元音规则包括：

1. 元音脱落

在土耳其语中，一些词在附加词缀时，常常会脱落掉最后一个音节中的元音，我们把这种现象称为元音脱落。土耳其语中的元音脱落规则主要为：

部分双音节词在附加单个元音或是以元音开头的多音节语法成分时，不带重音的第二个元音会发生脱落，通常这些双音节单词中第二个元音为高元音（ı, i, u, ü），如：alın+ı>alnı, burun+um>burnum, ağız+ınız>ağzınız...

[①] 因历史上受阿拉伯语、波斯语语音的影响，土耳其语中还遗留了三个长元音"â û î"，这些元音已不多见，只出现在外来词中，并逐步被其他元音替代，本文暂不讨论。

以元音结尾的名词在附加"-la, -le"等词缀转换为动词时会发生元音脱落，如：ileri-le-mek＞ilerlemek, koku-la-mak＞koklamak...

部分动词附加词缀派生出新动词时会发生元音脱落，如：çevir-il＞çevrilmek, devir-il＞devrilmek, ayır-ıl＞ayrılmak, yoğur-ul＞yoğrulmak...

部分名词（多为阿拉伯语词）附加助动词"olmak, etmek"构成复合动词时，要脱落第二个元音，如：kayıp-olmak＞kaybolmak, emir-etmek＞emretmek, keşif-etmek＞keşfetmek...

在口语中，由于语流音变，中音节中的元音常常会脱落，但书写时该元音不脱落。以"nerede"为例，第二个音节中的元音"e"在口语中往往会脱落，直接读作"nerde"。

2. 元音窄化

土耳其语中以元音"a"和"e"结尾的动词在附加现在进行时词缀时，词干最后一个元音需相应地窄化为"ı, i, u, ü"，我们把这种现象称为元音窄化，如：anla-yorum＞anlıyorum, bekle-yoruz＞bekliyoruz, hopla-yorlar＞hopluyorlar, süsle-yor＞süslüyor...

动词"demek"和"yemek"在附加将来时、愿望式、形动词和副动词词缀，或是其他以元音开头需附加增辅音"y"的词缀时，元音需要窄化，如：de-en＞diyen, de-e-lim＞diyelim, ye-en＞yiyen, ye-ince＞yiyince...

在口语中，一些词的变体形式在书写上不窄化，但发音时会发生窄化，如：sevmeyen（写法）＞sevmiyen（读法），söyleyerek（写法）＞söyliyerek（读法）...

3. 元音增补

在土耳其语中，部分以辅音结尾的词在附加辅音开头的词缀时，要在两个辅音间增加一个元音，我们把这种现象称为元音增补。元音增补现象通常出现在"指小表爱"或是具有强化意义的词缀中，如：az-cık＞azıcık, dar-cık＞daracık, genç-cık＞gencecik, bir-cik＞biricik...另外，以辅音结尾的动词词根/词干在附加现在进行时词缀时，需增加元音，如：gel-i-yorlar, kork-u-yor, gör-ü-yorum...

4. 元音和谐

"和谐"为音系学术语，指的是一个音系单位的发音方式受同一个词或短语中另一个单位的影响（克里斯特尔，2000：168）。根据元音前后、圆展以及高低的具体特点，土耳其语中的元音和谐分为大元音和谐和小元音和谐两类。

（1）大元音和谐

大元音和谐，又称为前后元音和谐，即一个词，如前一音节中的元音是前元音，其后各音节中的元音都应是前元音；如前一音节中的元音是后元音，其后各音节中的元音就都应是后元音。如：ince, kelebekler, aşağı, oyun, uçurtma, sorular, büyük, güzel 等。

根据大元音和谐（不考虑小元音和谐），形态变化规则如下：

a＞a, ı, o, u	e＞e, i, ö, ü	ı＞a, ı, o, u	i＞e, i, ö, ü
o＞a, ı, o, u	ö＞e, i, ö, ü	u＞a, ı, o, u	ü＞e, i, ö, ü

（2）小元音和谐

小元音和谐，即圆展元音和谐。如果前一音节中的元音为展唇元音（a, e, ı, i）时，其后的元音为展唇元音；前一元音为圆唇元音（o, ö, u, ü）时，其后的元音或为高、圆唇元音（u, ü），或为低、展唇元音（a, e），如：karanlık, merdiven, ılık, incelik, okul, orta, ölümlü, ördek, duygu, uğraşmak, üçüncü, üzer... 与大元音和谐不同，小元音和谐中后一个元音通常只与其前一个元音保持和谐。比如，kolaylık, önemli, öğrenci, uzaklık... 而大元音和谐中所有元音通常都要遵从前后元音和谐规则。

根据小元音和谐（不考虑大元音和谐），形态变化规则如下：

a＞a, e, ı, i	e＞a, e, ı, i	ı＞a, e, ı, i	i＞a, e, ı, i
o＞a, e, u, ü	ö＞a, e, u, ü	u＞a, e, u, ü	ü＞a, e, u, ü

在土耳其语中，元音和谐往往不是独立运行，通常是要兼顾大、小和谐规则，因此根据上面的描述，我们从表现形式上将土耳其语元音和谐融合归纳，得出如下结论：

前一个音节中的元音	后一个音节中的元音	举例
a	a, ı	kafa, kalın
e	e, i	hece, ekim
ı	ı, a	ılık, ırmak
i	i, e	bilgi, çiçek
o	u, a	dokuz, orman
ö	ü, e	öbür, ödev

（续表）

前一个音节中的元音	后一个音节中的元音	举例
u	u, a	çubuk, uzman
ü	ü, e	ürkü, üretim

值得注意的是，不是所有的土耳其语词都完全遵从这些元音和谐规则，比如一些合成词（camgöz, hanımeli, barışsever, bilgisayar...），外来词（alkol, daktilo, tiyatro, otobüs...），语言演变过程中发生变化的词（alma＞elma, kardaş＞kardeş, kangı＞hangi...）以及一些附加词缀的词（-yor＞gidiyorum, -ken＞çocukken, -leyin＞sabahleyin, -ki＞sonraki, -taş＞meslektaş, -gil＞dayımgil, -imtırak＞mavimtırak...）等。

（二）土耳其语的辅音

土耳其语有 21 个辅音，分别是"b, c, ç, d, f, g, ğ, h, j, k, l, m, n, p, r, s, ş, t, v, y, z"。其中，清辅音 8 个，分别是"ç, f, h, k, p, s, ş, t"，对应的音标（IPA）为"[t͡ʃ], [f], [h], [k], [p], [s], [ʃ], [t]"；浊辅音 13 个，分别是"b, c, d, g, j, l, m, n, r, v, y, z, ğ"，对应的音标（IPA）为"[b], [d͡ʒ], [d], [g], [ʒ], [l/ɫ], [m], [n], [r], [v], [j], [z], [ɯ]"。土耳其语的辅音规则包括：

1. 辅音浊化

在土耳其语中，以清辅音"p, ç, t, k"结尾的词在附加以元音开头的词缀时，清辅音要浊化成相应的浊辅音"b, c, d, g/ğ"，如：kitap+ım＞kitabım, senet+i＞senedi, tüfek+i＞tüfeği... 但是，部分外来词和单音节词不遵循该规则，如：devlet+in＞devletin, sanat+ı＞sanatı; top+u＞topu, iç+imiz＞içimiz...

以清辅音"p, ç, t, k"结尾的专有名词在附加以元音开头的词缀时，书写上不浊化，但在读法上要进行浊化，如：Ahmet'in 读作 Ahmedin，Zeynep'in 读作 Zeynebin，Gemlik'e 读作 Gemliğe...

2. 辅音脱落

在土耳其语中，以辅音"k"结尾的单词附加"-cik, -cek"等"指小表爱"的词缀，或是附加"-lmek"构成渐变动词时，词尾的"k"要脱落，如：minik＞minicik, büyük＞büyücek; seyrek＞seyrelmek, yüksek-yükselmek...

3. 辅音增补

一些从阿拉伯语引进的外来词在附加以元音开头的词缀或是与助动词

"etmek, eylemek, olmak"结合构成复合动词时，要增补一个与词根尾辅音相同的辅音，如：his＞hissetmek, hissolmak, hiss; ret＞reddetmek, reddi; hal＞halletmek, hallolmak, halli...

由于纯土耳其语词中两个元音不能并列出现，因此当以元音结尾的单词附加元音开头的词缀时，通常要在两个元音间增加一个辅音"y"或是"n"，如：kapı-y-a, su-y-u, başla-y-ınca; kardeşi-n-e, evi-n-e, defteri-n-i...

以元音结尾的词在附加第三人称单数领属性词缀时，需附加增辅音"s"，如：çanta-s-ı, teyze-s-i, öğrenci-s-i, havlu-s-u... 以元音结尾的数词变区分数词时，需附加增辅音"ş"，如：iki-ş-er, altı-ş-ar, yedi-ş-er...

4. 辅音和谐

在土耳其语多音节词的内部，辅音之间也存在一定的搭配规律。它根据辅音清浊特点，要求并列出现的两个辅音清浊相应。具体地说，就是前一个辅音为清辅音，其后的辅音也应为清辅音；前一个辅音为浊辅音时，其后的辅音则为浊辅音。

土耳其语的一些词根自身就遵从辅音和谐规则，如：tes-pit, dal-ga, yar-gı, ak-si... 更多的辅音和谐现象出现在附加词缀的过程中：以浊辅音结尾的词附加词缀时第一辅音应为浊辅音，如：odun-cu＞oduncu, göz-lük＞gözlük...；以清辅音结尾的词如附加以浊辅音"c, d, g"开头的词缀时，根据辅音和谐规则，词缀中的浊辅音要清化成相应的清辅音"ç, t, k"，如：kebap-cı＞kebapçı, ayak-da＞ayakta, çalış-gan＞çalışkan...

在土耳其语中，辅音和谐同样适用于专有名词、数字和缩写词，但和谐方式要以读法为基准，如：Selanik'ten, İzmir'de, 15'te, 2008'den beri, BOTAŞ'tan, ABD'de...

（三）土耳其语的音节

关于音节，普遍接受的看法是：音节通常由一个元音核心构成，有时前面有辅音做起音，后面有辅音做尾音。因此，音节的划分常以元音决定（克拉克、亚洛坡，2000：67）。在土耳其语中，元音是构成音节的基本单位，每一个音节至少包含一个元音。也就是说，一个音节通常由一个元音（外来词一个音节中可包含两个元音）和一个或多个辅音构成，单独一个元音也可构成一个音节，如：o（他）。

土耳其语中的音节最少由一个字母，最多由五个字母组成（含外来词），除了单音节词根外，土耳其语中的音节是无意义的。在多音节词中，当两个元音字母之间只有一个辅音字母时，该辅音字母划归为后一个音节，如：a-dam（人），ho-ca（老师）；当两个元音之间有两个辅音时，分别划归前后两个音节，如：bar-dak（杯子），bil-gi（知识）；辅音"ğ"均划归位于它前面的音节，如：ağ-ız（嘴），sağ-lık（健康）。

根据上述划分规则，土耳其语音节类型可分为九类，如下表（V代表元音，C代表辅音）：

音节结构	举例
V	a, e, ı, i, o, ö, u, ü
VC	ab, ac, aç, az, eb, ec, ...
CV	ba, be, bı, bi, za, ze, zı, zi...
VCC	alt, üst, ilk, aşk...
CVC	bal, dar, kör, top...
CCV	bre, gri, bra, gra...
CVCC	ders, yurt, genç, mart...
CCVC	spor, grip, broş, dram...
CCVCC	prens, branş, bronz, klips...

在土耳其语中，音节和音节之间的关系十分密切，它们之间的相互影响会导致不同的音系变化结果。其主要音节规则包括：

1. 音节重组

在土耳其语中，音节往往不是独立运作，不同结构类型的音节相互连接时，原有的音节结构会发生一定的变化，我们称其为"音节重组"。例如：az（少）一词是VC结构的音节，它在附加构词词缀-Al变为动词azal-（减少）后，其音节结构并非顺应叠加为VC+VC，而是经过重组后变为V+CVC。音节重组在土耳其语中十分常见，通常发生在以辅音结尾的音节后[①]，例如：

单辅音结尾的音节后附加元音开头的音节时：

[①] 纯土耳其语中没有双元音音节结构，但许多外来词中含有双元音，此时应按照单元音规则进行处理，如：fiil+-i>fii+li>fiili。

音节重组类型	示例
VC+V>V+CV	el+-i>e-li
VC+VC>V+CVC	ol-+-uş>o-luş-
CVC+V>CV+CV	kal-+-a>ka-la
CVC+VC>CV+CVC	gel-+-ir>ge-lir

双辅音结尾的音节后附加元音开头的音节时:

音节重组类型	示例
VCC+V>VC+CV	alt+-ı>al-tı
VCC+VC>VC+CVC	üst-+-ün>üs-tün
CVCC+V>CVC+CV	halk+-ı>hal-kı
CVCC+VC>CVC+CVC	ders+-im>der-sim

2. 音节脱落

在土耳其语，尤其是口语中，音节脱落时有发生。例如：geleceğim 在口语中会有/gelecem/或是/gelcem/等读法。

音节脱落通常是在快速的语流中，为了发音简便，脱落两个相似音节中的其中一个，例如：yollayayım＞/yollayım/，音节-ya 脱落。在土耳其语中，音节脱落常发生在中音节和尾音节中，例如：

中音节脱落	尾音节脱落
Allah'a ısmarladık＞/Ala:smarladık/	ağabey＞/a:bi/
söyleyeyim＞/söyliyim/ başlayayım＞/başlayım/	pekiyi＞/peki/ Vallahi＞/Valla:/

此外，部分土耳其语词在元音脱落的同时，音节也随之减少，等同于中音节脱落，如 kızarmak 一词是由 kızıl 和 armak 两词复合而成，在复合的过程中音节 -ıl 整体脱落，再如，yeşil-ermek＞yeşermek。

三、土耳其语形态与音系的交互

词汇音系学理论是进行音系形态界面研究的主要理论模型之一，很多语言中与形态构词相关的音系过程在该理论模型中得到形式化的描写和解释，比如英语、西班牙语、俄语、挪威语等，这些语言大都具有较为丰富的形态系统。

词汇音系学理论有两大关键概念：一为构词层次，二为词汇规则和后词汇规则。关于构词层次，学术界的答案并不一致。以英语为例，Kiparsky 认为有三个层次：第一层次包括 I 类派词缀和不规则的屈折变化，第二层包括 II 类派生词缀与合成词，第三层包括规则的屈折变化；Halle 和 Mohanan 则主张有四个层次：I 类派生、不规则屈折，II 类派生，复合构词以及规则屈折；而 Booij 和 Rubach 把英语限制在两个层次上：I 类派生、不规则屈折变化和 II 类派生、合成以及规则屈折。其中 I 类词缀可以加在任何词根上，而 II 类词缀变化只发生在词之后。在多层词缀变化中，I 类词缀更贴近词干，II 类词缀可以添加在经过 I 类词缀派生后的词干之后，而 I 类词缀无法添加在 II 类词缀变化后。

词汇规则和后词汇规则是词汇音系学另外一个重要概念，它们是两类不同的音系规则，前者在词汇部分起作用，运用于各构词层次中每一个构词过程之后；后者运用于句法部分所输出的结构，与构词过程无关。尽管在层次的划分和层次的顺序等问题上还存在争议，但基于规则的有序推导来解释形态和音系的交互为土耳其语音系与形态的界面研究提供了有益的借鉴。

（一）土耳其语形态范畴之间的关系

土耳其语的形态特点不同于英语，要解决层次划分问题，首先应明确各个形态范畴之间的关系。土耳其语的形态范畴包括词根、词缀和词干，其中最核心的成分是词根，它不附着任何词缀，有具体的语类特征。词干是由词根/词干附加构词词缀而成，也有具体的语类特征，例如：kitapçılık（售书业）一词中 kitap（书）是词根，kitapçı（书商）和 kitapçılık（售书业）都是词干。词根、词缀和词干的关系可以用下图来表示：

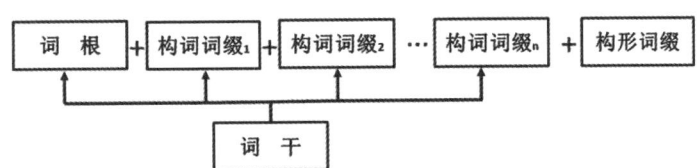

土耳其语的词根附加构词词缀能够派生出新词，词干附加构词词缀也能够派生出新词，属于构词层面；词根和词干附加构形词缀，构成了词的各种语法形式，属于句法层面。

（二）土耳其语形态、音系的推导模式

词汇音系学理论根据词缀的表现来确定层面的划分和排序，以附加词缀的先后顺序、加缀诱发的音系过程来定义每个层面的属性和层面之音的排序。结合土

耳其语的具体特点，我们可以从构词层面和句法层次两个方面来分析土耳其语形态、音系之间的交互关系。

1. 构词层面

土耳其语的构词词缀可以附加在词根上，也可以附加在词干上，没有必须的特定顺序，例如：göz-cü-lük（监视）、göz-lük-çü（眼镜店）中词缀-lük 和-cü 顺序可以互换，但表达的意义不同；同一个词缀可以在一个词上重复出现，例如：göz-lük-çü-lük（眼镜销售业），词缀-lük 出现了两次；构词词缀具有转类功能，例如：ev（房屋）＞evli（已婚的）＞evlilik（婚姻）（名词＞形容词＞名词）。一个土耳其语词在附加构词词缀发生形态改变的同时，音系操作随之展开：

首先，附加词缀时，词缀中的元音要与词根/词干最后一个音节中的元音保持"和谐"，例如：bilgi（知识）＞bilgisizlik（不学无术），bilgi 最后一个音节中的元音为前元音-i，因此词缀-siz 和-lik 中的元音均和谐为前元音-i。

其次，附加词缀时，辅音需清浊相应，以清辅音结尾的词对应清辅音开始的词缀，以浊辅音结尾的词对应浊辅音开始的词缀，例如：-DAş[①]词缀附加在清辅音结尾的词后需变为清辅音-taş＞yurttaş（同胞），附加在浊辅音结尾的词后需变为浊辅音-daş＞yandaş（拥护者）。

再次，以元音开始的词缀附加在辅音结尾的词根/词干后，音节需重新划分。例如：bulaş-（传染）＞bulaşıcı（传染性的），音节划分由 bu-laş-转变为 bu-la-şı-cı，辅音 ş 划归下一个音节。

最后，附加词缀时，重音发生位移。土耳其语词（外来词除外）的重音通常在最后一个音节上，例如：araba（汽车）一词的重音在最后一个音节-ba 上，当该词附加词缀-cı，变为 arabacı（司机）时，重音后移到最后一个音节-cı 上，依次类推 arabacılık（驾车）的重音继续后移，发生在词缀-lık 上。

按照上述规则，我们将土耳其语构词层面形态-音系的推导模式表达如下：

形态操作	音系操作	词缀类型
层次1：词根+词缀1	元音和谐，辅音和谐 重音位移，音节重组	构词词缀
层次2：[词干+词缀2]+词缀n	元音和谐，辅音和谐 重音位移，音节重组	

[①] 符号说明：A = a, e; C = c, ç; D = d, t; G = g, k; I = ı, i, u, ü; K = k, ğ。

2. 构形层面

土耳其语中的构形词缀不改变词义，只是在某个词进入短语或句子时，临时附加在该词后表示各种语法意义，如宾格词缀-I，附加在宾语后，起到标示宾语的作用。构形词缀排序相对固定，能附加在构词词缀后，可叠加使用，但不能在同一个词上重复使用。土耳其语中的构形词缀种类繁多，音系变化相较于构词词缀更加复杂。

首先，从元音角度来看，附加词缀时需遵循：元音和谐规则，例如，okul-u（学校-宾格），okul-a（学校-向格），okul-lar（学校-复数）；元音脱落规则，例如，fikir+imiz > fikrimiz（我们的观点）；元音窄化规则，例如，dinle-+yor > dinliyor（听）；元音增补规则，例如，çalış-+yor > çalışıyor（工作）等。

其次，从辅音角度来看，附加词缀时需遵循：辅音和谐规则，例如，dolap-ta（柜子-位格），duvar-da（墙-位格）；辅音浊化规则，例如，kâgıt+ı > kâgıdı（纸-宾格）；辅音增补规则，例如，masa-y-a（桌子-向格），eli-n-den（他的手-从格）等。

再次，以元音开始的词缀附加在辅音结尾的词根/词干后，音节需重新划分。例如：görev+imiz > görevimiz（我们的职责），音节划分由 gö-rev 变为 gö-re-vi-miz。

最后，附加词缀时，重音发生位移。与构词词缀不同，不是附加所有的构形词缀，重音都后移到最后一个音节上。在附加一部分词缀后，重音位移到最后一个音节，如格词缀、领属性词缀、复数词缀、肯定过去时词缀等。还有一些词缀，自身不带重音，附加在词根/词干后，重音需前移或是后移，例如：gelmek > gelmemek，由于否定词缀不带重音，前者的重音在音节-mek 上，后者的重音在音节 gel-上。再如，人称词缀通常不带重音，附加在时态词缀后，重音需前移，例如：yapmalıyım，重音不在最后一个音节-yım 上，而在音节-lı 上。

按照上述规则，我们将土耳其语构形层面形态–音系的推导模式表达如下：

形态操作	音系操作	词缀类型
层次1：词根/词干+词缀1	元音和谐、脱落、窄化、增补 辅音和谐、浊化、增补 重音位移，音节重组	构形词缀
层次2：[[词根/词干+词缀1]+词缀2]+词缀n	元音和谐 辅音和谐、增补 重音位移，音节重组	

(三) 土耳其语形态-音系交互模型

土耳其语词缀众多，形态和音系的交互关系错综复杂，如果每附加一个词缀都单列一个层次，会形成极为庞大的交互结构。因此，根据上述考察和分析，我们从构词和句法两个层次构建土耳其语形态、音系的交互模型，如下图所示：

	形态操作	音系操作
构词	[词根+构词词缀1]+构词词缀n	元音和谐，辅音和谐 重音位移，音节重组
句法	[[[词根+构词词缀1] +构词词缀n] +构形词缀1] +构形词缀n	元音和谐、脱落、窄化、增补 辅音和谐、浊化、增补 重音位移、音节重组

在构词层面，词根/词干与构词词缀直接合并，共同构成一个音系域，音系操作在词根、词干和词缀等形态范畴之间进行，界限并不十分敏感，音系规则数量相对较少。而句法层面，推导过程中的限制条件不断增加，所涉及的音系规则数量随之增加。

四、结语

土耳其语是一种形态复杂的黏着语，有着数量庞大、功能迥异的词缀。这些词缀既有构词功能，也有句法功能。由词缀引发的形态变化不是孤立存在的，其中伴随着大量的音系过程，音系为形态变体提供了选择依据。在土耳其语中，形态与音系存在着密不可分的交互关系，它们按照一定的层面有序展开，共同规定着土耳其语的表征形式。音系规则在构词与句法交互过程中的表现不尽相同，因此，将土耳其语音系部分一分为二，即与构词发生交互作用的音系规则和句法部分的音系规则，探讨它们之间的异同，是拓展土耳其语形态-音系界面研究的重要方向。

参考文献

［1］戴维·克里斯特尔. 现代语言学词典［M］. 北京：商务印书馆，2000.

［2］丁慧君，彭俊. 土耳其语语法［M］. 广州：世界图书出版广东有限公司，2015.

[3] 克拉克,亚洛坡. 语音学与音系学入门 [M]. 北京: 外语教学与研究出版社, 2000.

[4] 马秋武. 音系学中的界面研究 [J]. 外国语文, 2013 (5): 7—10.

[5] 赵忠德, 马秋武. 西方音系学理论与流派 [M]. 北京: 商务印书馆, 2011.

[6] [英] 吉森海文, [英] 雅洛布. 音系学通解 [M]. 北京: 外语教学与研究出版社, 2001.

[7] [英] 特拉斯克 R L. 语音学和音系学词典 [M]. 北京: 语文出版社, 2000.

[8] Aynacı, Mihrican. *Türkiye Türkçesinde Ses Etkileşimleri* [D]. Kocaeli: Kocaeli Üniversitesi, 2007.

[9] Baran Uslu, İbrahim. *Konuşma İşleme ve Türkçenin Dilbilimsel Özelliklerini Kullanarak Metinden Doğal Konuşma Sentezleme* [D]. Ankara: Ankara Üniversitesi, 2012.

[10] Çotuksöken, Yusuf. *Yapı ve İslevlerine göre Türkiye Türkçesi'nin Ekleri* [M]. İstanbul: Papatya Yayıncılık, 2011.

[11] Ergeç, İcal. *Konuşma Dili ve Türkçenin Söyleyiş Sözlüğü* [M]. Ankara: Multilingual Yayınları, 2002.

[12] Gussenhoven C, Jacobs H. *Understanding Phonology* [M]. 3rd ed. London: Routledge, 2011.

[13] Korkmaz, Zeynep. *Türkiye Türkçesi Grameri Şekil Bilgisi* [M]. Ankara: Türk Dil Kurumu Yayınları, 2014.

[14] Malkoç, Ekrem. *Konuşmanın Kişiye Özgü Değişmezleri: Ünlüler Üzerine Sesbilgisel Bir Çalışma* [D]. Ankara: Ankara Üniversitesi, 2011.

[15] Özkan, Mehmet. *Türkçe Metinlerde Kelime Kök ve Gövdeleri ile Ekler Arasındaki İlişkinin İstatistiksel Analizleri* [D]. Muğla: Muğla Üniversitesi, 2011.

[16] Sami Orberk, Mehmet. *Türkiye Türkçesinde Ünlü Ünsüz Etkileşimleri* [D]. Ankara: Ankara Üniversitesi, 2011.

[17] Volkan Coşkun, Mustafa. *Türkçenin Ses Bilgisi* [M]. İstanbul: IQ Kültür Sanat Yayıncılık, 2010.

批评隐喻分析视角下的斯瓦希里语政治语篇研究
——以坦桑尼亚前总统马古富力演讲为例

信息工程大学　成　彬

【摘　要】乔纳森·查特里斯-布莱克在 2004 年提出的批评隐喻分析为批评话语分析提供了新的方法，但在斯瓦希里语中相关研究较为少见。本文引入批评隐喻分析的研究方法，对坦桑尼亚前总统马古富力在 2018 年到 2020 年所做的十五篇演讲进行了定量分析与定性研究，对出现频率最高的五种隐喻类型进行了具体阐释，并结合马古富力个人经历和坦桑尼亚的政治环境、社会文化、历史传统等影响隐喻选择的因素进行了探究。研究发现，马古富力演讲中选择的隐喻类型与影响其选用隐喻的因素都具有独特的个人特点和鲜明的非洲特色。

【关键词】批评隐喻分析；马古富力；斯瓦希里语；政治语篇

斯瓦希里语作为东非多个国家的官方语言，使用人数众多，分布范围广泛，在东非的政治生活中扮演着不可或缺的角色。其政治语篇数量众多且具有典型性。但国内关于斯瓦希里语政治语篇的研究成果相对匮乏。乔纳森·查特里斯-布莱克（Jonathan Charteris-Black，下文简称"查特里斯-布莱克"）在 2004 年出版的《批评隐喻分析》（Corpus Approaches to Critical Metaphor Analysis）中提出了一种隐喻分析的新方法——批评隐喻分析（Critical Metaphor Analysis）。作为批评话语分析的新的补充方法[1]，批评隐喻分析旨在综合运用批评话语分析、语料库、语用学和认知语言学的研究方法研究隐喻。[2]本文引入这一研究方法，选取坦桑尼亚前总统约翰·蓬贝·约瑟夫·马古富力（John Pombe Joseph Magufuli，下文简称"马古富力"）在 2018 年到 2020 年所做的十五篇演讲作为语料，对其中主要的隐喻类型、隐喻所起的劝导作用和影响隐喻选择的因素进行了探究，希望能为斯瓦希里语政治语篇研究和非洲政治人物研究提供一个新的

---

[1] 纪玉华，陈燕. 批评话语分析的新方法：批评隐喻分析 [J]. 厦门大学学报（哲学社会科学版），2007（6）：42.

[2] Jonathan Charteris-Black. *Corpus Approaches to Critical Metaphor Analysis* [M]. New York: Palgrave Macmillan, 2004: xiii.

视角。

一、批评隐喻分析与隐喻的语篇模型

政治诉求的实质是权力的获得，而权力获得的重要途径就是通过言论影响民众思想，进而使他们对语言传播者所实施的政治行为表示认可。为达到这一目的，具备强大劝导功能的隐喻就成了政治语篇中的不二之选。查特里斯-布莱克认为，隐喻具备劝导功能的根源在于其具有激发人类情感的潜势。因此，在传统认知语言学阐释隐喻的基础上，批评隐喻分析会进一步研究影响隐喻选择的个人和社会因素与其表达政治诉求、反映情感态度的语篇功能。

查特里斯-布莱克借助语料库对三大类政治语篇进行了分析，其分析过程主要包括隐喻识别（identification）、隐喻描述（interpretation）和隐喻说明（explanation）三大步骤。隐喻识别工作分为两个阶段。第一个阶段为细读文本，细读文本的数量视语料库的规模而定。在细读过程中，通过判断字面的源域和目的域之间是否存在张力（tension）来确定候选隐喻（candidate metaphor）。而后从候选隐喻中整理出关键词，并在语料库中进行检索。第二个阶段即对检索结果进行精确分析，判断关键词所在文本是否存在隐喻。隐喻描述主要是研究对隐喻起决定性作用的认知和语用因素。隐喻说明则是将隐喻放入社会实践维度进行考虑，揭示隐喻与社会语境之间的关系，以及隐喻背后所蕴含的社会意识形态和权力关系。[①]

关于影响隐喻选择的因素，查特里斯-布莱克创建了隐喻的语篇模型进行具体说明。该模型对语义、语用、认知等多个影响隐喻选择的因素进行了总结归纳。具体模型如下图：

---

① 武建国，龚纯，宋玥. 政治话语的批评隐喻分析：以特朗普演讲为例［J］. 外国语，2020，43（3）：82.

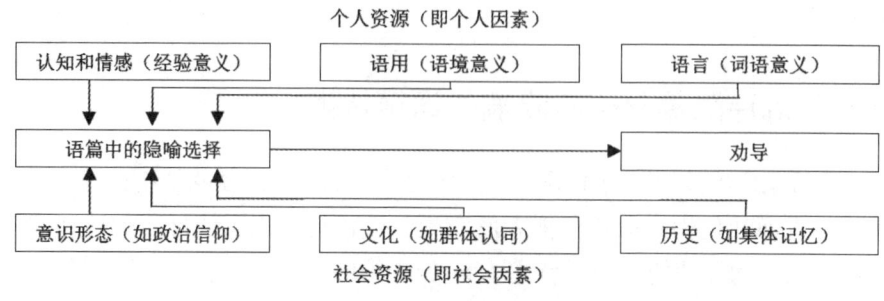

图 1　隐喻的语篇模型[①]

该语篇模型显示：个人因素和社会因素都会影响话语中的隐喻选择。个人因素可以细分为三个组成部分：人们对世界的想法、感受和身体体验即认知与情感；人们对特定场合语言的理解即语用；人们关于语言系统的知识——词汇和各种词义。影响隐喻选择的社会因素主要是政治观即意识形态、文化知识如群体认同、历史知识如集体记忆等。

二、斯瓦希里语政治语篇的主要隐喻类型

（一）语料库构建与语料分析过程

综合考虑语料的典型性、时效性和获取难度，本文选取了马古富力的 15 篇演讲作为语料。演讲发表的时间为 2018 年到 2020 年，共 45975 词。演讲类型包括会议开闭幕式演讲、签字仪式演讲等。获取渠道为坦桑尼亚总统府官网，网址 https://www.ikulu.go.tz/。

本次选取的细读文本共五篇，包括坦桑尼亚第十二届议会开幕式演讲、2020年迎新宴会致辞等。在细读过程中，结合斯瓦希里语的语言习惯和学界常用的隐喻类型来确定候选隐喻。值得一提的是，在确定隐喻关键词时，因斯瓦希里语为黏着语，表示人称和时态的词缀与动词词根均在一个词中体现，所以和动词相关的关键词需用动词词根和词根变形进行检索。但学界常用的 AntConc 各版本软件是以完整的单词作为检索单位的，且暂无斯瓦希里语分词软件可用，因而检索斯瓦希里语名词十分便捷，但检索动词力有不逮。所以在本次研究中，关键词检索除了用到 AntConc3.5.8 语料库分析软件外，还以 Word 检索功能和人工检索作为辅助。

检索完成后，对检索结果进行了筛选，对源域与目的域之间不存在张力的检

[①] 纪玉华，陈燕. 批评话语分析的新方法：批评隐喻分析 [J]. 厦门大学学报（哲学社会科学版），2007（6）：43.

索结果进行了剔除。在判断源域与目的域的张力时，查特里斯-布莱克提出，可借助该语言的标准语料库和词源词典进行判断。因为很多词语人们已经习惯使用其引申义，但使用引申义这一行为本身已经构成隐喻。由于斯瓦希里语暂时没有统一的语料库资源和词源词典，所以识别隐喻时参考的是现有的其他各类词典和网络语料等资源。

（二）出现频率最高的五类隐喻

本文参考《批评隐喻分析》中的隐喻分类和学界常用隐喻类型对检索结果进行了分类。语料中出现频次最高的五类隐喻为身体隐喻、家庭隐喻、建筑隐喻、战争隐喻、旅程隐喻。具体出现频次与关键词数量如下表：

表 1 隐喻类型统计结果

隐喻类型	身体隐喻	家庭隐喻	建筑隐喻	战争隐喻	旅程隐喻
出现频次	97	76	62	54	27
关键词数量	9	1	2	6	3

下面对五类隐喻进行举例分析：

1. 身体隐喻

例 1：Lakini pia imetimia miaka minne, tangu Chama chetu **kishike hatamu** za uongozi wa Serikali ya Awamu ya Tano; na sasa, umesalia mwaka mmoja kukamilisha kipindi cha miaka mitano ya Awamu ya Tano.

从我党[①]获得第五届政府的**领导地位**至今，已经过去了四年时间。还有一年时间，第五届政府的五年任期就将结束。

例 2：Napenda kuhitimisha hotuba yangu kwa kurudia tena kuwapongeza Watanzania wote kwa kuanza kutekeleza Mradi huu. Tuendelee **kushikamana**. Kama mjuavyo, Mradi huu umekuwa ukipigwa vita sana. Na hii ni kwa sababu, umeme ni bidhaa muhimu na nyeti kwa taifa lolote lile duniani.

我想利用这次演讲再次祝贺坦桑尼亚全体人民，因为我们开始实施这一项目了。我们将继续**团结**在一起。如你们所知，有不少人一直在为这一项目努力奔走。这是因为，电力对世界上任何一个国家来说都是关系国计民生的重要产品。

例 3：Kabla ya kuhitimisha hotuba yangu napenda nirudie kuwashukuru

---

[①] 马古富力为坦桑尼亚革命党成员。

Watanzania wote, wa makundi yote, wakiwemo wakulima, wafanyakazi, wafugaji, wavuvi, wafanyabiashara; kwa **kuiunga mkono** Serikali yetu, hususan kwa kudumisha amani na mshikamano, kuchapa kazi kwa bidii, kulipa kodi.

在结束我的演讲之前，我想再次感谢坦桑尼亚全体人民。他们来自社会各个群体，有农民、工人、牧民、渔民，还有商人。感谢他们与政府精诚**合作**，尤其是在维护和平、促进团结、勤恳工作、按时纳税方面的突出表现。

在例1中 kishike（词根 shika） hatamu 本义为"拿着马鞍"，句中引申为"获得领导地位，在某一领域地位很高"；在例2中 kushikama（词根 shikama）本义为"紧紧握着"，句中引申为"团结"；在例3中 kuiunga（词根 unga） mkono 本义为"握手"，句中引申为"合作"。虽然从字面角度看，上述例句中，源域到目标域的映射表现得并不明显。但用于描写身体动作的动词频繁用于民族、国家、政府等事物，其本义到引申义的发展和使用亦是概念隐喻的一种表现形式。本次研究的语料中，类似用法如下：

表2 身体隐喻相关动词与用法

动词	本义	引申义	搭配举例
chukua	用手拿	采取	chukua hatua 采取措施
gusa	用手摸	涉及	gusa nyanja zote 涉及各个领域
unga mkono	双手交握	合作	kutuunga mkono kifedha 在经济领域与我们合作
shika	用手拿	取得	shika nafasi 获得席位
shikama	用手紧紧握住	团结	tuendelee kushikamana 我们将继续合作（指坦桑尼亚政府与民众）
beba	用背部负重	背负；支撑	beba abiria（列车）容纳乘客

在例1中，坦桑尼亚革命党被赋予了人的形象，"拿着马鞍"引申为"获得领导地位，或在某一领域地位很高"，这和中文的"执牛耳"有异曲同工之妙。在例2和例3中，通过使用和身体有关的动词，政党、政府也被赋予了人的形象。从上述例句和表格中，我们可以总结出"政府是一个人""政党是一个人"两个概念隐喻。政府采取措施即为"把措施拿出来（chukua hatua）"，政党和民众团结在一起，即"握住民众的手（unga mkono）"。身体隐喻的使用，让"团结""合作"等概念不再显得空泛，使得抽象的政治概念变得具象化，无形中拉近了政府和民众之间的关系，塑造了马古富力的亲民形象。

2. 家庭隐喻

例4：Hivyo, tunafahamu mchango wa China katika harakati za ukombozi wa Bara letu. **Ndugu zetu** hawa walitoa silaha na vifaa mbalimbali kwa wapigania uhuru. Halikadhalika, waliwapatia wapigania uhuru mafunzo ya kijeshi.

如此一来，我们就能理解中国在非洲解放运动中做出的贡献。**我们的兄弟**为争取独立自由的战士们提供了各种武器，还为他们提供了军事培训。

例5：Tatu, ni kwenu **ndugu zangu wananchi** wa hapa Kibaha. Fursa imekuja kwenu. Chuo hiki kitatoa fursa za ajira kwenu wakati wa ujenzi na baada ya ujenzi.

第三，基巴哈区的**兄弟姐妹们**。你们的机遇已经到来了。因为这所学校不管是在修建过程中，还是完工后，都需要大量的工作人员，这会提供大量的就业机会。

在例4中，马古富力把中国称为兄弟，这与语言习惯有关，也和政治意图相关。家庭隐喻的使用体现出了两国的亲密，体现出马古富力的立场。语言的亲善释放出了期望两国继续合作的信号，有利于两国关系的稳固，也有利于坦桑尼亚进一步争取中国援助。在例5中，马古富力将出席会议的民众称为兄弟姐妹，可以增强语言的亲切感，在无形中传递"坦桑人民亲如一家""政府和民众亲如一家"的理念，不仅有利于凝聚民族意识，也有利于政府政策的推行。

3. 建筑隐喻

例6：Kabla ya kuhitimisha hotuba yangu napenda nirudie kuwashukuru Watanzania wote, wa makundi yote, wakiwemo wakulima, wafanyakazi, wafugaji, wavuvi, wafanyabiashara; kwa kuiunga mkono serikali yetu, hususan kwa kudumisha amani na mshikamano, kuchapa kazi kwa bidii, kulipa kodi; lakini pia kwa kuwa tayari kufunga mkanda ili **kuijenga Tanzania mpya**.

在结束演讲之前，我要感谢所有坦桑尼亚人，不管你来自哪个群体，不管你是农民、工人、牧民还是商人。感谢大家和我们的政府合作，尤其感谢大家能够守护和平与团结，能够努力工作，能够按时纳税。最重要的是，能够拧成一股绳**建设一个新的坦桑尼亚**。

例7：Napenda pia nitumie fursa hii kuwashukuru watangulizi wangu kwa **kuweka misingi** imara na kutengeneza mazingira yaliyowezesha kupatikana mafanikio hayo mbalimbali katika kipindi cha miaka mitano iliyopita.

我也想借此机会感谢我的前辈们，过去五年能取得上述成果，有赖于他们**打下**的坚实**基础**和创造的良好环境。

在例 6 中，kujenga（词根 jenga）最初的含义为"建房子"，本句中，把该词用于"建设一个新的坦桑尼亚"，即把建设国家的过程比作房屋建设过程。在例 7 中，kuweka（词根 weka）意为"放置"，misingi（单数为 msingi）本义为"房子的地基"，引申为"基础"，故 kuweka misingi 此处意为"奠定基础"。

在例 6 和例 7 中，我们可以总结出"社会环境是建筑"和"国家是建筑"这两个概念隐喻。把房屋的某一部分比作国家的某一部分是建筑隐喻的常见用法。除此之外，在马古富力的演讲中"jenga（建设）"一词不仅和国家、民族、政党等搭配，还和团结、平等、统一等搭配。另外在很多不构成隐喻的语境下，"jenga（建设）"一词也频繁出现。

在马古富力选用的建筑隐喻中，国家和社会是一座建筑，每一个民众都是建筑过程的参与者，而领导大家完成建筑过程的是马古富力和其领导的政府机构。建筑隐喻的使用能很好地描述国家建设的阶段性成果，突出政府的作为。同时，强调民众与政府共同建设国家能增强民众获得感，为民众建构"国家的主人"这一身份，进而影响到民众的政治倾向。

4. 战争隐喻

例 8：Na kwamba ni lazima **tupige vita rushwa, uzembe** na **mambo mengine** ambayo yatatuchelewesha kufika huko.

我们必须**向腐败开战，向渎职开战**，向一切阻碍我们增强经济活力的东西开战。

例 9：Duniani kote, sekta ya viwanda ndiyo mhimili mkuu wa kukuza uchumi, **kupambana na umasikini** pamoja na matatizo ya ajira.

在世界各国，工业在发展经济、**对抗贫困**和增加就业方面都发挥着重要作用。

战争隐喻通常会把对抗某一事物比作战争。在源域，敌人通过各种方式对我方造成威胁，我方则要排除万难战胜敌人。在目的域，国家建设面临着各种各样的困难。在例 8 和例 9 中，贪污、渎职、贫困、愚昧、疾病等都是阻碍国家发展的不利因素，而马古富力治下的政府则要带领民众克服这些困难，实现国家富强。

在马古富力选用的战争隐喻中，最突出的就是把反对贪腐比作战争。近年来，坦桑尼亚革命党因贪污腐败和官僚作风饱受批评。马古富力对于战争隐喻的使用，突显了其反贪污腐败的决心，营造了一种清正且务实的形象。事实上，马古富力在任期内确实反腐力度极大。他为了节省用度取消了坦桑尼亚独立日的公开庆祝活动，甚至在去世前，最后签发的总统令也与反腐相关。马古富力一系列作为广受好评,以至于有评论称他治下政府的踏实作风是革命党人抵御反对派攻击的重要"正资产"。①

5. 旅程隐喻

例10:Hivi sasa, nchi yetu inatekeleza Dira yake ya Maendeleo ya Mwaka 2025 ambayo inalenga kuifanya nchi yetu kuwa nchi ya uchumi wa kati wenye kuongozwa na viwanda. Ili **kufikia azma hiyo**, tumebuni mipango na miradi mbalimbali ya kimkakati. Baadhi tumeshaiwasilisha kwa marafiki zetu mbalimbali, wakiwemo wa China, ili watuunge mkono.

目前,我国正按照《坦桑尼亚国家发展愿景 2025》的规划开展工作,希望能在 2025 年成为中等收入国家。为了**到达这一时代**,我们从战略上制定了很多计划,部署了很多项目。其中包括加强和中国在内的友好国家之间的沟通交流,以便开展更多合作。

例11:Moja ya vipaumbele vikubwa vya Serikali ya Awamu ya Tano ni kuimarisha na kuboresha sekta ya elimu nchini, kuanzia elimu ya msingi hadi vyuo vikuu. Tangu tumeingia madarakani tumechukua hatua mbalimbali **kufikia azma hiyo**.

第五届政府一个重要的施政方针就是巩固和优化教育发展成果,相关举措覆盖从小学到大学的各个层级。从上台执政之初,我们就一直采取各种措施,以期**国家能走进一个新时代**。

在使用旅程隐喻时,政治人物通常会把国家建设比作一段旅程。在这段旅途中,会有一位领导者,领导国家走向繁荣富强;途中可能会遇到一定的阻碍,也会遇到敌人;为了克服困难,到达目的地,会争取朋友的帮助;不过旅途的终点一定是光明且美好的。②

在例10和例11中,马古富力利用旅程隐喻来突显坦桑尼亚革命党领导的第五届政府在治理国家方面的功绩。与建筑隐喻一样,此处的旅程隐喻也强调了发展的成果。但是在上述例句中,马古富力强调国家会进入一个新的时代,意在说明坦桑尼亚革命党领导下的政府能带领大家走向光明的目的地。这一隐喻能激发群众的信心,增强对马古富力、坦桑尼亚革命党和第五届政府的肯定。

---

① 殷悦. 坦桑尼亚总统约翰·马古富力[J]. 国际研究参考,2016(4):37.
② 武建国,龚纯,宋玥. 政治话语的批评隐喻分析:以特朗普演讲为例[J]. 外国语,2020,43(3):86.

三、影响隐喻选择的主要因素

马古富力在演讲中的隐喻选择受到个人因素和社会因素的综合影响。个人因素方面，表现最突出的是他本人的成长、教育和工作经历；社会因素方面，影响比较大的包括坦桑尼亚革命党的政治立场，部落族群关系影响下的群体认同，东非人民游牧文明的历史传统与争取独立解放的集体记忆等。

（一）马古富力的个人经历

马古富力的个人经历主要影响了战争隐喻和建筑隐喻的选择。

首先，从马古富力的成长经历来看，他出生于坦桑尼亚北部的茶托（Chato）地区，其家族世代务农。马古富力家境贫寒，幼时每天都需要放牛、捕鱼来补贴家用。由放牛娃成长为一国总统，成长环境造就了他清正刚直，雷厉风行的个人性格。1995 年，他当选为国民议会茶托地区议员，正式进入政坛。而后他敢想敢为、刻苦认真的工作风格吸引了时任总统本杰明·姆卡帕的注意，马古富力遂被任命为工程部副部长。[①] 由此观之，马古富力在演讲中频繁使用战争隐喻，并且把贪腐和贫穷比作敌人（例 8 和例 9）与其敢打敢拼、清正廉洁的行事作风密不可分。

其次，从马古富力受教育的背景来看，他 1985 年至 1988 年在达累斯萨拉姆大学学习并获化学与数学学士学位；1991 年至 1994 年就读于达累斯萨拉姆大学和英国塞福特大学并获化学硕士学位；2006 年至 2009 年就读于达累斯萨拉姆大学并获化学博士学位。他还曾经担任中学化学和数学老师、工业化验师。教育经历养成了他严谨务实的工作风格。他工作勤奋，痛恨"懒政"，所以会使用战争隐喻显示自己在反对贪污渎职方面强硬的态度。

最后，从马古富力的工作履历来看，马古富力 1995 年至 2000 年担任工程部副部长，2000 年升任工程部部长；2005 年至 2008 年担任土地和人居事务部部长；2008 年至 2010 年担任畜牧业和渔业发展部部长；2010 年至 2015 年担任工程部部长。[②] 在各类工程建设岗位上的摸爬滚打使得他深刻认识到基础设施建设对于国家的重要性，所以在执政期间他积极进行项目规划，并且频繁出席各类建设工程的奠基仪式。从这一角度来看，建筑隐喻在其演讲中频繁出现，实属正常。

[①] 殷悦. 坦桑尼亚总统约翰·马古富力[J]. 国际研究参考, 2016（4）: 37.
[②] 中华人民共和国外交部. 坦桑尼亚国家概况[EB/OL]. [2021-03-14]. https://www.fmprc.gov.cn/web/gjhdq_676201/gj_676203/fz_677316/1206_678574/1206x0_678576/.

(二) 坦桑尼亚革命党的政治立场

坦桑尼亚革命党的政治立场主要影响了旅行隐喻的选择。

马古富力借旅程隐喻将第五届政府比作带领坦桑尼亚走向繁荣昌盛的领路人（例10与例11），意在强调自己治下政府的功绩，在潜移默化中影响民众的政治倾向，把民众拉到自己的"旅途"中来。虽然马古富力在2015年和2020年两届大选中都获得了胜利，但是其所在的坦桑尼亚革命党领导地位一直面临着挑战。坦桑尼亚各反对党势力不断发展壮大，尤其是民主发展党声威渐盛，这给马古富力和坦桑尼亚革命党带来了不小压力。所以在演讲中，马古富力会尽力强调自身和背后政党的地位与功勋，以争取民意。

(三) 部落族群关系影响下的群体认同

部落族群关系影响下的群体认同主要影响了家庭隐喻的选择。

在例4和例5中，马古富力把中国和坦桑尼亚的民众比作兄弟姐妹。不仅如此，在其演讲中也会把与会人员（washiriki）、代表委员（wajumbe）等各类听众称为兄弟姐妹（ndugu）。这并不是马古富力个人的说话习惯，而是斯瓦希里语的语言传统。在日常生活中，面对认识或者不认识的人都可称之为兄弟姐妹（ndugu）。人们在使用这些说法的时候，并不认为自己在使用隐喻，但事实上，人们思考甚至体验这些生活情境的方式已经是由隐喻构建起来的了。[①]对比中文称与会人员为"同志"，英语称与会人员为"朋友"，斯瓦希里语中"兄弟姐妹（ndugu）"一词构建起的家庭隐喻具有强烈的非洲特色。

形成这一特色的原因在于，非洲虽然已经逐渐走向工业化、现代化，非洲的社会关系仍深受部落族群关系影响。部落族群关系基于世系，世系不仅决定了人们的个人身份确认方式，还在社会结构、性别关系、财产继承、婚俗制度方面占据着不可忽视的地位。世系始于个人，再拓展到家庭、氏族，最后以族群终结。无论氏族有多大，氏族成员都将彼此视为近亲。[②]坦桑尼亚的社会生活围绕族群和各族群成员展开，具有一种群体性特征。[③]因此，强调家庭观念，将整个国家视为一个大家庭成了坦桑尼亚的集体意识。不仅如此，非洲各国民族众多，政治

---

① 乔治·莱考夫，马克·约翰逊. 我们赖以生存的隐喻[M]. 何文忠，译. 杭州：浙江大学出版社，2015：5.

② 凯法·M. 奥蒂索. 坦桑尼亚的风俗与文化[M]. 高华琼，熊琦，许冰琪，译. 北京：民主与建设出版社，2019：206.

③ 凯法·M. 奥蒂索. 坦桑尼亚的风俗与文化[M]. 高华琼，熊琦，许冰琪，译. 北京：民主与建设出版社，2019：229.

上又支离破碎，所以统一和团结就成了非洲各国人民的不懈追求。非洲各国领导人会采取各种方式来加强民族凝聚力。在政治演讲中营造团结的家庭氛围来增强国家凝聚力更是不可或缺的手段。这一点在坦桑尼亚开国总统尼雷尔的演讲中就体现得十分明显。

（四）东非人民的历史传统与集体记忆

东非人民长久以来的游牧文明历史传统影响了身体隐喻的选择，其争取独立解放的集体记忆则影响了战争隐喻的选择。

政治语篇中，出现频率最高的隐喻通常是体育类、战争类或建筑类，但是在本次研究中，出现频率最高的为身体隐喻。这一现象与斯瓦希里语的语言特点和坦桑尼亚的社会文化有很大的关系。在坦桑尼亚的文化中，人们对于自己的身体有着不同于其他国家的理解，他们更注重身体对于外在世界的感受，注重自身与自然的连接。乔治·莱考夫和马克·约翰逊认为，概念是通过身体、大脑和对世界的体验而形成的，并只有通过它们才能被理解。概念是通过体验（embodiment），特别是通过感知和肌肉运动能力而得到的。[1]坦桑尼亚人对于身体的感知，不可避免地体现在了斯瓦希里语的语言习惯当中。因而斯瓦希里语中用来直接表达抽象意义的动词较少。在表达抽象意义时，常用描述生活中常见动作的动词进行引申。

在表2中可以看出，在身体隐喻中手部的隐喻出现频率极高。这一现象，一定程度上是受东非地区游牧文化的影响。东非地区的畜牧业自古以来就地位重要。东非高原上的古国基塔拉（Kitara）帝国在把人民划分为不同阶层时，更是把游牧民族希马人列为最高阶层，王国统治者就产生于这个阶层[2]。时至今日，畜牧业在东非各国经济中的占比也不容小觑。在游牧文化下，从手部发出的各种动作是人们安身立命的保障。无论是手持武器外出打猎，还是手牵手肩并肩抵抗野兽和其他游牧民族入侵，都对东非的社会文化产生了不可磨灭的影响。

从社会环境角度看，坦桑尼亚经历了数百年的殖民历史。历经葡萄牙、德国、英国的殖民统治，坦桑尼亚人民争取独立和自由的抗争从未停止。1961年坦噶尼喀独立，1964年坦噶尼喀共和国和桑给巴尔人民共和国组成坦桑尼亚联合共和国。从此，坦桑尼亚人民终于过上了独立自主的生活。被殖民的经历对于

---

[1] 王寅．认知语言学的哲学基础：体验哲学［J］．外语教学与研究，2002，34（2）：83．

[2] 裴善勤，钱镇．列国志：坦桑尼亚［M］．北京：社会科学文献出版社，2019：51．

坦桑尼亚来说是民族创伤，而争取独立的战争也是坦桑尼亚人民不能忘怀的历史。因此，各类政治人物在演讲时，通常会选用战争隐喻来激发民众斗志。比如，在独立初期尼雷尔就强调坦桑尼亚的三大敌人是疾病、愚昧和贫穷，这一战争隐喻在坦桑尼亚脍炙人口。

结语

马古富力作为"非洲最受欢迎的领导人之一"，在东非地区拥有极大的民间影响力。在 2015 年和 2020 年的坦桑尼亚总统大选中，他都以明显优势获得胜利。这一切，与他出色的谈吐和高明的演讲技巧密不可分。马古富力执政期间，其最鲜明的特点就是亲民与务实。他深入坦桑民间，经常参与各类乡镇工程的剪彩仪式，同时他热衷于基础建设，被坦桑人民称为"推土机总统"。虽然马古富力在第二个任期刚刚开始之时就因病逝世，但他为坦桑尼亚政坛留下了宝贵的财产，也为斯瓦希里语政治语篇研究提供了极具价值的资料。通过其隐喻选择的类型我们可以看出，马古富力的演讲有着强烈的个人特点。而从后续分析我们也能看出，影响马古富力演讲中隐喻选择的因素具有鲜明的非洲特色。受限于斯瓦希里语语料库建设情况，本文研究过程和研究结果尚不成熟。但从批评隐喻分析的角度研究斯瓦希里语政治语篇，不失为一个具有潜力的研究方向。因其不仅有利于从概念隐喻的角度加强对于斯瓦希里语和非洲文化的理解，还能为斯瓦希里语政治语篇研究和非洲政治人物研究提供新的视角。

参考文献

［1］陈可．试析基奎特总统的经济外交［J］．西亚非洲，2007（1）：38—42．

［2］戴南．英语语法系列 7：隐喻［M］．丁建民，译．北京：外文出版社，2001．

［3］贺梦依．概念隐喻与政治的关系识解［J］．外国语文，2011，27（4）：48—52．

［4］纪玉华，陈燕．批评话语分析的新方法：批评隐喻分析［J］．厦门大学学报（哲学社会科学版），2007（6）：42—48．

［5］凯法·M. 奥蒂索．坦桑尼亚的风俗与文化［M］．高华琼，熊琦，许冰琪，译．北京：民主与建设出版社，2019．

［6］裴善勤，钱镇．列国志：坦桑尼亚［M］．北京：社会科学文献出版

社,2019.

[7]乔治·莱考夫,马克·约翰逊.我们赖以生存的隐喻[M].何文忠,译.杭州:浙江大学出版社,2015.

[8]束定芳.隐喻学研究[M].上海:上海外语教育出版社,2000.

[9]武建国,龚纯,宋玥.政治话语的批评隐喻分析:以特朗普演讲为例[J].外国语,2020,43(3):88—88.

[10]王寅.认知语言学的哲学基础:体验哲学[J].外语教学与研究,2002,34(2):82—89.

[11]殷悦.坦桑尼亚总统约翰·马古富力[J].国际研究参考,2016(4):37—41.

[12]中华人民共和国外交部.坦桑尼亚国家概况[EB/OL].[2021-03-14].https://www.fmprc.gov.cn/web/gjhdq_676201/gj_676203/fz_677316/1206_678574/1206x0_678576/.

[13]中华人民共和国驻坦桑尼亚联合共和国大使馆.坦桑尼亚经济概况[EB/OL].(2013-03-13)[2021-03-14].http://tz.china-embassy.org/chn/lqfw/tsgk/t1021060.htm.

[14]Jonathan Charteris-Black. *Corpus Approaches to Critical Metaphor Analysis* [M]. New York: Palgrave Macmillan, 2004.

[15]George Lakoff, Mark Johnson. *Philosophy In The Flesh: The Embodied Mind and Its Challenge to Western Thought* [M]. New York: Basic Books, 1999.

文学研究

泰国小说《龙腾暹罗》中华人形象探析

信息工程大学 陈 羲

【摘 要】 文学作品是社会现实的一种映射，本文运用比较文学形象学理论对《龙腾暹罗》这部作品进行研究，将文本内部情节和外部环境结合，分析文本中所包含的泰国华商形象、华人家长形象和华人女子形象，并通过这些形象的展现，进一步梳理与探析华人在泰国社会形象转变背后的政治文化等影响因素，同时希望可以借助文学作品的描述，转变泰国社会中对华人的偏见与刻板印象，增加相互间的了解、加深感情，构建华泰一体的和谐社会。

【关键词】《龙腾暹罗》；巴潘宋·色维昆；泰国华人；华人形象

自古以来，中泰两国之间的交流就不曾中断，大量中国人口迁移至泰国生存繁衍，中国文化从泰国社会中的"他者"（Other）逐渐转变成为泰国文化特征的一部分，给泰国社会文化增添了许多色彩。文学作品是社会现实的一种反映，20世纪末期，泰国社会中华人形象发生较大转变，中国性或华人性（Chineseness）[①]不再是危险的象征，而被纳入泰国文化特征之中，成为国家文化宣传、经济发展的资本，可以加以突出利用。如今大多数泰国华人认为自己是政治上的泰国人、文化上的华人，中华文化在他们身上打下深深的烙印。那么，影响其转变背后的因素是什么，又是如何在文学作品中展现的，对当时的华人社会发挥着怎么样的作用，这些问题值得思考。形象研究是目前风云激荡的全球化浪潮下的一个热门话题，本文选取泰国著名作家巴潘宋·色维昆（Praphatsorn Sewikun）颇具代表性的一部作品《龙腾暹罗》（Lot Lai Mangkon），运用比较文学形象学理论分析其中的华人形象，并进一步梳理与探析华人在泰国社会形象转变背后的政治、文化等影响因素。

---

① "中国性"是指保持作为中国人的内在特质。广义上是指能够保持中国传统习俗、承袭中国文化等具有中国血统的人。引自郭秋梅. 秉持与融合：东南亚华人"华人性"的嬗变 [J]. 东南亚纵横，2010（9）：56.

一、《龙腾暹罗》创作背景简介

《龙腾暹罗》是巴潘宋·色维昆在泰国驻土耳其大使馆工作时写的，分期刊登于《Sakulthai》杂志，后于 1990 年印刷出版，并在当年获得了全国图书发展委员会颁发的年度国家优秀小说奖。迄今为止已重印 21 次，后被改编为电视剧在泰国七台播出，反响更加热烈，深受大众欢迎。2016 年又被改编为音乐剧，可见其受欢迎之程度。

《龙腾暹罗》是以第三代泰籍华人的视角来写，详细描写了华人移民瑟帕尼家族的奋斗、成功和悲剧——三代人基本都生活在一个大院中。20 世纪 20 年代，拉玛六世王末期或七世王初期，年轻的阿梁——梁·瑟帕尼（Lang Suephanich）乘船来到暹罗。他已经在中国结了婚，并育有两个儿子，在中国共产党取得胜利后，他们被带到了泰国，随后被送往香港读书。从做苦力开始，阿梁攒够了开一家小型进口公司的钱。为了买地建厂，阿梁娶了第二任妻子，一位泰籍华人女孩，他们育有三个儿子和两个女儿。随后建了一家纺织厂，用日本的旧机器为泰国市场提供纺织棉布。日本人转向制造合成纤维，梁的棉布填补了这一市场空白（泰国人偏爱棉布，它比尼龙或人造丝便宜）。从制造业开始，阿梁扩展到金融领域，在香港和曼谷成立了多家金融投资公司。后来，他又娶了一个来自泰国北部的年轻女子，他们育有一个儿子和一个女儿。随着阿梁的子孙逐渐长大，个性、习惯不同的子孙面对工作、爱情、生活时，问题层出不穷。当他们学成归来接手家族企业中的工作，在拓展业务的同时，也给这个家庭制造了许多矛盾，有时甚至损害家庭的声誉和公司的利益。每当面临种种困难时，阿梁都用他的人生智慧带领着整个家族继续前行，直至生命的尽头。

《龙腾暹罗》的作者巴潘宋·色维昆是泰国著名作家兼外交家，曾在 2001—2005 年担任泰国作家协会会长，任期 2 届，并于 2011 年成为泰国国家艺术家文学奖项的获得者，多部短篇小说被译为英文、德文、土耳其文、日文等在世界各地发行传播，深受读者的喜爱。巴潘宋出生于 1948 年 4 月 22 日，成长于曼谷一个华人聚集区——圣清查区（Sao Chingcha），在华人群体中生活，了解他们的生活工作经历，这也是他为什么能以深刻的洞察力来描写他们的原因。巴潘宋的父亲是记者，后担任电影制片人，母亲曾在国外接受教育，家庭教育良好，自小就熟读经典，他说自己曾给外祖母读过中文小说，喜欢泰文版的《三国演义》，中学时就在父亲的鼓励下进行写作。大学毕业后他遵照自己的意愿进入外交部工作，长期工作于泰国外交部直到退休，曾被派任泰王国驻老挝万象、德国波恩、土耳其安卡拉、新西兰惠灵顿、智利圣地亚哥的外交官。在外派期间他还在几所大学就读并获得学士学位，华裔兼外交家的身份使得巴潘宋能够尊重文化差异，更能体会多元文化的魅力，同时也为他的小说创作提供了许多素材，这使得小说的人物塑造、情节设计更为真实生动。据巴潘宋本人讲述，《龙腾暹罗》融合了他自身的经历和想象，比如他父亲的华人上司，就是小说主人公阿梁的原型之一。虽然巴潘宋不承认自己是华人，但他出版的小说作品中有不少是关于华人的，如 1998 年在新西兰任职时创作的《金帆船》(Samphao Thong)、2001 年创作的《新唐》(Sing Tueng) 以及《龙腾暹罗》。巴潘宋的小说创作多数是在工作之余完成的，并在杂志上进行连载。《龙腾暹罗》原本以边创作边发布的形式连载于《Sakulthai》杂志，通过读者的反馈，给接下来的情节设计提供参考。当时读者热情很高，还没连载完毕，就有大量的读者打电话或者写信到杂志社，询问故事的结局。①

"比较文学形象学所研究的'形象'是三重意义上的形象，它是异国的形象，是出自一个民族（社会、文化）的形象，最后是由一个作家的特殊感受所创作出的形象。"②虽然当时有关华人的文本数量众多，但是《龙腾暹罗》对泰国读者很有吸引力，特别是泰籍华人，因为它真实地描绘了一个华人家族的奋斗与生活，不受偏见的影响或政策的限制。我们可以通过作者的描绘看到当时泰国社会对于华人形象的感知，同时也向读者们彰显了华人文化的优良价值。

二、文本中的华人形象

"华人在泰生活了数百年之久，并没有引起太多争议或严重歧视，但当瓦栖拉兀国王在 1914 年写下《东方犹太人》(Yiw haeng Buraphathit) 后，就将华人妖魔化，认为华人像在欧洲的犹太人，无情贪婪，愿意为钱做任何事情——永远不会成为好公民，只带着'草席和枕头来到泰国'以'寻求皇恩荫庇'。当时的泰国华人被挑选出来作为危险的'内部他者'或被迫扮演接受泰国国王和人民慷慨相助的少数群体。"③《矿场》(Meang Rai)（1939 年）中的华人店主是贪得无厌，将过期商品倒卖的无良商人。系列小说《潘、尼功、金温》(Phon Nikon Kim Nguan)（1939 年）宣扬对泰国的忠诚，华人作为"仿泰国人"要比泰人更像泰国人，主人公甚至用墨镜遮挡自己的华人特征。冷战时期的《鹰爪》(Lep

---

① 叶维．二十世纪八十年代末泰国身份认同的演变与小说《龙腾暹罗》的产生 [D]．北京：北京大学，2019：19—20．

② 孟华．比较文学形象学 [M]．北京：北京大学出版社，2001：25．

③ Thak Chaloemtiarana. *Are we them? The Chinese in 20th-century Thai literature and history* [M]// *Read till it shatters: Nationalism and identity in modern Thai literature*. Canberra: The Australian National University Press, 2018: 478.

Khrut)(1955 年)中华人大多是流氓和骗子,是"来自随地吐痰国家的战士",书中最大的反派人物来自中国,被描绘为傅满洲的泰国翻版,一度成为泰国儿童的"噩梦"。到了《泰国来信》(*Chotmai Chak Muang Thai*)(1970 年)、《我的祖父》(*Yu Kap Kong*)(1976 年)开始将华人分类为"好华人"和"坏华人",欣赏华人的优点,承认"好华人"是泰国社会的贡献者,目光开始聚焦在普通泰国华人家庭,但是仍然把官方对华人的定义挂着嘴上——在一个慷慨的新国度,华人是感恩、谦卑、顺从的移民。

随着华人在泰国社会中地位的改变,与华人相关的文本也受其影响,华人公开宣扬传统中国文化、思想和习俗等,并得到了当时泰国社会的追捧,认为这些是华人成功的关键,泰国社会需要学习利用。小说《龙腾暹罗》中就向我们展示了泰籍华人如何过着不同于一些泰国作家在其作品中所暗示的体面生活。

(一)泰国华商形象

在这之前的文学作品和媒体中,华人的形象通常为卖咖啡的下层小贩、贪财无良的商人或电视综艺节目中不会讲标准泰语的喜剧演员。"《龙腾暹罗》中的华人形象否定了关于华人被妖魔化和被边缘化的论调,是对泰国华人刻板印象——令人讨厌的商人,利用他们的影响力和金钱来欺骗公众和泰民族——的反抗。"[①] 华人不再是寄生虫,而是影响力巨大、掌控泰国商业圈的上层人士,被尊称为您或者头人、座山,受人尊崇。主人公阿梁不仅白手起家,通过自身的不断奋斗在商业上获得成功,他也战胜了自己的情敌——一位泰国上层社会的男士,赢得美人心的不再是泰国"传统英雄",这也打破了泰国小说的传统情节——泰国上流社会男性"得到了那个女孩",再次印证了当时华人的种族不再是问题,已经成为泰国精英阶层的一部分。尽管阿梁讲泰语有口音,但能够向"泰国化"的子孙们传授生活和经营之道。阿梁的亲家柯忠凯·派散博士,也是从中国一起坐船来到泰国,白手起家获得巨大成功的华人企业家,他的泰语同样不地道,用词也不怎么恰当,但是他不仅得到了荣誉博士学位,而且受人尊敬,经常出现在电视台的采访中。

在小说中,阿梁作为商人最大的特质,也是阿梁最重视的品质就是讲道义。"義"这一价值观通过一幅挂在苏潘尼奇宅邸入口走廊处巨大蚂蚁的油画表现出来。每一天,苏潘尼奇家族成员必须经过这幅画,被提醒着要有"義"。

---

① Thak Chaloemtiarana. *Are we them? The Chinese in 20th-century Thai literature and history* [M]// *Read till it shatters: Nationalism and identity in modern Thai literature*. Canberra: The Australian National University Press, 2018: 502.

"当推开我们家小洋楼的玻璃大门走进一楼大厅后,大家能看见的第一样东西就是在一张老宣纸上,用中国墨画的一只大黑色蚂蚁画像,然后是在红纸上用金墨写着一个大大的草体中文'義'。""至于义,如果我们心中没有道义,我们人就跟动物没有什么两样,我们会去争夺自己想要的东西,而不会在意他人是否已经拥有。大人则会随意祈福小孩或者弱者,子孙也会忽视年迈的父母,让他们变得焦虑、痛苦。""我的祖父经常用道义来训导子孙,而且我也曾记得祖父教导我们的一句话,滴水之恩,当涌泉相报。"①

重信守诺也是阿梁成功的关键因素之一。开篇阿梁即将破产的情节充分体现了这一道德观念。阿梁从国外进口的咖啡因为风暴几乎损失殆尽,但是阿梁依然履行自己的责任,将剩余的产品交付给亲密客户,然后再贷款从他们那里买回商品供应给其他客户。在香港"国际信托"资金断裂时再次发挥作用,阿梁用自己的声誉和信用做担保,用泰国公司的资金填补漏洞,在两个星期内将亏损全部挽回,让公司起死回生。

"在祖父的观念里,身边的财富没了不要紧,如果有力气的话,还可以再赚回来,可是声誉一旦失去,一生都难再树立。""以诚相待,是做生意的首要核心。如果我们之间缺少了相互的信任和信义,就难以把生意继续进行下去……所以,那张再尊贵的合同,也就会如一张擦屁股纸一样,比不上我们真心的话,我们是用心来做生意,一两句话的互相承诺,就可以换来彼此之间的尊重。"②

同时阿梁忠诚、热爱泰国社会。华人讲究落叶归根,死后的葬身之处是心中最难割舍的地方,阿梁将泰国完全看作自己的家乡,死后的葬身之处。

"尽管祖父一直认为自己是个中国人,而且他从来不像他的有些朋友那样,把自己做作地假扮成泰国人,但是祖父认为这片土地有恩于他,泰国是他的葬身之地。""我希望我能死在泰国这片让我生根发芽与成长的土地,不要带我到其他地方,别让我的灵魂不得安宁。"③

(二)华人家长形象

《龙腾暹罗》中展示的是一个由一夫多妻制构成的大家族——苏潘尼奇家

---

① 巴潘宋·色维昆. 龙腾暹罗[M]. 素拉信·阿莫瓦尼差坤(黄汉坤),译. 曼谷:楚蒂玛·色维昆,2017:51.
② 巴潘宋·色维昆. 龙腾暹罗[M]. 素拉信·阿莫瓦尼差坤(黄汉坤),译. 曼谷:楚蒂玛·色维昆,2017:16.
③ 巴潘宋·色维昆. 龙腾暹罗[M]. 素拉信·阿莫瓦尼差坤(黄汉坤),译. 曼谷:楚蒂玛·色维昆,2017:81.

族，子孙众多，人丁兴旺，共有 17 人之多。在我国，一夫多妻制直到 1950 年婚姻法出台才被明令禁止，这不仅影响着过去我国的婚姻、家庭结构，对当时的海外华人也产生了影响。阿梁在去泰国之前就已经结婚生子，"祖父在十六岁那年娶了大奶奶……我的祖父和大奶奶结婚前是从未谋面，婚后在一起也就两年光景"，生育了两个儿子，随后被带到泰国。到了泰国，为了买地成立合资纺织厂，就决定与一名泰国女子结婚，"如果用和自己没有亲密关系的人的名义购买土地，很可能以后会受骗，所以他决定找一个泰国女子或在泰国出生的华裔女子结婚"，育有三个子女。随后阿梁又娶了一位年轻的泰国女子，作为第三任老婆，也育有两个子女。

作为出生在中国，成年后漂洋过海来到泰国生活的阿梁，十分注重对子孙进行孝道教育。阿梁认为泰国有恩于他，而且认为自己是个知恩图报的中国人，应该时时刻刻报答这片土地。"祖父非常重视孝道，当南伯父、爸爸和努姑姑还很小的时候，祖父一旦有空就会叫他们三个人并坐在一起，给他们讲《二十四孝》的故事。"小说中提到阿梁利用女儿浓帕雅与一名中校军官的暧昧关系来拉拢军界高级官员，"虽然很难相信浓帕雅姑姑这样的人会听从祖父来给他牵线搭桥，但是在中国人的传统观念里，对祖先和家里的长辈报恩思想是十分重要的，这或许是促动她去做一些自己从未想过的事情的重要原因。"[①] 书中还多次提到了中国那句著名的俗语"滴水之恩，当涌泉相报"。

尽管已经是大型企业的掌门人，但是阿梁仍存留有中国传统家族等级意识、家庭本位思想。儿子安迪负责泰国南塔吉公司事务，田负责香港信托公司，在阿梁前往香港避难时将安迪的儿子带在身边，"祖父的想法主要是，如果安迪伯父在泰国掌握了公司的权利，那么田伯父能够掌握安迪伯父的独生子的心"，以此作为均衡家庭成员势力的手段。对于子女的婚姻也是包揽包办的态度，尽管三儿子已经有了心上人，为了联姻娶了另一大家族的女儿，导致夫妻之间并不和睦。还要将自己的女儿努嫁给罗勇府一个开鱼露厂的朋友的儿子，因为父母之命，媒妁之言，好过其他方式。为了阻止另一个女儿私自结婚，阿梁打算坐飞机去美国拉女儿回来，从中国来的美玲奶奶，即阿梁的大老婆是这样劝说阿梁的：

"你忘了吗？男孩子离开家一百年还是我们宗族的人，但是女孩子一旦离开我们的屋檐下，她就改姓了。虽然你能把她带回来，她也不是我们的同姓人了，更糟糕的是，如果她肚子里有孩子，那也是人家姓氏的，你干嘛还要在这里养人

[①] 巴潘宋·色维昆. 龙腾暹罗[M]. 素拉信·阿莫瓦尼差坤（黄汉坤），译. 曼谷：楚蒂玛·色维昆，2017：286.

家的老婆孩子。"①

阿梁不喜欢他的子孙像泰国人一样有小名,他认为人的出生只有一次,有一个名字就足够了,有些人本名有着非常好的含义,随意起小名更反而不吉利。"名字是父母在出生时给起的,如果它不好的话,早就破产了。"尽管阿梁在泰国生活多年,但并没有像其他人一样将自己的名字换成泰语姓名,包括子孙也没有小名。

(三) 华人女子形象

小说中的美玲奶奶是中国人,阿梁在泰国稳定之后将其与孩子一同接到泰国生活,她身上仍保留有中国传统妇女的观念,讲中文,喜欢喝茶,想把一切紧紧攥在自己手里,时刻提防继承权会落到姨奶奶那一支,小孩、仆人不敢跟她有丝毫的亲近。但当丈夫要再娶一任妻子时,美玲奶奶却是这样想的:

"美玲奶奶对这件事没有任何异议,真的把这件事当做了大老婆的任务,主动作起了媒人,非常积极地帮助我的祖父找小老婆。有人猜测,美玲奶奶在自己不能像以前那样满足丈夫时,她便按照传统中国妇女的观念,管起闲事帮自己的丈夫找小老婆。"②

而子孙辈的华裔女子们,并不再受传统封建思想的束缚,敢于追求自己想要的生活。佩琪伯母是香港人,不依靠丈夫与孩子,独立又能干。对于她父亲的遗产纠纷问题,能够长期奔波于两地,打赢官司;对于丈夫和女秘书之间的问题,能够勇敢出手反击。中国人认为多子多福,美玲奶奶要她多生孩子,她直接带着丈夫做了结扎手术,自由又随性。最漂亮的女儿努姑姑活泼开朗,渴望深造,偷偷参加大学考试,成为一名优秀的会计进入公司工作,并用绝食对抗父母为其安排的婚姻,坚持嫁给一名老师。还对父亲娶小老婆的行为表示强烈不满,认为这是在踩踏女权。浓帕雅姑姑留学国外,思维敏捷,毕业之后担任新成立的公司的总经理,利用所学知识,提升公司利润,且将收益投入社会慈善事业,使公司成为拥有良好形象的知名公司。冬桃姐姐不愿依靠家族的力量,考进农业大学学习畜牧专业,和朋友在泰北开了农场。农场失败后,她也从未想要回到家族的荫护之下,而是选择去南部买一块棕榈地,开民宿,亲自下田干活。孙辈的孩子都以她为榜样,想要自由自在地生活。

---

① 巴潘宋·色维昆. 龙腾暹罗[M]. 素拉信·阿莫瓦尼差坤(黄汉坤),译. 曼谷:楚蒂玛·色维昆,2017:237.

② 巴潘宋·色维昆. 龙腾暹罗[M]. 素拉信·阿莫瓦尼差坤(黄汉坤),译. 曼谷:楚蒂玛·色维昆,2017:112.

除了上述描述详尽、特征明显的形象外，文本中还提到了不少与中国有关的元素，比如中国谚语、中国古典小说、中国民间信仰等。这些元素在如此畅销广受欢迎的书中出现也侧面说明了华人文化在泰国社会的熟知程度，以及他们对于华人的接受程度。

三、华人形象转变的原因

"文本所包含和传播的形象与历史、社会、文化语境有着密切的关系，形象研究不能使阅读简单化，要从文本中走出来，要注重对创造了一个形象的文化体系的研究，特别要注重研究全社会对某一异国的集体阐释。"[①]上述形象分析中已经提到早期有关泰国华人的文本将华人妖魔化、边缘化，认为他们是危险的"内部他者"，是来自吐痰国的战士，华人社区是文化飞地，或者试图掩盖华人特点将他们变得比泰国人更像泰国人。到了《龙腾暹罗》时，大量的华人元素出现在文本中，华人的文化、价值观念、经营理念等被社会接受并用来教育大众，华人成为泰国社会不可或缺的一部分，笔者认为促使其转变的主要原因包括以下三点：

（一）社会政治因素

中泰两国间的友好往来，最早可追溯到汉朝时期，距今已经有两千多年的历史。庞大的华人华侨群体在泰国的政治、经济、文化、社会等方面发挥了不小的作用。"尽管现在在东南亚国家中，泰国华人被认为是"同化"程度最深，问题最少的少数民族。"[②]但泰国华人群体的融入并不是一帆风顺，其中也经过一些波折，在不同的历史时期有一定的差异性。

1914 年，拉玛六世瓦栖拉兀国王——泰国著名的民族主义者就通过《东方犹太人》一书表达对华人群体在国家身份认同层面的排斥，认为华人是泰国社会的寄生虫，会影响泰国未来。銮批文上台后及二战时期掀起的"排华"运动，实行极端民主主义，认为华人问题是政府执政的关键，将华人放在泰族的对立面。随后泰国又推行同化政策，当时的同化政策以全方位同化为主导，要将在泰华人变为泰国人，非泰族人民必须接受泰式教育，以"国王、宗教和国家"这一经典泰国身份认同内涵为中心，任何他者的（Otherness）都被当作"非泰国性"，成

---

① 孟华.比较文学形象学［M］.北京：北京大学出版社，2001：7.

② 潘少红.延续与提升：泰国华人社会地位的演变：二战后至 20 世纪 90 年代［J］.东南学术，2003（2）：103.

为用来定义"泰国性"的参照。华人必须在入籍后连续在泰国居住超过十年，才能获得与其他泰国公民相同的权利；剥夺华人参与石油、燕窝贸易等商业领域的权利；对华文学校的教学内容和教职人员进行监督和限制，禁止各种华人会馆、宗祠建立或者组织相关活动，泰籍华人失去了读、写和说中文的能力，这意味着他们与自己的文化隔绝，只能通过泰语来学习。到 1949 年，每年从中国移民到泰国的人数限制在 200 人，进一步阻断了能够帮助维持华人文化和语言的新华人移民数量的增长。国家的统治强调国家利益，担心经济实力强大的华人群体对国家政权的忠诚度，社会平等被忽视，民众做政治上的沉默者；佛教的影响使人们满足现状，阻碍阶级的流动，以维持等级结构，保持社会的稳定，那时的华人承受着巨大的同化压力，并不敢展露自己的特色。

到了 20 世纪 70 年代，随着国际局势和国内政治环境的变化，泰国政府放宽了华人入籍条件，归化泰籍后即成为泰国公民，获得政治认同，能够平等行使公民权利。中国也鼓励华侨入籍，效忠当地国家政府，华人身份不再让政府警惕，华人的境况发生了较大的变化。80 年代，随着文人政府上台，执政重心转移，经济飞速发展，达到高速发展巅峰，进入爆发式增长模式，催生了一大批泰国华人资本家，几乎垄断了泰国的商贸、金融业，跻身泰国上层社会。泰国民主进程不断向前，政治环境更加宽松，开始允许华人参选议员，这些华人中的精英不再只追求经济上的地位，还要求参与政治，对国家大事发声。据统计，当时的差猜·春哈旺政府，"内阁有 357 人，其中华裔约近百人，内阁阁员 44 人，有中国血统的占一半以上，包括总理差猜·春哈旺上将和多位副总理、部长、助理部长在内。担任内阁总理顾问或各部部长顾问的华人、华裔工商业界巨子，人数更多。这是泰国以前未见的现象。"[1] 当时，中泰两国因为解决了中共与泰共关系等历史遗留问题，又共同反对越南入侵柬埔寨，政治互信增强，高层领导人与民间交往密切，"从 1979—1989 年，这 10 年是中泰关系史上最光辉的一页。"[2] 华人身份不再是一种"耻辱"，而成了一种身份的体现，例如在尖竹汶府等一些华人聚集区，泰国家庭会给孩子起个中文名字，希望他们可以像华人一样富裕起来。泰国华人开始重新表达自己的"中国性"或"华人性"（Chineseness），展示自身的文化特色。

20 世纪 90 年代，泰国社会经历了十多年两位数的经济增长，经济全球化渗透到泰国，也使从事金融业、初级制造业、进出口业、零售业以及酒店和度假村的大型企业受益，这些企业中的大多数恰好是泰籍华人家族办的。沙立的"发

---

[1] 江白潮. 对泰国华人华侨现状的探讨 [J]. 东南亚, 1991（2）: 33.
[2] 张锡镇. 中泰关系四十年 [J]. 东南亚研究, 1990（2）: 8.

展"政策实施后中产阶级迅速增长,并推动了经济和教育的繁荣。华人往往重视教育,较为富裕的华人后裔通常选择出国留学,在国内接受高等教育的泰籍华人也随之增多,所学专业扩展到了建筑、法律、医学等领域,职业选择更加多元化,越来越多的华裔不仅遍及商业和金融业,而且遍及高等教育界、政界、军队。"由于曾是大学毕业生标准职业首选的政府部门无法吸收大量的毕业生,因此他们就职于工作报酬更高的私营部门。在首都和省会城市受过良好教育的中产阶级泰籍华人变得更加自信,并开始质疑关于泰籍华人在泰国社会和文化中的地位这一事实情况。作为一个群体,他们成为受过新教育的中产阶级的一部分,甚至其中的精英成员准备从旧官僚统治集团那里接管权力,因此人们有了新的自信,渴望讲述他们的成功故事。新一代受过良好教育的泰籍华人不再被瓦栖拉兀国王描绘的负面形象所吓倒或胁迫。"[1]随着第三代、第四代泰籍华人与泰族人在血缘、宗教、文化方面的融合加深,他们对国家的认同问题已基本明确,泰国社会逐渐开始将泰国华人华侨视为华族,泰籍华人也已经适应了在泰国的地位,对为泰国做出的贡献感到满意,认为自己是泰国社会不可缺少的一部分,并准备在现代泰国文化的背景下恢复其华人传统。

(二)文学创作环境

文学作品的创作或多或少会受到当时政治社会情况的影响。20世纪70年代的两场政治事件以后,泰国现实主义文学流派重又勃兴,在反映生活的深度和广度上更加进步。早期有关泰国华人的作品,多数是由泰国作家创作,他们认识许多华人并把他们当作朋友,但是作为泰人作家,他们都不太了解华人的生活和奋斗,没有意识到在泰国长大的几代华人所面临的挑战,他们无法以华人的身份书写华人。随着华人群体在泰状况转变,泰籍华人开始发声并有足够的自信写下自己作为泰国居民和公民的历史,此时泰华文学"面向泰国"的雏形已经形成,作品更多地取材斯时斯地的生活,向泰国社会展示当地华人的真实境况。以小说《南风吹梦》(1969年)为开端,泰华文学开始兴起,当时的泰国华人文学更多地关注普通华人移民家庭生活。随着文学营垒、思想的对立和斗争减缓并逐渐消失,泰国文化创作趋向多元化。著名历史学家尼提·尤希翁(Nidhi Eoseewong)和素吉·翁贴(Sujit Wongthet)分别出版了《吞武里时期的政治》(1982年)、《华人与老挝人混合》(*Jek pon Lao*,1987年),可以算作是"重磅炸

---

[1] Thak Chaloemtiarana. *Are we them? The Chinese in 20th-century Thai literature and history* [M]// *Read till it shatters: Nationalism and identity in modern Thai literature*. Canberra: The Australian National University Press, 2018: 502-504.

弹",不仅提醒泰国人拉玛一世的母亲也是华人,而且认为华人在泰国历史发展过程中占据了重要的作用和地位。泰国是由许多种族和文化构成的,泰国既属于华人,也属于在泰国的老挝、高棉、印度等其他民族的人。"我愿意相信,这些出版物和它们所提出的想法诱使泰华作家不再躲藏,讲述一些更接近事实的故事。这种思想上的转变,加上泰籍华人家族们在商业和政治上日益增长的影响力,无疑促进了有关泰籍华人新的、大胆而现实的著作产生。"到了 20 世纪 80 年代下半期,泰国政府对于出版物的管制放松,文学表达的空间变得更加宽广,一批泰华作家在避免触及意识形态的政治话题,与官方的政策保持一致的情况下,将当时的泰华文学作品转向关注、宣扬华人资本家的奋斗史,《龙腾暹罗》就是其中之一,同时期出现的还有《阳光拨开云雾之前》(Kon sai mok luean, 1987 年)、《椰子天堂》(Wiman maphraw, 1989 年) 等作品。

当时与华人相关的作品销量大增,因为随着华人文化被更多的泰国公众所接受,泰籍华人从对自身文化遗产的遗忘中醒来,摆脱了文化上的失忆症,恢复了自信心,大量购买与中国文化相关的书籍,同时也出版了无数关于自己的历史、奋斗和成功的书籍。人们对泰籍华人的生活越来越感兴趣,为了满足公众的好奇心,许多有关泰国富有华人家族的书籍被出版,与华人习俗、华人智慧等方面相关的书籍也十分畅销,这些都清楚地表明华人文化已经成为泰国文化的重要组成部分,影响着当时华人文本的创作。"泰国华文文学自 20 世纪 80 年代出现繁荣,华人的子女虽然大多数都已经泰化,但是懂得中文的成年人仍是一个不小的数目,中国民族文化传统在他们身上仍然根深蒂固,没有中华文化的精神食粮对他们来说是不可想象的,这批人又可以说是泰国华文文学的创作者、需求者和推动者。另外,改革开放以后,泰国又增加了一批来自中国大陆的新移民,还有一批从事经济、贸易、体育、文学,在泰国长驻或者短期的居留者,以及不断增加的中国游客,这些人的数量不可低估。"[1]毋庸置疑,这些文学作品无法割断与中华民族优秀文化传统的联系,普遍打上了中国文化的烙印。

(三)对"中国性"的认识发生变化

随着泰国社会的发展,族群融合更加深入,泰国性与中国性之间的冲突减弱,"对于理解什么是泰国文化、政治乃至经济来说,泰人和华人之间的模糊界

---

[1] 栾文华. 泰国现代文学史 [M]. 北京:社会科学文献出版社,2014:256.

限或者是二分的意义和必要性变得不那么重要"①,"中国性"被纳入"泰国性"之中,泰国华人作家撰写的关于他们自身及奋斗历程的作品,被大多数消费者认可,华人文化成了泰国文化资本的重要组成部分,可以在某些方面突出并加以利用。书中的美玲奶奶觉得泰国人懒惰,不如中国人勤劳,而且泰国女人很爱打扮、爱游玩、还爱赌博,经常对一些事情没完没了地指指点点,不像中国人那么刻苦。文本中对华人对待人生困境的坚强毅力,面对工作时的勤奋拼搏、诚实守信、重义轻利,生活中的孝道美德进行了大力描写,作者希望能够通过文本的传播让泰国人民吸取并学习这些美德。而近些年来,泰国大力开发挖掘华人集聚区的华人传统文化,让其成为旅游业的重要"卖点",以促进经济的发展,也再次印证了泰国对于华人性或中国性的接纳,以及华人及华人文化在泰国的重要性。

《龙腾暹罗》是对1945年泰国社会经济状况等方面的写照,当时的中国人为了躲避战争的影响,下南洋来到泰国,为了生存和生活,仅仅依靠着"一枕一席"开始奋斗,由于自身的不懈努力,慢慢富裕起来,并对泰国社会和经济产生了巨大的影响。阿梁保持着中国人的特性,但是从心底里将泰国视为自己的故乡。阿梁代表了现代大多数泰国华人的心态——将自己视为政治上的泰国人、文化上的华人,"中国性"成为其特征之一。"华人的'中国性'成为泰国多元文化的一环,是泰国文化不可或缺的组成部分。总之,'中国性'不再被视为一种对'泰国性'的威胁,二者不再是一种互斥或竞争关系,而是呈现出相互交叠的融合状态。"②

结语

泰国文学作品中的华人形象随着中泰关系的变化而变化,《龙腾暹罗》"代表了历史修正主义的后冷战环境下华裔泰人复兴的一个巅峰"③。随着时代的变化,又有新的情况正在产生。目前,尽管中泰关系的主流是友好与合作,但是在泰国民间社会和舆论界也产生了一些厌华情绪。"迄今为止,这种情绪尚处于苗

---

① Thak Chaloemtiarana. *Are we them? The Chinese in 20th-century Thai literature and history* [M]// *Read till it shatters: Nationalism and identity in modern Thai literature*. Canberra: The Australian National University Press, 2018: 510.

② 金勇. 泰国对华人群体"中国性"认识的嬗变:以泰国文学中的华人形象为例 [J]. 东南亚研究, 2021(2): 149.

③ 金勇. 泰国对华人群体"中国性"认识的嬗变:以泰国文学中的华人形象为例 [J]. 东南亚研究, 2021(2): 148.

头状态，还不足以影响中泰关系，但绝不可轻视。"①而文学作品传播面广，是政治宣传的一种重要手段，借助作家对华人包括中国各方面形象情真意切的描绘，通过作品的广泛传播，将华人以及中国良好的形象展现在大众面前，借助文学的形式来消除泰国社会对于华人的偏见与隔阂，增进人民之间的感情，从而构建出华泰一体的和谐社会版图。

参考文献

[1] 巴潘宋·色维昆. 龙腾暹罗 [M]. 曼谷：有书出版社，2011. (ประภัสสร เสวิกุล.ลอดลายมังกร.กรุงเทพฯ:นานมีบุ๊คส์พับลิเคชั่นส์.2549)

[2] 巴潘宋·色维昆. 龙腾暹罗 [M]. 素拉信·阿莫瓦尼差坤（黄汉坤），译. 曼谷：楚蒂玛·色维昆，2017.

[3] Thak Chaloemtiarana. *Are we them? The Chinese in 20th-century Thai literature and history* [M]// *Read till it shatters: Nationalism and identity in modern Thai literature*. Canberra: The Australian National University Press, 2018.

[4] 郭秋梅. 秉持与融合：东南亚华人"华人性"的嬗变 [J]. 东南亚纵横，2010（9）：56.

[5] 金勇. 泰国对华人群体"中国性"认识的嬗变：以泰国文学中的华人形象为例 [J]. 东南亚研究，2021（2）：148—149.

[6] 江白潮. 对泰国华人华侨现状的探讨 [J]. 东南亚，1991（2）：33.

[7] 栾文华. 泰国现代文学史 [M]. 北京：社会科学文献出版社，2014.

[8] 孟华. 比较文学形象学 [M]. 北京：北京大学出版社，2001.

[9] 潘少红. 延续与提升：泰国华人社会地位的演变：二战后至20世纪90年代 [J]. 东南学术，2003（2）：103.

[10] 叶维. 二十世纪八十年代末泰国身份认同的演变与小说《龙腾暹罗》的产生 [D]. 北京：北京大学，2019：19—20.

[11] 张锡镇. 中泰关系四十年 [J]. 东南亚研究，1990（2）：8.

[12] 张锡镇. 中泰关系近况与泰国社会厌华情绪 [J]. 东南亚研究，2016（3）：23.

---

① 张锡镇. 中泰关系近况与泰国社会厌华情绪 [J]. 东南亚研究，2016（3）：23.

21 世纪以来缅甸小说创作的新与变

信息工程大学　申展宇

【摘　要】 21 世纪以来，伴随缅甸政治转型深入和社会持续发展，文学事业也有长足发展，文学创作题材多样、形式纷呈，小说已成为当前缅甸文学中最流行的文体。市场化、欲望化语境对小说创作造成了较大的影响与冲击，缅甸作家坚持执着于创作的个性追求，井喷的乡土小说、政治小说、网络小说彰显了他们的创作实绩且产生了广泛的影响。强烈的现世精神、朴素的生存意志以及深沉的忧患意识是 21 世纪以来缅甸小说的三大重要精神维度，小说作品深深流露出对底层民众的深情关切、对世俗生活的美好追求，体现了对社会矛盾和生活危机中的忧患认知。这一时期的小说有着较为鲜明的地域色彩，更有着丰富多样的民俗画卷。对 21 世纪以来的缅甸小说进行考察和研究，对全面深入地了解该时期缅甸小说的现状和发展意义重大。

【关键词】 21 世纪；缅甸小说；文学语境；精神维度；审美特征

受外围环境变化和各种思潮的影响，21 世纪后缅甸文坛逐渐呈现百花绽放景象，小说仍是主要的创作形式，各类小说无论在内容上，还是在表现手法上都较以往有很大发展。这一时期，小说已呈蓬勃发展之态，数量井喷、题材庞杂多样，反映国内政治事件、讴歌劳动人民、描写社会生活等现实主义题材的小说大量出现。一些小说打破了以往的政治禁忌，也有很多小说从专注弘扬传统文化转向对社会现实的解读，新兴作家脱颖而出，他们的作品体现出独到的视角和深刻的思想内涵。近年来，缅甸文坛举办了多项重要文学活动，意义重大、影响深远，为缅甸小说的后续发展注入源源动力。

一、文学语境与创作概况

缅甸文学界自 1948 年独立前后蓬勃发展的"新文学运动"之后，再没有出现开创性、革命性的文学实践活动。囿于特殊的政治环境，缅甸文坛在挣扎中缓慢前行。2011 年，长久的军人执政局面结束，民选政府上台后，国家从长期的闭塞状态转向开始积极融入世界。缅甸在政治、经济、社会、文化等领域开始加速转型。与此相应，长期低迷不振的缅甸文学逐渐焕发新机。为尽快扭转文坛低迷局面，有效促进缅甸文学发展，缅甸宣传部在多个大城市的镇区图书馆定期举办文学沙龙，以推动缅甸的文学发展、提高缅甸人民的阅读量，增进人民的知识水平。政府呼吁作家们深入社会、服务人民，创作更多体现时代特色、弘扬联邦精神和彰显民族文化的优秀作品。①缅甸文学界也自发举办多项文学活动，如作家诞辰纪念、图书展销会和各类文学庆典等，其中一些影响巨大。

（一）国家级小说奖助推小说创作

缅甸文学宫是宣传部下辖机构之一，总部设在仰光市，定期召集国内作家、学者举办文学报告会和座谈会，专门负责对缅甸文学发展现状的研究工作。为促进缅甸文学发展、维护传统文化与风俗、弘扬缅甸价值观，缅甸文学宫每年颁发国民文学终身成就奖、国民文学奖与文学宫文稿奖。国民文学奖对上一年度出版的书籍进行择优授奖，文学宫文稿奖对上一年度非知名作家的优秀文稿进行遴选并资助出版。经过 60 多年的发展，国民文学奖下设奖项已增至 18 个，如小说、诗歌、杂文、翻译文学等奖项，每个奖项仅有一人获奖。文学宫文稿奖有长篇小说奖、短篇小说奖、诗歌集奖、儿童文学奖、翻译奖、综合文集奖等 13 个奖项，各个奖项细分至数个等级，对获选作品分级授奖。授奖情况每年都有变化，往往会出现某个奖项或某奖项下的分级奖项缺失。另外，缅甸文学宫从 2001 年起专门设置国民文学终身成就奖，以表彰那些为缅甸文学发展做出卓越贡献的资深作家。

国民文学奖与文学宫文稿奖这两个奖项是当今缅甸文坛的最高级别的文学奖，获奖作品具有文学创作风向标意义。这两个奖项是在缅甸文学界有着巨大影响力的文学奖，二者在文学评奖中都具有很强的代表性，文学评奖历来备受关注。国家级文学奖经过严格的甄别、遴选，挖掘出一批兼具社会性与艺术性的文学佳作，从某种层面上来讲可称为当代文学的"标杆"，也是透视缅甸小说的一个窗口。国家级文学奖的产生与发展是对缅甸当代小说发展规律的一种探索与顺应，一些代表性获奖作品不仅对传统文化进行解读，还专注于对现实社会的解读，有着极为独到的视角和深刻的思想内涵，映射了缅甸现当代文学发展轨迹，是一部鲜活的现当代文学的发展史。以文学评奖为契机，为缅甸小说创作提供了必要的取舍与展示平台，也引导了小说创作的发展方向。

---

① "နိုင်ငံတော်၏အတိုင်ပင်ခံပုဂ္ဂိုလ် ဒေါ်အောင်ဆန်းဆုကြည်နှင့် စာရေးဆရာများ မိတ်ဆုံညစာစားပွဲ ကျင်းပ ကြေးမုံ၊ သြဂုတ်လ ၁၇၊ ၂၀၁၉။

（二）民间文学团体

2017 年 5 月 8 日，"缅甸作家俱乐部"成立，其宗旨是致力于缅甸文坛发展及维护作家权益。"缅甸作家俱乐部"在多个层面展开活动，包括翻译国内优秀文学作品并将其翻译成英文出版，与国外作家组织、团体建立联系，开展友好交往，借鉴外国文坛发展经验，开办文学培训班，培养新一代作家，努力创办标杆性的文学杂志，为青年作家打造一个良好平台，举办文学赛会与文学沙龙，吸引更多民众参与其中。[①]

"缅甸作家俱乐部"是缅甸国内新兴的高水平的文学组织，该俱乐部入会门槛很高，要求会员须是各主要报纸杂志的总编辑、责任编辑，或是发表 5 部作品以上的作家，或是已发表小说、诗歌与其他文章总量达 150 篇以上的作家。目前，由冈丹任（ကောင်းသန့်）担任主席，著名当代文坛巨匠钦瑞乌（ဆရာမကြီးခင်ဆွေဦး）、敏佑威（ဆရာကြီးမင်းယုဝေ）、漆山温（ဆရာချစ်စံဝင်း）、貌摩都（ဆရာမောင်မိုးသူ(ဘကြီးမိုး)）、貌钦敏·达努漂（ဆရာမောင်ခင်မင်(ဓနုဖြူ)）、登伦（ဒေါက်တာသိန်းလွင်）任名誉主席。

"缅甸作家俱乐部"成立后，先后与日本、越南、尼泊尔等过作家组织建立联系，并翻译出版了尼泊尔作家协会推介的尼泊尔作家的诗歌集；邀请漆吴纽（ဆရာချစ်ဦးညို）、貌达秋（ဆရာမောင်သာချို）、玛珊珊诺（ဆရာမစမ်းစမ်းနွဲ့）、珠（ဆရာဂျူး）等数位缅甸当代著名作家就如何提升写作能力开办讲座，收效良好。

二、沉闷氛围中的知识分子书写

2011 年后，缅甸国内政治转型速度加快。政府取缔了文学审查制度，准许书报出版自由，政治、社会、新闻界等领域急遽转型，缅甸文坛一扫以往沉闷局面，开始重现活力，呈欣欣向荣之势。政局诡谲多变、时代风云变幻为作家创作提供了丰厚的文学素材，文学内容庞杂、形式多样，贴近生活、映射时代发展。

摩觉迎（မိုးကျော်ဝင်，1982—）的小说《捕鱼人》（ငါးဖမ်းသမား）获得 2020 年度国民文学奖长篇小说奖。摩觉迎是缅甸文坛新锐作家，2005 年，首次在杂志上发表短篇小说《没有边界的国家》（နယ်နိမိတ်မရှိတဲ့နိုင်ငံ）初登文坛。2008 年，摩觉迎跟随同乡出国以海员为职业开始海上漂泊，随后陆续在杂志上发表多篇小说。这部获奖小说讲述了漂泊海外的缅甸籍渔业工人的一些鲜为人知的悲惨工作经历。作品采用第一人称"我"的声音和视角展现故事世界，把"我"和小说主角

---

① "စာပေဆိုင်ရာလှုပ်ရှားမှု များဖြားခဲ့သည့် ၂၀၁၇ခုနှစ်"ပြည့်စုံနေဝင်း. December 25, 2017.<http://news-eleven. com/28140>

——谬各各在丁甘遵镇区的火车上相遇后的聊天记录作为小说主要内容。谬各各向"我"讲述了他做海员期间的悲惨遭遇及在海上作业时的艰辛与危险。谬各各大学毕业后为谋得高薪,遭受劳务公司欺骗签下"卖身契",从此走上苦厄之旅。他本以为能得到一份体面工作,没想到上船后和其他几名缅甸籍海员每天被强制劳动,且吃着和狗食一样差的饭,生存环境极度恶劣。尽管如此,稍有不慎工头就对他们拳脚相加。经历了长期的非人折磨和凌辱后,终于拿着可怜的微薄报酬返回家乡。小说语言平白质朴,符合人物职业特点。作者通过人物、悬念与冲突赋予小说生命力。其中,冲突贯穿整篇小说,推动了情节的发展。作者在序言中强调,这部小说重在描述那些遭遇人生厄运的缅甸船员,他们只是在海外务工的数百万缅甸劳工中的小部分群体,不具广泛代表性。希望读者可以通过这部小说了解这个群体的工作情况和生活状态。在小说结尾,作者写道:"有时候我会想起谬各各,每当想起他的时候,就会产生一个疑问,他到底是一个捕鱼人,还是他自己就是一条被锋利的渔钩挂住的鱼儿呢?"作者的疑问引发读者深深思考,通过叙述海外缅甸船员这一不为常人所知的特殊群体的故事,引发读者对这个弱势群体的生活境遇的关注和怜悯。

都迪奥巴(သုတိဩဘာ(ဆင်ပေါင်ဝဲ),1978—)是缅甸僧侣作家,他的短篇小说集《德寿善寺庙》(တစ်ဆုပ်ဆန်ကျောင်း အပါအဝင်အခြားဝတ္ထုတိုများ)获得 2019 年度文学宫文稿奖短篇小说集一等奖。这部小说集包括 16 篇短篇小说,德寿善寺庙是其中一篇小说的篇名,"德寿善"在缅文意思是"用手一抓的米的分量",常用来比喻做布施时不在乎东西贵贱多寡,有善心即可。在小说中,作者详细描述了当今缅甸农村地区的僧侣们的贫困生活状态和群体感受。通过作者的描写,我们可以深入了解僧侣和施主间的互动关系、法师圆寂后的丧事文化和农村地区的传统风俗。都迪奥巴以一位僧侣的视角窥探乡村社会的发展与变迁,表达了对佛像、贝叶经等珍贵物品保护失序的担忧,流露出对嗜酒成性的乡村青年进行尽力劝谕后的惆怅和迷茫。都迪奥巴是一位极具时代观的僧侣作家,他的小说不仅内容新颖,而且用词简洁且不失文雅,适时适处幽默频现,可读性颇强。

当代缅甸作家遭遇代际差异与时代变化,对社会和现实既有犹豫无奈,也有茫然彷徨。面对价值观念多元纷杂、各种潮泛滥汹涌的当下时代,他们深入社会去探求生活,也坚守着自己的人文立场与精神空间。其小说作品以独特的视角和真实的表现,书写各阶层人物的人生与命运,揭示了他们在时代潮流和现实生活中的心路历程。

三、时代遽变中的精神向度

21世纪缅甸小说已经走过20年的发展历程,但相对于缅甸小说百余年的源流演变而言,无疑是短暂的,其精神向度显得较为淡薄和与模糊。对21世纪缅甸小说精神向度与艺术品性进行审视,可以发现其精神维度有两个特征:一是当代缅甸小说作者具有强烈的批判意识、政治情结和寄寓民生期冀;二是缅甸作家通过小说描写生命阅历与生存体验,表达对家乡和故土的深沉热爱和眷恋。

亚敏妙埃(ယမင်းမြတ်အေး,1979—)凭其报告文学《甜美的梦与苦涩的生活》(အိပ်မက် ချိုချို ဘဝခါးခါး)获得2017年"国民文学奖"青年文学奖。在这部小说化的报告文学中,真实地再现了生活在泰缅交界地区的难民群体的悲惨境地,这些背井离乡的难民的家园紧邻一处充满恶臭的巨大垃圾场,靠淘垃圾艰难谋生。亚敏妙埃是一名女记者,她以正义和良知担当媒体人的责任和使命,关注社会、记录民生。鲁卡(လူကာ,1976—)的小说《异国他乡》(မြန်မာပြည်အပြင်ဘက်)获2018年度国民文学奖长篇小说奖。小说以在马来西亚过着颠沛流离生活的缅甸籍劳工为创作对象,通过冷静、细腻的语言陈述,展现这个特殊群体的艰苦生存环境,详细描写了他们面对不公待遇时的彷徨和挣扎。国民文学奖评选委员会认为,通过《异国他乡》这部小说,读者会发现在异域他乡的缅甸人民所遭受的来自雇主和职场同事的恶意欺凌,甚至是他国的法律歧视。作者为读者呈现了海外同胞们的未知世界,小说令人感同身受、引发深思。鲁卡曾在日本、马来西亚工作过,他将在马来西亚的缅甸籍劳工的打工生活作为题材创作了这部长篇小说。近十年来,越来越多的缅甸籍劳工前往邻近国家或地区谋生,他们在异国他乡遭遇语言不通、文化差异等种种困境。究其原因,一方面作为外来者,这些海外劳工是无力争取权利的弱势群体,另一方面国别差异、城乡差异触发他们的情感错位。在小说《异国他乡》中,为引导读者了解这个特殊群体的生活状态以及他们在海外遭受不公待遇甚至是恶意欺压的悲催经历,作者用鲜活、形象的文字记录了当代缅甸人从闭塞到开放的过程以及从家园故土到异国他乡的艰辛经历,以真实性的笔触、原生态的信息,再现了漂泊的缅甸籍劳工们的鲜为人知的生活,多角度反映了海外打工族的生存状态、情感世界和权利诉求。

敏威亨(မင်းဝေဟင်,1978—)的短篇小说集《月影下的乌云》(လရိပ်အောက်က မိုးတိမ် မွှေးခင်းဝတ္ထုတိုများ)获得2017年"国民文学奖"短篇小说集奖。这部小说集中同名小说《月影下的乌云》讲述了失去土地的农民家庭的不幸遭遇。政府以管制的名义强制征收了仰光市郊的农田,导致少年羌达一家的生活陷入困境,羌达和他的10岁的妹妹蓓蓓决定"偷"空心菜换些钱以补贴家用。兄妹俩在一个漆黑的雨夜翻越军管区的隔离墙,悄悄地潜入自家菜田。不幸的是,蓓蓓在菜田的泥水里遭不明毒蛇咬伤，最终不治身亡，羌达用近乎疯狂般的报复行动表达对妹妹无辜离世的愤怒和不满。小说通过鲜明的人物形象和扣人心弦的故事情节再现了缅甸社会底层农民群体遭遇不公待遇的社会现实，深深触动读者的心灵。貌道噶（မောင်သော်က，1928— ）的《年老病终短篇小说集》（လူကြီးရောဂါဝတ္ထုတိုများ）包括 9 篇短篇小说，作者通过塑造角色多样的人物形象和一系列具有因果关系的故事情节，展现作家的生活态度和对现实矛盾的理解，在人物形象和故事情节中寄寓的思想意义。例如该小说集中的同名小说《年老病终》讲述了两位老人抱憾青春往事的故事，小说男主人公巴丁在学生时代对嫒梅暗生情愫，但两人在毕业后各自拥有了完全不同的人生际遇。世事流转，年迈的巴丁竟与垂垂老矣的嫒梅再度重逢，此时两人的伴侣都已离世，巴丁依旧对嫒梅饱含感情，他的性格还和年少时一样过于懦弱而羞于表白。一天，巴丁终于鼓起勇气向嫒梅吐露心声，但他的言辞充满不确定和躲闪，冷静又克制的嫒梅表示正是因为巴丁的胆怯，年轻时他们没能一起，现在仍然不会有结果。在小说中，作者通过大量的人物对话，向读者交代了两位老人的前尘往事，在增强了小说的可读性的同时也淋漓尽致地展现了人物性格。嫒梅与巴丁的最后一段对话，似乎是作者人生经历的独白，告诉读者面对一份感情时应持积极和勇敢尝试的人生态度。小说的结尾是报纸刊登了一则年老病终的讣告，公布了巴丁的死讯。讣告内容与小说标题相呼应，故事至此戛然而止，令人回味无穷。

四、立足当下的审美追求

文学具有地域性，作家生于斯、长于斯的地域对他们的性情气质和价值取向与才情发展有着直接的影响。当代缅甸作家紧随时代发展，不断尝试题材内容和艺术表现的创新。他们的小说具有鲜明的地域色彩，彰显了立足当下的审美追求。

珠（ဂျူး，1958— ），原名丁丁温（တင်တင်ဝင်း）。她的小说《用彩虹织成的披肩》（သက်တံတိုဖြင့်ရက်ဖွဲ့ ချစ်သူရဲ့ခြုံလွှာ）获 2019 年度国民文学奖长篇小说奖。这部小说描写了居住在努透基镇区附近一个叫作妙瓦底的小村庄里数位女性的爱情和生活。珠在小说中不仅详细地讲述缅甸传统纺织艺术和披肩织造艺术，而且多角度展示了传统艺术背后的文化蕴含。珠是缅甸当代文坛最具影响力的作家之一，其小说叙事手法深受西方文学影响，被誉为浪漫主义小说家。珠在本年度一举斩获国民文学奖中最具分量的长篇小说奖，这不仅是对珠的高规格褒奖，更是对她长年坚持自由创作的最终肯定。珠从 20 世纪 80 年代开始在缅甸文坛崭露头角，她在缅甸当代文坛颇具影响力。珠的小说叙事手法深受西方文学影响，被誉为浪漫主义小说家。在曼德勒医科大学获得医学学士学位后珠转行从事文学创作,她的小说作品往往以其独特的职业视角审视人与社会,用冷静、客观的思维剖解时代困惑。珠的早期作品多是言情小说,后来的创作持续尝试题材多样化,关注女性问题、揭示女性心理,在文坛独树一帜。[①]她的小说,不仅娴熟地运用心理描写、象征、纪实与虚构相互渗透等艺术方法,且通过不甚复杂的故事情节显白自我观点与精妙哲理,给人以人生启迪,因此深受广大年轻读者喜爱。珠的一些小说作品遭受质疑和争议,她笔下的小说角色有不婚主义者,有丁克一族,甚至包括挑战社会公序良俗的坏女孩。这些小说人物的言行与缅甸传统文化相左,但是珠坚持认为这些小说人物虽有争议,却能真实地体现时代发展,映射社会变化。

布尼钦(ပုညခင်,1972—)是缅甸当代知名高产作家,她在高中时期开始发表诗歌、小说和散文。先后从事小学教师、报刊编辑、记者、剧作家、公司员工等多个职业,利用工作空暇时间创作了大量文学作品。2015 年后,布尼钦转变写作风格,以政治、历史、法务、文物遗产和自然环境为创作题材发表多部颇具文学感染力的长篇小说。迄今为止,布尼钦共创作了 70 多篇短篇小说、100 多篇长篇小说以及大量的文学评论。作者在长篇小说《慢慢揭开的刺》(တနှေးနှေးဆွေသော ဆူး)中,通过两位女性——玛瑞觉和玛薇道的人生经历的视角来打量社会、观察人性、品味生活的得与失。布尼钦通过这部小说向读者表达他的为人处世原则,强调不要对他人的过失和粗鲁一味愤恨,也不要过分关注或评论他人的好与恶,要时时刻刻检点自己的言行。

随着时代发展,一批新兴作家脱颖而出,他们主要是 20 世纪 80 年代以后出生,以民刊、网络为主要表现舞台,活跃在文学网站、文学论坛和博客上面。这些网络小说语言生动、鲜活,带有浓厚的网络和民间色彩。密久因(မြစ်ကျိုးအင်း,1981—)凭借短篇小说集《在那个捕捉希望之光的下午》(မျှော်လင့်ခြင်းကို ဖျားတဲ့ညနေ)获得 2019 年度国民文学奖短篇小说集小说奖。密久因是博客作家,他的博客小说擅长在有限的篇幅中构造精巧的故事情节来吸引读者。小说集《在那个捕捉希望之光的下午》中包括 16 篇短篇小说,其中 15 篇是作者的博客小说或旅居海外期间的作品。他的小说所涉题材十分庞杂,通过讲述海外旅行和工作经历表达生活体会以及对生命的感悟。作为新生代作家,密久因的博客小说在语言风格和表达方式上呈现出强烈的自由审美品格,文本内容多聚焦于作者自我生活体验。还有一些小说作者是非职业的写手,不少是自由撰稿人,他们更加注重向纸质媒体特别是向传统媒体靠拢,争取在传统媒体上的话语权。哥伦波

---

① 姚秉彦,李谋,杨国影. 缅甸文学史[M]. 广州:世界图书出版广东有限公司,2014:295.

（ကိုလွင်ဘို，1987— ），原名波基·伦波波昂。哥伦波在读初中时就开始发表小说、诗歌等文学作品，2004 年考入缅甸国防军医科大学，毕业后成为一名军医。他的长篇小说《如果没有爱》（မချစ်ခဲ့လျှင်）荣获 2018 年文学宫文稿奖长篇小说二等奖，小说的主人公医学院男生敏奈和医学院女生瑞努梭在下乡医疗见习的汽车上相遇，一段从青涩到成熟的爱情故事由此展开。最终，两人完成见习任务光荣地成为医生，曲折的下乡经历也是他们爱情的见证。文学宫文稿奖评奖委员会认为这部小说写作手法高超、情节引人入胜，哥伦波作为年轻的非职业作家，凭非凡的个人能力完成这部小说，实属不易。

近年来缅甸文坛涌现不少饱含浓郁的生活气息的短篇小说佳作，以两篇优秀短篇小说为例：哥诶敏·莱威（ကိုယယ်မင်း(လယ်ဝေး)）在其短篇小说《一缅两的炒豆拌》（ပဲကြီးလှော် တစ်ဆယ်သား）中，以第三人称"他"来叙事。"他"靠开摩的维持生计，平日里节衣缩食，每天把挣来的辛苦钱投进储钱罐，希望将来有一天能够买一枚钻戒，以求能和相恋多年的女友顺利结婚。当他终于攒够了钱打破储钱罐时，恰好被母亲看到了，而母亲对他的计划一无所知，他便谎称准备用这些钱给母亲买件筒裙。母亲抽出一张零钱，告诉儿子说买一缅两的炒豆拌过过嘴瘾就行了，不需要儿子什么大的回报。母亲的举动令他羞愧难当，自己只顾虑女友的感受，忽略了日渐苍老却一直默默付出的母亲。小说语言平实无华，却饱含人间真情，通过微乎其微的一缅两的炒豆拌烘托一个平凡母亲的伟大形象。钦貌谬泰（ခင်မောင်မျိုး(ထက်)）的短篇小说《新年里流下的泪水》（နှစ်ကူးမှာ သိတဲ့မျက်ရည်）叙述了一个普通市民家庭在泼水节遭遇变故的故事。少年尼尼的父母希望儿子在泼水节期间遵循传统去寺庙做沙弥，但是尼尼认为自己本应该在新年里愉快地玩耍，现在却不得不接受父母"强制性"的安排，心情难免烦闷，便关掉了手机，离家不归。尼尼离家期间，他的父母双双因病撒手人寰。得知消息后，尼尼流下悔恨的泪水，遵从父母最后的愿望做了沙弥。故事内容平淡、情节无奇，以悲情故事表达了缅甸人的伦理观，即世事无常，作为儿女须谨侍双亲，尽心尽孝。

五、结语

21 世纪以来，缅甸政治深入转型和社会迅猛发展促使更多数量、更多题材的小说涌现出来，小说作为最受欢迎的文学体裁，大量的贴近生活、倡导传统文化的佳作涌现，呈现出作家在这一时期的生活图景和精神世界。其中的优秀获奖小说映射了缅甸当代文学的发展轨迹。该时期小说创作表现出鲜明的现实主义色彩，如对政治生态中弊端的揭露，对农村与农民命运的关切，对知识分子立身处境的感慨。另外，一些小说中的环境叙写、情节安排与人物形象塑造都有着精彩的体现,表现出绵长不竭的浪漫精神。缅甸小说在 20 世纪诞生后经历了初兴、发展、辉煌,甚至是一度沉寂。整体来看,小说相对于其他文体依然保持独领风骚的辉煌,它依旧在最大范围内发挥着影响。21 世纪以来的缅甸小说或致力于思想的深度挖掘,或追逐语言的精致加工,或与网络联姻而以崭新的形式存在。今后,小说作为最为广大的社会映像表达工具和最为多样的艺术表达手段,仍将保持自己独特的优势,具有强大的生命力。

参考文献

[1] 姚秉彦,李谋,杨国影. 缅甸文学史 [M]. 广州:世界图书出版广东有限公司,2014.

[2] 祝湘辉,张添. 缅甸政治转型研究 [M]. 北京:中国社会科学出版社,2019.

[3] ကိုခါး(ကွမ်းခြံကုန်း)၊ ၂၀၁၆၊ ရေညွှေးဖန်ဖန် ရေချိုချို(သံမြင်းတစ်ကောင်ရဲ့ ရေသောက်လမ်း)၊ ရန်ကုန်၊ ရန်အောင်စာပေ

[4] ဇော်ဂျီ၊ ၂၀၀၅၊ ရသစာပေ အဖွင့်နှင့်နိဒါန်း(ဒုတိယအကြိမ်)၊ ရန်ကုန်၊ စိတ်ကူးချိုချိုအနုပညာ

[5] ညီပုလေး၊ ၂၀၁၆၊ ထက်မြက်တဲ့ဓားသွားပေါ်က ချိုမြေ့ ပျားရည်စက်၊ ရန်ကုန်၊ MEDIA RIBBON Publication House

[6] နေမျိုးသန့်၊ ၂၀၁၃။ စာပေအလင်္ကာပျိုးခင်းသာ၊ ရန်ကုန်၊ နိုင်ငံဂုဏ်ရည်စာပေတိုက်။

[7] ပုညခင်၊ ၂၀၁၉၊ ရန်ကုန်၊တနို့နို့ဆွဲသော ဆူး၊ ပုညခင်အုပ်တိုက်

[8] မလိခ၊ ၂၀၁၂၊ မြန်မာဝတ္ထုအညွှန်းပေါင်းချုပ်(ဒုတိယအကြိမ်)၊ ရန်ကုန်၊ ပုဂံစာအုပ်တိုက်

[9] မေစာ၊ ၂၀၁၃၊ စာဝိုင်း ပေဝိုင်း စကားဝိုင်း၊ ရန်ကုန်၊ စိတ်ကူးချိုချိုအနုပညာ

[10] မင်းဝေဟင်၊ ၂၀၁၆၊ လရိပ်အောက်က မိုးတိမ် မဂ္ဂဇင်းဝတ္ထုတိုများ၊ ရန်ကုန်၊ ပိထောက်ရန့် စာအုပ်တိုက်

[11] မောင်ခင်မင်(ဓနုဖြူ)၊ ၂၀၁၄၊ ကိုလိုနီခေတ် မြန်မာစာပေသမိုင်း(ဒုတိယအကြိမ်)၊ ရန်ကုန်၊ စိတ်ကူးချိုချိုအနုပညာ

[12] မောင်ခင်မောင်(ဓနုဖြူ)၊ ၂၀၁၀၊ စာအုပ်များအကြောင်းကို ပြောဆိုပါမည်၊ ရန်ကုန်၊ ရာပြည့်စာပေ။

[13] မောင်ခင်မင်(ဓနုဖြူ)၊ ၂၀၁၄၊ ကိုလိုနီခေတ် မြန်မာစာပေသမိုင်း(ဒုတိယအကြိမ်)၊ ရန်ကုန်၊ စိတ်ကူးချိုချိုအနုပညာ

[14] မောင်သော်က၊ ၂၀၁၉၊ ရန်ကုန်၊ လူကြီးရောဂါ ဝတ္ထုတိုများ၊ စိတ်ကူးချိုချိုအနုပညာပုံနှိပ်တိုက်

[15] မြစ်ကျိုးအင်း၊ ၂၀၁၉၊ ရန်ကုန်၊ မျှော်လင့်ခြင်းကို မျှားတဲ့ညနေ၊ ငါတို့စာပေတိုက်

[16] ရာပြည့်ဦးစိုးညွှန့်၊ ၂၀၁၄၊ ၂၀ရာစု မြန်မာစာရေးဆရာ ၁၀၀၊ ရန်ကုန်၊ ရာပြည့်စာအုပ်တိုက်

[17] ယမင်းမြတ်အေး၊ ၂၀၁၆၊ အိပ်မက်ချိုချို ဘဝခါးခါး၊ ရန်ကုန်၊ နှစ်ကာလများစာပေ

[18] လူခါး၊ ၂၀၁၇၊ ရန်ကုန်၊ မြန်မာပြည်အပြင်ဘက်၊ အညာမြေစာပေ

[19] သိန်းဖေမြင့်၊ ၂၀၁၃၊ တိုက်ပွဲဝင်စာများ(ဒုတိယအကြိမ်)၊ ရန်ကုန်၊ စိတ်ကူးချိုချိုအနုပညာ

[20] ဦးဖေမောင်ထင်၊ ၂၀၁၃။ မြန်မာစာပေသမိုင်း(ဇကဒသမအကြိမ်)၊ ရန်ကုန်၊ ရာပြည့်စာအုပ် တိုက်

[21] ဦးသန့်(လာဘ်မိုးဆွေ)၊ ၂၀၁၃၊ ခေတ်အဆက်ဆက် သမိုင်းဝင် မြန်မာ့မှတ်တမ်းပုံရိပ်များ၊ ရန် ကုန်၊ မဟိဒ္ဓိစာပေ

女性主义批评话语分析视域下缅语谚语中的女性形象和社会期望研究

信息工程大学 刘 新

【摘 要】谚语是一个民族智慧的结晶,是语言的活化石,也是人们日常生活中常用的固定词句。谚语中包含民族和社会的价值观,反映了一个国家、民族和社会的文化心理和思维方式。而用女性主义批评话语(Feminist Critical Discourse Analysis FCDA)的方法对缅语谚语中与女性相关的谚语进行分析,其目的是研究谚语作为语言、话语的一部分是如何建构以及建构了怎样一种缅甸女性形象,分析缅甸社会对女性的社会期望和传统看法,探讨语言、性别与文化之间的关系。

【关键词】谚语;女性主义;批评话语分析;女性形象

一、引言

语言、话语并不总是中立客观的。批评话语分析(Critical Discourse Analysis, CDA)认为,语言并非是一种客观透明的交际媒介,它对社会过程具有重要的干预作用;话语是一种社会实践,虽然其特点取决于社会结构,但话语却又反过来影响甚至建构社会现实。[1]语言、权力和意识形态息息相关。聚焦到女性主义批评话语分析(Feminist Critical Discourse Analysis FCDA),FCDA是女性主义与批评话语分析的结合,是批评话语分析的一个子集,它关注的重点是语言、性别、文化以及意识形态之间的相互关系,批判维持父权制社会秩序的话语体系,致力于通过话语分析揭示男性在社会中的特权地位以及女性的从属和劣势地位,通过批评和分析隐藏在话语下的性别不平等,主张实现社会性别实践的多样性。谚语作为一个社会中兼具典型性和传统性的话语类型,被人们广泛接受和使用,而谚语因其带有隐喻性的特征,并非直截了当地阐明观点或事物,常常让人感觉模棱两可,这使谚语作为一种话语对意识形态、权力的体现变得更加隐

---

① 辛斌,高小丽. 批评话语分析:目标、方法与动态[J]. 外语与外语教学,2013(4):1—5.

秘，以至于令人难以察觉。语言中充斥性别歧视现象以及对女性的负面表述早已是共识，谚语也不例外。而谚语具有的公共性和集体性特点更容易使得谚语中所反映的观点和看法被认为是社会的集体共识，代表一个民族或一个社群对某个社会问题的集体思想，尽管这些共识有些时候并非是"真理"或"事实"。本文通过搜集缅语谚语中与两性相关的谚语，分析这些谚语所建构的缅甸社会中的女性形象、对女性的社会期望和传统看法，揭示缅语谚语中隐含的对女性的偏见，以及陈规型的社会期望和看法对女性的制约和影响。

二、缅语谚语中建构的女性形象

（一）母亲——儿女的养育者/家庭的照料者

母亲/母性是许多文化中的一个重要概念，缅甸也不例外。"父母"一词在缅语中的表述是"မိဘ"（母父），即"母"在前，"父"在后，这在一定程度上可以表明女性作为母亲的角色在缅甸传统家庭中的核心主体作用。尽管缅甸家庭中名义上的主导者是父亲，父亲在家庭中的地位最为崇高，如在缅甸传统文化中，家中最年长的男性被称为"အိမ်ဦးနတ်"，即"家中的守护神"。但因母亲在家庭中承担多项任务，生儿育女、操持家务、照顾老人都隶属于母亲的职责范围，所以，母亲在缅甸家庭中发挥着无可替代的作用。这也从另外一个侧面说明，在缅甸家庭和社会中，作为母亲的女性应当被赋予的地位和现实中所承担的任务、发挥的作用是严重不匹配的，即现实生活中的母亲往往需要承担更多的任务和发挥更大的作用，但地位却远远比不上承担单一任务（维持生计）的父亲。缅语谚语在建构母亲和父亲的形象时，母亲的角色和定位偏重于多项任务承担者，即儿女的养育者和家庭的照料者；而父亲的形象则更多地描绘其在家庭的崇高地位，下面将列出谚语进行详细说明：

（1）ယောက်ျား စားသွေး၊ မိန်းမ သားမွေး[①]

（男子负责在外保家卫国，女子负责在家生儿育女。）

（2）သားဆိုးအမေ တပေပေ

（儿子不懂事，母亲最着急。）

（3）အမွေကိုပြော တံကောက်ကြော

（膝弯被戳的痛就跟母亲死了儿子一般痛苦。）

[①] 该谚语摘自缅甸联邦高等教育局缅文委员会 1996 年编写的《缅语谚语》（第一版），后文出现的谚语不再作脚注，皆取自该书。经笔者统计，《缅语谚语》中总共囊括了 1010 条缅语谚语，其中包含男女两性、性别差异以及家庭关系的谚语多达 91 条。

第（1）句谚语通过对比男性和女性在家庭中的分工和职责，明确了母亲在家庭中的主要责任，即生儿育女。第（2）（3）句谚语则说明在缅甸家庭中，与父亲相比，母亲与孩子的关系更加紧密，母亲更加关注孩子的成长，在养育儿女方面投入的心力远远大于父亲。母亲对儿女巨大的投入以及双方长时间的相处使得母亲和孩子之间形成了更加深厚的情感和爱意联接，所以，缅甸社会中，孩子大多更依赖母亲，而非父亲，且缅甸母亲有溺爱子女的倾向，使得缅甸青少年的自主独立性较弱。

（二）妻子——婚姻的受益者/丈夫的依附者/顺从者

女性在家庭中另外一个常见的角色定位便是妻子，但和母亲的角色定位相比，作为妻子的女性地位其实低于作为母亲的女性地位，这从缅语谚语中丈夫地位强势、妻子处境卑微的极端化描述中可见端倪。缅语谚语中的妻子形象一般被建构为婚姻的受益者、丈夫的依附者，除此之外，还有卑微的顺从者，这与妻子在家庭中的地位紧密相关。相关谚语着重强调婚姻以及丈夫对女性的重要性，婚姻在其中被塑造为女性生命中不可或缺的事物，渲染女性对婚姻的渴求和向往，强调婚姻给女性带来的尊重和荣誉；妻子作为丈夫的依附者，依赖丈夫提供的各种供给，包括财政、情感和物质支持，丈夫被描述为女性物质生活和精神生活的保障者和维护者，妻子有时只是男性（丈夫）的附属品，面临着被物化的尴尬局面。因此妻子在缅语谚语中被建构为顺从者符合缅甸传统社会对女性的期望，因为在一般情况下，附属品谈不上被尊重，只需顺从和接受即可。下面将列出谚语进行详细分析和说明：

（4）မိန်းမတို့ဖူးစာ သေခါမှ ကုန်[①]
（女子到死，也期望组建一个幸福的家庭。）

（5）လင်မရှိ မရေရာ၊ လင်မကောင်းက မထောင်းတာ
（碰到不好的丈夫无关紧要，没有丈夫，女人才会低人一等。）

（6）ဘူးကောင်းလျှင် စင်ခံ၊ လျှင်ကောင်းမှ စံရ
（好的葫芦结果多到架子承受不住，好的丈夫能给妻子带来幸福快乐。）

（7）မယားသခင်၊ လင်သာစိုးပိုင်
（丈夫是妻子的主人，所以，丈夫有权不告知妻子随意处理夫妇二人的钱财。）

（8）မယားနှင့်နွှား မသနားရ

---

① 缅文委员会. 缅语谚语（第一版）[M]. 仰光：缅甸联邦教育部缅文局，1996：67—297.（非连续多次引用）

（妻子如牛，不可怜悯。）

（9）မောင်ကောင်းစား နမ မီးဖိုချောင်၊ နမကောင်းစား မောင် အိမ်ဦးခန်း

（丈夫好，妻子就只用在厨房干活；妻子好，丈夫就是家中的一切优先的主人。）

（10）မယားတိန်ညင်၊ လင် မုဆိုး

（妻子如果像鸡一样水性杨花，丈夫则可如猎人一样将其猎捕。）

（11）မယားနေစ ကြောင်သေမှ

（为了让妻子听话，丈夫可虐待家里的动物以儆效尤。）

  上述第（4）句谚语建构了一个"结婚狂"的缅甸女性形象，渲染女性对婚姻的渴望，但结合缅甸近二三十年来的实际情况，缅甸国内婚姻结合困难，独身主义盛行，生育率下降，[①]所以这可以说是男权视角下缅甸社会对女性的主观臆测和误读，彰显了一定的男性优越感。第（5）（6）句谚语则表明了婚姻（丈夫）对女性（妻子）的重要性，丈夫除了能给女性提供物质、经济上的支持，还能给女性带来精神上的愉悦和满足。而"碰到不好的丈夫无关紧要，没有丈夫，女人才会低人一等"，这样的表述说明丈夫是缅甸妇女赢得社会尊重和荣誉的来源，妻子的身份是缅甸妇女获得社会尊重的首要前提。这样的文化认识使得缅甸农村女性户主在获得生产资料（肥料、农药）时，和男性户主相比，处于劣势，因为家中没有成年男性，她们的农民身份很难得到认可，获得的生产资料也会因此遭到克扣。[②]第（7）句谚语则表明了缅甸妇女的依附和屈从地位，现代婚姻家庭中无所谓谁是谁的主人，夫妻地位、权利和义务都应是平等的，夫妻共同财产如何处理和分配则应是夫妻二人共同商量的结果，但该谚语却表述为"丈夫是妻子的主人，所以，丈夫有权不告知妻子随意处理夫妇二人的钱财"，散发出浓厚的夫权制色彩。第（8）句则是缅语谚语中男性在家庭中处于绝对中心地位、女性卑微处境的极端化表述。类似的谚语还有第（10）句"妻子如果像鸡一样水性杨花，丈夫则可如猎人一样将其猎捕"、第（11）句"为了让妻子听话，丈夫可虐待家里的动物以儆效尤"。将妻子比喻为牛、带贬抑色彩的母鸡等，这其实是将女性进行物化，妻子只是隶属于丈夫的一件物品，地位等同于家中饲养的动物。第（9）句则是将妻子的好坏同是否顺从丈夫挂钩，这代表了传统缅甸社会对妻子的社会期望，理想的妻子被建构为顺从丈夫的女性形象，妇女的顺从性被

---

  ① 钟小鑫. 婚姻的困境与突围：基于缅甸抱村婚姻变迁的人类学考察［J］. 东南亚研究，2016（2）：105—111.

  ② Asian Development Bank. *Gender Equality and Women's Rights in Myanmar* ［R］. Philippines: Asian Development Bank, 2016.

巧妙地解释为一种美德。

(三) 女儿——被偏爱者/家庭麻烦的制造者

女儿也是女性在家庭中的常见角色，缅语谚语中一般将女儿建构为被偏爱者和家庭麻烦的制造者。男女平等在缅甸社会的一个显著标志就是财产继承权男女平等，总体说来，现代缅甸家庭"重男轻女"的现象已不算常见，甚至，女儿在家庭中常常充当被偏爱者，现实生活中，如果条件允许，缅甸父母大多会选择在小女儿家中养老。其次，缅甸父母对女儿永远保持过分的担忧和紧张，强调养育女儿的重大责任。这与缅甸社会对女性的刻板印象有关，"二三其德""水性杨花"等帽子被牢牢扣在女性头上，这种传统思想观念潜移默化地影响了缅甸父母对女儿的教育理念。所以，缅语谚语中常将女儿建构为家庭麻烦的制造者，需要父母严加管教。从女儿是家庭麻烦制造者的观点中延伸出的缅甸父母、社会对女性的期望则是"及时嫁人"，即女性只要及时嫁人就能规避令家族蒙羞的风险。下面将列出谚语进行详细分析和说明：

（12）သားကငွေအိုး၊ သမီးကရွှေအိုး

（儿子是银罐，女儿是金罐。）

（13）သမီးမွေးအသည်းစား၊ သားမွေးအရိုးစား

（生女如吃肝，生男啃骨头。）

（14）သမီးတစ်ကောင် နွားတစ်ထောင်

（管教女儿的责任如同圈养一千头牛的责任一样重。）

（15）သမီးမိန်းမ မွေးပြီရ၊ မောင်ဖွားမိဘ အရှက်ရ

（女儿不听话，父母长辈会感到丢人。）

（16）သမီးကညာ အခါလင့်စေနင့်

（到年纪的女儿应及时嫁人。）

上述谚语第（12）（13）句说明了女儿在家庭中被视为被偏爱者，将儿子比作"银罐"，将女儿比作"金罐"；"生女如吃肝，生男啃骨头"，都说明"重男轻女"的观念在缅甸家庭中并不流行，女性在家庭中作为女儿的地位较高，受到的关爱也较多。谚语第（14）（15）句则强调养育女儿的责任重大以及女儿常常会令家族蒙羞，这与缅甸社会的客观环境和社会对女性形象的负面塑造有关。首先是社会客观环境，女性因为天然的生理因素（与男性相比，女性在体力上处于弱势地位），如果处于不安定的社会中，会因为得不到足够的安全保障而成为弱势群体，越落后的国家越疏于对女性的保护，女性遭到侵犯和暴力的情况就会越显著，缅甸现在就处于这样一种状况之中，内战不断，且社会正处于民主转型初期，时局动荡，女性的人身安全得不到足够的保护，因此本应由缅甸国家政府所承担的责任就转移到了父母身上，所以缅甸父母才会深感"管教女儿的责任就如同圈养一千头牛一样重"。其次是缅甸传统社会对女性陈规性的看法，缅语谚语中常有对女性不懂得自尊自爱、容易被引诱的表述，这种表述建构了缅甸社会对女性的陈规性看法，对缅甸父母教育女儿的理念和方式产生了负面影响。对于女儿，缅甸父母认为最好的教育方式即是将其严加看管，严厉教导，及时嫁人，才能使女儿免受侵犯威胁，使其不令家族蒙羞，所以，"及时嫁人"也是缅甸父母教育女儿的一项重要内容之一。缅甸父母对女儿的担忧和紧张在一定程度上可以被认为是父母对女儿强烈的责任感和爱，但从现实情况观察，缅甸父母这种对女儿事无巨细的照顾和操心在一定程度上制约了女性的成长，影响女性塑造自主独立意识，依赖父母成为缅甸女性的一个显著特点。因此，对缅甸女性来说，除了减少话语中对其负面形象建构的表达，为其营造一个稳定安全的社会大环境也是重中之重。

三、缅语谚语中建构的缅甸社会对女性的典型社会期望

（一）恭顺、含蓄、内敛的女性特质

缅语谚语将女性的特质建构为恭顺、含蓄、内敛。顺从和听话被建构为女性的美德，是获得父母、丈夫以及周围环境称赞的一种优秀道德品质。缅甸女性从小在这种规范的训诫下长大，很难分清这究竟是一种美德还是束缚，抑或是披着美德外衣的"藩篱"，于她们而言，这可能是再自然不过，其习以为常用以获得奖励和称赞的一种方式。但实质却在于，女性的顺从性是父权制社会中最为理想的女性特质，顺从性在一定程度上可以被转化为女性对男性的从属地位，男性对女性的支配作用，即顺从的女性因为缺乏独立的思考更容易被男性利用和掌控。除了顺从之外，含蓄、内敛也是缅语谚语中建构的女性特质。含蓄、内敛是大多数亚洲女性所共有的特质，因为普遍存在，所以亚洲女性对其感到习以为常，很难察觉到这种看似中性的特质中隐含的负面色彩，带给自身的负面影响。含蓄、内敛常与害羞、内向、缺乏自信等词汇联系起来，对于女性来说，常会因为这些特质的束缚，而羞于表达自己真实的意见、看法和情感，羞于拒绝、羞于反抗。含蓄和内敛的社会期望不仅是对女性自由表达自我的一种压抑，在某些时刻甚至用以粉饰男权社会对女性逆来顺受的苛求。除此之外，缺乏自信也是该特质可能带来的连锁反应，缺乏自信是缅甸女性另外一个显著特点，这在政治领域中尤为明显。与此相反的是，缅语谚语中对男性特质的建构完全是一种正向的、积极的，几乎不包含任何模棱两可的含义，并且与女性特质完全相反，如直接、外

放、勇敢、坚毅等。从缅甸现实情况来看，这样的建构作用是显而易见的，总体而言，缅甸妇女给人的印象是害羞、内敛、寡言少语，与男性相比，缅甸妇女在很多方面都缺乏自信，这符合缅甸传统社会对女性的总体期望，却在一定程度上压抑了缅甸女性的人身自由和思想自由。下面将列出谚语进行详细分析和说明：

（17）မောင်ကောင်းစား နမ မီးဖိုချောင်၊ နမကောင်းစား မောင် အိမ်ဦးခန်း

（丈夫好，妻子就只用在厨房干活；妻子好，丈夫就是家中的一切优先的主人。）

（18）စိတ်ရှိ ကန့်ပလူ၊ စိတ်မရှိ ကြက်သွန်ဖြူ။

（女子给喜欢的男子送缅草，给不喜欢的男子送大蒜。）

（19）မိန်းမကြိုက်တော့ မျှော်လိုက်တာ၊ ယောက်ျားကြိုက်တော့ စိုက်စိုက်လာ

（女子喜欢一个人，只会静静等待；男子喜欢一个人，就会直接出击。）

上述第（17）句是缅语谚语中对女性顺从性的建构，妇女的顺从被积极地解释为好妻子必备的美德，理想的妻子应把丈夫当作主人，顺从丈夫。第（18）（19）句则是缅语谚语中对女性含蓄、内敛特质的建构。缅甸女性表达爱慕不会采取直抒胸臆的举动，而是隐晦地、含蓄地将带有象征意义的物件送予爱慕者，给喜欢的男子送散发香味的缅草表达爱意，给不喜欢的男子则送散发辛辣味的大蒜，暗示缅甸女性在面对爱情时的害羞和内敛。其次，在面对心上人时，缅甸女性是克制、收敛的，只会静静等待，而缅甸男性则是直接、外放的，会立马出击。第（19）句谚语看似在描写日常场景，实质上是一种隐晦的文化建构，在对待爱情方面，静静等待的女性被建构成缅甸女性应遵守的"典范"，大胆追爱成为男性专属的行为方式，这潜移默化地影响了女性对待爱情、心上人的态度和方式。

（二）"装饰品"

无论哪个男权社会，都乐于将女性塑造为"有貌无才"的装饰品，缅甸社会也不例外。缅语谚语中将女性建构为"装饰品"，这既是男性对女性的贬低，也是男权社会对女性的某种期许。男人的资本在于智慧、才识、勇武等许多内在的品质，女性所能凭借的则被简单粗暴地定义为外表。"装饰品"意味着华而不实，意味着只能作为点缀，作为镶边角色，这在某种程度上是对女性能力和地位不公平的预判，即女性缺乏才能，在某些领域不能发挥作用，处于附属地位。缅语谚语中将女性建构为缺乏内在的装饰品，这种定型的思维有利于建构以男性为中心的社会，脆弱的"装饰品"也符合缅甸男性社会对女性的期望，但这会严重限制女性对自身才能和地位的思考，这对女性来说是一种隐晦的、变相的打压。

在这种文化价值观潜移默化的影响下，女性会缺乏自信和野心，会自觉不自觉地接受男性的引领，并将其视作理所当然，这显然对女性的个人以及整体的发展是严重不利的。除此之外，作为"装饰品"的自觉，女性还可能在某些领域完全丧失话语权，处于被代表的状态，比如政治领域，缅甸女性的参政率与其周边国家（柬埔寨、老挝、越南）[①]相比处于最低水平，缅甸的和平进程中几乎没有女性的身影。下面将列出谚语进行详细分析和说明：

（20）ယောက်ျားတို့ဘုန်း လက်ရုံး၊ မိန်းမတို့ဘုန်း ဆံထုံး။

（男人靠勇武，女人靠美貌。）

（21）ယောက်ျားမှာ လမ်း၊ မိန်းမမှာ ပန်း

（小男生喜欢出门玩耍，小女生喜欢戴花。）

上述两句缅语谚语都是对女性被建构为"装饰品"的描述，第（20）句谚语中将男性和女性进行对比，男性所凭借的是自身的勇武，而女性则是肤浅的外表，两相对比，看似中性的表达实则是带有偏见的价值判断，"女子不如男"的含义呼之欲出。第（21）句谚语则是对男童和女童幼时玩乐场景的描写，男童喜欢离开家到屋外大路上玩耍，而女童则更愿意留在家往头上戴花取乐。这里的"路"是"外部世界"的隐喻，表明男性从小就勇于离开舒适区探索世界，而"戴花"则是"爱美"的隐喻，爱美之心人皆有之，将爱美的头衔只固定于女童身上，则体现了缅甸社会对男女差异进行有意识、有目的的建构。

（三）守贞意识

缅语谚语有意强化女性的守贞意识，许多表述带有浓厚的封建色彩。在婚恋自由的现代社会，将贞洁作为衡量女性的道德标准，是一种道德绑架，情感压抑，女性拥有掌握自己身体、情感的自由和权利。其次，缅语谚语中所建构的"贞操观"两性有别，这种道德的藩篱只为女性所建，对男性却不做任何要求。作为个体，要求对待感情忠诚无可厚非，但缅语谚语中只表现对女性的苛求，对男性却闭口不谈，甚至标榜男人拥有三妻四妾才是有出息的象征，这种散发出浓厚的封建色彩的观点应该随着时代向前发展而被逐渐淡化。下面将列出谚语进行

[①] Asian Development Bank. *Gender Equality and Women's Rights in Myanmar* [R]. Philippines: Asian Development Bank, 2016. "2012 年，缅甸妇女占各级议会直选席位的 4.6%，比 1974 年第一届立法会议的 1.9% 有所增加，目前已增至各级议会直选席位的 12.9%。虽然有所改善，但与柬埔寨（下议院 21.1%）、老挝人民民主共和国（25.2%）和越南（25.8%）相比，这一比例仍然很低。缅甸达迄远没有达到《北京行动框架》规定的 30%的目标，即实现妇女代表的'临界数量'。"

详细分析和说明：

（22）မိန်းမတို့ကဏ္ဍခြေ ရွှေပေးလို့ မရ

（女人的贞洁金不换。）

（23）လင်ကွာမိန်းမ တသသ，လင်သေမိန်းမ တတတ

（离婚的女人喜成新家，亡夫的寡妇仍在思念。）

（24）ရည်းစားတစ်ထောင်，လင်ကောင်တစ်ယောက်

（女子结婚前有很多恋人，结婚后只能有一个丈夫。）

（25）ယောက်ျားကောင်း မောင်မတစ်ထောင

（有出息的男人有一千个小妾。）

（26）လှေကားသုံးတစ်ဆင်းလျှင် လူပျိုဖြစ်သည်

（成了家的男人出门在外总会装作没成家。）

上述第（22）（23）句是缅语谚语中对女性贞洁意识的强调，"守贞观"的建构。将"守节"描述为女性必备的美德，将女性的贞洁同金子相比，突出其对女性的重要性。且"守节"覆盖范围广泛，哪怕是已离婚的女性，社会对其再次追求幸福展现出的也是嘲讽和戏谑，如缅语谚语中"离婚的女人喜成新家，亡夫的寡妇仍在思念"，用寡妇的守节与忠诚来指责离婚女性的"薄情寡义"。缅甸社会中所建构的"贞洁"是女性片面的贞洁，是性活动中男女双重标准的一个注脚。这种针对女性片面的"守贞"观的建构对缅甸女性来说是一种压抑，它不仅表现为社会对女性"欲望"的压抑，还会表现为女性对自己身体的憎恨，这种意识的强化使得缅甸女性并未实现事实上的穿衣自由，缅甸女性在穿衣上顾虑颇多就说明"守贞观"建构的"成功"。直至今日，缅甸女性的穿衣还会受到社会舆论限制，穿露大腿的短裤、短裙上街会遭到路人的指指点点，会被认为是行为不检点，不懂得洁身自好。

四、缅语谚语建构的女性形象和社会期望分类辨析与影响探究

笔者通过对上文提到的缅甸女性形象和社会期望的感情色彩进行分类辨析，探究其带来的社会影响，以期为当前缅甸社会的性别平等与女性维权提供意识和文化领域的解决之道。

需要注意的是，这里的划分标准是谚语本身的感情色彩，并非是女性主义批评话语分析（FCDA）视角下谚语的引申义和其隐含的可能性观点。如：女性的含蓄、内敛、顺从特质在 FCDA 视角下，被视为会对女性造成某种压抑，但在缅语谚语中被表述为是一个值得称颂、赞美的女性特质，所以将其列为积极表

述；女性"装饰品"的社会期望在 FCDA 视角下，被视为是对女性的贬低，但在缅语谚语中被表述为对女性的赞美，所以也将其列为积极表述。

（一）分类辨析

通过分类，女性作为妻子的顺从者角色，作为女儿的偏爱者角色，恭顺、含蓄、内敛的女性特质，"装饰品"，"守贞意识"，在缅语谚语中是积极的表述；女性作为母亲扮演的儿女养育者、家庭照料者角色，作为妻子的婚姻受益者、依附丈夫者角色是中立的表述；而女儿作为家庭麻烦的制造者角色则是消极的表述。批评话语分析认为，话语可以建构文化、权力以及意识形态，而女性主义批评话语分析正是将重点聚焦于通过话语分析揭露男性在社会中的特权地位以及女性的从属地位，通过批判和分析隐藏在话语下的性别不平等。以 FCDA 的视角进行分析，上述缅语谚语中对女性的积极表述、中立表述绝大部分都有利于建构男性霸权主义文化，服务于男权社会。积极的表述看似是对女性的赞美，实则是将男性所期望的女性特质、利于男性特权地位巩固和加强的女性特质（顺从、含蓄、柔弱）美化为女性都应遵循的美德，潜移默化、自然而然地建构为女性天生的特点、女性进行自我塑造时的规范以及女性赢得社会称赞和尊重的方式，这有利于强化男性的中心地位。中立的表述同样如此，看似没有任何倾向性，只是在描述事实，实则是将有利于男性的家庭分工方式、责任承担过程不动声色地建构为中立、公平的社会共识，甚至是"真理"，影响女性对自我的角色定位和认识，如强化缅甸妇女作为"母亲""妻子"等家庭角色，而非"农民""政治家"等社会角色，这是为了使妇女将更多的时间用于养育儿女和照顾丈夫及家庭，但对男性在这方面的要求却很少提及。所以，中立的表述并不中立，其中隐藏着服务男性的倾向，男性通过该社会共识的建构安心地享受着属于自己的隐藏红利（如不用做家务、不必费心照顾孩子）。值得注意的是，女性作为女儿的被偏爱者角色在缅语谚语中被归为积极的表述，这在缅甸社会性别规范建构中有着十分重要的进步意义，这是实现缅甸社会男女平等的一次跨越。最后，消极的表述在 FCDA 的视角下被视为对男性、男权社会的挑战，但因缅语谚语中对女性的消极表述与此关系不大，所以就不再进行分析。

总之，上述建构缅甸女性的女性形象和社会期望的谚语大部分都是男性霸权主义的，它们构成了社会文化上公认的性别实践规范，尽管不公正，但影响力巨大。

（二）影响探究

上述所描述的缅甸传统的性别和文化观念，在很大程度上制约了妇女地位的提升。传统僵化的思维模式强化了性别陈规定型观念，即男人是养家糊口的人，是天然的领导者，是生产者，是战斗者，要勇敢、刚强；而女人是妻子，是母亲，是装饰品，甚至是"麻烦的制造者"，所以要顺从、柔弱、含蓄。与这些男女性别角色定型相关的属性被认为是男人和女人的天性，如果女性一旦打破了这种定型，被认为超越了社会赋予她们的理想类型角色或属性，她们就会被视为"不道德""不守规矩"，甚至"妖魔化"。

这种性别陈规定型的观念阻碍了妇女在经济、社会和政治上与男性充分平等的参与。比如，缅甸社会男人是户主，是家庭收入来源，比妇女更有生产力的观念掩盖了妇女的角色（例如，作为农村家庭的农民、城镇的工人），并为她们平等拥有土地和获得相关生产资料设置了障碍，这对她们的农业生产力产生了负面影响，并促成了基于性别的工资差距。其次，由于缅甸女性在家庭中地位低下以及在男女关系中形象的"污名化"（水性杨花），缅甸社会对于普遍存在于女性身上的家庭暴力和性暴力，形成了一种沉默和有罪不罚的文化。这类案件往往没有得到充分报道，妇女也不愿意在法庭上寻求正义。① 国家对这类事件发生缺乏数据掌握，以及暴力侵害妇女行为的歧视性文化态度使这一问题迟迟无法得到解决。缅甸妇女联盟（WLB）指出，在缅甸，妇女和女孩遭受国家行为者和公民个人的性暴力，比率令人震惊，消除对妇女歧视委员会也多次对缅甸存在的暴力侵害妇女权益问题表示关切；同时，在"男性是'正确的领导者'，女性是'天生的追随者'"，以及"女性缺乏成为有效领导者的一些基本能力"等观点影响下，无论缅甸女性的工作是什么，她们通常都保留了照顾家庭和孩子的全部责任，妇女在大多数公共和政治生活领域的代表性严重不足。联合国 2016 年《缅甸妇女地位现状分析》报告指出，妇女在各级议会的直接选举席位中的代表率为 4.6%（2012 年）和 12.9%（2015 年），这一数据极低，与该地区其他国家相比不尽如人意，而且远远低于 30% 的全球基准。

女性主义批评话语分析视域下，只有价值观和态度的深入转变才能促使行为的改变，使真正的性别平等和尊重妇女权利的文化扎根，才能使得缅甸女性突破传统的思想桎梏，担当更多的家庭、社会和政治角色。只有让女性认识到自身的权利和自由，拥有广泛的维权意识，突破传统观念的自我束缚，掌握通过法律规

---

① Asian Development Bank. *Gender Equality and Women's Rights in Myanmar* [R]. Philippines: Asian Development Bank, 2016.

定、体制机制和社会服务争取权益的知识，积极主动在社会发声、行使权利，才能够改变在经济、政治和社会领域的性别陈规定型观念，实现与男性充分平等参与社会生活。

五、结语

以上我们从女性主义批评话语分析（FCDA）的角度对缅语谚语中与女性（两性）相关的谚语进行了解读，分析了缅语谚语中所建构的女性形象和社会期望。缅语谚语主要将女性的角色定位在家庭，其中女性作为母亲和妻子的角色定位被强化。母亲被建构为家庭中多项任务的承担者，养育儿女，照顾家人被视作其天然职责；妻子被建构为丈夫的依附者和顺从者，处于屈从地位；女儿则被建构为常给家庭带来麻烦的人，强调父母对其的责任重大。缅语谚语中所反映的缅甸社会对女性的社会期望分为：顺从、含蓄、内敛的女性特质，女性作为"装饰品"的自我认识，以及"守贞意识"的道德规训。批评话语分析认为，话语源自社会现实，反过来又能影响社会现实，甚至建构社会现实，话语能够建构文化、权力以及意识形态。缅语谚语中所建构的女性形象以及陈规型的社会期望总体来说，服务于缅甸传统的男权社会，建构着男性霸权主义文化，是男性话语体系的一个重要组成部分，不仅建构社会对女性的认识，也影响着女性对自身的认识和自我的雄心，长此以往，将严重阻碍缅甸女性作为个体和集体的成长和发展，剥夺女性在经济、政治等各个领域的话语权，损害缅甸社会性别平等的建构。根据萨丕尔·沃尔夫假说：语言不仅仅是社会的产物，它还能反过来影响人的思维与精神的构建。谚语作为人们日常话语体系中重要的一个组成部分，有着公共性、集体性等特点，往往被当作社会共识被全社会遵守。因此，淡化、减少语言中的性别歧视用法，减轻其对观念的构建和影响，也是消灭性别歧视、营造一个两性平等的缅甸社会的一个有效做法。

参考文献

[1]寸雪涛. 缅甸俗语的文化内涵[J]. 前沿（Forward Position），2013（6）：117—120.

[2]丁建新. 批评话语分析述评[J]. 当代语言学，2001（4）：305—310.

[3]纪玉华. 批评性话语分析：理论与方法[J]. 厦门大学学报（哲学社会科学版），2001（3）：149—155.

[4]钱进. 成语和俗语性别差异的文化透视[J]. 语言与翻译（汉文），

2003（2）：54—57.

［5］辛斌，高小丽. 批评话语分析：目标、方法与动态［J］. 外语与外语教学，2013（4）：1—5.

［6］杨柳缨子. 基于女性主义批评话语分析的女性自我认知危机：以网络文学书名中的"剩女"形象为例［J］. 湖南人文科技学院学报，2018（3）：31—35.

［7］尹湘玲. 刍议缅语成语谚语与缅甸文化［J］. 解放军外语学院学报，1997（2）：97—102.

［8］赵蓉晖. 社会语言学［M］. 上海：上海外语教育出版社，2004.

［9］钟小鑫. 婚姻的困境与突围：基于缅甸抱村婚姻变迁的人类学考察［J］. 东南亚研究，2016（2）：105—111.

［10］缅文委员会. 缅语谚语（第一版）［M］. 仰光：缅甸联邦教育部缅文局，1996.

［11］Asian Development Bank. *Gender Equality and Women's Rights in Myanmar* [R]. Philippines: Asian Development Bank, 2016.

［12］Roisin Furlong. *Women & Leadership* [R]. Myanmar: Oxfam, 2013.

［13］Tin Tin Aye, Phyo Phyo Wai. *Gender Equality: Improvement Or Impediment For Myanmar Women* [J]. *Myanmar Acad. Arts Sci*, 2020 (7): 345-354.

印度尼西亚20世纪60年代文艺路线斗争析论

信息工程大学 张燕

【摘 要】 在印度尼西亚（简称印尼）的历史进程中，文学思潮的变迁总是与政治潮流的起落有着密切联系。20世纪60年代的两种文艺路线斗争既体现出人民文化协会奉行的文学"反映论"与文化宣言派坚持的文学"审美论"之间的力量消长，又反映出议会民主时期自由主义文化政策向领导民主时期社会主义文化政策的政治转向。可以说，20世纪50—60年代的印尼现代文学的发展和演化，既是对文学进行重新定义和规范的过程，也是文学逐步产生强烈政治倾向的过程。印尼文学与政治的这种"相合共生"是历史发展的必然结果。

【关键词】 印度尼西亚；文学；政治；文化政策；文艺路线

印尼20世纪60年代两种文艺路线的斗争，是在议会民主时期过渡为领导民主时期并进而引发文化政策演变的时代背景下，人民文化协会（Lekra，简称人民文协）奉行的文学"反映论"和文化宣言派主张的文学"审美论"的两种文学本质之争。这次文艺路线斗争是印尼文学与政治间互动关系演变的具体呈现，说明文学无法摆脱政治的影响，政治作为文学所反映的社会生活的重要组成部分，不断丰富并制约着文学。印尼两种文艺路线斗争不仅影响着印尼文艺界对于文学本质的界定，还反映出印尼文学观念的变迁和文化政策的走向。

一、议会民主时期的文化路线和领导民主时期的文化路线

1949年，荷兰将主权移交给印尼联邦共和国政府。1950年8月15日，苏加诺总统宣布取消联邦制，恢复"统一的印度尼西亚共和国"，实行"议会民主"。然而，印尼国内局势在右翼政党的把持下并没有好转，国内矛盾逐渐上升为主要矛盾。随着印尼共产党的重新崛起，印尼国内形成以共产党为代表的左派、以民族党和伊斯兰教师联合会为代表的中间派、以军队为代表的右派，左右两派的矛盾最为尖锐，影响着政局的走向。1957年，苏加诺总统提出"纳沙贡"（民族主义、宗教、共产主义三联合）的主张，希望维持三股势力的平衡。1959年，苏加诺总统宣布恢复《四五年宪法》，废除议会民主，开启大权独揽的"领导民

主"时期。

（一）议会民主时期的文化路线：文化监管

议会民主时期使用的临时宪法采纳了西方政权组织形式，体现出对于自由和个人权利的尊重。与印尼联邦共和国宪法相同，临时宪法中关于文化的规定是："政府将保护参与文化、艺术和科学的自由。根据这一原则，政府将在文化、艺术和科学领域尽最大可能促进民族主义的发展。"①自由主义潮流贯穿了这一时期的文化政策。1945年8月19日，印尼教育、教学和文化部（KPPK）成立，下辖的文化办公室（Jawatan Kebudayaan）是制定文化政策的核心机构。KPPK在1948年至1954年间召开了三次文化代表大会和一次文化会议。这四次会议是理解该时期文化路线的重要途径。

第一次文化代表大会由日惹文化办公室发起并组织，主题聚焦于东西方二元文化结构。副总统哈达将文化分为物质文化和精神文化，西方强于物质文化，弱于精神文化，而文化繁荣是两种文化平衡的结果。②最后，东西方文化间的分歧在"印度尼西亚新文化"中实现了融合。从这次大会开始，文化对于政治的重要性得以确认，正如哈达所说："如果文化处于高水平，一个国家的政权就能够繁荣，因为文化将影响国家政权。"③大会成立了"国家文化机构"（LKN），后更名为"印尼文化机构"（LKI）。LKI于1950年召开印尼文化会议，主题是"本民族文化及与其他民族文化的关系"，主要讨论印尼与荷兰于1949年签署的《文化协定》（Cultural Accord）。会议达成的共识是印尼文化需要自由地走自己的道路，艺术家需要自由才能发挥最大的创造力。为了反对这种自由主义观点，一些进步艺术家在10天后发起成立了人民文协。第二届文化代表大会由LKI组织，于1951年在万隆举行。此次大会的重点是发展文化机制和鼓励文化活动，涉及文化政策、版权、文艺批评、电影审查和文学五个主题。此次大会使人们更加认识到有必要包容印尼境内不同的族群文化，但建设单一民族文化依然是关注焦点。耶明（M. Yamin）在分析了不同国家的文化政策后指出，尽管存在"地理"和"种族"差异，发展印尼民族文化仍然是文化政策的中心。④虽然人民文协表

---

① Penguasa melindungi kebebasan mengusahakan kebudayaan serta kesenian dan ilmu pengetahuan. Dengan menjunjung asas ini maka penguasa memajukan sekuat tenaganya perkembangan kebangsaan dalam kebudayaan serta kesenian dan ilmu pengetahuan.

② Hatta M. *Pidato Wakil President* [J]. *Indonesia*, Special Issue, 1950 (2): 15.

③ Hatta M. *Pidato Wakil President* [J]. *Indonesia*, Special Issue, 1950 (2): 14-15.

④ Yamin M. *Organisasi Kebudayaan* [J]. *Indonesia*, 1952, 3 (1-3): 432.

达了艺术家需要体现进步政治力量、为社会变革做出贡献的观点，但并未受到重视。第三次文化代表大会由国家文化协商委员会（BMKN）组织，于 1954 年 9 月在梭罗举行。此次大会集中讨论了教育中的文化问题，决定扩大 DPPK 在社会领域的作用和权力，增加国家对文化领域的干预、控制和领导。由于这四次文化大会的主导力量都是曾接受西方教育的自由派精英，伊斯兰和左翼的艺术立场被自由派立场边缘化了。

从这四次大会的议题中，我们可以看出议会民主时期文化政策的特点：第一，在文化办公室的监督和推动下，采用融合的方式从东方和西方、传统和现代的对立中创造单一的印尼民族文化，但广泛的文化参与和包罗万象的目标很少通过具体、详细和系统的行动计划来实现；第二，只有艺术自由才能创作出高质量的文艺作品，虽然国家的监督和干预必不可少，但国家被理解为民族文化的监管者而不是领导者，体现出广义的自由主义文化政策特色。

（二）领导民主时期的文化路线：文化领导

在领导民主时期，奉行信任投票方式的议会民主被强调协商共识的领导民主所取代，这种共识蕴含着苏加诺提出的印尼独有特性"互助合作"（gotong-royong）和"协商一致"（musyawarah-mufakat）。苏加诺严厉批评了"自由"的议会民主制度，因为这种制度对于印尼来说是"陌生的"和"外来的"[①]，导致印尼的经济和社会日益恶化。苏加诺强调，印尼面临的问题是采取了不合适的外国制度的后果，印尼应该回归自己的身份："我想提出一些与印度尼西亚精神相协调的东西，印度尼西亚国家的真正精神，即：家的精神（kekeluargaan）。"[②] 在这一时期，苏加诺演讲里最常出现的主题是通过"革命"团结印尼人民，并试图将人民的注意力从日益恶化的经济状况和族群分歧上转移开来。文化是苏加诺进行政治变革的一个重要着力点。

这一时期内恢复生效的《四五年宪法》脱胎于争取独立的民族主义理念，强调集体对于个人的支配性。宪法第 32 条规定：政府应促进印度尼西亚文化。（"Pemerintah memajukan kebudayaan Indonesia."）这一规定成为制定文化政策的中心。苏加诺在 1959 年国庆发表了重要演说《政治宣言》（*Manipol*），并宣布

---

① Sukarno. *Saving the Republic of the Proclamation* [G]// Feith H, Castles L. *Indonesian Political Thinking 1945-1965*. Ithaca. NY: Cornell University Press, 1970: 84.

② Sukarno. *Saving the Republic of the Proclamation* [G]// Feith H, Castles L. *Indonesian Political Thinking 1945-1965*. Ithaca. NY: Cornell University Press, 1970: 88.

*Manipol-USDEK*①是国家大政方针，对于制定文化政策产生了很大影响。从总体上看，文化自由发展的时代不复存在，转而变成政府对于发展民族文化负有主要责任。随着苏加诺的政治权力不断增强，1959年以后的文化政策日益被其"国家认同"理念所主导。苏加诺将这一认同与政治、经济、科学、艺术等不同领域联系起来，但唯一明确的是"印度尼西亚有一个社会主义身份"②。界定和传播国家认同以及发展社会主义成为当时文化政策的核心。

1960年8月，"民族认同意义"大型协商会议在中爪哇沙拉迪加（Salatiga）举行，目标是在 *Manipol* 的框架内制定实施文化任务和活动的实用性指导措施。③时任教育、教学和文化（PPK）部长普利约诺（Prijono）是总统的坚定支持者。他强调文艺必须为国家认同做出贡献，批评"为艺术而艺术"，因为这种提法与当时西方主导的自由主义有关。④在此次会议上，他指出国家建设需要将各种文化融为一体，不是在"形式"（bentuk）上，就是在"内容"（isi）上："我认为，现代印尼认同尚未广泛深入地形成，我们必须利用代代传承的元素，以符合 *Manipol-USDEK* 的方式塑造现代印尼认同。只有这样，现代印尼认同才是印尼民族认同，其特征是共享，其精神是社会主义。"⑤就文化动员而言，普利约诺指出："……允许符合我们所有革命理想的事物，特别是那些符合印尼社会

---

① USDEK：UUD 1945, Sosialisme Indonesia, Demokrasi Terpimpin, Ekonomi Terpimpin, dan Kepribadian Indonesia，即"四五年宪法、印尼社会主义、领导民主、领导经济、印度尼西亚认同"。

② Sukarno. *Manipol/USDEK* [M]. Bandung: Dua-R, 1961: 64.

③ "Pedoman praktis untuk melaksanakan tugas² dan kegiatan² kebudayaan dalam rangka Manifesto Politik Presiden". Sindoesawarno K. *Pidato Ketua Umum Pada Malam Resepsi* [R]. Paper presented at the Musjawarah I Sekitar Arti Kepribadian Nasional, Salatiga, 1960: 3.

④ Prijono. *Kesenian untuk Kesentosaan dan Kebahagian Kita Bersama* [J]. *Pewarta PPK*, 1958, 8 (8): 10.

⑤ "Kepribadian Indonesia modern yang menurut perasaan saya belum terbentuk dalam arti yang sedalam-dalamnya dan seluas-luasnya, dapat dan harus kita bentuk dengan bahan-bahan yang diwariskan kepada kita oleh nenek-moyang dan yang kita sesuaikan dengan Manifesto Politik beserta USDEK-nya. Dengan demikian maka kepribadian modern Indonesia itu adalah kepribadian nasional Indonesia yang umum ciri-cirinya dan sosialis jiwanya." Prijono. *Sambutan untuk Musjawarah* [R]. Paper presented at the Musjawarah I Sekitar Arti Kepribadian Nasional, Salatiga, 1960: 20.

主义的事物，拒绝一切反对或违背这些理想的事物。"① 在 1963 年的一次演讲中，普利约诺为文艺活动规定了"出发点"，即 *Manipol* 中确立的革命和社会主义。通过这个出发点，他将文化与政治立场联系在一起，与政治立场相关的文化都是备受推崇的文化。② 由此可见，这一时期印尼文化政策的目标从促进民族文化发展转变为通过发表建设社会主义社会的言论支持苏加诺的政治方案，而自由主义理念则被边缘化。

学界普遍认为，从议会民主到领导民主的转变代表着印尼放弃西欧体制，回归传统机制。③ 在这两个时期里，不同的政治精英倡导不同的政策重点，体现出对于印尼治理的不同理解。虽然文化都被当作团结和教化印尼民众的工具，但这两个时期试图塑造的社会非常不同，导致文化政策在国家建设中的定义和作用发生了巨大变化，从带有启蒙和民主性质的自由主义承诺，转变为动员国民支持苏加诺政治议题的思想工具。在这一过程中，政府从文化监管转变为文化领导，对于文化建设的介入日益加深。

二、人民文化协会和文化宣言派间的两种文化路线斗争

从议会民主转变到领导民主以及相应的文化政策转向既是文艺路线斗争的时代背景，也决定着文艺路线斗争的发展逻辑。这一时期的一个重要特点是非政府文化组织对于文化政策的影响不断加深。非政府文化组织出现于 20 世纪 50 年代中期，兴旺于 60 年代。他们广泛参与文化政策的诠释和实施，为推广苏加诺的政治理念发挥了突出作用。文学家阿里夫（Arief Budiman）认为 60 年代初至少存在四派观点不同的文学家，分属不同的非政府文化组织：第一派属于人民文协派，奉行社会主义现实主义和"政治是统帅"，成员包括普拉姆迪亚（Pramoedya Ananta Toer）、韦斯比（Agam Wispi）、舍勒（Boejoeng Saleh）、阿玛赞（Amarzan Ismail Hamid）、索布隆（Sobron Aidit）、阿宾（Rivai Apin）等；第二派属于文化宣言派，奉行普遍性人道主义，认为所有文化领域都是平等的，文学应该自由表达那些受到人类普遍认可的思想和精神内容，反对政治是统帅，成员包括耶辛（H. B. Yassin）、陶菲克（Taufiq Ismail）、特里斯诺（Trisno

---

① "… membenarkan apa yang sesuai dengan semua cita-cita Revolusi kita khususnya sesuai dengan sosialisme Indonesia, dan menolak semuanya yang bertentangan atau melawan cita-cita itu." Prijono. *Tugas Pekerdja Kesenian* [J]. *Budaja*, 1963 (3): 95.

② Prijono. *Tugas Pekerdja Kesenian* [J]. *Budaja*, 1963 (3): 94.

③ Lev D S. *The Transition to Guided Democracy: Indonesian Politics 1957-1959* [M]. Ithaca: Cornell Modern Indonesia Project Monograph Series, 1966: 1-2.

Sumardjo)、古纳万(Goenawan Mohamad)、阿里夫等;第三派属于不同政党,受政党保护并表达政党权益,如西都莫朗(Sitor situmorang,印尼民族党)、萨尼(Asrul Sani)和乌斯玛(Usmar Ismail,伊斯兰教师联合会)等;第四派是没有加入前三派的作家,如阿育普(Ajip Rosidi)、特里斯诺约沃诺(Trisnojuwono)、巴赫迪亚尔(Toto Sudarto Bachtiar)等。①20世纪60年代的两种文艺路线斗争就出现在人民文协和文化宣言派之间。

(一) 人民文化协会及其文学"反映论"

作为时代和局势的产物,人民文协是该时期最重要的非政府文化组织。1950年8月17日,艾地(D. N. Aidit)、约多(Njoto)、阿沙尔(M. S. Ashar)等人发起成立人民文协,是对《文化协定》和文化会议上阿里夏巴纳倡导西式现代化的反制。②《成立前言》(Mukaddimah Lekra)规定,人民文协要"深入剖析现实,研究生活中的真理,忠实于现实和真理",坚持"文艺为人民服务",表现广大劳动人民的生活和斗争。③在第一次全国代表大会上,人民文协提出"政治是统帅"的口号,强调文艺的阶级性和战斗性,反对50年代流行的"将艺术家和作家赶出政治舞台"的口号④。人民文协将文艺路线论战与政治战线斗争呼应起来,主张使用马克思主义解决印尼文化的发展问题,对于民族文化的设想基于承诺社会正义的社会主义现实主义,认为文艺既要展示社会现实中的不平等,又要促进革命性变革。⑤由于人民文协与印尼国内政治形势发展紧密结合,获得以共产党为代表的左翼势力的支持,成为其下属的文化组织。1965年"9·30事件"发生后,苏哈托代表的右派军人上台执政,印尼共产党遭到残酷镇压,人民文协遭到取缔,革命文艺路线就此在印尼消失。

从表面上看,人民文协的文艺路线符合领导民主时期"文化与政治立场相联系"的要求,旨在通过文学教化功能支持社会主义国家认同的建设。从本质上

---

① Budiman A. *Kebebasan, Negara, Pembangunan* [M]. Jakarta: Alvabet dan Freedom Institute, 2006: 15-27.

② Foulcher K. *Social Commitment in Literature and the Arts: the Indonesian "Institute of Peoples' Culture" 1950-1965* [M]. Melbourne: Centre of Southeast Asian, 1986: 17.

③ Sambodja A. *Historiogirafi Sastra Indonesia 1960-an* [M]. Jakarta: bukupop, 2010: 21-22.

④ Sambodja A. *Historiogirafi Sastra Indonesia 1960-an* [M]. Jakarta: bukupop, 2010: 19.

⑤ Foulcher K. *Social Commitment in Literature and the Arts: the Indonesian "Institute of Peoples' Culture" 1950-1965* [M]. Melbourne: Centre of Southeast Asian, 1986: 29.

看，人民文协所奉行的文艺路线符合文学"反映论"的基本逻辑。反映论主要是用来讨论认识的来源及生成问题，也可被称为认识论，其理论渊源可以追溯到20世纪20年代末形成的唯物史观文学论。^①反映论的典型观点是"文学是时代的反映"，将文学与生活的关系置换成思维与存在、物质与精神的关系，强调社会生活是第一性，文学艺术是第二性。具体而言，人民文协及其媒体反对空洞、颓废、非政治化的作品，其文艺理念可归纳为"1+5+1"，即"政治是统帅"+"五结合"+"到基层中去"。"五结合"指"广泛与升华相结合""意识形态和艺术价值相结合""良好传统与革命现实相结合""个人创造与群众智慧相结合""社会主义现实主义与革命浪漫主义相结合"。人民文协将五类罪恶列为文学打击对象，即马来西亚、军方官僚资本家、七类恶霸（包括地主、高利贷者、恶捐客、放青苗者、强盗、天课征收者、流氓）、美帝国主义和修正主义。[②]

人民文协的作家都是文学反映论的忠实实践者。创始人兼印尼共产党领导人约多的诗既表达反抗美帝的思想，比如在纪念遭暗杀的刚果总理鲁姆巴（Lumumba）的诗《火红》（*Merah Kesumba*，1961）中，他写道："你的渴望是我们的渴望/革命的渴望/……你的革命是我们的革命/你的革命是大家的革命/世界的革命"[③]，又歌颂中国革命，如诗作《延安》（*Yenan*，1959）："对革命者而言/延安是圣地之源/从延安出发/革命之火开始燎原/从延安出发/革命胜利似火激燃"。[④]印尼共产党主席艾地也是一位杰出的诗人，奉行人民文协"到基层中去"的文艺理念，作品包括《远离美帝吧》（*Jauhilah Imperialis AS*）、《致农民英雄》（*Untukmu Pahlawan Tani*）、《党的任务》（*Tugas Partai*）等。他在《祭奠乌萨尼》（*Ziarah ke Makam Usani*）中写道："肃立鞠躬/怒火焚心/泪水涌落/群起宣誓/乌萨尼革命之火永不灭/……乌萨尼已逝/革命之火永不灭/印尼共之花万古飘香"。[⑤]作家韦斯比认为政治与文学的基调一致。1964年人民文协与文化宣言派论战正酣时，他在《虚伪的英雄》（*Pahlawan Munafik*）中写道："耶辛！这是宣传/政治和诗基调一致/我们不隐瞒伪装/你们还想顶风论战？"[⑥]人民文协首任总书记达尔达

---

① 邢建昌. 文学理论知识学模式的变化：从反映论、审美反映论到文化研究论[J]. 中国文学批评，2018（1）：43.

② Sambodja A. *Historiografi Sastra Indonesia 1960-an* [M]. Jakarta: bukupop, 2010: 59-60.

③ Sambodja A. *Historiografi Sastra Indonesia 1960-an* [M]. Jakarta: bukupop, 2010: 53.

④ Sambodja A. *Historiografi Sastra Indonesia 1960-an* [M]. Jakarta: bukupop, 2010: 56.

⑤ Sambodja A. *Historiografi Sastra Indonesia 1960-an* [M]. Jakarta: bukupop, 2010: 60.

⑥ Sambodja A. *Historiografi Sastra Indonesia 1960-an* [M]. Jakarta: bukupop, 2010: 63.

（A. S. Dharta）善于描写劳动人民的苦难生活，在《老巴刹的舞女》中他写道："玛尔希每晚都跳舞/内心在等待何时独立。"① 班达哈罗（Hr. Bandaharo）是人民文协最有成就的诗人，他的诗集《来自饥馑与爱情的诞生地》（*Dari Daerah Kehadiran Lapar dan Kasih*，1957）曾获 1960 年全国民族文化协商机构的优秀诗歌奖。1965 年苏加诺总统宣布印尼退出联合国②后，他在诗作《走人民的道路》（*Menempuh Jalan Rakyat*）中写道："这是革命新阶段的开端/在反抗压迫的斗争中/四大洋海面沸腾/五大洲风雷阵阵/新纪元开始的标志/只因七个字（指苏加诺宣布：'印尼退出联合国'）/如霹雳震撼大地/预示新纪元必将来临"。③

就人民文协的具体表现而言，其文学反映论是使用马克思主义哲学认识论来对文艺进行阐释，认为文学属于观念形态，是一定的社会生活在作家头脑中反映的产物。这种反映论在之后的发展中与政治的关联不断加深，转变为"从属论"，即"文学从属于政治"，强调文学与外部环境尤其与政治的相互联系，在一定程度上忽视了文学的审美价值。

（二）文化宣言派及其文学"审美论"

同期，在印尼还存在另外一部分以耶辛为代表的作家，他们受到西方人文主义思想和普世价值观的影响，认为："人类除了各自的个性和特定群体的共性外，还存在着超越于一切差别的共同性，就是通常说的人性，也可以说是人的天性，是人类与生俱来的本性。"④ 所以，文学应该表现人类各种文化传统中普遍存在的、具有较高认识度的普世价值。

人民文协反对以耶辛为代表的资产阶级"普遍性"文艺路线，因为"'普遍性'就是否认文艺的'民族性'和'阶级性'"⑤，这种主张与人民文协"政治是统帅"的文艺路线直接对立，被上升为资产阶级"普遍人道主义"（universal-humanism）和无产阶级"文艺为人民服务"理念的对立。作为回应，1963 年 8 月 17 日，以耶辛为代表的 13 位作家签署了《文化宣言》（*Manikebu*），用"普

---

① 梁立基. 印度尼西亚文学史：下册［M］. 北京：昆仑出版社，2003：656.
② 1963 年，苏加诺反对成立马来亚联邦，采取"粉碎马来亚联邦"的对抗政策。1965 年 1 月，马来亚联邦当选为联合国安理会成员，苏加诺宣布印尼退出联合国。这使印尼在国际上陷于孤立。
③ Sambodja A. *Historiografi Sastra Indonesia 1960-an*［M］. Jakarta: bukupop, 2010: 72.
④ 张德明. 经典的普世性与文化阐释的多元性：从荷马史诗的三个后续文本谈起［J］. 外国文学评论，2007（1）：26.
⑤ 梁立基. 印度尼西亚文学史：下册［M］. 北京：昆仑出版社，2003：646.

遍人道主义"和"艺术自由"反对人民文协的主张，挑战作为国家文化生活基础的 *Manipol*。在军方势力的支持下，1964 年 3 月全印尼写作者大会（KKPI）在雅加达召开，准备向人民文协的文艺路线发起总攻。这被视作"为争夺文学世界的权威而进行的挑战"，特别是对人民文协"政治是统帅"理念的挑战。①然而还没来得及运作，1964 年 5 月 8 日，苏加诺总统宣布文化宣言派为反革命，禁止其活动和作品。耶辛等人向总统写信致歉，避免文化宣言派作家遭到进一步打击。

文化宣言派奉行的普遍性人道主义与文学"审美论"一脉相承。审美论认为文学艺术的本质是审美，审美性是文学艺术区别于其他人类精神产品的重要特征和关键因素。文学的审美特性主要体现在文学自身的情感特性、语言特性、形式构造和符号创造等方面。其中，文学的情感性是审美范式的关键性特征。审美论主张从文学审美特性的角度阐释文学活动，突出文学活动与美或审美的深刻关联与内在贯通，将文学理论限定在对文学审美特性的具体阐释和理论说明上。文化宣言派作家主张表现人性中普遍存在的情感，反对阶级性和政治倾向性。比如，陶菲克在诗作《梵高的田》（*Oda pada van Gogh*）中写道："月桂树，老旧咖啡馆/在马路尽头/寂静，又寂静/天空云涌/明月高悬/寂寞，是寂寞"。②哈尔多佐（Hartojo Andangdjaja）在诗作《1964》中写道："如今我在何处/保卫我低声吟诗的声音/正如布莱希特③曾说/聊聊树木也有罪过/如今我在何处/保卫我勉力吟诗的声音/正如现在所受的罪/谈谈真理也是罪过/如今我才知道/为什么伏尔泰④被人憎恨/他索居瑞士/远离故国/如今我才知道/为何帕斯捷尔纳克⑤孤独寂寞/而马雅可夫斯基⑥最终选择死亡之国"。⑦

"9·30 事件"后，文学和舆论完全为右翼势力所操纵。为了大造声势，煽

---

① Maier H M J. *Chairil Anwar's Heritage: the Fear of Stultification-Another Side of Modern Indonesian Literature* [J]. *Indonesia*, 1987 (43): 24.

② Sambodja A. *Historiografi Sastra Indonesia 1960-an* [M]. Jakarta: bukupop, 2010: 168.

③ 布莱希特（Brecht），德国著名诗人和剧作家。他受到马克思主义影响成为共产党员，与东德政府有联系。1950 年，他离开东德成为澳大利亚公民。

④ 伏尔泰（François-Marie Arouet）是法国著名文学家，他的作品中常含有宣传无神论等尖锐思想，其思想被认为对 1789 年法国大革命有一定影响。后来他被流放。

⑤ 帕斯捷尔纳克（Boris Pasternak）是俄国文学家，曾于 1958 年获得诺贝尔文学奖。由于他更为理性地描写了俄国革命，其作品被苏联政府列为禁书。

⑥ 马雅可夫斯基（Vladimir Mayakowsky）是俄国未来主义文学家，由于批评政府，他离群索居，最终饮弹自尽。

⑦ Sambodja A. *Historiografi Sastra Indonesia 1960-an* [M]. Jakarta: bukupop, 2010: 162.

动反政府情绪，文学界出现了大量"示威诗"和"反抗诗"，诗的作者不少属于文化宣言派。1966 年 5 月，在"1966 年精神的崛起"研讨会上，与会者把自己称作"66 年派"。耶辛在文章《新一派的崛起》中正式宣布"66 年派"的诞生。该派文学家宣称自己的理想是"普遍性的自由"，要自由地喊出内心的呼声。被耶辛奉为"66 年派"的作家包括：阿育普、连特拉、古纳万、陶菲克、卢比斯（Mochtar Lubis）、阿里夫等。

印尼 20 世纪 60 年代两种文艺路线体现出了两种互相独立的、传统的文学本质观点：审美论将文学定义为特殊事物，具有特殊本质和属性，根据审美标准而追求自由、自律等权利的合法性；反映论认为文学作品之所以成为文学作品并不是它本身所具有的一种特质，而是外在环境使然。这两个系统在很大程度上是彼此独立的，或者说文学在审美论和反映论之间是存在悖论的。但是，前者可能将文学与社会其他领域隔离起来，使其成为封闭概念，后者可能导致极端地认为文学受到外界操纵而不包含自身价值。诚然，文学作为现代性叙事话语的一种，具有其独特的审美性和独立性。但是，随着福柯摒弃了话语自律性并将其与无所不在的权力结合起来后，话语乃至文学就成为权力施展的载体，文学审美实际上暗藏着权力的渗透，文学再也无法脱离政治的影响。由此可见，在印尼特殊的时代背景下，人民文协与文化宣言派的文艺路线斗争，虽然体现出反映论和审美论之争的基本逻辑，但两者的消长都是受制于政治的影响。

三、从两种文艺路线斗争看印尼文学与政治的关系

文艺理论研究中常常涉及文学与政治的关系问题。就政治而言，一般认为，在阶级社会里集中表现为统治阶级和被统治阶级之间的权力斗争、统治阶级内部的权力分配和使用等内容，包含物质、精神等多层次理解。就文学而言，其核心问题是回答"文学是什么"的问题，即对于文学本质或本体的讨论。中外学界中曾出现过诸多关于文学本质的界定，如反映论、审美意识形态论、语言本体论等，直至今天，对于文学本质或本体的解释依然存在争议。

文学是文化的重要形态。马克思认为，文化和政治都属于在一定社会经济基础上建立的上层建筑，两者相互影响是上层建筑之间客观存在的内部规律。因此，政治作为社会生活中最重要的组成部分，是无法与文化相隔离的。在任何社会中，政治集团都会要求制定相应的文化政策。"任何一个政权只要注意到艺术，自然就总是偏重于采取功利主义的艺术观。它为了本身的利益而使一切意识

形态都为自己所从事的事业服务，这也是可以理解的"。[①]文学作为重要的文化内容，必然受到文化政策的制约。因此，文学与政治的关系能够通过权力机构的斗争、文化路线的斗争以及它们在文本上的表现反映出来。政治能够决定文学的性质和作用，文学能够反映政治的演变，或者响应政治的需要。

  印尼文艺思潮的变迁总是与政治潮流的起落有着密切的联系。20 世纪 60 年代的两种文艺路线斗争是二战前"东西方文化论战"的继承和延续。东西方文化论战的初衷是文化，其目的主要是摧毁旧传统，改造国民性，将民族国家的根本放在传播启蒙思想和改造意识形态上，文化改造的最终目的指向民族国家的独立和发展，从本质上无法脱离政治的影响。在这一过程中，一方面文学的自主性不断觉醒，获得了自身独立价值，国家、社会、个人、审美等新的要素和内容被纳入文学框架之中；另一方面文学地位获得空前提高，被要求为改造国民性、建立现代民族国家服务。

  此后的不同时期里，文学都肩负了教化民众、塑造国家认同的功能，只是侧重点有所不同。议会民主时期采取了西方政权组织形式和自由主义文化政策，国家是文化的监管者，脱离政治的影响和束缚才能产生高质量的文艺作品。以耶辛为代表的自由化文艺路线号召"为艺术而艺术"，主张表现普遍人性，反对阶级性和政治性，强调文学与情感、个性、自我和想象等审美特性的关系，认为文学是作家心灵的表现，不承认文学与现实生活有直接联系，反对创作的功利目的。在领导民主时期里，社会主义文艺观的影响不断增强。文学被视为社会生活的反映。人民文协强调文艺具有阶级性和革命性，提出"艺术为人民"的口号，主张文艺为广大人民服务，要表现劳动人民的生活和斗争。随着政治斗争尖锐化，人民文协进一步提出"政治是统帅"的口号，强调并放大文学的阶级性，文学活动完全受制于政治活动。

  从某种意义上讲，印尼现代文学的发展和演化，既是对文学进行重新定义和规范的过程，也是文学逐步产生强烈政治倾向的过程。文学与政治的关系问题是两种文艺路线斗争的底层逻辑和斗争焦点。在阶级社会中，文学与社会生活尤其是政治有着密切联系，被有识之士视为运动阵地和斗争武器。正是因为文学承担了广泛的非文学功能，尤其是政治功能，政治变革作为近代文学变革的最重要、最活跃的推动力量，使得文学日益趋向政治化。从当时印尼的社会背景来看，文学反映论乃至从属论等观念响应了时代的需要，具有特定的合理性和现实意义。因此，印尼文学与政治的这种"相合共生"是历史发展的必然结果。

[①] 中共中央马克思恩格斯列宁斯大林著作编译局. 马克思恩格斯选集：第 4 卷 [M]. 北京：人民出版社，1995：478.

参考文献

[1] 梁立基. 印度尼西亚文学史 [M]. 北京: 昆仑出版社, 2003.

[2] Budiman A. *Kebebasan, Negara, Pembangunan* [M]. Jakarta: Alvabet dan Freedom Institute, 2006.

[3] Sambodja A. *Historiogirafi Sastra Indonesia 1960-an* [M]. Jakarta: bukupop, 2010.

[4] Feith H, Castles L. *Indonesian Political Thinking 1945-1965* [M]. NY: Cornell University Press, 2007.

[5] Foulcher K. *Social Commitment in Literature and the Arts: the Indonesian 'Institute of Peoples' Culture' 1950-1965* [M]. Melbourne: Centre of Southeast Asian, 1986.

[6] Jones T. *Indonesian Cultural Policy, 1950-2003: Culture, Institutions, Government* [D]. Perth: Thesis of Doctorate of Philosophy of Curtin University of Technology, 2005.

[7] Lev D S. *The Transition to Guided Democracy: Indonesian Politics 1957-1959* [M]. Ithaca: Cornell Modern Indonesia Project Monograph Series, 1966.

论印地语戏剧《四月的一天》的现代性书写

信息工程大学　王茂山

【摘　要】《四月的一天》是印度作家莫亨·拉盖什的戏剧代表作,这部作品通过现代性书写改变了传统戏剧虚幻、不贴近现实的风格,是印地语戏剧创作上的一个突破。作者以印度古代著名诗人迦梨陀娑的传说为背景,讲述了一个浪漫爱情故事,同时通过此剧以现代的角度对印度独立后出现的新爱情观、女性的新形象以及新的社会状态进行呈现。运用传统题材表现现代意识是这部戏剧的主要表现手法。

【关键词】《四月的一天》;莫亨·拉盖什;现代性书写

莫亨·拉盖什[①]是印地语"新小说"的代表作家之一,他也被誉为现代印地语戏剧第一人[②]。拉盖什一生著有 6 部短篇小说集、3 篇长篇小说、多部戏剧以及文学评论专著[③]。作为印度独立后成长起来的青年作家,拉盖什对新时代的印地语文学有着新的认识和理解。拉盖什的作品多以现实为基础,能真切反映出新时代的人们在传统思想与西方新思潮的交织影响下内心的矛盾[④],由此产生了对生活、事业、爱情、婚姻和家庭的新看法。他的作品着重反映独立后印度社会的新现象以及人们的心里逐渐形成的现代意识。

现代印地语戏剧诞生于印度独立之后,是印度社会新旧交替之际的产物,反映了印度现代社会与旧社会在思想与意识上的断裂。作为现代印地语戏剧的代表,拉盖什的戏剧不仅改变了传统印地语戏剧的风格,而且其中还融入了人们心中随着社会变化萌生的现代意识,是对独立后印度人民现实生活的真实写照。

---

　　① 莫亨·拉盖什 (मोहन राकेश, Mohan Rakesh, 1925—1972),印度著名小说家、剧作家,印地语"新小说"运动倡导者之一。
　　② 廖波. 莫亨·拉盖什短篇小说创作简评 [J]. 解放军外国语学院学报,2004,27(1):103.
　　③ 廖波. 印地语新小说概论 [J]. 解放军外国语学院学报,2008,31(6):114.
　　④ 廖波. 印地语新小说概论 [J]. 解放军外国语学院学报,2008,31(6):114.

戏剧《四月的一天》①是拉盖什以著名古代诗人迦梨陀娑②的传说为原型创作的一段感人的爱情故事,大体情节如下:青年诗人迦梨陀娑和自己的青梅竹马玛丽卡原本无忧无虑地生活在祥和的小山村里。他才华横溢,热爱自然,多愁善感,《六季杂咏》就是他将自己与玛丽卡的相爱时光融入到六季③之美中创作的诗集。玛丽卡的母亲安比卡不愿承认女儿和迦梨陀娑的爱情,她只期望女儿能早日出嫁,找一个比诗人更好的丈夫。不久后,《六季杂咏》得到了国王的青睐,于是他派祭司在印历四月的一天来到村里,希望能接迦梨陀娑入城并封他为"瑰宝诗人"。为了迦梨陀娑的前程,玛丽卡忍痛割爱,狠心劝走了爱人。两人分别以后,玛丽卡还是放不下对迦梨陀娑的思念,她悄悄托往返王城的商人带回了他的新作品,其中就有抒写离别之伤的《云使》④。几年后,玛丽卡听闻迦梨陀娑已经和王室的公主结了婚,还改了名字,即将前往克什米尔。王室的车队路过村庄时,公主来到了玛丽卡家中,她怜惜玛丽卡,想邀请玛丽卡进王宫一同生活,但玛丽卡拒绝了。又过了几年,还是在四月的一天,夜晚雷雨交加,迦梨陀娑竟意外回到了村里。但时间早已无情地改变了一切,他发现玛丽卡不但已经有了孩子,孩子的父亲还是他当年的死对头。迦梨陀娑无法接受残酷的现实,最终选择了独自离开。

在这部戏剧中,拉盖什的创新之处体现在将现代人的意识和想法代入到传统角色中,以传统题材为依托来呈现现代生活中的种种现象。剧中的迦梨陀娑、玛丽卡、公主等人物形象都是印度现代社会中人们的缩影,借助这些传统人物的形象,拉盖什意在将现代新爱情观、现代女性的新形象和一些随着社会的发展逐渐出现的新思想,完完全全地向人们展现出来,从而做到对现代社会进行最真实的写照。对传统爱情观的新思考、对新女性的关注、对传统题材的新演绎是体现这部戏剧现代性书写的三个主题。

一、传统爱情观的新思考

玛丽卡和迦梨陀娑的爱情是连接全剧所有情节的线索。讲述这个浪漫的爱情

---

①《四月的一天》(आषाढ़ का एक दिन, Ashadh Ka Ek Din),是莫亨·拉盖什的戏剧代表作,1958 年发表。

② 迦梨陀娑(कालिदास, Kalidasa),是印度 5 世纪著名诗人,剧作家。

③ 印度一年有六个季节,分别为春季(वसंत)、夏季(ग्रीष्म)、雨季(वर्षा)、秋季(शरद)、霜季(हेमंत)和寒季(शिशिर)。

④《云使》(मेघदूतम्, Meghadūta),是印度 5 世纪诗人和剧作家迦梨陀娑创作的一部抒情诗,共 111 首,用统一的韵律——缓转格写成,通常分为前云和后云两部分。

故事，拉盖什意在表明：在现代社会，用传统观念去定义爱情，规定爱情都是不合理的，真正的爱情要以两个人之间的彼此相爱作为基础。如何对待爱情也是当下许多年轻人正面临的问题。借助玛丽卡和迦梨陀娑的爱情故事，拉盖什也期望能引导现代人对爱情观进行深入的思考，不再单纯地从传统观念的角度去看待爱情，树立一种新的爱情观。

法论是印度婆罗门教和印度教传统中专门论述一名合格印度教徒行为规范的学说，其中《摩奴法论》①是伦理学体系相当成熟而完备的一部②。《摩奴法论》作为成文较早的伦理教条，对整个印度社会的思想观念造成的影响可谓根深蒂固。根据法论，一名印度教教徒一生必须经历"梵行""家居""林居""遁世"四个时期③，每一个时期各有相应的"法"，而对于受压迫的女性，又有专门的"妇女的法"。"对于女子来说，婚礼相传就是吠陀的圣礼，侍候丈夫就是在师父那里住，做家务就是事火"④，是法论中关于女子入教的规定，意为一名女子只有在出嫁以后才是一名正式的教徒，她的成长就是一个等待丈夫的过程。可以看出，在以法论为代表的印度传统观念中，女性是没有选择恋爱对象的权利的，她需要做的只有等待，到适婚年龄后顺从"师父"的安排⑤。因此在印度的传统观念中，爱情在人的一生中是没有一席之地的，一对男女结成姻缘不是因为爱情，而是因为宗教。宗教与传统观念凌驾于爱情之上，两人之间彼此相爱却不能走到一起，这既是玛丽卡和迦梨陀娑面临的困境，也是当下许多受传统观念困扰的男女难以跨越的障碍。

玛丽卡和迦梨陀娑从小是青梅竹马，他们的爱情是自由爱情观的体现。即使饱受村里人传统眼光的鄙夷，即使得不到玛丽卡母亲安比卡的认可，他们依然活在爱情的世外桃源中。两人曾在雨里漫步于山谷中，远离尘嚣的时光令玛丽卡沉醉，她动情地描绘着眼里的风景：

"我永远不会忘记那一刻，与这样的美丽相逢。那种美就像是有肉体，我能触碰到她，看到她，感受到她，我甚至感觉她能赋予爱情以诗的灵魂。我第一次理解为什么有些山峰会消失在云层中，就像那些沉浸在美好里无法自拔的心。"⑥

迦梨陀娑将他们的相爱时光融入到六季之美中写出了《六季杂咏》，这既是

---

① 《摩奴法论》（旧译《摩奴法典》）是印度教伦理规范的经典著作。
② 摩奴. 摩奴法论[M]. 蒋忠新, 译. 北京：中国社会科学出版社, 1986: 1.
③ 摩奴. 摩奴法论[M]. 蒋忠新, 译. 北京：中国社会科学出版社, 1986: 116.
④ 摩奴. 摩奴法论[M]. 蒋忠新, 译. 北京：中国社会科学出版社, 1986: 23.
⑤ 摩奴. 摩奴法论[M]. 蒋忠新, 译. 北京：中国社会科学出版社, 1986: 30.
⑥ 莫亨·拉盖什. 四月的一天[M]. 德里：拉杰巴尔出版社, 1992: 8.

他对自由爱情向往的体现,也是他对爱情之美至高的赞颂。《六季杂咏》包含六组抒情短诗,分别描绘夏季、雨季、秋季、霜季、寒季和春季的自然景色以及男女间的相爱相思之情。不论在哪一个季节里,哪一种环境中,迦梨陀娑写下的每一句诗都能表达出他内心情感的涌动。

"男女双方充满爱意,
互相紧紧搂抱入睡,
嘴上散发蜜酒芳香,
身上弥漫呼吸清香。"[1]

描绘出两人在霜季相聚时无比欢乐的时光。

"但愿这霜季赐予你们幸福,
诸多的优点勾摄妇女的心,
村边田野布满成熟的稻谷,
霜雪降临,麻雀婉转歌唱。"[2]

表达出迦梨陀娑对玛丽卡的倾心以及对爱情长久的渴望。

当两人不得以分开后,他们也因为深爱着彼此而难以割舍对对方的思念。临别时玛丽卡告诉迦梨陀娑:

"虽然你走了,但你仍然属于这里。这里的阳光、空气,云朵,还有小鹿都会跟随你。我们并不会相隔太远,当我想你时,就爬上山顶裹满云朵,她们会带我到你身边。"[3]

玛丽卡的话一直存留在迦梨陀娑心中,直到有一天当他再也无法抑制对心上人的思念时,他写下了《云使》来抒发自己的感情。在《云使》中,迦梨陀娑将自己喻为一个小药叉,小药叉因玩忽职守被贬谪到偏远的罗摩山上,不得不与爱妻分别一年。[4]雨季来临时,小药叉托一片雨云给妻子报平安,他铺陈鲜花款待雨云,用优雅的言辞向他细述北行的路线、描绘沿途的风光,想起家中焦急等待的妻子,他委婉地敦促雨云尽快启程。

"密友!我能看见
虽然你肯为我的爱人疾行
在曲生花香弥漫的峰峦
却会耽延

---

[1] 迦梨陀娑. 六季杂咏[M]. 黄宝生,译. 上海:中西书局,2017:28.
[2] 迦梨陀娑. 六季杂咏[M]. 黄宝生,译. 上海:中西书局,2017:30.
[3] 莫亨·拉盖什. 四月的一天[M]. 德里:拉杰巴尔出版社,1992:46.
[4] 迦梨陀娑. 云使[M]. 罗鸿,译. 北京:北京大学出版社,2011:1.

当眼眶洁白的孔雀含泪
高声引吭迎迓尊贵的你
请勉力快登程!"①

小药叉急切的敦促正是迦梨陀娑内心的呼声,他希望玛丽卡能看到《云使》,收到他的心意;而在另一边,玛丽卡也请求商人为她带回了《云使》,这更说明了两人之间即使隔着山长水远,也能因为爱情产生共鸣。拉盖什巧妙的书写,让《六季杂咏》和《云使》成了玛丽卡和迦梨陀娑爱情的结晶,这两部古代的诗歌也成了他心中新爱情观的象征。

正是这种建立在彼此相爱的基础上的,不受宗教和传统观念约束的新爱情观赋予了玛丽卡敢于去爱的勇气。即使母亲安比卡在传统伦理教条的威严下怯弱畏缩,对女儿的爱情不抱希望,即使有来自旁人的冷嘲热讽,玛丽卡依然对爱情不离不弃。在玛丽卡心里,爱情的权利应该掌握在自己手中,她有权选择与一个她爱的人在一起,有权拒绝被安排的婚姻。在剧中面对母亲的逼婚,玛丽卡坚决表示反对:

"您知道我现在并不想结婚,为什么还一直叨叨不休?我的哭诉难道没有一点意义吗?"②

"我的生活属于我自己,爱情是我个人感情中不可或缺的一部分,我喜欢爱情,因为她纯洁、温柔、永恒。"③

而当迦梨陀娑遇到更好的发展机会时,也是爱情的力量让玛丽卡能够下决心与爱人分离,决定分开并不是玛丽卡对爱情的放弃,相反,他们的爱情因此被提升到了更高的境界。

对玛丽卡的形象进行刻画,反映她对爱情的认识,拉盖什意在表明他心中的现代新爱情观。印度独立后,这个古老的民族摆脱了封建枷锁和殖民统治,正处于一个社会思潮发生翻天覆地变化的时期。然而当时的社会,传统思想观念与《摩奴法论》式的伦理教条依然困扰着人们的心,尤其是对年轻一代。年轻一代一方面接受了西式教育,受到了西方自由思想的影响;另一方面又受到传统思想教条的种种约束。在爱情与婚姻上,大多数的印度女性依然没有独立选择的权利。她们苦恼、犹豫、彷徨,既渴望自己向往的爱情,又受嫁妆制与种姓制的限制,此外还有来自家庭和社会的压力。但随着时代的发展,已有不少的年轻人开始尝试抗争,用新的观念去看待爱情。拉盖什塑造玛丽卡的形象,含有一种鼓励

---

① 迦梨陀娑. 云使[M]. 罗鸿, 译. 北京: 北京大学出版社, 2011: 45.
② 莫亨·拉盖什. 四月的一天[M]. 德里: 拉杰巴尔出版社, 1992: 12.
③ 莫亨·拉盖什. 四月的一天[M]. 德里: 拉杰巴尔出版社, 1992: 13.

现代年轻人对爱情观进行思考的意图，他认为现代年轻人应该打破传统爱情观的束缚，树立以真爱为追求的新爱情观，让爱情决定他们的婚姻和人生。

二、传统女性的新形象

印度独立后，随着社会思想的逐渐进步，人们也正一步一步地摆脱传统思想的禁锢，在传统观念与伦理教条中一直受到压迫的女性越来越受到关注。独立以前，以普列姆昌德[①]为代表的批判现实主义作家写下过许多反映印度女性地位低下、饱受压迫与欺凌的作品。普列姆昌德的小说《服务院》《驱逐》《妮摩拉》等，都是对迫害女性的嫁妆制、童婚制、包办婚姻制等传统陋习进行揭露和批判[②]，表达了对妇女悲惨遭遇的同情。独立后的印度社会结构发生了重大变化，倡导男女平等和提高女性地位的呼声从城市传到农村，新时代的作家对女性的关注也进入了更深的层面。拉盖什关注女性，不仅关心她们的遭遇，而且还关心女性自身发生的变化。现代社会中的印度女性逐渐表现出的自我意识、独立意识、责任意识，还有对思想解放以及真善美的新追求等，都是拉盖什关注的重点。他把现代女性拥有的新思想与新品格完美地融入到了戏剧的角色中，玛丽卡和公主等戏剧形象都拥有现代女性的灵魂。

在玛丽卡身上，传统印度女性怯弱与逆来顺受的形象得到了蜕变，她善良、执着、勇敢，既有温柔与单纯的一面，又有成熟且敢于担当的一面。玛丽卡心地善良，即使家境困难，她也把牛奶喂给受伤的小鹿喝；她坚强独立，在爱情上，面对村里人的流言与母亲的反对，她始终坚持认为自己的生活应当由自己决定，别人没有这个权利；她勇敢无惧，敢于拦下持刀威胁迦梨陀娑的人，敢于在阴险狡诈的死对头比洛姆[③]面前捍卫自己的尊严。玛丽卡珍惜和迦梨陀娑的爱情，但相对于传统女性，她在爱情上表现出更多的担当意识。面对国王的邀请，陷入迷惘与犹豫的是迦梨陀娑，他放不下自己曾经拥有的一切，放不下深爱的玛丽卡。但玛丽卡没有犹豫，她知道在爱情中总会有人牺牲，她愿意为了迦梨陀娑的前程做那一个牺牲者，所以她选择了放弃。在与迦梨陀娑分别时，她忍着泪水说：

"你走吧，我不会去送你，因为你的人生路一直都在往前走，我只希望，你

---

① 普列姆昌德（प्रेमचंद，Premchand，1880—1936），印度近代著名作家，在印度有"小说之王"的美誉。

② 邓聪. 被侮辱与被损害者的悲歌：评印地语"新小说"《拉克希米被囚之地》[J]. 语文学刊，2016（3）：42.

③ 比洛姆（विरोम），是《四月的一天》中的主要人物之一，他阴险狡猾，一直试图拆散玛丽卡与迦梨陀娑，在迦梨陀娑离开村庄后强迫玛丽卡与他结婚生子。

的路能越走越宽广，越走越顺利。"①

爱情在玛丽卡心中虽然重要，但玛丽卡并没将爱情视作自己的全部。她明白自己有一个家需要养活，有年迈多病的母亲需要照顾，自己爱人也需要更好的发展。戏剧的最后，迦梨陀娑不辞而别，玛丽卡本想再追上去，但看着怀里的孩子，她又一次放弃了。玛丽卡两次选择放弃，选择接受比洛姆，生下孩子养家糊口，并不是她怯弱和逆来顺受的表现。她本可以让迦梨陀娑留下，继续和他过甜蜜的爱情生活，她也可以等待，说不定某一天爱人会回来，正是她的独立与负责让她两次选择了放弃。

在印度传统文学作品中，女性的形象往往是爱情的等待者，甚至可以说是爱情的附庸。传统文学中的女性在爱情中往往是被动的，她们往往苦苦等待着爱情的到来，等待那个爱她的人出现。古代印地语戏剧《沙恭达罗》②讲述的就是一名传统女性沙恭达罗的爱情故事。修女沙恭达罗和外出打猎的国王一见倾心，两人私自成婚。分别后，沙恭达罗思夫情切，无意中怠慢了仙人达罗婆娑。仙人大怒，诅咒国王丧失记忆，直到见到信物戒指时方能相认。日后，已有身孕的沙恭达罗进城寻夫，信物丢失，国王果然拒认。沙恭达罗苦苦等待，直到一天一个渔夫从捕获的鱼腹中发现戒指并送交国王后，两人才久别重逢。《沙恭达罗》是迦梨陀娑的作品，在《四月的一天》中，沙恭达罗正是迦梨陀娑心中玛丽卡的形象。迦梨陀娑写下《沙恭达罗》，是因为他期望玛丽卡能像沙恭达罗那样等待他，期望他们有一天能像国王和修女一样重逢。但玛丽卡已不再是传统的女性，她选择了对自己负责，对家庭负责。

玛丽卡的形象是拉盖什对传统女性形象的一个突破，这种从传统到现代的蜕变也正发生在一些印度女性身上。现代印度女性逐渐拥有了自我意识和独立意识，她们在爱情中变得更加主动，不愿做爱情和婚姻的附庸，对个体和家庭负责，这些都是拉盖什想通过此剧来反映的。除此之外，拉盖什还在剧中塑造了公主这个权贵子女的形象。同为女性，玛丽卡代表的是印度广大普通女性的新形象，公主代表的则是权贵阶层女性的新形象。一直以来，种姓制度都是印度社会阶层分化的根源，高种姓权贵一般不与普通平民阶层来往，传统伦理教条对此也有严格的规定。印度独立后，封建传统的思想受到极大的动摇，权贵阶层的子女也受到了新思想的影响。他们接受了西式教育，接触了更多的新鲜事物，于是能逐渐丢下传统思想的包袱，对世间的真善美有了追求。公主的形象就是权贵子女

---

① 莫亨·拉盖什. 四月的一天 [M]. 德里：拉杰巴尔出版社，1992：47.
② 《沙恭达罗》(शकुन्तला, Shakuntala)，是迦梨陀娑的戏剧代表作之一，讲述了一个国王和一个修女的爱情故事，被公认为印度古典戏剧的高峰。

新形象的表现,她向往自由的生活,热爱大自然的风景,既羡慕玛丽卡能远离尘嚣过着简单平凡的生活,又对玛丽卡的处境感到同情。虽然玛丽卡是丈夫的情人,但公主将她视作朋友,她不仅被玛丽卡身上的品质所打动,还邀请她进王宫一同生活。公主和玛丽卡,一个是高种姓权贵,一个是普通平民,拉盖什这样安排情节,既为了反映现代权贵子女对真善美的追求,也为了表达阶级之间平等相处的愿望。

女性是印度独立后印地语作家非常关注的对象,不仅是拉盖什,印度女性身上发生的新变化也是许多作家都希望去反映的现象。但印度当时毕竟刚刚独立,社会上的传统思想仍然根深蒂固。虽然许多女性有了独立意识,追求思想解放,渴望摆脱传统的约束,但现实的残酷令她们有心无力,甚至沦落至更悲惨的境地。耶谢巴尔[①]的《虚假的事实》中,女主人公达拉企图通过自焚来逃避不情愿的婚姻,但自焚未遂,只得认命;拉金德尔·亚德夫的《拉克希米被囚之地》中,少女拉克希米因为父亲迷信无知而被当成财神囚禁在家中,数次抗争也无法解脱。[②]达拉和拉克希米虽然都拥有独立意识与反抗精神,但在各自的小说中表露得并不明显,作者更希望反映的是各种传统观念与恶习陋俗对女性无情的摧残。而在拉盖什的作品中,现代女性的独立意识与反抗精神被明显地表现了出来,与传统伦理教条形成了对立之势。所以在当时的社会环境下,塑造玛丽卡等人的形象,拉盖什无形之中也是在鼓励女性并为女性发声。

三、传统题材的新演绎

在《四月的一天》中,拉盖什写道:

"印地语戏剧必须代表国家的文化修养和愿望,戏剧对于表达理性、智慧和真知,表达我们对生活的感受,展现生活的活力是很有必要的,这与西方的舞台剧有所区别。"[③]

因此,拉盖什创作的戏剧不是神话故事,而是对生活的真实写照。拉盖什的戏剧非常贴近生活,虽然用的是传统题材、传统人物,讲述的故事也源于传说,但读起来就像是在阅读现代人的生活经历。他的戏剧中每一个形象都不是臆想出

---

① 耶谢巴尔(यशपाल,Yashpal,1903—1976),著名印地语小说家,被誉为"当代最有造诣的印地语小说巨匠之一"。

② 邓聪.被侮辱与被损害者的悲歌:评印地语"新小说"《拉克希米被囚之地》[J].语文学刊,2016(3):42.

③ 莫亨·拉盖什.四月的一天[M].德里:拉杰巴尔出版社,1992:3.

来的，都能在现代社会中找到原型。可以说，在传统题材的演绎上，拉盖什做到了传统与现代的完美对接。

在印度历史上，迦梨陀娑无疑是一个伟大的天才诗人，他的作品如《云使》《沙恭达罗》《罗怙世系》《鸠摩罗出世》等都获得了极高的评价并且家喻户晓。迦梨陀娑的生平事迹没有详细的记载，但有两种相关的传说。其中一种传说根据他的名字"迦梨陀娑"（意为"迦梨的仆从"）[①]说他获得迦梨女神的恩赐，成了大诗人。在印度的传统思想中，神有着至高无上的地位，"神赐"之物也被人们视作最珍贵的东西。迦梨陀娑无与伦比的才华被世人所赞颂，他的作品被视作文学史的瑰宝，他本人也被誉为超日王宫廷中的"瑰宝诗人"。但在拉盖什的戏剧中，迦梨陀娑并不是以一个神话般的人物形象出现，而是一个有血有肉的新形象。

剧中的迦梨陀娑小时候是个孤儿，被一位老牧民收养，长大后在玛丽卡的陪伴下过着放牧的生活。迦梨陀娑是一个感性的人，他热爱自然界的一切，阳光雨露、山峦草木、飞禽走兽都被他当作朋友；他善良、慈悲，曾不顾危险从持刀人手中救下一头受伤的小鹿。他还喜欢写诗，而写诗的灵感就来源于自然，来源于他对生活的切身体会。《六季杂咏》之所以美，是因为里面不仅有对六个季节里不同风景生动的描绘，还有他对爱情所感真情实意的书写。但是，当爱情不得不与婚姻挂钩时，迦梨陀娑内心的彷徨与不自信逐渐显露了出来。虽然他深爱着玛丽卡，但是他并没有足够的勇气将爱情发展为婚姻。虽然玛丽卡能抛掉传统伦理教条的思想包袱，顶着母亲的反对与旁人的嘲讽也要和他在一起，但他因为家境贫寒不敢面对婚姻，害怕玛丽卡在婚后生活中受苦受难。面对人生道路的选择时，他也不够主动，犹豫不决，还是玛丽卡替他做了选择。离开玛丽卡后，他跌跌撞撞地适应着王室的生活，迫于现实不情愿地娶公主为妻，强迫自己以另一个身份生活。随着时间的推移，迦梨陀娑性格越来越脆弱，他逐渐失去了面对现实的勇气。在前往克什米尔的途中，他本有机会与玛丽卡重逢，但走到了门口还是选择了逃避，他害怕见到玛丽卡因为自己不负责任的离开而变得孤独无助。王室枯燥的生活不仅让他失去了创作的灵感，还使他陷入了思乡的状态中无法自拔，再也无心关注国家政治。戏剧最后，王国的统治被推翻，迦梨陀娑逃难回到了故乡。当得知玛丽卡已经有了孩子而且丈夫还是自己当年的死对头比洛姆时，他的心理防线彻底崩塌，选择了出家来让自己得到解脱。迦梨陀娑在爱情与婚姻中无疑是个失败者。

[①] 印地语中"काली"（迦梨）是印度教的主要女神之一，"दास"（陀娑）意为"仆从""仆人"。

拉盖什塑造一个这样的迦梨陀娑，让戏剧变得更像现实了，迦梨陀娑仿佛就是一个现实中的人，他也会在面临人生选择时感到彷徨，在爱情和婚姻问题上饱受困扰。在当时的印度社会中，的确有很多人有着和迦梨陀娑相似的经历。拉盖什对于反映现代人的真实处境有着强烈的倾向，这在他写的一些小说中体现得尤为明显。《再次生活》①中的男主人公经历了两段婚姻——他的前妻受过高等教育，自尊自信，要求意志、行动自由，两人婚后总闹不和，于是离婚了；在同事们的劝说下，他抱着希望开始了第二次尝试，但他挑选的新妻子虽然表面单纯，只受过初等教育，但喜怒无常，行为怪异，令他十分苦恼。男主人公的两段婚姻代表着新旧两种不同的婚姻观，一种是追求以爱情为基础的平等新婚姻关系，一种是女性依附于男性的传统婚姻关系。两段不幸的婚姻让男主人公陷入了深深的迷惘，他不知道怎样选择才能给自己的生活带来幸福。而拉盖什本人也离过婚，他对爱情和婚姻也有很多自己的理解，他把自己对爱情的感受和对生活的思考都写进了作品中。

所以，在拉盖什的戏剧作品里，每个角色的经历和内心处境都是对现代人的真实写照，一场戏剧仿佛就是一类人生活的重演，这与传统戏剧是截然不同的。传统戏剧中，情节总是过于跌宕，人物的形象也过于理想化，这就导致戏剧缺少真实性与说服力。观看传统戏剧，人们多抱有一种"看戏"的心态，因为在剧中他们看不到生活的影子，不能通过戏剧洞悉社会现状与人性。拉盖什对传统题材的新演绎，让戏剧彻底走出了以往的那种虚幻与催眠状态，走进了人们最真实的内心世界，走进了一个新的时代。这也是为什么他的戏剧能广受赞誉，获得包括"印度国家歌剧院奖"②在内的多个奖项。

四、结语

作为拉盖什的戏剧代表作，《四月的一天》展现出了极其贴近生活的现代性书写。整部戏剧以现代的角度反映了独立之初印度社会中现代意识的兴起。印度独立后，人们心中根深蒂固的传统思想观念逐渐动摇，一些顺应时代潮流的新思想崭露头角。受传统伦理教条压迫的女性对爱情有了新的看法，对个体独立与个性解放有了新的追求。但对于这个刚从封建殖民统治中解脱的民族来说，他们面临的问题还有很多，人们思想的进步与社会制度习俗的滞后有着很深的矛盾。年

---

①《再次生活》(एक और ज़िंदगी, Ek Aur Zindagi)，莫亨·拉盖什的短篇小说之一。

② 印度国家歌剧院奖 (संगीत नाटक अकादमी, Sangeet Natak Akademi)，是印度国家歌剧院授予优秀戏剧作品的最高奖项，拉盖什于1968年获此奖项。

轻一代追求自由恋爱受到宗教和传统伦理教条的阻碍，女性追求思想与身心的解放却被旧习陋俗迫害。与此同时，新思想与旧思想的交织影响又让许多人陷入了迷惘，他们不知道该如何面对人生的选择。以上所有，都能从《四月的一天》中读出来。现代社会中的种种现象，都被拉盖什转化为了戏剧的情节；现代社会中人们的思想和经历，也都被他代入到了戏剧的角色中。拉盖什的戏剧无疑向世人呈现了一个非常真实的现代印度。

参考文献

［1］迦梨陀娑. 六季杂咏［M］. 黄宝生，译. 上海：中西书局，2017.

［2］迦梨陀娑. 云使［M］. 罗鸿，译. 北京：北京大学出版社，2011.

［3］摩奴. 摩奴法论［M］. 蒋忠新，译. 北京：中国社会科学出版社，1986.

［4］莫亨·拉盖什. 莫亨·拉盖什短篇小说全集［M］. 德里：拉杰巴尔出版社，1999.

［5］莫亨·拉盖什. 四月的一天［M］. 德里：拉杰巴尔出版社，1992.

［6］廖波. 莫亨·拉盖什短篇小说创作简评［J］. 解放军外国语学院学报，2004，27（1）：103—106.

［7］廖波. 印地语新小说概论［J］. 解放军外国语学院学报，2008，31（6）：114—118.

［8］邓聪. 被侮辱与被损害者的悲歌：评印地语"新小说"《拉克希米被囚之地》［J］. 语文学刊，2016（3）：42—44.

具有"元文学"倾向的女性之歌

——对比分析《最后的情人》与《月亮女人》的主旨思想与创作特色

北京大学 秦 烨

【摘 要】 残雪的作品《最后的情人》与阿曼女作家茱哈·哈里希的作品《月亮女人》都是具有先锋精神的女作家的长篇小说作品,寄托了二位作家探索生命意义与价值追索的深刻哲思。本文试图通过"元文学"的写作方式、独特的女性视角以及对二元对立理性结构的消解三方面对比分析两部作品的主旨思想与创作特色。

【关键词】 残雪;茱哈·哈里希;元文学;女性

残雪是中国作家中在国外出版译作最多的女作家,《最后的情人》是残雪于 2005 年出版的长篇小说,曾获美国最佳翻译图书奖以及英国伦敦独立外国小说奖提名。作为一部书写人类精神探索的长篇小说以及中国的先锋文学作品,《最后的情人》在主旨思想和创作特色等方面都具有其独特风格。小说描写了乔和马丽亚、文森特和丽莎以及里根与埃达三对夫妻(情人)在精神求索与灵魂追寻之旅中的艰辛跋涉。

《月亮女人》是阿曼女作家茱哈·哈里希于 2010 年创作的长篇小说,它的英译本《天体》曾获得 2019 年曼布克国际奖,茱哈·哈里希也由此成为第一位荣获该奖项的阿拉伯作家。小说通过描绘阿瓦菲村三姐妹的悲欢离合,讲述了阿曼社会 150 余年的历史变迁以及在此变迁中各阶层人士的命运起伏,展示了作者对于精神与灵魂问题的深刻思考。

两位女作家,在她们各自的作品中透过女性看待人类精神求索的独特视角,寄托了她们探索生命意义和渴望灵魂提升的深刻哲思。两部作品均有鲜明的后现代叙事特征,熟练地运用了立体化的时空叙事以及陌生化等创作手法。作家是在用一种私人话语进行写作,正如残雪曾说过:"我在小说中讲的是自己的故事,我是一个始终只讲自己的故事的写作者。"(残雪,2016:4)哈里希也曾在介绍《月亮女人》的写作背景时谈道:"我那时二十四五岁,是一名留学异乡的学生,在用一种我不喜欢的语言攻读博士学位。我是一个备受孤独折磨的女孩,但写作拯救了我。我带着异乡人的脸和手,操着一口异乡人的语言,漫步街头,看到成千上万的故事与我相随,便邀请它们与我一同坐下,在霜冻中饮一杯咖啡……圣诞节的灯光在窗外闪烁,白雪覆盖着门楣,而我则想象着沙漠的景象和祖先们逝去的灵魂……最终,我和自己的异乡人特征和解了,并爱上了自己的特质,从而写就了这部小说。"[1]

尽管使用私人话语进行写作的女作家,无论是在中国还是在阿拉伯世界,都不乏其人,但是这两部作品中女作家所使用的私人话语均出自她们对于精神世界的执着追求,无论是残雪的"灵魂的长征"还是哈里希的"巡行的天体",都具有一种超越性的意义。对于具有先锋思想的两位女作家,她们的书写不仅在本土社会产生了一定的影响,同时也作为东方女作家的杰出代表广受西方评论界的关注,从她们获得的国际奖项便可窥见一斑。残雪曾表示,中国社会还是普遍追求物质方面的成功,因此她的写作作为一种纯文学或者说"元文学",更多还是面向未来的社会和读者。至于哈里希,虽然没有明确的表态,但她作为阿曼卡布斯大学的副教授,学者型作家的身份便决定了她的思考大都是超前于社会的主流认知的。与众多东方女性作家呼吁女性的平等权利不同,她们关注的是人性、灵魂和生命本身。两人在创作中不约而同地运用了大量具有神秘色彩的故事元素,并且使用了丰富的象征手法,对时间和空间采用了全新的认知和叙事模式。与此同时,她们还打破了传统写作的情节和意义结构,同时建立起叙事和思想的双重迷宫。而在层层迷雾之中,需要读者自己拨开迷雾,潜入自己心灵的深处,去感受作品貌似没有逻辑中的最深刻的逻辑——一种带有超越性的"元文学"写作。

一、带有超越性的"元文学"写作

一些先锋作家认为,人的存在是一种双重性的存在,这里的双重性所要表达的是人性的超越性与平凡性的一种缠斗,或者说人性的精神性的灵魂与物质性的质料(形体)之间的冲突。无论是在残雪的《最后的情人》还是在哈里希的《月亮女人》中,"元文学"的倾向都充满作品的字里行间。

(一)《最后的情人》的"元文学"写作

在残雪的写作中,想要脱离的物质性不仅包括形体,还包括世俗意义上的认

---

[1] ابر اهيم عادل، رواية «سيدات القمر»: من الواقع المحلي إلى بوكر العالمية؟

https://www.ida2at.com/celestial-bodies-local-reality-man-booker-international/

知和理智。残雪认为,只有脱离了形体质料和世俗理智的束缚,才有可能面对一种纯粹的直觉,也即触碰到灵魂的真谛。然而无论是人生意义的追索,抑或是人物的命运走向,如若没有了形体质料的依托,就将进入一种神秘莫测的空灵维度。残雪将这种空灵维度主要表现为一种在精神世界中——而非物质世界中的时间和空间的无限拓展。残雪笔下的小说在时间和空间上具有充分的神秘感和超越性,她创作的包括《五香街》《最后的情人》等在内的长篇小说,大都在时间和空间的叙事上异常灵活。无论是《五香街》中对 X 女士年龄的探讨所蕴含的时间的双重性,还是《最后的情人》对空间的一种朝向无限的拓展,皆是如此。在残雪笔下的时间和空间,都具有一种消融于心灵的神秘之境的永恒意味。这里的时间和空间,与故事的发展和人物的命运一样,都趋于从有限走向无限,从物质走向精神,从具体走向神秘,并最终汇入作者的"深刻的逻辑"里,给作品增添一种深刻的神秘色彩。尽管这种神秘性存在于残雪小说的始末,构成了她的作品活的灵魂,然而这些作品并未由此走向虚无,所谓"凡境之上,虚无之下",便是对她的作品绝好的概括,也同时是对残雪所建构的神秘乌托邦的最佳描述。例如在《最后的情人》中,人们历经艰险,来到了世界至高点"五龙塔"下,带着虔诚的心爬向塔顶,想亲眼一睹塔顶上的那团白光,然而有些人却从塔的半腰重重地坠落。即使侥幸接近塔顶的人,也在探出头的瞬间摔落至塔下,灵魂的负重使他们在艰苦卓绝的上升努力后依然不得已回到了地面。可即使如此,《最后的情人》的主人公们依然积极探索着未知的精神和灵魂领域,其中的一位老者也曾说道:五龙塔顶的生活相当于死里逃生,而塔下面的生活只相当于看戏。(残雪,2016:312)

残雪在创作中不断地寄希望于消除这种灵魂的负重,而这负重的产生则源自形体(质料),源自世俗社会带给人们的负担和约束,源自一切非灵魂的物质性存在。这些存在如同一层层的蚕茧,覆盖和束缚于本没有重量的灵魂之上,将其囿于时间和空间的密网之中。而打碎形体、时间和空间的束缚,便可直入人的本真的灵魂之中,在那里发现的东西,残雪认为包括人的原始性的冲动以及一种高级的灵魂圣境。她将自己的作品称为"元文学",也即她从不去书写一切表层的社会生活,而是去深度挖掘文学的本质所要求书写的深刻原则,她认为这个原则亘古未变,因此是一种活生生的在场。无论文学怎么被浅层的东西所覆盖,它的终极目标都指向于此,也只指向于此。于是,她的主人公们从这种原始的本能出发,开始了灵魂的探索之旅,并逐步走向了对灵魂圣境的追寻。在这个过程中,乔、文森特等人逐渐脱离了自己的世俗工作、社会情感甚至于形体和时空的裹挟,走入了一种至高的神秘境界。对于这种境界,残雪曾多次在《最后的情人》中用一种主人公的两性合一做出象征,例如里根与埃达的灵魂曾在庄园中的湖水中交合。残雪的作品中有很多性的描写或隐喻，作者"以性的名义赞美的东西正是那种理想的不受限制的意识，正是这种意识使我们体会到了与世界的原始联系"（柳鸣九，1994：431），从而完成了一种"元文学"的写作。不仅如此，作者在这种"原始联系"中同时象征了人的灵魂世界与自然的神秘力量的结合。两性的合一又同时象征着生命与自然、与时空的永恒共存，在此基础上，不仅主人公的灵魂实现了一种跃升，故事的思想主题亦得到了升华。

（二）《月亮女人》的"元文学"写作

哈里希的作品《月亮女人》同样注重对灵魂世界的探索。作品的主人公们都经历着物质社会与精神求索之间的隔膜而导致的一系列疏离感。尽管哈里希并未如残雪一般，直接将自己的作品称为一种"元文学"，然而她在作品中对神圣灵魂的颂扬以及极具超越性和神秘性的书写，本身就凸显了一种"元文学"的写作意旨。

海德格尔认为，文学是人们在天地之间创造出来的崭新的诗意的世界，是借文字展示的诗意生存的生命。日常生活是非诗意的，我们只有通过文学的引领才能到达诗意，感受无限，领悟神圣。（傅道彬、于茀，2002：7—8）在小说《月亮女人》中，哈里希使用诗性的语言，借助小说中众多的人物形象对神圣的灵魂这一永恒的哲学问题进行体验和思考。小说中的人物似乎都徘徊于物质与精神、现实与想象、存在与虚无的角力之间。闺中少女艾斯玛在阅读中完成对整个世界的认知，从中建构起自己对灵魂伴侣的完美憧憬。正如《最后的情人》中的经理乔一样，他们都是在阅读中建构自己的人生，虽然未曾脱离外界的世俗生活，但他们都倾向于认为书中描写的是另一重世界，是他们最为真实的自我所在的世界。而对他们而言，这个世界中的故事，才是自己灵魂的本真之舞，才是自己的生命得以存在的完全意义，而绝非是虚构和不切实际的想象与建构。乔的老板，也即小说《最后的情人》中的三位男主人公之一的文森特，曾评价乔是一个"双面人"，他沉醉于阅读之中，并将自己在做生意中所经历的一切人和事物与他的阅读融为一体，完成对自己灵魂空间的故事构建。这里的阅读可以看作一种对于精神性世界的隐喻，而做生意则代表世俗的物质性世界。哈里希笔下的艾斯玛也将自己的丈夫视为阅读中的精神伴侣的镜像，虽然直到婚后她才发觉，无论她多么期望将自己的灵魂寄托在丈夫的心灵之中，然而却发现这根本无法实现。这是因为阅读中的世界是具有超越性意义的，而有重量的形体是无法真正走入其中的。乔也认为文森特也只是认识到他的世界的双重性，却无法完全走进他本人的故事——即超越性的存在，并成为那个故事的一部分。他们虽然有着各自对精神世界的追逐体验，可是在面对这个神圣的灵魂之时，却都不能完全地与他人的灵魂相融。而农场主里根和女工埃达却在二人的精神探索中偶然达到了真正的共融，他们都通过无形的形体在水下相会，并实现了精神的完美合一和共同跃升。在《月亮女人》中，唯一一位以"月亮"冠名的女人娜吉娅与她的情人阿宰因的故事也具有一种典型的精神合一的象征。他们躺在贝都因人的大漠之中，超越了世俗准则、时间和空间，只因为精神本身的追求而化为一种合一的灵魂。他们在苍茫的大漠上吟诵穆泰奈比的诗句，与沙石、星空和宇宙对话，他们的时间与空间已经成了一种永恒的诗性存在，尽管他们并没有如残雪笔下的人物一样在某个时刻脱离了自己的形体，但是他们所追求的便是超越物质性的世界，从而实现对精神的全然探索。在故事的末尾，娜吉娅不知所终，象征着物质性形体的消失，也象征着灵魂已走向一种纯然和本源之境。

二、独特的女性视角

在传统的写作中，男性话语始终位于写作的中心，在女性主义写作中，女性作家试图使女性从边缘回归到中心。而在残雪和哈里希的创作中，作家试图打破边缘与中心的二元对立，正如同打破时间和空间、物质形体与纯粹精神的界限一样，性别本身已不再是作家关注的焦点所在，作家只是出于女性视角去关注和刻绘作品中的人物。

（一）女性视角下带有神秘色彩的女性形象

残雪小说中的女性人物大都具有女巫的特质，如早期作品《苍老的浮云》中腹中长满芦苇的虚汝华，《五香街》中眼中有一只巨大、凸起的瞳仁的 X 女士，以及《最后的情人》中编织挂毯并从中窥探世界的马丽亚，长着一头红发患有妄想症的丽莎，以及不停寻找宝石而行踪神秘莫测的埃达。这些女性在作者的笔下扑朔迷离，有的甚至生死不明，带给读者无尽的遐想。

在《月亮女人》中，哈里希也描写了众多的女性形象，其中的女主人公娜吉娅也同样具有女巫的特质。她有着旺盛的原始生命力，在浩瀚的大漠中犹如一棵倔强的枣椰，朝气蓬勃地生长着。她所在的大漠代表着一种原始的环境，鲜有受到现代文化的影响，而她本人也敢爱敢恨，一切的诉求都是出于灵魂和生命本身的需要，具有一种原始而本真的野性之美。

《最后的情人》中的三位女主人公，虽然她们的出身也具有某种特殊的神秘感，但她们和娜吉娅的不同之处便在于她们并非娜吉娅那样天然地带着一种贝都因人的原始淳朴的灵魂，而是在不断的精神探索之旅中逐步从自己的社会属性和物质形体中脱出，而走向一个纯粹的精神家国。马丽亚本来靠编织挂毯谋生，然而她却在自己的直觉动力驱使下，逐渐放弃了自己的生意和世俗生活，并且整日通过挂毯看穿整个世界，从现实和理智穿越到精神与直觉。而丽莎，作为一个服装公司老板的太太，也始终追随着爱人的脚步，为了与之达到深入的合一而在无意中步入了灵魂的求索之旅。埃达身上的神秘色彩在三位女主人公中最为浓厚，她从故事的开端便陷入了死亡的疑云中，传说她在湖中溺水而亡，然而却在故事错综复杂的时间线里不断往复穿梭，有一种生死不明的朦胧之感，如同最后离奇失踪的娜吉娅，她们的形体虽近于消失，然而她们的精神却活生生地存在于她们的情人的灵魂世界之中，享有一种超越物质性的永恒存在。

（二）女性视角下的超越性审美倾向

作为女性作家，残雪与哈里希作品中的人性，无论是女性人物，还是男性人物，都有其更为细腻的一面，或者说，更加注重内在精神探索、远离物质追求的一面。残雪故事中的人物并非在过着现实生活，而是拨开生活的表象，只关注生命最本质的需要，而这也是她所认为的文学所要表现的本质所在。

《最后的情人》中的几位男性主人公，都与他们的恋人一样，具有向内探索的精神诉求，并且逐渐将此视为自己全部真实的生活，而表面的物质生活，则犹如一种打开内在探索的通路，或者说是一片废墟。乔认为自己活在故事之中，他的故事则在他的阅读和思考中；文森特会为追逐神秘的黑衣女子深入神秘莫测的"五龙塔"探险；里根则在对埃达的不懈追求中将自己的所有产业视为虚无。在小说《月亮女人》中，商人阿卜杜拉尽管祖辈靠贩奴生意起家，从而拥有殷实的家业，然而却和《最后的情人》中的经理乔一样，认为这样的生活乏善可陈，除非能带来精神世界的繁盛。他娶了与他一样不注重外在，而关注精神世界的梅娅，却不知梅娅心中另有所爱，在婚后面对丈夫时封闭了自己的一切情感和精神能量，留给阿卜杜拉的只是一具没有灵魂的躯壳。阿卜杜拉的精神跃升之旅由此遭到重创，他的一生也注定地成为一出悲剧。艾斯玛的丈夫青年画家哈立德通过自己的画来感受自己的精神与灵魂，穿越画作来观察整个世界，他并非是一个活在现实中的人，因此带着弥合精神追求与现实生存鸿沟的想法，他娶了贤惠的艾斯玛为妻。然而婚后的生活，使得同样追求精神生活的艾斯玛看不到任何希望，她发现哈立德只是把自己当作世俗生活中的伙伴，而绝非她所期待的在阅读中憧憬的灵魂伴侣。她希望通过爱情来实现对灵魂的提升，而哈立德却对她的精神世界完全无视，只将其视作物质性的存在。

哈里希与残雪的不同之处在于，她虽然也具有同样的先锋气质，但她并未在作品中完全脱离生活,只是她笔下的生活,更多地成为主人公精神求索和灵魂跃升的一种背景,只有在娜吉娅这样的人物身上,才几乎模糊了现实世界与精神世界的边界,这是作者在小说中最为先锋的尝试。而这种先锋,却是残雪所有作品中一贯具有的风格。这自然也同两位女作家所处的社会文化背景不无相关,中国的先锋文学相比阿拉伯世界更加接近一种纯粹哲思的审美,下笔也更加前卫。然而笔者认为,如果忽略发展程度的因素,二者在本质上也并无二致。哈里希的作品尽管没有如残雪一般前卫和大胆,但也已然流露出作者在女性视角下超越性的审美取向。

三、二元对立理性结构的消解

无论是小说《最后的情人》还是《月亮女人》,作家在创作中都不自觉地对二元对立理性结构进行了逐一消解,使我们几乎不能分辨生与死,爱与恨,高贵与卑贱,物质与精神,存在与虚无,作者隐藏于如此复杂的二元现象之后,悄悄地采用客观和抽离的态度,呈现出这种种二元现象之间的相互冲突以及最终消磨了冲突的界限,直到合为一体。残雪的作品书写的是人性中最本真的欲望,这种欲望本身可以通过性来展示,然而在《最后的情人》中,这样的性已经从一般意义上的性抽离出来,而升华为灵魂与精神的原始的内驱力。而它既包括野性的一面,也包括终极的圣境,这其中存在一个上升的过程,这种上升的过程并非是理性的追求所致,而是一种天然的人性中的对无限和永恒的渴求所致。任何理性都与二元之分相关,而受困于具体的形态,从而无法达到至高之境。作家认为只有内在的灵魂,才会渴望脱离形体而不断上升,尽管任何人都难以得见"五龙塔"上那团白光而不堪形体的重负直至坠落,但是依然会选择再次攀登。可以说,残雪的这部作品在不断消融这种理性的界限,通过采用意识流、立体时空以及象征的手法,趋于描写一种直觉的神秘体验。在《月亮女人》中,哈里希在描写人的欲望时,也将野性的欲望和灵魂上升的渴求合二为一,真实细腻而不着痕迹。虽然小说中并没有如《最后的情人》一般设置"五龙塔"式的精神求索的象征物,但也依然表现了理性结构下灵魂的束缚和陨落。例如,在塔希尔的故事中,塔希尔在娘胎里就被托梦的大师告知其母,他长大后将会成为一个圣人。而他在这样的期待之中成长,并坚守虔诚的信仰。然而由于这种信仰是外在的理性,并不是自己灵魂的渴望驱动而成,最终他心灵之中的巨大冲突导致了他的人格崩塌,难逃自杀的厄运。作者使用一种冷静客观的姿态描述着这个带有悲剧色彩的故事,在故事中,离开原始的灵魂冲动的理性是一种社会性的象征,他的悲剧性的命运源于他的灵魂探索之旅遭遇了理性的控制和裹挟,正如残雪在介绍《最后的情人》中的人物一般，他想"离开本地往外跑"（残雪，2016：2），却始终无法如愿，因此他的灵魂，面对理性的重压，只能落入疯狂和陨落的境地。

残雪曾表示，自己的创作是"一种交合的实验"，她企图"将封闭的空间变成开放的空间，让人的可能性在那里头变成逼真的现实"（残雪，2016：2），她的这种暧昧的交合，即打破所有封闭性，用完全的开放来摆脱理性对人类的束缚，同时展现那种原始的蓬勃的生命能量，以此来探索人的性灵的欢舞。

哈里希在创作中囿于阿拉伯社会的文化背景所限，不便如残雪一般脱离一切理性而展开写作，但是也将一种类似的精神呈现于小说的始末，展现出一幅在现实世界与超越世界之间融合的文学圣境。她的人物，或通过爱情，或通过金钱，或通过事业，想要一步步提升自己的灵魂，这种强大的内驱力使他们无法满足于在他人眼中看来已近乎完美的物质生活的表层，他们所需要的东西依然是"五龙塔"上的那道奇异的白光。

无论是残雪，抑或是哈里希，她们都是在理想与世俗之间，生与死之间，灵与肉之间，进行着一种奇妙的实验，我们无法看到作者的清晰的路径，只能用心灵跟随作者，在自己的心灵的直觉能量中获得与作品人物的心灵探索之共鸣，从而才有可能一睹作品的深层逻辑。尽管我们无法确定残雪和哈里希在理想与现实之间的阿基米德点位于这些对立的二元现象之间的何处，但是她们试图将两极的界限模糊化的努力却使我们在一种神秘而缥缈的氛围中感到一种融合的妙境，也许她们也都在攀登着那座神秘的"五龙塔"或者抛开世俗前往一望无垠的时空大漠，她们可能也时不时会从登塔的途中坠落——如《最后的情人》中埃达对里根态度的波动起伏，也可能在广阔无垠的原始沙漠中迷失方向——如《月亮女人》中阿宰因在娜吉娅失踪后的无力和彷徨。尽管如此，两位作者似乎都在暗示我们，只有不断地去走灵魂探索的长征之路，才能活在完全真实的世界，其他的都是表层的诱人的蜃景。灵魂探索之旅，无关乎所在之境的高低之别，只关乎是否每个人都真实地面对过自己。

综上所述，无论是残雪还是哈里希，她们都在东方文化的沃土之上，结合西方的哲思和象征，为读者勾勒出一幅迷人而空灵的灵魂之旅的盛景，她们徜徉于理性世界与体验世界之间，虽然有一抹虚无之光似乎笼罩着她们的作品，然而那种积极的争取，一种克服引力的向上的意志，却始终是作品的一抹亮色，使其只是具有超越性，而远非走向虚无。笔者试图用残雪的一段评论结束本文："认识永远是一场探险，踏上征途的主人公往往是弄得遍体鳞伤；这种没有退路的行军又往往因为目的地的不明确而陷入阴森境地，难以找到出口；并且无论何时，人所能确确实实依仗的，只有他体内的热血。"（残雪，2016：3）

参考文献

[1] 残雪. 最后的情人[M]. 长沙:湖南文艺出版社,2016.

[2] 傅道彬,于茀. 文学是什么[M]. 北京:北京大学出版社,2002.

[3] 柳鸣九. 从现代主义到后现代主义[M]. 北京:中国社会科学出版社,1994.

[4] 罗璠. 残雪与卡夫卡小说比较研究[M]. 北京:人民出版社,2006.

[5] 赵一凡. 西方文论关键词[M]. 北京:外语教学与研究出版社,2006.

阿富汗普什图语作家乌尔法特散文作品评析

信息工程大学 王 静

【摘 要】 20世纪初至60、70年代是阿富汗现代文学发展的黄金时期,涌现了数位普什图语文学大师,古尔·帕恰·乌尔法特便是其中之一。乌尔法特一生作品丰富,诗歌与散文俱佳,创作主题围绕着爱国主义和民族主义,倡导民族团结、民主自由,呼唤新知,致力于用知识实现国家的繁荣和民族的复兴。其散文文风新颖,通俗易懂,却意蕴丰富;语句如诗,朗朗上口;善用思辨,现象与本质越辨越明。《新年》《新思想》《两副灵枢》《谁是傻瓜》等名篇都是体现其创作主题和风格特点的代表作品。

【关键词】 古尔·帕恰·乌尔法特;阿富汗;普什图语;散文

由于战乱、语言不通等客观因素,一直以来,普什图语文学在世界文学史上名不见经传,无论在国内还是国外,即使是对普什图语作家、作品的一般性评价和译介都十分匮乏,更不必说深入研究。普什图语文学作为阿富汗文学的重要组成部分,在其近现代文学史上诞生过数位大师级作家,创作了很多在阿富汗脍炙人口的散文、诗歌、剧本等佳作。这些作品大多反映社会现实,关注社会民生,充满对统治者的批判和对劳苦大众的深切同情,致力于用知识唤醒民众,振兴国家。古尔·帕恰·乌尔法特(ګل پاچا الفت,1909—1977)便是其中的杰出代表。乌尔法特的作品以诗歌和散文为主,多用普什图语进行创作,但其波斯语散文和诗歌也十分优美,还常用阿拉伯语写作。作为20世纪阿富汗著名普什图散文家、诗人,乌尔法特在阿富汗文学界和现代作家中享有很高的地位,被同时期的另一位著名文学家阿卜杜勒·哈依·哈比比(عبدالحی حبیبی,1911—1984)誉为"文学大师"。其作品"善于用简练、质朴的语言揭露出社会的弊病","其散文和诗歌之中闪耀着创新精神、批判精神以及思辨的智慧"[①]。作为文学大家,乌尔

---

① 原文为"د ده شعر ډېر سلیس، روان، خوږ او له ابتکاره ډک دی، ډېر نازک او نوی خوندور رنګ ورکوي. هغه د پوره استدلال خاوند و، په تبره بیا د ده منثور اشعار او د نثر خوږې یې له هره حیثه زړه وړونکی دی، بالخاصه چه په دې ټوټو کی اجتماعي دردونه په ښو اغېزناکو الفاظو کی بیانوي"见《اوسنی لیکوال》第93页。

法特的诗歌无论在语言运用方面还是在思想传递方面，都是普什图语现代诗歌的典范，"如果说别人建造的是看得见的宫殿，那他建造的就是诗歌的殿堂，并且在其中安放了知识的明灯"①。

不仅是诗歌，散文也是乌尔法特针砭时弊、抒怀言志的重要载体，是其创新文学风格的集中体现，十分值得研究。

一、乌尔法特其人

乌尔法特 1909 年出生于阿富汗楠格哈尔省拉格曼市阿齐兹汗村（غزيز خان）的一个普什图家族，本名古尔·帕恰·汗（گل پاچا خان），乌尔法特（الفت）是其笔名，有"友谊"之意。

乌尔法特的家乡北临水上交通要道喀布尔河，南依两千年前商旅往来不绝的丝绸之路，地理位置得天独厚，自然环境优美，文化氛围开阔。独特的自然地理环境滋养了乌尔法特热爱自然、积极乐观、喜欢观察与思考的性格，他"像一枝漂亮的郁金香在拉格曼的山水间勃勃生长"②。幼年时依据阿富汗的习俗，乌尔法特要跟随当地毛拉③学习宗教和数学，但是在课余，他喜欢阅读与揭示自然、社会现实相关的书籍，在这些书籍中他看到了人们面对贫穷和统治阶级压迫时的软弱无力。从那时起，他就开始"关注着一切并细心观察"④。广泛的阅读为乌尔法特打开了视野，为其日后的写作提供了深厚的文学和语言基底。阿富汗当代著名作家、诗人、历史学家，喀布尔大学历史、文学院教授哈比布拉·拉菲（حبيب الله رفيع，1945—）这样评价乌尔法特："这些书籍的阅读对他产生了全新的影响，把他从老旧逻辑思维的限定中解放出来，激发了他头脑中的远见和深思。掩卷提笔，他写下的诗文比喀布尔河的河水更加清澈流畅，他创作的散文比

---

① 原文为 "خلکو که قصرونه جوړکړي ده د شعر دنګي ماڼۍ درولي او د علم او عرفان بلې ډيوې يې راپرې ايښي دي"，见 http://www.sabawoon.com/deAdabMalghalry/index.php?page=ulfat。

② 原文为 "لکه د کابل د سیند د غاړې غاټول د لغمان اوبو او هوا لوی کړ"，见 http://www.sabawoon.com/deAdabMalghalry/index.php?page=ulfat。

③ 伊斯兰教清真寺神职人员，依据阿富汗传统，学龄儿童要跟随毛拉学习简单的阿拉伯语、诵读《古兰经》等。

④ 原文为 "هر څه ته خیر شو او هر څه ته یې په خیر وکتل"，见 http://www.sabawoon.com/deAdabMalghalry/index.php?page=ulfat。

丝绸之路上的丝绸更加细腻柔滑。"①

19 世纪末开始，阿富汗历届政府都非常重视普什图语的发展，先后采取了一系列措施鼓励和带动普什图语的学习、使用和研究。大量西方文学作品被译为普什图语，喀布尔、坎大哈、赫拉特、楠格哈尔等地相继成立文学协会，出版《喀布尔杂志》(کابل مجله)、《安尼斯报》(انیس جریده)、《好消息》(زیری جریده)等各种报纸、杂志，供学者们发表普什图语文章。普什图语和普什图文学在宽松、开放的学术环境中得到了充分发展，一批有想法、有见识的青年文学家成长起来。此时，少年乌尔法特师从拉格曼(لغمن)和楠格哈尔(ننګرهار)著名的学者、教授，系统学习了表达、逻辑、哲学、写作等知识。

到 20 世纪 30 年代，普什图语文学发展迎来了短暂的"春天"。这时，青年乌尔法特已经成为独树一帜的诗人和作家，经常在阿富汗各大报纸、杂志上发表文章。1935 年，时年 26 岁的乌尔法特加入《安尼斯报》，担任报社编辑；隔年加入普什图语文学会；1937 年担任普什图语学会《好消息》周刊主编；其后陆续在《改革日报》(اصلاح ورځپانه)、《喀布尔杂志》、《东省联合》(د اتحاد مشرقی جریده)等刊物任编辑或主编。从 40 年代起，乌尔法特一边写作，一边担任一些社会组织和政府职务，参与政治事务。比如，曾任阿富汗第七届国民议会第二副议长、大支尔格会议代表、普什图语学会会长、阿富汗-苏联友谊协会会长等，在 40 年代末期是著名资产阶级政治组织"觉醒的青年"(د ویښ زلمیانو ملي غورځنګ)②的核心成员。1956 年任普什图语学会会长的同时，兼任喀布尔大学文学院教授。乌尔法特在 1964 年还曾参与阿富汗宪法的制定工作。

1977 年，由于心脏病，乌尔法特与世长辞，葬于家乡阿齐兹汗村。其一生公开发表文章数百篇，出版和未出版作品 30 余部。代表集作有《散文选集》(غوره نشرونه)、《诗歌选集》(غوره اشعار)、小品文集《新风格与新文学》(نوی سبک او نوی ادب)、《心声》(د زړه وینا)、名家作品选集《写作》(لیکوالي املا او انشا)、名人名言翻译集录《深思远见》(لوړ خیالونه او ژوندفکرونه) 等。其诗歌和散文名篇《我是谁》(زه څوک یم)、《我的梦》(زما خوب)、《春之歌》(د پسرلي نغمه)、《无罪的囚犯》(بې ګناه بندي)、《谁是傻瓜》(احمق څوک دی)、《新年》(نوی کال)、《新思想》

---

① 原文为 "دې مطالعې نوی اثر پرې وکړ، د زړه منطق له صغرې او کبرې نه یې راویوست، په سر کې یې لوړ خیالونه او ژورفکرونه په غزونو شول، کتاب یې ونغښت قلم یې راواخیست د کابل سیند تر اوبو نه یې روښه او روان شعرونه پیل کړل او د وریښمو په لاره تللو پښتو وریښمو نه یې نرم نشرونه رامنځ ته کړل"，见 http://www.sabawoon.com/deAdabMalghalry/index.php?page=ulfat

② 该组织以实现民族团结和争取民主自由为宗旨，代表社会中层的利益，后因政治主张过于激进，被政府镇压。

(نوی فکر)、《两副灵枢》(دوه جنازې)、《益处》(ښه ګټه) 等大多收录于这些集录之中，因这些作品的存在，"他没有离开，他将永生"[①]。

二、乌尔法特散文作品内容与主题

20世纪初，阿富汗国内政治环境相对稳定，国内经济有了一定程度的发展，如哈比布拉·汗（امین الله خان, 1901—1919）、阿曼努拉·汗（امن الله خان, 1919—1929）、纳迪尔·沙（نادر شاه, 1929—1933）等历任国王都意识到了教育的重要性，现代化世俗教育模式被引进，教育水平有了一定程度的恢复和提高。加上国外印度民族解放运动及土耳其、中亚和伊朗革命消息的不断传入，要求变化和改革的民主思潮在大城市的小资产阶级知识分子和新兴政治团体中受到推崇。在这样的时代背景下，作为新兴的小资产阶级知识分子的代表，青年作家乌尔法特的创作主题围绕着爱国主义和民族主义的主题，呼唤民主自由、消除社会积弊，致力于实现国家繁荣昌盛。其作品体现了他的艺术审美、文化思想、政治理论知识和道德观念。

散文《新年》《新思想》《两副灵枢》和《谁是傻瓜》是乌尔法特创作主题的不同代表。

（一）对穷苦人民的赞美和同情

贯穿乌尔法特大多数作品的一个重要主题就是对社会底层劳动人民的赞美和同情。乌尔法特认为，人应当有同情心，对他人的痛苦不能视而不见，否则就是一个没有"心"的人，一个铁石心肠的人：

زړه یې مه بوله تورکانۍ د صحرا دې په لیدو د زخمي زړه چې زخمي نه شي[②]

若眼见伤痛却无动于衷，他的心就与沙漠中的黑石没有不同。

在散文《两副灵枢》中，乌尔法特用极具画面感的描写，向读者展现了身份、地位悬殊的两名死者身后事待遇的巨大差别：

……一主，一仆。不久之前，主人老爷病了，医生用仆人的血来救治主人，仆人强壮的身体变得虚弱，每况愈下；而主人则由于在短时间内食疗、大补而营养过剩，患上了高血压。

哪里的主、仆都是如此——仆随主死。

---

① 原文为"نو ځکه الفت نه مري او الفت به تل ژوندی وي,"，见 http://www.sabawoon.com/deAdabMalghalry/index.php?page=ulfat。

② 见 http://www.sabawoon.com/deAdabMalghalry/index.php?page=ulfat。

一个虚弱，一个强壮，却都以死亡结束，压迫者和被压迫者的结局，就是这样。

我们以为他们的死稀松平常，但事实上，这是鲜血淋淋的杀戮。

在这样的死亡事件中也有凶手和被害人，但是我们的警察和法官们对此视若无睹，不发一言，这种精神上的戕害是他们惯用的伎俩。……

简单直白的场景描述，没有慷慨激昂的情绪煽动，仅仅是一句"仆随主死"，就凸显出"仆人"的悲惨、无奈和身不由己，"我们的警察和法官们对此视若无睹"道出杀人于无形的社会不公。

（二）对社会陈规和欺压者的批判

对勤劳质朴的人民有多热爱，对欺压百姓的统治者就有多憎恶。乌尔法特对统治阶级中的尸位素餐者和暴虐欺压者充满鄙视和批判，在其作品中也毫不掩饰这种情感。

在《两副灵柩》中，乌尔法特陈述了"主人老爷"的死因——压榨"仆人"，"吸血"，以至自己营养过剩，患上高血压；描写了社会对于二者死亡态度的截然不同，对"仆人"之死"漠不关心"，对"富人"之死"大肆报道"，"沉痛哀悼"：

一人死于过度，一人死于不足。

仆人是死于贫穷，对于他的死，巴赫塔通讯社[①]只字未提。而对于另一位的死，各大报刊争相哀悼，遗憾之词连篇累牍。

"喝他人之血"（د جرايدو مخونه）、（د نورو ويني هم څکلي）、"悼词涂黑了报刊版面"（ئی په ماتم کښې تورشوه）等语句表达了作者对当权者、富人高高在上，欺压人民的痛恨和不齿，对全社会对这种不公现象的"认同"表示悲哀。

在文章结尾，作家直接指出一切社会不公的根源所在就是"压迫"：

په ریښتیا چه مونږ ډېر ظاهربین یو او حقایقو ته نه یو ملتفت. زمونږ ډاکتران هم مونږ غوندی دي او په دې نه پوهېږي چه اصلي مرض ظلم دی او حقیقي علاج عدالت دی.

我们真的是太幼稚了，不了解事情的真相。我们的医生也和我们一样，不知道真正的疾病其实是压迫，真正的治疗方法应当是公正。

文中没有"打倒压迫者，消灭不公正"的呐喊，而是语重心长地以"医生不知病因"点醒大家："仆人"真正的死因是阶级压迫，真正治病救人的方法是改变不公正的社会制度。

[①] 阿富汗主要新闻机构之一。

(三) 对"新"和"变"的追求

受童年宽松自由的学习、成长环境和青年时期外来民主、自由思想的影响，乌尔法特对社会变革充满渴望，他认为学习新知，打破陈规，实行自上而下的社会改革是新时代民族发展、国家壮大的唯一途径。因此，他在许多作品中都表达了对"新"和"变"的渴求。

在散文《新思想》中，乌尔法特用日常生活中常见的事物作比，把其对新思想的渴望和追求，以及"寻找"的艰难表达得淋漓尽致：

我到过所有地方，访遍所有的人，曾经上上下下地求索。但是寻遍所有城市，无论在哪里，无论从任何人口中，我都得不到它的踪迹。

想得到高位的人，其心愿可以很快实现；追求新车的人，那不就坐在新车里面；为了金钱蝇营狗苟的人，银行户头里装满了钱。

只有我，没有达到所愿。其实，我是在追寻一件最稀有的东西，我比所有人更加贪婪。

是的！我想找寻新的思想和新的世界。……

在散文《新年》中，作者以"新年到底'新'在何处？"为话题，告诉人们"新年"的真正意义和使命是提醒人们珍惜时间、勤奋努力，不要一味追求表面上物质的"新"，而要明白新年带来的是新希望和光明，人们应当读懂"新年"的指示，在新年伊始带着饱满的热情投入到学习和工作之中，给国家和社会带来新面貌：

我们应该明白新年在对我们说什么，它又做了什么——延长白昼，缩短夜晚，减少沉睡的时间，增加清醒的时间。它是在缩短黑暗，延长光明。

如果我们明白新年的暗语，就会知道春天的电闪雷鸣其实是这样的指引：光明是新生活的基底，生活在黑暗之中的时代已然过去。

新年伊始，天气变得温和适中，冬季的寒冷暂时退去。

新年给我们上的第一课就是那样，它不喜欢冷酷无情。

来吧，让我们读懂新年的指引，追随它的脚步前进！

新知与新思想是引发社会变革的前提，都是在描述作家所期待的"变"，这种"变"就是在新思想指引下国家政策的变革和社会制度的变革，是带领国民走向"光明"，走向"希望"的变革。

需要注意的是，虽然乌尔法特强烈呼唤人民的觉醒，呼唤社会改革，但是，受其自身所代表的阶级利益所限，与同时期大多数小资产阶级作家一样，乌尔法特在自己的文学作品中也时常表达对国王的爱戴和拥护，其对统治阶级和社会制度的批判仅限于要求改革和予以修正，而不是要彻底推翻国王的统治。

（四）对人生的感悟

阿卜杜勒·哈依·哈比比这样评价乌尔法特："……他做任何事都认真细致，对自然界的秘密都会深思熟虑，他所学到的东西是别人在学校中学习不到的……他是一位富有远见、观察细致且惯于精雕细琢的人。"[1]

情感细腻、善于观察和思考的人，总会对人生和世界有更加透彻的感悟。在乌尔法特的作品中，透露着人生智慧的句子随处可见。《散文选集》是乌尔法特自选散文集，收录散文 50 余篇，《新风格与新文学》是其自选小品文集，收录杂文、小故事、散文等 40 余篇，两本文集个别篇目有交叉，主题包括信仰、情感、生命、思想、道德等，作者在对生活中某一类人、某一种现象或某种灵感进行多角度或聚焦于某一点的剖析过程中，揭示事物的本质，引发读者的思考。比如，《谁是傻瓜》一文中，作者用"照片"和"摄影师"作比，开篇点题：

那些辨不清利、害，拿受损当得益的人常被人们说成是"愚蠢"、"不聪明"或者是"单纯"的人……

这三种说法就像是同一个人的三张照片，拍摄的时间不同、场合不同，摄影师也不同，所以含义也不尽相同。

如果是对不聪明的人表示轻蔑，那就叫他"傻瓜"；而如果是对不聪明的人表示欣赏，那就说他"单纯"。

语言的魅力就隐藏在词语的这种变化之中。……

乌尔法特善于用日常普通的事物作比，生动、形象地讲解复杂的道理。"同一个人的三张照片"就把事物具有多面性，"甲之蜜糖，乙之砒霜"的道理，直观形象、清楚明白而又不失趣味地解释出来。

三、作品风格和语言特点

乌尔法特一生创作了很多脍炙人口的诗歌、散文佳作，这些作品的共同特点是语言简练却意蕴丰富，行文流畅，通俗易懂。其诗歌，没有华丽辞藻的堆砌，浅显中见深意；其散文，又常常加入了诗歌的韵律美，语句简洁凝练，朗朗上口。

---

[1] 原文为 "اسمان او څمکې ته دومره خیر شو چه د فقرت اسرار یې پخپل ژور کاته لڅ کړه او هغه څه یې زده کړه چدبل چا په مدرسو او پوهنتونو کښې نه وه زده کړی ... دی یو ډیر دقیق او سترګو رفتان او صنعت کار دی" 见《اوسني لیکوال》第 93—94 页。

(一) 去繁求简

将复杂的事物和思想用简练的语言表达出来，做到通俗易懂又让人回味无穷是乌尔法特对自己作品的要求。他的散文，通常篇幅短小，没有艰深的逻辑推理和论证，而是在娓娓道来中评述一种现象，讲述一个道理，引起读者的"共情"，这种笔法比逻辑严谨的说教更有说服力。乌尔法特在其《散文选集》的序言中写道：

"这本选集中的作品都是我的所见所想，我尽量把它们言简意赅地表达了出来，这些'简言'来之不易。"①

《散文选集》中的散文，长的不过五六百字，短的只有一百余字，意尽言止，绝不赘述。比如，《两副灵柩》全文397词，10个段落，包含了出殡的场面描写、周围人态度的描写、死亡的表面原因陈述和真正死因的剖析。没有多余的铺陈，从现象到本质，顺理成章。比如文章第一段对两个出殡场面的描写：

同一天，同一时刻，从同一家医院中抬出两副灵柩。……一副灵柩只由四个人扛在肩上，另一副灵柩则摆在汽车上，且后面尾随着数不清的大小车辆。

两个简单的场景描述，寥寥数语，将二者境遇、地位的不同展现在读者面前。

(二) 勇于创新

对乌尔法特来说，文学艺术有其特殊的论证方式，生活中的任何事物对他而言都能成为创作的好素材。坚持自己的风格，不落窠臼，为文学创作带来新方法和新风向也是乌尔法特对现代普什图语文学发展的杰出贡献所在。把诗歌的简洁和韵律美加入散文写作中就是他的创新。

《新思想》一文便是其"散文即诗"的代表，在描写"新思想难得"时作者使用了大量简短、格式整齐的排比句，有朗读诗歌的爽朗感：

诗人们在这里吟诗诵曲，但是诗中并无新意。

春天又一次催生了我们熟悉的花朵，于是我们世世代代重复着风花雪月的老主题，却找不到新意。

我们总是用新句子论述旧话题，就像在老妇人的额头上点缀新的红印。

在这里，母亲们可以孕育出新的生命，但是头脑里却生不出新的思想。

在这里，妇女们可以走出房屋，但是新的思想却走不出脑际。

---

① 原文为 "پدې انشاء کې که زه سړه شکلستوب ونم هغه سادګي او آساني ده چه په لفظ او معنې کې ئې"，"پر لحاظ سائل شویدی او آساني په ډېر مشکلاتو لاس ته راغله"。见《غوره نثرونه》。

在这里，女儿在父亲家中成长并出嫁是习俗。

在这里，媒人仍旧来往于旧观念的家庭，用新人兜售老的话题。

在这里，年久的秋千上摇荡着旧的愿望，哼唱着老的歌曲。……

仍然是在《散文精选》的序言中，乌尔法特简单说明了自己的初衷：

که دا نشر رواج ومومي او ځیني نوی لیکوال دغه سبک غوره کاندی، ما به خپل زیار او زحمت
ډېر ښه اجرمونده لي وي او خوښ به یم چه د پښتو نثر ته مې یو څه خدمت وکړی شو.

……如果这些文章被流传开来，而且其写作风格被后来的作家所认同和效仿，那就是对我最大的奖赏，我将很高兴为普什图语散文创作做出了一点贡献。

（三）善用思辨

"思辨"是乌尔法特作品中最鲜明的写作手法。乌尔法特式的思辨，不是将两件事物做或简或繁的对比，而是把"比较"隐含在生动的现象描述之中，让读者在阅读的过程中不自觉地对文中所述问题进行思考和分辨，这种写作手法在当时的阿富汗文坛可谓笔法新颖，匠心独运。在《新年》《新思想》《谁是傻瓜》等散文中，这样的思辨俯拾即是。

在《新思想》和《新年》中是新与旧之辨：

"我们戴新帽子，但是拒绝新思想；我们建造新的城市，但是城市里面坐着的是老人，发生着老的故事。

我们在老年人的聚会上哼唱着老的旋律，却希望老人们跳起年轻人的阿丹舞步。

这愿望是不切实际的，为追寻新思想我必须去往别处，因为它与老国王不可能共处。……"

"……我们能清楚的辨别空间范围内的新与旧——这座城市是新的，那座城市是旧的；这幢建筑是新的，那幢建筑是旧的……但是，我们辨不清时间的年老与年轻，似乎常常受其欺骗。

无论时间这个器皿多么老，按照我们的计算，它都是那么新。

我们认为，一个时代开始的那段时间是旧时代，而一个时代最后的一段时间是新时代。

八旬老翁认为自己今后的日子是新的，而自己的童年是旧的。

每年的伊始都会有新的事物出现，所以我们认为这就是新年。

……

我们希望看到人们穿着新衣，而且还要有许多新的事物。

我们想要从新年中得到真正'新'的东西，谁都知道老翁穿上新衣仍然年老，而小伙子身着旧衣也依然年轻。"

在《谁是傻瓜》中是智与愚之辨：

我们嘴上总说，智慧与财富不可兼得，聪明的人就没钱，有钱的人就不会聪明。但实际上，我们是用财富的盈亏来判断人的智商高低，即认为获利就是聪明，吃亏就是愚蠢。

……

如果穷人挥霍无度，简直是愚不可及；如果富人挥金如土，绝对是仗义疏财。

所以，富人不需要这种穷人才要用到的智慧。

是的！智慧就像拐杖，是瘸子和弱者才需要的东西。

强壮有力的人不需要弱者的工具。

智慧就像眼镜，可以增强弱视者的视力，但是视力好的人只把它当成装饰品。

如果谁要寻找智慧，那就到穷人家里去找，富人家里不稀罕这种东西。……

在《两副灵柩》中是有罪与无罪之辨：

在这里，这已经习以为常：如果有人用枪射杀别人或者用刀刺杀别人，他就是杀人犯，会受到审判；但是，如果一个人吃了别人的馕而使馕的主人饿死了，他就不是杀人犯，不会受到惩罚，受害者也不会得到人们的同情。

道理在思考与明辨中逐渐清晰，事物的本质也在作者耐心的引导下逐渐显露在读者面前。在阅读中，读者没有被"灌输"和"教导"的枯燥感，而是有一种经过自己思考后拨开迷雾的豁然开朗之感。

结语

乌尔法特的散文创作不拘一格，勇于创新，语言简洁、流畅，又有诗歌的韵律之美。他以社会现实与心中关爱为题材写作，笔法犀利，充满巧思，喻理于情感，喻理于思辨，但无说理之晦涩。乌尔法特的文风推动了普什图语书面文学走向普通大众，为阿富汗现代文学发展做出了卓越贡献，是阿富汗文学史上一颗璀璨的"明星"[1]。因此，深入研究乌尔法特的文学作品和其文学语言，对研究普什图语现代文学发展，研究阿富汗社会文化发展，以及对普什图语语言研究都有重要参考价值。

---

[1]《اوسنی لیکوال》第94页。

参考文献

[1] 张敏. 阿富汗文化与社会 [M]. 北京：军事谊文出版社，2007.

[2] [普] 阿卜杜勒·拉乌夫·贝纳瓦. 现代作家：第一集 [M]. 喀布尔：新闻独立局国内发行总署书籍出版部，1961.

[3] [普] 古尔·帕恰·乌尔法特. 散文选集 [M/OL]. https://www.samsoor.com/ketab/204.

[4] [普] 古尔·帕恰·乌尔法特. 写作 [M/OL]. https://www.ketabton.com/bookfile/135.

[5] [普] 古尔·帕恰·乌尔法特. 新风格和新文学 [M/OL]. https://ketabton.com/bookfile/137.

[6] http://www.sabawoon.com/deAdabMalghalry/index.php?page=ulfat.

[7] http://archive.mashal.org/content.php?c=shehr&id=01996.

女性意识与默哈德维·沃尔马的文学创作

西安外国语大学 杨 柳

【摘 要】默哈德维·沃尔马是印地语诗人和小说家。作为印度阴影主义文学四位先驱中的唯一一位女诗人,她的作品中表达了有关政治、社会改革和女性权利的一系列问题。在挑战父权制社会的枷锁同时,默哈德维·沃尔马充分说明了增强女性权利的必要性,并且倡导女性与普遍存在的性别不平等现象做斗争,这尤其体现在她的文学作品当中。即使在逝世三十年后,她的作品仍被阅读和教授,并且在当今时代也产生了重要的意义。同时,作为一名教育家,她在女性教育方面也有着积极的贡献。然而,相比于她的文学作品而言,社会实践方面常被人们忽略。

【关键词】默哈德维·沃尔马;女性意识;阴影主义;女权;印地语文学

印度的女性运动在当代取得了一定的成绩,印度的女性文学书写也在历经了"沙门"思潮时期[1]的开端、南印度桑伽姆时期[2]的发展以及民族独立斗争期间的艰难书写等漫长历史过程之后迎来了20世纪的繁荣。这不仅是女性意识逐渐觉醒和女性不懈争取话语权的过程,更是印度女性重新审视历史、现实和自我的过程。[3]作为一位杰出的女性主义诗人和社会活动家,默哈德维·沃尔马对人类的情感和生活的复杂性有着深刻的理解。她创作了许多以女性、动物、自然、痛苦和对未知爱人的渴望为突出主题的诗歌和短篇小说,她的女权主义作品也不断在读者中唤起强烈的共鸣。

---

[1] 公元前6世纪,婆罗门教文化体系衰弱,新兴的刹帝利阶层所代表的"沙门"思想兴起,"沙门"意指"勤息",指在婆罗门教后期反对婆罗门至上的出家修行者,他们以刹帝利阶层居多,反对吠陀权威,敢于叛逆婆罗门教。

[2] 泰米尔语文学在印度文学史上曾盛行一时,公元前5世纪至公元2世纪,是泰米尔文学史的桑伽姆时期。

[3] 李美敏.印度女性文学书写探究[J].江西师范大学学报(哲学社会科学版),2013,46(3):75—80.

一、教育之路——女性意识形成的基础

教育对于指引人生之路、塑造基本道德品质和个性特点都有着巨大的影响。作家的生活经历也往往会在其作品中有所体现。默哈德维·沃尔马出生于一个进步的家庭。母亲拥有传统的社会价值观和虔诚的宗教观，并且能说流利的梵语，默哈德维·沃尔马从她身上获得了最基本的女性理想，以及对生活的虔诚态度。也正是因为母亲的影响，她才能够批判继承印度教宗教文化，并且在接受现代文明的熏陶的同时不与世俗相脱离。默哈德维·沃尔马的父亲是英语教授，他虽然不太熟悉印地语文学，但却对它们有着浓厚的兴趣。良好的家庭教育培养了她对印地语和梵语文学的兴趣，也使她能很好地了解印度和西方的意识形态。最重要的是，默哈德维·沃尔马的父亲支持妇女教育，并且像教育男孩儿一样教育自己的女儿们。后来，默哈德维·沃尔马决定追求高等教育、拒绝成为一个传统妻子的想法也得到了父亲的全力支持。在传记《我的童年》(*Mere Bachpan Ke Din*)中，默哈德维·沃尔马写到：

"当女儿被视为负担时，她很幸运出生在一个思维方式不同的家庭。祖父想让她成为有见识的学者，尽管他坚持遵守传统，让她在9岁那年结婚。母亲虽笃信宗教，但对梵语和印地语有着深入的了解。母亲鼓励她写诗，并引导她对文学产生兴趣。"[1]

虽然在9岁就结婚了，但婚后默哈德维·沃尔马一直待在自己的家中，直至完成学业，她也是那个时代为数不多的拒绝童婚并继续接受教育的女性之一。后来她被阿拉哈巴德的克罗思韦特女子学院录取，据默哈德维·沃尔马回忆，在克罗思韦特的宿舍，信仰不同宗教的学生住在一起，但是大家能够和睦相处，她在此感受到了团结的力量。也正是在这里，默哈德维·沃尔马正式开始了她的诗歌创作生涯。在自传《我的童年》中她回忆道：

"别人在外面玩的时候，我和苏巴德拉（subhadra kumari chauhan）[2]就会坐在树上，让我们天马行空的思维一起流动……她以前用克里波利方言（Khariboli）[3]写作，我也开始用克里波利语写作……我们每天都会写一两首诗……"[4]

---

[1] https://www.hindikunj.com/2020/08/mere-bachpan-ke-din-mahadevi-verma.html
[2] 印地语作家，民族主义诗人。
[3] 是一种印地语方言，主要在德里的农村地区、北方邦西部地区和印度北阿坎德邦南部地区使用。
[4] https://newsonair.com/2021/09/11/mahadevi-verma-reminiscing-the-free-spirited-poetess-on-her-34th-death-anniversary/

开明的父母、家庭的熏陶以及克罗思韦特女子学院相对自由的环境和教育为默哈维·沃尔马女性意识的形成提供了良好的基础,也成了她的女性主义理想的根基。1932 年获得硕士学位后,默哈德维·沃尔马并没有因为婚姻而选择安定下来,相反,她选择了教育和写作,将自己的一生奉献给了社会和文学。因此她也被认为是"现代米拉"[1],这个称呼源于两位女性之间的一个相似之处——她们都因为追求自身的价值而放弃了丈夫和婚姻。

二、诗歌领域——女性内心的诗意描画

20 世纪初期民族独立运动使得广大群众投身于反殖民主义和反封建的斗争,争取自由和个性解放。受这种思潮和西方的浪漫主义诗歌,以及泰戈尔作品的影响,诗人们开始革新被旧传统和法式诗歌所束缚的印地语诗歌,转而描写自然景色、自由恋爱、对幸福的憧憬和追求以及个人的痛苦与欢乐等,有的还描写现实中反对封建主义和殖民主义的斗争。

除了共同要求个性解放外,阴影主义诗人们在其他方面也存在着一些差异。默哈德维·沃尔马的诗歌和散文创作标志着印地语中女权主义写作的开始,因此她不仅是阴影主义文学的先驱,更是印度女权主义的先驱之一。她的诗歌之所以与众不同,一是因为自身柔和的心态,二是因为受了英语和孟加拉语中浪漫主义诗歌的影响。与本德[2]和尼拉腊[3]哲学趣味较强的诗歌相比,默哈德维·沃尔马的诗歌充满感悟和灵性,更加注重情感表达。她出版的诗集主要有《雾》(*Nihar*)、《光》(*Rishmi*)、《黄昏之歌》(*Sandhyagit*)、《灯焰》(*Dipshikha*)等。诗歌大多数描写的是自己内心世界的感受以及对自然的咏叹,很少直接涉及外部世界的社会生活。

默哈德维·沃尔马之所以被认为是"现代米拉",是因为米拉也回避了包括婚姻制度在内的世俗的生活方式。而且在她们的诗歌中,浪漫的情节是相同的自然意象,情感和等待情人是相似的主题。然而,默哈德维·沃尔马拥有自己的风格,她诗中等待的情人是抽象的、未知的,并不是米拉诗中具象的情人克里希那[4]。默哈德维·沃尔马的诗歌中,情人的形象是无形的,是飘离的。例如在诗歌《你是谁 在我的心里》中诗人的追问:

---

[1] 指米拉·巴依,印度中世纪最著名的女诗人之一。
[2] 苏米德拉南登·本德,阴影主义代表诗人之一。
[3] 尼拉腊,印度印地语诗人,阴影主义诗歌流派的代表诗人之一,被认为是印地语文学中富有战斗性和反抗精神的诗人。
[4] 印度教大神毗湿奴的化身。

你是谁 在我的心里
是谁 时刻在我悲痛的心中
装进无形的幸福的甜蜜?
是谁 悄然让我干涸的眼中
溢出未知的如云的泪滴
金梦的画师
藏在睡眠的空房中
你是谁 在我的心里?
是谁 让我的呼吸
与你长久相随
为亲吻你的足迹
这气息一次次返回
……　　（摘自李亚兰译《诗十首》）

随着爱意的加深,等待的煎熬便不再是一种个人的愁绪,而是转化为了一种广义的情感,并且从中产生了某种审美情调。诗歌中的女主人公夜以继日地等待着一个永远不会到来的爱人,因为这种等待是一种情感和审美上都值得的体验。并且主人公从中感觉到一种强烈的爱,而这种感觉本身就像情人的存在一样令人满足:

我望着路 度过了一整晚
但我没有等到我的爱人
你用芬芳的露水洗涤天空
空旷的庭院 灯火忽明忽暗
天亮时,有人熄灭了它
我不知道是谁
我没有见到我的爱人
金盘上挂着云彩,
像一株灿灿的花树,
黎明带着朝日的红润
和吉祥鸟的鸟鸣,
落在爱人来的路上
但是没有告诉我,
所以我没有见到我的爱人
身披初上的彩虹
戴上叮当作响的脚镯

蜜蜂萦绕着盛开的莲
夜幕来唤过我
可我那时不曾留意
所以我没见到我的爱人
……
天空薄雾蒙蒙，
世界如泡沫消逝
而这无尽的痛苦
不曾改变[①]

默哈德维·沃尔马在诗集《灯焰》(Dipshikha)的前言部分中提到：

"无疑，我的诗歌和图画要传递共同的情感。诗歌中汇集了不同的形式、色彩、情感、音律，而图画中容不下那么多，它只能通过多样化的色彩和丰富的线条去勾勒。因此我的图画只是为诗歌提供一个基础，而并不会束缚它的整体。"[②]

诗集《灯焰》(Dipshikha)的封面是默哈德维·沃尔马自己绘的一幅画。画上是一个身披纱丽、戴着丰富饰物的印度女人。她的左手抬到额头的位置，双眼微眯，像是在望着远处，等待着爱人。右手托着一盏油灯，油灯细细的火焰升到天空中，与黑夜融为了一体。如默哈德维·沃尔马所说，以"托着油灯的女人"为主题的插画在诗集里反复出现。同样，"灯"这一意象在她的诗歌中也十分常见。从某种程度上，"灯"就象征着女主人公耐心的爱，愿意永远等待的爱，哪怕在这个过程中耗尽自己，而灯光则象征着她对爱人热切的期盼。例如《静静地燃烧吧 我的灯》中女主人公对着灯的自白：

静静地燃烧吧 我的灯

每一天，每一小时，每一刻，直至永远，
把你的光洒在我爱人的路上
倾吐你浓郁的芳香，
让你的身体变得柔软如蜡
当你的生命慢慢融化，
奉献出无限的光之海洋
忘我地燃烧吧，我的灯
每一天，每一小时，每一刻，直到永远，

---

① गहादेवी बर्गा. *नीरजा*[M]. दिल्ली: लोकभारती प्रकाशन, 2012: 26.
② महादेवी वर्मा. *दीप-शिखा*[M]. दिल्ली: लोकभारती प्रकाशन, 2015: 39-40.

把你的光洒在我爱人的路上①

爱扎根在心里，而爱人却是扑朔迷离的，他带来内心的甜蜜和痛苦，却又不留一丝痕迹。默哈德维·沃尔马细腻的感知力、深沉的伤感和丰富的想象力赋予了诗歌一种独特的画面感。她的诗歌带有一些神秘主义的色彩，摒弃了中世纪宫廷诗的艳情色彩。在刻画女性的内心世界的同时，表达出女性对爱情的企盼和向往，体现了女性的自主性和自我意识。除了女性为主的诗歌，这种诗意的描写在《鸟儿在何处栖息》(*Ab yeh chidiya kaha rahegi Kavita*)、《写给蝴蝶》(*Titli Si*)等以自然界为象征的诗歌当中也有体现。诗歌主题的多样性也充分地反映出了默哈德维·沃尔马的思想之美。她从大自然的神秘、广阔、深邃、永恒、不可驯服性和不可界定性中看到了人类渴望自由和飞跃的情感认同，并用细腻的笔触将其描绘出来，直抵读者的内心，使读者产生共鸣。

三、散文创作——女性困境的真实刻画

大多数评论家认为，要解决默哈德维·沃尔马笔下的现实主义散文和浪漫主义诗词之间矛盾是十分困难的，但二者的关系其实是同一枚硬币的两面。只是诗歌中的深情表达，在散文中被外在化了而已。如果说诗歌是默哈德维·沃尔马对女性内心情感的探索，那么散文则是她对女性真实生活和困境的刻画和揭露，以及对女性遭遇的同情和控诉。

默哈德维·沃尔马对散文中每个角色的处理都是个性化的，无论多么渺小，都赋予她们深切的同情。《记忆的线条》(*Samrti Ki Rekhaen*)是默哈德维·沃尔马的回忆录，书中她介绍了自己的仆人帕格蒂娜的过去和现在。帕格蒂娜(*Bhaktina*)是底层女性的代表，她在父权社会体系的压迫和封建传统的禁锢下艰难地生活着。可以说，她的生命就是"挣扎"的代名词。帕格蒂娜幼年出嫁，年纪轻轻就承担起家里所有的家务，还要照看庄稼。从母亲去世后遭到继母的虐待，到出嫁以后饱受公婆的蔑视；从丈夫去世后独自一人面对家庭纠纷，到来城里做默哈德维·沃尔马家的女仆，她始终面临着各种各样的艰辛和困境。

即使身处社会的底层，帕格蒂娜也有着强烈的自尊心和许多难得的品质。有一次，因交不上房租地主让她在烈日下站了一整天，帕格蒂娜受不了屈辱，决心自己到城里挣钱。除此之外，帕格蒂娜非常爱她的丈夫。丈夫在世的时候，帕格蒂娜与他共同肩负家庭的重任，但从来没有过任何怨言。丈夫死后，她也没有再嫁。帕格蒂娜是一位非常勤劳的女性，作为仆人，她对默哈德维·沃尔马也十分

---

① महादेवी वर्मा. *नीरजा*[M]. दिल्ली: लोकभारती प्रकाशन, 2012: 26.

忠诚。根据《记忆的线条》中的记载，帕格蒂娜一直悉心照料着默哈德维·沃尔马，并且将家务打理得井井有条。在巴德里和克达尔（Badri, Kedar）[①]人迹罕至的小径，她走在默哈德维·沃尔马前面；尘土飞扬的道路上，她跟在默哈德维·沃尔马身后，用自己的方式保护着她。

在当时的印度社会中，像帕格蒂娜一样生活悲惨、饱受压迫的女性不在少数。默哈德维·沃尔马认为，造成这种状况的原因有很多，而缺乏经济自由、缺乏教育、不合理的婚姻法制是其根源，由此导致社会中始终存在着对女性的偏见，底层女性在一生中都遭受身心的虐待。《记忆的线条》就是通过对底层女性的描写反映了她们生活的艰辛，同时也歌颂了她们身上勤劳勇敢、任劳任怨、坚忍不拔的美好品质。

在婚姻方面，默哈德维·沃尔马也有着自己的见解。在《印度教女性的妻德》（*Hindu Stri ka Patniva*）中，默哈德维·沃尔马认为婚姻于女人类似于奴隶制，并且直言不讳指出：

"由于她们缺乏财务上的独立性，也没有积极地做出反抗，她们的角色只能被设定为妻子和母亲……如果我们能够忍受残酷的事实，也就必须谦卑地接受它。社会为女性提供了最卑鄙的手段来建立自己的生活。她必须活着，她已经成为展现男人财富和享乐的一种手段。"[②]

此外，在散文《家与外界》（*Ghar Aur Bahar*）中，她如此描绘女性所面临的婚姻挑战：

"（女性）结婚后，幸福生活的梦想就变成了手铐和铁链，拴住了她们手脚，这使得她们的生命力停止流动。"[③]

作家莎基拉尼·古尔图[④]在《默哈德维·沃尔马：诗歌和生活哲学》中评论道："（默哈德维·沃尔马）有触及社会生活的最底层的敏锐视野，且对于女性生活中的剥削有着如此的警觉性。这些描绘下层阶级的无辜、穷困的独特画面，在其他地方很少见到。"[⑤]的确如此，默哈德维·沃尔马的散文中不仅有女作家对女性生活的同情，也有严肃的社会分析。她通过自己笔下的角色，反映了重婚、童婚、嫁妆、家庭暴力等一系列恶劣的社会问题。对父权社会中男性欺霸、恃强凌

[①] Badrinath，Kedarnath，印度北阿坎德邦的两座城市。
[②] https://feminisminindia.com/2019/12/12/mahadevi-verma-feminist-writer-humanitarian/
[③] Nirmala Jain. *Mahadevi Sahitya Samagra* [M]. NewDelhi: Vani Prakashan, 2000: 368.
[④] 印地语作家，著有《默哈德维·沃尔马：诗歌和生活哲学》。
[⑤] शचीरानी गुर्टू. *महादेवी वर्मा काव्य-कला और जीवन दर्शन* [M]. दिल्ली: काश्मीरी गेट, 1957: 131.

弱以及女性所面临的折磨进行了无情的揭露，大胆地抨击和质疑了社会对待女性的方式。她认为，尽管女性本身并不是那么脆弱，但是在这个社会中成为女性已是她们最大的不幸。她抨击男性主导社会的心态，倡导女性的精神独立，认为女性必须发掘自身的价值，不应该成为男人的附庸。女性应该是男人的伴侣，而不仅仅是他们的影子，并且她认为实现这种独立的重要途径之一就是让女性接受教育：

"经常听到男性说他们害怕娶受过良好教育或了解法律的女性……为什么男人害怕娶像他这样聪明又有学问的女人呢？这个问题的答案就隐藏在男人的自私当中。他只想要女人盲目的奉献和沉默的追随。一个在知识和智力上与他相当的女人，随时可以质疑他的权威。就算得不到满意的答案，她也会反抗。所以男人为什么要让这样一位女性成为伴侣，来扰乱他帝国的安宁呢？就算他出于某种原因选择了这样的生活伴侣，他也会采取手段，恩威并施试图让她成为自己的影子，而这往往是不可能的。"[1]

四、社会工作——女性意识的身体力行

歌德在诗剧《浮士德》（Faust）中曾说："理论是灰色的，而生命之树长青。"强调不应虚谈理论，更不能脱离生活。将理论付诸实践才能实现理论自身的价值，也只有将理论付诸实践才能使理论得以检验。对默哈德维·沃尔马而言也是如此。女性解放对她来说，不仅仅是一个口号、一个主题，更是一个使命。她坚信女性应该获得高质量的教育并能够独立生活，并为此身体力行。无疑，默哈德维·沃尔马在许多方面都是独一无二的，但最能将她定义为女性文学的开创者和女权主义先驱的，是她的勇气和毅力，以及她为女性教育和女性解放事业做出的极大贡献。

1932 年默哈德维·沃尔马获得了阿拉哈巴德大学的梵文硕士学位。同年，她获得了牛津大学的奖学金。而此时正值印度为摆脱英国统治的抗争阶段，默哈德维·沃尔马对于是否应该出国深造十分为难。作为甘地虔诚的追随者，在摇摆不定之时，她去往达艾哈迈达巴德向圣雄甘地寻求指导。

她问圣雄甘地："巴布[2]，我是否应该出国？"

沉默了几分钟后，甘地说："我们与英国的战争仍在继续，你还会出国吗？

---

[1] Anita Anantharam. *Mahadevi Varma: Political Essays on Women, Culture, and Nation by Anita Anantharam* [M]. Amherst: Cambria Press, 2010: 56.

[2] 印地语中的敬称。

用你的母语工作，教育姐妹们。"①

默哈德维·沃尔马的生活道路也从此发生了改变。1932 年，默哈德维·沃尔马接管了女性杂志《月光》(Chand)，并担任该杂志的编辑。在此期间，她不仅为杂志撰稿，还精心编辑每一篇文章来保证供稿质量，写作了大量精心查证的作者简介，甚至亲自为杂志绘制插图。受到甘地的影响，默哈德维·沃尔马还积极地投身于社会公共服务。1936 年，她在距离奈尼达尔（Nainital）25 千米的乌玛格赫（Umagarh）村庄开展教育志愿活动，为村子的发展做了很多工作，特别是在女性教育及经济自给方面。

除此之外，1955 年，在伊拉钱德拉·乔希（Ilachandra Joshi）[②]的帮助下，默哈德维·沃尔马在阿拉哈巴德建立了文学议会，由此也奠定了印度女诗人会的基础。作为阿拉哈巴德女子学院的校长，在任职期间，她经常利用文学友人拜访的机会为学生举办文学座谈，并开展诗歌讨论会。虽然不是学院真正的创始人，但对于默哈德维·沃尔马来说，这是一个可以实现理想的机会。因为在这里，她能够充分地利用教育资源和专业知识，去教授梵文、巴利文和更高水平的印地语，并且可以根据自己的设想去建设学校，改善妇女的状况，为民族主义运动贡献力量。在担任校长的同时，默哈德维·沃尔马也继续孜孜不倦地进行文学创作，并针对印度女性问题发表了一系列文章。在当今印度，女性处境和地位仍是一个突出的社会问题。轰轰烈烈的近代民族运动中，默哈德维·沃尔马的工作在当时看来也是比较低调的。而在今天看来，她的这些探索和实践不仅丰富了印地语文学，对发展女性教育、推动女性解放也具有十分重要的意义。

五、结语

默哈德维·沃尔马不仅是一位诗人、散文作家、教育家，也是一位激进的女权主义者。她脱离了传统文学的束缚，为自己创造了一条不同的道路。她在文学创作中大胆书写，倡导女性追求精神与物质的独立；在社会活动中身体力行，为女性教育事业不懈奋斗。如果我们从生活经历、心理学、女性话语等角度了解她的内心世界，就会被她的光环所深深吸引。总之，默哈德维·沃尔马的女性意识对于今日的印度社会仍然十分受用，而她对女性解放所做的贡献更有待我们去探

---

① https://www.jagran.com/uttar-pradesh/allahabad-city-and-then-those-few-words-of-bapu-changed-the-path-of-mahadevi-verma-who-dedicated-her-life-to-the-upliftment-of-women-22008859.html

② 伊拉钱德拉·乔希（1903—1982），印地语作家。

索和发掘。

参考文献

［1］刘安武. 印度印地语文学介绍［J］. 国外文学, 1986（Z1）: 87—135.

［2］默哈德维·沃尔马. 诗十首［J］. 李亚兰, 译. 西部, 2017（5）: 209—216.

［3］李亚兰. 印地语女性文学的先声：默哈德维·沃尔马的女性书写［J］. 中国语言文学研究, 2017, 22（2）: 208—215.

［4］李美敏. 印度女性文学书写探究［J］. 江西师范大学学报（哲学社会科学版）, 2013, 46（3）: 75—80.

［5］महादेवी वर्मा. *दीप-शिखा*[M]. दिल्ली: लोकभारती प्रकाशन, 2015: 39-40.

［6］महादेवी वर्मा. *नीरजा*[M]. दिल्ली: लोकभारती प्रकाशन, 2012: 26.

［7］महादेवी वर्मा. *स्मृति की रेखाएं*[M]. दिल्ली: लोकभारती प्रकाशन, 2008.

［8］शचीरानी गुर्टू. *महादेवी वर्मा काव्य-कला और जीवन दर्शन*[M]. दिल्ली: काश्मीरी गेट, 1957.

［9］Krine Schomer. *Mahadevi Varma and the Chhayavad Age of Modern Hindi Poetry*[M]. Oxford: Oxford University Press, 1983: 154, 276-280.

［10］Anita Anantharam. *Mahadevi Varma: Political Essays on Women, Culture, and Nation by Anita Anantharam*[M]. Amherst: Cambria Press, 2010: 56.

［11］Nirmala Jain. *Mahadevi Sahitya Samagra*[M]. NewDelhi: Vani Prakashan, 2000: 368.

［12］Sebastian Resmi. *An analytical study of the prose works of Mahadevi Varma*[D]. Coimbatore: Avinashilingam Deemed University, 2012.

［13］Vaibhavi Mishra. *Mahadevi Varma, the pioneer Hindi writer*[EB/OL]. https://mediaindia.eu/culture/mahadevi-varma-the-pioneer-hindi-writer/.

［14］*Mahatma Gandhi had advised Mahadevi Verma not to go abroad*[EB/OL]. https://english.newstracklive.com/news/article-on-mahadevi-verma-on-her-death-anniversary-mc23-nu764-ta764-ta277-1118553-1.html.

［15］https://www.jagran.com/uttar-pradesh/allahabad-city-and-then-those-few-words-of-bapu-changed-the-path-of-mahadevi-verma-who-dedicated-her-life-to-the-upliftment-of-women-22008859.html.

文化研究

20世纪80年代以来韩国阳明学研究的回顾与展望

信息工程大学　刘吉文

【摘　要】1980年以后，韩国学界对阳明学的研究经历了发展、第二次复兴和进一步深化三个阶段。在此期间韩国学界着眼于整理阳明学在朝鲜半岛的传播和本土化过程，并进一步挖掘研究资料，拓宽研究领域和视野，无论是在数量上还是在质量上都取得了丰硕成果，填补了韩国思想史上人为造成的研究空白。本文通过梳理当代韩国阳明学研究轨迹，分析归纳其研究特点，厘清基本脉络，以期对当代韩国阳明学研究状况有比较完整的掌握。

【关键词】阳明学；韩国；传播与研究；本土化

19世纪末，朝鲜处于内忧外患的时代。在西学东渐的时代背景下，朴殷植、郑寅普等一批朝鲜学者受开化思想的影响，希望以良知论为主体思想，利用以"人间平等论"和"天地万物一体说"为理据的阳明学唤醒朝鲜魂，进而抵御西方文化入侵，恢复被日本强占的国家主权，由此掀起了朝鲜半岛阳明学研究的第一次复兴。但从朝鲜光复到20世纪60年代初，阳明学研究又重回落寞，此间，韩国几乎没有阳明学的研究成果。到70年代初期前后，韩国对阳明学的研究也仍然只是极少数研究者零零散散做些概论式的研究，无论从质量还是从数量上来看，都处于低迷状态。但从1980年开始，尽管韩国的儒学研究仍旧是程朱理学一家独大，但阳明学研究成果的数量开始逐渐增多，1995年成立的韩国阳明学会则为韩国阳明学研究的第二次复兴提供了重要舞台，至此韩国阳明学研究开始进入质和量齐飞的阶段。

一、第二次复兴时期的阳明学研究状况

1980年以后，韩国国内出现了多位研究阳明学的学者，阳明学研究开始呈现出上升势头。据韩国学者金世贞调查显示，虽然没有举世瞩目的鸿篇巨制，但研究成果的数量远远超过60、70年代。另据韩国著名儒学学者梁承武统计，韩国自1945年光复到2005年为止，有关阳明学的论著约有799篇，1970年以前仅有50篇，约占总数的6.27%，1970—1980年间发表的约有147篇，占

18.3%，而 1990 年后的论文大幅增加，达 409 篇，占 51.18%[①]，具体如表 1 所示。由此可以看出，20 世纪 80 年代韩国阳明学研究刚刚开始进入系统研究阶段。比较具有代表性的论文有宋在云在韩国东国大学的博士学位论文《王阳明心学的研究》(1985)和宋河暻在台湾师范大学的博士论文《王阳明心学之研究》(1986)等 7 篇博士论文，论文研究主题主要以王阳明的哲学和思想为主。此外还有 13 篇硕士学位论文和 38 篇研究论文。这些论文的发表打破了以往朱子学研究一家独大的局面，丰富了韩国儒学研究的内涵，拓宽了研究领域，为后来的阳明学研究奠定了坚实的基础。从这一时期开始的韩国阳明学研究大体分为两种类型：一种是重新发掘、分析、整理朝鲜时代的阳明学，重新构建阳明学体系；另一种是接受曾在中国大陆、台湾以及日本等国家和地区留学的韩国学者影响，以现代角度重新审视中国和日本阳明学派的阳明学，试图谋求解决时代问题。除海归学者外，韩国本土的一些学者也开始把研究范围逐渐扩大。

表 1　20 世纪 50 年代至 21 世纪 10 年代韩国阳明学研究成果统计

时间	专著	译著1（原典）	译著2（二次文献）	学位论文（国内博士）	学位论文（国外博士）	学位论文（硕士）	一般论文	总数
20 世纪 50 年代	0	0	0	0	0	0	0	0
20 世纪 60 年代	0	0	0	0	0	0	4	4
20 世纪 70 年代	2	2	0	0	0	2	7	13
20 世纪 80 年代	0	0	1	2	5	13	38	59
20 世纪 90 年代	8	3	8	10	6	22	113	170
21 世纪 00 年代	7	6	2	9	3	29	163	219
21 世纪 10 年代	5	2	4	10	1	18	141	181
总数	22	13	15	31	15	84	466	646

资料来源：[韩]金世贞. 韩国阳明学研究的历史与现状[J]. 儒学研究，2006，42：7.

20 世纪 80 年代阳明学代表学者主要有宋河暻、金吉洛、宋在云。宋河暻的研究方向主要集中在王阳明的生平和思想上，先后发表了《从万物一体观看王阳明的拔本塞源论与大学问》(1982)、《王阳明的儒、佛、道教思想背景的相关研究》(1984)、《王阳明的良知说研究》等 7 篇论文。金吉洛主要进行对比研究和剖析阳明学的主要理论，其代表包括《阳明哲学与朱子学的关系》(1982)、《阳

---

① [韩]梁承武. 当代韩国阳明学研究的研究活动及未来课题[G]//崔在穆. 东亚阳明学. 北京：中国人民大学出版社，2009：134—150.

明哲学与象山学的关系》(1981)、《阳明哲学的心即理说的研究》(1982)、《阳明哲学中的致良知说的研究》等 6 篇论文。宋在云主要研究阳明学与佛教之间关系，其除去博士学位论文《王阳明心学的研究》之外，还发表了《六祖禅与王阳明的致良知》(1983)、《禅学对阳明心学的影响》(1984)等 4 篇论文。这一时期的阳明学研究主要集中在介绍阳明心学的形成与背景以及阳明学的四大代表观点，即"心即理""知行合一""致良知"和"亲民"。此时的研究还基本属于基础研究。

但相对于近邻日本来说，韩国的阳明学研究还是处于沉寂时期，因为 1890—1990 年这百年间，是日本阳明学研究的高潮，阳明学的研究名家辈出。[①] 80 年代时，韩国阳明学研究只是在量上呈现出增长。

从 20 世纪 90 年代，一直持续到 21 世纪初，韩国阳明学研究进入了突飞猛进时期，到达顶峰阶段。无论是学者数量、论文著作数量，还是研究成果的分量和质量，都远远超过前四十多年。但对于阳明学研究的第二次复兴起因是什么，学界也有不同意见，中国台湾学者张昆将认为韩国阳明学研究的第二次复兴与 1990 年以来《韩国文学丛刊》的陆续出刊及其日后的数字化所带来的研究方便有相当大的关系。[②] 梁承武则认为与 1995 年韩国阳明学会创立有很大关系。[③] 这一时期比较著名的阳明学研究学者及其代表作有金吉洛的《象山学与阳明学》、崔在穆的《东亚的阳明学》、金世贞的《王阳明哲学研究》等，这些专著都系统地研究了王阳明的生涯和思想。另外，张圣模的《朱子与王阳明的教育理论》、金世贞的《王阳明的生命哲学》、崔在穆的《阳明学的新视野》等著作采用比较的方法对阳明学在朝鲜半岛的本土化进行研究，以当代社会为背景探讨阳明学在韩国社会现代化进程中的现实意义和社会功能，这些跨学科、多主题的研究成果标志着 20 世纪 90 年代以后韩国的阳明学研究已经步入一个新的高度。韩国学者金世贞总结说，20 世纪 90 年代韩国学者在国内外一共发表了 36 篇与阳明学有关的博士学位论文。这些论文呈现出以下三个重要特征：第一，20 世纪 80 年代韩国学者博士论文大都出于中国台湾，但是 20 世纪 90 年代以后则出现留学日本、中国大陆、美国等国的博士论文，这不仅可以开阔视野，接触和吸收各国的

---

① 张昆将. 阳明学在东亚：诠释、交流与行动 [M]. 台北：台湾大学出版中心，2012：3.

② 张昆将. 阳明学在东亚：诠释、交流与行动 [M]. 台北：台湾大学出版中心，2012：10.

③ [韩] 梁承武. 当代韩国阳明学研究的研究活动及未来课题 [G] // 崔在穆. 东亚阳明学. 北京：中国人民大学出版社，2009：134—150.

研究动态，而且还可以把韩国国内研究成果与国外博士引进的国外研究成果结合，形成一加一大于二的效果，为最终形成"当代韩国阳明学"奠定了坚实的基础。第二，通过《关于阳明学身体思想的研究》《关于阳明学生命哲学的研究》《王阳明心学中的乐论》《阳明学工夫论之教育学的解释》《王阳明的圣学与艺术之相关性研究》等论文可以看出，韩国学者的研究主题已经突破哲学思想层面，扩大到体育学、生命哲学、艺术、教育学、神学、哲学咨询、比较哲学等领域。第三，韩国学者开始尝试利用阳明学来解决现代韩国社会乃至人类所面临的问题。①

尤其值得一提的是，1995年4月8日②以宋河暻为会长的韩国阳明学会成立更是极大地推动了韩国阳明学研究的发展。从2004年开始直至今日，韩国阳明学会每年春季、秋季都要在江华岛举行以阳明学为主题的学术研讨会，目前大概已经举行五六十次。通过召开学术会议的形式，研究学者相互沟通，互通有无，并出版了《王阳明哲学研究》《韩国江华阳明学》《江华阳明学研究》等书籍，使得阳明学研究队伍不断壮大，研究方向呈现百花齐放的态势，阳明学研究越来越多样化、体系化、系统化。韩国学者崔在穆认为进入20世纪90年代，随着韩国阳明学者人数的增加，分类更加细化的学术成果不断涌现，韩国阳明学真正迎来了"文艺复兴时期"③。如表2所示：

表2　20世纪60—90年代韩国阳明学研究方向统计

分类	20世纪60年代	20世纪70年代	20世纪80年代	20世纪90年代	总数
阳明学形性和概要	2	0	9	20	31
诸思想和关联性比较	1	2	12	22	37
心即理说	0	2	3	14	19

---

① [韩]金世贞.韩国阳明学研究的历史与现状[J].儒学研究,2006,42：12.

② 对于韩国阳明学会的成立时间，不同学者说法不一。梁承武的《当代韩国阳明学研究的研究活动及未来课题》(2009)、金世贞的《阳明学的研究现状与课题》(2005)认为韩国阳明学会成立年份是1995年；金容载的《韩国阳明学研究现况与新探索：以江华学研究为中心》(2005)、余怀彦的《良知之道：王阳明的五百年》(2016)、赵甜甜的《阳明学在韩国的传承发展及韩国阳明学在中国的研究现状与展望》认为韩国阳明学会成立年份是1994年。但根据韩国阳明学会网站的介绍，韩国阳明学会是1995年4月8日在韩国汉城成均馆大学成立。

③ [韩]崔在穆.韩国阳明学的研究成果回顾与展望[J].中国学报,1998,38：293.

(续表)

分类	20世纪60年代	20世纪70年代	20世纪80年代	20世纪90年代	总数
知行合一说	0	2	3	5	10
良知说，致良知说	0	1	4	18	23
亲民说，万物一体说	0	0	2	7	9
修养论，教育论	0	0	0	3	3
文学，艺术，体育	0	0	2	4	6
其他思想	1	0	3	10	14

资料来源：［韩］金世贞．韩国阳明学研究的历史与现状［J］．儒学研究，2006，42：9．

二、韩国阳明学研究第二次复兴时的主要特点

如果说20世纪80年代对阳明学的研究更多局限于对王阳明著作的翻译和其思想的接受，那么梳理20世纪90年代以后诸多学者的研究成果，可以发现他们的研究方向和内容大致可以分为以下几类：

一是对阳明学进行对比研究。根据对比的对象又可以分为王阳明与中国学者之间的对比、王阳明与韩国学者之间的对比，甚至是与西方学者的对比；除人与人之外，还有思想理念之间的对比。（1）与中国学者的对比。如《儒家的生命观与人类责任论：以朱子与王阳明哲学为中心》（2004）、《朱子、象山、阳明、蕺山之工夫论比较》（2004）、《朱子学与阳明学的教育理论》（1993）、《象山学与阳明学研究》（1995）、《通过对比白沙学和阳明学看朝鲜中期性理学的特征》（2007）等。（2）与韩国学者的对比。如《阳明心学与退溪心学的比较研究》（2007）、《从工夫论看退溪性理学与阳明学的差异》（2009）、《卢守慎的心性论与阳明学》（2007）等。（3）与西方学者相比。《从胡塞尔现象学看朱子学派与阳明学：心与理关系的指向性分析》（2005）、《通过超越知性中心的思考方式探索哲学咨询的可能性：以王阳明和柏格森思想的相似性为中心》（2017）、《苏格拉底与王阳明的知行合一说之比较研究》（2012）、《立足行为论探讨知识本质的研究：王阳明与维特根斯坦的知识观为中心》（2007）等。（4）与思想理念的对比。有不少学者试图在阳明学与宗教思想之间搭建对话的桥梁，如《从阳明学的立场看圆佛教精神》（1999）、《佛教的知与阳明学的知》（2002）、《星湖学派的阳明学与天主教》（2001）、《王阳明与道教的会通问题》（2009）等。以上的对比研究大都从比较哲学的视角看阳明学的研究，无论是中外学者与王阳明的心学理论，还是从东方古代、现代哲学以及西方哲学，还是从阳明学自身理论以及衍伸

到宗教领域等领域,都极大地丰富了阳明学研究的内容,对比对象的范围也越来越广泛。而且,通过与西方哲学的对比研究,不仅进一步触摸到了阳明学的核心本质,而且还搭建起了阳明学与西方哲学对话和沟通的路径。

二是从阳明学自身的哲学思想入手继续挖掘,注重阳明学本土化研究。研究阳明学的引进与展开过程,以及朝鲜半岛学者接受阳明学并进行本地化的学术成果在任何一段时期都是数量最多。如《试析朝鲜时代阳明学传入与被排挤》(1995)、《近代变革期的韩国阳明学》(2007)、《16世纪朝鲜性理学者对阳明学批判的研究》(2002)、《朝鲜朝江华学派阳明学之形成与展开》(2009)、《朝鲜阳明学的接受与研究现状》(2004)、《畿湖阳明学的形成与展开》(1994)等,不胜枚举。此外,韩国学者对阳明学的"心即理""知行合一""致良知"等具体理论的研究成果所占比例也很大。这类研究不再是单纯研究王阳明学中具体理论,而是把诸如郑齐斗等韩国阳明学大家和阳明学派对阳明学与本土文化糅合融入形成的韩国阳明学作为研究对象,以试图摸索阳明学与韩国本土哲学之间的沟通与对话。如《王阳明的以良知为基础的人类观》(1997)、《陆王心学的体系比较:以"心即理"和"格物致知"为中心》(2007)、《韩国江华学派泰斗郑齐斗致良知本体论和致良知工夫论》(2006)、《郑霞谷对阳明〈知行合一〉说的理解》(2006)、《韩国阳明学的生命思想》(2006)、《王阳明生命思想对人类伦理教育的适用性》(2004)、《王阳明万物一体论视野下的生命观》(2000)、《韩国阳明学的实学展开状况》(1995)等。这些研究是把阳明学视为道德实践哲学加以研究,试图将本土文化与阳明学理论联系起来,从道德哲学、生命伦理、生态哲学的角度研究探索心学的内在物质,将研究的成果内化为本土哲学——韩国阳明学,使得阳明学研究向纵深方向发展。

三是韩国的阳明学研究由哲学领域向教育、体育、艺术、军事等更多领域拓展。哲学是人类对主客观世界的理性认识,是人类高级思维的结果,是人类高级智慧的反映。其目的是推动人类思想和实践的发展。许多学者在研究阳明学时,发现阳明学的理论对教育、体育、艺术等具体实践同样具有指导意义。如良知论、心即理论、工夫论、致良知论同样可以运用到现代教育领域,包括普通教育、道德教育、儿童教育、音乐教育、体育教育、生物伦理教育等。这些研究试图将阳明学理解为教育学理论,研究成果集中在一般教育和道德与伦理教育上。如《王阳明的儿童教育观》(2005)、《韩国时代与阳明工夫法的哲学教育意义》(2001)、《王阳明的生命哲学与真我实现的教育论》(2004)、《王阳明的教育思想与教育方法》(2009)、《伦理与道德:王阳明的教育论》《从王阳明的音乐教育思想看现代音乐教育》(2005)、《阳明学与21世纪体育学》(2003)、《朴趾源的〈热河日记〉与阳明学思想世界》(2007)等。金容载在《王阳明的教育思想与教育方法》一文指出：就有关阳明的人格修养方法所进行的先行研究结果来看，韩国学者金吉洛结合李福登、林振玉的观点将王阳明的人格修养方法区分为谦逊、容忍、和蔼、务实、正义，将阳明学中的修持之道分为立志、勤学、改过、责善、容忍、戒悟、务实、谨守其心、惜阴（珍惜时间）等 5—9 个类别，由此可以看出王阳明的教育思想和其他人相比，将重点放在了人性教育上，对人性涵养等理论没有过分强调传承沿袭。其立场是主张对中庸的尊德性和道问学加以区别待。他指出王阳明认为虽然人的本性相同，但所具备的才能和资质却是千差万别，所以要在各种侧面对技术教育进行强化，并主张在士、工、农、商等各个领域进行选择发展。

此类论文希望从阳明学的教育价值观和教育思想中寻求解决现代教育中存在问题的解决方法，或是对现代教育进行反思，从而找到阳明学与现代教育之间很好的契合点，将阳明学教育思想为我所用。

三、韩国阳明学研究第二次复兴时期韩国阳明学会的作用

（一）韩国阳明学会的创立

进入 20 世纪 70 年代，现代韩国阳明学研究之门随着尹南汉的开启而初露端倪，但相对于程朱理学，在李氏朝鲜时代被视为"异端斯文乱贼"的阳明学一直难以进入正统哲学的范畴，这一观点和理念即便到了现代社会也一直存在，韩国的阳明学仍旧还被视为非主流、少数派的研究。直到 20 世纪 80 年代，在韩国儒学界认为"朝鲜时代只有性理学，没有阳明学"的观点一直占主导地位。甚至还有学者提出霞谷学也并非是阳明学，而是性理学[1]。在这种学术氛围的压制下，在 20 世纪 90 年代以前韩国阳明学的研究人数、研究成果与性理学领域相比简直不可同日而语，差距甚大。

尽管起步非常艰难，但仍有刘鸣钟、金吉洛等学者不畏惧外在压力，决心将朝鲜时代的阳明学确立为一个新的研究领域，开始正式研究韩国的阳明学。随着韩国民主化进程的发展，学术界的研究氛围也日益自由。20 世纪 90 年代，研究朝鲜时代阳明学的韩国学者越来越多，研究成果也越来越丰富。其中具有代表性的研究学者有郑次根、崔在穆、朴连洙、金教斌、宋锡俊、徐钟泰等。郑寅普之女郑良婉、沈庆昊先后出版发行了 4 本《江华学派的文学与思想》的相关丛书。有了一定数量规模的阳明学研究学者和热心人士，和一定数量的学术成果的支

---

[1] [韩] 金世贞，赵智善. 通过分析江华阳明学国际学术会议看霞谷学研究现状与展望 [J]. 儒学研究，2019，48（8）：173.

持，1995年4月8日，100多名有志之士聚集在一起，创立了韩国阳明学会。韩国阳明学会通过重修阳明学者郑齐斗墓地和江华学派代表李建昌故居等活动，把韩国阳明学研究学者凝聚起来，并创立会刊《阳明学》，为阳明学研究提供一个非常好的交流平台。

（二）韩国阳明学会的作用与贡献

韩国阳明学会的创立推动了韩国阳明学研究的发展，使得阳明学研究变得更加活跃，更加系统，更加深入。据金世贞、金智善统计，20世纪80年代以前关于郑齐斗的研究成果只有寥寥几篇论文，而到了20世纪90年代以郑齐斗为研究对象的博士学位论文有4篇，21世纪00年代5篇，21世纪10年代6篇；相关的学术论文，20世纪80年代11篇，20世纪90年代35篇，21世纪00年代62篇，2010—2017年63篇。关于霞谷学派的博士学位论文，20世纪90年代有2篇，21世纪00年代有6篇，21世纪10年代有9篇；公开发表的学术论文，20世纪80年代6篇，20世纪90年代12篇，21世纪00年代14篇，21世纪10年代27篇。①由以上数据可以看出，韩国阳明学研究成果大多在21世纪00年代左右开始呈现出急剧增加的态势，表明韩国阳明学会在推动韩国国内现代阳明学研究确实发挥了非常大的作用。

同时，韩国阳明学会不仅带动韩国诸多学者开始走上阳明学研究之路，也打开了与中国、日本等其他国家进行学术交流之门，拓宽了研究视野和范围。韩国阳明学会从1995年到2019年的25年间，每年举办两次国内外学术会议，共举行了50多次国内外学术大会。2004年到2018年共举办了15届"江华阳明学国际研讨会"。共收录关于阳明学的论文将近300篇。还发行了53本学会刊物《阳明学》，取得相当令人瞩目的成就，为韩国阳明学和霞谷学的研究做出非常大的贡献。

总体来说，韩国阳明学会创立的作用和贡献有以下三点。首先，韩国阳明学会坚持交流建会，构建协会内部经常性工作网络，扩大国内外阳明学研究机构和人员间的交流互动，不仅促进了对朝鲜时代阳明学的整理研究，还为现代韩国阳明学的确立奠定了坚实的学术基础，同时也有利于提高韩国阳明学在东亚哲学史上的地位。其次，韩国阳明学会以促进交流为目的，通过举办各种形式的学术会议，创办学会会刊《阳明学》，出版学术会议论文集，为阳明学研究者进行学术交流提供了重要平台。最后，通过确定每次学术会议的主题，改变了以往分散单

---

① ［韩］金世贞，赵智善. 通过分析江华阳明学国际学术会议看霞谷学研究现状与展望［J］. 儒学研究，2019，48（8）：177.

独研究的弊端，使得阳明学研究更加具有系统性、综合性，利用学术会议积极发挥集团研究的优势，实现规模效应，既保证了阳明学研究的持续性和连续性，也为培养后代研究学者提供了机会。

四、目前韩国阳明学的研究现状

进入 21 世纪，韩国学界开始越来越重视阳明学的研究，许多学者开始进一步整理阳明学相关理论，梳理阳明学传播脉络，挖掘被埋没的阳明学本质。通过大量的研究工作，取得了丰硕的研究成果，并借此确定了阳明学在韩国哲学史、思想史和学术史中的地位。

截至 2016 年，韩国阳明学在 2010—2016 年期间的研究成果为 181 篇（部），其中有 5 部专著、译著 6 部、11 篇博士论文、18 篇硕士学位论文、公开发表论文 141 篇。从数据上看，这期间的阳明学研究成果数量如果加入在韩国学术成果搜索网站 KISS 上统计的 2017—2019 年关键词中含有"阳明学"的 27 篇研究成果，已经非常接近 2000—2010 年的 219 篇（部）的峰值，说明阳明学在韩国的研究状况仍然处于旺盛阶段。

韩国阳明学在韩国阳明学会这个学术平台上不断努力开创新的局面，韩国阳明学者结合时代要求，对阳明学进行批判性研究的同时，积极吸收其有益的思想成分，积极推进阳明学向着更深更宽的领域拓展。2018 年 12 月，韩国阳明学会宣布其会刊《阳明学》由每年出版 3 辑增加到每年 4 辑[①]。这无疑为阳明学研究又增添了新的动力。

目前韩国阳明学研究在继承了前人研究的基础上，研究方向和范围还在不断扩大。首先是韩国学者开始从实学、医学、史学、文学等多种角度对郑齐斗及后续阳明学者的理论进行探索，更加注重本土化的阳明学的研究，重点放在翻译更多的阳明学原著，系统研究退溪及退溪学派心学与阳明学的差异，以及阳明学对韩国近代政治、文化的作用与局限，加强阳明学研究成果分期、分领域以及人物分类整理，为韩国阳明学和其他学术领域的研究提供丰富的佐证资料，从而进一步谋求确立韩国阳明学在东亚儒学史中的独立地位。其次是跳出阳明学只认王阳明这一藩篱，还要研究陆象山、陈白沙、湛甘泉心学以及阳明后学学者的思想。除王阳明学之外，还要研究王阳明的政治、军事、经济、教育、美学、艺术等方面的思想，另辟蹊径对以往的研究进行再分析再解释。近年来韩国学者已经把女

---

① 韩国阳明学会简介［EB/OL］.［2019-09-12］. http://www.ymhh.or.kr/modules/bbs/index.php?code=notice&mode=view&id=20&___M_ID=47.

权主义、认知科学、人工智能等引进到阳明学研究内。阳明学本身不同于其他形而上思想，而是一种很实在的哲学。阳明学引入不同学科领域里的研究，不仅开辟了阳明学研究的新领地，而且可以在现代社会中挖掘出阳明学的新内涵。此外，韩国阳明学者也开始注意阳明学研究应该走向更广阔的空间，不应只局限在韩、中、日三个东亚国家，还可以扩展到越南等东南亚国家，通过彼此交流互动，拓宽研究视野，为阳明学研究注入更多国际化的活力因素，进而推进阳明学发扬光大。

韩国学者除注重研究阳明学本土化过程外，还非常关注国外阳明学研究发展状况，经常参与国外的阳明学研究学术会议。通过相互学术交流，推进阳明学研究向更深更广的领域发展。

近年来，随着中国阳明文化研究热潮的兴起，成立了许多有关阳明学的各类研究机构，各类关于阳明学或在儒学领域下的阳明学研究的学术研讨会纷纷举行，这为韩国阳明学者与中国学者进行学术交流提供了非常广阔的平台。其中中国阳明学高峰论坛学术研讨会无论从举办层次，还是学术权威性来看，都是目前中国国内规格最高、规模最大、影响最广的阳明学专题论坛，在全国乃至日、韩等阳明文化辐射的国家和地区中产生了巨大影响力，参加会议的代表大都是阳明学研究领域的领军人物、地域阳明学派研究的著名专家、阳明学与诸学科交叉研究的代表性人物。从 2016 年 10 月 15 日，由中国文化院、北京三智文化书院共同主办的首届"人类智慧与共同命运——中国阳明心学高峰论坛"在京举行以来，韩国阳明学学会都有学者参会，前任会长崔在穆和现任会长金世贞都曾在此会议上做过发言。韩国阳明学学会会长崔在穆在多维视野下探讨了阳明学，畅谈阳明文化的历史内涵、文化精髓和时代价值。在第二届中国阳明心学高峰论坛学术研讨会上，现任韩国阳明学学会会长金世贞主要围绕韩国阳明学及其目前所研究的内容展开论述。其以 1627 年朝鲜胡乱时的历史事件为例，认为"致良知"对国家和百姓意义重大。韩国阳明学学会会长金世贞在第三届中国阳明心学高峰论坛上，非常具有前瞻性地指出，阳明学不是单纯的过去的遗物。他认为可以从以下三个方面分析阳明学在第四次工业革命中的意义和作用。第一，创意性是第四次工业革命不可或缺的意义之一，在阳明学中，创意性源头从人类良知随时变异性中找寻，是今日所需的创意性。第二，第四次工业革命中的人工智能、自动驾驶汽车、互联网、机器人不应是增进个人财富的竞争工具，而应是为人民提供关怀和治愈的手段。第三，第四次工业革命时代被称为超链接社会，这与王阳明天地万物为一体、人与自然相生共生的主张是一致的。

除中国阳明心学高峰论坛外，韩国专家学者曾多次参加在中国贵州省贵阳市修文县举行的阳明文化节，通过学术研讨会和阳明遗迹寻访游、阳明祭祀等活动，推动韩国与中国学者之间在学术上互通有无。此外，在由中国大学举办的阳明学学术会议上也经常可以看到韩国著名阳明学学者的身影，听到他们的声音。

尽管韩国阳明学者研究的角度和方法可能与中国学者不尽相同，得出的结论并不完全被认同，但来自异域的观点和视角总会为阳明学研究带来一股新鲜的气息，也利于阳明学向着更深更广的领域发展。

结语

韩国的儒学来源于中国，但在发展过程中，其对儒学思想的传承和保留比中国要更正统。特别是李氏朝鲜时期，程朱理学作为与佛教文化体系对抗的正统学说，牢牢地把持着当时的政治、社会文化形态，李氏朝鲜统治者十分重视用儒家思想维护自己的统治、巩固封建的社会秩序。程朱理学在朝鲜王朝的统治地位持续了将近500年。阳明学在朝鲜半岛的存在和发展虽然没能打破朱子学沉溺于对天理与人性的不实际的、空洞无聊的思辨藩篱，但其在以郑齐斗为首的众多阳明学者的坚持下，还是给韩国儒学思想保留了一块阳明学的立身之地，使得韩国哲学史上没有留下一段空白。

阳明学的隐忍状态一直持续到20世纪70、80年代，刘鸣钟的《韩国的阳明学》（1988）、金吉洛《韩国阳明学的展开》（1990）等著作的出版打开了韩国阳明学研究的大门，随之进入20世纪90年代韩国阳明学研究的爆发期，尽管比起朱子学等被韩国人视为正统儒学的研究，阳明学的研究仍然还属于小众研究，但经过21世纪前20年的研究积累，韩国的阳明学研究已经有了飞速发展，越来越受到人们的关注。研究人数规模不断壮大，研究领域不断拓宽，与其他国家、地区的交流活动日渐扩大，每年都要举办阳明学研讨会，并且邀请国外学者参加。但相对来说，韩国阳明学研究主题多以韩国阳明学为主，与他国合作研究很少，特别是跨文化、跨区域的比较性研究更是难得一见。同时，与西方哲学、中国哲学、韩国正统儒学的研究相比，韩国阳明学的研究相对受到冷落，研究成果的数量和影响力远远比不上前三者。但相信韩国阳明学仍然会继续发扬隐忍的光荣传统，向更宽更深的领域拓展，从而为阳明学乃至整个思想史研究开辟新天地。

参考文献

［1］钱明.阳明学在域外的传播、发展与影响［J］.人文天下，2017（12）.

［2］钱明.朝鲜阳明学派的形成与东亚三国阳明学的定位［J］.浙江大学学

报(人文社会科学版),2006(3).

[3]张昆将.阳明学在东亚:诠释、交流与行动[M].台北:台湾大学出版中心,2012.

[4]周月亮.简述阳明学在东亚的影响[J].唐山学院学报,2016(9).

[5][韩]崔在穆.韩国阳明学的研究成果回顾与展望[J].中国学报,1998,38.

[6][韩]金世贞.韩国阳明学研究的历史与现状[J].儒学研究,2006,42:9.

[7][韩]金世贞,赵智善.通过分析江华阳明学国际学术会议看霞谷学研究现状与展望[J].儒学研究,2019,48(8).

[8][韩]梁承武.当代韩国阳明学研究的研究活动及未来课题[G]//崔在穆.东亚阳明学.北京:中国人民大学出版社,2009.

从越南汉文小说中的神灵形象变迁看越南民族意识的形成

——以《越甸幽灵集》和《岭南摭怪列传》为例*

信息工程大学 徐方宇

【摘 要】 越南汉文小说中的神灵形象变迁为我们窥探越南民族意识的形成提供了独特视角。本文运用叙事和记忆理论,将《越甸幽灵集》和《岭南摭怪列传》这两部分别诞生于 14、15 世纪的传说故事集其中的共同神灵形象加以比较,认为其共同神灵的形象"断裂"源于叙事与记忆的"当下性",两者的差异表现在后者的人物或时代背景皆与雄王产生勾连,并且其故事背景或情节突显了与北朝中国的紧张关系。它从一个侧面反映了在《岭南摭怪列传》重编的黎圣宗年间,越南对内完成了对国家本源的探寻以及自身独立性和正统性的论证,对外树立了对等且可与之对抗的"北方""他者",这两大关键事件标志着越南民族意识基本形成。

【关键词】 越南汉文小说;民族意识;神灵叙事

引言

越南汉文学是域外汉文学和越南民族文学的重要组成部分,同时也是域外汉文化和越南民族文化的重要载体。作为二者的焦点,越南汉文学无疑可以成为对越南文化和汉文化关系的一种象征性表述。透过越南汉文学作品中越南文化之于汉文化从"自我"到"他者"的表述转变,我们可以窥探中越之间微妙的政治、文化关系及其变化。本文拟以《越甸幽灵集》和《岭南摭怪列传》这两部在越南历史和文化史上形成较早且有重要影响的汉文传奇小说为研究对象,通过其所描述的共同神灵的形象差异来呈现其将汉文化"他者"化的表述转变过程,以及这一转变与越南民族意识形成的关联。

---

*本文是国家社科基金一般项目"越南汉文学与民间信仰"(项目号:17BWW040)阶段性成果。

神灵故事是越南汉文小说的重要题材。一方面，这类越南汉文小说大都表现了越南河山不容外敌侵扰的主题，是研究古代越南民族意识的重要资料；[①]另一方面，其所承载的民间信仰内容，也是越南民族文化的核心质素以及越南文化与汉文化交融的重要方面。本文选取的两部神灵故事集，其中《越甸幽灵集》成书于1329年，记载了陈朝越南各地祠庙所奉神灵（包括帝王将相、民间英雄和山川神灵）的灵验异事；《岭南摭怪列传》大概成书于14世纪下半叶，[②]现今流传的各种版本的底本重编于1492、1493年，记载的是古代越南民间传说、故事和神话。因两部书收集了越南现存最为古老的传说故事，且相当一部分源自中国古籍，因而被越南学界视作"越南古代民间文化的珍贵遗产和研究中越两国古代关系史的重要参考资料"[③]；《岭南摭怪列传》更是因其追溯先民的史迹而被归入史籍类，并被视为研究民族开国史的重要依据。[④]

国内学界对这两部故事集也多有关注。较早前的研究多为版本学的考证，如戴可来对《岭南摭怪列传》编者、版本和内容的考证。[⑤]之后，在文学、文化比较视阈下的影响和差异研究渐成主流，如庞希云、李志峰对两部作品中源自中国故事的分析比较，解释了重构本土民族文化需要的"文学变异体"的生成路径；[⑥]周建渝分析了《岭南摭怪列传》与中国古代传说的故事袭用与寓意转换关

[①] 朱力. 越南汉文小说中的民族意识：以两种冯兴故事为中心的考察[J]. 华中学术，2016（4）：86.

[②] 该书成书的具体年代尚无法考证，因该书俗传较早的编者陈世法其人及其生活的确切年代不能确知，且陈世法所编《岭南摭怪列传》原本也未流传下来。越南学者一般认为该书成书于陈朝末年（14世纪下半叶）。参见戴可来，杨保筠校注. 岭南摭怪等史料三种[M]. 郑州：中州古籍出版社，1991：257—261.［越］谢志大长. 越南的神、人和越地[M]. 河内：文化通讯出版社，2006：15.（Ta Chi Dai Truong, *Than, nguoi va dat Viet*, Nxb Van hoa Thong tin, 2006, tr.15）

[③] ［越］陈文甲. 对《越甸幽灵集》与《岭南摭怪》的考察[J]. 罗长山，译. 广西教育学院学报（综合版），1994（3）：71.

[④] 戴可来，于向东. 越南历史与现状研究[M]. 香港：香港社会科学出版社有限公司，2006：47，54.

[⑤] 戴可来. 关于《岭南摭怪》的编者、版本和内容[J]. 郑州大学学报，1983（4）：43—50.

[⑥] 庞希云. 从独脚神到猖狂神：越南神话《越井传》的本土化变异兼论文学变异体的生成[J]. 文化与传播，2012（2）：12—17. 庞希云，李志峰. 文化传递中的想象与重构：中越"翁仲"的流传与变异[J]. 上海师范大学学报，2013（2）：76—85.

系，以显示这些源自古代的中国民间故事如何演变成越南抗击中国的叙述。[①]近期的研究则多从两部作品自身的内容出发，运用结构主义神话学、故事形态学等理论分析人物的角色功能以及故事所反映的越南民族的观念意识，如宋百灵对《越甸幽灵集》所体现的王道观念的研究，[②]朱力对不同版本《越甸幽灵集》中冯兴故事所蕴含的民族意识的研究，[③]韦凡州通过《越甸幽灵集录》和《岭南摭怪列传》中的高骈形象对越南民族意识生成的研究等。[④]朱力和韦凡州的研究皆涉及民族意识，其中朱力的研究通过对比两个冯兴故事在表层结构、深层结构、主题的延续和强化等方面的叙事性差异探讨其所蕴含的民族性意识差异，并将这一差异归因于不同时代的社会意涵以及不同故事传播者的心理意识，对于其深层原因及所产生的后果并未深入探究。韦凡州的研究从共时层面将两部作品中的高骈形象归纳为三种角色——英雄、假英雄和坏人，并通过其所反映的内在结构，即安南民众对唐王朝统治的态度——拥护、矛盾和敌对，得出安南民众意识觉醒于唐朝末年的结论。两文从叙事学和形象学的视角考察民族意识，所论甚为精当；但如果从历时层面考虑到作品诞生的年代，并将文本叙事看作是国家与民间的集体记忆，则对越南汉文学作品反映的民族意识问题似乎尚有再探讨的余地。

一、传说叙事：国家和民间的集体记忆

叙事即讲述当前的一系列事件，以便形成一种有意义的序列——叙事的故事或情节，一项叙事包含由两个或多个信息单元构成的序列。自20世纪80年代人类学中产生文学性转向以来，"叙事"这一概念在学科内获得了突出地位。从人类学的角度看，叙事可以理解成一种特定的看待和建构世界的方式，它同时储存着社会和文化规范，即包含了社会和文化意义上的典型行为模式。叙事与记忆互为依据：叙事模式取决于记忆的集体模式；而通过叙事，文化群体的成员分享一

[①] 周建渝. 故事袭用与寓意转换：《岭南摭怪列传》与中国古代传说的关系[J]. 复旦学报，2016（2）：73—78.

[②] 宋百灵. 越南汉文小说《越甸幽灵集》的王道观念研究[D]. 南宁：广西民族大学，2017.

[③] 朱力. 越南汉文小说中的民族意识：以两种冯兴故事为中心的考察[J]. 华中学术，2016（4）：86—96.

[④] 韦凡州. 从《越甸幽灵集录》和《岭南摭怪列传》中的高骈形象看越南民族意识的觉醒[J]. 世界民族，2018（1）：103—110.

个共同的集体记忆。两者共同建构了社会知识传袭和伦理价值形成的机制。①

可以看到，叙事具有相对独立的结构和明确的情境特征。与之相关的"集体记忆"这一概念，最早由法国社会学年鉴学派第二代成员莫里斯·哈布瓦赫（Halbwachs）提出。他认为存在一个所谓的集体记忆和记忆的社会框架，个体可以通过这一框架来"重建关于过去的意象"。之所以说是"重建"，是因为他看到在记忆与过去之间始终"存在一定距离甚至一道鸿沟"，过去不能被完整地保留下来，而只能在现在的基础上被重新建构，这就导致了每个重建的意象都与当时社会的主导思想相一致。②简言之，集体记忆本质上就是立足现在而对过去进行的一种重构。

叙事和记忆的情境特征和"当下性"特点提示我们须结合叙事产生的时代背景重新审视《越甸幽灵集》和《岭南摭怪列传》中的传说故事。毫无疑问，这些上古至中古时代流传于安南之地的神怪故事，于14、15世纪进入越南封建儒士的视野并被重新叙述，其叙事与当时官方和知识精英阶层的集体记忆是息息相关的，是基于文本产生时代的社会主导思想而对此前民间叙事的重构，其中的神灵形象也无一不受社会主导思想的支配而打上时代烙印。

值得注意的是，在《越甸幽灵集》和《岭南摭怪列传》中出现的许多相同的神灵却有着不同的身份和形象。从叙事和记忆的视角来看，不同叙事中神灵身份和形象的"断裂"正是对文本所处不同时代社会思想转变的折射。下文的分析将表明，这一社会思想转变与越南民族意识的形成有莫大关联。

二、两部传说故事集中的神灵形象对比

现存《越甸幽灵集》和《岭南摭怪列传》版本较多，诞生年代跨度较大。本文选取现存两部故事集的最早版本，即1329年由李济川作序并编撰的《越甸幽灵集》和1492、1493年由武琼、乔富分别作序的《岭南摭怪列传》，以考察两部小说集中原初人物的形象差异。从武琼、乔富的序文可知，《岭南摭怪列传》是武琼、乔富在前人底本的基础上重新编写的，尤其是乔富，其"旁考它书，附以

---

① ［英］奈杰尔·拉波特，乔安娜·奥弗林. 社会文化人类学的关键概念［M］. 鲍雯妍，张亚辉，译. 北京：华夏出版社，2005：244—249. 叶舒宪，彭兆荣，纳日碧力戈. 人类学关键词［M］. 南宁：广西师范大学出版社，2006：110.

② ［法］莫里斯·哈布瓦赫. 论集体记忆［M］. 毕然，郭金华，译. 上海：上海人民出版社，2002：59—71，82，282.

己见，改而正之"（见乔富跋），①因此其文本叙事必定与后黎"好古博雅之君子"（见武琼序）即越南儒士阶层的集体记忆相关。②武琼、乔富版《岭南摭怪列传》包含23个故事，李济川版《越甸幽灵集》共28传，两者共同叙述的主要人物有二征夫人、李翁仲、二张兄弟、苏沥、伞圆山、扶董天王等六位。我们通过文本细读法和对比法，罗列出这些人物的背景、身份、事迹，其形象对比详见下表。

	《越甸幽灵集》	《岭南摭怪列传》
二征夫人	《征圣王》	《二征夫人传》
背景	交州刺史苏定贪暴，以法杀诗索	交州刺史苏定贪暴，世人苦之。
身份	峰州麓泠县貉将之女，讳侧，诗索之妻；妹征贰。	本姓雄氏，交州雄将之女。
事迹	起兵攻苏定，取岭南六十五城，自立为王；与马援战，拒汉兵，势孤陷没。	举兵攻苏定，陷交州，定岭外六十五城，自立为王，建都于乌鸢城。拒战马援，势孤陷没于阵或云登希山，不知所之。
李翁仲	《校尉英烈威猛辅信大王》	《李翁仲传》
背景	始皇并天下。	安阳王时，秦始王欲加兵我国，安阳王以其交秦。
身份	姓李名翁仲，慈廉人，少时仕于县邑，仕秦至司隶校尉。	雄王季世时人；姓李名身，慈廉县瑞香社人；秦司隶校尉。
事迹	发明经史，声振匈奴，秦王铸王像。	威震匈奴；以老归国，不肯赴秦，不得已自到，安阳王以水银涂其身，送纳于秦，秦王铸王像以退匈奴。
二张兄弟	《却敌威敌二大王》	《龙眼、如月二神传》
背景	赵越王时；吴南晋王讨李晖；李仁宗时宋兵入侵。	黎大行皇帝天福元年，宋太祖命将兵南侵。
身份	王扶万人也，姓张，兄名吼，弟名喝，皆赵越王名将。	兄弟二人一名张吼，一名张喝，先事赵越王。
事迹	隐扶龙王；李佛子求之，饮毒卒；阴扶南晋王讨李晖、李常杰退宋兵，吟诗"南国山河南帝居"。	李南帝召，兄弟二人饮鸩而亡；阴扶黎大行大败宋兵，吟诗"南国山河南帝居"。

---

① 戴可来，杨保筠校注．岭南摭怪等史料三种［M］．郑州：中州古籍出版社，1991：50．

② 武琼、乔富不仅皆为洪德年间进士，而且武琼官至礼部尚书，曾任国史馆都总裁、京北道监察御史等职。

（续表）

	《越甸幽灵集》	《岭南摭怪列传》
苏历（沥）	《保国镇灵定邦城隍大王》	《苏沥江传》①
背景	晋时旌表其间，三世同居贲度乡江水侧。	唐懿宗时高骈击南诏而还，以为安南城节度使。
身份	姓苏名百，为龙度令。	姓苏名沥，家在此江中，为龙肚之精，地灵之长。
事迹	都护李元喜相地移府于王故宅，奏请封王为城隍神；高骈筑罗城，致祭，尊其为"都府城隍神君"；李太祖迁都龙城，梦王来拜谒，封其为"国都升龙城隍大王"。	与高骈斗法，骈尤惊异，叹曰："此处有灵异之神，不可久留，以取凶祸"。后懿宗召骈还，骈果被诛。
伞圆山	《佑圣显应王》	《伞圆山传》
背景	初，雄王有女曰媚娘，蜀王求婚，雒侯止之。	唐高骈在安南时，大王游伞圆山，后世以其殿迹事之；大王与水族相誓于峰州；雄王十八世孙至都峰州之越池，号文郎国；雄王有女名媚娘，蜀王泮求婚，不许。
身份	王山精也；娶雄王女媚娘。	伞圆山之大王，姓阮氏，极为灵应；娶雄王女媚娘；又传其为雄王与瓯姬所生百男之归海五十男之一。
事迹	山精娶得媚娘，迎回伞圆山，大败水精。每年水精涨水相攻，山精屡著显应，民赖之。	高骈以剖十七岁未嫁之女、去肠等厌胜之术愚神，伞圆山唾之而去；雄王试山精、水精法术，皆神通，山精先至，娶得媚娘，与水精大战，山民护之。
扶董天王	《冲天威信大王》	《董天王传》
背景	至诚禅师建建初寺于扶董乡，李太祖与多宝禅师常来此寺。	雄王缺朝觐之礼，殷王侵之。龙君荫佑出良策。
身份	王本是土神也，（至诚禅师）立土神位于寺门右侧，李太祖塑像祀之，赐为冲天神王。	扶董乡富翁家年六十余生一男，三岁不能言语起坐；天将；雄王尊其为扶董天王，立祠于本乡宅，庙在扶董乡建初寺侧，塑像在术灵山。后被李太祖封为冲天神王。

---

① 从情节来看，该文可能将《越甸幽灵集》中的《保国镇灵定邦城隍大王》与《广利大王》两个篇目的故事做了杂糅。但在越南民间信仰中，苏沥与"龙肚之精"广利大王实则为两位不同的神灵，对此学界多有探讨。参见许文堂. 越南民间信仰：白马大王神话［J］. 南方华裔研究，2010，4：163—178. 王柏中. "伏波将军"抑或"龙肚之精"［J］. 世界宗教研究，2011（4）：152—157.

(续表)

	《越甸幽灵集》	《岭南摭怪列传》
事迹	"佛法慈悲大，灵光覆载天。愿常随受戒，常为护祇园"；在太祖梦中向其留下谶纬之言。	戴笠骑马，驰走如飞，挥剑前进，殷军降服，殷王死阵前。

上表显示，不同时代对同一人物的叙事发生了较大变化。首先，在故事背景方面，较之《越甸幽灵集》，《岭南摭怪列传》中的故事或增加了北朝中国加兵越地的情境，或渲染了与北朝中国的紧张关系，如李翁仲故事以"秦始王欲加兵我国"取代了"始皇并天下"的叙述，扶董天王篇更是凭空增加了"殷王侵之"的情节，二张兄弟篇以更早的宋朝加兵越南的黎大行时期替换了李仁宗时期，二征夫人、苏沥、伞圆山故事则突出了交州刺史苏定、安南都护高骈与本地人、神的矛盾。其次，在人物身份方面，较之《越甸幽灵集》，《岭南摭怪列传》中的人物大都与越南国家祖先"雄王""沾亲带故"：二征夫人从貉将之女变为"本姓雄氏"的"雄将之女"，李翁仲生于"雄王季世时"，山精除雄王女婿外又多了一重身份——雄王与瓯姬所生百男之归海五十男之一，冲天威信大王则从扶董乡的"土神"摇身一变成为辅佐雄王抗殷的天将。再次，在神灵事迹方面，除本身就有抗汉、宋之事迹的二征夫人和二张兄弟变化不大之外，其余人物形象都增加了仇中、抗中的神迹，进而成为抗击北朝的英雄或越地的"代言人"：他们是以老归国后不肯赴秦而自殒的李翁仲，不屑于高骈法术甚至与之相斗的伞圆山、苏沥，以及在"雄王时代"大败殷军的天将扶董天王等。

另外，结合韦凡州对两部故事集中作为配角的高骈形象的分析，以叙事和记忆的视角看，其正是经历了从《越甸幽灵集》中的"英雄"到《岭南摭怪列传》中"坏人"形象的转变。① 后者是通过高骈与本地神灵的矛盾展现的。

三、神灵形象变迁的内外因素与越南民族意识的形成

我们看到，《越甸幽灵集》中的六位神灵在《岭南摭怪列传》中发生了两个显著变化：一是人物或时代背景皆与雄王产生勾连；二是其故事背景或情节突显了与北朝中国的紧张关系。

雄王是越南人集体记忆中的英雄祖先，被奉为"国祖"。最早出现"雄王"

---

① 作为英雄的高骈形象主要集中在《越甸幽灵集》中，有《嘉应善感灵武大王》等6篇，而《岭南摭怪列传》中仅《李翁仲传》1篇；作为假英雄的高骈形象在《越甸幽灵集》和《岭南摭怪列传》中各有1篇（分别是《广利大王》和《苏沥江传》）；而作为坏人的高骈形象仅在《岭南摭怪列传》中出现（《伞圆山传》）。

二字的越南古籍正是《越甸幽灵集》，然而该书只在伞圆山篇目中提到雄王，且其仅以山精岳父的"配角"身份出现；然而到了《岭南摭怪列传》，与雄王及其父龙君产生关联的人物篇目达 15 篇之多，占全书篇目的近 2/3。其中卷之一《鸿庞氏传》"详言皇越开创之由"（武琼序言），记述了炎帝五世孙貉龙君娶妪姬生百卵开百男、五十男随母居峰州、推尊雄长者为雄王、建文郎国、以雄王为号世世相传的故事。不仅雄王"世系"得以建立，雄王的"角色"体系也变得壮大和鲜活，其家庭与社会关系主要有："美貌遐闻"的女儿媚娘和"能排水族"的女婿山精，"容貌秀丽、好游戏"的女儿仙容和恪守孝道、"开市立铺"的女婿褚童子，献蒸饼"以尽孝道"的儿子郎僚，重"夫妇之义、兄弟之睦"的孙子槟与榔，"恃有己物、不顾主恩"的大臣枚偃以及"献白雉于周"的大臣越裳氏，"破殷贼""灭匈奴"的得力将领扶董天王与李翁仲，甚至与之结怨、欲举兵灭文郎的瓯貉国安阳王等。①

雄王传说从民间走进封建儒家的视野与陈朝后期以来越南儒士阶层日渐崛起不无关系。我们知道，建构并记录自民族起源以来的历史一直是儒家的学术传统，民间的雄王叙事资源恰能满足越南儒士溯史寻根的需要。而在武琼、乔富重编《岭南摭怪列传》的黎圣宗年间（1460—1497 年），越南封建制度和文化都达到鼎盛，对民族起源和开国祖先的探寻对于越南民族独立意识的确立以及与中国平等关系的诉求更是具有不可替代的意义；此时的雄王叙事不再是封建儒士的个人行为，而成为统治集团与儒士阶层的共谋了——不仅在《岭南摭怪列传》中，关于"雄王建国"的叙述还作为外纪被官修史书《大越史记全书》列入正史第一卷。自此，雄王叙事开始存于国家方略的话语之中，并为此后国家对自身起源的记忆提供了权威的历史叙事。从象征的视角看，雄王叙事充分展现了越南文化之于汉文化既关联又疏离的复杂关系，其关联之处在于雄王为汉文化中炎帝六世孙的隐喻，疏离之处表现在"南国国统始于雄王"的话语建构。雄王叙事隐含的话语转向是：从强调与华夏的同源关系以进入华夏认同，到强调内部的传承性与独立性以脱离华夏认同。

如果说关于雄王的叙事与记忆显示的是越南民族内向的凝聚力，那么《岭南摭怪列传》中对与北朝中国紧张关系的渲染则试图显示该民族外向的张力。事实上，《鸿庞氏传》中叙述的貉龙君治理下的"南方"与轩辕黄帝统治下的"北方"既密切联系又对等对立的特殊关系本身就隐含有这种张力。正如乔富在其跋中叙述的那样："天遣玄鸟降世而生商王，则必有百卵孵生子孙分治南国，鸿庞

---

① 分别参见《岭南摭怪列传》之《伞圆山传》《一夜泽传》《蒸饼传》《槟榔传》《董天王传》《李翁仲传》《西瓜传》《白雉传》《金龟传》等篇目。

氏之传不可无。"①吴士连也在《大越史记全书》序中说:"大越居五岭之南,乃天限南北也。其始祖出于神农氏之后,乃天启真主也。所以能与北朝各帝一方焉";"载前代帝王之政,粤肇南邦之继嗣,实与北朝而抗衡"。②正是这样一种官方记忆导向使得《岭南摭怪列传》故事的背景或情节叙事较此前出现了"断裂",并据此形成了新的集体记忆。这种以"北方"中国为潜在对手的集体记忆,提供了民族主义所需要的"他者",是越南民族意识生长的重要源泉。因为民族意识正是产生于与"他者"的交往及冲突中,只有明确了本国与"他者"的关系,民族主义和国家认同才能实现。③

越南将中国作为"他者"的意识由来已久,最早大概可追溯自赵佗割据一方建立南越国,之后又有二征夫人起义、李长仁叛乱割据、李贲建立万春国等一系列反抗中华帝国统治的行为。越南建立自主的封建国家后,以中国作为北方"他者"的"南北意识"逐渐从自发走向自觉。李陈时期南北意识勃发,以李常杰在宋越战争中所作的"南国山河南帝居,截然分定在天书"之"独立宣言"为标志,"南北分立"意识正式形成。后黎朝,随着国力强盛以及上述与中国对等话语体系的建立,这种"南北分立"意识逐渐发展成为"南北对等"乃至"南北对抗"意识,以黎朝初年开国功臣阮廌《平吴大诰》的创作(被誉为越南的第二篇"独立宣言")和黎圣宗对华夷观念的成熟运用为标志:阮廌在《平吴大诰》中不无自信地写道:"惟我大越之国,实为文献之邦","自赵、丁、李、陈之肇始我国,与汉、唐、宋、元各帝一方",其所表达的南北对等意识可见一斑;而以"华人""中国"自居、称汉人为"吴人"并自夸"统御华夷"的黎圣宗则在国家的各项对内和对外事务中将华夷之辨思想发挥得淋漓尽致,在他那里,越南成为足以与北国中华分庭抗衡的南国中华。④诚如朱云影先生所言,中国的华夷观念是东方民族主义的源泉。⑤越南将中国作为"他者"的异质化过程,也是越南民族意识的形成过程。

---

① 戴可来,杨保筠校注. 岭南摭怪等史料三种[M]. 郑州:中州古籍出版社,1991:7,49.

② 吴士连. 大越史记全书[M]. 陈荆和校合本. 东京:日本东京大学东洋文化研究所,1984:55,57.

③ 陈蕴茜. 日常生活中殖民主义与民族主义的冲突[M]//王笛. 时间·空间·书写. 杭州:浙江人民出版社,2006:287.

④ 邓诗钰. 论古代越南华夷观的由来与演变[D]. 昆明:云南大学,2015:27—28,41.

⑤ 朱云影. 中国文化对日韩越的影响[M]. 桂林:广西师范大学出版社,2007:213.

我们认为，只有当对内完成了对国家本源的探寻以及自身独立性和正统性的论证，对外树立了对等且可与之对抗的"北方""他者"时，越南的民族意识才基本形成，其发生的时间正是武琼、乔富版《岭南摭怪列传》的诞生年代，即15世纪末。这一时期越南的政治体制从之前的贵族君主制转向了官僚君主制，封建集权制度高度发展；以之相应，儒家思想取代了李陈时期的崇佛和三教并尊思想，越南封建社会进入崇儒重道、独尊儒学的时期；在文化发展方面则迎来了"越南继李陈之后的第二次民族文化复兴"，①突出表现在史学、地理学和民间文学的高度发展。民族意识的形成也为此阶段越南民族的基本形成奠定了基础。

关于越南民族形成的时间，主流学界一般持两种观点：第一种观点受斯大林民族观的影响，将越南民族的形成与资本主义在越南的发展联系起来，认为越南民族形成于18或19世纪；第二种观点从东方民族形成的特点出发，认为越南民族的形成始于10世纪越南建立独立封建国家，到15世纪趋于完成。②第一种把民族的形成与社会形态的演变联系起来并将欧洲民族形成于近代的观点套用于东方民族的做法并不符合越南实际。韩之寒指出，促进东方民族形成的决定性因素是统一的中央集权国家以及为其服务的东方传统文化，而非近代资本主义，东方民族在近代以前即已基本形成。③本文的结论在某种程度上印证了这一民族形成的东方模式。

结语

越南汉文小说《越甸幽灵集》和《岭南摭怪列传》中的神灵形象为我们窥探越南民族意识的形成提供了一个特别的视角。韦凡州从故事本身隐含的背景出发，通过故事的深层象征看到了安南部分民众对中央王朝的敌对态度，进而看到唐朝末年越地民族意识的觉醒。本文则从故事产生的"当下"背景出发，通过不同时代故事中神灵形象的变迁，得出了越南民族意识在内外两大因素的作用下形成于15世纪末的结论。而在朱力研究的两个冯兴故事中，之所以《唐林冯王记》中的民族意识远胜于《布盖孚祐彰信崇义大王》，不仅因为前者的作者诸葛

---

① Đinh Gia Khánh. *Đại cương về tiến trình văn hóa Việt Nam* [M]// *Văn hóa học đại cương và cơ sở văn hóa Việt Nam*. Hà Nội: Nxb Khoa học xã hội, 1996: 247.

② Hà Văn Tấn. *Về khái niệm "dân tộc" (nation) của Mác và Ang-ghen và sự hình thành dân tộc Việt* [J]. *Tạp chí Dân tộc học*, 1980 (2): 11-16, 22.

Trần Huy Liệu. *Dân tộc Việt Nam hình thành từ bao giờ?* [J]. *Tạp san nghiên cứu Văn Sử Địa*, 1955 (5): 5-16.

③ 韩之寒. 东方民族的形成 [J]. 世界民族, 1997 (3): 12—27.

氏参考了《岭南摭怪列传》等书,更因为其诞生的年代是在越南民族意识早已形成的18世纪黎朝景兴年间。

不难理解,作为民族形成的核心要素,民族意识的形成也是一个过程。在民族意识从觉醒到形成的过程中,越南独立建国、统治阶层完成对国家本源的探寻以及自身独立性和正统性的论证、将中国异质化为一个对等且可与之对抗的"他者"等是其中的关键事件,前者标志越南民族意识形成过程正式开始,后两者则标志这一过程基本完成。

参考文献

[1][越]陈文甲.对《越甸幽灵集》与《岭南摭怪》的考察[J].罗长山,译.广西教育学院学报(综合版),1994(3).

[2]戴可来.关于《岭南摭怪》的编者、版本和内容[J].郑州大学学报,1983(4).

[3]戴可来,杨保筠校注.岭南摭怪等史料三种[M].郑州:中州古籍出版社,1991.

[4]戴可来,于向东.越南历史与现状研究[M].香港:香港社会科学出版社有限公司,2006.

[5]邓诗钰.论古代越南华夷观的由来与演变[D].昆明:云南大学,2015.

[6]韩之寒.东方民族的形成[J].世界民族,1997(3).

[7][法]莫里斯·哈布瓦赫.论集体记忆[M].毕然,郭金华,译.上海:上海人民出版社,2002.

[8][英]奈杰尔·拉波特,乔安娜·奥弗林.社会文化人类学的关键概念[M].鲍雯妍,张亚辉,译.北京:华夏出版社,2005.

[9]庞希云.从独脚神到猖狂神:越南神话《越井传》的本土化变异兼论文学变异体的生成[J].文化与传播,2012(2).

[10]庞希云,李志峰.文化传递中的想象与重构:中越"翁仲"的流传与变异[J].上海师范大学学报,2013(2).

[11]宋百灵.越南汉文小说《越甸幽灵集》的王道观念研究[D].南宁:广西民族大学,2017.

[12]王柏中."伏波将军"抑或"龙肚之精"[J].世界宗教研究,2011(4).

[13]王笛.时间·空间·书写[G].杭州:浙江人民出版社,2006.

[14] 韦凡州. 从《越甸幽灵集录》和《岭南摭怪列传》中的高骈形象看越南民族意识的觉醒[J]. 世界民族, 2018（1）.

[15] 吴士连. 大越史记全书[M]. 陈荆和校合本. 东京：日本东京大学东洋文化研究所, 1984.

[16] 许文堂. 越南民间信仰：白马大王神话[J]. 南方华裔研究, 2010, 4.

[17] 叶舒宪, 彭兆荣, 纳日碧力戈. 人类学关键词[M]. 桂林：广西师范大学出版社, 2006.

[18] 周建渝. 故事袭用与寓意转换：《岭南摭怪列传》与中国古代传说的关系[J]. 复旦学报, 2016（2）.

[19] 朱力. 越南汉文小说中的民族意识：以两种冯兴故事为中心的考察[J]. 华中学术, 2016（4）.

[20] 朱云影. 中国文化对日韩越的影响[M]. 桂林：广西师范大学出版社, 2007.

[21] Đinh Gia Khánh. *Đại cương về tiến trình văn hóa Việt Nam* [M]// *Văn hóa học đại cương và cơ sở văn hóa Việt Nam*. Hà Nội: Nxb Khoa học xã hội, 1996.

[22] Hà Văn Tấn. *Về khái niệm "dân tộc" (nation) của Mác và Ang-ghen và sự hình thành dân tộc Việt* [J]. *Tạp chí Dân tộc học*, 1980 (2).

[23] Tạ Chí Đại Trường. *Thần, người và đất Việt* [M]. Hà Nội: Nxb Văn hóa Thông tin, 2006.

[24] Trần Huy Liệu. *Dân tộc Việt Nam hình thành từ bao giờ?* [J]. *Tạp san nghiên cứu Văn Sử Địa*, 1955 (5).

基于文化接触视角的柬埔寨小乘佛教文化研究

信息工程大学 郑军军

【摘 要】 柬埔寨小乘佛教文化是在柬埔寨本土文化与小乘佛教文化深层接触的基础上构建而成的,是兼具高棉民族文化特质和小乘佛教文化属性的融合型文化。在柬埔寨的真腊王国时期,随着小乘佛教的传播、兴盛直至被尊为国教,小乘佛教文化与柬埔寨本土文化实现了全面接触,小乘佛教文化因子在与柬埔寨民族文化底层结构因子地位相近、符合其规约性的前提下,被同位借入柬埔寨文化体系中,既逐渐实现高棉化过程,又适时打破柬埔寨民族文化结构的惯性和原有平衡状态,相互调适、长期整合,使柬埔寨民族文化的底层结构发生质变。

【关键词】 文化接触;柬埔寨;小乘佛教

人类的历史可谓是人类文化接触史。尤其在不同文化具有明显强弱分别以及人类的互动、流动变得日益便捷、廉价的情况下,文化接触也随之越发频繁和深入。正如中国语言学家邢福义所言:"人类社会的各种文化群体之间尽管有着各种各样的时空阻隔,以民族、国家、地域等为区别特征的各个文化仍在种种条件下处于不可避免的相互接触中,从而不断地相互影响、相互交融。尤其在当今更为开放的世界环境中,即使某一个文化群体想自我封闭也挡不住其他文化的冲击。"[1]

柬埔寨文化便是在与外来文化长期、持续而又深入的接触中逐渐形成的。在其漫长的发展历程中,柬埔寨文化与小乘佛教文化的接触最为广泛而深刻。在柬埔寨的真腊王国时期,随着小乘佛教的传播、兴盛直至被尊为国教,小乘佛教文化与柬埔寨本土文化实现了全面接触,小乘佛教文化因子逐渐渗入到柬埔寨文化系统中,与其相互调适、长期整合,柬埔寨文化的核心要义逐渐发生了重大变化。

---

① 邢福义. 文化语言学 [M]. 武汉:湖北教育出版社,2000:395.

一、关于小乘佛教在柬埔寨传播的学术争论

关于小乘佛教（又称上座部佛教）在柬埔寨的传播，学界通常持有三种观点。第一种观点认为，小乘佛教是由暹罗（今天的泰国）传入真腊的。[①] 13世纪，随着真腊的衰落，原先在真腊控制下的暹罗逐渐兴起，并对真腊造成很大威胁。自13世纪中期起，暹罗与真腊开始了激烈的交战。当时的暹罗人已信奉小乘佛教，小乘佛教便是伴随着暹罗与真腊间的战争从暹罗传入真腊的。加之后来暹罗人在对柬埔寨大部分地区持续3个世纪的统治中大力推行小乘佛教，从而使绝大多数高棉人改信了小乘佛教。

对此，美国学者L. P. 布里格斯（L. P. Briggs）持有异议，他认为"那些侵入柬埔寨的素可泰的泰人或暹罗人对上座部佛教传入柬埔寨实际上并没有起多大作用"[②]，他说："他们在高棉帝国相对来说是新来者，对高棉人或多或少是敌视的。因此，按常规，只能是这些新来者皈依当时高棉人信仰的大乘佛教。"[③] 他的看法引出了学界的第二种观点，即小乘佛教是由湄南河流域的孟族僧侣传入真腊的。在此之前，小乘佛教早已存在于孟族。12世纪末，孟族高僧查帕塔将其传入缅甸，并仿照锡兰大寺派佛教在缅甸创立了一个上座部佛教的教团。[④] 该教团成员中便有一位高棉王子。某些近代学者认为，他可能是阇耶跋摩七世的儿子，他对小乘佛教在真腊的传播发挥了一定作用。后来，僧侣将小乘佛教由缅甸重新传播到湄南河流域孟族各国。13世纪中叶，小乘佛教又从此地向外传播：向北传到泰族人地区，向东传到高棉人地区。当小乘佛教传入真腊后，立即为民众所接受，首先在他们当中传播开来。总之，关于小乘佛教在真腊的传播，第二种观点与第一种观点的相异之处在于，他们认为，小乘佛教不是由泰族人，而是由孟族人传入真腊的，真腊人不是被动地，而是主动地接受小乘佛教的。第二种观点看来不无道理，但即便如此，有一点不可否认的是，信奉小乘佛教的暹罗人对柬埔寨大部分地区的长期占领，对小乘佛教在柬埔寨的传播和发展无疑也是具有促进作用的。

第三种观点则是完全不同于前两种观点的新颖看法，其持有者是柬埔寨学者

---

① 小乘佛教传入柬埔寨时，柬埔寨处于真腊时代，确切地说，是处于真腊时代中的吴哥王朝晚期。

② L. P. Briggs. *The Aneient Khmer Empire* [M]. PhiladelPhia: White Lotus Co Ltd, 1951: 242.

③ 同上。

④ 大寺即摩诃毗诃罗，是斯里兰卡阿努拉达普拉城的上座部佛教中心。大寺派佛教即上座部佛教。

米赛达内（ម៊ីសែល ត្រាណេ）。他认为早在前吴哥时期即公元 8 世纪左右，小乘佛教就已存在于真腊，而非是在 13 世纪由泰族人或孟族人传入真腊的。这个观点出现于 21 世纪初，是伴随着 Ka110 碑铭被世人发现而诞生的。Ka110 碑铭成文于公元 761 年，发现于今天泰国东部巴真武里府地区的农沙巴[①]。这块碑铭以古高棉文和巴利文共同书写而成，虽然其中古高棉文占多数，但它仍是柬埔寨历史上最早的巴利文碑铭。碑文是一首颂扬小乘佛教"三宝"[②]恩德的赞美诗，米赛达内正是由此推知小乘佛教早在公元 8 世纪左右就已出现于当时的柬埔寨，并否认小乘佛教是通过泰族人或孟族人传入的。至于当时小乘佛教是通过何种途径传入的，米赛达内却并未给出明确说法。

然而不管上述三种观点相异几何，有一点我们可以明确的是，公元 13 世纪小乘佛教已传入当时的柬埔寨即真腊，这有下列四点证据为证：1296 年到达真腊的元朝使臣周达观在《真腊风土记》中描述有真腊小乘佛教的情况；继公元 716 年 Ka110 碑铭之后所发现的最古老的巴利文碑铭成文于 1309 年；"因陀罗跋摩国王供奉了一座上座部佛教寺庙和佛陀塑像；标志着完全受上座部佛教影响的新宫廷传统的《高棉编年史》在 14 世纪中叶开始了它的记录。"[③]

二、小乘佛教在柬埔寨优势地位的确立

如上所述，公元 13 世纪小乘佛教已传入真腊，那么当时正值阇耶跋摩八世当政期间。此时湿婆教又重新被尊为国教。多年来信奉婆罗门教或大乘佛教的历代国王们大兴土木修建华丽庙宇，耗费大量的供品去供奉众多的神灵和菩萨，并为祭司和僧侣提供着奢侈豪华的生活。例如，阇耶跋摩七世为了其母死后能成佛，把拥有 79,365 人的 3140 个村庄专门划给其母做庙宇差役，庙里有 18 名高僧、2740 名主祭司、2202 名侍僧和 615 名舞女，花 11,000 多磅的金片银片作为装饰，每天供应大量的食物。[④]这使人民承担了繁重的劳役和赋税，人民为此苦不堪言。而小乘佛教倡导简单、俭朴、克己、苦行，不建庞大华丽的庙宇，不允

---

① 此地在当时属于柬埔寨的领土。

② 佛教三宝是指佛宝、法宝、僧宝。佛宝，是指已经成就圆满佛道佛教三宝的一切诸佛。法宝，是指诸佛的教法。僧宝，是指依诸佛教法如实修行的出家沙门。

③ ［新西兰］尼古拉斯·塔林. 剑桥东南亚史 I ［M］. 贺圣达，陈明华，俞亚克，等译. 昆明：云南人民出版社，2003：247.

此处的因陀罗跋摩国王即 13 世纪末即位的因陀罗跋摩三世。

④ ［澳］威·贝却敌. 沿湄公河而上：柬埔寨和老挝纪行［M］. 石英，译. 北京：世界知识出版社，1958：52.

许僧侣们享受豪华奢侈的物质生活,摒弃了烦琐的宗教仪式,这都迎合了广大真腊人民摆脱沉重负担的愿望。并且小乘佛教不像婆罗门教和大乘佛教那样由国王强迫人民接受,而是通过僧侣们的悉心讲解使人们明确教义后自觉接受,这使小乘佛教赢得了民心,因而一经传入真腊便在民众间得到迅速而广泛的传播,逐渐在全国范围内形成了一场历史性的宗教改革。西方史学家认为这是一次自下而上的群众性运动,致使因陀罗跋摩三世在位时,把小乘佛教奉为国教。为表示对小乘佛教的虔诚信奉,他将小乘佛教的宗教语言巴利语定为官方语言,规定以巴利文取代梵文用于碑铭的雕刻,把国家财政收入的一部分捐赠给佛寺,甚至他最后放弃了王位,到佛寺修行去了。从此以后,不再只是某些人、某个阶级或阶层在某段时期内信奉某种宗教或教派,而是整个高棉民族都长期信仰小乘佛教,成为它的忠实信徒。自此,"梵文碑刻被巴利文手稿取代;旧有的婆罗门教祭司阶层则被持钵游讨的僧侣取而代之。"①虽然因陀罗跋摩三世之后的两位国王曾尝试复辟湿婆教、打压小乘佛教,然而这不过是昙花一现,他们最终未能阻挡住举国信奉小乘佛教的历史潮流。1296年到达真腊的元朝使臣周达观在描述当地的佛教徒时写道:"为僧者呼为苎姑②,苎姑削发穿黄,偏袒右肩,其下则系黄布裙,跣足。"③从其穿着打扮看,正是小乘佛教徒。并且周达观还在书中描写道:"寺亦许用瓦盖,中止有一像,正如释迦佛之状,呼为孛赖④。穿红,塑以泥,饰以丹青,外此别无像也。"⑤他明确指出,当地寺庙中只供奉佛祖释迦牟尼的塑像,而不供奉其他任何神灵的塑像。并指明真腊寺院"无钟鼓铙钹"⑥,意即"不用乐"。这种"不用乐"的习俗与大多数小乘佛教地区至今保持的同类习惯相一致。关于僧人的日常生活,周达观在书中记载道:"僧皆茹鱼肉,惟不饮酒","所诵之经甚多,皆以贝叶叠成,极其齐整。于上写黑字,既不用笔墨,但不知

---

①[新西兰]尼古拉斯·塔林. 剑桥东南亚史 I[M]. 贺圣达,陈明华,俞亚克,等译. 昆明:云南人民出版社,2003:133.

②苎姑是泰语 Chǎo Ku 的音译,意即小乘佛教僧人。参见陆峻岭,周绍泉. 中国古籍中有关柬埔寨资料汇编[M]. 北京:中华书局,1986:131.

③[元]周达观. 真腊风土记[M/OL].[2012-02-27]. http://ishare.iask.sina.com.cn/f/11359997.html.

④孛赖为梵语 Prăh 的音译,意即圣者。参见陆峻岭,周绍泉. 中国古籍中有关柬埔寨资料汇编[M]. 北京:中华书局,1986:131.

⑤[元]周达观. 真腊风土记[M/OL].[2012-02-27]. http://ishare.iask.sina.com.cn/f/11359997.html.

⑥同上。

其以何物书写。"①真腊僧人的"食鱼肉、不饮酒、诵读贝叶经"的习惯与当今小乘佛教徒的同类情况是一一对应的。从周达观对当时真腊宗教状况的描述来看，小乘佛教在当时的确已成为该国的主流宗教。

三、柬埔寨文化与小乘佛教文化的接触与融合

"文化接触是指两种或两种以上不同文化互相、持续地接触而导致文化变异的一种文化现象。"②随着小乘佛教传入真腊王国、不断兴盛并逐渐取代婆罗门教和大乘佛教的地位，小乘佛教文化与真腊本土文化实现了全面接触，小乘佛教文化因子在与柬埔寨民族文化底层结构因子地位相近、符合其规约性的前提下，被同位借入柬埔寨文化体系中。小乘佛教文化因子一方面在新的文化环境中不断调适，逐渐实现民族化即高棉化过程；另一方面，适时打破柬埔寨民族文化结构的惯性和原有平衡状态。在柬埔寨文化系统新的不平衡状态下，高棉化的小乘佛教文化因子与其中的相关连锁反应文化因子不断调适、淘汰分化、重新整合，使柬埔寨民族文化的底层结构发生质变，改变了柬埔寨文化原有发展轨迹，并最终达到新的平衡状态。重新回归平衡的柬埔寨文化系统已不是原来的系统，而是核心融入了小乘佛教文化因子的新系统。换言之，柬埔寨文化与小乘佛教文化的深层接触使真腊的"底层文化"发生了重大变化，真腊"由崇尚祭司的宗教文化变成崇尚僧侣的宗教文化"③，其宗教、文学、艺术、语言文字等方面都烙上了深刻的小乘佛教文化印记。

（一）语言文字

首先，巴利语及巴利文在真腊迅速发展起来，因为巴利语是小乘佛教传经布道的宗教语言，巴利文是记录小乘佛教典籍的书面文字。在小乘佛教兴起的因陀罗跋摩三世时代，这位国王将巴利语定为官方语言，将巴利文用于碑铭的雕刻上，以显示对小乘佛教的虔诚信仰。从此在真腊国内，巴利语取代了梵语的官方

---

① [元]周达观. 真腊风土记[M/OL]. [2012-02-27]. http://ishare.iask.sina.com.cn/f/11359997.html.

② 黄平文. 论文化接触对语言的影响：壮语演变的阐释[M]. 北京：民族出版社，2010：7.

③ [新西兰]尼古拉斯·塔林. 剑桥东南亚史 I [M]. 贺圣达，陈明华，俞亚克，等译. 昆明：云南人民出版社，2003：134.

语言地位，巴利文碑铭和手稿替代了梵文碑铭。①

小乘佛教文化传播到真腊大地为高棉族全民信奉后，高棉人体验到的是一种全新的宗教文化，它蕴含了丰富的智慧和哲理，它对宇宙的阐释、对人生的洞察、对人性的反思、对概念的分析等都有十分独特而深刻的见解。高棉人需要用语言来表达他们接触到的这种全新的宗教文化，由于高棉语本族语词汇的空缺②，他们只好借用巴利语词汇加以表述，从而使高棉语词汇体系中出现了大量的巴利语源外来词。这些外来词遍及宗教、哲学、文化、艺术、教育等各个领域，通常存在于碑铭、佛教典籍、贝叶经等古老文字载体中，成为高棉语语言宝库中不可或缺的部分。例词列举见下表：

表1 巴利语源外来词示例表

巴利语源外来词	释义
កឋិន	加顶节
កម្មវាចា	佛规
កុសល	功德；幸运
តម្រីរ	经书
ចតុប្បារិសុទ្ធិសីស	四贞
ចតុរិយសច្ច	四谛
ទស្សនវិជ្ជា	哲理
ធម្មទេសនា	宣讲佛法；传教；布道
នាគព័ន្ធ	蟠龙寺
នាដក	舞者
នាម	巴利语语法
ទន្តម័យ	象牙雕刻品，象牙制品
ទសមុខ③	十首王
ធម្មនិទ្ទេស	阐释教义
ធម្មមន្ទីរ	藏经阁

---

① 柬埔寨最后一块梵文石碑出土于吴哥地区东北部的迦苾拉城（Kapilapura），时间约在公元1330年。

② 高棉语又称柬埔寨语，是柬埔寨主体民族高棉族的民族语言和柬埔寨王国的官方语言。

③ 柬埔寨文学作品《林给故事》中的人物。

（续表）

巴利语源外来词	释义
ជាតុចេតិយ	舍利塔
និម្មានកម្ម	建筑术；魔法，魔术
នេមិរាជ	佛本生故事之一
បក្ខគននា	历法
បញ្ចសាខា	五戒
បណ្ឌិត	圣贤；贤人
បព្វជ្ជវិធី	剃度仪式
បរមត្ថវជ្ជា	玄学
បរលោក	来世
បរិញ្ញា	博学
បរិវាសកម្ម	佛法中对比丘的刑罚
បរិវេណ	（寺庙的）回廊
បាណាតិបាត	杀生
បិណ្ឌបាតទាន	斋僧；布施

（二）文学

随着小乘佛教文化与柬埔寨文化的深度接触，除了僧侣们以巴利语这种小乘佛教的宗教语言传经布道外，以巴利文记录的小乘佛教典籍或文学作品也大量传入真腊，如由斯里兰卡传入的巴利文三藏，即律藏、经藏和论藏，以及其他各种巴利文佛教典籍。小乘佛教徒们为了在真腊弘扬佛法，在国内兴起一种"解经文学"，即把少数学问高深的文人才能读懂的巴利文三藏经翻译成高棉文，或是用高棉文进一步阐释小乘佛教教义，以期达到传教弘法的目的。柬埔寨的佛教文学就是从翻译、注释巴利文三藏经开始的。在这类作品中，常见的有：《巴利佛语》，即记录佛祖言语的作品；《佛语评注》，即对《巴利佛语》进行评注的作品；《释言》，即对《巴利佛语》中的专业词汇进行解释的作品；《释言注》，即对《释言》中的语言进行注疏的作品。

然而，真正被普通高棉百姓所熟悉和记住的并不是深奥烦琐、晦涩枯燥的佛教经典文献，而是那些以佛经故事为素材，经过高棉文学家的艺术加工和再创造，用活泼生动的语言讲述出来的文学作品。这类作品中的主人公和故事情节基本上都能在《佛本生故事》①和《五十本生故事》②中找到原型。

高棉文三藏中记录的佛本生故事共有550个。这些故事不仅仅属于寺庙，它们已通过各种传播途径和媒介流传到高棉民众中。其中，最为高棉人熟知的是《毗输呾罗本生故事》。该故事的写作风格为散文体，但语句中也不乏韵词、韵音，因此读起来朗朗上口、深入人心。《毗输呾罗本生故事》还被当时的能工巧匠雕刻于各个庙宇的墙壁上或是画在大型画布上。在著名的巴扬古寺的石壁上就有大块关于这个故事的浮雕。柬埔寨高僧们在节日里颂唱经文时也常常将这个故事拿来诵读。在诵读过程中，僧人们通常会加入自己的理解和创作，使这些作品愈发体现出高棉民族性。

《五十本生故事》传入柬埔寨后，其中的许多故事也被高棉文学家拿来翻译或重新创作，如《索昆唐王子的故事》《苏密国王》《特明吉的故事》等。其中，《特明吉的故事》里的少年特明吉与《玛霍萨塔本生故事》③中的玛霍萨塔几乎完全相同。柬埔寨文学家纽泰姆（ញ៉ុក ថែម）认为："这些故事成文于佛历2000—2200年，即公历1457—1657年间。这段时期正好是中南半岛国家的一些僧侣前往斯里兰卡学习佛法并学成回国的时期。而这些本生经故事正是僧侣们回国后陆续撰写的。"④

小乘佛教文化与柬埔寨文化的深刻接触在柬埔寨文学领域的又一重要表现就

---

① 《佛本生故事》又称《佛本生经》，是小乘佛教经典中最具文学性的作品之一。《佛本生经》有广义和狭义之分：广义是指佛经中的一个部类，包括所有讲述释迦牟尼前生事迹的作品；狭义是指南传巴利文佛典小部中的一部佛经，它将一些关于佛陀前生事迹的故事编辑在一起，共计547个。《佛本生经》不仅是一部宗教典籍，而且是一部年代久远、规模宏大、流传极广的民间故事集。《佛本生经》中的500本生故事不仅在印度本土及南亚地区源远流长，而且随着小乘佛教的传播，在世界各地也广泛流传。在信仰小乘佛教的地区，《佛本生经》的本生故事几乎家喻户晓。许多国家既有巴利文原典，也有翻译和改写本，成为其民族文学的组成部分。

② 柬埔寨的《五十本生故事》又译作《般若本生故事》，源自泰国的《清迈五十本生故事》。《清迈五十本生故事》是由清迈一位高僧效仿《佛本生故事》以巴利文所著。此书原稿的文章结构、写作手法与《佛本生故事》相同，也包括今生故事、前生故事、偈陀、注释和对应五部分。由于东南亚各民族文化融合程度较高，因此无法确定《清迈五十本生故事》中的故事是纯泰族故事，但可以肯定的是，该文集的发源地是泰国的清迈，文集中的故事以清迈为中心传播到柬埔寨、老挝、缅甸等东南亚其他国家乃至更广的地区。

③ 《玛霍萨塔本生故事》是仅次于《毗输呾罗本生故事》在柬埔寨流传非常广的本生故事。

④ យ៉ងហុកឌី. ទិដ្ឋភាពទូទៅនៃអក្សរសាស្ត្រខ្មែរ[M]. បណ្ណាគារអង្គរ. ឆ្នាំ ២០០៣. ទំព័រទី ៧៨.

是，柬埔寨贝叶经的诞生。贝叶是贝多罗树的叶子。贝多罗树是生长于印度、东南亚等热带、亚热带地区的一种常见的棕榈类木本植物。贝叶狭长、不怕潮湿、耐久性强，早在两千多年前的古代印度就被作为一种重要的书写材料，犹如中国先秦时期的简帛一般。古代印度人用铁笔在贝叶上刻写佛教经文及其相关典籍，这便称之为"贝叶经"。唐代末期知名文士段成式在其所著的《酉阳杂俎》前集卷十八中记载道："贝多，出摩伽陀国，长六七丈，经冬不凋。此树有三种：一者多罗娑力叉贝多，二者多梨婆力叉贝多，三者部婆力叉多罗多梨。并书其叶，部阇一色，取其皮书之。贝多是梵语，汉翻为叶，贝多婆力叉者，汉言叶树也。西域经书，用此三种皮叶，若能保护，亦得五六百年。"①

由于贝叶经主要刻写的是佛教典籍，所以它也就成为佛教经典的代名词，成为名僧、名士谈论佛理的象征语汇，并且在佛教东渐的历史进程中，贝叶经作为佛教文化的重要载体，发挥了传播佛教文化的重要作用。柬埔寨便是历史上佛教文化的重要辐射地之一。自佛教传入柬埔寨之日起，贝叶经便出现于当地了，所以贝叶经在柬埔寨存在的历史可谓源远流长。1296 年到达真腊的元朝使臣周达观在描述真腊的宗教状况时记载道："所诵之经甚多，皆以贝叶叠成，极其齐整。于上写黑字，既不用笔墨，但不知其以何物书写。"②贝叶经对佛教在柬埔寨的流传和逐渐兴盛发挥着重要作用，正如柬埔寨学者米赛达内所言："如果没有贝叶经来弘扬佛法，佛教（在柬埔寨）便不可能具有生命力。"③贝叶经随着佛教的传播进入柬埔寨后，当地人也逐渐学会将贝叶加工制作成书写材料，在贝叶之上刻写翻译成高棉文的佛教经文，或是刻写对佛经的评注，或是刻写各种法则、戒律，或是刻写高棉民族的历史和文化，等等，将贝叶经发展成为高棉民族传统文化的重要载体。可惜的是，经历了千百年来的风霜洗礼，特别是遭到常年战争的破坏，流传到今天的柬埔寨贝叶经已所剩不多。

一些有关法则、戒律的贝叶经历经岁月的洗礼和沉淀有幸保存至今，成为柬埔寨贝叶经作品中的不朽佳作。这类作品是针对古代柬埔寨各类群体的训诫书，例如《女训》就是专门针对古代柬埔寨女性的训诫书，主要阐述的是女性为人妻、为人母、为人女所应遵守的道德规范；《男训》就是专门针对古代柬埔寨男性的训诫书，主要阐述的是男性为人夫、为人父、为人子所应遵守的言行准则。

---

① 段成式. 酉阳杂俎 [M]. 北京：中华书局，1981：177.

② [元] 周达观. 真腊风土记 [M/OL]. [2012-02-27]. http://ishare.iask.sina.com.cn/f/11359997.html.

③ មីសែល ត្រាណែ. សាស្ត្រាខ្មែរនៅភាគឧសានៃប្រទេសថៃបច្ចុប្បន្ន [M]. ភ្នំពេញ: កម្ពុជសុរិយា លេខ ៤ ឆ្នាំទី ១៩៥៧.

这类作品通常为诗歌体裁，有的是六言诗（即每句有 6 个音节），有的是四言诗（即每句有 4 个音节），有的是六言、四言混合型诗歌。整首诗歌对仗工整、韵律和谐、词句优美，具有较高的审美价值和较强的艺术感染力。柬埔寨贝叶经训诫书包含在卷帙浩繁的传统典籍之中，反映了古代柬埔寨人的生存状况和社会地位，凝聚着高棉民族文化心理倾向的诸多方面，其思想内涵丰富、影响深远。

（三）建筑雕刻与绘画艺术

小乘佛教文化的传播与兴盛使这一时期真腊的建筑与雕刻艺术呈现出不同于以往的风格。在此之前，柬埔寨的建筑与雕刻艺术体现的是印度艺术的风格，具有婆罗门教或大乘佛教的艺术神韵，而此时则散发出浓郁的小乘佛教艺术气息。正如《真腊风土记》所载："每一村或有寺或有塔，人家稍密。"[①]此时真腊的佛教寺院在总体布局上呈现出的特点是：四周以矮墙围绕而形成一座长方形，规模不大，但空间开阔，根据实际情况灵活布置；建筑类型较少，在建筑造型上没有固定的形制；寺院一般包括佛殿、佛塔、鼓楼、僧舍和藏经室等部分，各部分之间没有明显的序列关系，只有主次关系，即以佛殿为中心，其余建筑物围绕于旁边；寺院中树木较多，多为菩提树。而此时的雕刻艺术中佛像是唯一题材。

小乘佛教文化的传播与流行使佛教绘画成为此时真腊绘画艺术的主要形式和典型代表。佛画广泛分布于真腊各地的寺庙和佛教徒家中，其主要创作者是小乘佛教徒，通常在寺庙的墙壁或白色的布卷上作画。佛画主题包括佛祖画像，佛祖从入胎、出生、出家、降魔、成道、转法轮直至涅槃的一生经历和佛经故事。寺庙的壁画以佛像和佛本生故事为蓝本，而佛教徒家中供奉的主要是在白布上创作的佛像。佛画的主要功能包括供佛教徒瞻仰敬奉、展现佛祖的威严、传播佛教教义、发展佛教美术。佛画的特点是栩栩如生、色彩艳丽。

（四）历法节日

小乘佛教文化在真腊的传播也为其带来了佛教历法。佛历是释迦牟尼佛悟道以后制定的历法，以释迦牟尼死后一年为纪元元年，比世界通用的公历早 534 年。从小乘佛教在真腊兴起至今，柬埔寨全国通行的历法一直是佛历。

与此同时，与佛历相关的节日及其节庆仪式也在真腊国内流行至今。周达观在《真腊风土记》中较为详细地记载了同佛历相关的每一年间的主要岁时节日。首先是佛历一月的节日及其节庆仪式，周达观如是记载道："每用中国十月以为

---

① ［元］周达观. 真腊风土记［M/OL］.［2012-02-27］. http://ishare.iask.sina.com.cn/f/11359997.html.

正月。是月也，名为佳得。当国宫之前，缚一大棚，上可容千余人，尽挂灯球花朵之属。其对岸远离二三十丈地，则以木接续缚成高棚，如造搭扑竿之状，可高二十余丈。每夜或设三四座，或五六座，装烟火爆仗于其上，此皆诸属郡及诸府第认值。遇夜则请国主出观，点放烟火爆仗，烟火虽百里之外皆见之。爆仗其大如炮，声震一城。其宫属贵戚，每人分以巨烛槟榔，所费甚夥，国主亦奉使观焉。如是者半月而后止。"① 之后周达观又大致描述了其余一些佛历月份的节日情况："每一月必有一事，如四月则抛球，九月则压猎，压猎者，聚一国之众，皆来城中，教阅于国宫之前。五月则迎佛水，聚一国远近之佛，皆送水来与国主洗身。陆地行舟，国主登楼以观。七月则烧稻，其时新稻已熟，迎于南门外烧之，以供诸佛。妇女车象往观者无数。国主却不出。八月则挨蓝，挨蓝者舞也。点差伎乐，每日就国宫内挨蓝，且斗猪斗象，国主亦请奉使观焉，如是者一旬。其余月份不能详记也。"② 从周达观对真腊佛历节日的亲历描述可以获悉，该国节庆仪式里常常使用鼓乐，僧侣及佛事法会亦掺入其中，这都是小乘佛教的重要习俗特征。

（五）教育

小乘佛教文化的传入与兴起也促成了真腊寺院教育体系的形成。寺院成为教育的中心，由僧侣组织实施。无论是穷人或富家子弟都是先进入寺院学习经文、读书认字，由僧侣担任教师。正如《真腊风土记》所载，当时真腊国"俗之小儿入学者，皆先就僧家教习。暨长而还俗，其详莫能考也"③。这种佛教教育与国民教育融为一体的现象与其他小乘佛教国家的教育状况存在着相当程度的一致性。

四、柬埔寨文化与小乘佛教文化接触特征解析

通过对柬埔寨古代碑铭、中国史籍、贝叶经及佛教典籍等历史文本的分析考证，可以发现，柬埔寨文化与小乘佛教文化的接触具有如下特征：

---

① ［元］周达观. 真腊风土记 ［M/OL］. ［2012-02-27］. http://ishare.iask.sina.com.cn/f/11359997.html.
② 同上。
③ 同上。

（一）柬埔寨文化与小乘佛教文化的接触相比其他外来文化更为深刻

柬埔寨文化是在与外来文化长期、持续而又深入的接触中逐渐形成、日臻成熟的。在其漫长的发展历程中，柬埔寨文化主要与印度文化[①]、小乘佛教文化、法国文化以及美国文化等外来文化先后发生了深入、广泛的接触。其中，柬埔寨文化与小乘佛教文化的接触最为深刻。这一点可以在语言文化学范式下得到论证。

通过对高棉语外来词词库的统计可知，梵语源外来词、巴利语源外来词、法语源外来词、英语源外来词构成了高棉语外来词体系中的四大主体。外来词是语言文化接触的必然结果和直接反映。如中国语言学家史有为所言，"从发生学的角度看，则外来词又无疑是文化接触的结晶"[②]，"通过言语活动，这些外来词的文化形态就在不同程度上，以不同方式留驻于本语言系统。外来词就是一种留驻方式。这种方式是通过两种语言文化——固有语言文化和外来语言文化的消长、变化达到互相融合，最终以单一的面目出现的"[③]。换言之，从整体视角来看，不同文化的接触与影响既是外来词产生的直接原因，也是最重要的原因，因此高棉语外来词在宏观层面上必有其相应的文化源头，即高棉语主体性外来词是柬埔寨文化与印度文化、小乘佛教文化、法国文化以及美国文化等外来文化先后接触的直接产物和必然结果，是这些外来文化在高棉语语言系统中留驻的深刻印迹。

横向比较上述四类语源外来词的数量，它们在高棉语外来词词库中所占比例情况是：梵语源外来词占33%，巴利语源外来词占47%，法语源外来词占8%，英语源外来词占6%。显而易见，巴利语源外来词所占比例最大，梵语源外来词紧随其后，法语源外来词次之，英语源外来词相比数量最少。统计数据说明，在柬埔寨不同历史阶段，这四类语源外来词的文化源头虽然都先后在柬埔寨占据主导，但就接触及影响程度而言，小乘佛教文化无疑是其中与柬埔寨文化接触最深的外来文化，乃至到今日，它已是柬埔寨传统文化的精髓与灵魂，深深植根于柬埔寨民众的精神沃土中。

[①] 本文中的印度文化是指，公元1至13世纪流传于印度地区的婆罗门教和大乘佛教文化。

[②] 史有为. 外来词：异文化的使者[M]. 上海：上海辞书出版社，2004：3.

[③] 史有为. 外来词：异文化的使者[M]. 上海：上海辞书出版社，2004：18—19.

(二)柬埔寨文化与小乘佛教文化的接触具有势差现象

早在公元 13 世纪,小乘佛教就已传入当时的柬埔寨即真腊,与柬埔寨文化发生深刻接触。这有下列四点证据为证:1296 年到达真腊的元朝使臣周达观在《真腊风土记》中描述有真腊小乘佛教的情况;继公元 716 年 Ka110 碑铭之后所发现的最古老的巴利文碑铭成文于 1309 年;"因陀罗跋摩国王供奉了一座上座部佛教寺庙和佛陀塑像;标志着完全受上座部佛教影响的新宫廷传统的《高棉编年史》在 14 世纪中叶开始了它的记录。"① 柬埔寨文化之所以会与小乘佛教文化发生深刻接触是由于文化接触有势差现象:先进的文化会影响和改造落后的文化。文化没有贵贱之分,但却因其在社会发展过程中所发挥的功能存在差别而有先进与落后之别。② 在柬埔寨的真腊王国时期,相比同期的小乘佛教文化,柬埔寨文化是比较原生态的,而小乘佛教文化相对于柬埔寨文化是一种成熟、发达的优势文化,所以在佛教东渐的历史进程中,柬埔寨自然会成为历史上小乘佛教文化的重要辐射地之一。

(三)柬埔寨文化与小乘佛教文化的接触具有非强制性和群众性

柬埔寨文化与小乘佛教文化的接触并不是被动、强制的过程,而是一次自下而上的群众性运动。公元 13 世纪小乘佛教已传入真腊,当时正值阇耶跋摩八世当政期间。此时湿婆教又重新被尊为国教。多年来信奉婆罗门教或大乘佛教的历代国王们大兴土木修建华丽庙宇,耗费大量的供品去供奉众多的神灵和菩萨,并为祭司和僧侣提供着奢侈豪华的生活。这使人民承担了繁重的劳役和赋税,人民为此苦不堪言。而小乘佛教倡导简单、俭朴、克己、苦行,不建庞大华丽的庙宇,不允许僧侣们享受豪华奢侈的物质生活,摒弃了烦琐的宗教仪式,这都迎合了广大真腊人民摆脱沉重负担的愿望。并且小乘佛教不像婆罗门教和大乘佛教那样由国王强迫人民接受,而是通过僧侣们的悉心讲解使人们明确教义后自觉接受,这使小乘佛教赢得了民心,因而一经传入真腊便在民众间得到迅速而广泛的传播,逐渐在全国范围内形成了一场历史性的宗教改革。西方史学家认为这是一次自下而上的群众性运动,致使因陀罗跋摩三世在位时,把小乘佛教奉为国教。

---

① [新西兰]尼古拉斯·塔林. 剑桥东南亚史 I [M]. 贺圣达,陈明华,俞亚克,等译. 昆明:云南人民出版社,2003:247. 此处的因陀罗跋摩国王即 13 世纪末即位的因陀罗跋摩三世。

② 黄平文. 论文化接触对语言的影响:壮语演变的阐释 [M]. 北京:民族出版社,2010:30.

为表示对小乘佛教的虔诚信奉,他将小乘佛教的宗教语言巴利语定为官方语言,规定以巴利文取代梵文用于碑铭的雕刻,把国家财政收入的一部分捐赠给佛寺,甚至于他最后放弃了王位,到佛寺修行去了。从此以后,不再只是某些人、某个阶级或阶层在某段时期内信奉某种宗教或教派,而是整个高棉民族都长期信仰小乘佛教,成为它的忠实信徒。

(四)柬埔寨文化在与小乘佛教文化的接触中保持了高棉民族的文化特性

柬埔寨文化虽然深受小乘佛教的浸染,但仍保持并发扬了高棉民族的固有文化传统。主要表现在,柬埔寨文化系统对小乘佛教文化因子的吸收并不是完全照搬、机械复制,而是选择性吸收、改造并创新。如小乘佛教徒们为了在真腊弘扬佛法,在真腊国内兴起一种"解经文学",即把少数学问高深的文人才能读懂的巴利文三藏经翻译成高棉文,或是用高棉文进一步阐释小乘佛教教义,以期达到传教弘法的目的。在翻译、注释巴利文三藏经的过程中,独具高棉民族特性的柬埔寨佛教文学逐渐形成,主要作品有:《巴利佛语》,即记录佛祖言语的作品;《佛语评注》,即对《巴利佛语》进行评注的作品;《释言》,即对《巴利佛语》中的专业词汇进行解释的作品;《释言注》,即对《释言》中的语言进行注疏的作品。此外便是那些以佛经故事为素材,经过高棉文学家的艺术加工和再创造,用活泼生动的语言讲述出来、被普通高棉百姓所熟知的文学作品。柬埔寨高僧们在节日里颂唱经文时常常将这些故事拿来诵读。在诵读过程中,僧人们通常会加入自己的理解和创作,使这些作品愈发体现出高棉民族性。《五十本生故事》传入柬埔寨后,其中的许多故事也被高棉文学家拿来翻译或重新创作,如《索昆唐王子的故事》《苏密国王》《特明吉的故事》等。又如,无论是柬埔寨的建筑与雕刻艺术还是绘画艺术,在散发出小乘佛教艺术气息的同时,又具有鲜明的高棉本土文化艺术特色。再如,虽然巴利语和高棉语在当时的柬埔寨并行使用,但大量的巴利语词受到高棉语不同程度的同化而转变为巴利语源外来词,并构成高棉语词汇系统的必要组成部分。这都说明柬埔寨文化在选择性吸收小乘佛教因子的同时,还对其进行了改造及创新。

结语

柬埔寨小乘佛教文化是在柬埔寨本土文化与小乘佛教文化深层接触的基础上构建而成的,是兼具高棉民族文化特质和小乘佛教文化属性的融合型文化。小乘佛教文化因子的融入使柬埔寨的"底层义化"发生了重大变化,改变了其原有文化发展轨迹，并对柬埔寨文化发展方向产生深远的影响。但总体来看，小乘佛教文化因子之于高棉民族文化体系是相适应的积极因子，高棉民族文化体系拥有适于小乘佛教文化因子生存发展的内部环境，而小乘佛教文化因子又为高棉民族文化体系注入了新鲜的文化血液，适应了柬埔寨国家发展的需要，其客观结果是促进了柬埔寨历史上国家秩序的稳定有序和社会文化的持续发展。

参考文献

[1] 陈显泗. 柬埔寨两千年史[M]. 郑州：中州古籍出版社，1990.

[2] 黄平文. 论文化接触对语言的影响：壮语演变的阐释[M]. 北京：民族出版社，2010.

[3] [新西兰]尼古拉斯·塔林. 剑桥东南亚史 I[M]. 贺圣达，陈明华，俞亚克，等译. 昆明：云南人民出版社，2003.

[4] 史有为. 外来词：异文化的使者[M]. 上海：上海辞书出版社，2004.

[5] [澳]威·贝却敌. 沿湄公河而上：柬埔寨和老挝纪行[M]. 石英，译. 北京：世界知识出版社，1958.

[6] 邢福义. 文化语言学[M]. 武汉：湖北教育出版社，2000.

[7] [元]周达观. 真腊风土记[M/OL].[2012-02-27]. http://ishare.iask.sina.com.cn/f/11359997.html.

[8] ត្រឹង ងា. *ប្រវត្តិសាស្ត្រខ្មែរ* [M]. ភ្នំពេញ៖ គ្រឹះស្ថានបោះពុម្ពនិងចែកផ្សាយនៃក្រសួងអប់រំ យុវជន និង កីឡា, ២០០១.

[9] ត្រឹង ងា. *អរិយធម៌ខ្មែរ*[M]. ភ្នំពេញ៖ រោងពុម្ពសុខលាភ, ១៩៧៥.

[10] ព្រះមហាវិរិយ. បណ្ឌិតោ បាំង ខាត់. *ពុទ្ធសាសនា ២៥០០* [M]. ភ្នំពេញ៖ ពុទ្ធសាសនាបណ្ឌិត្យ, ព.ស. ២៥៤៤.

[11] ម. ត្រាណេ. *ប្រវត្តិសាស្ត្រកម្ពុជា*[M]. ភ្នំពេញ៖ ពុទ្ធសាសនបណ្ឌិត្យ, ២០០២.

[12] មីសែល ត្រាណេ. *របៀប អារ្យធម៌ខ្មែរ: អំពីសាសនាខ្មែរតាំងពីសម័យបុរេប្រវត្តិសាស្ត្រ*[M]. ភ្នំពេញ៖ បណ្ណាគារ ដឹង ងួនហួត, ២០០៤.

[13] មីសែល ត្រាណេ. *សាស្ត្រាខ្មែរនៅភាគឧសាននៃប្រទេសថៃបច្ចុប្បន្ន* [M]. ភ្នំពេញ៖ កម្ពុជសុរិយា លេខ ៨ ឆ្នាំទី ១៩៥៧.

[14] យិន គឹមវណា. *ប្រភពរបៀបធម៌ អរិយធម៌ចរិតខ្មែរ*[M]. ភ្នំពេញ៖ រោងពុម្ពម៉េងហោ, ២០១០.

[15] Claude Jacques. *Supplèment au tome VIII des Inscriptions* [M]. Cambodge BEFEO. t.LVIII, 1971.

[16] Claude Jacques. *enrevue Dossiers, Histoire et Arch è ologie* [M]. No. 125. Dijon: Archéologia, 1988.

[17] Georges Coedès. *Inscriptions du Cambodge (Vol. XVIII)* [M]. Paris: Editions de Boccard, 1966.

[18] L. P. Briggs. *The Aneient Khmer Empire* [M]. PhiladelPhia: White Lotus Co Ltd, 1951.

略论爪哇文化的多元化表达

信息工程大学 张向辉 廖娟凤

【摘 要】 爪哇族作为印尼最大的族群,其文化在印尼社会中占有十分重要的地位,多元化则是爪哇文化中最为突出的特征。从史前时期至今,在漫长的历史进程中,原始泛灵宗教、佛教和印度教都曾主导过爪哇文化,精灵崇拜、灵魂崇拜以及神灵崇拜等依然存在于当今的爪哇文化当中。不同时期宗教文化在爪哇文化中的丰富体现,一方面表现出爪哇文化海纳百川的包容性,另一方面对不同宗教文化的选择性吸收丰富了爪哇文化的内涵,使之成为印尼乃至东南亚地区最具特色的文明之一。

【关键词】 爪哇文化;多元化;宗教因素

印尼语中的文化"budaya"一词来源于爪哇语,是通过爪哇语中"jarwodosok"[①]的语言变化合成的词,来源于"budi"和"daya"。在爪哇语中"budi"分别有"理智"(ditimbang-timbang ing batin)、"品质/品德"(berbudi bawa laksana)、"善行"(budi luhur)、"计策/计谋"(hambudi daya)等意思,而"daya"有"力量"(dayaning batin)、"影响"(daya pengaribawa)、"计策/手段"(daya upaya)、"诡计"(hambudi daya)等意思。可以看到这两个词的意思有重叠,但是在合成为"budaya"后,就有了新的意思:人们向往美好的精神力量、精神自觉;人们创造美好的努力。[②]

从印尼语"文化"一词的来源和解释中可以看到爪哇文化在印尼文化中的重要地位。爪哇族占印尼总人口的 40% 左右,爪哇文化对印尼国家、社会的影响表现在方方面面。爪哇人认为,取自麻喏巴歇王朝时期的箴言和象征,即印尼国徽上的"殊途同归/多元而统一"(BHINNEKA TUNGGAL IKA),以及印尼的国旗"红白旗",都来源于当时占绝对主导地位的爪哇文化。

---

① jarwodosok 是爪哇语中的一种语法现象,即两个或者两个以上词简化合成后形成新词,并拥有新的意义。

② The Liang Gie. *Suatu Konsepsi Ke Arah Pengertian Bidang Filsafat* [M]. Yogyakarta: Karya Kencana, 1977: 128.

根据大多数印尼学者的定义，爪哇文化一般是指世世代代将爪哇语以及爪哇语方言作为母语和日常用语的民众所拥有的知识体系、思维方式、价值观念、生活方式等。[①]97%左右的爪哇族民众信奉伊斯兰教，但从爪哇文化的表现来看，存在很多与伊斯兰教文化不一致的方面，例如伊斯兰教反对偶像崇拜，但在爪哇文化中偶像崇拜却无处不在。探究伊斯兰宗教因素以外爪哇文化对其他宗教信仰的多元化表达，对于深刻理解爪哇文化而言具有较为重要的价值和意义。

一、爪哇文化和宗教

一般认为，文化是一种社会现象，它是由人类长期创造形成的产物，同时又是一种历史现象，是人类社会与历史的积淀物，是对客观世界感性上的知识与经验的升华。爪哇文化的形成和发展是爪哇人长期生产、生活中与周围事物互动而创造形成的意识形态，一方面，已形成的文化经验影响着爪哇人的世界观和价值观；另一方面，爪哇文化也在爪哇社会的发展中不断进行着自我改变和适应。

早在数十万年以前，就已经有原始人类在爪哇岛的土地上劳动、生息和繁衍。这里的证据是 19 世纪以来在爪哇岛上发现的直立猿人化石。其中最为著名的是 1890 年至 1891 年荷兰古人类学家尤金·杜波依斯（Eugene Dubois）在中爪哇梭罗河畔的特里尼尔（Trinil）村发现的爪哇直立猿人化石。根据出土的头盖骨和腿骨推断，爪哇直立猿人存在于 40 万—60 万年前，已经能够完全直立行走，由于劳动的结果，上肢已发展为手。

当今爪哇民族的形成与外来移民有着十分重要的关系。在公元前 1500 年左右，由于战争和自然灾害等原因，大批原始马来人已经开始从亚洲大陆南部迁至爪哇岛。在公元前 200 至公元 300 年，又有一大批移民陆续从亚洲南部迁移而来，考古学家称他们为新马来人或续至马来人，和原始马来人相比，他们已懂得农耕技术，后来逐渐发展成为当今爪哇民族的主体成分。尽管印尼国内外的学者们对爪哇族起源地域各持不同的见解，但一般都认同古代爪哇马来移民来自亚洲大陆南部这一观点。

在印度文化进入爪哇岛之前，爪哇人的宗教活动在史前就已经开始了，爪哇族的先人们相信"万物有灵"，也称为"泛灵论"。印尼语用英文的借词"animisme"来命名这一信仰现象，这个概念来源于1872 年英国著名人类学家 E. B. 泰勒所著的《原始文化》一书中。也有印尼学者引用西方学者的学说，将爪哇社会这一时期的信仰称为"物力论"（dinamisme）。早期爪哇社会结构非常简

---

① Amin, Darori. *Islam dan Kebudayaan Jawa* [M]. Yogyakarta: Gama Media, 2002: 1.

单，由于知识极其贫乏，他们对世界的认识来源于自身的体验。爪哇人认为身边的事物，包括植物、动物以及人本身都是有灵魂的，而这些灵魂都拥有神秘的力量，所有会动的物体都拥有生命和神奇的力量。[①]精灵也拥有好的、坏的品性，能给人带来好运或者厄运。原始信仰在史前爪哇人的生产、生活中扮演着非常重要的角色。

公元初，印度南部科罗曼德尔海岸的一些国家国力强盛，海上贸易发达，在与印尼的商业交往中，印度的宗教文化开始传入印尼，苏门答腊岛和爪哇岛成为印度宗教文化的主要传播地。印度教和佛教几乎是同一时期在爪哇岛传播和发展的，而且两个宗教在爪哇岛影响力的扩大都是通过王朝来进行的。据史料记载，公元5世纪时，西爪哇古国多罗磨信奉的是婆罗门教。大约6世纪在中爪哇北海岸成立的阇婆达（Kerajaan Kalingga）也是一个印度教–佛教国家。7世纪中叶，阇婆达分成了两个国家，分别是诃陵王国（Kerajaan Keling）和马打蓝王国（Kerajaan Medang atau Kerajaan Mataram Kuno），都是信奉婆罗门教。8世纪中叶在中爪哇建立的夏连特拉王朝（Syailendra/Sailendra）是爪哇历史上出现的一个信奉大乘佛教的王国，他击败了马打蓝王国散查亚（Sanjaya）王室而称雄中爪哇，并以佛教全面替代了婆罗门教的地位，被称为古代东方四大奇迹的婆罗浮屠塔正是在夏连特拉王朝时期建立的。8世纪末叶，马打蓝王国散查亚王室成功复仇夏连特拉王朝而统治中爪哇，婆罗门教在爪哇岛复苏，马打蓝王国在这一时期建立了著名的普兰巴南神庙。在832年帕塔潘甘达苏利的碑铭上写有"敬奉湿婆，献身于大乘佛教"的字句，说明与印度不同，印度教和佛教能够在爪哇岛和谐共存，这正是爪哇文化中"多元而统一"的体现。在印尼古代最兴盛的两个王朝室利佛逝和麻喏巴歇时期，印度教和佛教在爪哇岛民众间同时流行并同爪哇传统文化相互融合、友好发展，出现了明显的爪哇化现象。

16世纪前后，以印度教为特色的麻喏巴歇王朝开始走向衰弱，早在7—8世纪就已经在沿海地区开始传播的伊斯兰教终止了印度教在爪哇岛的繁荣和发展，并随着淡目王国等伊斯兰王国的建立，使爪哇进入了全面的伊斯兰化过程。

不论是爪哇先民时期的"泛灵论"，还是后来印度文化对爪哇的影响，以及接下来爪哇民众全面的伊斯兰化，宗教因素始终都规范着爪哇社会的思想、社会生活乃至日常生活。与此同时，爪哇文化包容的特性，使各个宗教在爪哇民众中的传播以及在爪哇文化中的体现都表现出爪哇化的特征，这也决定了尽管当前伊斯兰教在爪哇民众中占据绝对地位，但是非伊斯兰宗教因素依然在爪哇文化中扮

[①] Koentjaraningrat. *Sedjarah Kebudayaan Indonesia* [M]. Yogyakarta: Penerbit Djambatan, 1955: 103.

演着非常重要的角色。

二、爪哇文化中的万物有灵元素

（一）灵魂崇拜

向祖先的灵魂进行祭祀是爪哇社会原始宗教时期进行的重要宗教活动之一。爪哇先人们认为，他们的祖先拥有功绩和经验，因此需要向祖先的灵魂祭祀，祈求得到祖先的保佑和指引。为了让祖先显灵，在祭祀活动中一般会邀请巫师、制作石像等。首先，要邀请巫师或者祭司（在爪哇语中他们被称为"perewangan"）来主持祭祀仪式。其次，要制作祖先的石像，在"perewangan"的引导下，让祖先的灵魂能够回到石像中。然后制作祭品，并点燃祖先喜欢的安息香或者其他燃香。在祭祀活动中，还要伴有鼓乐和舞蹈，目的是取悦祖先的灵魂，让他们乐意给予保佑和指引。

上述以灵魂崇拜为主要内容的原始宗教活动形式依然存在于现在的爪哇文化中，并融入爪哇传统艺术中，比如辛德兰舞、扮兽舞、面具舞、哇扬等。只是现在爪哇人对祖先的祭祀，更多是为了表达对逝去先人的祭奠。

与原始宗教活动中祈求保佑和指引不同，在现代宗教（主要是伊斯兰教）和末世思想的影响下，爪哇人祭祀逝者灵魂的目的发生了根本性变化。现在他们通过举行祭祀仪式祈求逝者的灵魂在末世得到保佑，并贯穿于逝者死后一千天。这些祭祀活动的开展过程明显具有爪哇人在之前泛灵时代的痕迹。

在爪哇文化传统中，如果有人逝世，最先要做的事情是叫来"宣礼者"（modin），类似于古爪哇时期的巫师和祭司。逝者在爪哇人看来并不是消亡，而是到了另一个世界中，他们的灵魂仍然能够感知，因此需要对刚刚逝去的人进行一系列的"供养"（pembekalan）。宣礼者将会向逝者宣读"指引"（telkin），包括一系列的宗教说辞，希望逝者在另外一个世界得到安息。因为爪哇民众大都认为逝者的灵魂能够感知到生者的寄托和哀思，当向逝者宣读"指引"时，他能够听到嘱咐并在其中获益。[①]

在逝者死去的第一天（ngesur tanah），会进行入土祭祀仪式，意为逝者从现世走向了后世。之后，举行逝后三日祭祀（nelung dina），爪哇人相信逝者的灵魂依然还在逝者家中，三日祭祀是向逝者的灵魂表达敬意。在死后第七天，举行七日祭祀（mitung dina），这时逝者的灵魂开始离开自己的家，举行祭祀仪式，

---

① Bendung Layungkuning. *Sangkan Paraning Dumadi: Orang Jawa dan Rahasia Kematian* [M]. Yogyakarta: Penerbit Narasi, 2013: 117-118.

是希望逝者生前的罪过能够得到真主的原谅。在死后四十天举行的四十日祭祀（matang pulun dina）是为了让逝者的灵魂进入自己的葬地。百日祭祀（nyatus dina）是向已进入自己葬地的逝者灵魂追思。在逝者死后的第一年和第二年分别进行一年祭祀（mendak sepisan）和二年祭祀（mendak pindo），这是因为逝者的灵魂还会时常回到家中。直到逝者死去一千天，他的灵魂才真正地离开了自己的家，并在这时举行千日祭祀（nyewu）。

除了上述对逝者灵魂进行的系列祭祀活动外，在每年与逝者死时相同的时刻，逝者的家庭还会举行一个名为"geblagan"的宗教仪式。这个仪式只有逝者家人参加，形式很简单，向逝者供奉甜饼、香蕉块汤、糯米、椰糖、苦茶或咖啡、香烟、钱币等组成的祭品，并口念祷告词，之后以点燃安息香结束。

爪哇社会在对逝者进行的上述一系列祭祀活动，以及逝者家庭在逝者每年祭日相同的时间举行"geblagan"仪式，除了向逝者表达哀思、敬意外，也深刻蕴含了爪哇人在泛灵时代所传承下来的宇宙观，以及对逝者灵魂的感知和崇拜。

（二）精灵崇拜

在爪哇文化中还存在着对精灵的崇拜，爪哇语称这些精灵为"dhanyang"。在爪哇人看来，精灵存在于大树、山丘、泉眼、村庄中，这些精灵作为他所处地区的守护者不会干扰或者伤害其周围世间的人，只会在世人的请愿下提供保佑。对这些地方存在精灵的认识来源于爪哇先人们认为这些地方都存在着神秘的力量，而这些力量会对周边人的生产生活具有很大的影响。

比较有代表性的是某些爪哇村庄中供奉的守护精灵，爪哇语称之为"punden"。在部分爪哇族聚集的村庄中口口相传下来，村庄守护精灵本来是像人一样地存在，到了某个地区后，将这个地区的荒林清理干净，之后建立了这个村庄，并将这片地区的土地分给追随他的人。在他死后，就葬在村庄中心附近，他的灵魂化作精灵融入到多根系植物中，例如榕树，爪哇语中将融入灵魂后的榕树等象征物称为"punden"。

信奉守护精灵"punden"的村庄会举办仪式，爪哇语中将在伊斯兰历的正月（Sura）和八月（Ruwah）这两个月举行的仪式分别称为"Suran"和"Sadranan"。仪式的形式一般都是向"punden"供奉祭品，并燃香。但是两个月份的贡品不同。在正月的仪式中，贡品一般为掺杂有四棱豆、玉米、扁豆、罗勒、绿豆、白胡椒、石榴子的白粥，并敬奉花盘（kembang konyoh）、燃香、蜂蜜和一些钱币。在八月的仪式中，贡品一般为拌有炒肉、鸡肉干的半熟的米饭，同样敬奉花盘、燃香、蜂蜜和一些钱币。

在村庄举行村长选举时，守护精灵"punden"会化身为"pulung"，意为"亮光"，夜晚这个"亮光"照耀到的房子成员就将有幸当选为村长。竞选人为了能选上村长，会到村庄守护精灵所在的榕树等"punden"前祭拜，希望能够得到守护精灵的垂怜而当选村长。

综上，我们可以看到，爪哇文化中对守护精灵的崇拜，目的是同精灵建立某种联系，希望能够获取精灵的保佑和指引，并给精灵守护的地区带来繁荣和幸运。

（三）斯拉马丹（Slamatan）仪式

斯拉马丹是一种在爪哇社会中非常常见的传统宗教仪式。"Slamatan"一词来源于阿拉伯语的"salamah"，意为平安、幸福、安宁。斯拉马丹仪式一般是邀请周围的男性邻居或是男性朋友聚集在一起，让其中擅长祷告的一两个人用阿拉伯语进行祈祷，对象包括安拉及其使者、印度教和佛教的众神、周围所有有名、无名的神灵，目的是获得他们的赐福和保佑。在仪式进行过程中，一般也伴随有燃安息香，以及供奉供品。

在斯拉马丹仪式进行过程中，在参与者看来，出席的不仅仅是参与者本身，被邀请参与的还包括他们祖先或是先人的灵魂，也包括周围所有事物的灵魂，不论这个灵魂的本性是好是坏，都被邀请到仪式当中，因为仪式参与者认为这样可以让好的灵魂为他们提供帮助，让坏的灵魂不要干扰他们的生活。在上述斯拉马丹仪式的进行过程中，可以看到非常明显的泛灵时代的痕迹。

在爪哇文化中，斯拉马丹仪式的召开几乎涵盖了生活的方方面面，主要分为以下几类：

1. 与生活相关的事件：出生、割礼、婚礼、葬礼等；

2. 与伊斯兰教相关的节日；

3. 其他的任意普通事件：长途旅行、搬家、改名、治病，甚至为购买的东西举行仪式。

不同目的的斯拉马丹仪式的要求会有不同，有的斯拉马丹仪式必须在特定的时间举行。比如在孕妇怀孕七个月时举行的"tingkepan"斯拉马丹仪式，必须在周三和周六、当月十五日之前单数的日期进行。[1] 在为仪式来客所准备的食品选择上也有要求，锥形饭的上层是白米饭，下层是黄米饭，意思是将要出生的孩子不仅身体强壮而且聪慧。另外还准备有三种粥：白粥、红粥以及红白相混的粥，

---

[1] Kanjeng Pangeran Harja Tjakraningrat. *Kitab Primbon Betaljemur Adammakna* [M] Yogyakarta: Soemodidjojo Mahadewa, 2018: 38.

意思是不受任何精灵的侵扰。如果不按要求举行斯拉马丹仪式，被认为将带来伤害，这同样是泛灵思想作用的结果。

需要注意的是，并非所有的爪哇族穆斯林都认可和参加所有的斯拉马丹仪式。上述拥有明显泛灵色彩的斯拉马丹仪式更多的是红派穆斯林组织参与，即阿班甘（abangan）穆斯林。而更为虔诚的白派穆斯林散蒂利（santri）并不认同掺杂有泛灵思想的斯拉马丹仪式，他们只组织和参与仅仅向真主及其使者祈祷的斯拉马丹仪式。

三、印度教和佛教对爪哇文化的影响

（一）神灵崇拜

在信奉印度教和佛教时期，特别是在印度教中对多神的崇拜使爪哇人幻化出自己的神灵，这其实也是印度教、佛教和爪哇原始泛灵宗教思想结合的结果。[①] 在爪哇传统文化中，广泛存在着对爪哇古代神话中神灵的崇拜。

吉杜尔女神（Kanjeng Ratu Kidul）在爪哇社会乃至整个印尼民族都广为人知，人们认为她会在某个重要的事件中显灵。在爪哇神话中，吉杜尔女神又被称为南海[②]女神，她拥有控制爪哇岛南部印度洋潮汐的超能力，宫殿就是位于海洋的中心地带。在爪哇文化信仰中，她一直被视为马打蓝苏丹王朝苏丹的精神伴侣，而现在她也被视作日惹和梭罗苏丹的精神之母。在西爪哇的波拉布汗·拉杜市，当地民众每年四月六日都会举行特别的宗教仪式祭拜吉杜尔女神，渔民相信对吉杜尔女神的祭拜会使她帮助渔民获取更多的水产，同时在出海时拥有好天气并不受海浪的袭扰。除了波拉布汗·拉杜市，沿爪哇岛南海岸很多城市的民众都信奉吉杜尔女神，并定期在一些据称吉杜尔女神停留过的地方举行祭拜活动，以求吉杜尔女神的保佑。

在爪哇文化中还有掌管农业活动的神灵，称为斯里女神（Dewi Sri）。斯里女神类似于我国民间的土地神，她掌控人间的食物特别是作为印尼人主食的稻谷，同时她也掌控人们的生活、土地的丰收，以及贫困、饥荒、虫病灾害等。由于斯里女神经常被视作稻谷的象征，因此她的形象经常与稻谷和蛇相联系。在爪哇传统社会中，信奉斯里女神的爪哇人会在自己家专门设置一个地方来供奉斯里女神，爪哇语称为"Pasrean"，以求得到保佑。通常斯里女神的神位上会装饰有

---

① Budiono Herusatoto. *Simbolisme Dalam Budaya Jawa* [M]. Yogyakarta: PT. Hanindita, 2001: 91.

② 此处"南海"指的是爪哇岛南部海域。

蛇雕，称为"Loro Blonyo"①的人偶像，还会放上农具和一把稻谷，并供奉祭品。由于蛇被认为是斯里女神的神物，预示着丰收，因此在爪哇农村社会中，如果蛇进到家中，会忌讳将蛇驱逐出去，甚至会向蛇祭拜，希望它自己出去。

时间之神（Batara Kala）也是爪哇传统文化中家喻户晓的神灵，他也经常被称为地狱与毁灭之神。关于时间之神的出身，在爪哇神话中有两种不同的说法，但是都与印度教主神湿婆和爪哇神话中的乌玛女神相关，即时间之神是湿婆和乌玛女神的儿子，从时间之神的出身我们也可以看到印度教文化与爪哇文化的融合。时间之神有着怪兽的外表，面目狰狞。一方面，他对有罪的人或动物有生杀大权，另一方面，时间之神会护佑对他虔诚的人。时间之神的形象在爪哇社会中非常常见，日惹、梭罗皇宫以及印度教风格建筑中都能看到时间之神的雕像。

除了上述吉杜尔女神、斯里女神以及时间之神外，在爪哇传统文化中还存在北海女神（Dewi Lanjar）、月亮女神（Dewi Ratih）等神灵。而爪哇人当前仍然存在对神话传说中神灵的崇拜，进一步说明了佛教、印度教思想对当今爪哇文化的重要影响。

（二）哇扬戏

在印尼的民间戏剧中，哇扬戏是历史最悠久、影响最深广的剧种之一。2003年11月7日，哇扬戏被联合国教科文组织列为人类非物质文化遗产。同时，哇扬戏也是印尼民族文化，特别是爪哇文化的集中代表，深受东方文化和爪哇文化理念的影响，成为爪哇人生活中不可分割的一部分。关于哇扬的起源，大多数学者提出哇扬是爪哇本土文化产物的假设，起源于印尼原始宗教中以万物有灵论为基础的本土祖先崇拜，即古爪哇人的祭祖活动，后演变成娱乐性质的影戏。从哇扬材质上来看，爪哇哇扬戏的种类繁多，主要包括皮质哇扬、木偶哇扬、格里迪哇扬、人哇扬、布袋戏哇扬等，其中爪哇皮质哇扬的代表布尔哇扬②是爪哇乃至印尼最为流行的皮影戏。

从哇扬的剧目内容来看，基本涵盖了爪哇文化中从古至今所出现的历史、宗教、传说等内容，包括万物有灵和史前传说、印度史诗、佛教故事、班基故事、伊斯兰故事、古代王朝故事、爪哇民间历史故事乃至讲述印尼争取独立的故事等。而印度两大史诗《罗摩衍那》和《摩诃婆罗多》是爪哇哇扬戏故事最主要的取材来源，这与印度教文化曾在爪哇社会的盛行密切相关。同时，哇扬戏对两大

---

① 一般为一对男女人偶像，女性模样的人偶被认为是斯里女神的化身。

② Wayang Purwa，"Purwa"一词来源于爪哇语，意为"古代""古典"，因此布尔哇哇扬很多时候被称为"古典哇扬"。

史诗的演绎经历了明显的爪哇化进程，其中有很多爪哇背景，并一直延续至今，这说明印度教文化与爪哇文化的融合使源于印度的文化和印尼的本土文化有机地结合了起来。其表现就是在演绎两大史诗故事的哇扬戏中除了史诗原著的人物形象外，还有很多爪哇文化中著名的人物形象，例如上节所述爪哇文化中崇拜的神灵，在爪哇哇扬戏中就演绎着许多与之相关的故事。

哇扬戏与爪哇文化中的斯拉马丹仪式相似，一般在婚礼、割礼、出生礼、搬迁等重要的日子进行表演，目的是给人们提供保佑。可以说哇扬除了作为一种艺术形式，更是爪哇文化中哲学的化身，通过哇扬故事表达爪哇人对世界的认知和对神灵的崇敬。在哇扬戏中出现的爪哇人本土神话传说中的人物形象，不同于两大史诗，又融入两大史诗，说明了印度教文化深刻影响着爪哇文化中的精神世界。

四、结语

在经历了史前时期原始泛灵宗教以及后来佛教、印度教、伊斯兰教等不同宗教在不同时期对爪哇族民众的主导进程后，爪哇文化呈现出多元化的特点，最主要的表现就是在伊斯兰教信众占主体的爪哇人的民族文化中广泛存在着非伊斯兰宗教因素。上述非伊斯兰宗教因素作为爪哇文化的重要组成部分，能够帮助我们更为全面地认识爪哇文化。

宗教的重要性在于它有能力为个人或群体提供一个关于世界、自身及它们之间的关系的普遍而独特的概念的源泉。[①]宗教本身拥有根本的、明确的"心智"的气质，拥有促进信众形成世界观的文化功能。反过来，这些文化功能又产生了它的社会和心理的功能。不同的宗教为爪哇人提供了认识世界的不同视角，各个宗教时期的宗教文化都在当前爪哇文化中有所表现，这体现了爪哇文化海纳百川的包容性。另外，在不同宗教主导的各个时期，已经在爪哇文化中被固化的对世界的认知并没有被全盘否定，而是进行适应和改变，进而产生符合爪哇人民族性格的文化，从而影响爪哇人的生产和生活。在过去的几千年里，从印度教传入到伊斯兰教的广泛传播，从荷兰人到日本人的殖民统治，爪哇文化都没有失去本身的特色，相反的，爪哇文化通过撷取其他文化的优点来加强自身，使爪哇文化成为印尼乃至东南亚地区最具特色的文明之一。

---

① 克利福德·戈尔茨. 文化的解释 [M]. 韩莉, 译. 北京：译林出版社，2014：151.

参考文献

[1] 克利福德·戈尔茨. 文化的解释 [M]. 韩莉, 译. 北京: 译林出版社, 2014.

[2] Bendung Layungkuning. *Sangkan Paraning Dumadi: Orang Jawa dan Rahasia Kematian* [M]. Yogyakarta: Penerbit Narasi, 2013.

[3] Budiono Herusatoto. *Simbolisme Dalam Budaya Jawa* [M]. Yogyakarta: PT. Hanindita, 2001.

[4] Kanjeng Pangeran Harja Tjakraningrat. *Kitab Primbon Betaljemur Adammakna* [M]. Yogyakarta: Soemodidjojo Mahadewa, 2018.

[5] Koentjaraningrat. *Sedjarah Kebudayaan Indonesia* [M]. Yogyakarta: Penerbit Djambatan, 1955.

[6] Koentjaraningrat. *Kebudayaan Indonesia* [M]. Jakarta: Balai Pustaka, 1984.

[7] Sri Mulyono Dojosupadmo. *Sombolisme dan Mistikisme dalam Wayang, Sebuah Tinjauan Filosofis* [M]. Jakarta: Gunung Agung, 1979.

[8] The Liang Gie. *Suatu Konsepsi Ke Arah Pengertian Bidang Filsafat* [M]. Yogyakarta: Karya Kencana, 1977.

翻译研究

翻译补偿视阈下的《十九大报告》韩译研究

信息工程大学　高朗　赵岩

【摘　要】 翻译补偿是指弥补译文在"信、达、雅"三方面的缺失，尽可能地使目标语读者与源语读者产生相似感受，实现原文与译文读者的反应对等。本文立足翻译补偿视角，分别从语义、语法以及审美三个方面对《十九大报告》的韩译方法进行考察。语义补偿通过原位、分立、整合三种方式实现语义对等，语法补偿表现在源语与目标语结构方式的转化，审美补偿通过减译、替代等方式实现审美对等。这三种补偿有机统一，缺一不可。

【关键词】 翻译补偿；《十九大报告》；韩译

在中国进一步扩大改革开放以及海外利益延伸的大背景下，中国文化和中国理念的外译也愈发火热。《十九大报告》作为党和国家的重要政治文献，涵盖了诸多有关中国政策和概念的词汇及句式表达，是国际社会解读中国政治内涵的重要途径。但是翻译界针对《十九大报告》的韩译研究较为缺乏，董栋、金玉花（2018）从归化和异化的角度分析了其中的政治关键词，朱琳（2018）则从生态翻译学角度进行了研究。本文从翻译补偿的角度出发，以人民网公开刊行的《十九大报告》韩文译本为研究对象，分析其翻译方法。

一、翻译补偿

虽然翻译活动贯穿人类社会发展的始终，但是有关翻译补偿的研究却相对滞后。夏廷德（2006）指出，翻译补偿研究目前仍处于尚未成熟的初始阶段，并且指出，有损失才会有补偿，翻译损失是指翻译过程中信息、意义、语用功能、文化因素、审美形式及其功能的丧失。斯坦纳（2001）指出，翻译应当恢复原文与译文、源语与目标语之间的均衡。因为译者通过阐释性侵袭和强征已使原有的均衡遭到破坏。因此，只有原文与译文损益相抵，翻译的范式才是完整的。由此我们可以看到，无论是国内还是国外的学者对翻译补偿都达成一个共识，即翻译补偿并不是简单的形式补偿，而是强调二语互译时的等值，即尽可能地在补偿之后达到源语读者与目标语读者反应对等的效果。这种补偿不仅可以体现在语义上，而且也可以体现在语用及审美等各个方面。

因此,本文认为所谓翻译补偿就是弥补译文在"信、达、雅"三个方面的缺失,尽可能地使目标语读者产生与源语读者甚至原文作者相似的感受,达到原文与译文读者反应对等的目的。当然,补偿并不一定要在字数或格式上有所添加或变化,一定语境下的省略或整合也可以视为补偿。

二、翻译补偿方法

国外学者主要从语篇入手阐释翻译补偿方法。奈达(1993)以等值、对等为补偿目标,指出可以采用同样手段在不同位置实施补偿,通过实施局部补偿达到整体效果。纽马克(Newmark,2011)从文本功能的角度提出译者可以在某一处省略,而在另一处增益补偿。威尔斯(Wilss,2001)重视符号学中的词、句和话语篇章等层面的研究。哈蒂姆和梅森(Hatim and Mason,1997)侧重于译语交际功能或意义损失的补偿。我国的翻译补偿研究始于20世纪80年代,代表人物包括王恩冕、柯平、夏廷德等。柯平(1991)提出了加注、增益、视点转换、具体化、概略化、释义、归化以及回译八种补偿方法。王恩冕提出了增词法、引申法、拆译法、溶合法、替代法、转移法等六种补偿方法。①夏廷德所著的《翻译补偿研究》(2006)综合国内外学者观点,提出了整合补偿、分立补偿、同类补偿、异类补偿、原位补偿、异位补偿、同步补偿和差异补偿八种补偿方法。虽然各学者针对翻译补偿所提出的具体方法有所区别,但其目的都是使翻译实现自身真正的交际功能。

我国研究翻译补偿方法的相关文献大多集中于英译领域,对于其他语种的探究较少,甚至是空白。学者们的研究大多集中于小说等文学类文本,有关政论体的研究尚显不足。本文一定程度上借鉴夏廷德的翻译补偿方法,从语义补偿、语法补偿以及审美补偿三个方面对人民网《十九大报告》韩译本进行研究。

三、《十九大报告》的韩译补偿方法

(一)语义补偿

语言所蕴含的意义就是语义。简单来说,语义补偿就是弥补二语互译过程中译文意义损失的成分,以达到准确达意的效果。本文主要从分立补偿、原位补偿以及整合补偿三方面来对语义补偿进行论述。

---

① 李玉英,贾磊.国内翻译补偿研究综述[J].周口师范学院学报,2011,28(6):57—59.

1. 分立补偿

夏廷德（2006：73）认为分立补偿指在目标语文本中，把补偿内容通过某种手段加以标记，或与原文内容分别放置，以便向读者明示补偿内容。

例1：不忘初心，方得始终。（出自《十九大报告》第一章）

译文：불망초심하여야, 방덕시종할 수 있습니다.（초심을 잃지 말아야 유시유종할 수 있는 뜻.）

例2：大道之行，天下为公。（出自《十九大报告》结语）

译文：대도지행하여야 천하위공할 수 있습니다.（대도가 행해지면 천하는 만백성의 것으로 된다는 뜻.）

例1和例2两句采用了分立补偿的方法，形式上表现为汉字对译加补充。从例1来看，译者的处理大概可以分为如下三步。

首先，"不忘初心，方得始终"在汉语中为条件关系，即"只有我们不忘初心，才能做到有始有终"。因此，在翻译时为表示出这种"只有……才……"的条件关系，译者运用韩语中表示条件关系的连接词尾"-아야/어야/여야"来进行翻译。其次，此句的用词在韩国语中皆有相应汉字对译，译者为更好保留原文风貌也用韩国语中的相应汉字词与其一一对应。例如，"不忘初心"对应"불망초심(不忘初心)"，"方得始终"对应"방덕시종(方得始終)"。最后，便是让目标语读者如何更好地理解。在例文中，译者采用了在正文后加译注的形式对其含义进行解释，在对"不忘初心"进行解释时译者采用了汉字词与固有词相结合的方式，在对"方得始终"进行解释时运用韩国人可以理解的汉字词"유시유종(有始有終)"进行替换，从而达到使译文读者理解的目的。例2的处理方法与例1类似，只不过是将"불망초심(不忘初心)"替换为"대도지행(大道之行)"，将"방덕시종(方得始終)"替换为"천하위공(天下爲公)"。

采用此翻译方法的原因主要在于它既可以通过汉字对译保持原文原貌，又可以通过解释让译文读者便于理解。此方法在翻译汉字词，尤其是在对汉语成语与四字词语的翻译中十分常见。虽然在人民网刊登的《十九大报告》中仅出现两处，但由于韩国语词汇中汉字词占据着很大比重，这种方法在韩译中并不少见。

此外，如果译者认为该译法在文中会影响文章整体阅读的流畅性，那么也可以将后面的解释以脚注的形式标出。

2. 原位补偿

夏廷德（2006：75）认为原位补偿指在目标语文本中，保持补偿内容的位置和原文文本对应成分的相对位置不变。原位补偿是在不变动位置的情况下进行补偿,这种方法在特有词汇与新词的翻译中十分常用,它可以将目标语读者不易理解的词汇以其可以接受的方式表达出来。因其位置相对稳定,便于操作,所以使用较多。

例3:决胜全面建成小康社会,开启全面建设社会主义国家新征程。(出自《十九大报告》第四章标题)

译文:초요사회 전면 건설에서 결정적 승리를 이룩하여 사회주의현대국가 전면 건설의 새로운 노정을 시작할데 대하여.

"소강(小康)"在韩国语中对应"小康"两个汉字,其词义为"(病情)好转或(骚乱等)缓和"。而汉语中的"小康"则是指"中国广大群众所享有的介于温饱和富裕之间的比较殷实的一种生活状态",虽然两个词对应相同汉字,但词义完全不同,所以一般不能直接翻译为"소강사회(小康社會)",即便翻译为"소강사회(小康社會)",一般也会添加注释,否则这些同形异义词①很难被韩国读者所理解。

译文中的"초요(稍饒)"一词在韩国语中对应"稍饶"两个汉字,其意为"生活富足",与汉语中的"小康"意义基本相同。目前除上述译法,"小康"还可以翻译为"샤오캉",即采用音译法,按照汉语中的发音来翻译,这在韩国语的外来词翻译中十分常用。

《十九大报告》中的大部分词汇均可正常进行汉字对译,因此例3这种补偿方法在人民网《十九大报告》中应用很少。与例3采取意译不同的是,下面例4和例5属于直译。其特点是译者把握词义后,以拆分解释的方式对其加以补偿。

例4:坚决打赢脱贫攻坚战。(出自《十九大报告》第八章第四节)

译文:빈곤퇴치난관돌파전에서 결정적 승리를 거두어야 한다.

例5:推进"两学一做"教育常态化制度化。(出自《十九大报告》第十三章第二节)

译文:'두가지 학습을 통해 합격된 공산당원 되기' 학습교양활동의 일상화와 제도화를 추진한다.

例4中的"攻坚"和"脱贫"在韩国语里没有与之对应的汉字词,译文按照韩国语语序将其逐字翻译为"난관돌파(難關突破)"和"빈곤퇴치(貧困退

---

① 汉韩同形异义词,指的是韩语汉字词与其汉语对等词的汉字外形和顺序完全一致,但是语义不同的词。这类词的词义指称的范围发生了改变,也就是词义表示的概念发生了更换。词义转移以后,该词就不再指称原来的旧事物,不再表示原来的旧概念了。石岳. 汉韩同形词词义对比研究:以《汉语水平词汇与汉语等级大纲》甲级词为例[D]. 济南:山东大学,2013:15.

治)"。这样处理不仅使文章达意准确,而且也便于目标语读者理解。

例5中的"两学一做"属于具有中国特色的政治词汇,它有着其他国家难以理解的文化内涵。因此,在翻译时不仅要把握词义,而且还要捕捉其深层含义。"两学"和"一做"表面上看是并列关系,但译者巧妙地将其分解为途径和目的关系。途径是"두 가지 학습을 통해",目的是"합격된 공산당원 되기"。这样的处理方法有助于目标语读者理解其含义。但需要注意的是,这种翻译方法的前提是充分理解翻译对象,否则会产生南辕北辙的后果。例4、5的这种翻译方法在《十九大报告》中十分常见,且大多应用于特色词语的翻译。这种方法的优势在于可以在译文行文通顺的基础上准确达意,保留原文风貌。

3. 整合补偿

受汉语和韩国语差异的影响,译者在翻译过程中往往难以一字不差地将原文转化为译文。因此,为了满足目标语读者的需求,我们通常会采用整合删减的方法。这种形式也可被视为一种隐性补偿,即补偿不是拘泥于文章中的某一词、句,而是在宏观把握整句、整段、整篇后来实施补偿。这种补偿会使译文更加自然,更便于目标语读者理解。

例6:全党同志一定要登高望远、居安思危,勇于变革、勇于创新,永不僵化、永不停滞,团结带领全国各族人民决胜全面建成小康社会,奋力夺取新时代中国特色社会主义伟大胜利。(出自《十九大报告》第一章)

译文:전당 동지들은 반드시 높이 서서 멀리 내다보고 언제든지 위험에 대처할 수 있도록 준비하고 순간의 경직도 침체도 없이 과감하게 변혁하고 과감하게 혁신하면서 전국 여러 민족 인민을 단합인솔하여 초요사회를 전면적으로 실현하는데서 결정적인 승리를 이룩하고 신시대 중국특색의 사회주의의 위대한 승리를 이룩하기 위하여 분투노력하여야 합니다.

例6中的六个四字词语两两成组。第一组的"登高望远"和"居安思危"指的是两种态度,第二组的"勇于变革"和"勇于创新"代表着两种行为,第三组的"永不僵化"和"永不停滞"是"勇于变革"和"勇于创新"这两种行为的状态。就汉语的表达习惯而言,汉语常用排比来对句意进行修饰和强调,因此在翻译时需要先分析它们之间的语义关系。

本句中,译者在并没有生硬地以排比的方式进行翻译,而是在分析词语内在关系的基础上,采用整合补偿的方法对六个四字词语进行了词义整合。这不仅很好地保留了原文句意,而且也使得表意更加清晰。此方法在《十九大报告》中并不少见,多用于近义词语的罗列。其优势在于它能够在达意的基础上避免冗余,对于常常罗列近义词语的政治文献来说十分合适。

(二) 语法补偿

语法是语言的结构方式，包括词的构成和变化、词组和句子的组织。[①]语法补偿是在二语互译过程中将源语结构转化为目标语结构的一种补偿形式。其目的是使语句表达更加符合目标语读者的语言习惯，让文章表意更加通顺。

就汉译韩而言，作为黏着语的韩国语与作为孤立语的汉语有着很大区别。汉语不需要依赖内部屈折或外部屈折的形态变化，大多通过语序和虚词就可以进行表意上的组合与变化。而韩国语则通常需要借助助词与词尾。

例 7：为贯彻十八大精神，党中央召开七次全会，分别就政府机构改革和职能转变、全面深化改革、全面推进依法治国、制定"十三五"规划、全面从严治党等重大问题做出决定和部署。(出自《十九大报告》第一章)

译文：당중앙은 18 차 당대회 정신을 관철하기 위하여 전원회의를 7 차 소집하여 정부기구를 개혁하고 정부기능을 전환할데 대한 문제, 개혁을 전면적으로 심화할데 대한 문제, 의법치국을 전면적으로 추진할데 대한 문제, '13.5'규획을 제정할데 대한 문제, 당을 전면적으로 엄하게 다스릴데 대한 문제 등 중대한 문제들에 대하여 각기 결정을 내리고 포치를 하였습니다.

本句采用的补偿方法为语法补偿。例句中出现的"全面深化改革""全面推进依法治国""制定'十三五'规划"以及"全面从严治党"相互之间构成并列关系，一同做"重大问题"的定语。在韩国语中，很少出现几个动宾结构并列做定语来修饰名词，通常转化成几个并列的名词性成分。因此，译者用助词与词尾将这几个动宾结构转化为并列的名词性成分，即"动宾结构 + ㄹ 데 대한 문제"，将其作为后面"중대한 문제들"的定语，虽然译文表面看起来有些繁杂，但是更贴合于韩国语的语法习惯，便于目标语读者理解。可以说这是汉韩句法结构差异所造成的补偿。这种通过改变句式结构来使汉语转化为韩国语的做法将翻译的归化[②]表现得更加自然。这样的补偿方法在韩译文本中十分常见，也是韩译中独具特色的补偿方法。

在《十九大报告》中，这种用法大多应用于一些短语的翻译中。

---

① 中国社会科学院语言研究所词典编辑室. 现代汉语词典 [M]. 6 版. 北京：商务印书馆，2012：1590.

② 翻译的归化/异化 (domesticating translation and foreignizing translation) 是在 1995 年由美国学者 L. Venuti (文努迪) 所提出的。所谓"归化"是指译者用与源语的意义和功能基本对等的译语来翻译，使译文的语言本土化。所谓"异化"是指在翻译过程中采用原文的表达方式，使译文充满异国情调。张宁. 浅谈翻译中归化与异化的对立统 [J]. 牡丹江教育学院学报，2007，105 (5)：67—77.

例8：全面建成小康社会（出自《十九大报告》第四章）
译文：초요사회의 전면적인 실현
例9：创新驱动发展战略（出自《十九大报告》第四章）
译文：혁신에 의한 발전전략

例8中，译文并没有按照原文的动宾短语结构进行翻译，而是将其译为名词性偏正短语，使其形式上更加独立、表意上更为清晰。例9中，首先，从汉语语义分析来看，该短语可以拆分为"创新驱动发展"和"战略"两部分。"战略"是该短语的主体，"创新驱动发展"为其定语。其次，从"创新驱动发展"的逻辑关系来看，其意在表示要通过创新实现发展。最后，我们根据翻译对象的特点判定其为特色表达。相比于完整的句式翻译，简洁明了的短语翻译可以更好地承接上下文。所以，译者在韩语中选择了带有"依靠"含义的结构"-에 의한"对其进行处理。这种处理方法的优势在于保留原文意义的基础上，尽可能地贴合原文形式。由于具备上述优点，其在《十九大报告》的词组和特色表达翻译中应用十分广泛。

（三）审美补偿

美不仅具有普遍性，而且也具有特殊性。在不同的文化中，美具有不同的形态。虽然很多学者把审美放在了翻译的最后一个层次，但从某种意义上说，审美形式造成的损失甚至比其他功能的丧失更为严重。因为倘若源语审美形式与目标语相冲突，那么译文对于目标语读者的审美价值来说甚至可能是负数。特别是对于汉语这种修辞手法极为丰富的语言而言，如何使外译的译本具有其自身的审美价值极其重要。审美补偿就是将源语的审美形式过渡至目标语的审美形式，让目标语读者对译文产生认同感。

例10：以永不懈怠的精神状态和一往无前的奋斗姿态，继续朝着实现中华民族伟大复兴的宏伟目标奋勇前进。（出自《十九大报告》第一章）

译文：영원히 지칠줄 모르는 정신상태와 두려움 모르는 분투자세로 중화민족의 위대한 부흥이라는 웅위로운 목표를 실현하기 위하여 계속 힘차게 나아가야 합니다.

在本句中，"永不懈怠"和"一往无前"这两个四字词语分别做定语修饰后面的"精神状态"和"奋斗姿态"，构成了两组一一对应的关系。即"永不懈怠"对应"一往无前"，"精神状态"对应"奋斗姿态"。

译文按照汉字对应的译法完整地保留了原文的两个四字中心语"정신상태（精神狀態）"和"분투자세(奮鬪姿勢)"，但是"永不懈怠"和"一往无前"在韩

国语中没有对应的四字表达。"永不懈怠"在词典中的解释为"丝毫不敢松懈懒惰","지치다"意思是"疲惫、厌倦","永不懈怠"按照韩国语表达习惯翻译为"지칠 줄 모르다"。"一往无前"是指"一直往前,无所阻挡,形容勇猛无畏的前进"。从词义上看,"一往无前"同时具有"前进"与"无畏"之义,译文对"一往无前"进行了减译处理,去掉了其词义中"前进"的含义。虽然表面上看似乎导致了翻译缺失,但句子的谓语"奋勇前进"已经包含了"前进"的意思,没有必要重复翻译。因此,"一往无前"的"前进"含义没有丢失,而是在全句进行了整合。"一往无前"翻译为"두려움 모르다",它与前面的"지칠 줄 모르다"实现了形式上对应关系,保留了源语文章的美感和语义的完整性。

例 11:全党同志一定要永远与人民同呼吸、共命运、心连心,永远把人民对美好生活的向往作为奋斗目标,以永不懈怠的精神状态和一往无前的奋斗姿态,继续朝着实现中华民族伟大复兴的宏伟目标奋勇前进。(出自《十九大报告》序言)

译文:전당 동지들은 반드시 영원히 인민과 한마음이 되여 호흡을 같이하고 운명을 같이하며 인민이 지향하는 아름다운 생활을 영원한 분투목표를 삼고 영원히 지칠줄 모르는 정신사태와 두려움 모르는 분투자세로 중화민족의 위대한 부흥이라는 웅위로운 목표를 실현하기 위하여 계속 힘차게 나아가야 합니다.

在本句中,"同呼吸""共命运"和"心连心"作为并列成分,体现着中国共产党和人民之间紧密相连的状态。译文在对其进行处理时并没有基于汉语原文中的语序,而是按照目标语读者理解方式对语序进行调整。首先,"同呼吸""共命运"与"心连心"对于汉语读者来说虽然很容易理解为一种并列关系,但目标语读者理解起来有困难。因此,译文将便于目标语读者理解的"心连心"翻译为"한마음이 되여",即"团结一心",连接表示原因的词尾"-아/어/여서",后面才是"同呼吸"与"共命运",这样处理很好地阐释了三个成分之间的关系,让目标语读者理解起来更为顺畅。另外,在三个成分的处理上各自使用了两个语节"한마음이 되여""호흡을 같이하고""운명을 같이하며",使得译文在形式上尽量保留了原文格式上的对称和节奏。

例 12:坚持反腐败无禁区、全覆盖、零容忍,坚定不移"打虎"、"拍蝇"、"猎狐",不敢腐的目标初步实现,不能腐的笼子越扎越牢,不想腐的堤坝正在构筑,反腐败斗争压倒性态势已经形成并巩固发展。(出自《十九大报告》第一章)

译文:부정부패척결에는 성역이 있을 수 없고 빈틈이 있을 수 없으며 에누리가 있을 수 없다는 태도를 가지고 확고부동하게 '호랑이', '파리', '여우' 잡기작전을 펼쳐 감히 부패를 못하게 하는 목표를 초보적으로 달성하고 부패를 할 수 없게 하는 울타리를 더욱 튼튼히 쳐놓았으며 부패할 생각조차 못하게 하는 철벽을 바야흐로 쌓게 되였으며 부패척결투쟁의 압도적인 태세를 형성하고 공고발전시켜나갔습니다.

  本句中，运用审美补偿加以处理的部分共有两处。第一处为"无禁区、全覆盖、零容忍"；第二处为"'打虎'、'拍蝇'、'猎狐'"。虽然这两处从逻辑关系上看均为并列成分，但在实际处理上却存在着一定的差异。首先，第一处翻译时运用了三组表示双重否定的句式"있을 수 없다"，即"성역이 있을 수 없고""빈틈이 있을 수 없고""에누리가 있을 수 없다"，表示"不会有……"，在充分解释原文意义的基础上不仅体现出源语文章中的并列关系，而且译文结构对称，语义明晰，保留了原文的节奏感。在第二处翻译时将原文中的"虎""蝇""狐"等名词与"打""拍""猎"等动词分离，将动词整合成一个"잡다"，这样在保留原文意义的基础上充分体现语言的节奏感。值得注意的是，此处在发生审美补偿的同时，也融入了语义补偿中的整合补偿。

  审美补偿的常用方法有两种：一种是用减译来消除负面影响，只保留所指意义，例10就是采用了这一方法。这种方法在《十九大报告》中并不少见，它在词义重复的情况下是一种十分合适的补偿方法。另一种是以目标语文化的审美客体替代源语文化的审美客体。如"耳濡目染"在韩语中我们可以将其翻译为"서당개 삼 년에 풍월을 한다"（狗在私塾待三年也会吟诗作对）。据考察，人民网《十九大报告》韩译本只使用了第一种方法。本文认为没有出现第二种补偿方式原因在于以下两点：一是人民网译本为更加贴合原文风貌，较多采取直译形式；二是人民网中引用的词句大部分为近几年的新事物，具有一定的时代特征，翻译时容易出现困难。

四、结论

  翻译不仅要追求准确，同时也不能忽视目标语读者阅读时的感受。因此，在进行补偿时最重要的就是如何去贴近目标语，使目标语读者的反应尽可能与源语读者对等。本文从语义、语法以及审美三个方面剖析了人民网《十九大报告》韩译本中所使用的翻译补偿方法。语义上，本文从分立补偿、原位补偿以及整合补偿三个方面进行分析，指出翻译时要充分考虑目标语读者立场选用合适的翻译方法。语法补偿是从结构上对源语和目标语进行调整的补偿形式。审美补偿则是将源语的审美形式过渡至目标语的审美形式。

  以上的三种补偿方法使用时通常遵循一定的顺序。首先，在对文本进行分析整合后,要保证语义准确,不能出现南辕北辙、本末倒置的现象,这时通常使用语义补偿。其次,语法上要符合目标语行文习惯,确保文章通顺,避免出现"中式韩国语"的现象,语法补偿就是考虑的重点。最后,审美要符合目标语读者的习惯,如果译文的审美价值很低,读者对译文的接受程度也会相应降低,这时审美补偿就是必不可少的。虽然这三种方法在分析理解上有先后之分,但在重要程度缺一不可。此外,虽然本文通过语义、语法和审美三个方面对翻译中的补偿方法加以论述,但在实际操作中三者并不是各自孤立的存在,而是相互联系的有机整体。因此,在同一句话的翻译中可能存在着复合型的补偿方法。

此外,翻译时还要根据具体的翻译语境与读者需求能动地选择补偿方法,补偿要在尽可能不变动原文架构的基础上完成。特别是在政治类文本翻译中,由于政治类文本逻辑性强,翻译时尤其要把握好文章中的逻辑关系,对文本提前进行深入的分析和理解。

参考文献

[1] 董栋,金玉花. 归化与异化视角下政治关键词的韩译策略探析[J]. 韩国语教学与研究,2018(3):141—147.

[2] 丁梦琳. 中韩翻译中的汉字词误译研究[D]. 济南:山东大学,2018:1—65.

[3] 金惠康. 跨文化交际翻译[M]. 北京:中国对外翻译出版社,2003.

[4] 柯平. 加注和增益:谈变通和补偿手段[J]. 中国翻译,1991(1):23—26.

[5] 林煌天. 中国翻译词典[M]. 武汉:湖北教育出版社,1997.

[6] 刘迎春,王海燕. 中国古代法律英译的补偿问题探讨[J]. 中国外语,2009(1):100—104.

[7] 李玉英,贾磊. 国内翻译补偿研究综述[J]. 周口师范学院学报,2011,28(6):57—59.

[8] 马红军. 翻译补偿手段的分类与应用:兼评 Hawkes《红楼梦》英译本的补偿策略[J]. 西南民族大学学报,2007(12):37—39.

[9] 屠国元. 翻译中的文化移植:妥协与补偿[J]. 中国翻译,1996(2):9—12.

[10] 王潇扬.《围城》英译本翻译补偿策略研究[J]. 宿州教育学院学报,2019,22(4):43—45.

[11] 王秉钦. 中国翻译思想史[M]. 天津:南开大学出版社,2014.

[12] 王恩冕. 翻译补偿法初探 [J]. 中国翻译, 1988 (3): 24—27.

[13] 夏廷德. 翻译补偿研究 [M]. 武汉: 湖北教育出版社, 2006.

[14] 叶韶雯, 张琪. 中国政治术语的英译: 以党的十九大报告为例 [J]. 考试与评价 (大学英语教研版), 2018 (3): 32—34.

[15] 张淑凤. 功能对等视角下《中国政府工作报告》特色词汇翻译分析 [D]. 银川: 宁夏大学, 2015: 1—32.

[16] 朱琳. 生态翻译学视阈下"人民网韩文版"韩译现况研究:《以十九大专题报告》为例 [J]. 戏剧之家, 2018, 297 (33): 223—225.

[17] 赵胜全.《丰乳肥臀》翻译中的文化缺失和补偿策略研究 [J]. 开封教育学院学报, 2019, 39 (5): 61—62.

[18] Hatim B, Mason I. *The Translator as Communicator* [M]. London and New York: Routledge, 1997.

[19] Hervey S, Higgins I. *Thinking Translation: A Course in Translation Method: French-English* [M]. London: Routledge, 1992.

[20] Newmark P. *A Text Book of Translation* [M]. Shanghai: Shanghai Foreign Language Education Press, 2011.

[21] Toury G. *Descriptive Translation Studies and Beyond* [M]. Amsterdam and Philadelphia: Benjamins Publishing Company, 1995.

[22] Wilss W. *The Science of Translation: Problems and Methods* [M]. Shanghai: Shanghai Foreign Language Education Press, 2001.

论《旭日冉冉》汉译本中的文化缺省及翻译补偿策略

信息工程大学 李思源

【摘 要】 文化缺省是作者在与其意向读者交流时对双方共有的相关文化背景知识进行的省略，文化缺省在提高信息传达效率、增加审美体验的同时，却给外语读者的理解原作造成了障碍。如何对文化缺省进行补偿是翻译活动的难点之一。本文以《旭日冉冉》汉译本为例，对文化缺省及翻译补偿的基本理论进行阐释，探讨《旭日冉冉》汉译本跨文化翻译过程中对文化缺省进行的直译、直译加注、替代、释义四种具体的补偿策略，得出了进行翻译补偿时充分了解两种文化、灵活选用翻译策略、坚持读者为中心的翻译观的思考和启示。

【关键词】 文化缺省；翻译补偿；翻译策略；《旭日冉冉》

作家在进行文学创作时，会对与意向读者共有的文化背景知识进行省略，这就是文化缺省现象。这种省略现象造成了他国读者对语篇的理解障碍，也形成了翻译工作中的难点之一。译者有责任采取适当的方式，对原语作者写作时留下的文化缺省进行补充，以最大限度再现原语的意义，使译语的受众和原语的受众产生相同的感受。本文以《旭日冉冉》汉译本中的文化缺省现象和翻译补偿策略为研究重点，探讨在跨文化交际过程中，翻译者如何采用补偿策略应对客观存在的文化差异，实现最大限度的翻译和两种文化的有效交流。

一、文化缺省及翻译补偿

（一）文化缺省

在人与人交流的过程中，交流的双方往往都会有共同的背景知识。交流时，为了达到交流的经济性目的，减少信息传递花费的时间，交流者会省去对双方来说都显而易见的信息。作家写作也是一个交际的过程，读者就是作家的交际对象。只不过这样的交际过程是单向的，以作家向读者传递信息为主。作家在写作文学作品时，他的目标读者通常是使用本国语言的读者，即原语读者。作者一般会对自己目标读者的知识结构、文化背景有一定的了解和判断，为了达到写作的经济性目的，使文字简练，作者也会对作者和读者共享的背景知识进行省略，认为这些信息和知识对原语读者而言是不言自明的。尽管被省去的信息不出现在文字中，依然不会影响原语读者的阅读和理解。这些在文本中被省略的作者和读者共享的背景知识叫作"情景省略"（situational default）。如果缺省的部分和该语篇上下文的信息有关就叫作"语境缺省"（contextual default），如果缺省的部分与文化背景知识有关就叫作"文化缺省"（cultural default）。[①]

文化缺省，是作者在与其意向读者交流时对双方共有的相关文化背景知识进行的省略。文化的缺省是必要的，除了增强信息传递的效率，还兼具美留白的美学功能。由于作者与原语读者生活在相近的语言环境和文化环境中，作者和原语读者具较译语读者而言更多的共同背景知识。而作为译语读者，由于和原语读者生活在不同的语言环境和文化环境中，与原语读者的文化背景知识具有一定的差异，难以调动语言之外的信息来参与语篇的理解。作者在写作时并非以译语读者为目标读者进行写作，也不会考虑译语读者的接受能力和理解程度。对原语读者来说显而易见、不言而喻的文化背景知识，对译文读者而言很有可能不知所云，这就需要译者进行补充。

（二）翻译补偿

翻译在将一种语言转化为另一种语言时，也把一种文化引入另一种文化中。翻译本身就是一种文化活动，是连接着两种文化的纽带，文化的转换伴随着翻译的始终，文化转换失败，翻译也就失去了应有之义。面对文化缺省，译者在翻译的过程中有责任对文化缺省现象进行一系列的补充和说明，以避免意义的空缺，这就是翻译补偿。文化缺省是翻译活动的难点之一，译者在进行翻译补偿时要扮演双重角色。一方面是理解，即译者必须识别出存在于原语著作中的文化缺省，并准确地理解原语作者传达信息的目的和意图，这就需要译者对原语作品的文化背景有相当的了解。另一方面是表达，即作者通过易于译语读者理解的方式重现作者的目的和意图，这就要求译者对译语读者的文化背景进行准确的判断，并且采取恰当的方式向读者表达。如何克服这个难点，什么样的方式是恰当的方式，如何跨越语言和文化的双重障碍、实现语言和文化的双重转换，这就是本文主要讨论的翻译补偿策略。

[①] 王大来. 文学翻译中文化缺省补偿的一个原则［J］. 温州大学学报, 2004（4）: 30—35.

二、《旭日冉冉》汉译本中的文化缺省及翻译补偿策略

《旭日冉冉》是缅甸著名小说，它不仅是一部优秀的文学作品，而且是一部缅甸历史的教科书，反映了缅甸于 19 世纪末沦为英国殖民地后缅甸人民波澜壮阔的反殖民地斗争，书中包含了缅甸诸多独特的文化现象，是我们了解缅甸文化、历史的重要窗口。该小说于 20 世纪 80 年代由北京大学缅甸语教研室翻译为中文并出版发行，译者多长期从事缅甸语的研究教学，具有深厚的学养，其译本具有一定的权威性。和实用性文体不同，小说是以刻画人物形象为中心，通过完整的故事情节和环境描写来反映社会生活的文学体裁。在翻译过程中，除了要翻译出语言层次的表层意义，还要关注小说的故事情节和塑造的人物形象，对文化缺省进行翻译补偿，最终要服务于故事情节的推进、人物形象的塑造和社会生活的反应。在具体的翻译过程中，译者尝试了多种方法，对《旭日冉冉》一书中复杂而丰富的文化信息进行了翻译补偿，有效传达了原文信息，可以概括为直译、直译加注、替代、释义四种翻译策略：

（一）直译

所谓直译是指翻译出原文语言意思的同时保留原文的形式，对于原文的文化缺省现象不做任何交代。直译不仅有助于保留原文语言的生动性，而且能为目的语读者带来一种独特的思维方式，为目的语带来全新的、生动的异族文化。

例 1：

သူ့ကြောင့်အမှားလုပ်မိသည်။ အမှားလုပ်မိ၍ အမှန်ကိုမြင်ရပေသည်။ "မမှားသောရှေ့နေမသေသော ဆေးသမားမရှိ" ဟူသောစကားပုံရှိသည်မဟုတ်ပါလား။

他使我做了错事，正因为做过错事，才知道什么是正确的。不是有这样的俗话吗："没有不犯错误的律师和医生"。

这句话中，有一句缅甸的俗语"မမှားသောရှေ့နေ မသေသောဆေးသမား မရှိ"，字面意思是"没有不会犯错的律师，也没有不会死的医生"，意为人人都会有犯错的时候，在中文没有这样的表达习惯。但是在缅甸和中国，律师和医生都是具有权威性的职业，连律师和医生都会犯错误，那么更不用说是普通人了，中国读者即便没有听过类似的表达，也可以用自己的生活经验理解作者想要表达的意图，译者也就只需直译而无需替代为"金无足赤，人无完人"这样中文中的俗语了。

例 2：

"အချိန်တန်တော့နွားပိန်ကန်လိမ့်မပေါ့။သခင်ခေါင်းဆောင်ကြီးများနဲ့လည်းဒီကိစ္စကို ဆွေးနွေးနေပါ တယ်။"

"俗话说，时刻一到，瘦牛也会踢人嘛！我正在与德钦党领导人商量这件事呢？"

哥丁基所说的这句话中,用了一个缅甸的俗语"အချိန်တန်တော့နွားပိန်ကန်လိမ့်",字面意思即是时刻到了,瘦牛也会踢人,比喻力量弱小的人到了忍无可忍的时候也会反抗,类似于中文中的"兔子急了也会咬人"。译者在翻译时,推断按照中国读者的文化背景,可以理解"瘦牛"指力量弱小的人,"踢人"指反抗,因此直接按字面意思翻译,保留了原语的文化特色,也能使中国读者理解原语作者的意图。

例3:

ကိုထွန်းရှိန်က-"ဒေါက်တာဘမော်ရဲ့ ညွန့်ပေါင်းအစိုးရကို ကျုပ်တို့တစ်တွေဟာ ရေမြေမဟုတ်ဘူး၊ မြွေဟောက်ဖြစ်တယ်ဆိုတာကိုပြကြတော့မယ်။"

哥吞新说:"我们要让巴莫联合政府知道,我们不是水蛇而是眼镜蛇。"

哥吞新所说的这句话中,有两个文化意象"水蛇"和"眼镜蛇",哥吞新正在鼓动学生参加反对由英殖民者主导、巴莫为首的殖民政府的学生运动,希望学生们通过参加学生运动,让殖民政府认识到学生们代表的缅甸民众的政治力量,满足学生组织、我缅人协会等社会组织提出的政治诉求。中文中虽然不用"水蛇"和"眼镜蛇"来比喻力量大和小的人,但中文读者也很容易通过字面含义推断出作者的意图,于是译者没有进行额外的解释,直接按照字面翻译为"我们要让巴莫联合政府知道,我们不是水蛇而是眼镜蛇"。

例4:

"မအော်ကြနဲ့ကွယ်၊ မင်းတို့မောနေပါ့မယ်၊ ငြိမ်ငြိမ်ပုတီးစိပ်တိတ်နေကြ၊ ရတနာသုံးပါးကိုသာ အောက်မေ့နေကြတယ်။"ဟု အောက်က ပရိသတ်က လမ်း၍ပြောကြလေသည်။

"别喊了,你们会累坏的。老老实实数念珠吧!只要想着佛、法、僧三宝就行了。"下面的人对学生们说道。

这句话中,有数念珠、佛法僧三宝两个文化缺省现象。原文中,在学生宿舍楼下的家长和市民,看到正在绝食并喊着口号的学生们,劝他不要再继续抵抗。缅甸作为一个佛教国家,数念珠和信仰佛、法、僧三宝是缅甸民众日常生活和修行的重要组成部分,作者用"数念珠、想着佛法僧三宝"代表正常的、有秩序的、服从权威的生活。中国读者虽然没有数念珠和信仰佛、法、僧三宝的宗教传统和生活习惯,但依然能理解文中"下面的人"对学生们的规劝,于是译者直接按照字面意思翻译,达意的同时也为中国读者展现了缅甸全民信佛的文化景观。

例5:

"ဘုရားတောင် အမှီရှိမှ ပွင့်တယ် မောင်ရင်ရေ။"

"连佛陀也得有个依靠才能修成正果呢,我的兄弟!"

哥丁基说这句话的背景是,哥丁基在和主人公争论是否应该同日本结成盟国,共同推翻英国殖民者在缅甸的统治,哥丁基认为缅甸国力羸弱,缅甸要想谋求独立应当借助日本的力量，于是借用缅甸的俗语"ဘုရားတောင် အမှီရှိမှပွင့်တယ်"来解释自己的观点，字面意思即"连佛陀也得有个依靠才能修成正果"。中文中，虽然不会用佛陀修成正果来比喻取得成功，但中文读者仍然可以通过字面意思推测原语作者想要表达的"需要借助外界的力量才能达成目的"的意图，因此译者在翻译时直接按照字面意思翻译，不额外增补信息，也不会造成译语读者的疑惑和误解。

（二）直译加注

在翻译文化性很强的人名、地名、专业术语时，译者可以通过添加尾注、脚注和附录的手段来解释原文中的难点，传递具体文化意象和背景知识。

例6：

ဂဠုန်ဆရာစံသည်သံခမောက်ဆောင်း၍ ဂဠုန်ကိုစီးကာ ကျွန်တော်တို့ကျောင်းဝင်းထဲသို့ ထိုးဆင်းလာလေ မည် လော။

咖咙[①]赛耶山会不会全身披挂，骑着一只咖咙神鸟来到我们学校的院里呢？

（注：①咖咙在缅甸神话中是一种威力极大的神鸟，佛经中有人译为妙翅鸟，类似我国传说中的鲲鹏。1930—1932年，沙耶瓦底的赛耶山以咖咙为标志，组织农民起来抗英。）

在小说中，主人公小学的时候听说沙耶瓦底爆发了农民起义，农民起义的领导者是咖咙赛耶山。咖咙是缅甸的神鸟，既是农民起义的标志，又在领导者的名字之中，于是主人公展开了美好的幻想，期盼农民起义的领导者能够骑着神鸟来到主人公的学校，"把缅甸从异教徒洋鬼子们手中拯救出来"。咖咙神鸟虽然在我国传说中有相对应的文化意向——鲲鹏，但译者在处理"咖咙"音（领导者的人名）与意（神话中的神鸟）兼有的情况时，直接音译人名并添加注释，使读者在了解文化背景和历史背景后能够理解主人公对农民起义和反抗英殖民统治的一腔热血，也方便后文再次翻译"咖咙"时不再需要额外解释，保证了翻译和阅读的流畅。

例7：

ထိုအခိုက် ကျွန်တော်တို့ ဝယ်နေသောဆိုင်မှ ပန်းသည် တစ်ဦးနှင့် ဟိုတစ်ဖက်က ပန်းသည်တို့သည် ပုဇွန် တောင်ပန်းခြံတွင် အငြိမ့်ကလျက်ရှိရာ ဘုန်းတော်ကြီးများပါ ကြည့်နေကြစဉ် ကုမ္ပဏီအမျိုးသမီး ၂၀၀ခန့်လာ ပြီး ဘုန်းတော်ကြီးများပွဲ မကြည့်ရန် မေတ္တာရပ်ခံသွားကြောင်း သတင်းကိုဝေဖန် ဆွေးနွေးနေကြလေသည်။

女店主正和另一个女人谈论一件新闻。说是勃生堂公园演出"阿迎"，和尚们也去看，两百多名妇女联合起来请求和尚们不要看"阿迎"[②]。

（注：②缅甸的一种小型演出艺术，一般有两三个女演员交替演唱和跳舞，中间由两

个丑角插科打诨。）

阿迎舞是缅甸一种独特的民间说唱舞蹈，对缅甸人来说可以说是家喻户晓、人尽皆知。而在中国文化中并没有相对应的舞蹈表演形式，于是译者采用音译加注的方式帮助读者理解缅甸这一独具特色的舞蹈艺术。

例8：

ကိုအောင်ကျော်အတွက် ဝမ်းနည်းခြင်း အထိမ်းအမှတ်အဖြစ်ဖြင့် တစ်ပြည်လုံးတွင် အစည်းအဝေးလုပ်ကြ ၏။ အလံထက်ဝက်တင်ကြ၏။ ချီးကျူးပြီးဘွဲ့ထူးအမျိုးမျိုးပေးကြ၏။ ကိုအောင်ကျော်သည် ဗိုလ်အောင်ကျော် ဖြစ်သွားလေပြီ။

全国各地都在举行大会哀悼哥昂觉。升半旗致哀，表彰他，并授予他各种荣誉称号。于是哥昂觉变成了波昂觉③。

（注：③缅甸人喜欢称军人为波XX，哥昂觉在反英示威运动中牺牲了，人们为了对他的英勇行为表示尊敬，尊称他为波昂觉。）

ဗိုလ်（读作"波"）的原义是将军，缅甸人将之放在名字之前表示军人的身份，是一种具有荣耀的称谓。而"哥"只表示年龄，是更加普通和常见的称谓，没有特别的含义。在原文中，作者只需要说"哥昂觉变成了波昂觉"就能让原语读者理解当时人们对于在抗英示威运动中牺牲的哥觉昂的敬意。在翻译外语人名时，通常采用音译的方法，然而中国读者一方面不知道"波"有将军、军人的含义，也不知道名字之前可以加表示身份的词，因此无法理解作者原本的意思，于是译者在翻译过程中，补偿了缅甸人的姓名文化，以帮助中文读者理解。

例9：

ကျွန်တော့်မှာ တို့ဗမာဝါဒ ဘုံဝါဒစသည်များကိုနားလျှံအောင်ကြား၍ ကိုယ်တိုင်ကပင် အတော်အသင့် ဟောတတ်ပြောတတ်ပြီ ဖြစ်သော်လည်း ဂျီစီဘီအေ ဝံသာနုခေတ်၏ လက်သုံး ဖြစ်သော အမျိုးဘာသာ သာသနဟူ သောဆောင်ပုဒ်များကို ကြားလျှင်လည်း စိတ်ထက်ထက္ကသည်ပင်ဖြစ်၏။

虽然我听到不少我缅人主义、共产主义的宣传，而且自己能讲不少，但一听到各团体总会温达努④时代常用的"民族、语言、宗教"的口号时，心情依旧很激动。

（注：④温达努系巴利文，意为自己的、民族的。这里是民族独立的意思。后文中的温达努主义即爱国主义，发扬民族精神之义。）

这句话中有一个文化缺省即"温达努"，缅甸语中，由于受印度文化的影响，有大量的巴利语借词，"温达努"即是其中之一，温达努原义是"自己的、民族的"，缅甸民族主义者用这个词激发民众的民族意识、号召民众反抗英殖民统治以争取民族独立和民族自决，这个词已经是缅甸近代历史中极具特色和代表性的一个词，对缅甸读者来说这个词的含义不言自明。而中国读者对缅甸历史了解较少，无法理解"温达努"的含义，若译为民族主义，一方面"温达努"和

"民族主义"含义有一定的差别,两个概念出现的时间也不同,"民族主义"这个概念出现的时间远远晚于"温达努";另一方面,缺失了"温达努"这个具有缅甸特色的词,中国读者会丧失通过仅这一个词就能了解缅甸民族主义运动历史的机会。因此,译者在翻译时采用了音译加注的方式,既保留了缅甸特色,又能让读者了解缅甸一段历史与文化。

例10:

"ဒီအရပ်မှာ ရှင်လောင်းလှည့်ရင်လည်းလှေနဲ့၊ ဈေးရောင်းလည်းလှေနဲ့ ဆိုပဲ မောင်လေးရဲ့။"

"听说这儿小孩做剃度仪式⑤也用船,卖货也用船,干什么都用船。弟弟,你知道吗?"

(注:⑤缅甸人的习俗。凡男孩必须剃度出家当小沙弥一次,还俗后才能算成人。)

这句话中有一个文化缺省现象:缅甸的剃度仪式。缅甸人认为,把自己的骨肉敬献给佛是最大的善事。孩子出家也是其成人的标志,是缅甸男性人生中最重要的事情,其重要性甚至在婚礼之上。剃度礼在6—20岁间进行,大多数人会在13或14岁剃度。原文中,把"剃度仪式"和"卖货"用作生活中重要事情的代表,想要表达的意思是,在茵丽湖"船"是最重要的交通工具。译者在翻译时,如果不加以解释,中国读者难以理解为什么小孩要进行剃度仪式,更无法想象剃度仪式对于缅甸人的重要性。因此添加注释来补偿文化背景,介绍缅甸文化。

(三)替代

译者将原文中带有特定文化内涵的词语归入到译入语范畴中,用译入语文化中对应的词语进行替换翻译,达到再现原文意义的目的,这也就是结构主义翻译理论家劳伦斯·韦努蒂提出的归化翻译策略。

例11:

စာရေးဘဝတွင် ကျွန်တော့်အဖေ အသည်းအနာဆုံးအလုပ်မှာ လယ်ဝန်(သို့မဟုတ်မြေစာရင်းဝန်တောက်)အားဘုရား ထူးရခြင်းနှင့်ရှိခိုးရခြင်းအလုပ်ဖြစ်လေသည်။ ရှိခိုးရခြင်းဆိုသည်မှာစကားတင်စားပြောခြင်းမဟုတ် ပါ။ တကယ်ပင်လက်ဆယ်ဖြာကြာပဲ့ဖြင့် နဖူးပြင်တင်၍ ရှိခိုးရခြင်းဖြစ်ကြောင်း ကျွန်တော် ကိုယ်တိုင် မြင်ဖူးပါ သည်။

父亲当文书的时候,每逢见到土地官,必须顶礼膜拜高呼老爷。这是使父亲最心痛的一件事。那可是地地道道的顶礼膜拜呀!我曾亲眼看到过父亲双手合十,举过头顶,躬身施礼那副卑恭的神态。

原文的字面意思是"父亲当文书的时候最痛心的事就是每次见到土地官都要用拜佛的方式向土地官跪拜,跪拜不是比喻,而是真的要把十指合成一个荷花花苞的形状高高举起,来向土地官跪拜"。译者在翻译的过程中,用"顶礼膜拜高呼老爷"替代了"拜佛"。由于佛教在缅甸具有极高的地位,原文用拜佛来形容父亲在地方土地官面前卑微的姿态，而中国文化中，佛教没有那么高的地位，作者译作"顶礼膜拜高呼老爷"，这样旧社会的做法能够唤起中国读者对封建时期官僚习气的记忆，符合中国读者对旧官僚的想象，也省略了后文荷花花苞这个对中国读者来说非常陌生的比喻，便于中国读者的理解。

例 12：

မမြင့်ဦးမှာ အသားညိုသော်လည်း ညိုချောထဲကဖြစ်သည်ဟုဆိုနိုင်၏။

玛敏妩肤色稍黑，是为"黑里俏"。

ညိုချော，是"အသားညို၊ အရပ်ချော"的简称，字面意思是"黑、美"，指肤色略黑而漂亮的人。译者翻译时，如果译作"玛敏妩肤色稍黑，但是容貌漂亮"虽然可以达意，但失去了原文简洁的表达风格，作者使用汉语中类似的表达"黑里俏"，完整达意的同时保留了原文的风格。

例 13：

ကျွန်တော်တို့တွင် ပင်နီမြတ်ကျော်ဆိုသော မိတ်ဆွေတစ်ယောက်ရှိ၏။ သူသည် ပင်နီကိုအမြဲအစွဲဝတ်သောကြောင့် လည်းကောင်း၊ သူ့ကိုယ်သူ ပင်နီမြတ်ကျော်ဟု လက်မှတ်ထိုးတတ်သောကြောင့် လည်းကောင်း၊ ကျွန်တော်တို့ကျောင်းသား တစ်စုက သူ့အားပင်နီမြတ်ကျော်ဟုပင် ခေါ်ကြ၏။

我们有一个叫做"土包子"妙觉的朋友。这个妙觉因为经常穿一件土布上衣，在他签名的时候也常在名字前面冠上土布上衣几个字，我们男同学就给他起了个绰号——土包子。

原文中的"ပင်နီ"是浅棕色土布的意思，主人公将这个词加在名字前面，表明对妙觉此人的厌恶。中国人也会在别人的姓名之前加上绰号来表明对此人的情感。译者在翻译时面临"音"和"意"的选择，译者在了解原语作者的表达意图后，选择了保留意，并用中国人会使用的绰号"土包子"替代原文中的绰号"土布上衣"，更符合中国读者的文化背景。

例 14：

အကြောင်းကား ဘထူးဟူသောအမည်မှာ နေ့နံနှင့်မကိုက်ရုံမက ရိုးလည်းရိုးလွန်းသည်။

巴图这个名字，既不符合我的生辰八字，也不雅致。

此句涉及缅甸人命名的方法。缅甸人将一周七天分为日曜、月曜、水曜、罗睺、木曜、金曜、土曜八种星象，除星期三外一天对应一种星象，星期三的上半日和下半日分别对应一种星象。按照占星之法，缅甸人又把 33 个字母分为八组，除星期三外，星期中的每一天对应一组字母，星期三的上半日和下半日分别对应一组字母，共有八种对应的方式。命名时根据出生的那天是星期几来命名，缅甸人名字的第一个字，一般由与那个星期几对应的字母拼成。缅甸人认为，只有按命名法取名，才能使孩子今后聪颖、健康、发达。在中国人的命名传统中，没有按星期几命名的方式，如果译成"巴图这个名字不符合我的星期"，容易使中国读者产生名字和星期有何关系的困惑。于是译者在翻译时，参照中国取名时会按出生时的生辰八字起名的做法，将缅甸人按星期起名的方式译作"按生辰八字起名"，两种起名方式都涉及了出生时的时间和星象，有一定的共性，方便中国读者对照理解，也省去了对缅甸人繁杂的起名方式所要做出的解释。

（四）释义

释义是直接把原语中难以理解的文化信息转换为解释性词语，再巧妙地嵌入原文，含而不露地释放文化缺省信息，有利于再现原作的文化价值。译文既无失损之虞，又无凿补之痕，自然天成。

例 15：

အရောင်းအဝယ် မစွံရုံမက မိဘ အမွေအနှစ် ဖြစ်သော ယာတော နှစ်တောဆုံး၊ နေအိမ်ချစ်သီးလက်အုပ်ရ သည်အထိ ဖြစ်သွားလေသည်။

不仅买卖没做好，甚至连祖传的两块地也赔了进去，一所房子也被抵押到高利贷主的手里。

原文"ချစ်သီး"原义是"齐智人"，属泰米尔族，主要居住在南印度马德拉斯省的齐智纳德城，他们于 16—17 世纪开始集中从事金融和放贷业，第一次英缅战争后随英国人进入缅甸开始从事小的金融和商业活动，第三次英缅战争之后，齐智人的放贷已广泛地渗透到缅甸各地，成为缅甸农民的最大债主。[①]在缅语中，"齐智人"成了高利贷主的代称。译者在翻译时，直接译作"高利贷主"，方便读者直接理解作者的表达意图，避免因过多解释而破坏阅读的流畅性。

例 16：

ဦးအံကြီးသည် ကွမ်းသွေးဖြစ်ခနံထွေးပြီး ကျောက်စလင်းအစစ် မျက်မှန်အောက်မှ မျက်လုံးများကို ပင့်မ၍ ဇာတာခွင် ကိုကြည့်နေလေသည်။

算命先生吴安基嚼着槟榔包，接着呸了呸嘴，把一口痰吐在地上。他两只眼睛直愣愣地向上望着，从水晶眼镜上方瞧着生辰牌子。

这句话中"ကွမ်းသွေးဖြစ်ခနံထွေး"原义是"呸"的一声吐出了槟榔汁。作者译作"嚼着槟榔包，接着呸了呸嘴，把一口痰吐在地上"。在缅甸的饮食习惯中，槟榔是重要的零食，缅甸人爱吃槟榔，嚼槟榔时口水大量分泌，会产生一种红色的槟榔汁，缅族人边嚼槟榔边吐出槟榔汁。而中国人嚼的槟榔在制作方法上和缅甸不同，咀嚼时不会有吐口水的动作。如果直接译成"吐出槟榔汁"容易造成中国读

[①] 许少峯. 浅析缅甸殖民地时期齐智人的高利贷活动［J］. 东南亚研究资料，1986（4）：98—104.

者"何为槟榔汁""槟榔汁从何而来"的困惑,译者详细解释了算命先生吴安基在咀嚼槟榔包,又吐了一口痰,补足了文化缺省现象。

例 17:

ဦးရွှေရီ၏ ဝေလွင်လွင်ဇာတ်ကားကို ကြည့်ပြီးနောက်၊ ဦးရွှေရီ၏ ကပြန့်ကို အလွန် နှစ်သက် စွဲလမ်း ခြင်း ဖြစ်ပြီး "ငါတော့ ကျောင်းထွက်ရင် ရုပ်ရှင်ဇာတ်လိုက်လုပ်မကွာ" ဟု သူငယ်ချင်းများ အားပြောမိလေသည်။

看了吴瑞有主演的电影《内伦伦》后,我被吴瑞的精湛演技迷住了,敬佩至极,我曾跟朋友们说过:"毕业后我要去当电影演员。"

这句话中前半句"ဦးရွှေရီ၏ ဝေလွင်လွင်ဇာတ်ကားကို ကြည့်ပြီးနောက်"字面意思为"看了吴瑞有的《内伦伦》后"。吴瑞有是缅甸知名的电影演员,《内伦伦》是其代表作。对于对缅甸电影发展极其陌生的中国读者来说,既不知道吴瑞有是什么,也不知道《内伦伦》是什么,于是译者直接在文中进行释义,译作"吴瑞有主演的电影《内伦伦》"。

例 18:

ရပ်ရွာထဲတွင် သာရေးနာရေး ရှိလျှင် ကိုကြွယ်သည် ဒိုင်ခံအကျိုးဆောင်သူဖြစ်၏။

要是街道上有个红白喜事,哥觉又成了办事的主要负责人。

此句话中,"သာရေးနာရေး"是缅语的固定表达,字面意思是"喜事、哀事",实际上是泛指婚丧嫁娶等各类红白喜事。译者在翻译时,若按字面含义译作"街道上有个喜事哀事",易造成读者何为"喜事哀事"的疑惑,于是译者直接使用中文中的"红白喜事"进行释义,补足了缅语中含蓄、留白的文化缺省,用中文的方式对作者的意图进行了重新表达。

通过以上对四种翻译策略的分析和举例,我们可以发现译者在翻译的过程中,充分考虑到了中国与缅甸的文化、历史差异和各自语言结构的特殊性,根据语境和读者接受度灵活采用了多种翻译策略和手法,最大限度地填补了原语著作中的文化缺省,增加了译本的可读性、可理解性,为中国读者了解缅甸的历史与文化打开了一扇窗。

三、选择补偿策略时应遵循的原则

正如作家创作文学作品是一种交际方式,翻译家翻译文学作品更是一种交际方式,并且是跨文化的交际方式。文化缺省客观存在于交际的过程之中,给跨文化读者理解别国的文学作品造成了障碍。译者在处理原作文化缺省时,必然会遇到在目标语言中没有和原语言完全对应的词汇、概念、文化的困境,此时译者必须对采用何种翻译策略来进行翻译补偿进行选择。在进行补偿策略的选择时应当注意以下几点:

(一) 对原语文化和译语文化有充分的了解

正如前文提到，翻译者作为两种文化的桥梁，要把一种文化引入另一种文化，其扮演了理解和表达的双重角色，其思维活动过程可以描述为"识别文化缺省——理解文化缺省——重新表达文化缺省"。无论是理解还是重新表达都需要对两种文化有深入的了解。文化缺省现象既有显性的，也有隐性的。显性的文化缺省往往以文化负载词的方式出现。所谓文化负载词是指那些在其原始意义或概念意义之上，蕴含丰富的社会文化意义的词语，这些词语在译语中没有对应的语言，反映了一个民族在漫长历史中逐渐形成的、区别于其他民族的、独特的思维方式和活动方式。这些文化负载词是一种语言中文化的高度的集合体，往往能明确地提示译者此处存在文化缺省现象。例如本文第二部分的补偿策略中，"佛法僧三宝""剃度仪式""温达努""阿迎""咖咙"均以文化负载词的形式提示了文化缺省。然而还有一些隐形的文化缺省现象，由于没有文化负载词的提示容易被译者忽略。例如：

ဘုန်းတော်ကြီးကျောင်းမှကော်ဇောများဌားကာခင်းပေးထားရာ မျက်နှာဖြူလယ်ဝန်မင်းက ဖိနပ်ကြီး စီး၍ကော်ဇောပေါ်မှာလျှောက်၏။

原书译作：为了给这位老爷铺地垫脚，父亲特地从和尚庙借来了地毯。

此句中的"和尚庙""地毯"均不是文化负载词，寺庙和地毯同样出现在中国人的生活和文化中，然而此处依然存在文化缺省现象：一是，寺庙在中国和缅甸人的心理地位不同。在缅甸，佛教是缅甸人忠实的信仰，寺庙是宗教活动和村社活动的中心，在村社中具有很高的地位，与中国村社不同；二是，缅甸有进寺庙必须脱鞋的传统，而中国人既没有这种习惯，也不知道缅甸人有这种习惯。汉译本的译法符合字面的含义，然而从小说的人物形象来看，缅语原文作者在这句话中一方面塑造了"父亲"对于白人尊重、仰视、害怕、盲目崇拜、不敢耽误的心理，以至于从在缅甸人心理地位很高的寺庙中借来地毯；另一方面塑造了白人土地官作威作福、不以为然、轻视缅甸人的形象，对缅甸人脱下鞋才能踩的地毯，直接穿着鞋子踩上去，译文表述时塑造的形象远远不如原文形象明显。从读者感受方面来看，阅读原文时，原语读者会有同情缅甸人、厌恶白人的感受，阅读译文时这样的感受不明显。人物形象和读者感受欠缺的原因就在于文化的缺省。由于译者没有对双方文化做到充分的了解，没有识别出此处的文化缺省，导致了翻译的不到位。当识别了此处的文化缺省后，可采取释义的翻译策略，改译为"父亲从寺庙里借来了上好的地毯，白人土地官穿着皮鞋一通乱踩"。"上好的地毯"补偿了寺庙用品在缅甸人心中的地位，"一通乱踩"补偿了缅甸人不穿鞋踩地毯的习惯，使译文的形象和感受更加贴合原义。由此可见，在翻译的过程中，必须同时精通两种文化才能识别"什么是原语作者和原语读者知道而译语读者不知道的"，并采取符合译语读者文化的方式对其进行补偿以帮助译语读者的理解。

（二）充分了解各种补偿策略的优势与不足，灵活采用多种补偿策略

以上讨论的补偿策略都有各自的优点与不足：直译法最能使译语读者感受异域文化，却很可能因为文化背景的缺失导致理解障碍和理解的不确定，读者由于在母语中并没有完全一样的用法，因此读者的理解只能是推断而不能是完全的确定。直译加注法除了弥补直译法的不足，还可以增加读者的文化知识，却因为补充了复杂、陌生的文化背景而使读者必须停下原文的阅读而去阅读注释，且注释还需要放到原文中结合语境理解，一定程度上破坏了阅读的流畅性和故事的进度；替代法和释义法用归化的方式将异国文化转换成了本国文化，易于读者对文意的理解，却丢失了异域文化的体验。因此，应当在了解各种策略的优点与不足的基础上，根据具体的语境和篇章灵活选用补偿策略。在策略选择时，可以使用一种补偿策略，也可以同时使用多种补偿策略，最大限度避免机械的、单一的文化缺省补偿。例如：

အောက်ပြည်အောက်ရွာသို့ပဲ၊ သနပ်ခါးခေါက်၊ ဆီးသီးများ၊ ပိုစမ်းဏ်။

到下缅甸①贩运豆子、黄香楝木、枣子和鱼露等。

（注：①习惯上，人们把缅甸本部分为上、下缅甸两部分。从若开邦北端经第一谬至东吁稍北一线作为分界线。上缅甸亦称缅北）

这句话中的"အောက်ပြည်အောက်ရွာ"字面意思是下面的城邦和村寨，是一个文化缺省现象，译者在进行补偿时，首先用释义的策略将"下面的城邦和村寨"释义为"下缅甸"，又对"下缅甸"用加注的策略进行解释，同时使用了两种翻译策略。既没有过度归化为"缅甸南部"，保留了上、下缅甸这样有特色的称法，还对"下缅甸"的含义进行充分的解释，保证了读者的可理解性。

（三）坚持以读者为中心的翻译观

译语读者是翻译者最终的服务对象，满足译语读者的需求是翻译工作的最终目的。作为译语读者，首先有读懂原文的需求。在阅读过程中，文字是读者获取信息的唯一方式。任何社会环境的描写、故事情节的推动、人物形象的塑造、情感价值的传递、美的感受、文化的交流都是以文字为载体的，译语读者能够读懂的只有译文，因此，译者在进行文化补偿时首先应当保证的是读者能够理解译

文，即，不能因为要考虑文化的引入不加解释、生硬地使用一些读者无法理解或者是造成歧义的表述。例如：

ကျွန်တော်မှာ ဉာဏ်ကနည်းအထိုက်အလျောက်ရှိ။ လုံ့လလဲ အတော်အတန်ထုတ်သဖြင့် မြန်မာ၄-တန်းစကောလားရှစ်အောင်ပွဲကိုအောင်ပါလေသည်။

原译：我有点小聪明，学习也比较勤奋，还真取得了缅文四年级的奖学金。

这句话中的"ဉာဏ်"，原意是智力、智慧的意思。原语作者想表达的是因果关系，因为"我"聪明，并且努力，所以获得了缅文四年级的奖学金。原语作者和译语读者的文化都认同，学习好既需要先天的资质也需要后天的努力。这个先天的资质，在缅文中被称为"ဉာဏ်"，在汉语中被称为聪明或者天赋。原文在"ဉာဏ်"后面加入了表示程度的形容词，表示有一定的天赋而不是很大的天赋，是褒义的，译者在翻译这个程度的时候，译为了"小聪明"。小聪明在汉语中表示在小事情上或枝节方面显露出来的聪明，多损伤大局或不利于长远，常含贬义。译文机械地把"聪明"+"小"译成了"小聪明"，很容易造成理解的歧义，使读者产生这里的"小聪明"是褒义还是贬义的疑问。可以译为："我天资尚可，又多加勤奋，还真取得了缅文四年级的奖学金。"因此，必须把保证译文的可理解性、使读者能够读懂译文作为翻译补偿的基本要求。此外，读者在选择阅读外国的文学作品时，通常抱有通过探索与发现异质文化，来弥补、充实、提升自身文化的心理。因此，在文化补偿中，应当尽量保留原语所独有的异国情调和文化信息，不能因过度补偿导致读者丧失文化探索的机会。同时，作者应当尊重原文作者的创作动机和美学设计，认真审视文化缺省背后的美学效果，使译语读者能最大限度地享有和原语读者同样的美学体验和感动。

总而言之，译者作为两种语言和两种文化的传递者和中间人，应当精通两种语言、了解两种文化，根据原文的语境、译文读者的接受能力，具体情况具体分析，灵活选择正确的补偿方法，最大限度地体现原语文化和美学价值，真正实现跨文化交际的效果。

参考文献

[1] 李家春，崔常亮. 跨文化翻译中的文化缺省现象与文化补偿策略[J]. 黑龙江教育学院学报，2007（2）：117—119.

[2] 王大来. 从翻译的文化功能看翻译中文化缺省补偿的原则[J]. 外语研究，2004（6）：68—70，77.

[3] 吴登佩敏. 旭日冉冉[M]. 贝达勉，译. 北京：北京大学出版社，1982.

[4] 姚秉彦,李谋. 缅甸文学概述 [J]. 国外文学, 1982 (1): 45.

[5] 钟智翔. 缅甸概论 [M]. 广州: 世界图书出版广东有限公司, 2012.

[6] 钟智翔,尹湘玲. 缅甸文化概论 [M]. 广州: 世界图书出版广东有限公司, 2014.

[7] Berman A. *The Experience of the Foreign: Culture and Translationin Romantic Germany* [M]. S. Heyvaert (Trans.). Albany: State University of New York Press, 1992.

[8] Brown G, Yule G. *DiscourseAnalysis* [M]. London: Cambridge University Press, 1987.

[9] Matlin M. *Cognition* [M]. 2nd ed. NewYork: Holt Rinehartand Winston Inc, 1989.

论《习近平谈治国理政》缅译本中文化负载词的翻译策略

信息工程大学 苏 昱

【摘 要】《习近平谈治国理政》文本中包含着大量文化负载词,是翻译的难点所在,借鉴美尤金·奈达对文化的分类,本文将文化负载词分为生态文化、典故文化、社会文化、宗教文化和语言文化五大类,探讨了《习近平谈治国理政》缅译本中文化负载词的翻译策略,认为此译本翻译中多使用"异化"策略,对于不涉及中国特色的非核心概念采用了"归化"策略,建议对部分核心术语进行统一规范化的翻译,以增强译本的文化传播性,促进中国对外话语体系的构建。

【关键词】《习近平谈治国理政》;翻译策略;文化负载词

《习近平谈治国理政》的翻译是中国外宣翻译的重要组成部分,也是"讲好中国故事,传播好中国声音,塑造好中国国际形象"的关键之举。《习近平谈治国理政》缅译本的出版发行,为缅甸人民更好地了解中国打开了一扇新窗口,为增进中缅两国人民"胞波"情谊搭建了新桥梁,为深化两国治国理政经验交流提供了新载体。[①]因此,《习近平谈治国理政》缅译本既是我国外宣翻译的优秀范例,也是我国对缅传播的一次成功探索,对它进行个案研究,不仅可以丰富现有的缅汉翻译研究成果,而且能够为今后对缅开展公共外交工作提供一定指导意义。

一、《习近平谈治国理政》缅译本概述

《习近平谈治国理政》(第一卷)是为回应国际社会关切,增进国际社会对中国发展理念、发展道路、内外政策的认识与理解,由中国国务院新闻办公室会同中共中央文献研究室、中国外文出版发行事业局协作编辑、发行的重要政治文

---

① 新华网.《习近平谈治国理政》缅文版首发式暨中缅治国理政研讨会在缅举行[EB/OL].(2018-07-09)[2021-04-08]. http://www.xinhuanet.com/politics/leaders/2018-07/09/c_1123100839.htm.

献。该书收录了习近平在 2012 年 11 月 15 日至 2014 年 6 月 13 日这段时间内的重要著作,共有讲话、谈话、演讲、答问、批示、贺信等 79 篇,分为 18 个专题。作为构建融通中外对外话语体系的重要一环,第一卷已出版 29 个语种,34 个版本①,其中,缅译版由中国外文出版社与缅甸亚洲名望媒体集团合作翻译出版,是首个通过国际出版合作完成的译本,于 2018 年 7 月 9 日在缅甸首都内比都首次发行。

《习近平谈治国理政》根植于中国历史文化传统与中国特色社会主义现实,是中国共产党为全球治理、世界和平发展提供的中国智慧与中国方案。基于中国特殊的生态环境与社会文化背景,《习近平谈治国理政》在字词、句法和修辞的使用上都极富中国特色,对译者的缅汉水平有较高要求,文字以外所蕴含的中国传统文化和中国特色社会主义思想更是对翻译工作带来极大挑战。缅译本的翻译和校对工作由中缅两国团队合作完成,2016 年 4 月缅甸著名学者、缅甸战略与国际研究中心主任吴哥哥莱牵头率先组建缅方翻译团队,由他们将英文版翻译成缅文初稿,再由中方专家,年逾八旬的北京大学资深缅语专家李谋、新华社仰光分社原首席记者张云飞、云南省外办资深缅语专家许清媛一起按照中文原版进行逐字校对。"英-缅-中"的翻译模式和"译-校"人员的深厚外语能力与文化底蕴,保障了缅译本的政治性与可读性。

因此,发行不久后,《习近平谈治国理政》便在缅甸社会引起了广泛关注,先是被收录进缅甸联邦议会人民院图书馆,迅速在官员和学者间走红。后经过缅甸宣传部推广,《习近平谈治国理政》被摆放进缅甸全国各地图书馆,供普通民众阅读学习。时任宣传部长佩敏曾表示,《习近平谈治国理政》收录了习近平主席重要讲话和文章,为缅方深入了解中国发展道路和发展理念提供了权威读本,能更好地帮助缅甸朋友了解中国的发展历程和经验,为缅方探索符合自身国情的发展道路提供借鉴和帮助,为中缅两国共建"一带一路"和中缅经济走廊取得成功提供助力。

二、《习近平谈治国理政》缅译本中文化负载词的界定与分类

20 世纪 70 年代末起,西方翻译研究界不再将翻译视作单纯的语言文字转换,开始在社会文化层面研究翻译现象,将翻译视为发生在一定背景下的跨文化

---

① 王明杰. 高标准翻译出版领导人著作:以英文版《习近平谈治国理政》为例 [J]. 中国翻译,2020(1):36—41.

交流活动，使得翻译研究的焦点逐渐从语言转向文化。不同的民族有着迥异的地理环境、历史进程、社会制度和宗教信仰，在此基础上形成了各具特色的社会文化，语言生长在特定的文化背景中，翻译是在两种不同的文化间进行语言转换，需要重视文化间差异。

其中，"文化差异在词汇层次上体现得最为突出，涉及面也最广"[①]，一般而言，标志着某种文化中特有事物的词、词组和习语被称为文化负载词，这些词汇反映了特定民族在漫长的历史进程中逐渐积累的、有别于其他民族的独特活动方式。[②]有的地方也将文化负载词称作词汇空缺，指源语词汇所包含的文化信息无法在译入语中找到对应的词。[③]纽马克（Newmark）将文化负载词与普通词汇进行对比，认为文化负载词大多承载着特殊文化信息，另一种文化往往会对其感到陌生且难以理解，所以文化负载词常是文化差异与文化鸿沟的体现，是翻译的难点所在。[④]

国内对于文化负载词的研究集中在英汉翻译领域，每年都有一定数量、以文化负载词翻译为主题的论文得以发表，这类论文一般以特定文本为语料来源，结合某一翻译理论对语料中文化负载词的翻译方法进行分析，最终得出翻译策略，是理论与实践相结合的研究。与其他语种相比，缅汉文化负载词研究较为滞后。目前，还没有看到缅甸本土有关文化负载词的研究，在国内缅汉翻译的现有研究成果中，文化负载词翻译研究也较为小众，仅有一篇以《红高粱家族》缅译本为语料来源，分析缅汉文化词汇翻译策略的硕士学位论文。

现有研究成果中，个案分析时所采用的分类方法大致有三种：第一种是以语料所使用的翻译方法为脉络展开讨论，如覃秀红对《论语》泰译本中的文化负载词进行分析时，就根据音译法、直译法、增补法、替换法、略译法、造词法、详解法、沿用法和加注法九类翻译方法进行了细致的论证[⑤]。第二种是根据文化负载词所包含的文化特征进行分类，大多借鉴尤金·奈达对文化的分类，将文化负载词分为生态文化负载词、典故文化负载词、社会文化负载词、宗教文化负载词

---

① 张后尘. 语言学研究热点扫描 [J]. 外语与外语教学，1999（1）：7.
② 廖七一. 当代西方翻译理论探索 [M]. 南京：译林出版社，2000：232.
③ 包惠南，包昂. 中国文化与汉英翻译 [M]. 北京：外文出版社，2004：10.
④ [英] 彼得·纽马克. 翻译问题探讨 [M]. 上海：上海外语教育出版社，2001：39，94—95.
⑤ 覃秀红. 文化翻译观视角下《论语》文化负载词的泰译 [J]. 广西民族大学学报（哲学社会科学版），2015，37（3）：166—170.

和语言文化负载词五大类①。第三种是以论文的指导理论为出发点，从语言对比的角度展开研究，如宋洁将英汉文化负载词互译分为对应、空缺、冲突、相似和错位五种文化图式进行具体分析；②周全根据词汇的概念意义和文化意义在双语中的对等情况，将文化负载词分为概念意义和联想意义都相同、概念意义相同但联想意义不同、概念意义相同但联想意义空缺、概念意义不同但联想意义相同、概念意义在译语中空缺五类进行研究。③

学者们对于文化负载词有着侧重点不同，但大体相通的定义，也都采取了符合各自研究文本的分类方法。借鉴前人的研究并结合《习近平谈治国理政》文本的特殊性，本文认为《习近平谈治国理政》中的文化负载词是指那些承载着中国特色文化元素、在缅甸语中难以找到完全对等表达的词语或词组，如言简意赅的数字缩略词"五位一体"、极具中国特色的口语表达"意思意思"以及大量引用的古典诗词名句。本文将根据此定义对《习近平谈治国理政》中的文化负载词进行整理，然后参照各文化负载词所具有的文化特征，即上述第二种分类方式，结合具体实例对《习近平谈治国理政》缅译本的翻译策略进行分析。

三、《习近平谈治国理政》缅译本中文化负载词的翻译策略

（一）生态文化负载词翻译

各民族处在不同的地理位置和生态系统中，拥有迥异的自然环境资源。生态文化负载词指语言系统中描述生态环境的特定词汇，不同语言中的生态文化负载词千差万别。《习近平谈治国理政》文本中包含大量中国特有的生态文化负载词，这给翻译工作带来了相当程度的挑战，纯粹的音译无法实现功能上的对等，逐字对译则加重了读者的阅读负担，当传递信息内容和传播效果出现冲突时，译者优先选择实现传播效果。因此，缅译本舍弃文化意象追求内涵传递，必要时进行了一定的诠释性翻译（interpretive translation）。

1. 责任重于泰山，事业任重道远。我们一定要始终与人民心心相印、与人民同甘共苦、与人民团结奋斗，夙夜在公，勤勉工作，努力向历史、向人民交出一份合格的答卷。

---

① 余立霞．毛泽东诗词英译本中文化负载词翻译的对比研究 [J]．外语学刊，2016（6）：106—109．

② 宋洁．英汉文化负载词图式对比及翻译 [J]．广西民族大学学报（哲学社会科学版），2016，38（6）：172—176．

③ 周全．美剧字幕中文化负载词的英汉翻译策略探讨 [D]．北京：北京外国语大学，2015．

ကျွန်တော်တို့ ထမ်းဆောင်ရမယ့်တာဝန်တွေဟာ **တောင်တွေထက်ပိုလေးပြီး** ကျွန်တော်တို့ရဲ့လုပ်ငန်းတွေ ခက်ခဲ ကြမ်းတမ်းကာ အချိန်ကာလကြာညောင်းစွာ ရှေ့ဆက်လျှောက်လှမ်းလုပ်ဆောင်ရမယ့် အလုပ်တွေပဲဖြစ်ပါတယ်။

"责任重于泰山"自司马迁《报任安书》中"人固有一死，或重于泰山，或轻于鸿毛"一句演化而来，泰山乃中国"五岳之尊"，在古人心中的地位十分高。"泰"有极大、通畅、安宁之义，故而有"稳如泰山""泰山北斗""泰山鸿毛"等说法。这句话是习近平主席在十八届中央政治局常委同中外记者见面时的讲话内容，这份责任指的是全体党员对民族、对人民、对党和国家的责任。译文舍弃掉"泰山"这一在中华文化中具有特殊含义的意象，将原意泛化为"我们所肩负的责任比山更重"（ကျွန်တော်တို့ ထမ်းဆောင်ရ မယ့်တာဝန်တွေဟာ တောင်တွေထက်ပိုလေး），能够让大多数并不了解中国的缅语读者简明地理解源语所想传达的内涵——责任之重足矣。

2. 12月8日，他来到深圳莲花山，在众多游客注视下，向邓小平雕像敬献花篮。

အချိန်က ၂၀၁၂ခုနှစ်၊ ဒီဇင်ဘာလ ၈ ရက် အေးချမ်းသာယာသောနံနက်ခင်း၊ နေရာက **တရုတ်နိုင်ငံတောင်ပိုင်း၊ ကွမ်းတုံပြည်နယ်၊ ရှန်ကျန်းမြို့၊မှစိမ်းစိုလှုပနေသည့် လျှန်ဟွာရုရ် (ကြာပန်းတောင်ကုန်း)ဥယျာဉ်** ဖြစ်သည်။

深圳莲花山是广东省内知名红色旅游景点，因山顶广场伫立着邓小平铜像而闻名，在中文语境中不必对于这一大众熟知的地点展开过多的介绍，但对于缅语读者而言，如果仅直译"莲花山"（ကြာပန်းတောင်ကုန်း）读者可能仅仅会联想到这是一座形似莲花或盛产莲花的山峰，因此译者在此处对源语信息进行了解释性补充，译为"中国南部广东省深圳市幽静动人的莲花山公园（တရုတ်နိုင်ငံတောင်ပိုင်း၊ ကွမ်းတုံပြည်နယ်၊ ရှန်ကျန်းမြို့၊မှစိမ်းစိုလှုပနေသည့်လျှန်ဟွာရုရ် (ကြာပန်းတောင် ကုန်း)ဥယျာဉ်）"。此处体现了译者在外宣翻译中"内外有别"的自觉，不同社会环境中的读者对同一信息的需求程度迥然不同，毕竟"在此一国是家喻户晓的事情，在彼一国竟如天书，反之亦然"[①]。此处通过译加释的翻译方法提供背景知识，扫除理解障碍，便于读者接受。

3. 任福州市委书记时，他专程回到梁家河挨家挨户看望

မြို့တော်ပါတီအကြီးအကဲဖြစ်လာသောအခါ **ထိရှ္ယာသို့** သူပြန်သွား၍ တစ်အိမ်တက်ဆင်းလိုက်လံနှုတ်ဆက်ခဲ့သည်။

1969年至1975年，习近平主席在陕北延安梁家河插队，7年的农村生活使他与当地百姓结下了深厚情谊，也让他深切了解到中国农村农民们所代表的基本国情，即使后来人离开了那里，心却一直系在那片广大土地上。但大多数缅甸民众并不了解那段历史，因此译者如果按照原文译成"လျှန်ကျာဟိ（梁家河）"，缅甸民众很难理解其含义，而转换翻译成"曾经待过的那个村子（ထိရှ္ယာ）"既遵循了

---

① 张健. 新闻翻译教程 [M]. 上海：上海外语教育出版社，2008：14.

翻译的忠实性，也达到了便于理解的目的。

（二）典故文化负载词翻译

《现代汉语词典》对典故的定义为："诗文里引用的古书中的故事或词句"。《中华典故》认为典故指"诗文中引用的古代故事和有来历出处的词语"。[①] 典故是中国古代文化的瑰宝，或深刻揭示人生的哲理，或形象展示历史人物的聪明才智。[②] 在文章或讲话中引经据典，一方面可以强化内容的知识性和厚重感，增添文采；但另一方面就对读者提出了较高的要求，因为表达者一般都预设读者已然知晓典故的出处和内涵。对于异文化环境中的读者而言，是非常大的阅读挑战。因此，对典故文化负载词进行翻译时，如雅格布森曾指出的：需经过"语内翻译"（intralingual translation）和"语际翻译"（interlingual translation）两个过程。译者首先要充分领悟每一个典故的用意和内涵，将文言文译成白话文，再将白话文译成地道的缅文，在最大限度不损耗原意的基础上进行翻译。一般而言，可采取逐字逐句翻译的直译法。

1. 坚持开放包容。"海纳百川，有容乃大。"

မြစ်များ၊ ချောင်းများ စီးဝင်မှုကြောင့် ကြီးမားကျယ်ပြော့တဲ့ ပင်လယ်ဖြစ်ပေါ်လာရတာပါ။

"海纳百川，有容乃大"出自民族英雄林则徐的自勉联"海纳百川，有容乃大；壁立千仞，无欲则刚"。寓意是像大海一样能容纳无数江河水的宽广胸襟，通过容纳和融合形成超常大气。在此处，习近平总书记引用它的目的是呼吁中国和东盟各国在尊重文化多样性的基础上，相互学习、相互借鉴、相互促进，最终实现多元共生、包容共进。译文采取直译的方法，因为江、河涌入，才形成了宽阔的大海（မြစ်များ၊ ချောင်းများ စီးဝင်မှုကြောင့် ကြီးမားကျယ်ပြော့တဲ့ ပင်လယ်ဖြစ်ပေါ်လာရတာပါ），缅语读者可以清楚地理解源语所要表达的含义，产生与中文读者相近的感受。

2. 古人说："大学之道，在明明德，在亲民，在止于至善。"核心价值观，其实就是一种德，既是个人的德，也是一种大德，就是国家的德、社会的德。

'ကြီးမြတ်တဲ့လေ့လာသင်ကြားမှု နည်းလမ်းဆိုတာ ထက်မြက်သောအကျင့်သိက္ခာကို ဖော်ပြရန်နှင့်ပြည်သူတွေ ကို မိသားစုတစ်စုတည်းအဖြစ်ဆက်ဆံရမယ်။ ဒီနည်းနဲ့ အမြင့်မြတ်ဆုံးကောင်းမွန်မှု အဖြစ်ရောက်ရှိမယ်' ဆိုတဲ့ ရှေးဟောင်းစကားပုံရှိပါတယ်။

这是习近平总书记在北京大学师生座谈会上讲话时引用的典故，出自"四书之首"《大学》，指的是"大学的宗旨，在于彰显光明的品德；在于反省提高自己

[①] 张林. 中华典故［M］. 上海：上海交通大学出版社，2017：1.
[②] 李静，李崇月. 毛泽东诗词中典故的英译探析［J］. 贵州工业大学学报（社会科学版），2008（1）：123.

的道德并推己及人，使人人都能改过自新、弃恶从善；在于让整个社会都能达到完美的道德之境并长久地保持下去。"在翻译过程中，译者舍弃了对文本形式的追求，采用释义的方式对此句进行了内涵诠释性翻译。"伟大的学习方法是彰显高尚的品格（ကြီးမြတ်တဲ့လေ့လာသင်ကြားမှု နည်းလမ်းဆိုတာ ထက်မြက်သောအကျင့်သိက္ခာကို ဖော်ပြ），把人们当作家人一样对待（ပြည်သူတွေကို မိသားစုတစ်စုတည်းအဖြစ် ဆက်ဆံရ），以这样的方法去追求卓越（ဒီနည်းနဲ့အမြင့်ဆုံးကောင်းမွန်မှု အဖြစ်ရောက်ရှိမယ်）。"

3. "聪者听于无声，明者见于未形。"科技创新永无止境。科技竞争就像短道速滑，我们在加速，人家也在加速，最后要看谁速度更快、谁的速度更能持续。

အကြားအာရုံကောင်းတဲ့လူတစ်ဦးဟာ အခြားသူများမကြားနိုင်တဲ့အသံများကို ကြားနိုင်ပါတယ်။ စူးရှတဲ့အမြင် အာရုံရှိသူတစ်ဦးဟာ အခြားသူများမမြင်နိုင်တဲ့အရာများကို မြင်နိုင်ပါတယ်။

这句话出自司马迁《史记·淮南衡山列传》，字面意思是指听力好的人可以听到别人听不到的声音（အကြားအာရုံကောင်းတဲ့လူတစ်ဦးဟာ အခြားသူများမကြားနိုင်တဲ့အသံများကို ကြားနိုင်ပါတယ်），视力敏锐的人可以看到别人看不到的东西（စူးရှတဲ့အမြင်အာရုံရှိသူတစ်ဦးဟာ အခြားသူများမမြင်နိုင်တဲ့ အရာများကို မြင်နိုင်ပါတယ်）。它真正的引申内涵为：智慧聪颖且高瞻远瞩的人能够于混沌中辨明方向，于迷茫中鉴别真理，于愚民中脱颖而出。这对于中缅两国读者的思维差异挑战不大，因此译者采用直译法，实现让中国文化"走出去"，增强中国话语影响力的目的。

4. 中国自古就提出了"国虽大，好战必亡"的箴言。"以和为贵"、"和而不同"、"化干戈为玉帛"、"国泰民安"、"睦邻友邦"、"天下太平"等理念世代相传。

'စစ်လိုလားတဲ့နိုင်ငံတစ်နိုင်ငံဟာ ဘယ်လောက်ပဲကြီးမားပါစေ၊ နောက်ဆုံးမှာ ပျက်စီးရမယ်ဖြစ်ပါတယ်' ငြိမ်းချမ်းရေးဟာ ထိပ်တန်းအရေးကြီးတဲ့ကိစ္စဖြစ်ပါတယ်။ 'မတူညီမှုများကို သဟဇာတဖြစ်အောင် ကြိုးပမ်းပါ။' 'ကျောက်စိမ်း၊ ပိုးထည်လက်ဆောင်များဖြင့် စစ်ပွဲရဲ့လက်နက်များ နေရာမှာ အစားထိုးလိုက်ပါ။' 'ပြည်သူလူထုကို လုံခြုံမှုဆောင်ကြဉ်းပေးပြီး နိုင်ငံကိုချစ်သာကြွယ်ဝမှု ဆောင်ကြဉ်းပေးပါ' 'အိမ်နီးချင်းများနဲ့ ချစ်ကြည်ရင်းနှီးမှုကို အားပေးမြှင့်တင်ပါ။' 'ကမ္ဘာ့တစ်လွှား ငြိမ်းချမ်းရေးထမြောက်အောင်မြင်ပါစေ' အစရှိတဲ့ရေးဟောင်းတရုတ်ပြည်ရှင်းလင်းစရာမလိုဘဲ မှန်ကန်တဲ့အဆိုအမိန့်များဖြင့် ဒီအချက်ကို သက်သေပြနိုင်မယ်ဖြစ်ပါတယ်။

这是习近平主席在德国科尔伯基金会演讲的内容，他说走和平发展道路是中国人民对实现自身发展目标的自信和自觉，此中引用了大量中国古代关于和平共处的典故。译者在此处采用了"以我为主"的翻译策略，采用直译的翻译方法，如"不管一个国家有多强大，支持战争的话它终将被摧毁（စစ်လိုလားတဲ့နိုင်ငံတစ်နိုင်ငံဟာ ဘယ်လောက်ပဲကြီးမားပါစေ၊ နောက်ဆုံးမှာ ပျက် စီးရမယ်ဖြစ်ပါတယ်）""和平是最重要的问题（ငြိမ်းချမ်းရေးဟာ ထိပ်တန်းအရေးကြီးတဲ့ကိစ္စဖြစ်ပါတယ်）""努力使不同变得和谐（မတူညီမှုများကို သဟဇာတဖြစ်အောင် ကြိုးပမ်းပါ）""用玉石布料代替战争武器（ကျောက်စိမ်း

ပုံးထည်လက်ဆောင်များဖြင့် စစ်ပွဲရဲ့လက်နက်များ နေရာမှာအစားထိုးလိုက်ပါ)""为人民带来安全（ပြည်သူလူထုကို လုံခြုံမှုဆောင်ကြည်းပေး），为国家带来繁荣（နိုင်ငံကိုချမ်းသာကြွယ်ဝမှု ဆောင်ကြည်းပေး)""增进与邻国的友谊（အိမ်နီးချင်းများနဲ့ ချစ်ကြည်ရင်းနှီးမှုကို အားပေးမြှင့်တင်ပါ)""世界和平（ကမ္ဘာ့တစ်လွှား ငြိမ်းချမ်းရေးထမြောင်အောင်မြင်ပါစေ)"。

中华文化源远流长，古老的经典经过历史的洗涤为世代中国人民照亮前路。习近平主席在系列重要讲话和文章中爱引用古典名句、善引用古典名句，他的话语闪耀着中华民族传统文化博大精深的智慧光芒，生动传神又极具启迪意义。在此类典故文化负载词的翻译过程中，译者基本都采取了先"语内翻译"再"语际翻译"的方法，不再追求形式上的对应，重点关注内涵的传递。如"民惟邦本"（ပြည်သူတွေဟာ နိုင်ငံတော်ရဲ့အုတ်မြစ်အခြေခံဖြစ်တယ်)、"天人合一"（သဘာဝတရားကြီးနဲ့ လူသားရဲ့ သဟဇာတဖြစ်မှု)、"天行健，君子以自强不息"（ကောင်းကင်ကြီးရွေ့လျား ပြောင်းလဲနေသလို လူကြီးလူကောင်းတစ်ယောက်ကလည်း သူကိုယ်သူ ပြီးပြည့်စုံဖို့ မရပ်မနားကြိုးပမ်းနေတယ်)、"天下兴亡，匹夫有责"（နိုင်ငံရဲ့ကံကြမ္မာ အတက်အကျအတွက် လူတိုင်းမှာ တာဝန်ရှိတယ်)、"言必信，行必果"（စကားဆိုမှန်ပါစေ၊ အလုပ်မှာ ခိုင်မြဲပါစေ)、"与人为善"（အများကောင်းကျိုးရှိတဲ့ အရာတွေလုပ်ပါ)。译者在领悟习近平总书记的话语意图后，采用直译法，传递了汉语语言的特色，展现了中华文化的魅力。

（三）社会文化负载词翻译

社会文化负载词是指普通词汇经过社会环境的使用逐渐演化出了特定的文化色彩或感情色彩，从而具有了一层特殊含义。大多数的动物词汇都具有这一特性，并且在不同的文化语境中可能蕴含着完全相反的含义。例如，在中文中被认为是老实勤劳具有褒义内涵的黄牛，在缅甸语中则被用来指代不懂变通只会蛮干的蠢人；兔子在中文中多指那些胆小怕事的懦弱之人，在缅甸语中却具有聪明智慧、有学识这一完全相反的含义。因此，在翻译过程中需要特别关注此类词汇，避免误译、错译，要以目的语为依归，增加一些能帮助读者理解的解释性词汇，使译文更加顺畅地道，便于读者理解和接受。

1.要牢记"蠹众而木折，隙大而墙坏"的道理，保持惩治腐败的高压态势，做到有案必查、有腐必惩，坚持"老虎"、"苍蝇"一起打，切实维护人民合法权益，努力做到干部清正、政府清廉、政治清明。

ကျားကိုဖမ်းသလို ယင်ကောင်တွေလည်း ဖမ်းရမယ်ဆိုသလိုပဲ အကြီးတန်းအရာရှိတွေရော၊ အဆင့်နိမ့်အရာရှိတွေပါ အကတိလိုက်စားမှုပြစ်ရှိရင် ဖမ်းရမယ်။

"老虎、苍蝇一起打"是指既坚决查处领导干部违纪违法案件，又切实解决发生在群众身边的不正之风和腐败问题。"老虎"指上层的、掌握大的权力的人

（အကြီးတန်းအရာရှိ），"苍蝇"指存在于社会方方面面，特别是社会基层那些没有一定官衔的人（အဆင့်နိမ့်အရာရှိ）。译者在此处采用了直译加注释的翻译方法，既传达了"老虎""苍蝇"这一生动形象的比喻，又指明其内涵意义，帮助译语读者更好地理解原文。

2.要顺应时代要求、适应社会变化，善于创造科学有效的工作方法，让职工群众真正感受到工会是"职工之家"，工会干部是最可信赖的"娘家人"。

အလုပ်သမားသမဂ္ဂတွေဟာ သူတို့ရဲ့ အိမ်များအဖြစ်ခံစားမိသလို အလုပ်သမားသမဂ္ဂအရာရှိများက သူတို့ကို **အကူအညီပေးမဲ့ မိသားစုဝင်များပဲ** ဖြစ်ပါတယ်လို့ ခံစားမိစေဖို့အတွက် ခေတ်ကာလနဲ့ လူမှုရေးပြောင်းလဲမှုတွေနဲ့ လိုက်လျောညီထွေမှုရှိ ကောင်းမွန်ပြီး ထိရောက်မှုရှိတဲ့ လုပ်ငန်းကိုင်နည်းများကို တိုးတက်ဖြစ်ပေါ်လာအောင် ကျွန်တော်တို့ လုပ်ဆောင်ပေးသင့်ပါတယ်။

在中国传统的社会中女子出嫁从夫，结婚后脱离原本的家庭关系进入到丈夫的家族中生活，未出嫁前的直系亲属就被称为"娘家人"。一般而言，娘家人是女子在夫家的依靠，有困难就回娘家倾诉和寻求帮助。但是在缅甸社会中，男女两性结合后双方多是一起脱离原生家庭组建一个全新的小家，有少数人会跟随女方父母生活，所以此处的翻译就不能直译为"女子出嫁前的亲属"，译者进行内涵引申将其译为会给予帮助的家人（အကူအညီပေးမဲ့ မိသားစုဝင်），合理避免了文化误读，在不损害原意的基础上实现了交际功能。

3.有的抓工作不讲实效，不下功夫解决存在的矛盾和问题，难以给领导留下印象的事不做，形不成多大影响的事不做，工作汇报或年终总结看上去不漂亮的事不做，仪式一场接着一场，总结一份接着一份，评奖一个接一个，最后都是"客里空"。

ဒါကို ကျွန်တော်တို့က ကရီကွန်ပုံစံလို့ ခေါ်ပါတယ်။

ယခင် ဆိုဗီယက်ယူနီယံ၏ မဟာမျိုးချစ်စစ်ပွဲကြီးကာလအတွင်း အလက်ဇန်းဒါးကော်နေချွတ် ရေးသားခဲ့သော ပြဇာတ်တစ်ပုဒ်ဖြစ်သည်။ ရှေ့တန်း(၁၉၄၂)ဂျာနယ်တွင် သတင်းထောက်တစ်ဦးရှိသည်။ သူသည် ကောလဟာလများကို သတင်းလုပ်၍ ဖန်တီးခဲ့ပြီး ဇာတ်လမ်းများဖန်တီးခဲ့သည်။ သူ၏ နာမည်ကို သတင်းရေးသားရာ၌ လုပ်ကြံဖန်တီးမှုနှင့် ပုံကြီးချဲ့မှုများတွင် သုံးစွဲသည်။

客里空是苏联卫国战争时期考涅楚克（А. Е. Корнейчук）的剧作《前线》中一个捕风捉影、捏造事实的记者名字。在中文语境中，约定俗成用来泛指虚构、浮夸的不良报道作风。译者此处直译为"我们把这叫作客里空风格（ဒါကို ကျွန်တော်တို့က ကရီကွန်ပုံစံလို့ ခေါ်ပါတယ်）"，然后采取在文后加注的方式对"客里空"进行了来源及内涵解释，"苏联卫国战争时期考涅楚克的剧作《前线》中有一名记者，通过捏造事实来制造新闻并创造故事。他的名字在新闻写作中被用来指虚构、浮夸的不良报道作风"。德国翻译学家古特认为："译者可使直接翻译的阐释法变得更为容易些，那就是通过诸如解释、加注、集注之类的附加的交际渠道为译文语境提供部分所需信息。"

4. 党的十八大报告勾画了在新的历史条件下全面建成小康社会、加快推进社会主义现代化、夺取中国特色社会主义新胜利的宏伟蓝图。

သမိုင်းအခြေအနေများအတွင်း **တရုတ်ဝိသေသသလက္ခဏာဆောင်သောဆိုရှယ်လစ်နစ်အတွက်အောင်ပွဲသစ်များ** ရရှိစေရန် ခေတ်မီတိုးတက်သောဆိုရှယ်လစ်နစ်တိုးမြှင့်ဆောင်ရွက်ရန်နှင့် အဘက်ဘက်မှ အတော်အတန်ပြည့်စုံကြယ်ဝ တဲ့လူမှုအဖွဲ့အစည်းကို ရရှိစေရန်ရည်သန်ပြီး စီမံကိန်းစာတမ်းကောင်းတစ်ခုကို တရုတ်ပြည်ကွန်မြူနစ်ပါတီရဲ့ (၁၈) ကြိမ်မြောက် ပြည်လုံးကျွတ် ကွန်ဂရက်က တင်သွင်းတဲ့ နိုင်ငံရေးရာ အစီရင်ခံစာမှာ ဖော်ညွှန်းပြဋ္ဌာန်းခဲ့ပါတယ်။

小康社会是邓小平汲取中国传统"大同"和"小康"思想的精华，结合中国特色社会主义国情提出的社会主义新概念，指的是经济发展与社会发展相结合、物质文明与精神文明相协调、当前发展与可持续发展相统一、精神文明与民主发展共同进步的社会。此处为了便于读者理解，译者灵活地使用意译法，译作"中国特色社会主义的新胜利"。

（四）宗教文化负载词翻译

宗教作为一种特殊的社会意识形态，深刻影响着人类的思维模式、生活方式和价值取向。缅甸是一个传统的南传上座部佛教国家，古代中国深受儒释道三教合一的影响，在一定程度上两国文化有所相通。但是党的十八届六中全会通过的《关于新形势下党内政治生活的若干准则》明确规定："党员不准搞封建迷信，不准信仰宗教，不准参与邪教，不准纵容和支持宗教极端势力、民族分裂势力、暴力恐怖势力及其活动。"《习近平谈治国理政》中很多讲话是在党的会议上面向全体党员同志所说，因此，部分涉及宗教话题的内容与缅甸普通民众的认知是相悖的。译者在处理这部分内容时，选择了尊重原语直译的方法，此处彰显了译者"以我为主"的翻译策略。

1. 有的不信马列信鬼神，从封建迷信中寻找精神寄托，热衷于算命看相、烧香拜佛，遇事"问计于神"。

အချို့သောကေဒါများက ကွန်မြူနစ်ဝါဒအပေါ်သံသယရှိကြပါတယ်။ ကွန်မြူနစ်ဝါဒသည် ဘယ်တော့မှအကောင်အထည်ပေါ်လာမှာ မဟုတ်တဲ့စိတ်ကူးယဉ်အိပ်မက်တစ်ခုအဖြစ် သူတို့ကယူဆကြပါတယ်။ အချို့က မတ်စ်ဝါဒ၊ လီနင်ဝါဒကို မယုံကြည်ကြပေမယ့် တစ္ဆေရဲတွေ၊ နတ်ဘုရားတွေကို ယုံကြည်ကြပါတယ်။ မြေရှင်ပဒေသရာဇ်ခေတ် အယူသည်းမှုများဖြင့် စိတ်ဝိညာဉ်ဆိုင်ရာ အားပေးနှစ်သိမ့်မှုရဖို့ ကြိုးပမ်းကြပါတယ်။ ဗေဒင်အပေါ်အကြီးအကျယ် စိတ်ဝင်စား ကြောင်း ဖော်ပြကြပါတယ်။

本文认为《习近平谈治国理政》缅译本作为外宣翻译总体上以目的语为依归，正如习近平总书记所强调的"通过海外受众乐于接受的方式，易于理解的语言，更好地传播中国道路、中国制度、中国理念、中国文化"[①]。翻译重在使译语读者产生与源语读者相近的感受与体悟，在这里，面对中缅两国的文化差异，译者最终选取了"异化"（foreignization）策略，考虑两个国家的文化差异性，以中国文化为归宿，为缅语读者保留异国文化色彩。缅语读者或许热衷算命看相、烧香拜佛，遇事"问计于神"，通过这样一篇文章，他们应该知道对于中共党员而言，这些举措是不被允许和接受的。这样的翻译不仅表达了我国的政治立场与价值取向，同时也凸显了我国独特的社会文化，展现了中国文化特色，对于缅甸人民了解中国具有重要意义。

2. 在推进科技体制改革的过程中，我们要注意一个问题，就是我国社会主义制度能够集中力量办大事是我们成就事业的重要法宝。

အောင်မြင်မှုအတွက် ပဓာနကျတဲ့လိုတရတောင်ခွေးအပေါ် အားရှိစိုက်သင့်ပါတယ်။

法宝原意为佛教心法、规则、智慧和修行解脱法门，道教长生法门，后来在使用中逐渐演变成了能降妖伏魔的宝贝。译者此处没有按照原意进行直译，而是进行适当转译，采用了缅甸读者熟知的"无所不能的拐杖（လိုတရတောင်ခွေး）"，让读者以最小的理解成本获取最大的认知效果，实现最佳关联效果。

3. 只有理想信念坚定，用坚定理想信念炼就了"金刚不坏之身"，干部才能在大是大非面前旗帜鲜明，在风浪考验面前无所畏惧，在各种诱惑面前立场坚定，在关键时刻靠得住、信得过、能放心。

အခြေခံသဘောတရားများနှင့်ယုံကြည်ချက် ခိုင်မာသူများသာလျှင် **အခြေခံသဘောတရားဆိုင်ရာ အဓိကပြဿနာရပ်များကို လုပ်နည်းလုပ်ဟန်တစ်ရပ်အဖြစ် ချမှတ်**နိုင်မယ်ဖြစ်ပါတယ်။ ပျက်စီးယိုယွင်းမှုမှန်သမျှကို ကြံ့ကြံ့ခံနိုင်ဖို့ စိန်သားနယ်မကျောတဲ့ အဖွဲ့အစည်းများ တည်ဆောက်နိုင်ရမယ်ဖြစ်ပါတယ်။ နိုင်ငံရေးမုန်တိုင်းများနှင့် ကြုံတွေ့ရတဲ့အခါ ကြောက်ရွံ့တုန်လှုပ်မှုမရှိဘဲ ဆက်လက်တည်ရှိရမယ်ဖြစ်ပါတယ်။

"金刚不坏之身"即修成正果之后的佛身。译者此处采用了意译法，将原句译作"只有那些具有坚定信念和原则的人才能够解决涉及本质的关键性问题"，充分转达原文的内涵，舍弃文本形式上的束缚，使译文与原文在精神内涵与内容实质上保持高度一致。

（五）语言文化负载词翻译

汉语重意合，句子成分借助意义连结，经常使用四字格、短句，却很少使用连词；而缅语重形合，用连词连接长句，常常一句成段。这些差异使得翻译很难

[①] 新华网. 把握国际话语权有效传播中国声音：习近平外宣工作思路理念探析[EB/OL].（2016-04-06）[2020-04-08]. http://www.xinhuanet.com/politics/2016/04/06/c_1118542256.htm.

还原源语的表达效果。《习近平谈治国理政》中突出的语言文化特征体现在大量汉字数字缩略词和连珠四字结构的使用上，这样的语言表达有准确精练之效，并且具有一定的严谨性与政治性。在翻译过程中，译者在充分理解此类语言文化负载词的深层含义基础上，不能拘泥于字词层面的对等，结合具体的语境进行功能对等的翻译。

1. 党的十八大把生态文明建设纳入中国特色社会主义事业五位一体总体布局，明确提出大力推进生态文明建设，努力建设美丽中国，实现中华民族永续发展。

တရုတ်ဆိုရှယ်လစ်စနစ် အရေးတော်ပုံအတွက် ဂေဟဗေဒတိုးတက်မှုကို စီးပွားရေး၊ နိုင်ငံရေး၊ ယဉ်ကျေးမှုနှင့် လူမှုရေးတိုးတက်မှုတွေနှင့်အတူ အားလုံးပါဝင်တဲ့စီမံကိန်းထဲမှာ ရည်မှန်းချက်ငါးရပ်အဖြစ် တရုတ်ကွန်မြူနစ်ပါတီ (၁၈) ကြိမ်မြောက်ပြည်လုံးကျွတ်ကွန်ဂရက်က သတ်မှတ်ထားပါသည်။

"五位一体"总体布局是指经济建设、组织建设、文化建设、社会建设、生态文明建设五位一体，属于汉字数字缩略词类型的习惯性政治术语表达。对这一句话进行翻译时，译者结合上下文转换表述为"将生态文明发展同经济建设、政治建设、文化建设和社会建设五大目标一起纳入规划"（ဂေဟဗေဒတိုးတက်မှုကို စီးပွားရေး၊ နိုင်ငံရေး၊ ယဉ်ကျေးမှု၊လူမှုရေးတိုးတက်မှုတွေနှင့်အတူ အားလုံးပါဝင်တဲ့ စီမံကိန်းထဲမှာ ရည်မှန်းချက်ငါးရပ်အဖြစ် သတ်မှတ်ထားပါတယ်။ ）。翻译语境认为无论是理解原文还是组织译文阶段，一切信息都必须结合语境才可以被正确地理解、表达。通过语境分析，可以把原文中一些含义模糊或略有歧义的字句表达得更为清楚明了。

2. 反对享乐主义，要着重克服及时行乐思想和特权现象，教育引导党员、干部牢记"两个务必"，克己奉公，勤政廉政，保持昂扬向上、奋发有为的精神状态。

ကြိုးပမ်းအားထုတ်မှုနှင့်အတူ ပြည်သူ့ဝန်ဆောင်မှု၊ သူတို့ရဲ့တာဝန်ထမ်းဆောင်မှုတွေကို စိတ်ပါလက်ပါနှစ်မြှုပ်ထားမှု၊နိုင်ငံရေးဂုဏ်သိက္ခာ ထိန်းသိမ်းထားမှု၊ မြင့်မားတဲ့အခြေခံသဘောတရားနှင့် ကြိုးစားလုပ်ကိုင်မှုတွေကို ထိန်းသိမ်းထားရာ မှာ လိုက်နာရမယ့်အချက်နှစ်ရပ်ကို ဆောင်ရွက်ကြဖို့ သူတို့ကိုလမ်းညွှန်ရမယ်။

"两个务必"是毛泽东在中共七届二中全会的报告中提出的，指"务必使同志们继续地保持谦虚、谨慎、不骄、不躁的作风，务必使同志们继续地保持艰苦奋斗的作风"。当时，中国共产党即将夺取全国政权。毛泽东以此告诫全党，要经受住执政的考验，防止出现骄傲自满、贪图享受、脱离群众导致人亡政息的危险。源文通过在文后添加注释，对这个缩略词的来历和含义展开说明，译文文本中直接对其含义进行了诠释性翻译，便于译文读者理解。

3. 不断深化改革开放，不断有所发现、有所创造、有所前进，不断推进理论创新、实践创新、制度创新。

ပြုပြင်ပြောင်းလဲဖို့နှင့်တံခါးဖွင့်ဆောင်ရွက်မှုတွေကို နက်နက်ရှိုင်းရှိုင်းဖြစ်ဖို့ တွန်းအားပေးရမှာဖြစ်သလို ရှာဖွေမှု

အသစ်များပြုလုပ်ခြင်း၊ အတွေးအခေါ်အသစ်များဖန်တီးခြင်း၊ တိုးတက်မှုအသစ်များရရှိစေခြင်းနဲ့ ကျွန်တော်တို့ရဲ့ သဘောတရားများ လက်တွေ့ဆောင်ရွက်မှုများနဲ့ စနစ်များကို အသစ်ဖန်တီး မှုများတိုးမြှင့်ဆောင်ရွက်ခြင်းများ လုပ်ဆောင် ရပါမယ်။ ပါတီရဲ့(၁၈)ကြိမ်မြောက်ပြည်လုံးကျွတ် ကွန်ဂရက်ရဲ့ဦးဆောင်လမ်းညွှန်မှု ရဲ့ အနှစ်သာရအချုပ်မှာတရပ် ဝ သေသလက္ခဏာနဲ့ ဆိုရှယ်လစ်နစ်ကို ခိုင်မာစွာယုံကြည်ပြီး တိုးတက်အောင်ဆောင်ရွက်ခြင်းဖြစ်ပါတယ်။

源语中有大量的连珠四字结构，"有所发现、有所创造、有所前进"，对于这几个并列的部分，译文采取的是直译的办法，"有所发现"（ရှာဖွေမှုအသစ်များပြုလုပ်ခြင်း）、"有所创造"（အတွေးအခေါ် အသစ်များ ဖန်တီးခြင်း）、"有所前进"（တိုးတက်မှုအသစ်များရရှိစေခြင်း）舍弃了原文的形式，重在内涵传递；对于"理论创新、实践创新、制度创新"（သဘောတရားများ လက်တွေ့ဆောင်ရွက်မှုများနဲ့စနစ်များ）这一句，译文采取了意译的办法，将理论、实践和制度合并在一起，没有像原文的形式一样进行重复，但是把源语想要传递的内涵翻译出来，让读者能够更容易地理解译文。

4. 形成人们不愿违法、不能违法、不敢违法的法治环境，做到有法必依、执法必严、违法必究。

ဒါမှသာ ပြည်သူတွေဟာ ဥပဒေကိုချိုးဖောက်လို သို့မဟုတ် ချိုးဖောက်နိုင်သို့မဟုတ် ချိုးဖောက်ရဲကြမှာမဟုတ်ဘူး။ ဥပဒေတွေကို လိုက်နာကြရမယ်။ တိတိကျကျလိုက်နာဆောင်ရွက်အောင် သေချာစေရမယ်။ ဥပဒေချိုးဖောက် သူတွေကို အပြစ်ပေးအရေးယူရမယ်။

考虑到缅语"主语+宾语+谓语"的语序结构，源语中"不愿违法、不能违法、不敢违法"基本符合遵照源语形式的直译标准；另一句"有法必依、执法必严、违法必究"则放弃了形式的追求，改为诠释性翻译"要遵守法律（ဥပဒေတွေကို လိုက်နာကြရမယ်）、使得法律得到严格遵守（တိတိကျကျလိုက်နာဆောင်ရွက်အောင် သေချာစေရမယ်）、惩罚违反法律的人（ဥပဒေချိုးဖောက် သူတွေကို အပြစ်ပေးအရေးယူရမယ်။）"。

四、《习近平谈治国理政》缅译本中文化负载词的翻译策略评析

上文从生态、典故、社会、宗教和语言五个方面对《习近平谈治国理政》缅译本进行了实证分析，认为译者根据文本信息和上下文内容采取了较为灵活的翻译方法，综合运用直译、音译加扩展解释、释义、意译与转换翻译等方法。总体来看，译文以"直译"为主，文化负载词基本涵盖了《习近平谈治国理政》文献中的核心词汇，尤其是与意识形态、政治倾向相关的词汇，审译者坚持"异化"的策略，保留了原文中的异域文化特色，让缅甸读者走进中国语境，不仅坚守了外宣翻译的政治性，传递了中国自信、中国精神、中国智慧，也推动了中国特色对外话语体系在缅甸语言文化中的构建，实现了"四个大国"形象的自我塑造。

对于以生态文化负载词为代表的、部分不涉及政治核心的词汇,译者选择了"归化"策略,最大限度贴近缅语表达习惯以及缅甸读者的认知,以此来提高译文的可接受性与传播力。因此,《习近平谈治国理政》缅译本坚守了外宣翻译的第一性——政治性,同时兼顾文字语言的流畅通达,实现了外宣翻译的信息传递与交际目的,是近年来我国对缅公共外交中的一大亮点,为缅甸人民了解中国社会新发展及中国特色社会主义新思想打开了新局面。

翻译从来都不仅仅是在两种语言间进行转换,翻译策略的选择也受多种因素的影响。《习近平谈治国理政》缅译本之所以能在"忠实性"与"可读性"间取得动态平衡,很大程度上取决于翻译生产过程中高水平的"翻译-校审"团队、高效的"英-缅-中"翻译模式。首先,以缅甸语为母语的外国专家进行缅译本初稿翻译,在最大限度上保障了译文表达的本土化,更能符合目标读者——缅甸受众的阅读习惯与心理认知;其次,初稿翻译所参照的英译本,是由中央文献编译局及其他相关单位的资深翻译专家,经过长时间打磨修正出的、已经受到国内外一致认可的优秀作品,无论是"忠实性"还是"可读性"都极强;最后,中方专家以中文原版进行校对,对于译本的政治性把控极为严格。校审专家与翻译团队针对译文初稿展开了多轮的再修改-再校审工作,不仅如此,两国专家就缅译本中的核心概念、章节标题和表达存疑的地方进行了长达一周的线下交流。缅译本独具特色的社会生产过程决定了翻译策略二元统一的成功实现,最终产生良好的翻译效果。近年来,将翻译视作一种受社会诸因素调节的活动,对翻译生产与再生产以及对其社会行为者进行社会语境下的分析,成了国际翻译学研究的热点之一[①],一定程度上《习近平谈治国理政》缅译本可以作为对非通用语种国家进行外宣翻译时的成功案例,在社会翻译学关照下进行更深一步的探讨。

当然缅译本也非尽善尽美,除了一些文字录入方面的错误,本文认为《习近平谈治国理政》缅译本中关于文化负载词的翻译,最大的不足在于部分专有名词译法不统一。单一译本中,同一专有名词或政治术语的译法如果存在多样性,容易造成概念混淆或引起外文读者的误解,不利于中国文化的对外传播,也不利于中国对外话语体系的构建。例如,"命运共同体"这一习近平新时代中国特色社会主义思想中的核心概念,在原文中出现了 13 次,分别是"两岸命运共同体""中非命运共同体""东盟命运共同""亚太命运共同体""命运共同体意识""命运共同体",缅译本中对这一术语的翻译就存在多种译法,此中有倾向于直译的"ကံတူ အကျိုးတူဘဝ"(命运相关、利益共享的生活),也有倾向于借用缅甸俗语进行

---

① 王洪涛. 社会翻译学研究理论、视角与方法[M]. 天津:南开大学出版社,2017:41.

概念联通的"ကံတူအကျိုးပေး တစ်လှေတည်းစီး၊ တစ်ခရီးတည်းသွားတွေ ဖြစ်တယ်ဆိုတဲ့အသိ"（同舟共济的意识），此外还有各式不同用词如"တူညီတဲ့အကျိုးစီးပွားနဲ့ကြုံမှု""တရုတ်နဲ့အာဖရိကဟာ ကံတူအကျိုးတူများဖြစ်ကြတယ်""အသိုင်းအဝိုင်း၏ပုံရည်မှန်းချက်""ကံတူအကျိုးတူများ ဖြစ်ကြတယ်ဆိုတာသတိ""ကံတူအကျိုးတူစိတ်ဓာတ်""လူအဖွဲ့အစည်းရဲ့တူညီတဲ့ဘဝကြမ္မာဘုံရည်မှန်းချက်""အသိက်အဝန်းရဲ့ပုံကြုံမှု""ကံတူအကျိုးပေးပုံ အသိုင်းအဝိုင်း"。诚然，翻译无法脱离语境，单一追求字词层面的对等，但是对于以"命运共同体"为代表的核心专有词，在翻译过程中应尽量做到规范化、标准化，不仅可以避免让读者产生误解，成功实现外宣翻译目的，也是构建中国国际话语体系的内在要求。

结语

《习近平谈治国理政》缅译本的成功发行，对于缅甸民众客观了解与认识中国民情、社情、国情有着极大的促进作用，优秀的外宣翻译是对外传播中国国家形象、构建中国话语体系的重要途径。首先，本文结合已有的文化负载词概念和《习近平谈治国理政》文本的特性，对《习近平谈治国理政》缅译本中的文化负载词做了界定。其次，从生态文化、典故文化、社会文化、宗教文化和语言文化五个方面分析了具体的翻译方法，最终认为译者在翻译过程中多使用"异化"策略，对于部分不涉及中国特色的非核心概念的负载词采用了"归化"策略。最后，提出专有名词译法不统一是缅译本存在的不足，建议对核心专有词进行规范化处理。

参考文献

[1]包惠南，包昂.中国文化与汉英翻译[M].北京：外文出版社，2004.

[2]彼得·纽马克.翻译问题探讨[M].上海：上海外语教育出版社，2001.

[3]邓晓华.人类文化语言学[M].厦门：厦门大学出版社，1993.

[4]黄友义.坚持"外宣三贴近"原则，处理好外宣翻译中的难点问题[J].中国翻译，2004（6）：29—30.

[5]李静，李崇月.毛泽东诗词中典故的英译探析[J].贵州工业大学学报（社会科学版），2008（1）：123—124，126.

[6]廖七一.当代西方翻译理论探索[M].南京：译林出版社，2000.

[7]覃秀红.文化翻译观视角下《论语》文化负载词的泰译[J].广西民族

大学学报（哲学社会科学版），2015，37（3）：166—170．

［8］宋洁．英汉文化负载词图式对比及翻译［J］．广西民族大学学报（哲学社会科学版），2016，38（6）：172—176．

［9］新华网．把握国际话语权有效传播中国声音：习近平外宣工作思路理念探析［EB/OL］．（2016-04-06）［2020-04-08］．http://www.xinhuanet.com/politics/2016-04/06/c_1118542256.htm．

［10］新华网．《习近平谈治国理政》缅文版首发式暨中缅治国理政研讨会在缅举行［EB/OL］．（2018-07-09）［2021-04-08］．http://www.xinhuanet.com/politics/leaders/2018-07/09/c_1123100839.htm．

［11］尤金·A. 奈达．语言文化与翻译［M］．上海：上海外语教育出版社，1993．

［12］王洪涛．社会翻译学研究理论、视角与方法［M］．天津：南开大学出版社，2017．

［13］余立霞．毛泽东诗词英译本中文化负载词翻译的对比研究［J］．外语学刊，2016（6）：106—109．

［14］张后尘．语言学研究热点扫描［J］．外语与外语教学，1999（1）：4—9，56．

［15］张健．新闻翻译教程［M］．上海：上海外语教育出版社，2008．

［16］张颖．对重要政治文献翻译的几点思考［J］．中国翻译，2019（4）：150—155．

［17］周全．美剧字幕中文化负载词的英汉翻译策略探讨［D］．北京：北京外国语大学，2015．

［18］郑德虎．中国文化走出去与文化负载词的翻译［J］．上海翻译，2016（2）：53—56．

［19］朱伊革．《习近平谈治国理政》英译与中国形象在海外的传播［J］．西安外国语大学学报，2018，26（2）：89—93．

其他研究

潘查希拉与印度尼西亚现代民族国家的建构

信息工程大学 唐 慧

【摘 要】印度尼西亚因其多样性和复杂性以及地域的破碎性而长期困扰于求同与存异之间，在民族国家建构过程中始终面临如何处理好国家认同与族群认同的关系、文化多元与政治一体的关系这些难题。作为立国之本和国家指导思想，"潘查希拉"是时代的产物，内含平衡与调和精神，既是国家整合的基础，也是印度尼西亚民族的生活准则和基本哲学，对印度尼西亚现代民族国家的建立、独立后国家认同的巩固以及国家建构的推进发挥着重要作用。

【关键词】印度尼西亚；潘查希拉；国家建构

印度尼西亚作为一个统一民族概念出现于 20 世纪初期，由于受荷兰殖民统治者的压制，直到 1945 年才成为一个真正的民族国家。长期以来，印度尼西亚因其多样性和复杂性以及地域的破碎性而被认为是一个"几乎不可能存在的国家"[①]。独立后，印度尼西亚仍面临爪哇岛与外岛、伊斯兰教与其他宗教、土著与移民等之间诸多结构性冲突，尽管时不时出现分裂主义苗头，但团结统一的大势没有改变。至 2021 年 8 月 17 日，印度尼西亚已独立 76 周年。在民族国家建构过程中，支撑其调和矛盾、平衡冲突的要素有很多，但其中最为重要的是其立国之本"潘查希拉"。潘查希拉（Pancasila）又称建国五基，作为印度尼西亚建国的思想基础和创立国家基本制度的依据，它贯穿于印度尼西亚独立后社会发展的全部过程，至今仍具有旺盛的生命力。本文拟探讨潘查希拉在印度尼西亚民族国家的建立和独立后国家认同的巩固以及国家建构的推进过程中发挥的重要作用。

一、印度尼西亚现代民族国家建构背景

"国家建构"是国家权力向整个社会的一种自上而下的渗透性过程，通过协调社会中的各种复杂关系、冲突和矛盾促进国家认同、实现国家一体化，这一过

[①] [英]伊丽莎白·皮萨尼. 印尼 Etc.：众神遗落的珍珠[M]. 谭家瑜，译. 上海：上海三联书店，2019：1.

程是国家集中必要的权威、在地域领域内树立起公共权威的过程。①民族国家作为当今世界最基本的国家形态、世界体系的基本单元,其建构问题是世界上任何一个民族国家都面临的根本性问题。相对于第二次世界大战以前的、第一批形成的欧美民族国家而言,大多数殖民地国家在第二次世界大战之后纷纷建立起民族国家形态。但是,他们人口众多、幅员辽阔、经济落后,"社会和经济的现代化破坏了旧的权威模式,摧毁了传统的政治制度,却不一定会创造出新的权威模式或新的政治制度"②。印度尼西亚亦如此。正如美国文化人类学家格尔茨所言:"面对严重的人口问题,种族、地理、区域的极端多样性,几乎崩溃的经济,严重缺乏训练有素的人员,极严重的普遍贫困,以及广泛存在、无法消除的社会不满,即便没有意识形态的混乱,印度尼西亚的社会问题也几乎是无法解决的。"③因受不同文化传统、政治结构、殖民统治和国际环境等因素的影响,印度尼西亚在独立之初就面临政治经济的结构变迁问题、社会转型问题、国家认同和民族认同等问题的严峻考验。

"印度尼西亚"作为民族和国家的概念并不是自古以来就有的。直至近代以前,在现今印度尼西亚的领土上,只存在过大大小小的封建王国,尚未形成过统一的国家。在19世纪中叶之前,世界上既无印度尼西亚这一地理概念,更不存在印度尼西亚这样一个国家。17世纪初荷兰人来到东南亚海岛地区,建立起殖民统治。在耗费了300多年时间,经历了30年亚齐战争之后,于1913年才把整个"努山塔拉"群岛纳入殖民统治之下。在荷兰统治期间,殖民政府一直使用"荷属东印度"来指称现今的印度尼西亚。最早出现"印度尼西亚"这一名称是在1850年,由一位名叫罗甘的英国学者提出。罗甘在其学术著作中使用的Indonesia一词,是由拉丁文的indo和希腊文的nesia两个词组成的,indo意为"印度",nesia意为"群岛",两者合起来即意为"印度洋上的群岛"。罗甘当时是将它作为一个地域概念提出的,其范围西至非洲东海岸的马达加斯加岛,东部涵盖今日印度尼西亚大部分领土。罗甘认为,从民族和语言学角度看,这一区域内各民族的语言属同一语族,即印度尼西亚语族。显然,罗甘使用的Indonesia这一地域概念其范围大大超出了现今印度尼西亚领土的范围,因此绝非是将其作

---

① [英]安东尼·吉登斯. 民族-国家与暴力 [M]. 胡宗泽,等译. 上海:生活·读书·新知三联书店,1998:145.

② [美]塞缪尔·P. 亨廷顿. 变化社会中的社会秩序 [M]. 王冠华,刘为,等译. 上海:上海人民出版社,2021:381—382.

③ [美]克利福德·格尔茨. 文化的解释 [M]. 韩莉,译. 南京:译林出版社,2014:273.

为一个国名而提出的。①

如上所述,印度尼西亚现代民族意识和统一的国家版图形成比较晚,直至荷兰殖民统治后期才渐见雏形。20世纪初,印度尼西亚现代民族运动开始拉开帷幕。从外部因素来看,西方先进文化的影响,20世纪东方被压迫民族的觉醒,尤其是中国、土耳其等国的民主民族革命运动,还有俄国十月革命以及宗主国荷兰的无产阶级革命者到印度尼西亚进行的革命活动等,都给予印度尼西亚民族诸多启示和鼓舞,特别是对新一代知识分子的觉醒产生了直接作用。从内部因素来看,印度尼西亚无产阶级和民族资产阶级及其知识分子阶层的出现为民族觉醒准备了阶级基础,而殖民统治下民族矛盾的尖锐化则成了民族觉醒直接的催化剂。

但在当时,代表印度尼西亚民族觉醒的早期民族主义社团实际上是基于族群和地区情感的区域性运动。这与印度尼西亚古代历史具有地区性特征,各王朝历史自成一脉,缺乏延续性和联系有关。这种族群性和地区性从20世纪第一个十年出现的民间社团的名字就可以看出,如"爪哇青年会""苏门答腊青年同盟""安汶青年会"等。1908年5月20日,印度尼西亚第一个有组织、有领导、有纲领的政治组织"至善社"(Budi Utomo)在中爪哇日惹成立,但它的成员限于爪哇和马都拉岛的土著。由于该组织的活动力不强,主要以文化和教育课题作为关注焦点,没有提出民族独立的目标,因此当时的殖民政府对至善社相当友善。在他们看来,这样一个温和进步的土著组织,正是道义政策成功的最佳样板。②但无论如何,至善社在唤起印度尼西亚人的民族意识,增强民族自尊心方面起到了一定作用。

1911年,印度尼西亚花裙商在中爪哇梭罗市成立伊斯兰商业联盟(Sarekat Dagang Islamiyah)。其最初的宗旨是保护土著工商业者的利益,抵制华侨商人的竞争。第二年,它改名为伊斯兰教联盟(Sarekat Islam),由著名的贵族知识分子佐克罗阿米诺托(Tjokroaminoto)任主席。此时,该组织的商业色彩逐渐褪去,进而转向政治领域,提出了在保持荷兰主权的情况下建立印度尼西亚人自治政府的目标。由于印度尼西亚人民有近90%信奉伊斯兰教,所以这个联盟很快就成为具有广泛群众基础的宗教政治组织。到1916年,伊斯兰教联盟各地分支的成员人数共达80万人,形成一股强大的群众力量。但在荷兰殖民政府的极力遏制和阻挠之下,该组织内部发生了分裂,没能在民族运动中发挥更大的作用。

随着外国大企业和种植园的发展,工人阶级队伍开始形成。1905年在印度尼西亚出现了第一个工会组织——铁路工会。此后,其他行业的工人也纷纷成

---

① 武文侠,陆春林. 印度尼西亚[M]. 北京:世界知识出版社,2001:2.
② 李美贤. 印尼史:异中求同的海上神鹰[M]. 台北:三民书局,2005:123.

立自己的工会，如邮电工会（1905年）、农园工会（1907年）、糖业工会（1908年）等。印度尼西亚工人运动兴起之后，需要有革命的政党来领导。1914年在荷兰马克思主义者史尼弗利特（Sneevliet）的倡导下，在泗水成立了第一个马克思主义政党"东印度社会民主联盟"（Indische Sociaal-Democratische Vereeniging）。该党在纲领中明确提出"争取独立"的口号，还提出"以社会主义知识教育人民"的主张。可以说，同在殖民政府管理下的共同经历、城市化和除了农民以外的新群体的形成，在客观上为印度尼西亚民族意识觉醒提供了前提条件。在政府按人种分类执行不同法律的严格政策下，各个族群感受到他们在面对税收、司法、教育时的共同问题。随着城市化、人口流动性的提高和报刊媒体的萌芽，人们开始有更多的机会和渠道交流这种共同的感受。在原住民中逐渐开放的受教育机遇使他们能使用荷兰语或马来语作为通用语理解新的思想。这些一致性在20世纪初催生了印度尼西亚民族的概念。[1]

1924年，"印度尼西亚"这个19世纪的地理名词首次被用于政治语境中。当时印度尼西亚国内民族独立运动高涨，在荷兰留学的荷属东印度学生将"东印度群岛协会"更名为"印度尼西亚协会"。同样在1924年，东印度共产主义联盟改称"印度尼西亚共产党"。1927年7月4日，一个新的民族主义政党——以苏加诺为首的印度尼西亚民族联盟（Perserikatan National Indonesia）宣告诞生，翌年5月改名为印度尼西亚民族党（Partai National Indonesia）。伊斯兰联盟、至善社都以团体身份加入该党。印度尼西亚民族党提倡以非暴力不合作的方式合法地向殖民者施压，温和渐进地寻求印度尼西亚政治、经济上的独立。1928年10月28日，第二届全国青年代表大会在巴达维亚召开，大会通过了著名的"青年誓词"（Sumpah Pemuda）[2]，标志着印度尼西亚的民族觉醒已经到了成熟的阶段，要求全民族团结一致，共同反对殖民主义者"分而治之"的阴谋，建设独立、自主的印度尼西亚。与会代表满怀激情高唱后来成为印度尼西亚国歌的《大印度尼西亚》（*Indonesia Raya*）。由此，"印度尼西亚"民族、国家的概念在民族独立运动中一步步加强，一个共同体正在形成。

然而，即便"印度尼西亚"已开始作为国名而被广泛使用，但毕竟当时距离印度尼西亚统一版图形成的时间不过短短二三十年。在这样一个疆域辽阔、多族

---

[1] 许利平，薛松，刘畅. 印度尼西亚[M]. 北京：社会科学文献出版社，2019：82.

[2] 誓词中宣布：我们，印度尼西亚的儿女，承认我们拥有一个民族，即印度尼西亚民族。我们，印度尼西亚的儿女，承认我们拥有一个国家，即印度尼西亚。我们，印度尼西亚的儿女，承认我们拥有一种语言，即印度尼西亚语。

群多文化多宗教,并且民族共同体形成较晚的版图内构建现代民族国家,其困难程度可想而知,尤其是如何处理好国家认同与族群认同的关系、文化多元与政治一体的关系,更成为必须面对的重大挑战。"印度尼西亚没有任何意识形态的指引想找到穿过问题森林的道路似乎是完全不可能的。"[1]而此时"潘查希拉"的出现,为印度尼西亚现代民族国家的建构奠定了"立国基础"。

二、潘查希拉的诞生

Pancasila一词源于梵文,"Panca"意为"五","Sila"意为"道德义务",所以"潘查希拉"亦被称为"建国五基"。作为印度尼西亚国家最高准则,它的产生不是偶然的、突然的,而是与印度尼西亚开国总统苏加诺的思想形成以及印度尼西亚民族解放运动的特点有着密切的联系。

苏加诺出身于东爪哇泗水的一个穆斯林与巴厘印度教徒相结合的家庭,这种异族通婚在当时是很不寻常的。[2]身为教师且是正统伊斯兰教徒的父亲对孩子管教很严,他从小就深受爪哇传统文化的哺育,接受了爪哇神秘传统的同情感和乱世求治的意识。而且,印度尼西亚民间戏剧——皮影戏给他提供了接受爪哇文化最广阔的天地。皮影傀儡戏,既是爪哇宫廷上层文化传统的一个组成部分,又是爪哇农村民间文化传统的组成部分,它取材于印度教经典和印度文化史诗,不过在发展过程中已经爪哇化了,蕴有爪哇人关于生命真谛的独到认识。它通过流行的艺术形式,对人与宇宙万物的关系进行了爪哇式的微妙探索。通过自己仔细的观看和长辈们详细的讲解,幼小的苏加诺已经意识到其中的精髓:冲突和贯穿冲突始终难能保持的"中""和"之道(即和谐与平衡)均属重要。这为他后来思想的形成奠定了最初的基础。

除爪哇传统文化外,印度尼西亚民族主义早期思潮(以伊斯兰教联盟领导人佐克罗阿米诺托为代表)、西方资产阶级民族民主思想、孙中山的三民主义,以及甘地的不合作思想,都成为苏加诺的思想渊源。在苏加诺的思想体系中,传统文化的熏陶与外来思想的影响形成了异常微妙和复杂的交错。就他的哲学思想而言,如果一定要确定无疑地断定哪些方面是传统的,哪些方面是外来的,那是很困难的。但是,大致而言,苏加诺的世界观中,以"协调平衡""接受包容""互助合作"为特点的爪哇传统文化的熏陶无疑具有最重要的影响作用。它们是苏加

---

[1] [美]克利福德·格尔茨. 文化的解释[M]. 韩莉,译. 南京:译林出版社,2014:274.

[2] [澳]J. D. 莱格. 苏加诺政治传记[M]. 上海:上海人民出版社,1977:9.

诺构筑自己思想大厦的精神基石和材料。正是从这个基点出发，苏加诺汲取外国文化的思想精髓，然后再融合成自己的思想。

年轻的苏加诺生活在爪哇经历深刻变革的时代：现代资本主义生产方式逐步取代了旧殖民地的生产方式，无产阶级和民族资产阶级开始登上历史舞台。1908年，印度尼西亚第一个民族主义组织"至善社"成立，此后，全国各地的民族主义组织、青年组织、宗教组织和地方组织等如雨后春笋般纷纷出现。尽管这些组织五花八门，错综复杂，但它们都不具有广泛的群众基础。影响不断扩大的是后来出现的两大政党：伊斯兰教联盟、印度尼西亚共产党。然而，伊斯兰教联盟在成立不久后就分裂了，其他的政党和团体也同样存在着内部组织松散、派系斗争剧烈等问题。究其原因，除了由于荷兰殖民统治者对印度尼西亚民族解放运动采取分化、瓦解和打击的策略外，各政治力量之间存在着矛盾和分歧是造成分散和分裂局面的重要因素。这种局面对刚刚兴起的印度尼西亚民族解放运动十分不利，统一和团结成为急待解决的课题。

苏加诺正是在这一时期投身于民族斗争的洪流。伊斯兰教联盟建立、发展和破裂的全过程对他产生了深深的触动，他意识到了印度尼西亚人民面临的重要任务是：消除各集团的分歧，团结一致去追求民族主义运动的统一目标——反抗荷兰殖民统治，建立独立的印度尼西亚。正是这一点推动他于 1926 年发表了一篇题为《民族主义、伊斯兰教、马克思主义》的重要文章，文中他第一次针对当时印度尼西亚社会存在的三大政治思潮和政治势力全面阐发他的协调共处、团结合作思想，提出这三者有可能而且有必要实行联合，以形成不可抗拒的洪流实现未来的民族独立。[1]如果说这篇文章是苏加诺互助合作理论的起点，那么，"潘查希拉"就是这种理论发展史上的里程碑。

1945 年 6 月太平洋战争即将结束时，印度尼西亚面临着团结建国的紧迫任务。然而，在"独立准备调查会"中却存在着尖锐的分歧，各派对于建国原则争论不休。为此，苏加诺发表了"潘查希拉"的重要讲话，首次用明确的原则阐述自己的建国理论，这就是必须在民族主义、国际主义（或人道主义）、协商制（或民主）、社会繁荣和信仰神道这五项基础上建设未来的印度尼西亚。[2]五原则的提出是基于当时的政治斗争环境，出于联合各种政治势力，同心同德，共同建国的目的。在穆斯林领袖同民族主义者、社会主义者的领袖们争论非常激烈的情况下，为缓解民族团结所面临的危机，苏加诺及时提出了这五原则。他承认"潘

---

[1] 彭树智. 东方民族主义思潮[M]. 兰州：西北大学出版社，1992：120.

[2] Kirdi Dipoyudo. *Pancasila — Arti dan Pelaksanaannya* [M]. Jakarta: Centre for Strategic and International Studies, 1979: 29.

查希拉"是一个折中物,因为只有这些原则"才有可能团结所有派别"。①的确,恰恰就是因为这个折中物照顾到了三大政治势力的意识形态(它包括了民族主义者所强调的民族主义、社会主义者所强调的社会繁荣与公正以及穆斯林的宗教信仰),才使他们有了共同可以接受的纲领,从而达到各种力量互助合作的根本政治目标。

最初,苏加诺的"潘查希拉"对各派间的意识形态矛盾起到了暂时缓和的作用。后来当五项原则要被写进宪法的时候,矛盾又激化了。正统的穆斯林坚决要求将国家建立在伊斯兰教教义基础上,要求总统必须是穆斯林;民族主义者和其他非正统的穆斯林则坚决主张宗教信仰自由。双方最后达成妥协,在1945年宪法中将五项原则的内容和排列顺序改为:第一,至高无上的神道;第二,公正和文明的人道主义;第三,印度尼西亚的团结;第四,协商和代表制下的民主;第五,全体印度尼西亚人民的社会公正。宪法中的"潘查希拉"与此前苏加诺论述的"潘查希拉"虽然在顺序和具体表述上略有差异,但二者的精神和实质是相同的,其核心是协调平衡、团结融合、互助合作。

独立以后,由于种种原因,印度尼西亚的政治经济形势日趋恶化,为了扭转这一局面,苏加诺发表了一个后来被称为"政治宣言——乌斯德克"的讲话,将"潘查希拉"精神解释为"纳沙贡精神"(纳沙贡 NASAGOM,即民族主义者,宗教人士和共产主义者三位一体)。其实,这时他强调纳沙贡,重点是要团结共产党,使其上升到与右派陆军旗鼓相当的地位,实现双方力量的平衡,从而使自己成为天平的支点,或者形成一个以他自己为中心的、永远环绕他运转的政治星系。然而,苏加诺的失败就在于他没能够维持住这种平衡。"据一些爪哇领袖指出,'纳沙贡'的触礁并不在于这个三位一体观念的矛盾性,而是其中一股力量企图用武力将它的意志强制他人接受,这就违背了潘查希拉的容忍精神。原则一旦遭到破坏,便失去了平衡,整个概念也就宣告崩溃了。"②

总之,"潘查希拉"的形成经历了较长的过程,它是印度尼西亚人民长期斗争的经验总结,是独立准备调查会全体与会者的集体智慧。纵观"潘查希拉"的形成和发展的脉络,不难发现,有一个永恒的无处不在的思想原则贯穿其中,这就是各种对立的意识形态的调和、汇拢和折中,各种冲突的政治力量的共处、互助和协调,这是"潘查希拉"的精髓所在。凝练出这种思想精髓,对苏加诺来说

---

① 辛蒂·亚当斯. 苏加诺自传[M]. 施永昌,柯荣欣,译. 雅加达:亚贡山出版社,1966:274—276.

② 李炯才. 印度尼西亚:神话与现实[M]. 新加坡:新加坡教育出版社,1979:27.

并不偶然，他所接受的爪哇传统文化熏陶和所处的社会环境早已为其思想的铸造准备了模具。美国文化人类学家克利福德·格尔茨认为"借助古典传统的比喻性延伸——实际上是隐喻地使之复生——来重建一个新的符号框架，以此赋予正在兴起的共和国政体以形式及意义的最著名的尝试，是苏加诺总统著名的五项原则"[①]。而苏加诺则对自己的思想曾这样总结过："我的政治思想与众不同，这与我的经历有关。我的祖母给了我爪哇文化和神秘主义，而神学和伊斯兰教来自我的父亲。从我母亲那里我接受了印度教和佛教思想。莎丽娜（Sarinah）[②]给了我人道主义。我的民族主义思想一部分来自佐克罗，社会主义思想来自佐克罗的朋友们。我思考过马克思主义，学习过孙逸仙的三民主义和甘地的行善思想。我把现代科学教育同古老而又神秘的文化糅合起来，加以概括总结，使之成为能够被普通老百姓所理解和接受的理论。"[③] 显然，苏加诺的政治理念实质上是对印度尼西亚各类结构性冲突的大协调，在充分考虑各派利益和立场的基础上完成政治妥协，最终实现国家整合。

苏加诺的这一思想完美地体现在印度尼西亚的国徽图案上。印度尼西亚国徽是一只颈挂盾牌、爪持飘带的神鹰，盾牌上的五个图案[④]象征着"潘查希拉"，

---

① [美]克利福德·格尔茨. 文化的解释[M]. 韩莉, 译. 南京：译林出版社，2014：268.

② 莎丽娜是苏加诺小时候的保姆，苏加诺将她名字用于印度尼西亚妇女的总称。20世纪30年代苏加诺曾举办妇女讲习班，向广大妇女宣传民族主义思想。讲习的内容后来被整理成册，即人们熟知的《莎丽娜》一书。

③ Cindy Adams. *Bung Karno* [M]. Jakarta: Gunung Agung, 1966: 101. 转引自梁敏和."潘查希拉"产生的历史背景及初步分析[G]//东方研究. 北京：北京大学出版社，1986：526.

④ 盾牌上的五个图案分别代表如下意义：1.黑色小盾牌为底的金色五角星象征至高无上的神道（Ketuhanan yang Maha Esa）；2.红底的金色链条象征公正和文明的人道主义（Kemanusiaan yang adil dan beradab）；3.白底的榕树象征印度尼西亚民族团结（Persatuan Indonesia）；4.红底的雄牛头象征通过协商和代表制来制定明智的政策领导人民（Kerakyatan yang dipimpin oleh hikmat kebijaksanaan dalam permusyawaratan/perwakilan）；5.白底的棉桃和稻穗象征富饶和生命，代表面向全体印度尼西亚人民的社会公正（Keadilan sosial bagi seluruh rakyat Indonesia）。

飘带上用古爪哇文撰写着国家格言"Bhinneka Tunggal Ika（多元而统一）"①。这一源自麻喏巴歇时代的名言成为群岛各族的座右铭，当努山塔拉获得独立之后上升为国家格言铭刻在国徽上，体现了现代印度尼西亚政治家运用古代的宽容与和平思想来指导实现异中求同、和谐共处的大智慧。刻在印度尼西亚的国徽里，同时也写入印度尼西亚宪法的 Bhinneka Tunggal Ika 其实就是潘查希拉的精神内核，它意味着印度尼西亚版图由文化、传统、宗教都差异巨大的不同地域组成，这些地域曾经相互隔离、互不来往，但都在统一的印度尼西亚国族中找到了同一性②，达成了国家认同。

三、潘查希拉历久弥新

与苏加诺相似，苏哈托也出生并生长于爪哇传统文化氛围中，周围的长辈给予了他爪哇式的精神教育和身心修养训练。由于自小就生活在演皮影戏的艺人之中，苏哈托深深地受到生活环境中存在着的道德观念和生活哲学，即伊斯兰教和爪哇生活方式的熏陶。爪哇"三不"哲学，即"不惊恐，不茫然，不骄矜"成为他的人生哲学。③

1965 年"9·30事件"后，苏哈托登上了总统宝座，在其建立的"新秩序"政权稳定后，他便集中精力重新构筑印度尼西亚的国家意识形态，重新确定政治方向。出人意料的是，苏哈托没有提出一套全新的意识形态理论，他仍然打出苏加诺时代的精神旗帜——"潘查希拉"。1966 年 6 月 18 日的临时人民协商会议发表共同宣言：恢复光荣、伟大和具有现实意义的"潘查希拉"，因为它是唯一理想的原则，是国家和民族生活的方向和目标。为了纠正对"潘查希拉"的歪曲理解和错误倾向，1975 年苏哈托任命了一个由前副总统哈达博士等了解"潘查希拉"历史的 5 位元老组成的"五人委员会"专门进行研究。1978 年人民协商

---

① 此言出自根据佛典改编的 14 世纪爪哇神话《须陀素弥史诗》(*Kakawin Sutasoma*)。传说波罗捺（天罗）国王好食人肉，且变成飞行罗刹，致使百姓生活在惶恐不安中。武士须陀素弥十分同情人民的处境，愿意代替百姓受死，但激怒了食人王，他多次企图杀害须陀素弥未果。最后，他们俩展开了激烈的搏斗。在打斗过程中，湿婆神进入食人王的体内，佛陀则化为须陀素弥身躯，各显神通，战事僵持不下。最后梵天神介入，用"Bhinneka Tunggal Ika"呼吁停止战斗，提醒他们虽然双方外表相异，但本质却是一体的。

② 孙云霄. 国族与部族：印度尼西亚的双轨认同 [J]. 文化纵横，2019（6）：45.

③ 苏哈托. 苏哈托自传：我的思想、言论和行动 [M]. 居三元，译. 北京：世界知识出版社，1991：12.

会议根据"五人委员会"的研究报告通过"1978年人协第二号法令",该法令的标题是"领会和实践潘查希拉指南"。① 此后不久,苏哈托在全国发起了一场"领会和实践潘查希拉运动",印度尼西亚国内外同胞有计划、有步骤地举办"潘查希拉"学习班,以使"潘查希拉"深入人心,提高人民的政治觉悟。在1980年的一次军队指挥官会议上,苏哈托强调"有一部分人不想100%地接受'潘查希拉'思想,因此军队必须采取必要措施捍卫它"。在1982年8月的演说中,苏哈托号召印度尼西亚所有的政党和社会及宗教组织以"潘查希拉"作为自己的指导思想和行为准则,以克服思想疑虑和意识形态方面的分歧和冲突。1984年,苏哈托总统向国会提交一项提案,要求以法律的形式规定"潘查希拉"为唯一的国家指导思想。此提案于1985年获得批准。

苏哈托之所以在印度尼西亚大规模地推行"潘查希拉",是因为深深知道它是协调平衡的产物,只有"潘查希拉"才能把各民族、各阶层、各团体和各种力量团结起来。这样,各民族、各阶层、各团体和各种力量之间才能从根本上避免冲突,彻底消除引起紧张、分裂和创伤的祸根。那么,具体如何贯彻执行"潘查希拉"呢?最基本的途径就是"自我控制""自我约束"。苏哈托认为:"'潘查希拉'为个人和社会之间的协调的实现和维持提供了哲学基础……每个人要自我约束,自我适应,以便能同周围的社会协调生活。"② 在解释"潘查希拉"五原则时,他同样贯穿了这种精神。在他看来,只要印度尼西亚人民能够做到"自我控制""自我约束",团结、和谐、平衡就能得以实现,整个社会就能避免冲突。为了统一各政党和社会团体的意识形态,新秩序政权通过立法形式来确立"潘查希拉"的"唯一原则"的地位。在这种情况下,印度尼西亚各在野党只能奉行和政府党专业集团完全相同的意识形态,从而失去了各党独特的号召力,社会各政党和组织参与社会活动时也要遵循"潘查希拉"唯一原则。显然,苏哈托谙熟爪哇人所具有的"忍耐包容""自我克制""敬重权威"等特点,从而把"潘查希拉"变成了政府加强控制、巩固军人政权的政治法宝。

苏哈托还把"潘查希拉"应用于经济过程,把实现"以潘查希拉为原则的公正繁荣的社会"作为奋斗目标。苏哈托回顾了印度尼西亚建国以来的教训后得出结论,认为1966年以前发生的一系列全国危机,除了违背"潘查希拉"和四五宪法以外,是忽视经济建设所造成的,因此新秩序政权应该把经济建设放在首要

---

① 骆沙舟,吴崇伯. 当代各国政治体制:东南亚诸国[M]. 兰州:兰州大学出版社,1998:234.

② Krissantono. *Pandangan Presiden Soeharto tentang Pancasila* [M]. Jakarta: Centre for Strategic and International Studies, 1979: 75.

的优先地位。为表明这一决心,他把内阁命名为"建设内阁",建立了以经济专家和专业技术人员为主的国家建设委员会,采取对外开放、积极引进外资的政策。同时他强调宪法规定的三种经济运行方式:国营、私营、合作社,认为这是实现经济民主的主要手段。他强调社会的最终目的是使社会繁荣,而不是个人致富,合作社是实现这一目的的最恰当的经营形式。苏哈托把这种经济发展模式称为"潘查希拉经济"。[①]

同是爪哇人,苏哈托与苏加诺都以丰富的爪哇文化为生活哲学的基础。但苏哈托在坚持"潘查希拉"的同时,对其进行了适合印度尼西亚现实国情的有远见的拓展,即以具有"爪哇传统色彩"的将军官僚和代表"西方技术文明"的专家治国论者作为解决政治和经济问题的两大支柱。这种对传统的继承和发展使印度尼西亚经济得以在稳定的环境中得到高速增长。尽管苏哈托时代的印度尼西亚远未达到公平分配,到处存在着腐败和贫富悬殊,但它的综合国力和大多数人的生活水平比旧秩序时有了很大的提高,这是不争的事实。因此,与苏加诺相比,注重实际和现实的苏哈托更是一位能使对立矛盾得到协调平衡的高手,这就是苏哈托比苏加诺高明之处。

1998年5月苏哈托下台后,人们期待着新总统瓦希德的上台能给印度尼西亚带来光明和希望,也期待着新政府能对宪法中不适应时代要求的内容进行彻底修订。已有50多年历史的"潘查希拉"无疑面临着挑战,人们都关注着新政权的态度。其实,早在出任伊斯兰教士联合会(NU)领导时,瓦希德就已表明自己的立场:印度尼西亚是一个多元化的社会,为了维护和巩固印度尼西亚国家及民族的统一与完整,穆斯林不应该极力主张建立伊斯兰教国家,而是要奉行"潘查希拉"思想。他强调:"没有'潘查希拉'就没有我们的国家。作为建国五项原则的'潘查希拉'是永存的,是我们应为之奋斗的国家指导思想。不管它是被军队所阉割,还是为穆斯林势力所操纵,我将用我的生命来捍卫它。"[②] 2004年10月苏西洛在大选中获胜成为印度尼西亚第六任总统,他在纪念潘查希拉提出61周年的演讲中表示,潘查希拉作为国家的立国基础和指导思想依然是正确的,依然是解决目前遇到的各种民族问题的出路、灵感源泉和框架。他要求所有的印度尼西亚人结束潘查希拉作为印度尼西亚共和国国家基础是否依然合适的无谓争论。佐科当选印度尼西亚第七任总统并获得连任后,通过包容各方成功地弥

---

① 骆沙舟,吴崇伯. 当代各国政治体制:东南亚诸国[M]. 兰州:兰州大学出版社,1998:247.

② Douglas E. Ramage. *Politics in Indonesia Democracy, Islam and the Ideology of Tolerance*[M]. London and New York: Routledge, 1995: 45.

合了政治分歧，他多次指出"潘查希拉强调多样性的团结"。为此，他通过高超的结盟手段在 2020 年 11 月推动了引发争议的《创造就业综合法》顺利通过。

潘查希拉的应运而生和与时俱进的发展无不反映了印度尼西亚人民要求团结的愿望，尽管作为一种政治设计，潘查希拉存在"目标的模糊性、制度设计的不合理性和不科学性、制度设计层次不突出等缺陷"①。由于是典型的印度尼西亚传统调和理论的产物，潘查希拉具有明显的妥协性和包容性，对于各派政治力量来说，可以接受它，也能够各取所需，由此产生各种解读，争论不休。但应该看到，在潘查希拉诞生的那个年代乃至进入 21 世纪信息化时代，面对多元性和复杂性如此突出的一个国家，要调和各种矛盾和冲突实现团结和统一，除了潘查希拉，很难做出别的选择。马克思曾经说过：人们自己创作自己的历史，但是他们并不是随心所欲地创造，并不是在他们自己选定的条件下创造，而是在直接碰到的、既定的、从过去继承下来的条件下创造。②潘查希拉既是时代的产物同时也在时代的发展中历久弥新、历久弥坚。

四、结语

印度尼西亚是世界上最大的群岛国家，共有 17508 个岛屿、300 多个部族、500 多种方言③，且宗教繁多。这种地理环境和族群状况决定了这个国家在文化上极具多元性，而外来文化的传播和影响又使情况更加复杂，由此导致社会矛盾、分裂和冲突长期存在。然而，现代民族国家建构过程所包含的一个最重要的内容是在具有族裔和文化多样性的国民中间建构出统一的民族性。④因此，印度尼西亚的独立和建国首先必须解决的问题就是如何实现"多元而统一、排斥而聚合"。以爪哇传统文化为基石的"潘查希拉"由此应运而生。它历经近八十年的发展仍然具有强大的生命力，就在于它包含了印度尼西亚社会矛盾的两个方面：一是承认和保护印度尼西亚社会文化和政治势力的多样性；二是强调各种社会文化和政治势力的统一性。在印度尼西亚，只强调一个方面必然会导致社会悲剧。⑤正是秉承着这种"多元而统一"的伟大思想，印度尼西亚多样而复杂的族群和

---

① 王子昌．国家哲学还是个人哲学？［J］．东南亚纵横，2003（6）：50．
② 马克思．路易·波拿巴的雾月十八日［G］//马克思恩格斯选集：第一卷．北京：人民出版社，1973：603．
③ 武文侠，陆春林．印度尼西亚［M］．北京：世界知识出版社，2001：34，64．
④ 王建娥．国家建构与民族建构：内涵、特征及联系——以欧洲国家经验为例［J］．西北师大学报，2010（3）：26．
⑤ 张锡镇．当代东南亚政治［M］．南宁：广西人民出版社，1995：400．

宗教团体相互包容，同生共存，融为一个多姿多彩的统一民族国家。未来政坛变数不可测，但可以肯定的是，无论谁领导印度尼西亚这个国家，都不可能抛弃"潘查希拉"，它所蕴含的和睦包容、协调平衡、团结合作的思想精髓，是确保国家统一、民族团结、社会安定和经济发展的有力精神武器。

参考文献

［1］［澳］梅·加·李克莱弗斯. 印度尼西亚历史［M］. 周南京，译. 北京：商务印书馆，1993.

［2］［美］克利福德·格尔茨. 文化的解释［M］. 韩莉，译. 南京：译林出版社，2014.

［3］［英］伊丽莎白·皮萨尼. 印尼 Etc：众神遗落的珍珠［M］. 谭家瑜，译，上海：上海三联书店，2019.

［4］黄云静，张胜华. 国家·发展·公平：东南亚国家的比较研究［M］. 北京：中国社会科学出版社，2016.

［5］李美贤. 印尼史：异中求同的海上神鹰［M］. 台北：三民书局，2005.

［6］梁敏和. 印度尼西亚史纲［M］. 广州：世界图书出版广东有限公司，2019.

［7］骆沙舟，吴崇伯. 当代各国政治体制：东南亚诸国［M］. 兰州：兰州大学出版社，1998.

［8］潘一宁. 新海丝路上的印度尼西亚与中国［M］. 北京：世界知识出版社，2017.

［9］孙云霄. 国族与部族：印度尼西亚的双轨认同［J］. 文化纵横，2019（6）：40—48.

［10］唐慧，陈扬，张燕，王辉. 印度尼西亚概论［M］. 广州：世界图书出版广东有限公司，2012.

［11］唐慧. 论爪哇传统文化与印度尼西亚"潘查希拉"［G］// 北大亚太研究：5. 香港：香港社会科学出版社有限公司，2001.

［12］王受业，梁敏和，刘新生. 印度尼西亚［M］. 北京：社会科学文献出版社，2006.

［13］王子昌. 国家哲学还是个人哲学？［J］. 东南亚纵横，2003（6）：50—53.

［14］武文侠，陆春林. 印度尼西亚［M］. 北京：世界知识出版社，2001.

[15] 许利平, 薛松, 刘畅. 印度尼西亚[M]. 北京: 社会科学文献出版社, 2019.

[16] 张锡镇. 当代东南亚政治[M]. 南宁: 广西人民出版社, 1995.

[17] 张寅. 多元文化背景下的民族国家建构[M]. 昆明: 云南人民出版社, 2015.

[18] 赵海英. 现代化进程中东南亚国家建构研究: 基于族际整合视角[M]. 北京: 中国政法大学出版社, 2016: 42—43.

[19] 朱刚琴. 潘查希拉的提出及其文化根源[J]. 东南亚研究, 2008(2): 85—90.

[20] Cindy Adams. *Bung Karno* [M]. Jakarta: Gunung Agung, 1966.

[21] Clifford Geertz. *Abangan, Santri, Priyayi: dalam Masyarakat Jawa* [M]. Jakarta: Yayasan Ilum-ilmu Sosial, 1981.

[22] Douglas E. Ramage. *Politics in Indonesia Democracy, Islam and the Ideology of Tolerance* [M]. London and New York: Routledge, 1995.

[23] Marwati Notosusanto. *Sejarah Nasional Indonesia* (jilid Ⅱ) [M]. Jakarta: PN Balai Pustaka, 1984.

印度战争题材电影的英雄叙事与国家认同建构

天津外国语大学 喻 妍

【摘　要】 国家认同不是一种既定的状态，而是一种动态的建构过程。战争题材电影承载着国家理想，是构成国家认同教育的重要资源，英雄主义和集体记忆是战争电影建构国家认同的重要方式。印度战争题材电影主题丰富、数量可观，通过鲜明的英雄形象和极具感染力的故事情节，从实体、文化和国家三个层面中提炼国家精神，塑造国家形象，建构国家认同，提升国民的民族自豪感，唤起民众对国家的责任和使命感，从而促进了印度国家认同的培育。

【关键词】 印度；战争题材电影；英雄叙事；国家认同

电影作为一门综合的艺术，具有极强的包容性。电影艺术一方面集各艺术门类之长，另一方面其蕴含的极强的地方性特征也凸显出浓郁的民族特色，在战争题材电影中尤为突出。历史上，印度本土票房最高的电影中就有三部是战争题材电影。在此，笔者以近三年（2017—2019 年）[1]印度战争题材电影作为研究对象，并引入电影学、叙事学、神话学和心理学等相关理论，分析印度战争题材电影对国家认同的建构。

一、国家认同的相关概念

"认同"一词来自西方现代心理学家弗洛伊德，是心理学理论的一个概念。克里斯蒂安·麦茨[2]将弗洛伊德的"认同"理论运用到电影分析领域，使得"认同"成为当代电影理论的核心概念之一，被用来解释观众理解电影的过程。麦茨认为，"认同"使得观众看电影的行为成为一种面对自身的方式，电影观众的"认同"实质上是一种"自我认同"："观众认同的是他自身，他是将自身作为一种纯粹的知觉行为……一种感觉的可能性条件来认同的。因此也就是将自身作为

---

[1] 2020 年受新冠肺炎疫情影响，数据不具有参考意义，故而选取 2017—2019 年。
[2] 克里斯蒂安·麦茨/克里斯汀·梅兹（Christian Metz, 1931—1993），法国人，电影符号学的宗师、电影理论家。

一种总是先于每一个'实存'的超验的主体性来加以认同的。"[①]

"电影的认同机制是一个以社会的主流文化为取向、以传统的民族精神为依据、以电影的叙事形态为核心的电影心理问题。"[②]最核心的便是在认同的机制下,观众如何将自我的想象同一与影片中的角色以及如何将社会主流意识形态与电影的叙事主题相互缝合。电影作为一种负载有意识形态的机制,可通过控制观众心理的方式,将外在于屏幕的观众内化于银幕之内的角色。观众在影像建构的空间中,通过对主人公命运的关照,潜移默化地认同了电影中所建构的社会文化。

"国家认同"即一个人确认自己属于哪个国家,及这个国家是怎样一个国家的心灵性活动。这里的"国家"指的是"民族国家"概念,"民族国家"是指以民族主义原则确立合法性的国家,它的成员拥有很大程度民族的团结和整合,这就能够同时表法出"职权独立"的政治性格以及"民族统一"的族群文化意涵。[③]

战争题材电影对国家认同的建构策略是观众通过认同,在银幕空间建构自己国家的传统文化、民族历史、道德信仰和国家主权等。历史上印度电影本土票房前十的排行榜中,有三部是战争题材电影(见表1),一个国家的战争题材电影能够获得商业和艺术双丰收的现象,本身就值得我们去探究。

表1 历史上印地语电影本土票房前十名

排名	影片名	上映日期	影片类型	本土票房(千万卢比)
1	巴霍巴利王2:终结	2017.4.28	历史战争	510.99
2	摔跤吧!爸爸	2016.12.23	人物传记	387.38
3	一代巨星桑杰君	2018.6.29	人物传记	342.86
4	我的个神啊/PK	2014.12.19	奇幻喜剧	340.80
5	猛虎还活着	2017.12.22	动作冒险	339.16
6	小萝莉的猴神大叔	2015.7.17	动作喜剧	321.34
7	帕德玛瓦特王后/印度艳后	2018.1.25	历史传记	302.15
8	苏丹	2016.7.6	动作剧情	300.45

---

① [法]克里斯蒂安·麦茨. 想象的能指:精神分析与电影[M]. 王志敏,译. 北京:中国广播电视出版社,1985:49.
② 贾磊磊. 中国主流电影的认同机制问题[J]. 电影新作,2006(1):41.
③ 江宜桦. 自由主义、民族主义与国家认同[M]. 长春:吉林人民出版社,2007.

（续表）

排名	影片名	上映日期	影片类型	本土票房（千万卢比）
9	幻影车神3	2013.12.20	悬疑动作	284.27
10	印度超人3	2013.11.1	科幻动作	244.92

数据来源：印度电影票房统计网站 https://boxofficecollection.in。

二、印度战争题材电影概况

战争题材电影，顾名思义以"战争"为核心，这里指印度电影中一切与战争相关的电影。传统意义上的战争题材电影即战争作为主要描述内容的故事片，往往通过类型化的叙事策略来再现各国的历史记忆。21世纪以来，随着电影工业的发展和社会的变迁，战争片的定义已经变得更为广泛，战争所包括的成分也更为庞大和多样化。对于印度战争题材电影来说，类型化的发展道路促使印度影坛涌现了大量新式战争片，有通过描述民族所熟知的战役过程和刻画正面战场，来建构当下印度人的强国之梦，如《乌里：外科手术式打击》等；也有平民化的叙事策略和对人性的变迁的刻画，来表现小人物在战争中人性的变迁以及对战争的控诉等，如《承诺》等。

在2017年印度电影本土票房排行榜（见表2）中，历史战争片《巴霍巴利王2：终结》取得了排行榜首位，影片取得骄人的票房成绩离不开两点：一是基于民族文化的自信表达。这部电影根植于印度史诗《摩诃婆罗多》，具有深厚的历史积淀与文化底蕴，充分展示了印度灿烂多姿的民族文化，满足了印度民众对于民族文明和国家发展的期待。二是宗教崇拜累积的观众基础。印度是个宗教国家，民众对于众神持有深厚的崇拜情结，为影片《巴霍巴利王2：终结》累积了较好的观众基础。

表2 2017年印度电影本土票房排行榜前十

排名	影片名	影片类型	本土票房（千万卢比）
1	巴霍巴利王2：终结	历史战争	510.99
2	猛虎还活着	动作冒险	339.16
3	开心一组4：归来	喜剧动作	205.69
4	双龙会2	喜剧动作	138.61
5	枭雄	悬疑动作	137.51
6	厕所英雄	喜剧剧情	134.22
7	黎明前的拉达克	战争	119.26

(续表)

排名	影片名	影片类型	本土票房（千万卢比）
8	律界新手2	喜剧剧情	117
9	伯德里纳特的新娘	爱情喜剧	116.60
10	无所不能	悬疑动作	103.84

数据来源：印度电影票房统计网站 https://boxofficecollection.in。

2018年进驻排行榜前十的印度影片具有清晰的民族印记，以动作类和人物传记类影片为主。（见表3）2019年的印度电影虽有不少商业片想象力非一般地天马行空，一些类型片的故事极度夸张且欠缺结实的叙事基础，但也有一些影片表现国家层面的荣耀事件，获得了印度观众的喜爱。2019年，印度有许多热卖和受舆论关注的影片都是与国家叙事有关，影片燃起的爱国热情吸引着印度观众。（见表4）

表3 2018年印度电影本土票房排行榜前十

排名	影片名	影片类型	本土票房（千万卢比）
1	一代巨星桑杰君	人物传记	342.86
2	帕德玛瓦特王后/印度艳后	历史传记	302.15
3	辛巴	动作冒险	239.87
4	机器人之恋2	动作爱情	189.69
5	生死竞赛3	动作冒险	170.72
6	为爱叛逆2	悬疑动作	165.50
7	印度暴徒	动作冒险	151.19
8	喜得千金	家庭伦理	137.31
9	女鬼	恐怖喜剧	129.90
10	心甘情愿	谍战动作	123.84

数据来源：印度电影票房统计网站 https://boxofficecollection.in。

但同时，印度战争电影在海外票房不甚理想，甚至大部分并未引入中国，并不如印度的现实主义题材受欢迎。在印度文学和艺术中特有的神话故事范型与原型，是民族深层集体心理的外化，回应着本土观众对神话及神的爱戴与渴求，神话题材同样被广泛应用于印度电影中。因此在海外传播方面，如果观众没有相应的文化基础，在理解与接受上势必会产生一定的文化壁垒，输出与接受上的不对等，则会大大影响影片的观感。这也是印度的战争题材电影难以大面积打开中国,乃至世界市场的重要原因。

表4 2019年印度电影本土票房排行榜前十

排名	影片名	影片类型	本土票房(千万卢比)
1	宝莱坞双雄之战	动作悬疑	319
2	卡比尔·辛格	爱情	278.24
3	乌里：外科手术式打击	动作战争	244.06
4	承诺/婆罗多	动作喜剧	209.36
5	真爱满屋4：重生	喜剧	206
6	好消息	喜剧	201.14
7	曼加里号任务	历史	200.16
8	七色彩虹3：五亿卢比	喜剧	154.3
9	凯萨里	历史战争	153
10	最初的梦想	爱情喜剧	150.36

数据来源：印度电影票房统计网站 https://boxofficecollection.in。

三、电影主题分类与叙事模式

印度次大陆因其特殊的地理位置，在历史上始终相对比较被动。不断被外族入侵，多人种、多民族、多文化、多宗教、多语言相互融合的过程曲折复杂，19世纪以来印度曲折的殖民反殖民斗争与建国历程也为其战争题材电影提供了取之不尽的素材。电影中战争的残虐和人物命运的变迁，使得印度观众能够很好地产生一种认同感，使观众能够和英雄角色产生共情，与这个民族、这个国家荣辱与共。

(一)电影主题

1. 按背景年代划分主题

2017—2019年印度战争电影以背景年代可以划分为四类，分别是：古代国家战争、土邦王公战争、近代反殖民战争和现代战争。

（1）古代国家战争

该类主题电影主要取材于史诗神话，如电影《巴霍巴利王》1&2 取材于《摩诃婆罗多》；电影《印度艳后》改编自 16 世纪一首苏菲史诗。对熟知史诗神话的印度观众来说，这类电影是达到共情与共鸣的优质桥梁。

（2）土邦王公战争

和中世纪印度"土邦林立"这一历史有关，印度战争题材电影中有不少主要刻画土邦王公的英雄形象，讲述土邦王公英勇抗战事迹的电影。如电影《萨简·森夏·辛格》讲述一战时期的一位土邦王公率领锡克团赴西线帮助英国等协约国作战；电影《比丘加蒂：第一章》讲述 17 世纪印度奇特拉尔加统治者巴拉曼崛起的经历；电影《塔纳吉：无名勇士》讲述 17 世纪马拉地帝国军事领袖塔纳吉的生平经历。

（3）近代反殖民战争

印度战争电影中描写近代反殖民战争的电影以反英殖民侵略为主。如电影《印度暴徒》讲述了 18 世纪末一伙被称为"印度暴徒"的起义者反抗英国东印度公司的传奇故事；电影《一号自由勇士》讲述了 1857 年民族大起义之前的 10 年反抗东印度公司的斗争；电影《自由斗士》讲述了 20 世纪 30 年代印度国民军的创建者阿扎德的经历。

同时还有一些描写反抗阿富汗和葡萄牙殖民侵略的战争片，前者例如电影《凯萨里》讲述了 1897 年锡克教士兵与阿富汗侵略者作战；电影《帕尼帕特》讲述了第三次帕尼帕特战役。后者例如电影《马拉喀尔》，这是一部马拉雅拉姆语电影，讲述了 16 世纪印度萨摩西蒂王国海军将领马拉喀尔四世抵抗葡萄牙殖民者侵略的故事。

（4）现代战争

描写现代战争的电影主题数量庞大，如《乌里：外科手术式打击》《心甘情愿》《爱人》《谢尔沙》《马内克肖尔》和《地堡》等。（笔者在此只列举电影名称，不论内容真实与否。）

2. 其他有关战争的主题

此外，有些当代印度战争电影无法按照背景年代进行划分，根据电影内容划分为：（1）谍战片。如电影《心甘情愿》讲述了 1971 年第三次印巴战争前夕，女孩萨玛担任印度间谍的故事。（2）反恐战争。如电影《第 609 营》讲述了印军攻打巴基斯坦塔利班；电影《结局终将壮烈》讲述了库族少女为父报仇，加入极端分子对土耳其的战争中；电影《隐蔽打击》讲述了印度特种部队越境进入巴基斯坦打击恐怖分子；电影《猛虎还活着》被中国媒体称为"印度版《战狼》"，讲述了印巴情报特工联合对抗伊拉克恐怖分子拯救人质。(3)当代强国主题。如电影《空中撤离》讲述了 1990 年科威特撤侨事件;电影《天狼》是一部当代空战电影。(4)国内武装斗争。如电影《黄金鸟》讲述了 1975 年昌巴尔河谷的故事;电影《不可避免的战争》(2012)描写印共毛派武装斗争。

(二)叙事模式

1. "轮回-重生" 模式

在印度电影创作中,依据目的与主题的不同,轮回重生的模式有很多的变体,排在首位的是"重生-复仇"模式,这与印度史诗神话中的经典模式一脉相承。比如《巴霍巴利王 2:终结》中,当巴霍巴利遇刺后,提婆犀那走投无路,向希瓦伽米太后请求,"救了我的儿子,就等于把丈夫还给了我"。希瓦伽米因为误信谗言,导致失去了巴霍巴利,为了赎罪,她不惜献出自己的生命,来守护她的儿子。而提婆犀那风餐露宿、忍辱负重二十余载,就为了等到象征着丈夫重生的儿子,来为她报仇雪恨。"重生-复仇"模式环环相扣,成为勾连起上下两部曲的主线。在电影《自由勇士》中,主人公那罗辛哈出生时拥有起死回生的能力。

"按照印度教轮回的观点,既然人的今生与前世、来世是密不可分、切不断的,那么英雄叙事就不仅要讲述英雄今世所为,还要讲述英雄前生、来世,揭示或者说印证其业果关系。印度史诗神话作品中虽然不是人物传记,但对英雄的塑造和歌颂,采用的却是'纪传体'手法,从交代前世开始,再对各个人生阶段进行详细讲述。"①这也造就了印度史诗神话必须从开头甚至边缘开始讲起,详细交代起因和来龙去脉的叙事方式,印度电影亦受此影响,即使篇幅有限,对主人公的交代往往从出生开始说起,且英雄人物的出生往往带有神兆。电影《英雄威尔》于结尾处安排同一演员扮演的儿子代表了主人公的转世。

2. "流放-回归" 模式

这也是印度史诗神话常用的艺术表现手法,同样体现在印度战争题材电影中,帮助刻画英雄形象。在电影《巴霍巴利王 2:终结》中,巴霍巴利被驱逐出王宫时,百姓夹道相迎,振臂高呼:"我们的神走下神殿,来到我们身边了!"巴霍巴利在民间兴修水利,为人民谋福祉,赢得了百姓的爱戴,为儿子希瓦的回归,奠定了雄厚的群众基础。

---

① 张燕,徐辉. 印度电影中的神话故事范型与原型研究[J]. 山东艺术学院学报,2021(3):81.

3. "家国叙事"

印度电影自出现以来就带有鲜明的民族特色。创作者以艳丽、明亮的色彩，欢快、热情的歌舞为观众创造出一个个如梦似幻的银幕世界。印度不同于中国电影中隐忍、写意、余音绕梁般的含蓄隽永，而是以饱满、热烈的纵情肆意著称。但近年来的印度影片不再执着于大段的歌舞叙事，对于歌曲和舞蹈的选择也更加谨慎精细，一改往日叙事节奏拖沓、歌舞冗长的弊端，尤其体现在描写近现代战争的影片中。近现代电影主题中，英帝国殖民侵略与印巴分治的"家国之殇"给印度人民心中留下了沉重的烙印，因此在印度战争题材电影中，体现这两方面主题的电影非常多，"家国叙事"有利于印度国家意识形态的塑造，增强民众对国家主权和国家政治制度的认同，最大限度地体现着印度民族精神。

四、国家认同的建构策略
（一）实体层：再现历史

发掘历史记忆，是战争题材电影实现国家认同建构的叙事策略之一。印度战争题材电影善于从国家的历史出发去建构国家认同。很多印度战争题材电影都是根据真实的历史事件改编而成，改编的目的便是利用真实的历史记忆，为现在的存在提供合法性，通过对集体记忆的复归，来为现在提供更多的合法性。

本民族共有的历史记忆也能够使国民在重构的记忆中修复彼时的创伤。本民族共享的历史记忆，主要是指在国家历史剧变中的记忆，如战争、动乱等造成的断裂和内乱时期。集体记忆一方面可以建构当下的国家认同，通过培养现时的国家认同，通过怀旧，使得现在更容易被接纳。瓦赫认为，集体记忆能够消解国家的负面历史。集体记忆建构当下的国家认同，同重构过去的消极历史是密切相关的。从集体记忆中消除那些可能让国家负罪或卑贱的阴影。民族记忆通过建构当下的国家认同和重构过去的消极历史，成功地维持了国家认同的联系性。

（二）文化层：复归与重构

战争题材电影作为电影类型的一种，归根到底也是一种文化产品。安东尼·D. 史密斯[1]认为，以文化的要素去建构国家认同，能够使社会成员更好地认同于本民族的国家制度、历史文化、风俗传统。用文化的方式去建构社会成员之间的国家认同，这种国家认同也会更为牢固。通过集体记忆去建构的国家认同

---

[1] 安东尼·D. 史密斯（Anthony D. Smith, 1939—），是一名英国民族学家，伦敦政治经济学院民族主义和种族教授，被认为是跨学科民主主义研究的其中一个创始人。

能够很好地发扬本民族的传统文化，使本民族的成员能够更好地抵抗外来文化的侵袭。

首先，民间传统的复归，体现在对民族文化的寻回。印度战争题材电影大多有一个相同的精神内核，即将印度传统文化的精神植入到电影的叙事中去。在前文中已经论述到社会成员所共享的记忆对于国家认同的建构有着十分重要的作用，在建构的过程中运用民族历史、传统文化、风俗语言等要素会使得社会成员建构一个更为持久的和稳定的想象的共同体。这些文化要素也是影响到国家认同建构成功与否的核心关键。其次，对传统的重建有利于保持文化的认同。这样也就建构了符合当下国家认同的民族形象。

（三）国家层：反映意识形态

影片中个人的命运总是同国家的命运紧密联系在一起。其中蕴含的爱国主义、牺牲精神也在无形地建构了主流的意识形态，极大程度地唤起了印度民众的爱国热情。印度战争题材电影对于提炼国家精神、塑造国家形象、提升国民的民族自豪感、唤起民众对国家的责任和使命感有着至关重要的作用，用内涵打动观众，从而促进了印度国家认同的培育，进一步强化国家认同。

五、结语

国家认同不仅能够成为加强民族团结的催化剂，也能成为应对外来文化挑战的强心剂。因此通过电影去建构国家认同的现实意义就显得犹为重要。可以发现国家认同在战争题材电影中的体现，以及其对社会的巨大作用。印度通过战争题材电影对民族历史与文化传统的建构，对我国的电影事业如何更好地树立中华民族的国家意识，亦提供了一种可行性的思路。

参考文献

［1］贾磊磊. 观众：作为电影叙事中的不同角色［J］. 南京师范大学文学院学报，2003（4）.

［2］贾磊磊. 中国主流电影的认同机制问题［J］. 电影新作，2006（1）.

［3］江宜桦. 自由主义、民族主义与国家认同［M］. 长春：吉林人民出版社，2007.

［4］张燕，徐辉. 印度电影中的神话故事范型与原型研究［J］. 山东艺术学院学报，2021（3）.

[5] 彭谦,程志浩. 民族认同形成的影响因素考量 [J]. 中南民族大学学报, 2019（2）.

[6] 陈华. 叙事、记忆与认同：历史教育的时代要求与实践逻辑 [J]. 广东第二师范学院学报, 2021（4）.

[7] 李艳平,亢升. 印度国家认同教育的经验及对中国的启示 [J]. 印度洋经济体研究, 2016（4）.

[8] 侯微,赵文梁. 战争电影中的英雄主义、集体记忆与国家认同 [J]. 成都师范学院学报, 2013（7）.

蒙古国突发公共卫生事件应急机制研究
——以应对 COVID-19 疫情为例

信息工程大学 张建利 孙美娜

【摘 要】 蒙古国 COVID-19 疫情的应急机制主要由指挥联动机制、预警检测机制、信息披露机制、社会监督机制、责任追究机制、资金投入机制和管理恢复机制等部分构成。在疫情防控过程中，该机制有效克服了法律基础薄弱、医疗水平低下和资金投入不足等局限，充分发挥"指挥体系完备，部门分工明确""应急措施迅速，信息披露及时""社会监督广泛，追责标准严格""重视稳定经济，复工复产有序"等优势特点，在保障人民生命安全、维护社会秩序稳定、促进国家经济发展和创造良好国际环境等方面发挥了至关重要的作用。

【关键词】 蒙古国；突发公共卫生事件；应急机制；COVID-19

一、引言

2019 年 12 月底，中国武汉市突发 COVID-19（新型冠状病毒肺炎）疫情。得知相关通报后，蒙古国迅速启动突发公共卫生事件应急机制，第一时间成立了以副总理为首的国家特别委员会[①]，全面负责疫情防控工作。2020 年 2 月 13 日，蒙古国宣布进入防灾高度戒备状态。3 月 10 日，蒙古国出现首例输入型确诊病例，国家特别委员会召开紧急会议，宣布关闭全部航空和铁路口岸，并采取了对首都乌兰巴托"封城"、工厂暂时停工停产、学校无限期停学等措施，同时全面开展对确诊病例的治疗和密切接触者的追踪、隔离以及检测工作。由于政府相关部门高度重视和出色工作，蒙古国在前期的抗疫过程中取得了出色的成效：截至 2020 年 9 月 4 日，蒙古国所有确诊病例（310 例）均为输入性病例，且无死亡病例。9 月 8 日，蒙古国卫生部将疫情新闻发布会由原来的高频率、不定期调整为每周一、三、五定期举行，标志着疫情发展一度进入平稳可控期。

然而，随着俄罗斯和西欧各国第二轮疫情的集中爆发，一直以来坚持开放对

[①] 可简称为"国家特委会"，蒙古语为"Улсын Онцгой Комисс"，也有媒体将其译为"国家紧急状态委员会"或"国家紧急情况委员会"。

俄口岸的蒙古国迎来重大考验：2020年11月6日，蒙古国家传染病研究中心发出通报，称1名护士确认感染新冠病毒，从而打破了蒙古国本土零感染的局面。11月8日，1名感染新冠病毒的国际货运司机在蒙古境内多地长时间自由活动，导致2000多人与其有过直接或间接接触，疫情防控形势突然加重。对此，蒙古国家特别委员会于11月11日晚20:00召开紧急会议，就采取紧急措施全面阻止疫情国内传播问题进行讨论，并将相关提议提交至蒙古国政府。当日晚21:30—23:05，蒙古国政府召开紧急会议，时任副总理兼任国家特别委员会主席苏德巴特尔宣布：根据《防灾法》，从2020年11月12日06:00至11月17日06:00期间，全国范围内转入防灾全民戒备状态。这是蒙古国历史上首次宣布进入全民戒备状态。

在此期间，蒙古国首都乌兰巴托市发布进一步疫情防控指令，各省都纷纷采取封闭隔离措施，全面应对危机。各省和城市间全面停止客运服务，防止疫情蔓延扩散。所有学校停课，禁止各类聚集性活动，国家机关单位必要部门采取轮流值班制，除银行、电力、供暖、医院、药店、供水站、食品店、加油站、通信、新闻等部门正常工作外，其余部门全部停业。私营企业和公民必须依法遵守现行防灾级别规定的义务。11月15日，为加强对新冠病毒疫情蔓延的应对措施，蒙古国政府决定将防灾全民戒备状态期限延长至12月1日早06:00。11月29日，蒙古国政府再次举行非例行会议，决定将首都乌兰巴托市、后杭盖省和色楞格省的全民戒备状态期限延长10天；将其他未发生疫情、未报告病例的省份自2020年12月11日06:00起转入为期10天的高度戒备状态。在高度戒备状态期间，各省特别委员会、省长决定本省疫情防控相关措施（比如商业、服务、省内交通活动等）。但是，蒙古国全国范围内仍禁止组织公共会议、集会、示威、文艺、体育和娱乐活动等大型公众聚集活动。

根据蒙古国家通讯社报道，截至2021年4月1日上午11时，在过去的24小时内，蒙古国境内新增394例确诊病例，新增150例治愈出院病例，现有确诊病例3750例，累计确诊病例8841例，累计治愈出院病例5070例，累计死亡病例12例。[①]除首都乌兰巴托外，疫情已波及色楞格、达尔汗乌拉、东戈壁、鄂尔浑、戈壁苏木布尔、后杭爱等16个省，传播范围活跃度高的疫情风险区仍多达12个，整体形势依然十分严峻。

本文以全球范围内爆发COVID-19疫情为背景，以蒙古国突发公共卫生事件应急机制为研究对象。一方面，对蒙古突发公共卫生事件应急机制进行界定和分类，从指挥体系、部门分工、防控措施、社会监督和责任追究等多个层面，深入

---

① 见蒙古国国家通讯社网站，https://www.montsame.mn/tables.aspx_76438_56。

分析该机制的长项与局限,是对现有蒙古国相关研究成果的一项有益补充。另一方面,通过研究该应急机制的领导指挥体系和应急管理模式,总结蒙古国在区域合作下与各国共同抗击疫情的成功经验,对于推动中蒙两国"一带一路"倡议和"发展之路"战略对接进程,进一步优化两国双边合作环境等有着重要的现实意义。

二、突发公共卫生事件应急机制的界定与分类

应急机制是指针对特殊事件、突发事件的紧急处理机制,属于一种应急预案。蒙古国突发公共卫生事件应急机制是指国家机关和地方各级机构针对突然发生的对国家和人民造成重大影响的公共卫生事件采取预防、控制和消除危害的应急措施,其目的是降低国家损失、保障人民生命财产安全和维护社会秩序稳定。

整体看来,蒙古国COVID-19疫情应急机制可分为结构体系和应急措施两部分。其中,结构体系是指应对疫情时涉及的包括决策、信息、执行、保障等不同系统在内的内部运作体系;应急措施则指各领导和职能部门在疫情潜伏、爆发、扩散、下降、反复和稳定等不同阶段所采取的具体反应。结合蒙古国抗击新冠肺炎疫情的具体实际,本文将蒙古国突发公共卫生事件应急机制分为指挥联动机制、预警检测机制、信息披露机制、社会监督机制、责任追究机制、资金投入机制和管理恢复机制,如表1。

表1 蒙古国突发公共卫生事件应急机制分类

类别	基本内涵	具体措施	涉及部门
指挥联动机制	在不同领域建立领导、协调、执行、督察、考评、奖惩等制度并保障其运行	建立应急指挥部门,协调多种社会资源调用;制定疫情防治工作的基本方针和政策	国家安全委员会、政府、特别委员会、各级行政长官等
预警检测机制	建立完善的预警系统,实现信息的超前反馈,为防风险于未然奠定基础	在全国范围内进行疫情相关数据的收集、汇总、汇报和分析	卫生部、交通运输部、情报总局等
信息披露机制	依照法律规定将突发事件发生和变化等相关信息向社会公开或公告	多方面、多角度、全方位监视疫情发生前、后以及过程中的各个环节	政府媒体部门、卫生部、国家传染病研究中心等
社会监督机制	保障公共权力合法运行,通过各种监督手段维护社会公正和民主程序	拓宽监督渠道,明确疫情应急监督内容	警察总局、技术监督总局等
责任追究机制	建立应急评估指标体系,严格区分突发事件应急处	明确事件责任主体,追责相关责任人	警察总局、情报总局、技术监督总局等

(续表)

类别	基本内涵	具体措施	涉及部门
		理相关主体的责任划分	
资金投入机制	建设公共卫生突发事件专项建设资金，保持稳定可持续的资金投入	通过财政拨款、企业捐助、社会募集等成立防疫专项基金；明确资金审核监督机制	财政部、非政府组织、企业组织、民间团体等
管理恢复机制	建立完善内部管理、恢复和重建社会公共卫生秩序的应急制度	进行相关工作事项的公开与公布，重构公众对于政府卫生防疫事业信任心理	国家大呼拉尔、财政部、卫生部等

三、蒙古国应急机制的优势

（一）指挥体系完备，部门分工明确

一般来说，应对突发公共卫生事件需要政府部门、各企业机构以及全社会的共同参与。一国能否迅速启动应急指挥联动机制，明确各相关部门的具体分工，是决定应急结果成败与否的关键。疫情爆发伊始，蒙古国就成立了以国家特别委员会为主导、政府各核心职能部门广泛参与的应急指挥体系（见图 1），通过横向和纵向的应急联动，形成了全面的应急管理网络，保障了应急机制的高效运转。

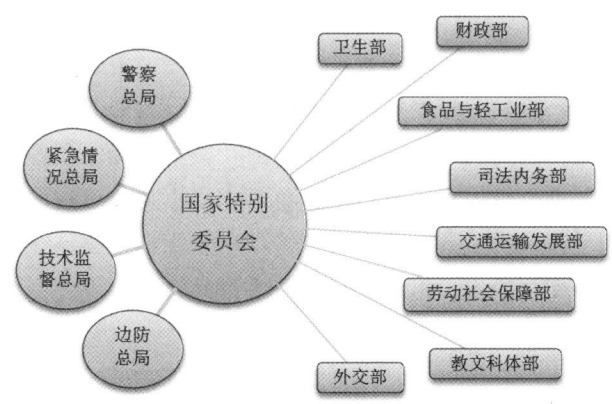

图 1 国家特别委员会指挥体系

在疫情防控过程中，蒙古国将应急指挥体系划分为国家、首都（省）和区（县）三个层面（见图 2），从中央到地方，各级部门在国家特别委员会的统一领导下，分工明确、联动有序、措施得当、配合默契。

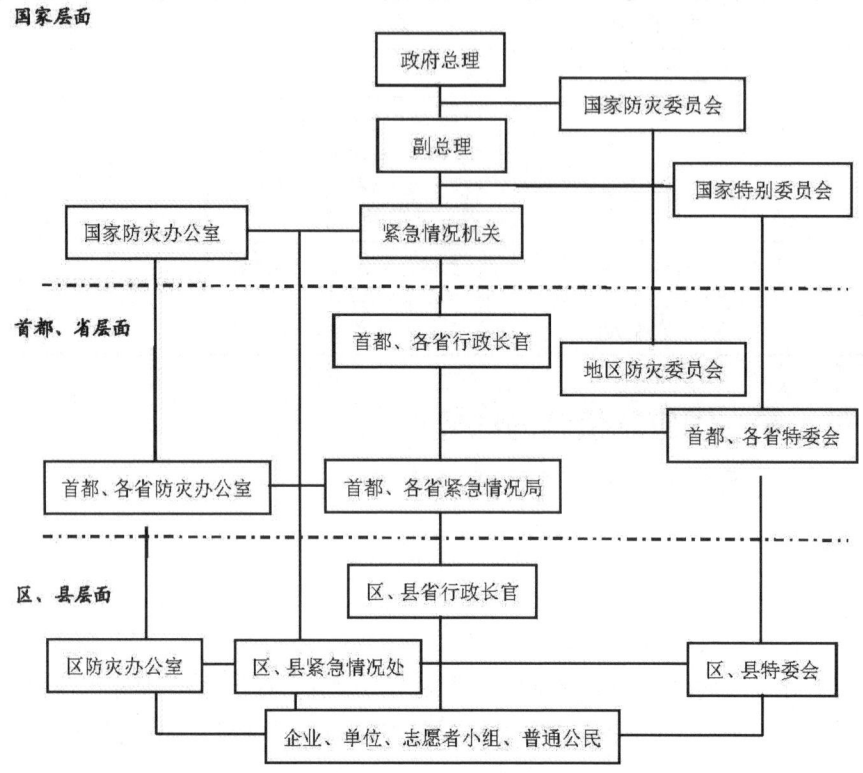

图2 国家紧急情况指挥体系的三个层面

具体来说,卫生部和财政部负责疫情防控的整体筹备、保障防疫设施设备充足,并解决疫苗、药品、医疗器械、个人防护设备等物资的购买以及防疫信息发布和宣传等费用的支出问题;交通运输发展部、警察总局以及各省和首都行政长官负责对各地交通进行管控和检查;警察总局、情报总局、技术监督总局等同卫生部相互协调配合,负责追查宣传虚假疫情信息、隐瞒主要疫情地区旅行史和个人健康信息、拒绝配合检查、拒不执行政府决议的违法违规公民,并对相关责任人问责;食品农牧业与轻工业部、紧急情况总局、技术监督总局等负责保障主要食物储备、限制战略食品出口、监管食物供应商和制定具体销售计划;政府新闻办和对外联络处负责向民众宣传如何预防疫情和降低风险,并对相关新闻信息进行监督;外交部、司法内务部和边防总局负责协调边境通行事项,并对边境口岸工作实施监督;教育文化科学体育部和劳动社会保障部负责组织实施线上教学,协调各级教育机构的授课时间;各省及首都行政长官负责在当地组织预防疫情相关活动,呼吁民众提高社会责任感,全力配合省、市特别委员会工作。

总体来看,从疫情爆发至今,蒙古国的应急指挥体系十分完善、高效。在国家特别委员会的统一领导下,中央与地方、部门与部门之间分工明确、衔接紧密，社会各级组织积极参与、配合默契、联动迅捷，有效遏制了疫情期间货物涨价和供应不足等现象，最大限度地保证了人民生命健康安全和社会秩序的持续稳定。

（二）应急措施迅速，信息披露及时

能够及时跟踪分析、准确把握疫情防控新挑战，在每个关键点提出适应阶段性变化的针对性指示是蒙古国应急机制的又一突出特点。在疫情爆发之初，蒙古国第一时间就成立了特别委员会，宣布国家进入防灾高度戒备状态，并开始部署实施包括加强交通运输管制、追踪与隔离相关人员、安排停课与线上教学、要求部分企业停产等在内的应急保障措施。

在对抗疫情的过程中，蒙古国同样做到了坚持从本国国情和疫情实际出发，遵循传染病防控客观规律，适时制定和调整疫情防控措施。以史无前例的"封国"和"封城"为例。早在2020年1月28日，蒙古国已经开始禁止公民因私由各陆上口岸前往中国；规定外籍公民仅限从布音特-乌哈航空口岸和扎门乌德铁路口岸入境；自2月1日起，全面关闭上述各口岸旅客通道，不准中国公民及过境中国的第三国公民入境蒙古国；自2月15日起，停运了所有蒙中、蒙俄间国际航班和列车，分阶段全面停航飞往日本、韩国等疫区国家的航班。在此期间，蒙古国政府还根据疫情发展情况，连续多次延期解除防灾高度戒备状态和防灾全民戒备状态，数次对乌兰巴托、色楞格和达尔汗乌拉省等地进行"封城（省）"和"解封"。

出现本土病例后，蒙古国政府能够准确研判防疫形势，迅速将防灾等级提高至全民戒备状态，很快制定了一系列防控措施，具体包括：（1）加强国内发生的疫情监测，有效开展相关工作，及时限定并在短时间内控制疫区范围，阻断感染途径，保护人民健康安全，降低风险；（2）紧急组织对发生疫情的感染区域、目标、场所、住宅、街道、道路及公共服务中心的全面消毒工作，并对其进行监督；（3）防止在全国范围内发生粮食短缺问题，增强为弱势群体、住宿学生的食品、药品和医疗用品的供应，防止家庭暴力，改善儿童保护活动；（4）不间断组织燃料、能源、供暖、供水和石油产品的运输和供应。上述措施的实施，一定程度上缓解了民众紧张的心理压力，为及时阻断疫情传播奠定了基础。

信息披露机制是蒙古国突发公共卫生事件应急机制的重要组成部分，其及时性决定了整个应急机制的灵敏度。建立顺畅的信息披露机制，及时客观地向社会公众发布疫情相关数据，同国际社会共享本国疫情真实信息，有效防止虚假信息蔓延，是蒙古国科学防控疫情、稳定民众心理、实现国际合作战疫情的重要前提。

COVID-19疫情爆发以来，蒙古国卫生部与国家传染病研究中心坚持通过召开疫情防控工作新闻发布会，就国内外疫情的发生情况、预防进展以及风险评估向民众进行实时通报。蒙古国家通讯社、蒙古国家公共广播电视台（MNB）、TV2、TV5，以及以"www.gogo.mn""www.news.mn""www.ikon.mn"等为代表的各大新闻门户网站等20多家主流媒体都对国内外疫情发展进行了跟踪报道。以蒙通社为例，作为国家通讯社，很早就在其官方网站的首页设立了"COVID-19"专版，点击该链接可以实时查询到诸如"新增确诊人数""累计确诊人数""新增死亡人数""累计死亡人数"和"新增治愈人数"等国内外疫情最新相关数据。截至2021年2月2日，蒙通社累计发布疫情相关报道4739篇（涉内3299篇，涉外1440篇），及时、准确地向民众分享了疫情的实时监测数据，保障了包括游牧民在内的广大民众的知情权，使得他们能够正确评估疫情风险，主动配合应急机制管理指挥机构的工作。

（三）社会监督广泛，追责标准严格

长期以来，蒙古国突发公共卫生事件中的社会监督和责任追究机制一直较为完善。此次疫情中，蒙古国针对疫情防控工作的监督主体十分广泛，既有来自政府管理体系中的内部监督，也有来自普通民众的外部监督，各大媒体则承担了舆论监督排头兵和主战场的角色。以蒙古国最大的新闻门户网站"www.gogo.mn"为例，该网站每条疫情相关新闻下都有数量庞大的留言和评论，或支持、点赞政府部门的防疫工作，或质疑、批评其中某些具体措施。在蒙古国出现首例确诊病例当天，该网站相关报道下的网友留言和评论多达1864条，内容广泛涉及对政府和国家特别委员会工作失职的批评、对当时疫情发展变化的预测以及对亲密接触者和普通民众的建议。绝大多数评论者态度立场鲜明、言辞犀利，直击问题要害。

面对形式广泛的社会监督，蒙古国政府展示出的态度较为积极。蒙古国副总理、国家特别委员会主席曾明确就进一步加强监督检查问题向卫生、紧急情况、情报、警察和技术监督部门领导下达任务，要求各部门对待民众指出的问题，能够迅速查明事件原因、明确责任主体，并对相关责任人依法严厉问责。整体看来，蒙古国因国家和社会监督而被追责的情况主要包括以下两大类。

1. 拒不执行疫情期间相关措施规定

根据政府决议，凡谎报、瞒报疫情，导致疫情传播情况发生者，将依照《蒙

古国刑法》第 15.6 条，判处有期徒刑 1—5 年。①疫情发生以来，多次出现部分人员拒绝配合采取登记和隔离等相关措施的情况，给蒙古国防疫工作带来巨大困难。以蒙古国首位确诊病例为例，该名法国公民入境时，并未按相关规定自行隔离 14 天，最终导致出现大量密切接触者，其中 2 名更是因为不听劝阻，拒绝进行隔离观察，被追究了法律责任。截至 2020 年 4 月 1 日，警察总局共通报并处罚违反交通管制 224 起，传播虚假和误导性消息 37 起，强制醒酒及酗酒闹事 209 起。②

2. 以非法经营的方式扰乱市场秩序

疫情期间，政府相关部门主动设立了"105"和"1800—1284"等免费监督举报电话。③在稳定生活和防疫必需品的价格方面，蒙古国公平竞争与消费者保护局曾多次对乌兰巴托、鄂尔浑省、达尔汗乌拉省等地的市场及药店进行突击检查，就存在问题采取了一系列强硬措施。如对零售业巨头"Emart"抬高肉价进行处罚；对首都咖啡馆、酒吧、餐馆和杂货店的运营时间进行督查；对过期和假冒伪劣食品进行销毁；多次检查药房和药品供应商的经营活动，对药店抬高口罩价格和以出售口罩为由实施电信网络诈骗的行为责任人进行处罚等。

（四）重视稳定经济，复工复产有序

蒙古国有 100 多万人在私营企业工作。蒙古国工商会的调查显示，2020 年 5 月，有近 57% 的企业受到疫情的严重影响，尤其是旅游、教育、卫生、制造、运输、服务、贸易、建筑等行业。进入 11 月后，该比例增长至 96%。具体来说，在 11 月 12 日进入防灾全民戒备状态后，蒙古国 66% 的企业完全关闭，22% 的企业在有限范围内开展经营，10% 的企业实施远程办公，仅有 2% 的企业正常运转，全国工作岗位骤减了 15 万个。④根据蒙古国家统计局的数据，2020 年度蒙古国的经济下降了 5.3%，此次疫情已成为蒙古国经济转型以来遭遇的最大经济危机，也是自 2009 年经济危机以来蒙古国经济首次出现大幅下滑。

对于蒙古国等弱小国家来说，如何根据疫情发展情况适时推动企业复工复产

---

① Монгол Улсын Эрүүгийн Хууль, https://www.legalinfo.mn/law/details/11634。
② 见蒙古国国家通讯社网站，https://www.montsame.mn/tables.aspx_6738_21。
③ ШӨТХГ байнгын бэлэн байдалд ажиллаж байна, https://www.montsame.mn/tables.aspx_1700_34。
④ Хатуу хөл хорионы үеийн бизнесийн нөхцөл байдал, https://montsame.mn/mn/read/198385.

是化解突发事件不利影响，保持社会经济平稳发展、切实保障基本民生的关键所在，也是摆在政府面前的一项艰巨任务。2020年3月15日，蒙古国政府就曾宣布暂时解除对乌兰巴托的"封城"，同时准许购物中心和美发店等服务行业恢复营业。3月27日，政府召开非例行会议，讨论了《根据经济形势采取应对措施的决议》草案，听取了《2016—2020年政府施政纲领》的执行情况。政府决定，在2020年4月1日至10月1日期间，实施包括"免除私营企业和个人的社会保险费；对雇员、公务人员免征个人所得税；对因疫情无法正常营业但保留工作岗位的企业进行现金补助；向羊绒购买者和加工者提供优惠贷款；微调汽油和燃料价格"等政策措施，全力支持防灾高度戒备时期的经济发展。[①]2021年2月17日，蒙古国政府讨论通过了《保护健康并振兴经济的10万亿图格里克综合计划》，其所涉及的"面向中小企业和服务商提供低息贷款""为年轻人提供就业准备奖学金""实施具有战略意义的重大项目和计划""加大对农牧业生产的支持"等振兴经济措施方案再次引发多方关注。截至2021年2月20日，蒙古国政府疫情期间出台的针对中小企业、普通家庭等群体免除税收、延迟偿还贷款、发放生活补贴等财政支持政策已超过60项，政策期限也随着疫情加重不断得到延长。

在国民经济赖以发展的对外贸易领域，蒙古政府更是高度重视、细致谋划。例如，早在2020年3月23日，蒙古国就着手恢复了停滞了近两个月的煤炭出口业务。政府决定，由交通运输发展部、国家公路运输中心、海关总局、技术监督总局和相关运输公司联合保障嘎顺苏海图口岸的煤炭出口运输工作。4月26日，为进一步促进对外贸易、扩大蒙中两国贸易的煤炭出口量，蒙古国外长特别邀请了中国驻蒙大使一同前往嘎顺苏海图口岸检查指导工作。7月3日，中蒙双方举行应对新冠肺炎疫情联防联控合作机制第二次会议，宣布正式建立并启动运行中蒙边境口岸"绿色通道"，适用对象为两国从事陆路跨境货运的司机，从事商务、物流、生产和技术服务等领域以及参与重大合作项目的急需必要工作人员及其家属，外交机构工作人员及其家属。双方同时商定，将优化口岸工作流程，加快检查速度，提高货物通关效率。蒙古国海关总署数据显示，在2020年前十个月中，中国与蒙古国的贸易额为61亿美元，占蒙古国外贸总营业额的58.1%。在疫情防控常态化背景下，中蒙两国开通"绿色通道"，是两国深化抗疫合作、扩展双边经贸合作的积极举措，将有利于两国更好地统筹推进疫情防控和重大合作项目复工复产。

除政府部门外，蒙古国总统巴特图勒嘎也数次向政府部门发出倡议，呼吁调

---

① У.Хүрэлсүх: Засгийн газраас 5 их наяд төгрөгийн долоон арга хэмжээ хэрэгжүүлнэ. https://www.montsame.mn/tables.aspx_2300_007.

整国家财政预算，压缩组织选举的预算开支，以达到勤俭节约共渡危机的目的；成立以帮扶企业和个体劳动经营者渡过危机为主要任务的特别基金会，并制定工作章程；制定一项行动计划，以降低失业率、减轻由此造成的连锁反应，以及保障公民生活基本必需品的持续供应等。①

自 2020 年 3 月下旬以来，蒙古国政府针对稳定经济和复工复产进行了统一安排和周密部署，在完善体制机制、推动要素保障、加强基础设施、提升宏观指导和保证服务水平等方面多项措施并举，基本实现了稳定疫情防控和恢复经济发展的整体目标。

四、蒙古国应急机制的局限

（一）运行的法律基础薄弱

刘跃进认为，"国家安全保障机制的软件构成，主要是指那些以保障国家安全为目的而制定或确立的国家安全制度、法律、法规、政策、战略、观念，以及人心所向等等"②。换句话说，国家安全保障制度与体制的健康运行，离不开相关法律作为保障，而政府防控措施的有效展开，"有法可依"是其基本前提。此次疫情中暴露出蒙古国突发公共卫生事件应急机制法律基础薄弱的一面。

疫情爆发前，蒙古国应对突发公共卫生事件的相关法律法规仅包括《防灾法》《政府专项资金法》《国家与地方财政资金采购商品、工作和服务法》和《蒙古国边境法》。上述法律中，仅笼统界定了一些基本概念，难以为各级机构开展工作提供精准指导。4 月 27 日，千呼万唤的《关于预防和控制新冠肺炎疫情的法律草案》和《关于在疫情期间确保财务和经济稳定、预防风险措施决议草案》被提交至国家大呼拉尔进行讨论，而此时距离全球疫情爆发已 5 个月有余。相关领域的法律体系不健全，紧急情况下立法能力严重不足，导致政府职能部门无法依据疫情发展速度和实际，及时部署合法有效的防控措施。

（二）前期的经验积累欠缺

自疫情发生至 2020 年 11 月，蒙古国在近一年的时间中未出现一例本土病例，取得了令人瞩目的抗疫成绩。但稍显"平稳"的过程也使得蒙古在积累本土抗疫经验方面较为欠缺，为后续遭遇工作困难埋下隐患。具体来说：

---

① Ерөнхийлөгч Х. Баттулга УИХ-ын сонгуулийг хойшлуулах нь зүйтэй гэж үзэв. https://www.montsame.mn/tables.aspx_1100_46.

② 刘跃进. 国家安全［M］. 北京：中国政法大学出版社，2004：284.

1. 本土疫情爆发应急预案不够完善。一直以来,蒙古国对人员的摸查渠道主要依靠海关入境信息统计和警察系统查询,尚未实现利用大数据功能与人工落实网格化管理和入户排查、登记,统计结果准确性和全面性难以保证。在充分发动民众,丰富疫情举报手段,调动群众对疫情监督的主观能动性方面也未出台激励措施。本土病例出现后,防护物资不足、检查人员短缺,基层防控工作不平衡等问题仍长时间得不到改善,使得密切接触者的排查工作面临巨大困难,大大降低了防控措施的规范性和效率。

2. 对防控措施的细节重视不够。例如,蒙古国政府规定,在防灾全民戒备状态期间,公民可根据需要,由 1 名家庭成员外出购买食物、药品、燃料和饮用水,但必须在 1 小时内返回家中且禁止使用私家车辆。然而,政府同时又限定了公交车的具体运行时间仅为上午 7—10 时和下午 5—8 时,这就直接导致了民众被迫扎堆乘坐公共交通的情况,变相加剧了疫情传播的风险。2021 年 1 月 19 日,第一妇产医院的一名产妇被确诊感染新冠病毒肺炎后,在安排其转运至国家传染病研究中心时,发生了一些不人道对待事件。相关照片一经发布,立即引发了民众和各界人士的强烈不满和持续关注。1 月 20 日,数以万计的民众在苏赫巴托广场进行游行示威,要求政府出面对此做出解释和处理。最终,"产妇事件"导致以呼日勒苏赫为总理的执政近半年的政府内阁提出全体辞职,并在获得蒙古国家大呼拉尔表决后解散。

3. 舆情控制和引导的延续性不强。疫情初期,蒙古政府曾经利用流动宣传车、电视台、广播、网络媒体等多种形式,深入首都各住宅区、包区乃至牧区定居点等进行广泛动员,宣传防疫知识,引导居民科学防控,取得了良好效果。但随着长时间未出现本土病例,相关部门逐渐忽视了舆情控制和引导的延续性,民众警惕性也随之放松。个别新入境人员在隔离期后参加大规模群体性活动,公然违反禁足令、禁酒令等情况频繁出现。更可怕的是,"蒙古人吃的都是天然食品,免疫力强,不惧新冠病毒""蒙古国是福地,病毒不会造访""蒙古人基因优秀,天生辟邪"等奇谈怪论层出不穷,给本土疫情爆发后的防控工作设置了新的障碍。引进疫苗之后,蒙古国一度出现了"自上而下"式的全民意识松懈,导致确诊病例数呈"几何式"增长,为打赢"疫情保卫战"蒙上了一层阴影。

(三)配套的医疗水平低下

目前,蒙古国从低到高实行社区、区(县)以及首都(省)三级医疗卫生服务体系:居民社区医护中心为最基层单位,县城设有县医院或县际医院,首都和各省省会开设综合医院。同时,蒙古国还有大量的私营医疗机构,如小型私营医院、诊所等,主要从事妇科、牙科和眼科等医疗卫生服务。近 10 年来,随着持续推行市场经济和私有化,蒙古医疗卫生保障制度发生了巨大变化,社会福利和卫生保健事业取得了长足进步,国民健康状况得到显著改善。但是,由于经济发展落后和财政支持有限,蒙古国医疗水平依旧十分低下,突出表现在医疗机构数量不足(见图 3)、配套卫生设施陈旧、应急救治体系落后、医护人员短缺等方面。2019 年,知名医学期刊《柳叶刀》发布全球医疗质量和可及性榜单,蒙古国在全球 195 个国家和地区中排名第 119 位,远低于世界平均水平。

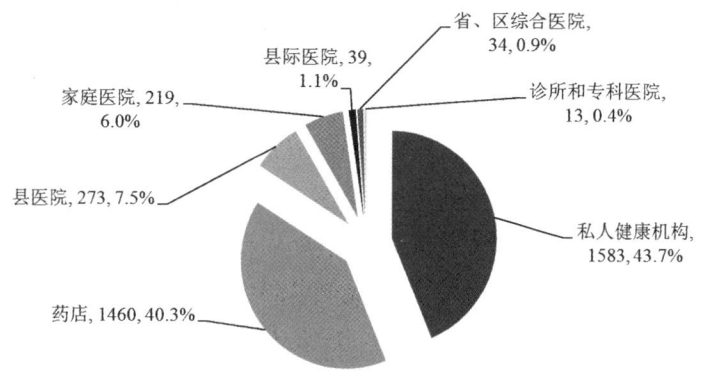

图 3　2018 年蒙古国医疗机构数量统计图[①]

以医疗机构数量为例,由图 3 可见,2018 年底蒙古国医疗机构总数为 3621 所,其中省、区综合医院仅有 39 家,均处于严重不足的状态。[②] 医疗卫生水平低下,防治能力不足,是此次疫情中蒙古国面临的最突出问题。例如,蒙古国此次将国家传染病研究中心、军队总医院、内务大学等设为主要隔离救治地,并在色楞格、额尔浑、巴彦乌勒盖、达尔汗乌拉、乌布苏和东戈壁等省设立了隔离观察点。然而,除国家传染病研究中心外,上述绝大多数隔离医院的医疗设施都极为陈旧,医疗设备和物资匮乏,其运转主要依赖国际社会和世界卫生组织的援助,严重影响着疫情的防控和病患的救治。截至 2020 年 12 月 3 日,蒙古国家传染病研究中心和军队总医院的医护人员中已有 16 人感染新冠肺炎病毒,与本土确诊病例总数之比高达 3.6%。作为专业的疫情防控和治疗部门,却反复出现医护人员感染病毒的情况,值得蒙古国相关部门认真反思并采取积极有效的应对措施。

[①] *Эрүүл мэндийн байгууллагын тоо, байгууллагын төрлөөр, улсын дүнгээр, жил бүрийн цэст*, https://www.1212.mn/tables.aspx_2100_0081.

[②] *Эрүүл мэндийн байгууллагын тоо, байгууллагын төрлөөр, улсын дүнгээр, жил бүрийн цэст*, https://www.1212.mn/tables.aspx_2100_0081.

(四)依赖的资金投入不足

蒙古国医疗卫生水平低下同国家经济水平落后和财政投入不足密切相关。根据国家统计中心的数据,蒙古国近年来在医疗卫生领域投入十分有限(见表2)。

表2 2016—2018年蒙古国医疗卫生支出情况[①]

类别	2016年	2017年	2018年
国家财政预算支出(百万图)	9495332.9	9017318.6	9222928.5
医疗卫生支出(百万图)	657478.1	674899.7	737723.7
医疗卫生支出占国家财政预算支出比例	6.9%	7.5%	8.0%
人均医疗卫生支出(千图)	216.4	217.9	233.5

2016年,世界卫生组织曾经公布过一组数据,指出当年全球人均医疗费用约为1000美元,半数国家不足350美元。事实上,蒙古国当年的人均医疗费用仅为21.64万图,约合220美元,同全球平均水平相比都相去甚远。近年来,随着世界经济的发展,各国医疗费用普遍有大幅增长,高收入国家医疗卫生支出的增幅为4%,中低收入国家则为6%。然而,蒙古国2016—2018年的增幅还不足1%。2018年,蒙古国医疗卫生支出为73.77万亿图,约合人民币18.96亿元。相比之下,中国同期支出为59502亿元,二者相差3100余倍。

众所周知,公共卫生和疫情防控需要大量资金支持,缺乏突发公共卫生事件专项资金、财政补偿渠道不健全、应急资金投入滞后,使得公共卫生资源配置畸形发展,直接影响到疫情诊断和治疗等相关资源的投入,无论是病毒相关病理学研究,还是传染病领域的诊疗药物、器械以及疫苗研发,抑或是医疗防护类物资的储备和购买、医生、技术人员的经费保障等都受到不同程度的制约,极大阻碍了应急机制的健康运转和防控措施的有序部署。

五、结语

COVID-19疫情是近一百年来传播速度最快、感染范围最广、防控难度最大的全球突发公共卫生事件,不仅严重威胁着全人类的健康和生命安全,而且给全

[①] Эрүүл мэндийн салбарын зардал, улсын дүнгээр, жил бүрийн эцэст, https://www.1212.mn/tables.aspx?TBL00_0301.

球经济发展带来了难以估量的巨大损失。在应对此次疫情的过程中，蒙古国突发公共卫生事件应急机制响应及时迅速，克服了法律基础薄弱、配套的医疗水平低下和依赖的资金投入不足等问题，坚持从本国国情和疫情实际出发，遵循传染病防控客观规律，边学习边实践边总结边完善，努力在控制疫情和救治病患方面探索出了一套行之有效的方法，取得了疫情防控的阶段性重要成效。

2021年2月23日至4月4日，蒙古国政府已为超过35万名公民接种了疫苗，超过适宜接种人口总数的17%。蒙古国总理发表声明，将4月和5月份宣布为全国接种疫苗月，称"到5月1日，首都的所有成年公民均获得接种；到6月1日，所有牧区居民都将获得第一剂疫苗的接种；到7月1日，争取对所有公民进行第二剂疫苗接种。"① 当然，随着检测能力的提高和疫情的持续扩散，蒙古本土确诊病例数量仍会不断增加甚至有短时间内激增的可能。疫情防控常态化已成必然。目前，蒙古国新政府已成功组建运行，总统选举在6月举行，新一阶段的疫情防控工作将给蒙古国政治局势、国家权力分配、社会经济发展以及对外交往环境带来哪些持续影响，值得学术界持续关注和深入研究。

参考文献

［1］刘跃进. 国家安全［M］. 北京：中国政法大学出版社，2004：284.

［2］*Ерөнхийлөгч X. Баттулга УИХ-ын сонгуулийг хойшлуулах нь зүйтэй гэж үзэв* ［EB/OL］. (2020-04-29) ［2020-05-26］. https://www.montsame.mn/tables.aspx_1100_46.

［3］*Хатуу хөл хорионы үеийн бизнесийн нөхцөл байдал* ［EB/OL］. (2020-11-26) ［2020-12-03］. https://montsame.mn/mn/read/198385.

［4］*Оюун-Эрдэнэ: Дархлаажуулалтдаа идэвхтэй хамрагдаж, ковидгүй зуныг хамтдаа угтацгаая* ［EB/OL］. (2021-04-05) ［2021-04-08］. https://untsug.mn/13478.

［5］*У. Хүрэлсүх: Засгийн газраас 5 их наяд төгрөгийн долоон арга хэмжээ хэрэгжүүлнэ* ［EB/OL］. (2020-03-27) ［2020-06-23］. https://www.montsame.mn/tables.aspx_007.

［6］*ШӨТХГ байнгын бэлэн байдалд ажиллаж байна* ［EB/OL］. (2020-03-12) ［2020-07-16］. https://www.montsame.mn/tables.aspx_1700_34.

［7］*Эрүүл мэндийн байгууллагын тоо, байгууллагын төрлөөр, улсын*

---

① *Оюун-Эрдэнэ: Дархлаажуулалтдаа идэвхтэй хамрагдаж, ковидгүй зуныг хамтдаа угтацгаая*, https://untsug.mn/13478.

дүнгээр, жил бүрийн цэст [EB/OL]. (2018-12-14) [2020-08-03]. https://www.1212.mn/tables.aspx_2100_0081.

［8］ Эрүүл мэндийн салбарын зардал, улсын дүнгээр, жил бүрийн эцэст [EB/OL]. (2018-12-14) [2020-08-03]. https://www.1212.mn/tables.aspx?TBL00_0301.

试析乌兹别克斯坦人口问题

信息工程大学 石越洋

【摘 要】人口数量的急剧变化是当前世界很多国家面临的问题,一些国家人口数量的过度增长和另一些国家人口数量的急剧下降对于全球人口安全构成了严重的威胁。人口数量变化在很大程度上影响着一个国家的经济和社会发展的状况和前景,同时也会影响国家的政治稳定。乌兹别克斯坦是中亚人口最多的国家,本文尝试梳理乌国独立后人口发展状况,探讨人口发展变化为乌国带来的诸多社会问题并分析其原因,预判乌国人口的发展趋势。

【关键词】乌兹别克斯坦;人口数量;人口问题

一、乌兹别克斯坦人口发展状况

20世纪30至70年代,乌兹别克斯坦作为苏联加盟共和国,是当时重要的战略和人力资源储备区,这段时间内,该国涌入了大量来自苏联其他地区的劳务人员,对其人口数量及结构发展有着重大影响。随着苏联的解体,该国获得了独立,其人口发展在数量、结构、生育率方面都有了新的变化。乌国劳动力丰富,但是因其社会经济和教育发展方面存在相对滞后的问题,人口就业压力巨大。其中因地理位置、语言、历史等因素,东部的费尔干纳盆地有大量的居民到独联体国家(俄罗斯、哈萨克斯坦)非法就业;因咸海危机和水资源短缺,全国的贫困人口问题相当严重,西北部的卡拉卡尔帕克斯坦共和国尤甚。面对人口结构及社会发展的特点,乌国政府出台了相应的政策,从多方面加以引导并解决与人口结构相关的社会问题。首先,通过私有化、招商引资重点发展城乡各项硬件基础设施的建设,为社会经济发展奠定基础;其次,大力发展中小企业,提升经济自由度;再次,实施积极的就业政策,提高在职人员的最低工资水平,逐步解决整体贫困问题;最后,面对大规模的劳务移民,成立劳务移民培训中心,并且不断扩大与劳务移民接收国的合作。

(一)独立后乌兹别克斯坦人口发展状况

1. 人口数量发展状况

乌兹别克斯坦独立后,国内人口数量发展呈现新的趋势,特点较苏联时期有很大的不同。1980年,苏联加盟共和国乌兹别克斯坦的人口数量为1595.2万人,1989年人口数量为2003.3万人,在乌国独立前的十年时间内人口数量增加了408万人,平均每年增长2.5%,其人口增长高峰出现在20世纪90年代,平均每年人口数量增长超过50万人,1991年,仅一年时间,乌国人口数量增长约60万人。1991年至2000年,独立后近十年的时间里,人口从2100.9万增长至2472.4万,增长近372.5万人,平均每年增长1.8%。[①]可以看出,与独立之前的人口增长率相比,独立后人口增长率呈明显下降趋势,主要原因是乌国独立后,大量在乌国的俄罗斯居民和欧洲居民移民迁出,1994年由移民带来的人口负增长达到独立后历史最低值,为-13.95万人。[②]

表1 1991—1998年乌兹别克斯坦人口增长率的变化情况

年份	全国人口		
	出生率	死亡率	自然增长率
1991	3.45%	0.62%	2.83%
1992	3.31%	0.65%	2.66%
1993	3.05%	0.66%	2.49%
1994	2.94%	0.66%	2.28%
1995	2.98%	0.64%	2.34%
1996	2.73%	0.62%	2.11%
1997	2.55%	0.58%	1.97%
1998	2.30%	0.58%	1.72%

资料来源:俄罗斯《社会与经济》杂志2000年第3—4期,第251页。

由表中数据可以看出乌兹别克斯坦独立后的十年里,出生率与死亡率均有所下降,而死亡率的下降趋势相对较小,人口的增长率也呈逐年下降趋势,即人口数量增长速度有所减缓。

[①] 艾莱提·托洪巴依. 中亚五国人口研究[M]. 北京:科学出版社,2014:66.
[②] 穆尔塔扎耶娃·哈米多夫娜. 乌兹别克斯坦当代人口过程及国家人口政策[J]. 俄罗斯中亚东欧研究,2011(2):90—94.

表2　2001—2011年乌兹别克斯坦人口自然增长的变化情况

年份	全国人口		
	每千人出生人数	每千人死亡人数	每千人自然增长人数
2001	20.5	5.3	15.2
2002	21.1	5.4	15.6
2003	19.9	5.3	14.6
2004	20.9	5.0	15.9
2005	20.4	5.4	15.6
2006	21.0	5.3	15.7
2007	22.7	5.1	17.5
2008	23.7	5.1	18.6
2009	23.4	4.7	18.7
2010	22.2	4.8	17.4
2011	21.4	4.9	16.4

资料来源：联合国经济和社会事务部网站，《世界人口前景：2019年修订本》。

2012年初，在乌国有超过2900万人居住，就人口数量规模而言，乌国在独联体地区名列前茅，仅次于俄罗斯和乌克兰，位居第三。在独立的十年间，乌国的人口增长呈放缓状态，波动并不明显。20世纪90年代，年平均增长率为1.2%—1.3%，到了21世纪初，这一比率仅仅下降了0.1%—0.15%，2004—2009年年平均增长率上升至1.6%—1.7%。总体而言，在这一阶段，无论是在乌国的城市还是农村地区，人口增长放缓的大趋势仍在持续。

2018年，乌国人口总数约为3276.3万人，占中亚地区人口总数的50%，另外，乌国人口的年龄总体表现为年轻化：34.1%的居民年龄在14岁以下，主体民族乌兹别克族的人口数量占人口总数的80%。

根据联合国及乌国国家统计局的资料，2019年乌兹别克斯坦人口总数约为3337.6万人，与前一年相比增长了约61.3万人，人口增长率为1.8%。[①]在人口的年龄结构中，15至64岁的人口占到总人口的68.8%，65岁以上的人口只有

---

① 中国排行网. 乌兹别克斯坦历年人口数量统计［EB/OL］. （2021-01-02）［2021-01-04］. https://m.phbang.cn/population/269690.html.

4.7%。①

表3 2019年1月和2020年1月乌兹别克斯坦的主要人口指标（单位：万人）

人口指标	2019年1月	2020年1月
人口数量	3337.67	3403.68
出生人数	15.95	17.04
死亡人数	3.69	3.75
人口自然流动	12.26	13.29
迁入	4.12	4.01
迁出	4.26	4.15

资料来源：乌兹别克斯坦共和国国家委员会统计署。

2010年至2019年12月，乌兹别克斯坦的人口增长率非常稳定，恒定在1.5%左右，上下浮动不超过0.05%。②这从侧面也能说明乌国近年来国内局势相对稳定，社会经济发展形势向好，人民收入水平有所提升，政府实行的人口政策比较符合国家实际情况，保证了人口稳定增长。

截至2020年4月1日，乌兹别克斯坦人口总数约为3403.68万人，其中城乡人口比例为50.5%：49.5%；男女性别比例为49.7%：50.3%。对乌国各地区的人口数量进行统计，人口数量最多的州为撒马尔罕州，其人口数在总人口数中所占的比例为11.4%，其后是费尔干纳州占比11.1%，卡什卡达里亚州占比9.7%，安集延州占比9.2%。③

2. 人口民族结构发展状况

乌兹别克斯坦是一个多民族国家。国内居住有乌兹别克族、塔吉克族、哈萨克族、卡拉卡尔帕克族、吉尔吉斯族、土库曼族、俄罗斯族、乌克兰族、俄罗斯族、朝鲜族、鞑靼族等130多个民族。

根据俄罗斯中央情报局1996年的统计数据，乌兹别克斯坦国家的民族构成

---

① 联合国统计司网．乌兹别克斯坦人口［EB/OL］．(2021-01-04)［2021-01-04］．https://www.countrymeters.info/en/Uzbekstan．

② 联合国统计司网．乌兹别克斯坦人口［EB/OL］．(2021-01-04)［2021-01-04］．https://www.countrymeters.info/en/Uzbekstan．

③ 乌兹别克斯坦国家委员会统计署网．2020年乌兹别克斯坦人口状况［EB/OL］．(2020-03-01)［2021-01-04］．https://stat.uz/uploads/docs/demografiya_mart_ru.pdf．

情况：乌兹别克族占比为80%，俄罗斯族占比为5.5%，塔吉克族占比为5%，哈萨克族占比为 3%，卡拉卡尔帕克族占比为 2.5%，鞑靼族占比为 1.5%，其他族别占比 2.5%。2017 年乌兹别克斯坦人口普查的民族构成数据中，主体民族乌兹别克族的占比已达 83.7%，呈增长趋势，其他民族如俄罗斯族、哈萨克族、鞑靼族和朝鲜族在民族结构中所占比重一直在降低。

表4 2017 年乌兹别克斯坦的主要民族构成情况

主要民族	人数（万人）	占总人数比例
乌兹别克族	2691.77	83.7%
塔吉克族	154.47	4.8%
哈萨克族	80.34	2.5%
俄罗斯族	75.00	2.3%
卡拉卡尔帕克斯族	70.88	2.2%
吉尔吉斯族	27.44	0.9%
鞑靼族	19.5	0.6%
土库曼族	19.2	0.6%
朝鲜族	17.6	0.6%
乌克兰族	7.07	0.2%

3. 人口生育率发展状况

乌兹别克斯坦人口数量发展经历了几次跌落，这主要取决于生育率[①]的变化。根据乌兹别克斯坦共和国统计委员会的数据，独立之初，出生率非常高：平均每一位育龄妇女生育 4.19 个孩子，到了 2010 年，每名妇女平均生育孩子数量下降至 2.6 个，近二十年，生育率有所下降。目前，由于乌国关于控制人口出生率的法律不断完善，乌国政府将不会提倡多生多育，其次，国内民众对家庭中最理想子女数量的看法也发生了很大变化。在 20 世纪 90 年代中期，根据乌国民间调查，60%的受访夫妇表示希望生 5—6 个孩子，22%希望生 6—7 个孩子，12%希望生 10 个孩子，6%希望生不超过 4 个孩子。十年后，情况发生了巨大变化：接受调查的夫妇中有 60% 计划生育 1—4 个孩子，许多年轻妇女认为拥有 2—3 个孩子是家庭的最佳选择。2011 年，乌国 72.3% 的新生儿是母亲的第一胎和第二胎，而第三胎和第三胎以上仅占 27.7%。

---

① 一般生育率指每一千名育龄妇女的全年活产婴儿数。

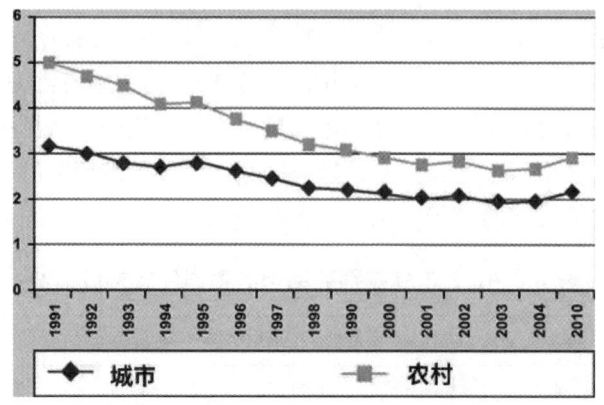

图1　1991—2010年乌兹别克斯坦城市与农村生育率变化图

乌国对于生育率的管控愈发严格，国家奉行以"合理生育"为重点，改善母亲和年轻一代健康的政策取得了实效。

二、乌兹别克斯坦存在的主要人口问题

人口的发展变化情况常常可以从侧面反映出一个国家政治、经济、文化等领域的变化，同时人口问题对社会经济发展也会产生重要的影响。乌兹别克斯坦人口的发展变化为社会带来诸多问题的同时，也为本国经济发展造成了较大的压力。总体上，乌国的人口自然增长率呈下降趋势，但其人口的绝对数量呈增长态势，人口问题主要存在于人口基数大与国家承载能力有限的矛盾之中，诸如劳动力就业形势严峻、非法移民、贫困人口和生态环境压力等问题在乌国相对突出。

（一）就业率低，城市化进程缓慢

人口数量持续增长，导致人口基数变大，这给本国适龄劳动力充分就业造成了巨大困难。因为乌国高水平的出生率，在其人口年龄结构中，年轻人口占到人口总数的一半以上，适龄劳动力基数大，但国内工作岗位有限，导致大部分适龄劳动力闲散于社会生产之外，这些人对社会秩序存在一定的安全隐患和风险。在1986年，苏联加盟共和国乌兹别克斯坦新增的适龄劳动力数量为35万人，但新增的就业人员只有15万人，[①]相当于每三个适龄劳动人员中，就有一名无业闲散人员。独立以来，乌国劳动力市场一度处于困境，1991—1996年，国内劳动力与需要适当资格的工作匹配率低下，这些适龄劳动力在短时间内获取专业资格存

---

① 邓浩. 苏维埃时期中亚的民族人口问题探略［J］. 新疆师范大学学报（哲学社会科学版），1997（3）：30.

在较大的困难，所以，在这种情况下，乌国的失业人数大幅增加，失业率持续走高。根据乌国国家统计委员会的数据，2007—2016年乌国失业人数从563.8万人增加到724万人。[1]乌国在劳动力市场发展方面有很大的潜力，劳动力资源虽然丰富，但乌仍是一个传统的农业国家，大部分劳动力都只是从事较低收入的农业生产活动。

城市化进程是指农业人口非农业化、城市人口规模不断扩张以及城市数量不断增加的过程。1989年，乌国的城市人口比例为40.7%，2008年该指标为35.8%，2009年为51.7%，截至2017年1月1日，该指标为50.6%。因此，对于1989—2008年和2009—2017年城市人口在总人口中的比例呈下降趋势，仅在2008—2009年，城市人口的比例有所增加，从35.8%增至51.7%。[2]2008—2009年乌兹别克斯坦城市人口比例急剧增加，主要是城乡区域人口的划分出现变动：将人口超过2000人的居民聚集区划分为城市人口行政区。城市化进程之所以缓慢的原因在于：一方面乌国非城市居民的"进城"手续非常繁琐，想进入城市学习或生活可谓困难重重，主要阻碍在于租房和居留登记，租房者每半年都要进行续签登记，登记备案更是复杂，只有买房且必须是新楼盘并缴纳手续费，或投资一定数量的资金才能拿到城市的永久居留证；另一方面，当前城市地区的高生活成本使大多数非城市地区的人想进入城市成了一种奢望。

（二）移民问题

全球化进程不仅刺激财政和物质资源的大规模流动，也促使劳动力快速流转，全球劳动力市场变得更加活跃，这导致劳动力的迁移量增加。在乌国，由于劳动力数量的快速变化，并且在很长一段时间内难以得到有效的控制，严重的社会问题日益凸显，如，移民问题对于国家经济的发展造成了很大的压力；很多关键技术岗位上的工作者大部分是本土的俄罗斯人，乌国独立后，从国外迁入的移民人口数量大大减少，很多非乌兹别克族的居民在生活中受到了主体民族一定程度上的排挤，便选择从乌国迁出。

1993—1994年是乌国移民热情最高涨的时期，迁出率分别为15%和33%，1995年为18%，1996年降至7%，在迁出的移民中，88%的移民都选择迁往俄罗

---

[1] 乌兹别克斯坦国家委员会网站：Численность экономически активного населения.URL: https://gender.stat.uz/ru/

[2] Курбанов Ш. Б. Развитие городских поселенийи проблемы урбанизации низовых административны храйонов Узбекистана [Z]. Вестник АРГО, 2014 (3): 102-103.

斯，①其余选择迁往哈萨克和乌克兰等独联体国家，且移民中大部分是俄罗斯人，他们原本在乌国主要从事医疗、科研、技术、管理行业的工作，为乌国带来很大的经济效益，他们的离开对乌国社会经济发展造成了不利影响。另外，2017年，根据乌国民意研究中心对国内劳动力移民的调查研究，城市劳动力相比乡村劳动力向外流动得更加频繁，高工资是劳动力选择出境的重要因素。相较于乌国国内，国外那些能带来快速收入并且不需要额外培训的工作更多。再者，由于费尔干纳州使用俄语、乌兹别克语、吉尔吉斯语等多种语言，独联体国家之间没有签证制度，费尔干纳河谷地区经常会涌入大量国外非法劳工移民，特别是来自俄罗斯和独联体国家的大量移民在此处生活劳动，占用了乌国公共资源，大大增加政府的财政支出，冲击了本国劳动力的就业。

乌兹别克斯坦经济部长巴季尔·霍贾耶夫 2018 年 5 月在乌国首都塔什干召开的国际会议上发言表示："未来十年中，乌劳动人口在总人口中的占比将超过60%。"②乌国的经济增长优势极有可能会被大量的非法劳工移民这一劣势所抵消，劳动力过剩将成为乌国经济发展面临的主要挑战之一。目前，乌国创造新工作岗位的速度远远落后于经济发展的速度，现在乌国政府工作的重点是创造就业机会，支配和运用好过剩的劳动力，降低失业率，促进经济发展。

（三）贫困人口问题

乌兹别克斯坦全国贫困人口比例大，贫困问题非常严重。2015 年，根据乌兹别克斯坦经济研究中心发布的报告，2014 年乌国共有 170 万贫困人口和 550 万低收入人口，分别占总人口的 5.5% 和 18%。国际上，由于不同机构划定的贫困线标准不同，他们对乌国贫困人口数量的估计也略有不同，但大多机构和相关组织的调查数据都能反映出乌国贫困人口问题比较突出。根据世界银行的评估标准，1989 年乌国的贫困率为 44%，2003 年为 76.7%，2005 年为 25.8%。③在 2012 年，乌国贫困程度最高的地区是卡拉卡尔帕克斯坦共和国，贫困率为 32.5%，喀什卡达里亚州为 24.9%，苏尔汉河州为 22.6%，锡尔河州为 20.3%，

---

① 苏畅. 乌兹别克斯坦的人口现状及发展趋势 [J]. 俄罗斯中亚东欧市场，2003（5）：27.

② 乌兹别克斯坦新观察网. 未来十年人口会给乌兹别克斯坦经济发展造成哪些困扰 [EB/OL].（2018-05-29）[2021-01-04]. https://mp.weixin.qq.com/s/QHJ2GxEdJZC02G1eh09TDw.

③ 联合国统计司：Статистическийотдел ООН. http://mdgs.unzz.org/unsd/mdg/Data.aspx.

吉扎克州为 18.7%，纳曼干州为 17.4%，花拉子模州为 17.2%，纳沃伊州为 16.6%。此外，根据乌国家统计委员会的数据，2016 年领取养老金的人数为 236.93 万人，约占总人口的 7.5%。

乌国人口的贫困问题由多种因素造成，如环境危机、缺乏水资源和平原土地资源、经济不发达、教育体系不完善、平均工资低等。独立后，乌国的贫困程度在一定程度上有所下降，但在卡拉卡尔帕克斯坦共和国、卡什卡达里亚州和苏尔汉河州等地区的贫困问题仍然较为严重。

（四）环境承载力问题

乌兹别克斯坦人口增长率虽然有下降的趋势，但其人口的绝对数量一直处于上升阶段。农村的人口密度不断增加，尤其是在平原地区，自然条件优渥。如今，农村地区的人口约占全国人口的 52%，全国人口平均密度是每平方千米 70 人，乌国安集延州在独联体国家中是人口密度最高的地区：每平方千米 680 人。[1]

乌国是一个农业大国，人口密度的增加，尤其是农村人口的密度增加，人均耕地面积必然减少，乌国目前所采取的应对措施是开垦荒地，扩大耕地面积。乌国地处欧亚腹地，气候类型是干旱的大陆型气候，降雨量极其稀少，但开垦荒地需要大量水资源灌溉，水资源是农业生产的命脉，没有水资源的灌溉就没有农业的发展。从苏联时期开始，乌国就以棉花种植与棉花原材料出口在世界著名，时至今日，乌国仍然是世界上重要的棉花生产与皮棉出口国。植棉业是耗水型农业，对乌国这一缺乏水资源的国家而言有着相当重的负担，耗水型的灌溉农业，会使农业用地退化，甚至会引起耕地荒漠化，过度使用化学喷剂和化学肥料还会对其仅有的淡水资源造成严重污染。

乌国对水资源的利用主要来源于阿姆河和锡尔河。阿姆河每年流入平原的水量为 79 亿立方米，其中仅有 8% 的水量流入乌国，锡尔河每年流入平原的水量为 380 亿立方米，其中只有 5% 的水量流入乌国。[2] 流经乌国境内的水量再通过大面积的灌溉、自然蒸发，下游就经常性发生断流的情况；随着人口的增长，居民生活水平不断提高，工业和居民用水量将不断增加，水资源匮乏的问题日益凸显，这种情况已形成恶性循环。

---

[1] 中亚新闻网. 乌兹别克斯坦人口数量、血统和种族构成［EB/OL］.（2018-12-16）［2021-01-03］. https://centralasia.club/uzbekistan/chislennost-proishozhdenie-etnicheskij-sostav-naseleniya-v-respublike.

[2] 张小瑜. 乌兹别克斯坦水资源问题探析［J］. 国际经济，2012（4）：77.

三、乌兹别克斯坦人口问题产生的原因

（一）国家对人口问题的重视度不足

人口的自然增长率通常是反映人口自然增长的趋势和速度的指标，而一个国家的自然增长率水平取决于这个国家的人口出生率和死亡率两者之间的变化情况。当出生率高于死亡率时，人口数量增加，反之，人口数量则减少。自二战以来，从苏联加盟共和国到乌兹别克斯坦获得独立，其人口持续增长的根本原因就在于出生率的持续提高和死亡率的持续下降，从而致使人口自然增长率一直保持比较高的水平，人口数量也就呈现出不断增长的态势。

乌国人口不断增长的态势并不是短时间内的结果，而是经过长期发展形成的，所以，控制人口的增长速度同样很难在短期内获得成效。独立后的乌兹别克斯坦国内百废待兴，政治经济亟待转型，而人口问题并没有作为国内突出的矛盾及时提上改革日程。1959年至1969年，作为苏联加盟共和国乌国的人口平均年度增长率为3.4%，1970—1990年的人口平均年度增长率为2.6%，独立后，1991年至2001年的人口平均年度增长率为1.8%，2002年至2012年的人口平均年度增长率为1.5%，2013年至2019年的人口平均年度增长率为1.69%。[①]

虽然乌国的人口政策旨在调整出生率，从而改善母亲跟子女的身体健康状况，但实际上，乌国的出生率并没有下降，乌国的普通家庭中子女的数量也没有因此减少，这是因为政府对于人口增长率的调整的措施仅仅只是局限在规定每个家庭中的子女出生间隔年限为三年，这并没有从根本上控制人口增长率而改变国内人口持续增长的现状。

（二）教育发展水平参差不齐

乌国人口就业率低下与其国家教育水平发展直接相关。近年来，乌国教育水平有所提升，但是整体教育质量较低，满足民众的教育需求与工作要求仍然是国家教育改革的重点。

一方面，由于民族特点的原因，乌兹别克族习惯保持与亲属的紧密联系，世代居民的地域流动程度较低，很多的农村青年并不愿意到城市发展，在农村的教育机构覆盖率低，大部分青少年的受教育无法得到有力保障且从事农业生产的劳动力收益并不高，相当一部分的青年处于待业状态，造成劳动资源的浪费；另一

---

① 信息快易网. 乌兹别克斯坦历年人口年度增长率[EB/OL]. (2020-12-01)[2021-01-01]. https://www.kylc.com/stats/global/yearly_per_country/g_population_growth_perc/uzb.html.

方面，国家教育整体发展水平很大程度上也影响着公民的就业率，乌兹别克斯坦发展全民教育存在一些问题，如中等职业教育培养的人才与市场需求不匹配、高等教育中受教育人群的性别不均衡等。

其次，办学机构的人力资质相对较低。在全世界500所最著名和最受尊敬的大学名单中，没有来自乌兹别克斯坦的高等院校。2013年，乌国对高等教育机构单位从事科研教育的工作者的最高学历进行过统计，结果显示，具有博士及以上学位的工作人员仅仅占统计人数的三分之一，申请专利和发表科学技术期刊的人数少之又少。乌国教师工资水平较低，国家对师资力量队伍的发展与建设投入不足，且国家缺乏长期留任教学科研工作者的激励机制，使得大多数有高水平资质的教育工作者工作热情不高，影响国家教育发展。

随着乌国现代化、城市化进程的发展，其劳动力资源在全国范围加速流动，然而流动人口的文化素质普遍偏低，他们在选择职业、参与社会生活等方面都面临许多困难；由于居住地不稳定，许多流动人口家庭在抚养与教育自己的孩子方面不能面面俱到，导致其子女的教育和健康成长过程中难免出现入学难、超龄上学、失学等困难，由此国家教育机构的发展仍旧面临着严峻的挑战。

（三）国内生态环境质量令人担忧

20世纪60年代，苏联在咸海地区启动了灌溉农业项目，种植利润较高但耗水量也较大的棉花。随着人口增加和社会经济活动的增强，咸海流域内有限的水资源被无节制地开发利用，在人为驱动力和气候变化等自然驱动力的共同作用下，咸海区域出现了一系列的生态环境恶化问题。[1] 以目前乌国的生态环境状况，经济发展会造成自然环境恶化。

近年来，乌兹别克斯坦的生态环境状况着实令人担忧，随着乌国工农业现代化的迅速发展，国内自然资源的高速消耗，森林过度开垦，石油、天然气、有色金属和稀土资源密集开发，这不仅使得许多动物的自然栖息地遭到严重破坏，还造成乌国公民生存地的面积有缩减的趋势。水资源管理不善、农业用水灌溉不足、土地荒漠化和干旱化、土壤盐碱化程度越来越高以及农作物减产等经济、社会和生态三重危机日益严重。

在物质生产和科学技术还没有达到较高的水平时，保持生态平衡异常重要，生态环境与人口之间是相互影响、相互制约的关系。生态环境给人类的生存与发展提供了生活资料和劳动资料、生物资源和非生物资源，自然环境与人类共同构成了生态系统，人类的生存发展依赖着生态平衡，如果生态失衡必然对人口的健

---

[1] 田裕钊. 令人深思的咸海干涸问题[J]. 科技导报, 1990 (6): 22.

康发展造成不利影响。

（四）传统文化观念影响颇深

苏联时期，乌兹别克斯坦加盟共和国人口呈快速增长趋势。因为当时的世界处于比较和平的状态，人民生活环境相对稳定，在中亚地区的各民族的人口自然增长率也随之大幅提高。其次，家庭传统观念的因素也至关重要，乌国的家庭有着多生多育的传统，所以人口出生率一直很高。随着科学技术的发展以及医疗水平的提升，死亡率明显下降，这使得人口数量高速增长。另外，乌兹别克族中普遍存在早婚早育的现象，不仅造成妇女生育年龄提前，还会造成生育期限延后的情况。

伊斯兰教是世界三大宗教中最晚产生的宗教，但其规模的扩展速度却是最快的，该教现如今已经是世界上拥有最大人口的宗教，而要做到扩展宗教规模最核心的方法就是生育。乌国是受伊斯兰教影响很深的国家，该国 90% 以上的人都信奉伊斯兰教，从 20 世纪 60 年代后期开始，乌国境内各个民族极高的出生率成为国内人口总数增长的最主要原因，特别是主体民族乌兹别克族。

传统的文化观念与生育观念对国家人口的增长变动有着不可忽视的作用。随着乌兹别克斯坦国家独立，国民生活状况有所提高，思想逐步开放，伴随着财富增多，人们有了更多的资源和手段来降低新生儿的死亡率，提高后代健康程度，人口数量迅速增长，人们的寿命也随之延长。乌国信仰伊斯兰教的穆斯林中，多生多育的陈旧观念进一步助长了人口数量规模发展，进而引发一系列的人口问题，诸如资源匮乏问题、粮食问题，甚至引发极端民族主义问题和宗教极端势力的蔓延等。

四、乌兹别克斯坦的人口政策及效果

任何国家的社会和经济的发展在很大程度上取决于人口的发展状况，乌兹别克斯坦作为一个独立的主权国家，在独立的多年时间里，经历了困难与挑战：宏观经济发展失衡、失业和人口相对较低的生活水平等问题层出不穷。但乌国高层根据自身国情，积极探索适应本国的政策，在每个发展阶段都建立了相应的社会政策、基本发展原则和优先事项，在克服独立初期的经济困难后，从 1996 年开始，每年设立一个任务主题作为当年国家工作重心，政府会着力解决这一领域的问题，促进该领域的快速有效发展，其中包括对人口问题也实行了许多针对性的人口政策。

为了确保人口的就业、收入、生活水平相应提升并且有效利用劳动力，加速城市化进程，自 2009 年以来，乌国政府每年都会实施创造就业机会和确保人口充分就业的计划以及提升老年养恤金和残疾人津贴、改善人口结构等措施；面对非法移民问题，乌国政府积极推出加强与国际合作、积极吸引外资等相关政策。

（一）限制人口过度增长，实行计划生育

计划生育是乌兹别克斯坦国家社会政策的优先领域之一。这项国家政策是根据 2002 年第 242 号《关于提高家庭医学文化水平，改善妇女健康状况以及生育和养育健康一代》政府法令执行的，在该法令中，建议妇女生育间隔不超过 3—4 年。卫生部还下令要为所有分娩后的妇女在当地的综合诊所登记，定期给产妇进行心理疏导，并就如何保护自己免受意外怀孕提供建议。卫生部还有另外一项命令，要求降低农村地区的出生率。

目前，在世界卫生组织和乌兹别克斯坦共和国卫生部的共同支持下，乌国政府仍在积极实施计划生育方案，以减少堕胎率和意外怀孕率、改善对母亲和儿童的医疗服务。总统在 2009 年和 2010 年，颁布了关于保护母亲和儿童的两项法令：《关于保护母亲和儿童健康的措施，有助于健康后代的养成》《关于进一步增强人口生殖健康而开展的工作计划》。①乌国高度重视卫生部门的工作，将保护母婴健康列为国家发展战略中的优先事项，世卫组织欧洲区域办事处主任朱赞纳·雅卡布（Zhuzhanna Yakab）认为，乌国的做法在当下和未来都是最正确的。

（二）改善城乡人口结构，促进城市化进程

为促进经济快速发展，乌政府出台相应政策，改善城乡人口结构，不断增加城市人口的比例。但加快城市化进程，促进经济发展存在诸多的阻碍，如，在乌国大多数城市，普遍存在基础设施不完善、工业化程度低、城市功能简单、居民的就业机会不充足以及缺乏管理移民政策等问题。2010 年，为了应对这些挑战，乌国政府发布了《完善城乡规划项目》的计划，内容包括：完善国内 178 个城市的基础设施建设，此外，乌国政府向本国学者发出倡议，呼吁其积极参与开展人口问题和城市化领域的研究，寻求解决方法和策略。该倡议也初显成效，乌兹别克斯坦经济研究中心的学者建议乌国政府在城市化进程中需制定全面而细致的政策，为经济发展创造条件和促进农村发展，如，优化城市发展体系、完善对

---

① Бердимуратова Зульфия Туржановна. *Совершенствование программы по планированию семьи в первичном звене здравоохранения* [EB/OL]. (2014-07-01) [2021-05-19]. https://moluch.ru/archive/69/11825/.

移民安置的管理系统、建立专门机构和组织从事城镇化政策的制定和实施等，这些倡议在政府工作中得以落实。

另外，在调整城乡人口结构方面乌国政府还加强了农村地区的基础设施建设，特别是完善连接农村和城市的交通网络，2015 年，乌国总统颁布《关于发展现代化工程通信和道路运输基础设施》的建设法令，分阶段实施道路运输基础设施发展计划：建设新公路，总长度为 2699.8 千米，改建乡镇间公路 4000 多千米，修缮城市街道 2000 千米，计划进口道路建设设备，用于道路维修和养护；在城市设立航空、汽车、纺织、食品和其他行业的技术培训机构，以吸引农村劳动力，创造更多的就业机会。

（三）实施积极的就业政策，加强移民管理

减少贫困人口的关键因素之一是创造可持续生产的就业岗位。因此，近年来，乌兹别克斯坦一直在实施为贫困人口以及低收入劳动力创造就业机会和提供就业岗位的计划。该计划的目的是确保更多的贫困人口的就业、保障收入和生活水平的提高以及有效利用国家社会经济部门的现有能力、增加劳动力市场对劳动力的需求等。主要在工业、商业和服务业等领域扩大规模来创造新就业岗位，加速小型企业的发展，包括私人和个体企业，鼓励家庭创业。2015 年 1 月至 9 月，乌国经济部门为领先企业的改造以及小型企业和私人创业的发展，提供了有利的商业环境，为乌国带来了 77.8 万个新工作岗位。此外，为了帮扶贫困人口问题，乌国基层社会组织马哈拉发挥其社会作用，其援助贫困人口的措施主要包括三方面：为新生儿发放福利、援助贫困家庭和发放低收入人口津贴。

在乌国，国家移民管理政策包括两个方面：第一是加强对国际劳工移民的培训，第二是与移民流出国和来源国积极合作。乌国劳动力资源丰富，但国家没有足够的能力确保所有劳动力都能充分就业。因此，国内很多劳动力选择出国寻找工作，但流出的移民权益往往得不到保障，考虑到这一问题，乌国与劳动力流出国在移民问题上合作规模不断扩大，合办公司与企业的数量有所增加，为乌国流出的移民相关就业提供了保障。另外，乌国内阁部长决定进一步完善国际劳工机构的基础设施，在塔什干、费尔干纳和努库斯等城市建立地区就业局，并直接隶属于乌兹别克斯坦共和国劳动和社会保障部，协助为乌国公民和外国移民办理出入境手续、签证和其他必要的文件，简化了国家间移民就业的程序。其中乌国主要与韩国、俄罗斯、哈萨克斯坦、日本、波兰等国家关于移民问题积极合作，政府之间达成了若干协定并签署了谅解备忘录，这对各自移民的管理具有重要意义。

五、乌兹别克斯坦人口问题发展趋势展望

首先，人口数量增长的趋势还将持续。根据联合国和社会事务人口司的预测数据，未来三十年，乌兹别克斯坦人口将保持持续增长的态势，预计在 2050 年 12 月，乌国人口将达到 4095 万人。[①]一方面，随着人口的不断增长，很多的社会问题将会显现，诸如国内水资源和土地资源紧缺问题、失业率增加问题、粮食紧缺问题等，还有可能引发人民情绪不满、宗教极端势力滋生危害国家稳定的问题；另一方面，随着 2016 年新政府的登台，新一届领导人越来越重视人口的健康、教育和家庭福祉问题，不断改善全体国内人民群众的生活、健康、教育和生态环境的条件，并将此作为长期优先发展的重点方向之一。

其次，政府将加强正统的文化观念引导。乌国政府对于传播宗教教义的人士有了比较严格管理，引导信奉宗教者合理正确地理解教义的内涵。此外，乌国也在积极开展计划生育工作，从 20 世纪 90 年代开始，效果也在逐步显现，由 3—5 人组成的单个家庭数量快速增长，而 6 人以上组成的单个家庭数量在逐步减少。这些政治和经济方面的因素使乌兹别克斯坦人口状况也呈现出一种良好的发展态势。

另外，人口素质的提升是乌国人口政策的大势所趋。随着全球化和国民经济现代化进程的加速，国家经济和人口状况也需要进行积极的改善，人口发展的质量方面变得越来越重要。人口质量包括全民素质教育、青年的职业教育以及劳动力的智能化教育。人口素质的整体提升一方面能够促进实现经济现代化进程，另一方面也有利于进一步实施国家的创新发展战略，乌国将更加重视人口素质教育的改善，不断监测人口教育情况，在全国范围内倡导教育机会的平等的观念。

最后，作为中亚地区的人口大国，乌国要想解决其人口问题，就要在全球发展格局中不断学习和总结出发达国家治理人口问题的经验教训，保持对人口问题的清醒认识，既要认识到人口增长的负面效应也要了解国家未来发展中对人口增长的需要；乌国政府仍需大力推进人口城市化进程，着力解决咸海环境危机，继续加强移民管理；与此同时，还要加快市场经济转型，大力发展民营经济，稳步增加居民收入。这些是乌国政府妥善处理国内人口问题、促进其社会繁荣发展的必经之路。

[①] 联合国统计司网. 乌兹别克斯坦人口［EB/OL］.（2021-01-04）［2021-05-04］. https://www.countrymeters.info/en/Uzbekstan.

参考文献

[1] 艾来提·托洪巴依. 中亚五国人口研究 [M]. 北京：科学出版社，2014.

[2] 中国社会科学院《列国志》编辑委员会. 列国志·乌兹别克斯坦 [M]. 北京：社会科学文献出版社，2010.

[3] 吴宏伟. 中亚人口问题研究 [M]. 北京：中央民族大学出版社，2004.

[4] 苏畅. 乌兹别克斯坦的人口现状及发展趋势 [J]. 俄罗斯中亚东欧市场，2003（5）：24—28.

[5] 芦洁. 中亚地区人口分布特征及影响因素研究 [J]. 科技创新导报，2013（23）：8—9.

[6] 李厚建. 论中亚五国民族问题民族政策及其影响 [D]. 乌鲁木齐：新疆大学，2003.

[7] 李枭鹰，齐小鹍，何文栋. 乌兹别克斯坦全民教育发展：现状、挑战及愿景 [J]. 重庆高教研究，2018（4）：69—79.

[8] 雷翠珍. 乌兹别克斯坦人口结构现状研究 [D]. 兰州：兰州大学，2018.

[9] Максакова Людмила. *Демографическая Ситуация В Узбекистане С Точки Зрения Социальной Безопасности* [J]. екст научной статьи по специальности «Социологические науки», 2012.

[10] Турдиев Ш М. *Современные Тенденции Демографического Развития В Узбекистане* [J]. Текст научной статьи по специальности «Экономика и бизнес», 2018.

[11] Турдиев Ш М. *Динамика Уровня Смертности Населения В Узбекистане* [J]. Текст научной статьи по специальности «Науки о здоровье», 2018.

乌兹别克斯坦智库及其对华研究

信息工程大学　王小明

【摘　要】 在"一带一路、智力先行"的背景下,开展乌兹别克斯坦智库研究具有一定的学理意义和现实意义。本文拟从乌兹别克斯坦智库的发展现状、乌兹别克斯坦智库的社会功能等方面介绍乌兹别克斯坦智库;在此基础上,进一步阐述乌兹别克斯坦智库对华研究的现状和特点,重点分析乌兹别克斯坦智库对"一带一路"、中乌合作等议题的认知;立足中乌两国关系水平,为中乌智库合作提出合理化建议。

【关键词】 乌兹别克斯坦;智库;对华研究

智库是国家决策体系中的重要环节,主要通过为决策者提供咨询、发布研究报告、"旋转门"机制等途径影响决策。独立以来,乌兹别克斯坦重视智库的建设和发展。随着经济社会各领域的日益技术化和专业化,智库凭借自身的专业性,在乌兹别克斯坦决策环节中的影响力不断提升。

乌兹别克斯坦是"一带一路"沿线国家,也是最早支持和参与"一带一路"建设的国家之一。中国与乌兹别克斯坦关系密切,互为全面战略伙伴。在持续推进丝绸之路经济带建设的背景下,研究乌兹别克斯坦智库及其对华的认知,将有助于我国全面了解乌兹别克斯坦国情、社情,把握乌兹别克斯坦官方、学者对华的一般认识,进而完善我国对乌政策,推动两国关系水平进一步提升。

一、乌兹别克斯坦智库的基本情况

(一)乌兹别克斯坦智库的发展特点

独立近 30 年来,乌兹别克斯坦在政治、经济、社会和法律等各个领域进行了现代化变革,同时积极发展与世界各国及国际组织的关系。国内的一系列变革及本国外交政策、发展战略的制定,需要智库等专业性研究机构的智力支持。在此背景下,乌兹别克斯坦智库群体逐渐发展起来,科研队伍不断壮大,影响力和社会效益日益提升。

宾夕法尼亚大学智库研究项目(TTCSP)是世界范围内最具权威性的智库研

究项目之一。根据其发布的《全球智库报告 2019》的数据，当前乌兹别克斯坦共有 12 家智库，其中 4 家入选"中亚最佳智库"，1 家入选"2019 最佳新智库"。而根据乌兹别克斯坦本土智库"攀登"全民运动的数据，① 乌兹别克斯坦至少有 15 家智库。整理分析各方数据，可以认为：目前乌兹别克斯坦境内至少有 16 家智库（见表 1）正在开展研究和分析活动。

表 1　乌兹别克斯坦智库名录

序号	智库名称（俄文）	智库名称（中文）	研究领域
1	Центр экономических исследований и реформ	经济研究与改革中心	经济；金融
2	Институт проблем законодательства и парламентских исследований	立法和议会研究所	立法；权利；政治
3	Институт прогнозирования и макроэкономических исследований	预测与宏观经济研究所	宏观经济；战略规划
4	Институт стратегических и межрегиональных исследований	战略与区域间研究所	地区安全；全球发展
5	Информационно-аналитический центр международных отношений	国际关系信息分析中心	区域发展；对外政策
6	Исследовательскийинститутправовойполитики	法律政策研究所	立法；权利；政治
7	ННУ «Караванзнаний»	"知识大篷车"非政府科学机构	社会发展；政治
8	Общенациональноедвижение «Юксалиш»	"攀登"全民运动	社会发展；公民行动；改革推进
9	Центризученияправовыхпроблем	法律问题研究中心	权利；公民社会
10	Центрисследовательскихинициатив «Маъно»	"意义"研究性倡议中心	经济；权利
11	Центр по вопросам массовых коммуникаций	大众传播问题中心	国家机关透明度；大众传播；媒体
12	Центр содействия экономическому развитию	经济发展促进中心	经济改革；金融

---

① 参见：https://review.uz/post/v-uzbekistane-predstavlen-top-15-naibolee-vliyatelnx-mozgovx-centrov.

(续表)

序号	智库名称（俄文）	智库名称（中文）	研究领域
13	Центр социальных исследований «Тахлил»	"分析"社会研究中心	社会发展；对内政策
14	Центр «Стратегия развития»	"发展战略"中心	国家计划监测；战略规划
15	Высшая школа стратегического анализа и прогнозирования	战略分析与预测高等学校	地区安全；社会
16	Центр политических исследований	政治研究中心	政治

从发展阶段上看，在上述 16 家智库里，既有预测与宏观经济研究所（1968年）等成立于苏联时期的智库，也有战略与区域间研究所（1992年）等成立于乌兹别克斯坦独立初期的智库。尤其是近几年来，在米氏"新政"推动下，乌兹别克斯坦各领域改革进入新阶段，开放程度不断提升，政策的制定与实施亟需专业化的智力支持。在此背景下，乌兹别克斯坦智库发展呈现两个趋势：一是新智库不断涌现，例如，为了有效组织专家和社会参与讨论《2017—2021年乌兹别克斯坦共和国五个优先发展领域行动战略》中的规定措施，促进公民社会机构、专家学者积极参与国家民主化和现代化进程，于 2017 年成立了"发展战略"中心，[1] 同时为了促进上述《行动战略》的实施，于 2019 年成立了"攀登"全民运动。[2] 二是原有智库型研究机构紧贴时代需求，提质升级为专业化智库，例如，成立于 2018 年的法律政策研究所是在塔什干国立法律大学法律研究中心的基础上建立的；[3] 成立于 2019 年的大众传播问题中心是在乌兹别克斯坦出版和信息署大众传播监测中心的基础上组建的。[4]

从驱动力上看，国家改革和发展的需求是乌兹别克斯坦智库发展的第一驱动力，官方命令或倡议是成立新智库的主要模式。

（二）乌兹别克斯坦智库的类型

对智库进行分类和定位，是开展智库研究的基础性工作。基于机构属性、服务对象、研究领域和社会功能等不同的分类标准，智库可以划分为不同的类型，

---

[1] 参见：https://strategy.uz/index.php?static=deyatelnost_centra.
[2] 参见：https://yuksalish.com/ru/about.
[3] 参见：https://kun.uz/ru/news/2018/04/14/v-uzbekistane-sozdaetsa-issledovatelskij-institut-pravovoj-politiki.
[4] 参见：https://www.gazeta.uz/ru/2019/02/05/agency/.

例如，以机构属性为划分依据，可以把智库划分为官方智库、半官方智库、商业智库和海外基金组织等类型；而以作用和功能为划分依据，可以将智库划分为学术研究型智库、政策方案提供型智库和公共利益倡导型智库。①

对乌兹别克斯坦智库进行分类和定位，既要参照传统意义上的一般分类标准，还要考虑到乌兹别克斯坦智库的自身发展特点。从研究领域角度出发，可以将乌兹别克斯坦智库划分为以下 5 个类型：

①政治型智库，主要从事国内政治、国际政治和对外政策等领域的研究，代表性智库有：政治研究中心；国际关系信息分析中心。

②经济型智库，主要从事经济改革、宏观经济、银行和金融等领域的研究，代表性智库有：经济研究与改革中心；预测与宏观经济研究所；经济发展促进中心。

③社会型智库，主要从事社会发展、公民行动、改革推进、对内政策、国家机关透明度和大众媒体等领域的研究，代表性智库有："分析"社会研究中心；"攀登"全民运动；"知识大篷车"非政府科学机构；大众传播问题中心。

④法律型智库，主要从事立法、权利和公民社会等领域的研究，代表性智库有：立法和议会研究所；法律政策研究所；法律问题研究中心。

⑤战略型智库，主要从事地区安全、全球发展、国家战略规划监测等领域的研究，代表性智库有：战略与区域间研究所；"发展战略"中心；战略分析与预测高等学校。

在机构属性和服务对象等方面，乌兹别克斯坦智库表现出了自身的特点，即智库大多具有官方背景，主要是官方和半官方智库；主要服务于总统、政府和议会等权力机构，旨在促进国家大政方针的制定与实施。例如：在机构属性方面，预测与宏观经济研究所 2020 年成为乌兹别克斯坦经济发展和减贫部的下属研究机构；② 国际关系信息分析中心隶属于乌兹别克斯坦外交部；法律政策研究所根据总统法令而成立，隶属于乌兹别克斯坦司法部；③ 经济研究与改革中心是 1999 年 4 月根据乌兹别克斯坦总统《关于设立经济研究中心》的法令而成立的。④ 在服务对象方面，战略和区域间研究所根据总统命令而设立，旨在为总统提供信息

---

① 袁曦临，吴琼. 智库咨询：理论、方法与实践 [M]. 南京：东南大学出版社，2018.

② 参见：https://ifmr.uz/page/history.

③ 参见：https://kun.uz/ru/news/2018/04/14/v-uzbekistane-sozdaetsa-issledovatelskij-institut-pravovoj-politiki.

④ 参见：http://www.cer.uz/uz/articles/cer/informations.

和分析支持；立法和议会研究所隶属于最高会议，为乌兹别克斯坦最高会议和议员提供科学的信息和分析保障，协助提高他们的专业水平。

整体上看，30 年来乌兹别克斯坦智库取得了长足的发展，研究领域基本覆盖经济社会发展各方面，专业化和国际化程度不断提高，影响力和社会职能正在凸显。但同时也应该认识到，乌兹别克斯坦智库多为官方或半官方智库，独立性弱，属性单一，多元化程度不足，尚未形成成熟的智库发展环境。

二、乌兹别克斯坦智库的社会功能

从狭义上讲，智库是连接"知识"与"治理"①、为决策者提供信息咨询的机构。实际上，智库可以承担和发挥更多的社会功能。除了咨政功能以外，它还是"政策沟通的平台和纽带""国际关系的第二轨道""启发民智的思想源泉""精英人才的蓄水池"和"政策科学化的催化剂"。②乌兹别克斯坦智库发展模式，既遵循了全球智库建设的普遍规律，同时又反映了本国国情。在发挥社会功能方面，乌兹别克斯坦智库同样地体现出了上述特点，主要承担以下四种功能：

（一）提供政策咨询，参与政府决策

乌兹别克斯坦智库主要通过承担政府委托的研究课题、参与制定政策法案等方式来发挥自身的咨政功能，例如，战略与区域间研究所的主要活动之一就是参与制定乌兹别克斯坦内政外交政策领域的法律草案、国家发展计划和概念性文件（见表 2）；预测与宏观经济研究所参加了乌兹别克斯坦共和国独立宣言的编写和经济改革与发展领域"乌兹别克斯坦模式"的拟制（见表 3）。

表 2 战略与区域间研究所基本情况③

名称	战略与区域间研究所
成立	根据乌兹别克斯坦共和国总统令，战略和区域间研究所作为国家研究机构于1992年成立。
任务	为乌兹别克斯坦共和国总统提供信息和分析支持。
研究方向	①确保国家和社会在现代条件下的稳定和可持续发展的专题问题；②中亚地区安全问题，与中亚地区各国开展多方面合作的前景；③目前全球发展和国际安全的趋势，乌兹别克斯坦与世界各国、国

---

① 铃木崇弘. 何谓智库 [M]. 潘郁红，译. 北京：社会科学文献出版社，2018.
② 张伟. 新型智库基本问题研究 [M]. 北京：中共中央党校出版社，2017.
③ 参见：http://isrs.uz/oz/page/smti-haqida.

(续表)

	际组织和金融机构合作的前景。
活动	①就主要研究领域举办国际会议、专题"圆桌会议"和科学与实践研讨会； ②开展关于中亚安全问题、乌兹别克斯坦多边区域和国际合作发展前景的联合研究； ③参与制定乌兹别克斯坦内政外交政策领域的法律草案、国家发展计划和概念性文件； ④与乌兹别克斯坦共和国政府、科学研究机构、高等教育机构进行交流； ⑤保持与驻塔什干的外交使团、国际组织代表处以及外国分析研究中心的合作。

表3 预测与宏观经济研究所基本情况[①]

名称	预测与宏观经济研究所
成立和沿革	预测与宏观经济研究所成立于1968年。在其活动期间，研究所的目标已经根据时代需求发生了变化。2020年研究所转变成为经济发展和减贫部的下属研究机构。
地位	预测与宏观经济研究所一直是乌兹别克斯坦经济领域最权威的研究机构之一。
任务活动	①在宏观经济、货币、金融、银行和社会问题的预测和研究方面拥有丰富的经验； ②研究所参加了乌兹别克斯坦共和国独立宣言的编写和经济改革与发展领域"乌兹别克斯坦模式"的拟制。 ③研究所积极参与实施乌兹别克斯坦共和国2017—2021年行动战略。

部分乌兹别克斯坦智库还直接为总统提供信息咨询服务，例如，战略与区域间研究所的成立目的就是为乌兹别克斯坦总统提供信息和分析支持，而经济研究与改革中心更侧重于在经济和社会改革问题上为总统提供信息和分析保障。[②]

此外，一些乌兹别克斯坦智库还可以参与权力机构的决策过程，对决策有直接的影响作用，例如，"攀登"全民运动有权在乌兹别克斯坦最高会议和地方人民代表会议中参与关于改革的讨论，并定期向议会、总统办公厅和内阁提交分析资料和建议。[③]

---

① 参见：https://ifmr.uz/page/history.

② 参见：http://www.cer.uz/uz/articles/cer/informations.

③ 参见：https://yuksalish.com/ru/about.

（二）发布出版物，举办研讨会，引导社会舆论

智库凭借自身在某一领域的专业性、独立性和权威性，受到公众的信任。因此，智库在重大社会问题上的立场和见解，不仅能够影响政府决策，而且对公众在有关问题上的认识具有塑造和引导作用。[①]智库通常通过发行出版物、举办研讨会等方法实现这一功能。大多数乌兹别克斯坦智库都会定期或不定期发布自己的研究成果，面向社会各界召开研讨会或辩论会，例如，经济研究与改革中心的活动之一是在大众媒体或有国内外专家参加的研讨会上，公开讨论经济、社会和地区发展的热门问题。[②]同时该中心还出版各类信息和分析报告，其中包括外国经济出版物摘要、乌兹别克斯坦经济发展和人类发展年度报告、"乌兹别克斯坦年鉴"、"乌兹别克斯坦经济"公报以及"商业活动指数"等。尤其是该中心的主要出版物《经济评论》杂志，自 1998 年出版以来，一直是乌兹别克斯坦国内的主要分析类刊物。[③]

除了塑造和引导公众舆论外，一些乌兹别克斯坦智库还从事对民意的收集和研究工作。例如，"发展战略"中心的任务之一是研究民众对在《2017—2021 年乌兹别克斯坦共和国五个优先发展领域行动战略》框架下开展的活动以及在该行动战略基础上通过的国家规划的意见（见表 4）。"攀登"全民运动通过让企业家、学术界代表、社会机构、国际组织和公众参与研究、讨论和电视辩论等方式，共同研讨现有任务和问题，制定解决方案的建议。[④]

表 4 "发展战略"中心基本情况[⑤]

名称	"发展战略"中心
成立背景	乌兹别克斯坦共和国总统于 2017 年 2 月 7 日发布了《2017—2021 年乌兹别克斯坦共和国五个优先发展领域行动战略》。为了有效组织专家和社会参与讨论《行动战略》中的规定措施，促进公民社会机构、专家学者积极参与国家民主化和现代化进程，成立了"发展战略"中心。
成立目的	提供一个平台，以便持续讨论《行动战略》中提出的改革成果的实质和意义，确保国家机构和人民之间的公开对话，有效组织公共监督。
任务活动	①研究先进的国外经验；

[①] 袁曦临，吴琼. 智库咨询：理论、方法与实践[M]. 南京：东南大学出版社，2018.

[②] 参见：http://www.cer.uz/uz/articles/cer/informations.

[③] 参见：http://www.cer.uz/uz/articles/cer/history.

[④] 参见：https://yuksalish.com/ru/about.

[⑤] 参见：https://strategy.uz/index.php?static=deyatelnost_centra.

（续表）

	②组织专家和民众进行广泛的讨论； ③制定具体措施； ④与国际组织、外国组织、科研机构、信息分析机构和教育机构开展积极合作； ⑤研究民众对在行动战略框架下开展的活动以及在行动战略基础上通过的国家规划的意见。

此外，还有一些智库致力于提升公众在某一领域的专业素养。例如，法律政策研究所着力于发展和利用新的手段和方法，以提高民众的法律意识和法律文化。①

（三）发挥人才"蓄水池"功能，为政府和社会储备、输送人才

乌兹别克斯坦智库不仅重视高水平研究成果的产出，而且注重专业化人才的培养，为本国各领域的改革和发展源源不断地输送人才。例如，经济发展促进中心的主要活动之一是实施培训计划；②经济研究与改革中心的最重要的任务之一是培训专业经济人员。多年来，许多年轻的经济学家和撰写经济专题的记者都在该中心工作过。③

"旋转门"现象指的是智库研究人员与政府人员之间的相互流转，高水平的智库研究人员可以到政府任职，而政府离职或退休人员可以到智库继续发挥自己的专业和影响力。在美国智库界与政界这一现象比较典型和普遍，在乌兹别克斯坦也同样存在这种现象，例如，弗拉基米尔·诺罗夫在担任战略与区域间研究所所长之前，曾任乌兹别克斯坦外交部部长；卸任所长之职后，于2019年1月出任了上海合作组织秘书长。

（四）开展"二轨外交"活动，发挥政策协调作用

"二轨外交"是相对于"第一轨外交"（官方外交）而言的，指的是非官方主体之间的交流与沟通，而智库是开展"二轨外交"的重要主体。通常智库与政界保持着密切的联系，智库学者与官方人员也往往会建立较深的私交。凭借这一点，当某些议题下官方不宜或无法直接接触时，智库可以代替官方进行先期政策协调，为"第一轨外交"创造条件。

乌兹别克斯坦智库也十分重视与国外研究机构开展合作，一方面是为了借鉴

---

① 参见：https://kun.uz/ru/news/2018/04/14/v-uzbekistane-sozdaetsa-issledovatelskij-institut-pravovoj-politiki。

② 参见：http://ced.uz/o-tsentre/。

③ 参见：http://www.cer.uz/uz/articles/cer/history。

国外先进智库的建设经验,另一方面可以加强双方的理解,就共同关注的问题形成共识,发挥"二轨外交"的独特功用。例如,立法和议会研究所开展的活动之一是与国际组织、外国研究机构建立和发展科学与商业关系,与它们签订合作协议。法律政策研究所研究的主要任务之一是与领先的外国研究机构合作。①

在"二轨"协调方面,比较典型的案例是中乌高端智库就中乌共建"一带一路"而开展的政策研讨与协调。例如,战略与区域间研究所与上海社会科学院、乌兹别克斯坦国家行政学院于 2018 年 5 月共同举办圆桌会议并发布《"中国–乌兹别克斯坦:共同实施'一带一路'倡议的前景"国际圆桌会议的材料》。②

三、乌兹别克斯坦智库的对华研究现状

乌兹别克斯坦智库的研究领域涉及政治、经济、社会、法律、外交和安全等领域,研究成果主要以报告、论文集、文章、评论或访谈等形式呈现,部分智库还有自己的定期出版物,例如,战略与区域间研究所在 2018 年 12 月出版了自己的杂志《安全与发展的战略问题》的第一期。③在乌兹别克斯坦智库的研究成果中,部分成果涉及中国问题,为我们分析乌兹别克斯坦智库对新时期中国的主要观点,客观地把握"他者话语"提供了研究基础。在上述智库成果中,乌兹别克斯坦智库对华研究主要集中在以下三个层面:

(一)上海合作组织和"一带一路"研究

近年来,上海合作组织在地区安全、战略互信、经济合作等方面发挥的作用越来越突出,乌兹别克斯坦作为其成员国之一,由于综合国力有限,自身面临的许多问题都需要借重上海合作组织来解决。

作为上海合作组织的利益攸关方,乌兹别克斯坦智库对上海合作组织进行了研究并取得了一定的研究成果。比较有代表性的成果有:《上海合作组织的战略

---

① 参见:https://kun.uz/ru/news/2018/04/14/v-uzbekistane-sozdaetsa-issledovatelskij-institut-pravovoj-politiki.

② 参见:http://isrs.uz/ru/%D0%9D%D0%B0%D1%88%D1%80%D0%BB%D0%B0%D1%80/xalqaro-davra-suhbati-materiallari-ozbekiston-va-xitoy-bir-belbog-bir-yol-tashabbusini-hamkorlikda-amalga-oshirish-istiqbollari.

③ ИСМИ издан первый аналитический журнал [EB/OL]. (2018-12-26) [2020-10-20]. http://www.isrs.uz/ru/Нашрлар/ismi-izdan-pervyj-analiticeskij-zurnal.

重点：乌兹别克斯坦的观点》①《乌兹别克斯坦对上海合作组织未来的看法：现实主义和乐观主义》②《促进上海合作组织工商界之间的产业合作将使他们能够优化全球供应链》③。比较有代表性的观点是：上海合作组织是最具权威性和影响力的国际组织之一，它已成为地区与全球安全、稳定与可持续发展的有效因素。上海合作组织成员国对"上海精神"的坚持，是上海合作组织影响力和吸引力不断提升的关键因素。④

"一带一路"倡议是中国为世界提供的公共产品和全球治理方案，已经惠及许多沿线国家和人民，乌兹别克斯坦作为丝绸之路经济带沿线国家，搭乘"一带一路"快车，促进本国经济社会发展和基础设施建设是其不二选择。

乌兹别克斯坦智库在"一带一路"研究方面比较有代表性的成果有：《"一带一路"——巨大可能，巨型项目》⑤《中国–乌兹别克斯坦：共同实施'一带一路'倡议的前景"国际圆桌会议的材料》⑥（论文集）和《"一带一路"：乌兹别克斯坦总统推进了哪些倡议？》⑦。比较有代表性的观点有："一带一路"倡议已成为当代全球发展议程中不可或缺的一部分。乌兹别克斯坦参与"一带一路"建

---

① *Стратегические приоритеты ШОС: взгляд из Узбекистана* [EB/OL]. (2018-06-15) [2020-10-15]. http://www.isrs.uz/ru/maqolalar/strategiceskie-prioritety-sos-vzglad-iz-uzbekistana.

② *Взгляд на будущее ШОС из Узбекистана: реализм и оптимизм* [EB/OL]. (2018-08-25) [2020-10-15]. http://www.isrs.uz/ru/maqolalar/vzglad-na-budusee-sos-iz-uzbekistana-realizm-i-optimizm.

③ Дмитрий Тростянский. *Стимулирование промышленной кооперации между деловыми кругами ШОС позволит им оптимизировать глобальные цепочки поставок* [EB/OL]. [2020-10-15]. https://cer.uz/ru/post/publication/stimulirovanie-promyslennoj-kooperacii-mezdu-delovymi-krugami-sos-pozvolit-im-optimizirovat-globalnye-cepocki-postavok.

④ 参见：http://isrs.uz/ru/maqolalar/strategiceskie-prioritety-sos-vzglad-iz-uzbekistana.

⑤ *«Один пояс, один путь»: мегавозможности – мегапроект* [EB/OL]. (2019-07-18) [2020-10-15]. http://www.isrs.uz/ru/maqolalar/odin-poas-odin-put-megavozmoznosti-megaproekt.

⑥ *Материалы международного «круглого стола» «Китай-Узбекистан: перспективы совместной реализации инициативы ОПОП»* [EB/OL]. (2018-05-21) [2020-10-15]. http://www.isrs.uz/ru/Нашрлар/xalqaro-davra-suhbati-materiallari-ozbekiston-va-xitoy-bir-bel bog-bir-yol-tashabbusini-hamkorlikda-amalga-oshirish-istiqbollari.

⑦ Элдор Арипов. *«Бир Макон, Бир Йўл»: Ўзбекистон президенти қандай ташаббусларни илгари сурди?* [EB/OL]. (2019-11-18) [2020-10-15]. https://strategy.uz/index.php?news=693.

设符合自身的国家利益,"一带一路"建设将促进乌兹别克斯坦基础设施、旅游业等领域的可持续发展,乌兹别克斯坦与"一带一路"沿线国家之间有着巨大的合作潜力。①

(二)中国经验研究

改革开放 40 多年来,中国取得了举世瞩目的成就,中国模式为其他国家的发展提供了有益借鉴,中国经验成了世界各国专家学者的研究热点。乌兹别克斯坦智库同样重视中国经验的分析研究,尤其是在本国亟待解决的问题上,乌兹别克斯坦智库希冀在中国经验中找到解决方案。

截至 2020 年 11 月,中国 832 个贫困县全部脱贫摘帽,中国在脱贫攻坚领域取得了举世瞩目的成就,并积累了丰富的脱贫经验。独立以来,乌兹别克斯坦经济社会发展虽然取得了不小的成绩,但仍然面临着不少问题,尤其是贫困问题。在此背景下,乌兹别克斯坦智库积极探讨中国脱贫经验,以期在中国经验中获得启示。例如,《与贫困的全球斗争:外国的经验》②将中国的脱贫攻坚战称为全球最大的脱贫项目,文中阐述了中国脱贫的阶段步骤和方法措施;《乌兹别克斯坦的减贫之路:中国的经验》③肯定了中国在脱贫领域取得的巨大成就,论述了中国的成功做法,并结合乌兹别克斯坦的实际进行了经验分析。

乌兹别克斯坦被誉为"白金之国",盛产棉花,纺织业发展迅速。中国拥有发达的纺织业,纺织业规模占全球的一半以上。④为了进一步提升本国纺织业的国际竞争力,乌兹别克斯坦智库还对中国纺织业的先进做法进行了探讨。例如,《中国纺织的色调》⑤强调了纺织行业在乌兹别克斯坦经济发展和劳动力就业方面的战略地位,论述了中国在纺织领域取得的成就和经验,阐述了中国纺织业的发展历史与当前的发展趋势,分析了中国纺织行业的成功因素。

---

① 参见:http://isrs.uz/ru/maqolalar/odin-poas-odin-put-megavozmoznosti-megaproekt.

② Виктор Абатуров. *Глобальная борьба с бедностью: опыт зарубежных стран* [EB/OL]. (2020-11-09) [2020-10-15]. https://cer.uz/ru/post/publication/globalnaa-borba-s-bednostu-opyt-zarubeznyh-stran.

③ Руслан Наилев. *Узбекистан на пути сокращения бедности: опыт Китая* [EB/OL]. (2020-06-11) [2020-10-15]. https://cer.uz/ru/post/publication/uzbekistan-na-puti-sokrasenia-bednosti-opyt-kitaa.

④ 参见:http://www.gov.cn/xinwen/2021-01/18/content_5580593.htm.

⑤ Руслан Абатуров. *Текстильный колорит Китая* [EB/OL]. (2020-10-07) [2020-10-15]. https://cer.uz/ru/post/publication/tekstilnyj-kolorit-kitaa.

(三) 中乌合作研究

2016 年中乌关系提升至全面战略伙伴关系水平，近年来两国关系进一步深化，双边合作日益密切。根据乌兹别克斯坦国家统计委员会的数据，2019 年以及 2020 年前 5 个月，中国是乌兹别克斯坦最大的贸易伙伴国。①

为了促进中乌合作进一步走向深入，乌兹别克斯坦智库对中乌合作的历史、现实和未来进行了研究。例如，《乌兹别克斯坦-中国：数个世纪以来的合作》②《乌兹别克斯坦和中国：未来几十年的务实合作》③《通过加强两国人民相互理解的文化和人道主义基础，发展乌兹别克斯坦和中国之间的合作：历史和现代性》④和《乌兹别克斯坦经济中的中国矢量》⑤。

乌兹别克斯坦智库学者普遍认为，千百年来，基于相互尊重、信任和平等的原则，中乌两国人民一直保持着睦邻友好的合作关系。⑥当前，中乌领导人的密切互动体现了两国在政治对话和互利合作等方面取得的成功；中乌在经济、文化和人道主义领域的合作正在蓬勃发展；中乌在国际舞台上相互理解、相互支持，体现了两国之间的高水平战略伙伴关系。⑦尤其需要指出的是中乌两国在抗击新冠肺炎疫情过程中的互相支持与帮助。在疫情爆发之初，乌兹别克斯坦向中国运送人道主义物资，支持中国的抗疫工作；当乌兹别克斯坦国内疫情肆虐时，中国

---

① 参见：https://www.chinanews.com/gj/2020/06-20/9217827.shtml.

② *Узбекистан-Китай: многовековое сотрудничество* [EB/OL]. (2020-08-20) [2020-10-15]. http://www.isrs.uz/ru/maqolalar/uzbekistan-kitaj-mnogovekovoe-sotrudnicestvo.

③ *Узбекистани Китай: прагматичное сотрудничество на десятилетия вперёд* [EB/OL]. (2020-01-06) [2020-10-15]. http://www.isrs.uz/ru/maqolalar/uzbekistan-i-kitaj-pragmaticnoe-sotrudnicestvo-na-desatiletia-vpered.

④ *Развитие сотрудничества между Узбекистаном и Китаем через призму укрепления культурно-гуманитарных основ взаимопонимания между народами двух стран: история и современность* [EB/OL]. (2018-10-02) [2020-10-15]. http://www.isrs.uz/ru/maqolalar/razvitie-sotrudnicestva-mezdu-uzbekistanom-i-kitaem-cerez-prizmu-ukreplenia-kulturno-gumanitarnyh-osnov-vzaimoponimania-mezdu-narodami-dvuh-stran-istoria-i-sovremennost.

⑤ Юрий Кутбитдинов. *Китайский вектор узбекской экономики* [EB/OL]. (2020-04-08) [2020-10-15]. https://cer.uz/ru/post/publication/kitajskij-vektor-uzbekskoj-ekonomiki.

⑥ 参见：http://isrs.uz/ru/maqolalar/razvitie-sotrudnicestva-mezdu-uzbekistanom-i-kitaem-cerez-prizmu-ukreplenia-kulturno-gumanitarnyh-osnov-vzaimoponimania-mezdu-narodami-dvuh-stran-istoria-i-sovremennost.

⑦ 参见：http://isrs.uz/ru/maqolalar/uzbekistan-i-kitaj-pragmaticnoe-sotrudnicestvo-na-desatiletia-vpered.

向其提供了大量人道主义物资并分享了中国的抗疫经验。①

随着中乌关系水平的不断提升以及"一带一路"框架下中乌务实合作日益走向深入，中国话题正在成为乌兹别克斯坦智库研究的热点和重点。但从目前来看，乌兹别克斯坦智库对华研究的成果数量仍十分有限，研究主题也相对单一，大多是围绕中乌合作、中国经验等与乌兹别克斯坦经济社会发展密切相关的话题展开。从认知倾向性上看，乌兹别克斯坦智库学者肯定中国的发展成果及中国为全球发展和地区安全做出的突出贡献，重视中乌交流与合作，对华评价以正面积极的观点为主。

四、结语

乌兹别克斯坦智库经过了近 30 年的发展，取得了累累成果。虽然与中、美、俄等国智库建设水平还存在不小差距，但发展势头良好，尤其是近年来，在国家现实需求的驱动下，新智库不断涌现。乌兹别克斯坦智库积极开展各类活动，在政策咨询、人才培养和储备、塑造和引导公众舆论以及"二轨外交"等方面发挥着不可替代的作用。在未来，在注重官方智库建设的同时，乌兹别克斯坦智库界也应重视独立智库、商业智库的建设和发展，从而更好地促进决策的科学化和民众化，更充分地完成各项社会功能。

虽然乌兹别克斯坦智库的对华研究仍处于起步阶段，但近几年来对华研究水平日益提升，成果数量不断增加。在"一带一路、智力先行"的背景下，我们应该做好以下三点：一是要密切跟踪乌兹别克斯坦智库的建设动向和研究动态，尤其关注其对华研究成果和基本认知；二是要积极开展中乌智库交流与沟通，组织中乌高级别智库论坛，推动中乌智库就两国共同关心的问题进行合作研究，为两国决策机构提供政策咨询，智力支持丝绸之路经济带建设；三是要重视中乌两国智库在政策协调方面的作用，积极开展"二轨外交"，为中乌官方交流创造良好条件。

参考文献

[1] 铃木崇弘. 何谓智库 [M]. 潘郁红, 译. 北京：社会科学文献出版社, 2018.

[2] 袁曦临, 吴琼. 智库咨询：理论、方法与实践 [M]. 南京：东南大学出版社, 2018.

---

① 参见：http://isrs.uz/ru/maqolalar/uzbekistan-kitaj-mnogovekovoe-sotrudnicestvo.

［3］张伟. 新型智库基本问题研究［M］. 北京：中共中央党校出版社，2017.

［4］Взгляд на будущее ШОС из Узбекистана: реализм и оптимизм [EB/OL]. (2018-08-25) [2020-10-15]. http://www.isrs.uz/ru/maqolalar/vzglad-na-budusee-sos-iz-uzbekistana-realizm-i-optimizm.

［5］Виктор Абатуров. Глобальная борьба с бедностью: опыт зарубежных стран [EB/OL]. (2020-11-09) [2020-11-19]. https://cer.uz/ru/post/publication/globalnaa-borba-s-bednostu-opyt-zarubeznyh-stran.

［6］Дмитрий Тростянский. Стимулирование промышленной кооперации между деловыми кругами ШОС позволит им оптимизировать глобальные цепочки поставок [EB/OL]. (2020-11-11) [2020-11-19]. https://cer.uz/ru/post/publication/stimulirovanie-promyslennoj-kooperacii-mezdu-delovymi-krugami-sos-pozvolit-im-optimizirovat-globalnye-cepocki-postavok.

［7］Материалы международного «круглого стола» «Китай-Узбекистан: перспективы совместной реализации инициативы ОПОП» [EB/OL]. (2018-05-21) [2020-10-15]. http://www.isrs.uz/ru/Нашрлар/xalqaro-davra-suhbati-materiallari-ozbekiston-va-xitoy-bir-belbog-bir-yol-tashabbusini-hamkorlikda-amalga-oshirish-istiqbollari.

［8］«Один пояс, один путь»: мегавозможности – мегапроект [EB/OL]. (2019-07-18) [2020-10-15]. http://www.isrs.uz/ru/maqolalar/odin-poas-odin-put-megavozmoznosti-megaproekt.

［9］Развитие сотрудничества между Узбекистаном и Китаем через призму укрепления культурно-гуманитарных основ взаимопонимания между народами двух стран: история и современность [EB/OL]. (2018-10-02) [2020-10-15]. http://www.isrs.uz/ru/maqolalar/razvitie-sotrudnicestva-mezdu-uzbekistanom-i-kitaem-cerez-prizmu-ukreplenia-kulturno-gumanitarnyh-osnov-vzaimoponimania-mezdu-narodami-dvuh-stran-istoria-i-sovremennost.

［10］Руслан Абатуров. Текстильный колорит Китая [EB/OL]. (2020-10-07) [2020-10-15]. https://cer.uz/ru/post/publication/tekstilnyj-kolorit-kitaa.

［11］Руслан Наилев. Узбекистан на пути сокращения бедности: опыт Китая [EB/OL]. (2020-06-11) [2020-10-15]. https://cer.uz/ru/post/publication/uzbekistan-na-puti-sokrasenia-bednosti-opyt-kitaa.

［12］Стратегические приоритеты ШОС: взгляд из Узбекистана [EB/OL]. (2018-06-15) [2020-10-15]. http://www.isrs.uz/ru/maqolalar/strategiceskie-prioritety-sos-vzglad-iz-uzbekistana.

［13］*Узбекистан и Китай: прагматичное сотрудничество на десятилетия вперёд* [EB/OL]. (2020-01-06) [2020-10-15]. http://www.isrs.uz/ru/maqolalar/uzbekistan-i-kitaj-pragmaticnoe-sotrudnicestvo-na-desatiletia-vpered.

［14］*Узбекистан-Китай: многовековое сотрудничество* [EB/OL]. (2020-08-20) [2020-10-15]. http://www.isrs.uz/ru/maqolalar/uzbekistan-kitaj-mnogovekovoe-sotrudnicestvo.

［15］Элдор Арипов. *«Бир Макон, Бир Йўл»: Ўзбекистон президенти қандай ташаббусларни илгари сурди?* [EB/OL]. (2019-11-18) [2020-10-15]. https://strategy.uz/index.php?news=693.

［16］Юрий Кутбитдинов. *Китайский вектор узбекской экономики* [EB/OL]. (2020-04-08) [2020-10-15]. https://cer.uz/ru/post/publication/kitajskij-vektor-uzbekskoj-ekonomiki.